Seicoleg
Uwch Gyfrannol
Y Cydymaith Cyflawn

Cara Flanagan • Lucy Hartnoll • Rhiannon Murray

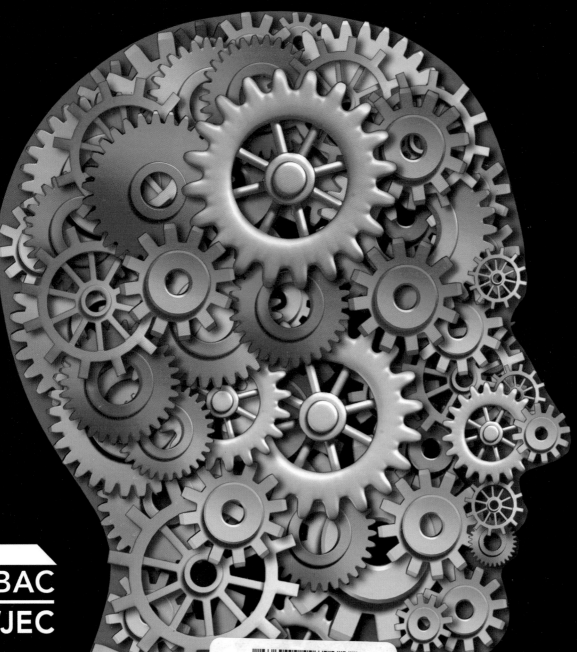

CBAC WJEC

@ebol

Mae'r deunydd hwn wedi'i gymeradwyo gan CBAC ac yn cynnig cymorth safonol i ennill cymwysterau CBAC. Er iddo fynd drwy broses sicrhau ansawdd CBAC, cyfrifoldeb y cyhoeddwr yn unig yw'r cynnwys.

Y fersiwn Saesneg

Cyhoeddwyd gan Oxford University Press, Great Clarendon Street, Rhydychen OX2 6DP

Cedwir y cyfan o'r hawliau

© Cara Flanagan, Lucy Hartnoll, Rhiannon Murray 2009

Mae hawliau moesol yr awduron ar y deunydd wedi'i nodi

Hawliau'r gronfa ddata yn eiddo i Oxford University Press

Cyhoeddwyd yn 2008

Y fersiwn Cymraeg

Cyhoeddwyd gan Atebol Cyfyngedig, Adeiladau'r Fagwyr, Llanfihangel Genau'r Glyn, Aberystwyth, Ceredigion SY24 5AQ

Addaswyd gan Atebol a golygwyd gan Eirian Jones a Glyn Saunders Jones

Dyluniwyd gan Owain Hammonds

Argraffwyd gan Wasg Cambria, Aberystwyth

Diolch arbennig i Catrin Roberts, Darlithydd Seicoleg, Coleg Meirion-Dwyfor am ei sylwadau gwerthfawr

Hawlfraint © Atebol Cyfyngedig 2013

Cedwir y cyfan o'r hawliau

ISBN 978-1-908574-39-8

Noddwyd gan Lywodraeth Cymru

www.atebol.com

Cyflwyniadau

Llyfr Cymreig i 'Nghymro i – Robert George Jones. Cara Flanagan.

I 'nheulu: Dad, Mam, Lee. Yn arbennig i Mam: 'Pe gallwn i fod yn "ddim ond hanner" yr hyn rwyt ti wedi bod i mi'. Lucy Hartnoll.

Diolch i 'nheulu, yr un iawn a'r un ffug. Byddwch chi'n fy nghynnal ac yn fy herio i bob dydd. Rhiannon Murray.

Diolchiadau

Diolch o galon i Rick Jackman, ein cyhoeddwr, am reoli'r prosiect cyfan o'r dechrau i'r diwedd a bod yn llawn brwdfrydedd, hwyl a sbri. Hoffem ni hefyd ddiolch i Dave Mackin a Carrie Makin a'r tîm yn GreenGate am gynllunio'r testun ac am fod mor barod i gyd-fynd â'n holl geisiadau. Diolch hefyd i bawb yn Folens am gynorthwyo'n gwaith ni mewn cynifer o ffyrdd, ac yn bennaf oll i Pat Catt, y Rheolwraig Gwerthu, a Peter Burton, y Cyfarwyddwr Cyhoeddi yn Folens. Yn olaf, hoffem ddiolch i Alison George, y swyddog arholiadau yn CBAC, am hybu a llywio'r prosiect hwn.

Cara Flanagan, Lucy Hartnoll a Rhiannon Murray

Lluniau

Hoffai'r cyhoeddwyr ddiolch i'r canlynol am ganiatâd i atgynhyrchu lluniau yn y llyfr hwn.

Adbusters.co.uk, td.9; Alamy: Associated Sports Photography, td.48; Bill Brooks, td.142; Editorial Image, LLC, td.67; Geraint Lewis, td.36; Interfoto, td.23; The Print Collector, td.33; Trinity Mirror/Mirrorpix, td.74 (de); Photos 12, tt.45, 97; Pictorial Press Cyf, td.123; United Archives GmbH, td.83; Albert Bandura, tt.18, 19, 26; Aaron Beck, td.49 (chwith); James Bennet-Levy, td.87 (chwith); David Buss, td.119; Cartoonstock.com, tt.20, 30, 68, 93 (gwaelod); Corbis.com: © Bettmann, tt.7, 34, 51; © John Drysdale, td.138; © Handout/ Reuters, td.74 (chwith); © Sunset Boulevard, td.21; Fotolia.com: © Yurok Aleksandrovich, td.110; © Amridesign, td.63; © Anyka, td.54; © AustralianDream, td.155; © Yuri Arcurs, td.105; © Brzozowski, td.153 (de); © Daniel Bujack, td.93 (brig); © William Burnett, td.75 (chwith); © Elena Butinova, td.5 (gwaelod); © Chrisboland, td.39; © Stephen Coleman, td.172; © DN, td.29; © Lev Dolgatshjov, td.113; © Endostock, td.159; © ExQuisine, td.xii (brig); © Susan Flashman, td.116 (chwith); © Forgiss, td.116 (de); © Grute Frute, td.165; © Christos Georghiou, td.10; © Fred Goldstein, td.108; © Laurent Hamels, td.22 (brig); © Mat Hayward Photo, td.153 (chwith); © Icholakov, td.81; © Ichtor, td.57 (gwaelod); © Eric Isselée, td.89; © Justimagine, td.1; © Sebastian Kaulitzki, td.85; © Diane Keys, td.144; © Tan Kian Khoon, td.viii (brig); © Oleg Kozlov, td.88 (brig); © Xavier Marchant, td.99; © Moodboard, td.92; © Duncan Noakes, td.24; © Poresh, td.88 (brig); © Remsan, td.xi; © Andres Rodriguez, td.viii (gwaelod); © Séb_compiegne, td.157; ©.shock, td.137; © Nikolai Sorokin, td.57(brig); © James Steidl, td.131; © Sumos, td.104; © Konstantin Sutyagin, td.172 (de); © Tomasz Trojanowski, td.125; © Stephen VanHorn, td.172 (gwaelod); © Scott Waby, td.22 (gwaelod); Getty Images 2004, td.71; Eleanor J. Gibson, td.112 (chwith); iStock/Sharon Dominick, td.4; Nick D. Kim, td.122; Ellen Langer, td.107 (brig); Elizabeth Loftus, td.95 (chwith); Therese Marteau, td.87 (de); Ed MaLachlan, td.173; Donald Meichenbaum, td.49 (de); Alexandra Milgram, tt.75 (de), 67; John Palmer, td.95 (de); Richard Rahe, td.80; Judith Rodin, td.107 (gwaelod); David Rosenhan, td.124; Science Photo Library: Lionel Bret/Eurelios, td.86; Dr Robert Friedland, td.12; Science Source, td.5 (brig); Scientific American © 1955 Atgynhyrchwyd gyda chaniatâd Scientific American, Inc. Cedwir pob hawl, tt.69, 70; Scientific American © 1960. Atgynhyrchwyd gyda chaniatâd Scientific American, Inc. Cedwir pob hawl, td.111; Shutterstock.com: © Marcin Balcerzak, td.41; © Thomas M Perkins, tt.47, 149; © Kenneth Sponsler, td.13; Canolfan Solomon Asch ar gyfer Astudio Gwrthdaro Ethnowleidyddol, Coleg Bryn Mawr, td.70 (gwaelod); Mark Stivers, td.x; Topfoto: Casgliad Granger, td.37; TopFoto 2004, td.140; Richard D. Walk, td.112 (de); Amgueddfa Anatomegol Warren, Llyfrgell Meddygaeth Francis A. Countway, td.163; Llyfrgell Wellcome, Llundain, td.6; Philip Zimbardo, td.134; Philip Zimbardo/LuciferEffect, tt.134-5.

Gwnaed pob ymdrech i gysylltu â deiliaid yr hawlfreintiau, ond os methwyd â chysylltu ag unrhyw un yn anfwriadol, bydd y cyhoeddwyr yn falch o ddiwygio hynny ar y cyfle cyntaf.

Cynnwys

Sut mae defnyddio'r llyfr hwn   iv
Arholiad Uwch Gyfrannol CBAC   vi
Adolygu'n effeithiol   viii
Rhagymadrodd – Beth yw seicoleg?   ix
          Materion a dadleuon   x
          Y dull gwyddonol   xii

UNED 1 YMAGWEDDAU MEWN SEICOLEG

Manyleb Uned 1 Uwch Gyfrannol   2

Pennod ❶ Yr ymagwedd fiolegol   3

Pennod ❷ Yr ymagwedd ymddygiadol   17

Pennod ❸ Yr ymagwedd seicodynamig   31

Pennod ❹ Yr ymagwedd wybyddol   45

Adolygu ar ddiwedd Uned 1   60

**UNED 2 ASTUDIAETHAU CRAIDD A DULLIAU
YMCHWIL CYMHWYSOL**

Manyleb Uned 2 Uwch Gyfrannol   66

Pennod ❺ Astudiaethau craidd   67

Pennod ❻ Dulliau ymchwil cymhwysol   133

Adolygu ar ddiwedd Uned 2   172

Sylwadau'r arholwr   174
Atebion i'r croeseiriau   179
Cyfeiriadau   181
Geirfa/Mynegai   187

Sut mae defnyddio'r llyfr hwn

Mae cynnwys y llyfr hwn wedi'i fapio'n union i fanyleb Uwch Gyfrannol CBAC ac mae'r llyfr wedi'i rannu'n ddwy uned i gyd-fynd â strwythur yr arholiad.

- **Uned 1 Ymagweddau mewn Seicoleg:** trafodir y pedair ymagwedd y mae angen i chi eu hastudio. Mae pob set o ddau dudalen yn yr uned hon yn ymdrin ag un o'r cwestiynau arholiad – y tybiaethau, y damcaniaethau, y therapïau, y gwerthuso a'r fethodoleg ar gyfer pob un o'r ymagweddau.
- **Uned 2 Astudiaethau Craidd a Dulliau Ymchwil Cymhwysol:** trafodir y deg astudiaeth graidd sydd yn y fanyleb, ynghyd â holl gysyniadau'r dulliau ymchwil.

Ar ddechrau pob **uned** cewch chi restr fanwl o'r **cynnwys**. Yna, ar y ddalen nesaf, cewch chi fanylion llawn y **fanyleb** y mae'r uned yn ymdrin â hi, ynghyd â gwybodaeth am drefn yr uned.

Drwy gydol y llyfr rydyn ni wedi cynnwys:

Crynodebau diagramatig
Er enghraifft, ar gyfer ymagweddau…   …ac ar gyfer astudiaethau craidd

Gweithgareddau adolygu

Cwestiynau arholiad enghreifftiol ynghyd ag atebion gan fyfyriwr (a sylwadau'r arholwr ar ddiwedd y llyfr)

Ar y brig ar ochr chwith y mwyafrif o'r setiau o ddau dudalen, cewch chi **ragymadrodd** i'r pwnc. Bydd yn egluro'r pwnc ac, efallai, yn codi rhai materion allweddol neu gysylltiadau â phynciau blaenorol.

Bydd y **prif destun** yng nghanol y tudalen.

Gan amlaf, cewch chi focs **Gwaith i Chi**. Ynddo, bydd syniadau ynghylch gwneud gweithgareddau a fydd yn cynyddu eich dealltwriaeth o'r pwnc.

Mae'r testun yn cyd-fynd yn agos â gofynion y fanyleb. Ym Mhennod 5, er enghraifft, rydyn ni wedi trafod **cyd-destun a nodau** astudiaeth graidd sy'n cyd-fynd ag un o'r cwestiynau arholiad.

Weithiau, rydyn ni wedi ychwanegu **sylw** i gynyddu'ch dealltwriaeth.

Ym Mhennod 6 rydyn ni'n aml wedi cynnwys **tablau** i grynhoi'r manteision a'r anfanteision.

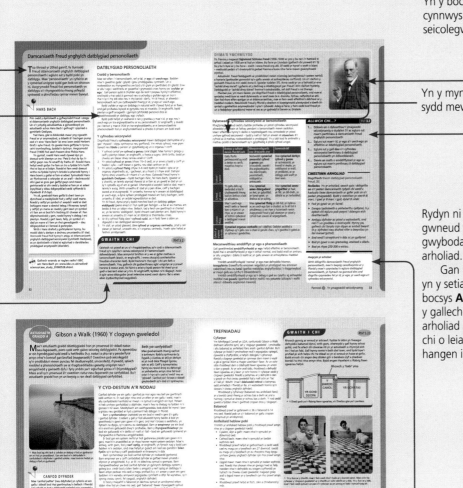

Yn y bocsys **Dyma'r ymchwilydd** rydyn ni wedi cynnwys nodiadau bywgraffyddol byr am rai seicolegwyr pwysig.

Yn y mynegai/yr eirfa cewch chi ddiffiniad o'r geiriau sydd mewn print **glas trwm**.

Rydyn ni wedi ceisio sicrhau cydbwysedd rhwng gwneud y deunydd yn ddiddorol, difyr a llawn gwybodaeth ac, yr un pryd, yn ddefnyddiol at eich arholiad.

Gan na fydd rhaid i chi fanylu cymaint ag sydd yn y setiau hyn o dudalennau, rydyn ni wedi cynnwys bocsys **Allwch Chi…?** i roi rhyw syniad i chi o'r hyn y gallech chi ddisgwyl ei gael mewn cwestiynau arholiad ar gyfer pob pwnc, a sicrhau bod gennych chi o leiaf isafswm o'r ddealltwriaeth y bydd ei hangen i wneud yn dda yn yr arholiad.

Rydyn ni wedi cynnwys **awgrymiadau'r arholwr** hwnt ac yma.

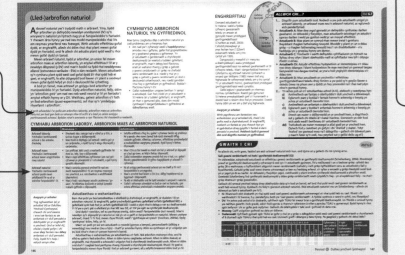

Er ein bod ni hefyd wedi cynnwys lincs i **wefannau**, bydd gwefannau'n mynd a dod. Peidiwch â chael eich siomi, felly, os na fydd y lincs yn gweithio.

Cyn belled â phosibl, rydyn ni wedi cynnwys yr ymchwil diweddaraf. Am fwy o wybodaeth ewch i:
www.folensblogs.com/psychcompanion/blog/.

Mae'r arholiad Uwch Gyfrannol yn cynnwys dau bapur, sef:

Uned 1 PY1 Ymagweddau mewn Seicoleg

40% o farciau Safon Uwch Gyfrannol 1¼ awr

Bydd yr ymgeiswyr yn ateb pum cwestiwn gorfodol. Bydd y cwestiynau bob amser yr un fath – yr hyn sy'n newid fydd yr ymagwedd/ ddamcaniaeth sy'n cael ei henwi ym mhob cwestiwn unigol.

1. a) **Amlinellwch** ddwy o dybiaethau'r ymagwedd ____. [4]
   b) **Disgrifiwch** theori ____. [8]
2. **Disgrifiwch** sut mae'r ymagwedd ____ wedi cael ei chymhwyso mewn naill ai ____ neu therapi ____. [12]
3. a) **Gwerthuswch** ddau o gryfderau'r ymagwedd ____. [6]
   b) **Gwerthuswch** ddau o wendidau'r ymagwedd ____. [6]
4. **Cymharwch a chyferbynnwch** yr ymagwedd ____ a'r ymagwedd ____ o ran tebygrwyddau a gwahaniaethau. [12]
5. **Eglurwch a gwerthuswch** y fethodoleg sy'n cael ei defnyddio gan yr ymagwedd ____. [12]

Rhybudd

Er bod y wybodaeth yma'n gywir adeg llunio'r llyfr, bydd arholiadau'n esblygu a bydd newidiadau'n digwydd yn aml. Cewch y wybodaeth ddiweddaraf ar wefan Folens (www.folensblogs.com/psychcompanion/ blog/) ac ar wefan swyddogol CBAC (www.cbac.co.uk).

Uned 2 PY2 Astudiaethau Craidd a Dulliau Ymchwil Cymhwysol

60% o farciau Safon Uwch Gyfrannol 1¾ awr

Y mae'r papur yn cael ei rannu'n **dair** adran. Yn Adrannau A a B, mae'r cwestiynau yn ymwneud ag astudiaethau craidd. Dulliau ymchwil cymhwysol yw pwnc Adran C.

ADRAN A Mae'r tri chwestiwn yn orfodol ac yn canolbwyntio ar **AA1**.
1. Rhowch grynodeb o amcanion a chyd-destun ____. [12]
2. Amlinellwch ddulliau gweithredu ____. [12]
3. Disgrifiwch ganlyniadau a chasgliadau ____. [12]

ADRAN B Mae'r tri chwestiwn yn orfodol ac yn canolbwyntio ar **AA2**. Gall y tri chwestiwn fod yn un o ddau fath:
• Gwerthuswch fethodoleg ____. [12]
• Gan gyfeirio at dystiolaeth amgen, aseswch yn feirniadol ____. [12]

Bydd cymysgedd o'r ddau fath o gwestiwn bob amser: un cwestiwn am fethodoleg a dau gwestiwn am dystiolaeth, efallai, neu ddau gwestiwn am fethodoleg ac un cwestiwn am dystiolaeth amgen.

ADRAN C Bydd ymgeiswyr yn ateb un cwestiwn o'r dewis o ddau. Bydd pob cwestiwn yn cynnwys disgrifiad byr o astudiaeth (arbrawf, arsylw, ac ati) ac wedi'i rannu'n rhannau (a)–(dd).

a) Amlinellwch **un** fantais ac **un** anfantais o ddefnyddio [*y dull a enwir*] yn yr ymchwil hwn. [3]
b) Nodwch **un** mater o ddibynadwyedd yn yr ymchwil hwn a disgrifiwch sut gallech chi ddelio â'r mater hwnnw o ddibynadwyedd. [3]
c) Nodwch **un** mater o ddilysrwydd yn yr ymchwil hwn a disgrifiwch sut gallech chi ddelio â'r mater hwnnw o ddilysrwydd. [3]
ch) Amlinellwch **un** fantais ac **un** anfantais o [*y dull samplu a enwir*] yn yr ymchwil hwn. [3]
d) Trafodwch **un** mater moesegol a allai godi yn yr ymchwil hwn. [3]
dd) Nodwch **un** casgliad y gallwch ei dynnu o'r [*y data a enwir*] yn yr ymchwil hwn. [3]

CYNGOR YNGHYLCH ATEB POB MATH O GWESTIWN

Drwy gydol y llyfr hwn, byddwn yn cynnig cyngor ynghylch ateb y gwahanol fathau o gwestiynau arholiad.

PY1

• Mae **Cwestiwn 1** bob amser wedi'i rannu'n rhan (a), gwerth 4 marc, a rhan (b), gwerth 8 marc. Bydd y naill a'r llall yn ymwneud â'r un ymagwedd. Yn rhan (a), cofiwch y dylech chi enwi ac egluro **dwy** dybiaeth.
• **Cwestiwn 2** I gael y 12 marc i gyd, rhaid i'ch ateb gysylltu nodau'ch therapi â phrif dybiaethau'r ymagwedd y deilliodd ohono.
• Caiff **Cwestiwn 3** bob amser ei rannu'n (a) a (b), a'r naill a'r llall yn werth 6 marc. Cofiwch fod angen enwi **dau** gryfder/ wendid ym mhob rhan. Rhaid eu henwi ac ymhelaethu yn eu cylch i gael y marciau llawn.
• **Cwestiwn 4** Wrth ateb cwestiwn 'cymharu a chyferbynnu', cofiwch ddefnyddio'r materion a'r dadleuon allweddol i egluro *pam* y mae'r ddwy ymagwedd yn debyg ac yn wahanol. Cewch chi gyngor penodol ynghylch ateb cwestiynau 'cymharu a chyferbynnu' ar dudalennau 60–61.
• **Cwestiwn 5** Wrth ystyried y fethodoleg a ddefnyddir gan ymagwedd, defnyddiwch engreifftiau penodol o ymchwil priodol i ddangos i'r arholwr eich bod chi wedi deall sut mae'r dull hwnnw wedi'i ddefnyddio o fewn yr ymagwedd benodol. Ychydig iawn o farciau gewch chi am ddisgrifiadau generig o ddull fel 'arbrofion labordy'.

PY2

• **Cwestiynau Adran A** Cynhwyswch ddeunydd perthnasol yn unig. Os bydd y cwestiwn yn holi ynghylch darganfyddiadau a chasgliadau, bydd disgrifio nod cyd-destun neu ddull gweithredu yn amherthnasol i'r cwestiwn, a chewch chi ddim marciau gan yr arholwr. Gwastraffu amser yn yr arholiad fydd cynnwys deunydd amherthnasol.
Ceisiwch fod mor fanwl-gywir ag y gallwch chi wrth ddisgrifio manylion yr astudiaethau craidd. Cofiwch fod angen i'r atebion gorau fod yn fanwl *ac* yn gywir.
• **Cwestiynau Adran B** Wrth werthuso methodoleg yr astudiaethau craidd, defnyddiwch y themâu yng nghwestiynau Adran C [B?] i roi strwythur cydlynol i'ch ateb, h.y. cynhwyswch sylwebaeth ar y dull, dibynadwyedd, dilysrwydd, samplu a moeseg.
Wrth asesu 'gan gyfeirio at dystiolaeth amgen', gwnewch yn siŵr eich bod chi wedi nodi cysylltiadau clir ac amlwg i'r astudiaeth graidd. Eglurwch pam y mae'r dystiolaeth amgen yn cefnogi, yn gwrth-ddweud neu'n datblygu'r astudiaeth graidd.
• **Cwestiynau Adran C** I gael marciau uchel, mae'n hanfodol cysylltu'ch gwybodaeth fethodolegol â'r sefyllfa newydd, h.y. *cyd-destunoli* eich atebion.

GRID CYNLLUN MARCIO AA1

Mae rhai o'r cwestiynau arholiad yn asesu **AA1** (amcan asesu 1), sef dangos eich gwybodaeth a'ch dealltwriaeth.

Caiff meini prawf marcio **AA1** isod eu defnyddio ar gyfer **cwestiwn 2 yn PY1**, a **chwestiynau 1, 2 a 3 yn PY2**.

Marciau	Cynnwys	Caiff y deunydd ei ddefnyddio…	Ymhelaethu	Dyfnder ac ystod	Defnyddio iaith (gan gynnwys gramadeg, atalnodi a sillafu)	Ar gyfer cwestiwn 2: y cysylltiad rhwng tybiaethau'r ymagwedd a'r therapi
10–12	Cywir a manwl iawn	…yn hynod effeithiol	Ymhelaethu cydlynol	Dyfnder **ac** ystod	Perthnasol, strwythuredig, cydlynol a chywir	Fe'i hamlygwyd yn glir
7–9	Rhesymol o gywir, ond llai manwl	…yn effeithiol	Tystiolaeth o ymhelaethu	Dyfnder **neu** ystod	Cywir, strwythuredig a chlir	Amlwg
4–6	Manylion sylfaenol	…yn berthnasol ond yn gyfyngedig	Peth ymhelaethu		Rhai pethau'n anghywir	Cyfyngedig neu ddim o gwbl
1–3	Arwynebol	…yn ddryslyd neu'n ddigyswllt ar adegau	Ychydig neu ddim		Gwallau	Cyfyngedig neu ddim o gwbl
0	Dim gwybodaeth na dealltwriaeth berthnasol					

Cewch uchafswm o 4 marc (**AA1**) am PY1 cwestiwn 1(a). Dyma'r cynllun marcio:
- 3–4 marc am ddwy dybiaeth berthnasol a manwl.
- 1–2 farc am un dybiaeth fanwl a pherthnasol, **neu** nodi dwy dybiaeth yn fyr.

Mae **PY1 cwestiwn 1(b)** yn defnyddio cynllun marcio tebyg i'r uchod, ond y pum band yw:
7–8 marc, 5–6 marc, 3–4 marc, 1–2 farc a 0 marc.

Os oes gofyn rhoi'r dyfnder a'r ystod, does dim rhaid rhoi'r un faint ohonynt i gael marciau llawn. Mae'r un peth yn wir am ddebygrwyddau a gwahaniaethau.

GRID CYNLLUN MARCIO AA2

Mae rhai o'r cwestiynau arholiad yn asesu **AA2** (amcan asesu 2), sef dangos eich medrusrwydd wrth ddadansoddi a gwerthuso.

Caiff meini prawf marcio **AA2** isod eu defnyddio ar gyfer **cwestiwn 4 yn PY1** a **chwestiynau 4, 5 a 6 yn PY2**.

Marciau	Dadansoddi a gwerthuso	Ymhelaethu	Dyfnder ac ystod	Ar gyfer cwestiwn 4 PY1	Ar gyfer cwestiynau PY2: cyfeirio at dystiolaeth amgen
10–12	Strwythur clir a thrylwyr	Ymhelaethu cydlynol	Dyfnder **ac** ystod	Beth sy'n debyg **a** beth sy'n wahanol?	Amlwg, mwy nag un
7–9	Rhesymol o drwyadl	Peth cydlyniant	Dyfnder **neu** ystod	Beth sy'n debyg **a** beth sy'n wahanol?	Clir, mwy nag un
4–6	Priodol ond cyfyngedig			Beth sy'n debyg **a/neu** beth sy'n wahanol	Rhai cyfeiriadau
1–3	Arwynebol a/neu ddryslyd	Dryslyd a/neu ddigyswllt			Dryslyd
0	Dim gwerthuso na dadansoddi perthnasol				

Ar gyfer **cwestiwn 3 PY1**, cewch gyfanswm o 6 marc (**AA2**) am y cryfderau a'r gwendidau. Dyma'r cynllun marcio:
- 4–6 marc am **ddau** gryfder/wendid sydd wedi'u hegluro'n glir ac yn drylwyr.
- 1–3 marc am **un** cryfder/wendid (sydd wedi'i hegluro'n glir ac yn drylwyr), **neu** ddau (heb fod yn ddigon clir/manwl).

GRID CYNLLUN MARCIO AA3

Mae **cwestiwn 5 PY1** yn asesu **AA3** (amcan asesu 3), sef dangos eich medrusrwydd wrth ddeall methodoleg ymchwil.

Caiff meini prawf marcio **AA3** isod eu defnyddio ar gyfer **cwestiwn 5 yn PY1**.

Marciau	Dull(iau)	Perthnasedd i'r ymagwedd	Gwerthusiad	Cryfderau a gwendidau
10–12	Egluro priodol a chlir	Perthnasedd	Trwyadl a chlir ei strwythur	Tystiolaeth glir o gryfderau **a** gwendidau
7–9	Egluro priodol a rhesymol o dda	Mae'n berthnasol	Rhesymol o drwyadl	Tystiolaeth o gryfderau **a** gwendidau
4–6	Priodol ond yr egluro'n gyfyngedig		Cyfyngedig	Tystiolaeth o gryfderau **a/neu** wendidau
1–3	Gall fod yn ddryslyd a/neu'n ddigyswllt	Gall fod yn amhriodol	Arwynebol	Arwynebol neu absennol
0	Dim gwerthuso na dadansoddi perthnasol			

Adran C PY2

Caiff y meini prawf marcio sy'n cael eu defnyddio ar gyfer **Adran C PY2** eu trafod ym Mhennod 6. Cewch chi grynodeb ohonyn nhw ar dudalen 171.

Adolygu'n effeithiol

Magwch dipyn o gymhelliant

Bydd pobl yn tueddu i wneud yn well os bydd eu cymhelliant nhw'n gryf. Rydyn ni wedi dysgu llu o fyfyrwyr aeddfed a oedd yn difaru peidio â gweithio'n galetach yn yr ysgol. Nid er mwyn eich athrawon na'ch rhieni (ond bydden nhw wrth eu bodd) y mae angen i chi lwyddo, ond er eich mwyn eich hunan ymhen 10 mlynedd. Meddyliwch beth yr hoffech chi ei fod yn ei wneud ymhen 10 mlynedd a'r hyn y bydd angen i chi ei wneud i gyrraedd y sefyllfa honno. Gweithredwch yn syth, felly. Mae hi bob amser yn well i chi lwyddo i wneud rhywbeth y gallwch beidio â bod ei angen yn ddiweddarach na methu gwneud rhywbeth y bydd arnoch ei angen.

Helpwch eich cof

Mewn arholiad, mae'n fwy anodd cofio gwybodaeth rydych chi wedi'i dysgu ar eich cof. Pan fydd pobl yn teimlo'n bryderus, mae'n haws iddyn nhw alw i gof wybodaeth y maen nhw'n ei *deall* yn dda. Dydy darllen neu ysgrifennu nodiadau ddim yn debyg o'ch helpu ryw lawer i gofio nac i ddeall y cynnwys. Ond os defnyddiwch chi'ch gwybodaeth, fe ddeallwch chi fwy arni a byddwch chi'n debycach o allu ei chofio pan fydd angen gwneud hynny. Enw seicolegwyr ar hynny yw 'prosesu dwfn'. Prosesu bas yw darllen rhywbeth heb feddwl amdano o ddifrif. Prosesu dwfn yw llunio diagramau neu fapiau o'r deunydd, neu hyd yn oed ei egluro wrth rywun arall a gwneud y deunydd, felly, yn haws ei gofio.

Datblygwch eich synhwyrau

Wrth adolygu, pam na ddefnyddiwch chi fwy nag un o'ch synhwyrau? Gan fod dysgwyr gweledol yn dysgu orau drwy *weld* yr hyn y maen nhw'n ei ddysgu, manteisiwch ar destun, diagramau, graffiau ac ati. Bydd dysgwyr clywedol, ar y llaw arall, yn dysgu orau drwy wrando (a siarad) a defnyddio'u clyw i gofio deunydd. Efallai y bydd y naill ddull yn gweithio'n well i chi na'r llall, ond gallwn ni ddefnyddio'r **ddwy** ffordd o ddysgu. Yn ogystal â *darllen* eich nodiadau ac *edrych* ar luniau a diagramau, cofiwch *wrando* ar eich nodiadau a *siarad* am bynciau â phobl eraill – a hyd yn oed chwarae rôl i *berfformio* beth o'r deunydd mewn astudiaeth.

Gweithio am gyfnodau byr sydd orau

Un o broblemau adolygu yw y gallwch chi wneud gormod ohono (ar y tro, hynny yw!). Fel y gwyddoch chi'n rhy dda, mae'n debyg, bydd eich sylw'n tueddu i grwydro ar ôl cyfnod cymharol fyr. Er mai amrywio wna darganfyddiadau ymchwil ynglŷn â'r amser gorau i'w dreulio'n adolygu, mae'n debyg mai'r norm yw 30-45 munud ar y tro. Beth ddylech chi ei wneud pan fydd eich sylw chi'n dechrau crwydro? Fel rheol, po fwyaf fydd y newid ffisiolegol (h.y. mynd am dro yn hytrach na syrffio'r we), mwyaf yn y byd y teimlwch chi'n well wrth ddod yn ôl i wneud y 30-45 munud nesaf. Mantais arall cael egwyl gyson yw eich bod chi'n debycach o allu galw deunydd i gof yn ddiweddarach.

Adolygwch yn gyson

Ydych chi erioed wedi sylwi ar hyn: os na ddefnyddiwch chi eiconau ar eich cyfrifiadur am amser maith, bydd y mwnci bach clyfar yn ei guddio. Bydd eich cyfrifiadur fel petai'n penderfynu na all yr eicon fod yn bwysig iawn ac felly'n ei ffeilio yn rhywle. Gan fod eich ymennydd yn gweithio mewn ffordd debyg iawn, dydy hi ddim mor rhwydd cael gafael ar wybodaeth na fyddwch chi'n ei defnyddio'n gyson. Y gamp, felly, yw adolygu'n gyson yr hyn rydych chi wedi'i ddysgu. Bob tro yr adolygwch chi ddeunydd, bydd yn cymryd llai o amser ac yn talu ar ei ganfed yn ddiweddarach, mae'n siŵr!

Gweithiwch gyda ffrind

Er y *gall* ffrindiau dynnu'ch sylw pan fyddwch chi'n ceisio astudio, gallan nhw fod yn gymorth adolygu defnyddiol iawn. Gall gweithio gyda'ch gilydd ('cyd-ddysgu' yw term y seicolegwyr) eich helpu i ddeall a gwneud yr adolygu'n fwy difyr ac yn fwy o hwyl. Mae egluro rhywbeth wrth rywun arall yn ffurf ddefnyddiol iawn ar brosesu dwfn (gweler uchod). Drwy wirio a thrafod atebion eich gilydd i gwestiynau enghreifftiol, gallwch chi ymarfer eich 'sgiliau arholwr' a deall beth i'w gynnwys mewn ateb i gael y marciau gorau yn yr arholiad.

Seicoleg yw'r wyddor sy'n astudio ymddygiad a phrofiadau pobl. Gan eich bod chi, mae'n debyg, eisoes wedi astudio gwyddoniaeth, byddwch chi'n gwybod tipyn am y **dull gwyddonol**. Fe wyddoch chi, er enghraifft, fod gwyddonwyr:

- Yn gwneud arbrofion a mathau eraill o astudiaeth.
- Yn ceisio dod o hyd i achosion pethau.

I egluro achosion ymddygiad, bydd seicolegwyr yn defnyddio gwahanol ymagweddau. 'Ymagwedd' yw cred am y byd ac am yr hyn sy'n gwneud i bobl ymddwyn mewn ffyrdd penodol. Bydd y credoau hynny'n effeithio ar yr hyn y dewisan nhw ei astudio a sut y dewisan nhw ei astudio. Mae credoau o'r fath wedi'u seilio ar set o dybiaethau – credoau sy'n cael eu harddel heb fod angen unrhyw brawf.

Yn uned gyntaf y llyfr hwn fe astudir pedair o'r prif ymagweddau mewn seicoleg, sef yr ymagweddau **biolegol**, **ymddygiadol**, **seicodynamig** a **gwybyddol**. Mae gan bob un ohonyn nhw set o dybiaethau nodweddiadol, a bydd angen i chi ddeall y nodweddion hynny yn rhan gyntaf y cwrs.

YMAGWEDDAU MEWN SEICOLEG

Dyma amlinelliad byr iawn o'r pedair prif ymagwedd.

- Mae'r **ymagwedd fiolegol** yn credu bod modd egluro ymddygiad yn nhermau etifeddu nodweddion, megis y duedd i fod yn ymosodol.
- Mae'r **ymagwedd ymddygiadol** yn credu bod ffordd person, a'i (h)ymddygiad, i'w priodoli i brofiadau bywyd. Gall person gael gwobr neu gosb am ymddygiad penodol, a hynny sy'n penderfynu sut y bydd yn ymddwyn yn y dyfodol. Gallai pobl hefyd ddynwared yr hyn y maen nhw'n gweld pobl eraill yn ei wneud.
- Mae'r **ymagwedd seicodynamig** yn credu mai emosiynau a tu hwnt i'n hymwybyddiaeth ymwybodol sy'n dylanwadu ar ein hymddygiad. Maen nhw wedi'u claddu yn y meddwl **anymwybodol** o ganlyniad i ddigwyddiadau yn gynnar yn ein plentyndod.
- Mae'r **ymagwedd wybyddol** yn credu mai'r eglurhad gorau o ymddygiad yw sut mae person yn meddwl am ei weithredoedd. Er enghraifft, mae disgwyl i gyngerdd fod yn wych yn cynyddu'r tebygolrwydd y bydd yn brofiad gwych.

GWAITH I CHI

Lluniwch eich llinell amser eich hun i seicoleg ar sail yr hanes byr isod. Gwnewch ychydig o ymchwil i gael gwybod rhagor am hanes seicoleg.

GAIR AM HANES SEICOLEG

Meddyliau cynnar am ymddygiad pobl Bu'r Groegiaid yn ystyried cwestiynau ynghylch ymddygiad pobl. Cynigiodd Hipocrates (400CC), er enghraifft, fod cysylltiad rhwng gwahaniaethau unigol mewn personoliaeth a 'tymherau' (hylifau) y corff. Er enghraifft, arweiniai gormod o fustl du (mewn Groeg *melan* [du, *y felan* – yn Gymraeg] a *kholé* [bustl]) at iselder ysbryd (*melancholy* yn Saesneg). Tan tua diwedd y 19eg ganrif, maes i athronwyr a ffisiolegwyr oedd ymddygiad pobl. Yn yr 17eg ganrif, dadleuodd yr athronydd o Sais, John Locke, mai llechen lân (*tabula rasa* yn Lladin) oedd y meddwl dynol ac nad oedd plant yn gynhenid dda nac yn gynhenid ddrwg.

Geni seicoleg Credir yn aml mai yn 1879 y cychwynnodd seicoleg. Dyna pryd y bu i Wilhelm Wundt, a oedd wedi'i hyfforddi'n ffisiolegydd, sefydlu'r labordy seicoleg cyntaf ym Mhrifysgol Leipzig yn yr Almaen. Ei nod oedd astudio prosesau'r meddwl yn fwy systematig drwy ddefnyddio mewnsyllu. Hyfforddodd ef fyfyrwyr seicoleg i wneud arsylwadau gwrthrychol o brosesau eu meddwl, a defnyddiodd ef y canlyniadau i ddatblygu damcaniaeth am y meddwl ymwybodol. Daeth myfyrwyr o bedwar ban y byd i Leipzig i ddysgu am seicoleg wyddonol.

Yr ymagwedd ymddygiadol Wnaeth dulliau mewnsyllu fawr o argraff ar lawer o wyddonwyr. Mae'n debyg i seicoleg sicrhau ei statws fel gwyddor oherwydd i'r Americanwr John B. Watson (1913) sylweddoli bod modd defnyddio gwaith Ivan Pavlov i greu seicoleg wirioneddol wrthrychol, ac felly un wyddonol, sef 'ymddygiadaeth'. Drwy arbrofi gyda chynhyrchu poer mewn cŵn, roedd Pavlov (1902) wedi datblygu egwyddorion cyflyru clasurol a roddodd i Watson ymddygiad syml ac arsylwadwy, sef atgyrchau cyflyrol. Yn ddiweddarach, B.F. Skinner (1938) oedd y prif ddadleuwr o blaid ymddygiadaeth, ac ef gyflwynodd y cysyniad o **gyflyru gweithredol**.

Yr agwedd seicodynamig Tua'r un pryd ag y cydiodd ymddygiadaeth yn America gyntaf, traddododd Sigmund Freud (1856-1939) ei ddarlithiau rhagarweiniol ar **seicdreiddio** i gynulleidfaoedd yno. Cyn hir, ef oedd yr ail rym ym myd seicoleg.

Yr ymagwedd wybyddol Yn y 1950au, newidiodd y chwyldro ym myd cyfrifiaduron y ffordd roedd pobl yn meddwl, gan gynnwys eu ffordd o synio am ymddygiad pobl. Roedd prosesu gwybodaeth yn cynnig cyfatebiaeth i ffordd pobl o feddwl. Dylanwadodd yr ymagwedd wybyddol newydd yn ei thro ar ymddygiadaeth gan beri i Albert Bandura ddatblygu'r **ddamcaniaeth dysgu cymdeithasol (SLT)** yn y 1960au. Tanlinellai SLT bwysigrwydd atgyfnerthu anuniongyrchol yn y broses ddysgu. I ddysgu cymdeithasol ddigwydd, rhaid i'r unigolyn ffurfio cynrychioliadau meddyliol o ddigwyddiadau. Yn wahanol i ymddygiadaeth, felly, mae SLT yn cynnwys ystyried ffactorau gwybyddol.

Ar y ddau dudalen hyn, rydyn ni wedi cyflwyno'r pedwar prif fater a dadl mewn seicoleg. Maen nhw'n faterion rhy bwysig i ni eu hanwybyddu ac yn ddadleuon am nad oes ateb syml i ddweud a ydyn nhw'n gywir neu'n anghywir, yn well neu'n waeth. Ar y tudalen gyferbyn mae sefyllfa bachgen ifanc o'r enw John. Yn y golofn bellaf ar y dde, rydyn ni wedi awgrymu sut y gallai pob un o'r pedair ymagwedd esbonio ymddygiad John. Mae'r blychau gwag yno i chi eu llenwi gan ddefnyddio'r materion a'r dadleuon sy'n cael eu cyflwyno ar y tudalen hwn – ewch i'r bocs 'Gwaith i Chi' ar y tudalen gyferbyn.

MATERION A DADLEUON

Bydd y materion a'r dadleuon yn bwysig iawn wrth eich helpu chi i werthuso pob un o'r ymagweddau sy'n cael eu hastudio yn Uned 1 (a'u harholi yn PY1). Maen nhw hefyd yn hollbwysig wrth gymharu a chyferbynnu'r ymagweddau – un arall o ofynion PY1. Ar y tudalen hwn, fe esboniwn ni'r pedwar prif fater a dadl mewn seicoleg, ac ar y tudalen gyferbyn cewch chi weithgaredd i'ch helpu i ddeall sut mae'r materion a'r dadleuon yn perthnasu â'r ymagweddau.

PENDERFYNIAETH NEU EWYLLYS RYDD

Penderfyniaeth yw'r farn mai grymoedd mewnol neu allanol sy'n siapio neu'n rheoli ymddygiad unigolyn yn hytrach nag ewyllys yr unigolyn i wneud rhywbeth. Mae hynny'n golygu bod ymddygiad yn rhagweladwy ac yn gyfreithlon.

Defnyddir **ewyllys rydd** i gyfeirio at sefyllfa wahanol lle credir y gall unigolyn benderfynu drosto neu drosti ei hun. Yn ôl y farn honno, bydd unigolion yn chwarae rôl weithredol wrth reoli eu hymddygiad, h.y. maen nhw'n rhydd i ddewis a dydyn nhw ddim yn gweithredu mewn ymateb i bwysau allanol neu fewnol (biolegol).

Mae unrhyw ymagwedd fel ymddygiadaeth neu'r ymagwedd fiolegol sy'n arddel y farn mai ffactorau heblaw'n hewyllys rydd sy'n penderfynu'n hymddygiad ni yn rhyw awgrymu nad yw pobl yn bersonol gyfrifol am eu hymddygiad. Er enghraifft, yn ôl yr ymagwedd fiolegol, gall lefelau isel o **serotonin** beri i rai unigolion ymddwyn yn ymosodol. Mae hynny'n codi cwestiwn moesol, sef a ellir dal person yn bersonol gyfrifol am ei (h)ymddygiad. Gallen ni ddadlau nad yw hynny'n dderbyniol, bod pobl yn gyfrifol am eu hymddygiad, a bod y math hwnnw o ddadl, felly, yn cyfyngu ar esboniadau penderfyniadol o'r fath.

©2008 Stivers

MAE DY GEG YN DWEUD 'PENDERFYNIAETH'...

... OND MAE DY LYGAID YN DWEUD 'EWYLLYS RYDD'.

NATUR NEU FAGWRAETH

Mae'r **ddadl rhwng natur a magwraeth** yn awgrymu fod pobl yn gynnyrch o'u **genynnau** a bioleg (**natur**), neu eu hamgylchedd (eu **magwraeth**). Dydy'r term 'natur' ddim yn cyfeirio'n unig at y galluoedd sy'n bresennol adeg eu geni, ond at unrhyw allu y penderfynir arno gan y genynnau, gan gynnwys y rhai sy'n ymddangos wrth aeddfedu. Mae 'magwraeth' yn bopeth sydd wedi'i ddysgu drwy ryngweithio â'r amgylchedd ffisegol a chymdeithasol, a gellir cyfeirio ato'n ehangach fel 'profiad'. Ar un adeg, y gred oedd bod natur a magwraeth yn annibynnol gan mwyaf ac yn ffactorau ychwanegiadol. Ond barn fwy cyfoes yw nad yw'r ddwy broses yn rhyngweithio'n unig ond eu bod ynghlwm wrth ei gilydd. Dydy hyn ddim yn ddadl o gwbl bellach, ond yn ddealltwriaeth newydd o'r ffordd y mae geneteg yn gweithio.

LLEIHADAETH NEU GYFANIAETH

Mae **lleihadaeth** yn golygu datgymalu ffenomen gymhleth yn gydrannau symlach. Mae'n rhyw awgrymu hefyd fod y broses honno'n ddymunol am mai'r ffordd orau o ddeall ffenomenau cymhleth yw eu hegluro ar lefel symlach. Bydd esboniadau a dulliau ymchwilio lleihadol yn denu seicolegwyr (a phob gwyddonydd) am fod lleihadaeth yn arf grymus wrth wneud ymchwil arbrofol (troi ymddygiad cymhleth yn set o newidynnau).

Y 'gwrthwyneb' i leihadaeth (*reductionism*) yw **cyfaniaeth** (*holism*), neu'r ymagwedd gyfannol. Cyfaniaeth yw'r farn y dylid astudio systemau fel cyfanwaith yn hytrach na chanolbwyntio ar eu rhannau cyfansoddol. Mae'n awgrymu na allwn ni ragfynegi, ar sail gwybodaeth o'r cydrannau unigol, sut y bydd y system gyfan yn ymddwyn. Mae systemau gwybyddol fel y cof a deallusrwydd yn enghreifftiau o werth ymagwedd gyfannol. Maen nhw'n systemau cymhleth a'u hymddygiad yn gysylltiedig â gweithgarwch niwronau, genynnau ac ati, ond does dim modd rhagfynegi sut beth yw'r system gyfan ar sail yr unedau sydd ar lefel is ynddi.

IDIOGRAFFIG NEU NOMOTHETIG

Mae'r ymagwedd **idiograffig** yn golygu astudio unigolion a'r ddirnadaeth unigryw y mae pob unigolyn yn ei rhoi i ni ynghylch ymddygiad pobl. Mae'r ymagwedd **nomothetig** yn golygu astudio nifer fawr o bobl ac yna geisio cyffredinoli neu ddatblygu cyfreithiau/damcaniaethau ynglŷn â'u hymddygiad. Dyna gyrchnod yr ymagwedd wyddonol – llunio cyfreithiau cyffredinol ymddygiad.

John

Dechreuodd John ddwyn pan oedd yn 10 oed. Ar y dechrau, byddai'n dwyn melysion o'i siop leol ond erbyn iddo fod yn 17 roedd wedi ymuno â gang lleol. Dechreuodd gydag aelodau eraill o'r gang ddwyn ceir a thorri i mewn i dai i ddwyn. Rhan bwysig o fod yn aelod o'r gang oedd bod yn galed ac yn ymosodol ac ymladd yn gyson ag aelodau eraill y gang.

GWAITH I CHI

1. Ewch ati mewn parau neu grwpiau bach i ymchwilio ymhellach i dybiaethau'r pedair ymagwedd, ac edrychwch i weld a allwch chi ymhelaethu rhagor ar yr esboniadau ar y dde.
2. Defnyddiwch y materion a'r dadleuon allweddol sydd wedi'u disgrifio ar y tudalen hwn i lenwi'r blychau gwag. Trafodwch sut mae pob ymagwedd unigol yn cyd-fynd â'r materion a'r dadleuon hynny.
3. Lluniwch eich hanes achos eich hun fel un John a defnyddiwch y pedair ymagwedd. Efallai y bydd yn rhaid i chi wneud peth ymchwil ar y we.

Yr ymagwedd fiolegol

Gallai hon esbonio ymddygiad John yn nhermau achos corfforol. Er enghraifft, gallai fod wedi etifeddu genynnau ymosodol oddi wrth ei dad, neu efallai fod ganddo lefelau arbennig o uchel o **testosteron** sy'n gwneud i bobl ymddwyn yn fwy ymosodol. Gallai fod wedi etifeddu lefelau uchel o destosteron neu efallai fod rhai llygryddion yn ei amgylchedd wedi codi lefelau'r testosteron ynddo.

Natur neu fagwraeth?

Penderfyniaeth neu ewyllys rydd?

Lleihadaeth neu gyfaniaeth?

Idiograffig neu nomothetig?

Yr ymagwedd ymddygiadol

Gallai hon ddweud bod John wedi dysgu ei ymddygiad o'r amgylchedd. Efallai iddo ddysgu hyn yn uniongyrchol am iddo gael gwobrau, fel cael sylw, pan fyddai'n ymddwyn yn ymosodol. Neu efallai iddo ddysgu ymddwyn yn ymosodol yn anuniongyrchol drwy weld pobl eraill yn ymddwyn fel hynny a **modelu** ei ymddygiad arnyn nhw.

Natur neu fagwraeth?

Penderfyniaeth neu ewyllys rydd?

Lleihadaeth neu gyfaniaeth?

Idiograffig neu nomothetig?

Yr ymagwedd seicodynamig

Byddai hon yn awgrymu bod ysgogiadau ymosodol John yn rhai **cynhenid**, a bod ei brofiadau cynnar wedi methu â'u sianelu i gyfeiriad mwy cadarnhaol. Gallai awgrymu hefyd i'w ymddygiad gael ei yrru gan wrthdrawiadau **anymwybodol** a ddeilliodd o brofiadau trawmatig yn gynnar yn ei blentyndod.

Natur neu fagwraeth?

Penderfyniaeth neu ewyllys rydd?

Lleihadaeth neu gyfaniaeth?

Idiograffig neu nomothetig?

Yr ymagwedd wybyddol

Byddai hon yn esbonio ymddygiad John drwy astudio prosesau mewnol ei feddwl. Canfyddiad John o ddwyn yw bod hynny'n dderbyniol, ac mae ef wedi datblygu cymaint ar y disgwyliad mai bod yn ymosodol yw'r ffordd i ddatrys gwrthdrawiadau nes ei fod wedi'i 'raglennu' i ymddwyn yn ymosodol.

Natur neu fagwraeth?

Penderfyniaeth neu ewyllys rydd?

Lleihadaeth neu gyfaniaeth?

Idiograffig neu nomothetig?

DULL GWYDDONOL

Mae un mater/ddadl derfynol arall i'w (h)ystyried, sef a yw ymagwedd yn un wyddonol?

Y rheswm y mae angen gwyddoniaeth yw mai hi yw'r unig ffordd o ddangos a yw damcaniaeth neu esboniad penodol yn 'wir', a hynny drwy ddefnyddio astudiaeth ymchwil i roi prawf ar y ddamcaniaeth.

Ond am nad ydy rhai damcaniaethau (ymagweddau) ddim yn hawdd iawn rhoi prawf arnyn nhw, allwn ni ddim dangos pa mor 'wir' ydyn nhw. Gallai rhai pobl ddadlau bod ffyrdd eraill o gasglu gwybodaeth (e.e. drwy ddadl resymegol neu ddim ond am eich bod chi'n credu mewn rhywbeth). Ond nod gwyddonwyr (a seicolegwyr) yw gwneud astudiaethau gwrthrychol ac empirig dan reolaeth dda. Mae gwybodaeth o'r fath yn fodd i ni reoli'n byd ni – er enghraifft, wrth godi pontydd a thrin sgitsoffrenia. Os nad yw'r wybodaeth yn gywir, bydd ein pontydd yn disgyn a methu wnaiff ein triniaethau.

I ddod o hyd i 'wirioneddau' am y byd, bydd gwyddonwyr yn defnyddio'r **dull gwyddonol**.

ENGHRAIFFT O'R DULL GWYDDONOL

1. **Arsylwi ymddygiad yn y byd naturiol** Sylwodd dau seicolegydd esblygol, John Lycett a Robin Dunbar (2000), ar ddwy ffaith ddiddorol am ffonau symudol. Yn gyntaf, mae'n debyg mai ffonau ffug sydd gan lawer o bobl. Yn ail, fe sylwon nhw (wrth eistedd mewn tafarn) fod dynion fel petaen nhw'n chwarae mwy â'u ffonau nag a wnaiff merched. Byddai dynion yn tynnu eu ffonau allan ac yn eu rhoi ar gownter y bar neu ar fwrdd i bawb eu gweld. Fel rheol, cadwai menywod eu ffonau yn eu bagiau llaw ac estyn amdanyn nhw dim ond petai'r ffôn yn canu neu petai arnyn nhw eisiau ffonio. Pam fyddai gan ddynion fwy o ddiddordeb na menywod mewn dangos eu ffonau?

2. **Cynnig damcaniaeth** Cynigiodd Lycett a Dunbar fod dynion yn defnyddio ffonau symudol fel ffurf ar arddangos-i-denu-cymar yn yr un ffordd ag y bydd paun gwryw yn arddangos ei gynffon gwych fel arwydd i beunod benyw ei fod yn werth paru ag ef (mae ffôn yn cyfleu statws ariannol a phwysigrwydd y perchennog mewn rhwydwaith cymdeithasol).

3. **Profi rhagdybiaeth** I roi prawf ar eu damcaniaeth, sefydlodd Lycett a Dunbar astudiaeth. Eu rhagdybiaeth oedd bod 'ymddygiad dynion a menywod ynglŷn â'u ffonau symudol yn wahanol. Mae dynion yn debycach o arddangos eu ffonau a hefyd o "chwarae" â nhw mewn mannau cyhoeddus.'

   Bu'r ymchwilwyr yn arsylwi ymddygiad dynion mewn tafarnau ac yn cofnodi pwy fu'n defnyddio'u ffôn neu'n ei arddangos, a sut y bydden nhw'n trin y ffôn. Yn ystod cyfnod yr astudiaeth, arsylwyd bod 32% o'r dynion yn arddangos eu ffôn symudol, ond 13% yn unig o'r benywod. Nododd yr ymchwilwyr fod y dynion yn arddangos ac yn chwarae â'u ffonau am fwy o amser wrth i nifer y dynion, o'i gymharu â nifer y menywod, godi – yn debyg braidd i'r ffordd y bydd peunod gwryw'n agor eu plu'n fwy egnïol po fwyaf o beunod gwryw eraill sydd yn y golwg.

4. **Tynnu casgliadau** Mae'r darganfyddiadau hynny'n cefnogi'r rhagdybiaeth a gynigiwyd gan Lycett a Dunbar fod dynion yn defnyddio ffonau symudol mewn ffordd wahanol i fenywod, ac yn cefnogi eu heglurhad y gallai hynny fod yn ffurf ar arddangos i ddenu cymar.

Gwyddoniaeth a ffugwyddoniaeth

Dyma ddwy brif nodwedd gwyddoniaeth:

- Ei nod yw bod yn wrthrychol ac yn systematig.
- Mae'n wiriadwy, h.y. gallwch chi wirio canlyniadau astudiaeth drwy ei halenaidd neu ei chroesgyfeirio ag astudiaeth arall er mwyn gweld a yw'r darganfyddiadau'n wir.

Heb wyddoniaeth, mae pobl yn agored i ofergoelion, twyllwyr, cred mewn iachâd gwyrthiol a 'gwybodaeth' am y dyfodol. Bydd rhai pobl yn defnyddio gwyddoniaeth i werthu eu cynhyrchion neu eu gwasanaethau. Fe ddywedan nhw fod y cyffur hwn neu'r rhaglen acw 'wedi'i brofi'n wyddonol'. Ond ai dyna'r gwir? Un o'r rhesymau dros astudio gwyddoniaeth yw i chi, hefyd, allu dysgu rheoli'ch byd a gwahanu gwyddoniaeth oddi wrth ffugwyddoniaeth.

Ymagweddau mewn Seicoleg

MANYLEB UNED 1 UWCH GYFRANNOL   2

PENNOD 1 YR YMAGWEDD FIOLEGOL
Yr ymagwedd fiolegol: tybiaethau   3
Model GAS Selye   4
Therapi 1 Seicolawdriniaeth   6
Therapi 2 Cemotherapi   8
Gwerthuso'r ymagwedd fiolegol   10
Y fethodoleg a ddefnyddir gan yr ymagwedd fiolegol   12
Pennod 1: crynodeb a gweithgareddau adolygu   14
Cwestiynau arholiad enghreifftiol ac atebion myfyrwyr   16

PENNOD 2 YR YMAGWEDD YMDDYGIADOL
Yr ymagwedd ymddygiadol: tybiaethau   17
Damcaniaeth dysgu cymdeithasol am ymosodedd   18
Therapi 1 Therapi anghymell   20
Therapi 2 Dadsensiteiddio systematig   22
Gwerthuso'r ymagwedd ymddygiadol   24
Y fethodoleg a ddefnyddir gan yr ymagwedd ymddygiadol   26
Pennod 2: crynodeb a gweithgareddau adolygu   28
Cwestiynau arholiad enghreifftiol ac atebion myfyrwyr   30

PENNOD 3 YR YMAGWEDD SEICODYNAMIG
Yr ymagwedd seicodynamig: tybiaethau   31
Damcaniaeth Freud ynghylch datblygiad personoliaeth   32
Therapi 1 Dadansoddi breuddwydion   34
Therapi 2 Rhyddgysylltu   36
Gwerthuso'r ymagwedd seicodynamig   38
Y fethodoleg a ddefnyddir gan yr ymagwedd seicodynamig   40
Pennod 3: crynodeb a gweithgareddau adolygu   42
Cwestiynau arholiad enghreifftiol ac atebion myfyrwyr   44

PENNOD 4 YR YMAGWEDD WYBYDDOL
Yr ymagwedd wybyddol: tybiaethau   45
Damcaniaeth priodoli   46
Therapi 1 Therapi ymddygiadol gwybyddol   48
Therapi 2 Therapi rhesymoli emosiwn   50
Gwerthuso'r ymagwedd wybyddol   52
Y fethodoleg a ddefnyddir gan yr ymagwedd wybyddol   54
Pennod 4: crynodeb a gweithgareddau adolygu   56
Cwestiynau arholiad enghreifftiol ac atebion myfyrwyr   58

ADOLYGIAD DIWEDD UNED 1
Cwestiynau cymharu a chyferbynnu   60
Gweithgareddau adolygu   62
Croesair   64

▲ Ar un adeg, roedd 'carfanau o feddylwyr' yn hytrach nag ymagweddau mewn seicoleg. Rhannai'r carfanau hynny set o dybiaethau ynghylch ymddygiad pobl a'r dulliau priodol o'i astudio. Mae gan y rhai sy'n arddel ymagwedd benodol dybiaethau ynghylch achosion ymddygiad a byddan nhw'n defnyddio set gyffredin o gysyniadau wrth eu hegluro. Mae tuedd iddyn nhw hefyd ddefnyddio set gyffredin o ddulliau ymchwilio.

PY1 20% 1¼ awr Ymagweddau mewn Seicoleg	
Arholiad: Bydd yr ymgeiswyr yn ateb pum cwestiwn gorfodol ar seicoleg.	Pedair prif ymagwedd seicolegol yw sylfaen Uned 1. Rhaid i ymgeiswyr allu: ▶ Amlinellu prif dybiaethau pob ymagwedd unigol. ▶ Disgrifio un ddamcaniaeth ac un therapi sy'n gysylltiedig â phob ymagwedd unigol. ▶ Gwerthuso cryfderau a gwendidau pob ymagwedd unigol. ▶ Egluro a gwerthuso'r fethodoleg a ddefnyddir gan bob ymagwedd unigol. ▶ Eu cymharu a'u cyferbynnu ag ymagweddau eraill o ran tebygrwyddau a gwahaniaethau. **Yr ymagwedd fiolegol**: Syndrom addasu cyffredinol (GAS) Selye a seicolawdriniaeth neu gemotherapi. **Ymddygiadol**: Damcaniaeth dysgu cymdeithasol ynghylch ymosodedd, therapi anghymell neu ddadsensiteiddio systematig. **Seicodynamig**: Damcaniaeth Freud ynghylch datblygiad personoliaeth a dadansoddi breuddwydion neu ryddgysylltu. **Gwybyddol**: Damcaniaeth priodoli a therapi ymddygiadol gwybyddol (CBT) neu therapi rhesymoli emosiwn (RET).

SYLWADAU AR Y FANYLEB A THREFN Y BENNOD HON

Yn y rhan hon o'ch cwrs Uwch Gyfrannol ar Seicoleg fe astudiwch chi wahanol ymagweddau y bydd seicolegwyr yn eu defnyddio i egluro ymddygiad. I'ch helpu chi i'w deall fe astudiwch chi engreifftiau penodol ohonyn nhw. I astudio'r ymagwedd fiolegol, er enghraifft, fe astudiwch chi fodel GAS Selye – y model a ddefnyddir i esbonio straen.

Mae pedair pennod gyntaf y llyfr yn ymdrin â phob un o'r ymagweddau a enwir yn y fanyleb, sef yr ymagweddau biolegol, ymddygiadol, seicodynamig a gwybyddol.

Dyma'r pynciau a gaiff eu trafod yn achos pob ymagwedd unigol:

Set 1 o ddau dudalen: Tybiaethau Cychwynnwn bob pennod drwy ddisgrifio tair tybiaeth allweddol yr ymagwedd. Wrth i chi ddarllen gweddill y bennod, fe welwch chi'r tybiaethau hynny 'ar waith' yn y theori a'r therapi sy'n cael sylw.

Set 2 o ddau dudalen: Damcaniaeth Mae'r fanyleb yn nodi un ddamcaniaeth ar gyfer pob ymagwedd unigol. Caiff hi sylw ar draws dau dudalen. Does dim angen i chi allu gwerthuso'r ddamcaniaeth.

Setiau 3 a 4 o ddau dudalen: Therapi Caiff dau therapi ar gyfer pob ymagwedd sylw, ond un yn unig ohonyn nhw y bydd angen i chi ei astudio. Yma eto, caiff pob therapi unigol sylw ar draws dau dudalen.

Set 5 o ddau dudalen: Cryfderau a gwendidau Bydd angen i chi hefyd ddeall cryfderau a gwendidau pob ymagwedd unigol. Yn yr arholiad Uwch Gyfrannol, chewch chi byth gais i werthuso'r ddamcaniaeth neu'r therapi, dim ond i werthuso'r ymagwedd gyffredinol. Ond gan y cewch chi gais i gymharu a chyferbynnu'r ymagweddau, fe ystyriwn ni hynny ar y ddau dudalen sy'n gwerthuso pob ymagwedd unigol.

Set 6 o ddau dudalen: Methodoleg Caiff dau ddull sy'n nodweddiadol o'r ymagwedd eu hegluro a'u gwerthuso.

Rhybudd

Er bod y wybodaeth yma'n gywir adeg llunio'r llyfr, bydd arholiadau'n esblygu a newidiadau'n digwydd yn aml. Cewch y wybodaeth ddiweddaraf ar ein gwefan ni (www.folensblogs. com/psychcompanion/blog/) ac ar wefan swyddogol CBAC (www.cbac.co.uk).

Ym mhob pennod, hefyd, cewch chi'r elfennau hyn:

Cwestiynau 'Allwch chi?' Ar bob yn ail dudalen, cewch chi gwestiynau 'Allwch chi?'. Mae uwch-arholwr wedi'u llunio nhw i'ch helpu i ateb cwestiynau arholiad.

Gweithgareddau 'Gwaith i chi' Bydd y rhain yn eich helpu chi i ddyfnhau eich dealltwriaeth o'r pwnc.

Adolygiad diwedd-pennod Yma, cewch chi grynodeb diagramatig o'r bennod, tudalen o weithgareddau ac ymarferion adolygu, atebion myfyrwyr i gwestiynau arholiad nodweddiadol, a sylwadau arholwr arnyn nhw.

PY1 – Ymagweddau mewn seicoleg

Dyma'r olwg fydd ar set nodweddiadol o gwestiynau yn arholiad Uned 1 Uwch Gyfrannol. Bydd y cwestiynau bob amser yn dilyn yr un patrwm, e.e. bydd cwestiwn 1(a) yn gwestiwn am ddwy dybiaeth (*assumption*) un ymagwedd. Y cyfan fydd yn newid fydd y ddamcaniaeth/ therapi/ymagwedd.

Awr a 15 munud (60 marc)

Atebwch bob cwestiwn.

1. (a) **Amlinellwch** ddwy o dybiaethau'r ymagwedd ymddygiadol. [4]
   (b) **Disgrifiwch** y ddamcaniaeth dysgu cymdeithasol ynghylch ymosodedd. [8]
2. **Disgrifiwch** sut mae'r ymagwedd fiolegol wedi cael ei chymhwyso mewn naill ai Seicolawdriniaeth neu Gemotherapi. [12]
3. (a) **Gwerthuswch** ddau o gryfderau'r ymagwedd wybyddol. [6]
   (b) **Gwerthuswch** ddau o wendidau'r ymagwedd wybyddol. [6]
4. **Cymharwch a chyferbynnwch** yr ymagwedd fiolegol a'r ymagwedd seicodynamig o ran tebygrwyddau a gwahaniaethau. [12]
5. **Eglurwch a gwerthuswch** y fethodoleg sy'n cael ei defnyddio gan yr ymagwedd seicodynamig. [12]

Nod yr **ymagwedd fiolegol** yw egluro pob ymddygiad a phrofiad yn nhermau prosesau corfforol. Pan fyddwch chi dan straen, er enghraifft, byddwch chi fel rheol yn teimlo bod eich calon yn curo, eich cledrau'n chwysu, ac ati. Symptomau corfforol yw'r rheiny, a'r system nerfol sy'n eu hysgogi. Prosesau biolegol sy'n achosi'ch profiad o straen. Mae'r system nerfol wedi'i rhannu'n **system nerfol ganolog (CNS)** ac yn **system nerfol awtonomig (ANS)**, a chaiff yr ANS ei rhannu'n **ganghennau sympathetig a pharasympathetig**. Y CNS yw'r ymennydd a madruddyn y cefn (*spinal cord*), ac mae rhyw 12 biliwn o nerfgelloedd (niwronau) ynddyn nhw.

Tybiaeth 1 Mae modd esbonio ymddygiad yn nhermau gwahanol rannau o'r ymennydd

Fe wyddon ni fod llawer o wahanol rannau o'r ymennydd dynol yn cyflawni swyddogaethau arbenigol. Mae'r **cortecs cerebrol** yn gorchuddio arwyneb yr ymennydd, yn blygiadau i gyd ac yn llwyd ei wedd. Dyma'r rhan o'r ymennydd sy'n gyfrifol am swyddogaethau gwybyddol uchaf. Mae pedair llabed i'r cortecs cerebrol. Y bwysicaf yw'r **cortecs** neu'r **llabed flaen** sy'n gyfrifol am symudiadau echddygol manwl a meddwl. Ymhlith y llabedau eraill mae llabed yr ocsipwt sy'n gysylltiedig â gweld.

O dan y cortecs mae amrywiol adeileddau **isgortigol**, fel yr **hypothalamws**, sy'n integreiddio'r ANS (pwysig mewn straen ac emosiwn).

Tybiaeth 2 Mae modd egluro ymddygiad yn nhermau niwrodrosglwyddyddion

Niwronau yw celloedd y gellir eu cyffroi'n drydanol ac sy'n sail i'r system nerfol. Mae'r system nerfol yn fwy hyblyg am fod llawer cangen (*dendryd*) ar ddiwedd pob niwron fel bod pob niwron yn cysylltu â llu o rai eraill. Bydd un niwron yn cyfathrebu â niwron arall ger y **synaps**, lle caiff y neges ei throsglwyddo gan negeseuwyr cemegol (**niwrodrosglwyddyddion**). Caiff y niwrodrosglwyddyddion eu rhyddhau o **fesiglau cynsynaptig** mewn un niwron a byddan nhw'n ysgogi neu'n atal derbynyddion yn y niwron arall. Rhyw 20nm (nanometr) o hyd yw'r **hollt** neu'r **bwlch synaptig**. Dyma rai niwrodrosglwyddyddion cyffredin: **dopamin** (sy'n gysylltiedig ag atgyfnerthiad (*rewards*) a hefyd â sgitsoffrenia), **serotonin** (cysgu a chyffroi), **adrenalin** (cyffroi) a **GABA** (lleddfu gorbryder).

Tybiaeth 3 Mae modd egluro ymddygiad yn nhermau hormonau

Sylweddau biocemegol yw **hormonau** ac fe gân nhw eu cynhyrchu mewn un rhan o'r corff (chwarennau endocrin fel y chwarennau pitwidol ac adrenal). Byddan nhw'n cylchredeg yn y gwaed ac yn effeithio ar organ(au) targed. Cynhyrchir llawer iawn ohonyn nhw ond fe ddiflannant yn gyflym iawn. O'u cymharu â'r system nerfol, mae eu heffeithiau'n araf ond yn bwerus iawn. Ymhlith yr hormonau mae **testosteron** (hormon gwryw) ac **oestrogen** (hormon benyw). Mae rhai hormonau, fel **adrenalin**, hefyd yn niwrodrosglwyddyddion (*neurotransmitters*).

Esboniadau genetig

*Mae'r ymagwedd fiolegol hefyd yn cynnwys esboniadau genetig, h.y. eich bod chi wedi etifeddu rhai ymddygiadau oddi wrth eich rhieni (**natur**). Penderfynir rhai nodweddion gan un **gennyn** (gene) yn unig (e.e. lliw eich llygaid). Bydd mwy nag un gennyn yn ymwneud â'r mwyafrif o nodweddion (e.e. deallusrwydd neu salwch meddwl). Fel rheol, bydd genynnau'n creu rhagdueddiad (predisposition) i ymddwyn mewn ffordd benodol yn hytrach nag yn penderfynu ymddygiad, ac yn rhyngweithio â phrofiadau bywyd.*

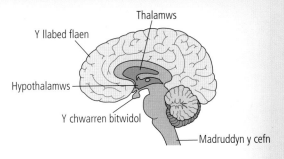

▲ Rhai o rannau pwysig yr ymennydd.

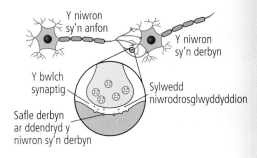

▲ Diagram o niwron.

GWAITH I CHI — Rhif 1.1

Mae dau hanner (neu hemisffer) i'r ymennydd, ac mae rhai swyddogaethau arbennig i'r naill a'r llall. Os cyflawnwch chi ddwy dasg sy'n golygu defnyddio un hemisffer o'r ymennydd, dylech chi gyflawni'r ddwy dasg yn arafach nag wrth gyflawni dwy dasg lle mae'r naill yn cynnwys yr hemisffer ar y dde a'r llall yr un chwith. Gallwch chi ddangos hynny'n eithaf rhwydd drwy wneud yr arbrawf hwn:

Tapiwch eich bys de wrth ddarllen tudalen o lyfr (mae'r ddwy weithred yn defnyddio'r hemisffer chwith). Ac yna tapiwch â'ch bys dde heb ddarllen. Bob tro, cyfrifwch sawl gwaith y byddwch chi'n tapio'ch bys mewn 30 eiliad a chymharwch y ddau sgôr.

CWESTIWN ARHOLIAD

Amlinellwch ddwy o dybiaethau'r ymagwedd fiolegol. [4]

Nodiadau Yn yr arholiad, cewch chi gais i amlinellu **dwy** o dybiaethau **un** o'r pedair ymagwedd. Bydd y cwestiwn yn werth 4 marc. Dylech chi strwythuro'ch ateb fel hyn.

▸ *Enwi un dybiaeth.*
▸ *Egluro / manylu ar y dybiaeth.*
▸ *Enwi ail dybiaeth.*
▸ *Egluro / manylu ar y dybiaeth.*

Model GAS Selye

Mae **straen** yn enghraifft dda o ddefnyddio'r **ymagwedd fiolegol** i egluro ymddygiad. 'Straen' yw'r ffordd y teimlwch chi pan fyddwch dan bwysau – pan fydd gofynion canfyddedig sefyllfa'n drech na'ch gallu canfyddedig i ymdopi â nhw, yn enwedig os bernir bod y gofynion hynny'n peryglu'ch lles mewn rhyw ffordd. Er enghraifft, bydd person sy'n dychmygu mwy a mwy fod arholiad yn rhywbeth anhygoel o anodd, ond yn gwybod nad yw wedi gwneud fawr o adolygu, yn teimlo straen, ond fe wnaiff hynny *dim ond* os bydd methu'r arholiad yn arwain at ganlyniadau eithaf annymunol iddo ef neu iddi hi.

Mae'r ymateb straen yn bwysig i oroesiad anifail am fod y newidiadau corfforol sy'n gysylltiedig â straen yn hanfodol o dan amodau ymladd neu ffoi (h.y. ymosod neu redeg i ffwrdd). Heb eich ymateb straen, mae perygl y gall car eich taro neu gi dig ymosod arnoch chi.

Mae modd olrhain llawer o'n dealltwriaeth o natur straen yn ôl i waith arloesol Hans Selye. Cewch ddisgrifiad ohono ar y tudalen hwn. Ef fathodd y gair Saesneg 'stress' yn y cyd-destun hwn ac fe gewch chi'r un gair mewn ieithoedd eraill – *le stress* yn Ffrangeg, *der Stress* yn Almaeneg, ac ati.

▲ Bydd pobl heddiw'n wynebu straenachoswyr gwahanol iawn i'r rhai a wynebai pobl erstalwm, ond yr un ymateb straen sydd ganddyn nhw, a gall hwnnw beidio â bod yn ymaddasol (*adaptive*) bob amser.

GWAITH I CHI
Rhif 1.2

Beth fydd yn digwydd pan fyddwch chi dan straen?
Mae'n fwy na thebyg i chi gael y profiad lawer gwaith – eich calon yn curo'n gyflym, eich cledrau'n chwyslyd a'ch ceg yn sych. Mae'r rheiny i gyd yn newidiadau sy'n nodweddu'r ymateb straen. Wyddech chi, er enghraifft, mai un o fanteision detholus chwysu wrth wynebu perygl yw bod hynny'n gwneud y corff yn fwy llithrig ac felly'n fwy anodd cydio ynddo!

Yr esboniad biolegol yw bod canfod bygythiad (straenachosydd) yn cyffroi rhan o'ch system nerfol – y **system nerfol sympathetig** – sy'n cynhyrchu'r adrenalin i'ch paratoi chi i ymladd neu ffoi.

Rhowch brawf ar eich ymatebion straen eich hun. Trefnwch i wirfoddolwyr gyflawni tasgau sydd ychydig yn straenus, fel rhoi cyflwyniad i'r dosbarth neu wneud tasg *Stroop* (gweler faculty. washington.edu/chudler/words.html) sy'n creu rhwystredigaeth fawr.

Cyn y dasg, yn ystod y dasg ac ar ei hôl (**mesurau ailadrodd**), cymerwch fesuriadau ffisiolegol, e.e. cyfradd curiad y galon, maint cannwyll y llygaid (sy'n ymledu pan gân nhw eu cyffroi), sychder y geg, chwys (gwiriwch y ceseiliau!) ac, efallai, hyd yn oed bwysedd gwaed os oes gennych chi fonitor pwysedd gwaed. Cyfrifwch, er enghraifft, gymedr curiadau calonnau'ch gwirfoddolwyr a dangoswch ef ar graff.

- Dadansoddwch eich darganfyddiadau drwy lunio graffiau.
- Gallech chi hefyd ofyn i'r cyfranwyr lunio adroddiad goddrychol ar eu synwyriadau. A fu unrhyw newid dros y tri chyfnod?
- Oedd adroddiadau goddrychol pobl yn cyd-fynd â'u data ffisiolegol?
- Welsoch chi wahaniaethau unigol yn eich gwirfoddolwyr? Er enghraifft, oedd mwy o straen ar wrywod na benywod?
- Beth ddysgoch chi o'r gweithgaredd hwn am ymateb straen?

MODEL GAS

Ar sail ei ymchwil (1936, 1950), fel yr astudiaeth ar y tudalen gyferbyn, casglodd Selye fod anifeiliaid yn arddangos ymateb cyffredin i bob straenachosydd pan wynebant ysgogiadau annymunol. Galwodd ef hynny'n **syndrom addasu cyffredinol** (**GAS** – *General Adaptation Syndrome*).

- Mae'n 'gyffredin' am mai'r un ymateb sydd i bob asiant.
- Defnyddir y term 'addasu' am ei fod yn ymaddasol – y ffordd iachaf i'r corff ymdopi â straen eithafol.
- Mae'n 'syndrom' am fod sawl symptom yn yr ymateb straen.

Gan gysylltu straen â salwch, cynigiodd Selye fod tri cham yn arwain at salwch, a bydd straen yn arwain at ddihysbyddu adnoddau ffisiolegol ac yn lleihau gwrthwynebedd yr organeb i haint.

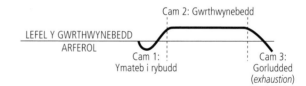

Cam 1: Ymateb i rybudd

Bydd y corff yn adnabod y bygythiad neu'r straenachosydd ac yn ymateb i'r rhybudd. Bydd yr **hypothalamws** yn yr ymennydd yn ysgogi'r **chwarennau adrenal** (sy'n gorwedd ar ben yr arennau) i gynhyrchu **adrenalin**. Effaith yr adrenalin fydd achosi synwyriadau fel cynyddu cyfradd curiad y galon, cledrau chwyslyd, anadlu cyflym ac ati. Bydd hynny'n peri i'r corff fod yn barod i 'ymladd neu ffoi'.

Cam 2: Gwrthwynebedd

Os bydd y straen yn parhau, bydd angen dod o hyd i ryw ffordd o ymdopi ag ef. Bydd y corff yn ymaddasu i ofynion yr amgylchedd ond, yr un pryd, bydd ei adnoddau'n graddol brinhau. Er bod y corff fel petai'n ymdopi, bydd pethau mewn gwirionedd yn dirywio'n ffisiolegol.

Cam 3: Gorludded

Yn y pen draw, os nad ydy systemau'r corff yn gallu parhau i weithredu'n normal, gall y symptomau cychwynnol ailymddangos (chwysu, cynyddu curiad y galon, ac ati). Gall y gor-weithgarwch blaenorol niweidio'r chwarennau adrenal, ac am fod yr anghenion eraill wedi arafu cynhyrchu'r proteinau angenrheidiol (e.e. **cortisol**) gall y **system imiwnedd** beidio ag ymdopi. Fe welwch chi'r canlyniad mewn salwch sy'n gysylltiedig â straen, fel wlser, iselder ysbryd, problem gardiofasgwlar a mathau eraill o salwch meddwl a chorfforol.

Y chwarennau adrenal – ar ben pob aren – sy'n cynhyrchu adrenalin.

Mae'r system imiwnedd wedi'i chynllunio i amddiffyn y corff rhag y miliynau o antigenau (h.y. bacteria, firysau, tocsinau a pharasitiaid) a fyddai'n ei oresgyn fel arall. Fel rheol, pan fydd eich system imiwnedd yn gweithio, caiff niferoedd mawr o'r antigenau eu rhwystro rhag dod i mewn i'ch corff, ond cyn gynted ag y bydd eich system imiwnedd yn stopio gweithio'n iawn, byddan nhw'n heidio i mewn.

DYMA'R YMCHWILYDD

Er mai yn Hwngari y ganed **Hans Selye** (sel-ieh), treuliodd y rhan fwyaf o'i fywyd yn gweithio yng Nghanada. Roedd ei deulu yn ffisigwyr a chafodd ei hyfforddi'n feddyg yn Praha. Wrth weithio fel meddyg, sylwodd fod gan bawb a oedd yn sâl rai o'r un arwyddion a symptomau, a dyna'r cam cyntaf iddo ganfod y cysyniad o 'straen'.

Yng Nghanada, roedd ef â gofal labordy ymchwil mawr, 40 o gynorthwywyr a 15 000 o anifeiliaid labordy. Cofiai un o'i gydweithwyr am ei egni a'i ymroddiad – fel rheol byddai'n codi am 5.00 y bore, yn nofio yn ei bwll nofio gartref ac yna'n seiclo rhyw 10km i'w labordy a gweithio yno am hyd at 14 awr. Prin y cymerai ddiwrnodau'n rhydd ac âi i'r gwaith ar benwythnosau ac yn ystod ei wyliau.

Ffrwyth hynny oedd rhestr faith o gyhoeddiadau – dros 1700 o bapurau ymchwil a 40 o lyfrau. Enwebwyd ef sawl gwaith i gael gwobr Nobel am ei gyfraniad aruthrol i'n dealltwriaeth ni o straen.

▼ Hans Selye 1907–1982.

YMCHWIL HANS SELYE GYDA LLYGOD MAWR

Y nodau a'r cyd-destun

Wrth weithio mewn ysbyty, sylwodd Selye fod gan bob claf yno set gyffredin o symptomau (poenau, colli archwaeth) beth bynnag oedd o'i le arno neu arni. Wrth ymchwilio'n ddiweddarach i effeithiau hormonau ar lygod mawr, sylwodd Selye (1936) unwaith eto ar yr ymateb 'cyffredinol' hwnnw. Pa sylwedd bynnag a gâi ei chwistrellu i'r llygod mawr, ymateb tebyg a geid bob tro. Awgrymodd Selye fod yna un mecanwaith mewnol i ddelio ag 'asiantau atgas', sef 'straenachoswyr'. Nod ei astudiaeth, felly, oedd rhoi prawf ar y rhagdybiaeth honno.

Dulliau gweithredu

Cyflwynwyd y llygod mawr i amrywiol asiantau atgas fel oerfel, anaf llawfeddygol, sioc i fadruddyn y cefn (ei dorri), gor-ymarfer y cyhyrau, neu ddosau isangheuol o wahanol gyffuriau (adrenalin, morffin, fformaldehyd, ac ati).

Darganfyddiadau a chasgliadau

Sylwyd ar syndrom nodweddiadol, ac roedd ei symptomau'n annibynnol ar natur yr asiant niweidiol neu'r math o gyffur a ddefnyddiwyd. Bydd y syndrom yn datblygu mewn tri cham:

1. Yn ystod y cam cyntaf (y 6-48 awr gyntaf), fe gynhyrchodd yr holl ysgogiadau (*stimuli*) ar yr un triad ffisiolegol:
   a) y chwarennau adrenal yn chwyddo
   b) wlserau (clwyfau agored) yn datblygu yn y system dreulio (y stumog, y coluddion)
   c) y system imiwnedd yn crebachu.
2. Os byddai'r driniaeth yn parhau, byddai golwg a swyddogaeth yr organau mewnol yn dychwelyd bron i'w cyflwr arferol.
3. Os byddai'r driniaeth yn parhau eto, byddai'r anifeiliaid, ar ôl mis i dri mis (gan ddibynnu ar ddifrifoldeb yr asiant niweidio), yn colli eu gwrthwynebedd ac yn arddangos symptomau'r triad ffisiolegol a welwyd yn y cam cyntaf.

Mae'r canlyniadau yn cefnogi 'athrawiaeth amhenodolrwydd' ('*doctrine of non-specificity*'), sef bod y corff yn ymateb mewn ffordd amhenodol i unrhyw ofynion sydd arno. Awgrymodd Selye y gallai ymatebion y llygod mawr i bethau cas fod yn debyg i'r ymatebion amddiffynnol cyffredinol i salwch.

ALLWCH CHI...?
Rhif **1.2**

1... Ddewis **un** dybiaeth o'r ymagwedd fiolegol ar dudalen 3 ac egluro sut mae honno'n perthnasu â model GAS.
2... Darganfod ble mae'ch chwarennau adrenal a thynnu diagram i ddangos hynny.
3... Llunio crynodeb byr o astudiaeth glasurol Selye ar straen, gan gynnwys brawddeg am bob un o'r rhain:
   a) y nodau a'r cyd-destun
   b) y trefniadau
   c) y darganfyddiadau a'r casgliadau.
4... Egluro pam mae model GAS yn ymaddasol.
5... Ysgrifennu **un** frawddeg i egluro pob cam o fodel GAS.
6... Ysgrifennu **dwy** frawddeg arall am bob cam er mwyn i chi fod â disgrifiad llawn o'r model.
7... Dewis **dau** bwynt allweddol y gallech chi sôn amdanyn nhw mewn perthynas â model GAS.

CWESTIWN ARHOLIAD

Disgrifiwch fodel Syndrom Addasu Cyffredinol (*GAS*) Selye. [8]

Nodiadau Yn yr arholiad, cewch gais i ddisgrifio **un** o'r pedair damcaniaeth rydych chi wedi'u hastudio (mae damcaniaeth ar gyfer pob un o'r pedair ymagwedd). Bydd y cwestiwn yn werth 8 marc. I gael yr 8 marc i gyd, dylai'ch ateb:

▶ *Fod yn gywir ac yn fanwl.*
▶ *Dangos tystiolaeth o ymhelaethu cydlynol (coherent elaboration), h.y. dylech chi egluro pob pwynt i ddangos eich dealltwriaeth.*
▶ *Arddangos dyfnder ac ystod o wybodaeth, ond nid i'r un graddau o reidrwydd. Hynny yw, gallwch chi fanylu cryn dipyn ar ambell bwynt (h.y. dyfnder) neu drafod nifer o bwyntiau yn llai manwl (ystod).*
▶ *Bod wedi'i strwythuro'n dda ac yn gydlynol (coherent).*
▶ *Bod yn gywir o ran gramadeg, atalnodi a sillafu.*
▶ *Bod yn rhyw 250-300 o eiriau.*

Therapi 1 Seicolawdriniaeth

Ar y pedwar tudalen nesaf fe edrychwn ni ar ddwy enghraifft bellach o'r **ymagwedd fiolegol** mewn seicoleg. Mae'r ddwy ohonyn nhw'n enghreifftiau o therapïau biolegol sy'n cael eu defnyddio i drin anhwylderau meddwl. Fe edrychwn ni ar **seicolawdriniaeth** ar y ddau dudalen hyn, ac ar **gemotherapi** ar y ddau nesaf. Does ond gofyn i chi astudio un ohonyn nhw.

Mae'r farn am seicolawdriniaeth yn tueddu i fod yn eithafol: mae rhai pobl yn gryf o'i phlaid ac eraill yn ei gwrthwynebu'n ffyrnig ac yn ei galw'n 'fwtsiera'r ymennydd'. Ond mae'n bwysig cofio bod salwch meddwl difrifol hefyd yn analluogi llawer ar y claf. Bydd ein cymdeithas ni'n defnyddio geiriau fel 'milain' i ddisgrifio canser, ond efallai mai salwch meddwl difrifol yw'r clefyd mileiniaf y gallwch chi ei gael. Ydy hi'n well defnyddio dulliau sy'n lleddfu'r cyflwr weithiau'n unig a mentro gweld sgil-effeithiau trychinebus, neu ddysgu goddef problemau'r meddwl?

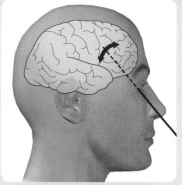

▲ Yn y 1940au a'r 1950au, peth cyffredin oedd rhoi lobotomi i gleifion â salwch meddwl i reoli eu symptomau ymosodol. Un ffurf ar lobotomi – lobotomi trawsgreuol – oedd gwthio teclyn miniog i'r ymennydd drwy dwll y llygad. Byddai hynny'n difrodi'r cortecs cyndalcennol sydd ar y tu blaen, a'r gred oedd bod hynny'n lleddfu ymddygiad ymosodol.

HANES SEICOLAWDRINIAETH

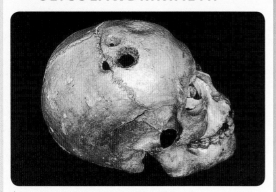

▲ Penglog sy'n dangos tystiolaeth o drepannu.

Mae seicolawdriniaeth yn mynd yn ôl i'r arfer hynafol o *drepannu* neu *dreffinio*, sef defnyddio cyllell finiog neu ddril cylchog arbennig i dorri tyllau o ryw 4cm o ddiamedr ym mhenglog person byw. Y nod oedd rhyddhau ysbrydion drwg. Roedd yr arfer yn gyffredin yn yr Hen Roeg a Rhufain ac ymlaen tan yr Oesoedd Canol yn Ewrop. Ond mae'n llawer hŷn na hynny. Cafwyd hyd i benglogau 40 000 o flynyddoedd oed ac arnyn nhw arwyddion o drepannu (Sabbatini, 1997).

Yn y 1940au a'r 1950au, arloesodd Egas Moniz (gweler ar y dde) ffurf newydd ar seicolawdriniaeth. Clywodd am ymchwil lle câi mwncïod a oedd â thueddiadau ymosodol eu tawelu ar ôl tynnu eu **llabedau blaen**. Datblygodd ef lawdriniaeth debyg ar gyfer pobl a chafodd wobr Nobel yn 1949 am ei waith.

Poblogeiddiwyd y dull hwnnw yn UDA gan Walter Freeman drwy ddefnyddio 'techneg y gaib iâ', sef morthwylio caib iâ i ddwythell ddagrau'r claf a throi'r gaib hwnt ac yma i dorri'r cysylltiadau rhwng y **cortecs cyndalcennol** a'r ymennydd.

Yr amcangyfrif yw i hyd at 50 000 o lobotomïau gael eu cyflawni, ond yn y pen draw fe gydnabuwyd y sgil-effeithiau eithafol, a golygodd dyfodiad **cyffuriau seicoweithredol** i drin anhwylderau meddwl i'r llawdriniaeth honno ddod i ben. Erbyn heddiw mae seicolawdriniaeth yn wahanol iawn.

SEICOLAWDRINIAETH

Mae seicolawdriniaeth yn drefn lawdriniaethol ar yr ymennydd gyda'r bwriad o drin ymddygiad anystywallt (*disordered behaviour*) sy'n deillio o anhwylder meddwl. Chaiff y term mo'i ddefnyddio mewn achosion lle mae'n hysbys bod achos organig i'r ymddygiad, fel wrth dynnu tyfiant neu wneud llawdriniaeth i leddfu epilepsi. Gall seicolawdriniaeth olygu dinistrio rhannau o'r ymennydd neu, yn fwy cyffredin, dorri ffibrau i wahanu'r rhannau targed o'r ymennydd a'u rhwystro rhag gweithio.

Lobotomi cyndalcennol

Trefn lawdriniaethol yw **lobotomi cyndalcennol** (*prefrontal lobotomy*) ac mae'n cynnwys dinistrio detholiad o ffibrau nerfol. Caiff ei gyflawni ar labed flaen yr ymennydd – rhan sy'n ymwneud â rheoli symbyliadau a hwyliau – a'i ddiben yw lleddfu rhai o symptomau difrifol salwch meddwl. I gychwyn, gwnaed llawdriniaethau ar gleifion ag *anhwylderau affeithiol* (h.y. amrywiol fathau o **iselder**), ar grwpiau eraill o gleifion a gynhwysai rai â math difrifol o **anhwylder gorfodaeth obsesiynol** (OCD), ac, yn llai llwyddiannus, ar rai â **sgitsoffrenia**. Fel rheol, roedd *difrifoldeb* y salwch yn bwysicach na'r *math* o salwch, ond ystyriwyd hefyd pa mor beryglus oedd y claf.

Yn y 1930au datblygodd Moniz drefn lawfeddygol o'r enw **lewcotomi cyndalcennol** (*prefrontal leucotomy*). Golygai hynny ddrilio twll bob ochr i'r benglog a mewnwthio offeryn tebyg i gaib iâ i ddinistrio'r ffibrau nerfol o dani. Yn ddiweddarach, aeth Moniz ati i wella ei dechneg drwy gynllunio 'lewcotom', sef offeryn â dolen wifren y gellid ei thynnu'n ôl a blaen. Fe'i defnyddiwyd i dorri i mewn i fater gwyn yr ymennydd a thorri ffibrau nerfol. Y gobaith oedd bod torri i lwybrau'r nerfau a gludai feddyliau o un rhan o'r ymennydd i'r llall yn rhwystro cleifion rhag meddwl ac ymddwyn mewn ffyrdd hynod o drallodus.

Mae'n amlwg bod arferion dyddiau cynnar seicolawdriniaeth yn amhriodol ac yn aneffeithiol. Byddai lobotomïau'n lladd hyd at 6%, a gwelwyd amrywiaeth o sgil-effeithiau corfforol difrifol fel trawiad ar yr ymennydd a diffyg ymatebolrwydd emosiynol (Comer, 2002). Mater gwahanol yw seicolawdriniaeth fodern, ond yn y bôn gallai'r un gwrthwynebiadau fod yn gymwys iddi.

*Dau o'r anhwylderau meddwl y caiff seicolawdriniaeth ei defnyddio i'w trin yw **anhwylder gorfodaeth obsesiynol** (OCD) ac **anhwylder deubegwn** (bipolar disorder). Mae OCD yn anhwylder gorbryder lle bydd unigolyn yn gaeth i obsesiynau yn aml – syniadau, meddyliau, symbyliadau a/neu ddelweddau y credir eu bod yn amhriodol neu'n waharddedig, ac sy'n achosi gorbryder dwys. Bydd gorfodaethau'n datblygu fel ffordd o reoli'r meddyliau obsesiynol. Mae'r gorfodaethau hynny'n ymddygiadau neu'n feddyliau ailadroddus fel golchi'r dwylo dro ar ôl tro. Mae OCD yn gallu bod yn ddifrifol o wanychol (debilitating).*

Yr arfer gynt oedd galw anhwylder deubegwn yn iselder manig am fod y dioddefwyr yn pendilio rhwng mania (bod yn orfywiog, ar ben y byd, gwneud cynlluniau mawreddog) ac iselder.

▶ Hanes actores o Hollywood, Frances Farmer, yw'r ffilm *Frances*. Yn y ffilm, caiff hi lobotomi trawsgreuol (*transorbital lobotomy*). Mewn gwirionedd, fe dreuliodd hi amryw o flynyddoedd mewn ysbyty meddwl ond cafodd hi erioed lobotomi. Mae'r ffilm yn dangos peth o arswyd y lobotomïau cynnar.

Yn ddiweddar, rhoddodd Howard Dully (2007) ddisgrifiad byw a phoenus o'i brofiadau fel claf lobotomi yn ei lyfr, *My Lobotomy*.

Er hynny, mae'n bwysig cofio bod lobotomïau heddiw'n llawer llai cyntefig, ond gall y canlyniad fod yr un fath. Er enghraifft, cafodd Mary Lou Zimmerman seicolawdriniaeth (cingwlotomi a chapsiwlotomi) am OCD nad oedd modd ei drin. Yn anffodus, canlyniad y llawdriniaeth oedd gwneud difrod parlysol i'w hymennydd yn hytrach na'i hiacháu. Siwiodd ei theulu y clinig yn UDA a oedd wedi'i thrin, a hawlio na chawson nhw wybod am natur beryglus ac arbrofol y llawdriniaeth. Ar ôl gwrando ar dystion arbenigol, dyfarnodd y rheithgor iawndal o $7.5 miliwn iddi.

Seicolawdriniaeth stereotactig

Yn fwy diweddar, mae niwrolawfeddygon wedi datblygu ffyrdd llawer mwy manwl-gywir o drin anhwylderau meddwl fel OCD, anhwylder deubegwn, iselder ysbryd ac anhwylderau bwyta nad ydyn nhw'n ymateb i seicotherapi neu ffurfiau arall ar driniaeth.

Yn hytrach na thynnu rhannau mawr o feinwe'r llabed flaen, bydd niwrolawfeddygon heddiw'n defnyddio sganiau o'r ymennydd, fel **sganiau MRI**, i ddod o hyd i union leoedd yn yr ymennydd a thorri'r cysylltiadau'n fanwl iawn. Rhoir y driniaeth o dan anaesthetig.

Mewn OCD, er enghraifft, mae cylched – un sy'n cysylltu'r **llabed flaen** greuol (*orbital*) ag adeileddau dyfnach yn yr ymennydd fel y **thalamws** – fel petai'n brysurach nag arfer. Diben llawdriniaeth y **cingwlotomi** dwyochrog yw torri'r gylched honno. Gall llawfeddygon losgi meinwe drwy gynhesu pen electrod neu ddefnyddio arf o'r enw *cyllell gama* i ffocysu pelydrau o ymbelydredd at y safle targed heb orfod torri'r croen.

Mewn **capsiwlotomi**, bydd llawfeddygon yn mewnwthio chwiliedyddion (*probes*) drwy ben y benglog ac i lawr i'r capsiwl, sef rhan o'r ymennydd ger yr **hypothalamws** sy'n rhan o'r gylched sy'n cysylltu'r rhan honno â'r cortecs. Yna, byddan nhw'n poethi pen blaen y chwiliedyddion i losgi rhannau bach o'r feinwe.

Mewn adolygiad cyffredinol o'r ymchwil, dywedodd Cosgrove a Rauch (2001) fod cingwlotomi'n effeithiol mewn 56% o gleifion OCD a chapsiwlotomi mewn 67%. Mewn cleifion ag anhwylder affeithiol mawr, roedd cingwlotomi'n effeithiol mewn 65%, a chapsiwlotomi mewn 55%. Ond gan i'r awduron honni na chaiff ond rhyw 25 o gleifion eu trin fel hyn yn yr Unol Daleithiau, bach yw nifer y cleifion a astudiwyd. Hefyd, tynnodd Bridges ac eraill (1994) sylw at y ffaith fod y driniaeth hon yn gam terfynol ac nad oes modd cynnal treial i gymharu triniaeth debyg â hi.

Ysgogi'r ymennydd dwfn

Dewis posibl, yn lle seicolawdriniaeth, yw **ysgogi'r ymennydd dwfn** (**DBS**), sef bod llawfeddygon yn edafu gwifrau drwy'r benglog. Chaiff meinwe mo'i dinistrio. Caiff y gwifrau, a fydd yn aros yn yr ymennydd, eu cysylltu â phecyn o fatrïau a fydd wedi'i fewnblannu ym mrest yr unigolyn. Bydd y batrïau'n cynhyrchu cerrynt amledd-uchel – un y mae modd ei addasu – a bydd hwnnw'n tarfu ar y cylchedwaith yn yr ymennydd sydd ynghlwm, er enghraifft, wrth OCD. Os na fydd yn gweithio, gellir bob amser ei ddiffodd. Gwelodd Mayberg ac eraill (2005) fod pedwar o chwe chlaf ag iselder difrifol wedi gwella cryn dipyn ar ôl triniaeth i ysgogi rhan fach o'r cortecs blaen.

Ceir technegau tebyg eraill, gan gynnwys ysgogi magnetig trawsgreuanol ac ysgogi'r nerf fagws.

GWAITH I CHI   Rhif 1.3

Rhannwch eich dosbarth yn grwpiau. Dylai pob grŵp gymryd un ffurf ar seicolawdriniaeth a pharatoi:
- sgwrs ddifyr a llawn gwybodaeth am y dechneg honno
- arddangosfa o bosteri
- taflen nodiadau
- cwis cyflym ar y pwnc, gan gynnwys yr atebion.

Awgrym yr arholwr

I gael y 12 marc i gyd, rhaid i'ch ateb gysylltu nodau seicolawdriniaeth â phrif dybiaethau'r ymagwedd fiolegol.

ALLWCH CHI...?   Rhif 1.3

1... Egluro beth yw seicolawdriniaeth.

2... Amlinellu datblygiad hanesyddol seicolawdriniaeth.

3... Disgrifio'n fyr **dair** o wahanol dechnegau seicolawdriniaeth.

4... Amlinellu **dau** ddarganfyddiad o'r astudiaethau ymchwil a dweud pa gasgliad y gellir ei dynnu o bob un o'r astudiaethau unigol.

CWESTIWN ARHOLIAD

Disgrifiwch sut mae'r ymagwedd fiolegol wedi cael ei chymhwyso mewn naill ai seicolawdriniaeth neu gemotherapi. [12]

Nodiadau *Yn yr arholiad, cewch gais i ddisgrifio **un** therapi. Byddwch chi wedi astudio cyfanswm o bedwar therapi (un am bob un o'r pedair ymagwedd). Bydd y cwestiwn yn werth 12 marc. I gael y 12 marc i gyd, dylai'ch ateb fodloni'r un meini prawf â'r rhai a restrwyd ar dudalen vii. Gallech chi gynnwys y canlynol mewn ateb ynghylch seicolawdriniaeth:*

▶ *Amlinelliad byr o nodau seicolawdriniaeth a sut mae'r rheiny'n cysylltu â thybiaethau'r ymagwedd fiolegol.*

▶ *Datblygiad hanesyddol seicolawdriniaeth.*

▶ *Enghreifftiau o'r ffyrdd y mae seicolawdriniaeth wedi'i defnyddio.*

▶ *Darganfyddiadau ymchwil i seicolawdriniaeth.*

▶ *Dylai'ch ateb fod tua 400-450 o eiriau.*

Therapi 2 Cemotherapi

Cemotherapi yw'r term a ddefnyddir i ddisgrifio defnyddio **cyffuriau seicoweithredol** i drin anhwylderau meddwl. Cyffuriau 'seicoweithredol' yw rhai sy'n effeithio ar gyflyrau seicolegol yn hytrach na rhai corfforol. Mewn geiriau eraill, maen nhw'n gyffuriau sy'n trin **iselder ysbryd**, er enghraifft, yn hytrach na heintiau firaol. Cyffuriau seicoweithredol yw chwarter yr holl feddyginiaethau a roir drwy bresgripsiynau'r Gwasanaeth Iechyd Gwladol (GIG) – byddan nhw'n addasu gweithrediad yr ymennydd ac yn effeithio ar hwyliau ac ymddygiad (SANE, 2009).

Datblygwyd y cyffuriau hynny gyntaf yn y 1950au, ac fe wnaethon nhw chwyldroi trin anhwylder meddwl am eu bod yn rheoli cynifer o symptomau anhwylderau difrifol (fel rhithweledigaethau neu iselder parlysol) ac yn fodd i gleifion fyw bywydau cymharol normal. Ni chyfyngir defnyddio'r cyffuriau hyn i oedolion yn unig. Yn 2003, amcangyfrifwyd bod dros 40 000 o blant a phobl ifanc yn eu harddegau ym Mhrydain yn cymryd cyffuriau i drin iselder ysbryd.

Ar y ddau ddudalen blaenorol, fe edrychon ni ar **seicolawdriniaeth**, sef techneg arall a ddefnyddir gan yr ymagwedd fiolegol. Y dewis arall yw i chi astudio cemotherapi, sy'n cael ei drafod ar y ddau ddudalen hyn. Does ond gofyn i chi astudio un ohonyn nhw.

Sgitsoffrenia

Nodwedd sgitsoffrenia yw'r tarfu difrifol ar feddyliau ac emosiynau sy'n effeithio ar iaith, canfyddiad ac affaith, a hyd yn oed ar synnwyr y person ohono/ohoni ei hunan. Fel rheol, rhennir symptomau sgitsoffrenia'n symptomau cadarnhaol a negyddol. Symptomau cadarnhaol yw'r rhai sydd fel petaen nhw'n adlewyrchu gormodedd neu ryw aflunio ar swyddogaethau arferol, fel clywed lleisiau neu deimlo bod yr unigolyn dan reolaeth estroniaid o fyd arall. Symptomau negyddol yw'r rhai sydd fel petaen nhw'n adlewyrchu lleihau neu golli swyddogaethau arferol, fel teimladau emosiynol llai dwys neu ddiffyg ymddygiad sy'n ceisio cyrraedd rhyw nod.

MECANEG THERAPI CYFFURIAU

Cyn i gyffuriau allu gweithio, rhaid iddyn nhw fynd i lif y gwaed a theithio i'r ymennydd. Yno, mae'r rhwystr rhwng y gwaed a'r ymennydd yn diogelu'r ymennydd rhag sylweddau sydd yn y gwaed. Pan gymerir cyffuriau drwy'r geg, bydd y coludd yn eu hamsugno ac fe ânt i'r afu/iau. Bydd hwnnw'n chwalu ac yn dinistrio llawer o gynhwysion gweithgar y cyffur fel bod llai ar gael i groesi'r rhwystr rhwng y gwaed a'r ymennydd. Os caiff y cyffur ei chwistrellu, fe aiff yn syth i lif y gwaed heb gyffwrdd â'r afu/iau. Gellir sicrhau effaith benodedig, felly, drwy roi llai o ddos o'r cyffur drwy chwistrelliad na thrwy ei roi drwy'r geg.

GWAITH I CHI   Rhif 1.4

Rhannwch eich dosbarth yn grwpiau. Dylai pob grŵp gymryd un ffurf ar gemotherapi a pharatoi:

- sgwrs ddifyr a llawn gwybodaeth am y dechneg honno
- arddangosfa o bosteri
- taflen nodiadau
- cwis cyflym ar y pwnc, gan gynnwys yr atebion.

CEMOTHERAPI (CYFFURIAU)

Y tri phrif fath o gyffuriau seicoweithredol yw cyffuriau gwrthseicotig, cyffuriau gwrthiselder a chyffuriau lleihau gorbryder.

Cyffuriau gwrthseicotig

Bydd cyffuriau gwrthseicotig yn trin anhwylderau meddwl **seicotig** fel **sgitsoffrenia**. Mae cleifion sydd ag anhwylder meddwl seicotig wedi colli cysylltiad â realiti a does ganddyn nhw fawr o ddirnadaeth o'u cyflwr. Caiff **cyffuriau gwrthseicotig confensiynol** (fel *clorpromasin*, sydd ag enw brand fel *Largactil*) eu defnyddio'n bennaf i ymladd symptomau cadarnhaol sgitsoffrenia. Bydd y cyffuriau hynny'n blocio gweithrediad y niwrodrosglwyddydd **dopamin** yn yr ymennydd wrth iddyn nhw glymu wrth y derbynyddion dopamin ond nid eu hysgogi (gweler y diagram isod).

Bydd y **cyffuriau gwrthseicotig annodweddiadol** (fel *closapin*, sydd ag enw brand fel *Clozaril*) yn gweithredu drwy feddiannu derbynyddion dopamin dros dro ac yna'n daduno'n gyflym er mwyn i ddopamin allu cael ei drosglwyddo yn y ffordd arferol. Gall hynny esbonio pam y caiff cyffuriau gwrthseicotig annodweddiadol o'r fath lefelau is o sgil-effeithiau (fel *dyscinesia camsymud araf* – symudiadau anwirfoddol y geg a'r tafod) o'u cymharu â chyffuriau gwrthseicotig confensiynol.

Cyffuriau gwrthiselder

Credir mai achos iselder ysbryd yw nad yw pennau'r nerfau (**synaps**) yn cynhyrchu digon o niwrodrosglwyddyddion fel **serotonin**. Mewn ymennydd arferol, caiff niwrodrosglwyddyddion eu rhyddhau'n gyson o bennau'r nerfau gan ysgogi'r niwronau cyfagos. I derfynu eu gweithrediad, caiff niwrodrosglwyddyddion eu hailamsugno i bennau'r nerfau a'u chwalu gan ensym. Bydd cyffuriau gwrthiselder yn gweithio drwy arafu cyfradd yr ailamsugno neu drwy flocio'r ensym sy'n chwalu'r niwrodrosglwyddyddion. Bydd y naill a'r llall o'r mecanweithiau hynny'n cynyddu faint o niwrodrosglwyddyddion sydd ar gael i gyffroi celloedd cyfagos.

Y cyffuriau gwrthiselder a roir amlaf ar bresgripsiwn yw **atalwyr detholus ailymgymryd serotonin (SSRIs)** fel *Prozac*. Gweithiant drwy flocio'r mecanwaith cludo sy'n ailamsugno serotonin i'r gell gynsynaptig ar ôl iddi danio. O ganlyniad, gadewir mwy o'r serotonin yn y synaps gan estyn hyd ei weithgarwch a'i gwneud hi'n haws trawsyrru'r ysgogiad nesaf.

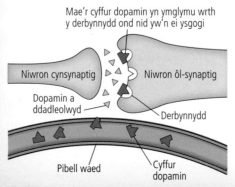

Mae'r cyffur dopamin yn ymglymu wrth y derbynnydd ond nid yw'n ei ysgogi

Niwron cynsynaptig   Niwron ôl-synaptig

Dopamin a ddadleolwyd

Derbynnydd

Pibell waed   Cyffur dopamin

◄ Mae'r diagram yn dangos y synaps rhwng dau niwron. Bydd **niwrodrosglwyddyddion** yn trosglwyddo gwybodaeth ar draws y synaps. Darperir y cyffuriau drwy bibellau gwaed.

Bydd cyffuriau gwrthseicotig confensiynol yn blocio gweithrediad dopamin drwy ymglymu wrth dderbynyddion dopamin. Bydd cyffuriau eraill, fel yr SSRIs (gweler uchod), hefyd yn gweithio drwy flocio gweithrediad trawsyrru nerfol.

Cyffuriau lleihau gorbryder

Y grŵp o gyffuriau a ddefnyddir amlaf i drin gorbryder a **straen** yw cyffuriau **bensodiasepin** (**BZs**). Cânt eu gwerthu o dan amrywiol enwau masnachol fel *Librium*, *Valium*, *Halcion* a *Xanax*. Bydd BZs yn arafu gweithgarwch y **brif system nerfol** drwy gynyddu gweithgarwch **GABA**, sylwedd biocemegol (neu niwrodrosglwyddydd) naturiol y corff i leddfu gorbryder. Bydd rhyw 40% o'r **niwronau** (*neurons*) yn yr ymennydd yn ymateb i GABA, a phan gaiff hwnnw ei ryddhau bydd yn tawelu llawer o'r niwronau yn yr ymennydd drwy adweithio â safleoedd arbennig (derbynyddion GABA) ar du allan y niwronau sy'n derbyn. Pan fydd GABA yn cloi i'r derbynyddion hynny, bydd yn agor sianel sy'n cynyddu'r llif o ïonau clorid i'r niwron. Mae'r ïonau clorid yn ei gwneud hi'n fwy anodd i niwrodrosglwyddyddion eraill ysgogi'r niwron, yn arafu ei weithgarwch ac yn peri i'r person ymlacio tipyn.

Caiff **beta-blocwyr** (**BBs**) hefyd eu defnyddio i leddfu gorbryder. Byddan nhw'n lleihau gweithgarwch **adrenalin** a **noradrenalin**, sef ymateb y **system nerfol sympathetig** i straen. Bydd BBs yn clymu wrth dderbynyddion ar gelloedd y galon a rhannau eraill o'r corff a gaiff eu hysgogi fel arfer yn ystod cyffroi sympathetig. Drwy flocio'r derbynyddion hynny, bydd hi'n anodd ysgogi celloedd yn y rhan honno o'r corff. Bydd y galon, felly, yn curo'n arafach ac yn llai grymus ac ni fydd pibellau'r gwaed yn cyfangu mor rhwydd. Bydd pwysedd gwaed yn gostwng gan olygu bod llai o straen ar y galon. Bydd y person yn teimlo'n llai cynhyrfus a phryderus. Bydd chwaraewyr (e.e. chwaraewyr snwcer) a cherddorion yn aml yn defnyddio BBs i gwtogi ar gyffro gan y gall cyffroi sympathetig amharu ar eu perfformiad.

Effeithiolrwydd cemotherapi

Er bod therapïau cyffuriau'n boblogaidd ymysg cleifion am eu bod yn hawdd eu defnyddio, fe allant fod â sgil-effeithiau annifyr neu hyd yn oed rai peryglus. Er enghraifft, gall meddyginiaethau gwrthseicotig arwain at *dyscinesia camsymud araf* (symudiadau direolaeth) mewn 30% o'r rhai sy'n cymryd y cyffur (Hill, 1986) ac mae ymchwil wedi darganfod bod cleifion sy'n cymryd SSRIs ddwywaith mor debygol o ladd eu hunain (Ferguson ac eraill, 2005).

Mae cyffuriau hefyd yn boblogaidd am eu bod yn lleihau symptomau anhwylderau meddwl. Asesir hynny fel rheol drwy roi'r cyffur i un grŵp o gleifion a rhoi **plasebo** – sylwedd na chaiff effaith *ffarmacolegol* (h.y. dim effaith ar y corff) – i grŵp arall. Caiff cleifion feddyginiaeth ond wyddan nhw ddim ai'r cyffur go-iawn yw hi neu'r plasebo. Bydd hynny'n fodd i ni benderfynu a yw effeithiolrwydd y cyffur yn deillio o'i briodweddau ffarmacolegol neu o rywbeth seicolegol (e.e. credu bod y cyffur yn mynd i'ch gwella chi).

Mae miloedd o astudiaethau sy'n ystyried effeithiolrwydd cyffuriau, a llawer ohonyn nhw'n dangos bod cyffuriau'n rhagori ar blasebos. Er enghraifft, dilynodd Kahn ac eraill (1986) bron 250 o gleifion dros 8 wythnos a gweld bod BZs gryn dipyn yn well na phlasebo. Ond welodd llu o astudiaethau eraill fawr ddim mantais ac mae hynny'n awgrymu bod llawer o fanteision cyffuriau yn deillio o'r disgwyl iddyn nhw wella iechyd meddwl yn hytrach nag o'u cynnwys ffarmacolegol.

*Mae **dopamin** a **serotonin** ill dau'n niwrodrosglwyddyddion sydd wedi'u cysylltu ag amryw o ymddygiadau. Cysylltir dopamin â sgitsoffrenia. Mae lefelau isel o serotonin yn gysylltiedig ag iselder ysbryd, a lefelau uchel ohono wedi'u cysylltu â gorbryder.*

Awgrym yr arholwr

I gael y 12 marc i gyd, rhaid i'ch ateb gysylltu nodau cemotherapi â phrif dybiaethau'r ymagwedd fiolegol.

ALLWCH CHI...?

1... Egluro beth yw cemotherapi, gan gynnwys diffiniad o'r term 'seicoweithredol'.

2... Disgrifio **dau** neu **dri** math o gyffuriau seicoweithredol, egluro sut maen nhw'n gweithio a pha anhwylderau y cân nhw eu defnyddio i'w trin.

3... Disgrifio o leiaf **ddau** ddarganfyddiad ymchwil sy'n gysylltiedig ag effeithiolrwydd cemotherapi.

CWESTIWN ARHOLIAD

Disgrifiwch sut mae'r ymagwedd fiolegol wedi cael ei chymhwyso mewn naill ai seicolawdriniaeth neu gemotherapi. [12]

Nodiadau *Yn yr arholiad, cewch gais i ddisgrifio **un** therapi. Byddwch chi wedi astudio cyfanswm o bedwar therapi (un*

Rhif **1.4**

ar gyfer pob un o'r pedair ymagwedd). Bydd y cwestiwn yn werth 12 marc. I gael y 12 marc i gyd, dylai'ch ateb fodloni'r un meini prawf â'r rhai a restrwyd ar dudalen vii. Gallech chi gynnwys y canlynol mewn ateb ynghylch cemotherapi.

▸ Amlinelliad byr o nodau cemotherapi a sut mae'r rheiny'n cysylltu â thybiaethau'r ymagwedd fiolegol.

▸ Enghreifftiau o wahanol fathau o gemotherapi.

▸ Enghreifftiau o'r ffyrdd y mae cemotherapi wedi'i ddefnyddio.

▸ Darganfyddiadau ymchwil i gemotherapi.

▸ Bydd angen i'r ateb fod tua 400-450 o eiriau.

Gwerthuso'r ymagwedd fiolegol

Rydych chi wedi astudio dwy enghraifft o'r **ymagwedd fiolegol** – un ddamcaniaeth (**model GAS**) ac un therapi (**seicolawdriniaeth** neu **gemotherapi**). Mae hi'n bryd i chi'n awr ddefnyddio'ch dealltwriaeth o'r ymagwedd fiolegol i ystyried ei chryfderau a'i gwendidau. I'ch helpu chi, rydyn ni wedi darparu rhai enghreifftiau ychwanegol o'r ymagwedd fiolegol.

⊕ Cryfderau'r ymagwedd fiolegol

1. Ymagwedd wyddonol

Ar ddechrau'r bennod hon fe edrychon ni ar dybiaethau'r ymagwedd fiolegol, sef bod modd egluro ymddygiad yn nhermau'r ymennydd, **niwrodrosglwyddyddion** a **hormonau** (h.y. systemau biolegol). Mae hynny'n golygu bod newidynnau clir i esboniadau biolegol a bod modd eu mesur, eu dilyn a'u hastudio. Gall seicolegwyr, felly, wneud ymchwil gwyddonol sy'n astudio'r newidynnau hynny.

Er enghraifft, mae seicolawdriniaeth yn golygu tynnu rhannau o'r ymennydd am fod ymchwil cynharach wedi cysylltu rhannau o'r ymennydd â rhai ymddygiadau penodol fel ymosodedd.

Yn achos cemotherapi, mae ymchwil wedi'i wneud i'r cysylltiadau rhwng cyffuriau seicoweithredol a chynhyrchu rhai niwrodrosglwyddyddion penodol (fel **dopamin**), ac wedi cysylltu hynny ag ymddygiad.

Cyflwynodd Selye lygod mawr i rai asiantau atgas (fel cyffuriau neu oerfel eithafol) ac yna arsylwi effeithiau'r 'asiantau' ar ymddygiad ac ymatebion ffisiolegol yr anifeiliaid.

Mae'r holl enghreifftiau hynny o ymchwil yn wyddonol i'r graddau eu bod yn cyflawni nodau ymchwil gwyddonol, sef gwneud astudiaethau gwrthrychol o dan reolaeth dda ac, yn ddelfrydol, amlygu perthnasoedd achosol. Un o gryfderau'r ymagwedd fiolegol, felly, yw ei bod yn ei chynnig ei hun i ymchwil gwyddonol y gellir ei ddefnyddio wedyn i gefnogi esboniadau biolegol.

2. Yr ymagwedd benderfyniadol

Yn ogystal â bod yn wyddonol, mae'r ymagwedd fiolegol yn **benderfyniadol** (*determist*). Un o gryfderau bod yn benderfyniadol yw ein bod ni, os gwyddon ni'r hyn sy'n 'rhag-gyflyru' ein hymddygiad, yn debycach o allu trin pobl sy'n ymddwyn yn annormal. Bydd seicolegwyr, er enghraifft, yn ceisio deall ffyrdd niwrodrosglwyddyddion o weithredu er mwyn gallu rhagfynegi effeithiau niwrodrosglwyddyddion ar ymddygiad normal ac annormal.

Er enghraifft, mae'r niwrodrosglwyddydd dopamin wedi'i gysylltu ag anhwylder meddwl **sgitsoffrenia**. Daw'r dystiolaeth o amryw o ffynonellau. Er enghraifft, mae'n hysbys bod y cyffur *amffetamin* yn cynyddu lefelau o ddopamin, a gall dosau mawr o'r cyffur achosi rhai o'r symptomau sy'n gysylltiedig â sgitsoffrenia (e.e. rhithweledigaethau). Daw tystiolaeth bellach o'r cyffuriau a ddefnyddir i drin sgitsoffrenia (rhai **gwrthseicotig**) – cyffuriau sy'n lleddfu rhai o'r symptomau ac, fe wyddom, yn gostwng lefelau'r dopamin. Mae hynny'n awgrymu mai lefelau uchel o ddopamin sy'n achosi'r symptomau.

Mae ymchwil tebyg wedi'i wneud mewn perthynas â seicolawdriniaeth. Er enghraifft, mae **sganiau o'r ymennydd** wedi dangos bod rhai rhannau o'r ymennydd

▶ Mae'r ymagwedd fiolegol yn gweld ymddygiad yn ganlyniad i systemau biolegol, fel gweithgarwch yn yr ymennydd, niwrodrosglwyddyddion a hormonau.

yn fwy gweithgar nag eraill mewn cleifion sydd ag **OCD**. Mae'r **cingwlotomi** (ffurf ar seicolawdriniaeth) wedi'i gynllunio, felly, i wahanu'r rhannau hynny er mwyn lleddfu symptomau OCD. Mae'r ymchwil yn awgrymu mai achos OCD yw gweithgarwch yn y rhannau hynny o'r ymennydd – eglurhad penderfyniadol.

Cryfder dealltwriaethau achosol yw eu bod yn fodd i ni reoli'n byd. Os deallwn ni fod cyfnod maith o straen yn achosi salwch corfforol, gallwn ni leddfu'r effeithiau negyddol drwy drin straen yn y tymor byr. Os ffactorau biolegol sy'n achosi salwch meddwl, gallwn ni ddefnyddio dulliau biolegol i drin salwch meddwl. Felly, un o gryfderau'r ymagwedd fiolegol yw ei bod yn benderfyniadol ac yn cynnig esboniadau o achosion ymddygiad er mwyn i ni allu defnyddio'r ddealltwriaeth honno i wella bywydau pobl.

3. Cymwysiadau llwyddiannus

Mae'r ymagwedd fiolegol wedi esgor ar lu o gymwysiadau llwyddiannus. Cafodd ymchwil Selye, er enghraifft, effaith fawr ar ein dealltwriaeth o'r cyswllt rhwng straen a salwch. Arweiniodd at wneud llawer o ymchwil arall sydd wedi dangos bod clwyfau'n gwella'n llai cyflym os yw pobl dan straen. Caiff deall hynny ei ddefnyddio mewn ysbytai i leddfu gorbryder a straen mewn cleifion er mwyn iddynt wella'n gynt.

Mae'r ymagwedd fiolegol hefyd wedi arwain at sawl ffordd o drin anhwylder meddwl, fel seicolawdriniaeth a chemotherapi. Er enghraifft, caiff effeithiolrwydd **capsiwlotomi** (*capsulotomy*) (ffurf ar seicolawdriniaeth) wrth drin OCD ei drafod ar dudalen 7. Dywedodd Cosgrove a Rauch (2001) fod y cyfraddau gwella'n 67%, sy'n rhesymol o uchel.

Canlyniadau braidd yn gymysg a gaiff cemotherapi am fod cyffuriau'n effeithio ar bobl mewn ffyrdd gwahanol. Ond mae'n ffurf arbennig o boblogaidd ar driniaeth am ei fod yn hawdd ac yn fodd i lawer o bobl ag anhwylderau meddwl fyw bywydau cymharol normal y tu allan i ysbytai meddwl. Er enghraifft, mae **anhwylder deubegwn** (*bipolar disorder*) (iselder manig) wedi'i drin yn llwyddiannus â chyffuriau. Dywed Viguera ac eraill (2000), er enghraifft, fod mwy na 60% o gleifion anhwylder deubegwn yn gwella pan gymeran nhw lithiwm.

1. Ymagwedd leihaol

Bydd esboniadau biolegol yn troi ymddygiadau cymhleth yn set o esboniadau syml. Er enghraifft, priodoli'r profiad o straen i weithrediad yr hormon **adrenalin**.

Mae **lleihadaeth** yn rhan o ddeall sut mae systemau'n gweithio, ond y broblem yw y gallwn ni, wrth wneud hynny, golli dealltwriaeth go-iawn o'r peth rydyn ni'n ymchwilio iddo. Er enghraifft, mae'r ymagwedd fiolegol yn awgrymu bod salwch fel sgitsoffrenia, yn ei hanfod, yn digwydd am fod system gorfforol-gemegol gymhleth wedi mynd o chwith. Honnodd y seiciatrydd R.D. Laing (1965) fod ymagwedd o'r fath yn anwybyddu'r *profiad* o ofid sy'n cyd-ddigwydd â salwch meddwl a'i bod, felly, yn eglurhad anghyflawn ar y gorau.

At hynny, gall symleiddio'r eglurhad ein rhwystro ni rhag sicrhau dealltwriaeth wirioneddol o'r ymddygiad targed.

2. Natur yn hytrach na magwraeth

Er bod llawer achos i salwch meddwl, mae'r ymagwedd fiolegol yn hoelio sylw ar fioleg (**natur**) yn unig ac yn tueddu i anwybyddu profiadau bywyd (**magwraeth**) a ffactorau seicolegol fel meddyliau a theimladau pobl.

Er enghraifft, mae'r ymagwedd fiolegol at egluro sgitsoffrenia yn ymwneud â lefelau annormal o rai niwrodrosglwyddyddion penodol yn hytrach na theimladau cleifion am eu salwch. Mae'r ymagwedd fiolegol at eu trin yn ymwneud, felly, ag addasu'r systemau biolegol annormal yn hytrach na siarad â chleifion ynghylch sut maen nhw'n teimlo.

3. Gwahaniaethau rhwng unigolion

Ymagwedd **nomothetig** yw'r ymagwedd fiolegol, a bydd hi'n ceisio cyffredinoli ynghylch pobl a dod o hyd i elfennau tebyg rhyngddyn nhw. Y duedd yw iddi anwybyddu gwahaniaethau rhwng unigolion. Er enghraifft, bydd rhai pobl sydd dan straen yn cynhyrchu lefelau uwch o adrenalin na'i gilydd a bydd hynny yn ei dro yn effeithio ar effeithiau tymor-hir y straen.

Bydd astudiaethau ymchwil biolegol yn astudio sampl o unigolion ac yn cymryd yn ganiataol bod system fiolegol pawb yn ymddwyn yn yr un ffordd. Mewn gwirionedd, mae ymchwil i systemau biolegol wedi tueddu i ddefnyddio cyfranwyr gwryw yn hytrach na benyw (yn anifeiliaid ac yn fodau dynol) am y gall cylchredau hormonau benywod ymyrryd ag ymchwil biolegol. Ond gallai tueddiad ymchwil o'r fath greu darlun anghywir o ymddygiad: un â gogwydd at wrywod. Awgrymodd Taylor ac eraill (2000), er enghraifft, mai ymateb dynion i straen fel rheol yw 'ymladd neu ffoi' ond bod menywod yn ymateb drwy 'ofalu a chyfeillachu' (*tend and befriend*). Mae'r gwahaniaeth rhwng y ddau ryw i'w weld mewn llawer rhywogaeth: bydd benywod yn ymateb i amodau straenus drwy amddiffyn a swcro'u rhai bach (yr ymateb 'gofalu') a cheisio cyswllt a chymorth cymdeithasol gan fenywod eraill (yr ymateb 'cyfeillachu').

Cymharu a chyferbynnu

Gan nad ydych chi wedi astudio ond un ymagwedd hyd yn hyn, sef yr ymagwedd fiolegol, allwch chi mo'i chymharu a'i chyferbynnu â'r ymagweddau eraill. Ond fe allwch chi osod y sylfeini ar gyfer y penodau diweddarach.

Yn y golofn ar y chwith isod rydyn ni wedi rhestru'r materion a'r dadleuon a drafodwyd yn rhagymadrodd y llyfr hwn. Mae rhai ohonyn nhw wedi cael sylw ar y ddau dudalen hyn. Y dasg i chi yw copïo'r tabl hwnnw a llenwi'r golofn dde mewn perthynas â'r ymagwedd fiolegol. Rydyn ni wedi llenwi un rhes fel esiampl i chi.

Materion a dadleuon	Yr ymagwedd fiolegol
Nomothetig/idiograffig	
Natur–magwraeth	
Lleihadaeth/cyfaniaeth	
Penderfyniaeth/ewyllys rydd	Hynod benderfyniadol. Mae'n awgrymu, er enghraifft, mai niwrodrosglwyddyddion sy'n achosi anhwylderau meddwl fel iselder ysbryd, ac felly, fod modd defnyddio cemotherapi i newid neu 'bennu' lefelau'r niwrodrosglwyddyddion a lleddfu symptomau'r anhwylder meddwl.
Gwyddonol/anwyddonol	
Y fethodoleg a ddefnyddir	
Unrhyw beth arall	

Mae'r materion a'r dadleuon a restrir yn y tabl uchod wedi'u hegluro yn rhagymadrodd y llyfr hwn (gweler tudalennau x-xi).

Cymharu a chyferbynnu

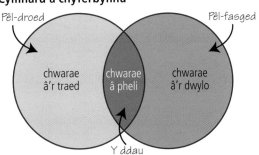

Pêl-droed — chwarae â'r traed
chwarae â pheli
Pêl-fasged — chwarae â'r dwylo
Y ddau

▲ Diben y syniad o gymharu a chyferbynnu yw dadansoddi'r hyn sy'n debyg (cymharu) a gwahanol (cyferbynnu) mewn dau syniad neu beth. Allwch chi feddwl am rai enghreifftiau eraill, fel cymharu seicoleg a mathemateg?

1... Nodi **dau** o gryfderau'r ymagwedd fiolegol.
2... Gwneud **tri** phwynt pendant i esbonio'r naill gryfder a'r llall.
3... Nodi **dau** o wendidau'r ymagwedd fiolegol.
4... Gwneud **tri** phwynt pendant i esbonio'r naill wendid a'r llall.

CWESTIWN ARHOLIAD

Gwerthuswch ddau o gryfderau'r ymagwedd fiolegol. [6]
Gwerthuswch ddau o wendidau'r ymagwedd fiolegol. [6]

Nodiadau *Yn yr arholiad, bydd gofyn i chi drafod **dau** o gryfderau a **dau** o wendidau **un** o'r pedair ymagwedd. Yn achos pob cryfder a gwendid, dylech chi wneud hyn:*

▸ *Nodi'r cryfder neu'r gwendid yn glir.*

▸ *Egluro'n drwyadl pam y mae'n gryfder neu'n wendid mewn perthynas â'r ymagwedd.*

▸ *Os yw'n briodol, defnyddiwch enghreifftiau sydd wedi'u tynnu o'r ddamcaniaeth/therapi i egluro eich ateb.*

▸ *Meddwl am bob cryfder/gwendid fel un sy'n werth tri marc (er nad felly y caiff ei farcio mewn gwirionedd).*

▸ *Ysgrifennwch ryw 50-60 o eiriau am bob cryfder/gwendid.*

Y fethodoleg a ddefnyddir gan yr ymagwedd fiolegol

Y pwnc olaf ynglŷn â'r **ymagwedd fiolegol** yw ystyried y fethodoleg a ddefnyddir gan yr ymagwedd hon. Er ei bod hi'n amlwg bod ymchwilwyr yn defnyddio pob math o ddull a thechneg, rydyn ni wedi dewis dau ddull sy'n arbennig o gyffredin yn yr ymagwedd fiolegol, sef sganio'r ymennydd ac astudio gefeilliaid.

1. Sganio'r ymennydd

Gan fod yr ymagwedd fiolegol yn tybio bod modd egluro ymddygiad yn nhermau gweithgarwch yn yr ymennydd a'r system nerfol, bydd seicolegwyr biolegol yn chwilio am ddulliau sy'n fodd iddyn nhw weld gweithgarwch yr ymennydd.

EEG – Yn y 1950au, yr unig ddull a oedd ar gael i astudio gweithgarwch yr ymennydd oedd yr **electroenseffalogram** (**EEG**). Gosodir electrodau ar groen y pen fel bod modd cofnodi gweithgarwch trydanol yn y gwahanol rannau o'r ymennydd. Defnyddiwyd EEG mewn clasur o astudiaeth gan Dement a Kleitman (1957) i ganfod gwahanol gyfnodau cwsg. Wrth i bobl fynd i gysgu, bydd tonnau eu hymennydd yn arafu. Gall peiriant EEG ganfod hynny. Yn ystod noson o gwsg, bydd y patrwm hwnnw'n newid o dro i dro ac yn cyflymu cryn dipyn, a'r llygaid, er eu bod ar gau, yn saethu fan hyn fan draw. Yr enw ar hynny yw cwsg **symudiadau cyflym y llygaid** (**REM**). Ar wahanol adegau, deffrodd Dement a Kleitman y cyfranwyr o'u cwsg a chael eu bod yn llawer tebycach o sôn iddynt freuddwydio os caent eu deffro yn ystod cwsg REM.

Datblygiad technegau sganio'r ymennydd – Dros y 30 mlynedd diwethaf, mae dulliau llawer mwy manwl-gywir o astudio'r ymennydd wedi'u datblygu.

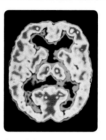 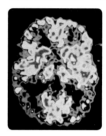

▲ Fel rheol, dangosir sganiau PET (gweler y testun) fel lluniau lliw lle mae'r lliwiau 'poeth', fel oren a choch, yn cynrychioli'r rhannau lle mae'r gweithgarwch mwyaf, a'r lliwiau 'oer', fel gwyrdd a glas, yn cynrychioli'r rhannau sydd â'r gweithgarwch lleiaf. Bydd sganiau PET yn dweud wrthym ni pa rannau o'r ymennydd sy'n brysur, ond nid yr hyn y maen nhw'n ei wneud. Byddan nhw'n dangos y gwahaniaeth rhwng gweithgarwch 'normal' yr ymennydd (ar y chwith) ac mewn person â chlefyd Alzheimer (ar y dde). Mae llawer llai o weithgarwch yn ymennydd y claf sydd â chlefyd Alzheimer.

Sganiau CAT (tomograffeg echelinol gyfrifiadurol) – Mae'r rhain yn golygu tynnu cyfres o luniau pelydr-x a'u cyfuno i roi darlun dau- neu dri-dimensiwn cyflawn o'r rhan sydd wedi'i sganio. Fel rheol, chwistrellir lliwur i'r claf i greu cyferbyniadau ac yna caiff y claf ei roi/ei rhoi yn y peiriant sganio CAT silindrog sy'n tynnu'r lluniau.

Cryfderau: Mae sganiau CAT yn ddefnyddiol wrth amlygu adeileddau annormal yn yr ymennydd, fel tyfiannau, neu ddifrod i'r adeiledd. Mae ansawdd delweddau'r sgan CAT yn rhagori llawer ar ansawdd lluniau pelydr-x traddodiadol.

Gwendidau: Mae sganiau CAT yn defnyddio mwy o ymbelydredd na lluniau pelydr-x traddodiadol, a pho fwyaf manwl a chymhleth yw'r sgan CAT, mwyaf yn y byd o ymbelydredd a gaiff y claf. Does dim modd sganio menywod beichiog fel hyn, a dylid osgoi cael sganiau dro ar ôl tro.

Sganiau MRI (delweddu cyseiniant magnetig) – Mae'r rhain yn cynnwys defnyddio maes magnetig sy'n peri i atomau'r ymennydd newid eu haliniad pan fydd y magnet ar waith ac allyrru amrywiol signalau radio pan fydd y magnet wedi'i ddiffodd. Bydd canfodydd (*detector*) yn darllen y signalau ac yn eu defnyddio i fapio adeiledd yr ymennydd.

Defnyddiodd clasur o astudiaeth gan Maguire ac eraill (2000) sganiau MRI i ddangos bod gan yrwyr tacsis **hipocampysau** mwy o faint na gyrwyr eraill. Ategodd hynny'r farn fod y rhan honno o'r ymennydd yn bwysig mewn cof gofodol.

Mae MRI ffwythiannol (**fMRI**) yn darparu gwybodaeth anatomegol a ffwythiannol drwy gymryd sawl delwedd olynol o'r ymennydd ar waith.

Cryfderau: Mae MRI yn rhoi delwedd fanylach o'r meinwe meddal yn yr ymennydd nag a wna sganiau CAT, ac mae'n golygu pasio maes magnetig eithriadol o gryf drwy'r claf yn hytrach na defnyddio pelydrau-x. Mae MRI yn fwyaf addas mewn achosion lle mae claf ar fin cael ei archwilio sawl tro'n olynol yn y tymor byr am nad yw MRI, yn wahanol i CAT, yn gorfodi'r claf i wynebu peryglon ymbelydredd.

Gwendid: Bydd sganiau MRI yn cymryd amser maith ac fe allan nhw fod yn anghysurus i'r claf.

Sganiau PET (tomograffeg gollwng positronau) – Mae'r math hwn o sgan yn golygu rhoi dos ychydig yn ymbelydrol o glwcos (siwgr) i'r claf. Gan fod y rhannau mwyaf gweithgar o'r ymennydd yn defnyddio glwcos, gall canfodyddion ymbelydredd (*radiation detectors*) 'weld' y rhannau ymbelydrol ac felly ddatblygu llun o'r gweithgarwch yn yr ymennydd. Bydd y sganiau'n ddi-boen ac yn cymryd rhwng 10 a 40 munud i'w cwblhau.

Defnyddiodd Raine ac eraill (1997) sganiau PET i gymharu gweithgarwch yr ymennydd mewn llofruddwyr ac unigolion normal. Gwelsant fod gwahaniaethau mewn rhannau o'r ymennydd fel y cortecs cyndalcennol a'r amygdala – rhannau a oedd wedi'u cysylltu o'r blaen ag ymddygiad ymosodol. Ond fe wnaethon nhw'r pwynt nad yw gwahaniaethau o'r fath yn yr ymennydd yn dangos mai bioleg yn unig sy'n achosi trais.

Cryfderau: Bydd sganiau PET yn dadlennu gwybodaeth gemegol na cheir mohoni gan dechnegau delweddu eraill. Felly, gallant wahaniaethau, er enghraifft, rhwng tyfiannau anfalaen a malaen. Gall sganiau PET hefyd ddangos yr ymennydd ar waith, ac mae hynny'n ddefnyddiol mewn ymchwil seicolegol.

Gwendidau: Gan fod hon yn dechneg hynod gostus, dydy hi ddim ar gael yn hwylus ar gyfer ymchwil. Hefyd, rhaid chwistrellu sylwedd ymbelydrol i'r claf, a dim ond hyn-a-hyn o weithiau y mae modd defnyddio'r dechneg. Yn olaf, mae sganiau PET yn llai manwl-gywir na sganiau MRI.

GWAITH I CHI

Rhif 1.6

Fesul un, neu mewn grwpiau, gwnewch ymchwil i astudiaeth sydd wedi defnyddio sganiau EEG, CAT, MRI, fMRI neu PET.
- Nodwch nodau'r ymchwil.
- Nodwch ddarganfyddiadau'r ymchwil.
- Gwerthuswch y math o ddyfais sganio a ddefnyddiwyd.

Dylech chi baratoi'r wybodaeth honno i'w chyflwyno'n ôl i'r grŵp, a llunio taflen gyffredinol ar bob math unigol o dechneg sganio, ynghyd â'i manteision a'i hanfanteision.

Un o dybiaethau'r ymagwedd fiolegol yw dylanwad **genynnau** ar ymddygiad. Genynnau yw'r unedau sy'n fodd i ni etifeddu nodweddion oddi wrth ein rhieni. Bydd seicolegwyr yn **astudio gefeilliaid** i gymharu effeithiau geneteg (**natur**) â phrofiad (**magwraeth**).

Deallusrwydd ac astudio gefeilliaid – Astudiodd Bouchard a McGue (1981) etifeddu cyniferydd deallusrwydd (IQ). Ar ôl mesur deallusrwydd gefeilliaid, fe gymharon nhw eu IQ (y sgôr a gawsant mewn prawf deallusrwydd). Mynegir tebygrwydd dau berson fel **cyfradd cydgordiad**. Os oes gan ddau berson yn union yr un IQ, y gyfradd cydgordiad yw 100%. Ystyr 0% yw nad oes dim tebygrwydd o gwbl.

Astudiodd Bouchard a McGue efeilliaid **monosygotig** (**MZ**). Gan fod gefeilliaid o'r fath yn rhannu 100% o'u genynnau, cânt eu galw'n rhai 'unfath'. Yn ôl adolygiad o fwy na 30 o astudiaethau, cymedr y cyfraddau cydgordiad oedd 86%. Er nad yw hynny'n gydberthyniad perffaith, mae'n awgrymu bod rhan fawr o ddeallusrwydd fel petai'n cael ei hetifeddu.

Mae ymchwil hefyd wedi astudio gefeilliaid **deusygotig** (**DZ**) nad ydyn nhw'n unfath ond yn rhannu rhyw 50% o'u genynnau, sef yr un faint ag unrhyw ddau blentyn o'r un rhieni. Yn ôl yr ymchwil, cymedr y gyfradd cydgordiad yn achos gefeilliaid DZ yw 60%.

Gefeilliaid sydd wedi'u magu ar wahân – Un o broblemau gwneud ymchwil i efeilliaid yw bod gefeilliaid nid yn unig yn rhannu'r un genynnau ond eu bod wedi tyfu yn yr un amgylchedd. Gall unrhyw debygrwydd, felly, ddeillio o'r amgylchedd yn ogystal â geneteg. I geisio gwahanu'r ddau ddylanwad, mae seicolegwyr wedi astudio data gefeilliaid a fagwyd ar wahân. Cafodd Bouchard a McGue fod 72% o gydgordiad yn achos gefeilliaid MZ a fagwyd ar wahân. Mae hyn yn dal i ddangos bod geneteg yn cyfrannu cryn dipyn i ddeallusrwydd.

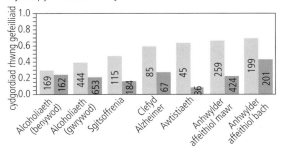

▲ Mae ymchwil wedi astudio etifeddiaeth amrywiaeth mawr o ymddygiadau, gan gynnwys rhai o'r rhai a ddangosir yn y graff. Mae'r astudiaethau wedi canfod cysylltiad genetig rhwng rhai ymddygiadau ac anhwylderau (e.e. sgitsoffrenia), ond gan fod yr astudiaethau hynny o gydgordiad wedi'u seilio ar ddata cydberthynol, allwn ni ddim profi achos ac effaith mewn gwirionedd am nad ydyn nhw'n ystyried y ffaith fod y gefeilliaid yn rhannu'r un amgylchedd. Maen nhw hefyd yn anwybyddu'r ffaith y gallai ymddygiad fod yn 'anghydnaws'. Er bod gefeilliaid MZ yn rhannu 100% o'u genynnau, does gan y ddau ohonyn nhw ddim genyn sy'n eu rhagdueddu i ymddygiad neu anhwylder. Gall y naill fod wedi wynebu 'triger' nad yw'r llall wedi'i wynebu.

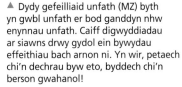

▲ Dydy gefeilliaid unfath (MZ) byth yn gwbl unfath er bod ganddyn nhw enynnau unfath. Caiff digwyddiadau ar siawns drwy gydol ein bywydau effeithiau bach arnon ni. Yn wir, petaech chi'n dechrau byw eto, byddech chi'n berson gwahanol!

Cryfderau
- Am fod gefeilliaid MZ yn rhannu 100% o'u genynnau, maen nhw'n gyfranwyr perffaith i astudiaeth o effaith genynnau ar ymddygiad ac yn rhoi gwybodaeth ddefnyddiol i'r rhai sy'n defnyddio yr ymagwedd fiolegol mewn seicoleg.
- Ym maes deallusrwydd, er enghraifft, mae cymharu gefeilliaid MZ sydd wedi'u magu gyda'i gilydd ac ar wahân wedi bod yn fodd i seicolegwyr lunio tybiaethau cadarn ynghylch pwysigrwydd cymharol genynnau a'r amgylchedd ar ddatblygiad (gweler ymchwil Bouchard a McGue, 1981).

Gwendidau
- Bydd gefeilliaid nid yn unig yn rhannu rhwng 50% (DZ) a 100% (MZ) o'u genynnau, ond yn aml fe gân nhw hefyd eu magu yn yr un amgylchedd yn union a'u trin yn yr un ffordd ym mhob maes mewn bywyd (teulu, addysg ac ati). Dylid bod yn ofalus, felly, wrth drin cyfraddau cydgordiad o ymchwil seicolegol am ei bod hi'n anodd datglymu effeithiau cymharol geneteg a'r amgylchedd.
- Mae astudio gefeilliaid sydd wedi'u magu ar wahân hefyd yn codi problemau. Yn aml iawn, bydd gefeilliaid a wahanwyd adeg eu geni neu'n ifanc iawn wedi'u magu mewn amgylcheddau tebyg iawn o ran dosbarth cymdeithasol, addysg, gwerthoedd teuluol ac ati. Unwaith eto, o ran astudio'r **ddadl natur-neu-fagwraeth**, mae'n anodd canfod union ddylanwad y genynnau/yr amgylchedd.

Mae genynnau yn cynnwys cyfarwyddiadau ynghylch nodweddion corfforol ac ymddygiadol pethau byw, fel lliw'ch llygaid neu liw adenydd iâr fach yr haf. Bydd plant yn etifeddu'r genynnau hynny oddi wrth eu rhieni. Bydd union nifer y genynnau'n amrywio o un rhywogaeth i'r llall. Mae gan fodau dynol filoedd ohonyn nhw.

Awgrym yr arholwr
I sicrhau eich bod chi'n rhoi ateb trylwyr a pherthnasol i'r cwestiwn, bydd angen i chi gynnwys enghreifftiau o'r ffyrdd o ddefnyddio'r fethodoleg benodol yn yr ymagwedd. Er enghraifft, wrth drafod defnyddio astudiaethau o efeilliaid yn yr ymagwedd fiolegol, dylech chi sôn am waith Bouchard a McGue, neu unrhyw astudiaeth arall o efeilliaid. Bydd hynny'n eich helpu chi i egluro'r fethodoleg yn drylwyr ac yn gydlynol ac yn dangos i'r arholwr eich bod chi'n deall y fethodoleg yn yr ymagwedd benodol honno. Wnaiff atebion lle bydd yr ymgeisydd yn sôn mewn ffordd generig am ddulliau ymchwil penodol ddim cael credyd yn y ddau fand uchaf (gweler y cynlluniau marcio ar dudalen vii).

ALLWCH CHI...?   Rhif **1.6**

1... Enwi **dau** ddull y mae'r ymagwedd fiolegol yn eu defnyddio, a disgrifiwch enghraifft o'r ffordd y defnyddiwyd y naill ddull a'r llall mewn astudiaeth ymchwil a oedd yn defnyddio yr ymagwedd fiolegol.

2... Yn achos pob dull unigol, amlinellu ac egluro **dau** gryfder a **dau** wendid o ddefnyddio'r dull hwnnw yn yr astudiaeth y gwnaethoch chi ei disgrifio.

CWESTIWN ARHOLIAD

Eglurwch a **gwerthuswch** y fethodoleg sy'n cael ei defnyddio gan yr ymagwedd fiolegol. [12]

Nodiadau *Yn yr arholiad, bydd gofyn i chi egluro a gwerthuso'r dulliau a ddefnyddir gan **un** o'r pedair ymagwedd. **Mae'n hanfodol i chi egluro'n glir sut mae'r***

dulliau'n cysylltu â thybiaethau'r ymagwedd, h.y. eu bod yn amlwg berthnasol i'r ymagwedd. Dyma ganllaw cyffredinol o ran strwythuro'ch ateb:

▶ *Eglurwch un dull a ddefnyddir gan yr ymagwedd (defnyddiwch enghreifftiau a fydd yn amlygu ei berthnasedd i'r ymagwedd).*

▶ *Gwerthuswch gryfderau a gwendidau'r dull hwnnw.*

▶ *Eglurwch ail ddull a ddefnyddir gan yr ymagwedd (defnyddiwch enghreifftiau a fydd unwaith eto'n amlygu ei berthnasedd).*

▶ *Gwerthuswch gryfderau a gwendidau'r ail ddull.*

D.S. Mae band uchaf y cynllun marcio ar gyfer y cwestiwn hwn yn gofyn am: 'Egluro dulliau'n briodol ac yn glir... ac yn amlwg berthnasol i'r ymagwedd'.

Pennod 1: crynodeb

Tybiaethau'r ymagwedd fiolegol

Yr ymennydd Mae gwahanol rannau o'r ymennydd wedi'u cysylltu â gwahanol swyddogaethau, e.e. mae'r cortecs cyndalcennol wedi'i gysylltu â meddwl.

Bydd **niwrodrosglwyddyddion** yn ysgogi neu'n atal niwronau yn yr ymennydd, e.e. dopamin, adrenalin.

Caiff **hormonau** effaith gyflym a byr ar yr organau targed, e.e. testosteron, adrenalin.

Model GAS Selye

'Syndrom addasu cyffredinol' (GAS)
Ymateb cyffredinol i bob straenachosydd sy'n ymaddasol (yn helpu'r corff i ymdopi); mae'n egluro'r cyswllt rhwng straen a salwch.

Tri cham
1. Rhybudd: canfod y straenachosydd, rhyddhau adrenalin i ymladd neu ffoi.
2. Gwrthwynebedd: y corff yn ymaddasu ac yn ymdopi i bob golwg, ond mae'r adnoddau'n prinhau.
3. Gorludded: mae'r symptomau cychwynnol yn ailymddangos.

Astudiaeth ymchwil
Selye (1936) Digwyddodd tri cham y GAS pan gyflwynodd ef lygod mawr i amrywiol asiantau atgas (e.e. oerfel, cyffuriau); amlygodd hynny'r ymateb amhenodol i straen.

Seicolawdriniaeth

Lobotomi cyndalcennol
Caiff y llabed flaen ei gwahanu; mae hi ynghlwm wrth reoli ysgogiadau a hwyliau. Cyntefig ac aneffeithiol oedd y dulliau cynnar (e.e. Moniz).

Seicolawdriniaeth stereotactig
Defnyddio MRI i weld union leoliad y mannau targed, e.e. capsiwlotomi lle torrir cysylltiadau â'r rhan ger y thalamws i leddfu OCD; hefyd cingwlotomi.

Ysgogi'r ymennydd dwfn (DBS)
Dim meinwe yn cael ei ddinistrio; rhoir gwifrau drwy feinwe'r ymennydd a gellir tanio cerrynt amledd-uchel i darfu ar gylchedwaith yr ymennydd. Fe'i defnyddir yn llwyddiannus i drin iselder ysbryd.

Cemotherapi

Cyffuriau gwrthseicotig
I drin anhwylderau seicotig fel sgitsoffrenia. Mae'n cynnwys cyffuriau gwrthseicotig confensiynol (e.e. clorpromasin, h.y. Largactil) ac annodweddiadol (closapin, h.y. Clozaril), sy'n blocio'r dopamin.

Cyffuriau gwrthiselder
Byddan nhw'n codi lefelau'r serotonin i leddfu iselder ysbryd. Bydd SSRIs yn atal yr ailgydio mewn serotonin yn y synapsau. Bydd cyffuriau gwrthiselder eraill yn blocio'r ensymau sy'n torri'r serotonin i lawr.

Cyffuriau gwrth-orbryder
Defnyddir cyffuriau bensodiasepin, sy'n cynyddu GABA, neu feta-blocwyr, sy'n cwtogi ar weithgarwch adrenalin.

Cryfderau a gwendidau'r ymagwedd fiolegol

Cryfderau
▸ Ymagwedd wyddonol – mae newidynnau mesuradwy'n fodd i wneud ymchwil gwrthrychol dan reolaeth dda.
▸ Ymagwedd benderfyniadol – mae modd canfod perthnasoedd achosol.
▸ Cymwysiadau llwyddiannus, e.e. arweiniodd ymchwil Selye at well triniaeth i gleifion a oedd wedi cael eu hanafu.

Gwendidau
▸ Ymagwedd leihaol – troir ymddygiad cymhleth yn weithrediadau niwrodrosglwyddyddion ac yn weithgarwch yr ymennydd.
▸ Natur yn hytrach na magwraeth – bydd yn anwybyddu ffactorau eraill fel profiadau bywyd ac emosiynau.
▸ Bydd yn tueddu i anwybyddu gwahaniaethau rhwng unigolion, e.e. bod rhai pobl yn teimlo mwy o straen na'i gilydd.

Methodoleg yr ymagwedd fiolegol

Sganio'r ymennydd
Mae seicolegwyr yn gallu mesur gweithgarwch yr ymennydd.
▸ Bydd sganiau **CAT** yn cymryd cyfres o luniau pelydr-x sy'n dangos adeiledd yr ymennydd.
▸ Bydd sganiau **MRI** yn defnyddio canfodyddion magnetig i ganfod adeiledd yr ymennydd ac yn darparu gwybodaeth fanwl heb unrhyw ymbelydredd.
▸ Bydd **fMRI** yn darparu llun o'r ymennydd ar waith.
▸ Bydd sganiau **PET** yn canfod gwybodaeth gemegol ac adeileddol ac yn dangos yr ymennydd ar waith, ond maen nhw'n ddrud iawn ac yn golygu bod rhaid i gleifion wynebu ymbelydredd.

Astudiaethau o efeilliaid
Maen nhw'n fodd i seicolegwyr amcangyfrif cyfraniad cymharol y ffactorau genetig (natur) ac amgylcheddol (magwraeth). Mae'r cyfraddau uchel o gydgordiad mewn gefeilliaid MZ yn dangos pa mor bwysig yw natur, yn enwedig o'u cymharu â gefeilliaid DZ, a hefyd â gefeilliaid a fagwyd ar wahân.
▸ **Cryfderau**: gwybodaeth ddefnyddiol sy'n dweud tipyn wrthym am natur a magwraeth.
▸ **Gwendidau**: yr un amgylcheddau, gefeilliaid a fagwyd ar wahân yn rhannu amgylcheddau tebyg.

Gweithgareddau adolygu

Mapiau o'r meddwl

Mae map o'r meddwl yn gynrychiolaeth weledol o bwnc ac yn dangos y cysylltiadau rhwng yr amrywiol elfennau ynddo. Fel rheol, bydd y cysylltiadau ar ffurf canghennau. Bydd y prif bwnc yn y canol a'r elfennau/syniadau cydrannol yn estyn tuag allan. Gallwch chi ychwanegu brasluniau/dwdlau bach yn ogystal â lliwiau (amlygwyr, pennau ffelt). Mae i bob tudalen o nodiadau, felly, ymddangosiad gweledol unigryw a gwahanol (yn hytrach na golwg unffurf tudalennau o nodiadau cyffredin/mewn llinellau) (Buzan, 1993).

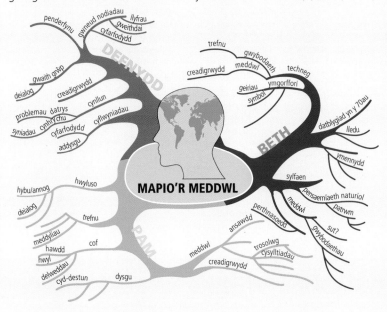

▲ Map o'r meddwl ynghylch mapio'r meddwl.

Celfyddyd crynhoi

Mewn gwerslyfrau cewch chi lawer iawn o destun am y gwahanol bynciau y mae'n rhaid i chi roi sylw iddyn nhw. Yn aml, bydd mwy ohono nag y bydd ei angen arnoch at yr arholiad. Bydd angen i chi ddewis yr 'hanfodion' – y darnau allweddol o wybodaeth y mae'n rhaid eu cofio at yr arholiad.

Yn y bennod hon, rydych chi wedi astudio un ddamcaniaeth (model GAS) ac un therapi. Ar gyfer y naill a'r llall, rhestrwch y wybodaeth hanfodol y bydd angen i chi ei chofio. Gallech chi ddewis rhyw 15-20 o hanfodion yr un.

Ewch ati'n awr i ddefnyddio'r hanfodion hynny i lunio:
- Disgrifiad o fodel GAS mewn 300 o eiriau.
- Disgrifiad o'ch therapi mewn 400 o eiriau.

Tybiaethau'r ymagwedd fiolegol

Ar ddechrau'r bennod hon, fe restron ni rai o dybiaethau'r ymagwedd fiolegol. Gwnewch dabl fel yr un isod a rhowch enghreifftiau o'ch astudiaethau chi ynddo.

	Model GAS	Therapi (seicolawdriniaeth neu gemotherapi)
Tybiaeth 1 Yr ymennydd		
Tybiaeth 2 Niwrodrosglwyddyddion		
Tybiaeth 3 Hormonau		

Geiriau allweddol

Ewch drwy'r bennod a nodwch yr holl dermau allweddol sydd mewn print glas trwm. Crëwch set o gardiau allweddol ar gyfer y geiriau hynny. Ysgrifennwch y term allweddol ar un cerdyn ac ysgrifennwch ddiffiniad ohono ar gerdyn arall (cewch chi'r diffiniadau yn yr eirfa/mynegai).

Gêm y gallwch chi ei chwarae gyda nhw yw 'Canolbwyntio'. Bydd yn gweithio orau os oes dau neu dri chwaraewr. Rhowch bob cerdyn wyneb i waered, rhai'r termau allweddol ar y chwith a'r diffiniadau ar y dde. Trowch ddau gerdyn drosodd – y naill o'r chwith a'r llall o'r dde. Ydyn nhw'n cyd-fynd? Os nad ydyn nhw, trowch nhw wyneb i waered unwaith eto a gadewch i'r chwaraewr nesaf fynd. Os byddan nhw'n cyd-fynd, cewch chi gadw'r cardiau.

Sylwch ar y camgymeriadau

Mae'r testun isod yn disgrifio model GAS Selye. Copïwch ef a nodwch bob camgymeriad! Ar ôl gorffen, cymharwch eich gwaith chi â gwaith rhywun arall a chywirwch y camgymeriadau.

Gwnaeth Bill Selye ymchwil yn y 1920au ar anifeiliaid fel llygod mawr. Daeth ef i'r casgliad bod anifeiliaid sy'n wynebu ysgogiadau annymunol yn dangos ymateb cyffredinol i bob straenachosydd. Galwodd ef hynny'n 'system addasu cyffredinol' neu'n GAS.

Cynigiodd Selye y gallu y model hwnnw egluro'r cyswllt rhwng straen a salwch am fod straen yn lleihau'r adnoddau seicolegol a bod hynny'n gostwng gwrthwynebedd yr organeb i haint.

Cam 1 Ymateb i rybudd

Bydd y corff yn adnabod y bygythiad neu'r straenachosydd ac yn ymateb i'r rhybudd. Bydd yr hypothalamws yn yr ymennydd yn ysgogi'r chwarennau adrenal i gynhyrchu dopamin. Effaith hynny yw cyflymu curiadau'r galon, gwneud i'r cledrau chwysu, anadlu'n gyflym, ac ati. Bydd hynny'n arwain at barodrwydd i 'ymladd neu ffidlan'.

Cam 2 Derbyn

Os bydd y straen yn parhau, bydd angen dod o hyd i ryw ffordd o ymdopi ag ef. Bydd y corff yn ymaddasu i ofynion yr amgylchedd ond, yr un pryd, bydd ei adnoddau'n graddol brinhau. Er bod y corff fel petai'n ymdopi, bydd pethau mewn gwirionedd yn dirywio'n ffisiolegol.

Cam 3 Gorludded

Yn y pen draw, am na all systemau'r corff ddim parhau i weithredu'n normal, bydd symptomau newydd yn cychwyn (chwysu, curiad y galon yn cyflymu, ac ati). Gall y gor-weithgarwch blaenorol niweidio'r chwarren adrenal, a gall y system imiwnedd beidio ag ymdopi am fod gorfod rhoi sylw i anghenion eraill wedi arafu cynhyrchu'r proteinau angenrheidiol (e.e. adrenalin). Fe welwch chi'r canlyniad mewn salwch sy'n gysylltiedig â straen, fel wlser, iselder ysbryd, problem cardiofasgwlar a mathau eraill o salwch meddwl a salwch corfforol.

Cwestiynau arholiad enghreifftiol ac atebion myfyrwyr

Mae sylwadau'r arholwr ar yr atebion hyn ar dudalen 174.

ENGHRAIFFT O GWESTIWN 2

> Disgrifiwch sut mae'r ymagwedd fiolegol wedi cael ei chymhwyso mewn naill ai seicolawdriniaeth neu gemotherapi. [12]

Ateb Megan
Gall fod llawer ffurf ar gemotherapi. Er enghraifft, caiff cyffuriau gwrthseicotig eu defnyddio i drin pethau fel sgitsoffrenia. Fe wnân nhw hynny drwy weithredu ar y cemegyn dopamin, ond caiff rhai cyffuriau gwrthseicotig sgil-effeithiau, fel symudiadau anwirfoddol o'r geg. Defnyddir cyffuriau gwrthiselder i drin iselder ysbryd. Un math o gyffur yw'r SSRIs sy'n gweithio, yn eu hanfod, drwy gynyddu faint o serotonin sydd yn llif y gwaed. Byddant yn gweithio i'r claf am mai'r gred yw bod lefelau isel o serotonin yn achosi iselder ysbryd. Caiff beta-blocwyr eu rhoi i bobl sydd â gorbryder. Am eu bod yn gostwng lefelau'r adrenalin, byddan nhw'n helpu'r person i deimlo'n llai cynhyrfus ac o dan lai o straen. Therapi cyffuriau, felly, yw cemotherapi.

Ateb Tomos
Gallwch chi ddarllen **ateb Tomos, a gafodd farciau llawn,** ar dudalen 174.

ENGHRAIFFT O GWESTIWN 5

> Eglurwch a gwerthuswch y fethodoleg sy'n cael ei defnyddio gan yr ymagwedd fiolegol. [12]

Ateb Megan
Bydd yr ymagwedd fiolegol yn defnyddio arbrofion labordy i allu trin y newidyn annibynnol ac arsylwi'r effeithiau ar y newidyn dibynnol. Gwneir hynny o dan amodau caeth iawn. Mae llawer mantais i arbrofion labordy. Yn gyntaf, mae rheolaeth lem ar y newidynnau, nid yn unig ar y newidyn annibynnol ond ar lawer o'r newidynnau allanol hefyd. Mae hynny'n fodd i sefydlu perthnasoedd achos-ac-effaith. Hefyd, am fod arbrofion labordai'n dilyn trefn safonedig, mae modd eu hail-wneud a chynyddu dilysrwydd yr arbrofion. Ond gall problemau godi ynghylch nodweddion y galw am y gall y cyfranwyr geisio dyfalu diben yr astudiaeth ac ymddwyn mewn ffyrdd gwahanol i'r arfer. Mae hynny hefyd yn cysylltu â dilysrwydd ecolegol – problem arall ynghylch arbrofion labordy. Dydy'r bobl sy'n cymryd rhan ddim yn debyg o ymddwyn yn eu ffyrdd arferol. Weithiau, bydd tueddiad yr arbrofwr yn broblem hefyd am y gall yr arbrofwr ddehongli'r ymddygiad mewn ffyrdd sy'n cyd-fynd â'r rhagdybiaeth, neu hyd yn oed arwain y cyfranwyr i ymddwyn mewn ffyrdd penodol, er enghraifft, drwy ddarllen rhestr o eiriau yn araf dros ben er mwyn i'r cyfranwyr eu cofio.

Ateb Tomos
Byddai ymagwedd fiolegol yn defnyddio dulliau anymwthiol fel sganiau o'r ymennydd, gan gynnwys rhai EEG, CAT, MRI a PET. Bydd EEG yn mesur gweithgarwch yr ymennydd drwy roi electrodau ar groen y pen, ac maent yn ddefnyddiol wrth ymchwilio i bethau fel swyddogaethau'r hemisfferau a chyfnodau cwsg. Ond dydyn nhw ddim yn rhoi delweddau o'r ymennydd i ni fel y gwna sganiau CAT ac MRI. Gall sganiau CAT ddangos llun pelydr-x o'r ymennydd i ni, ac fe gânt eu defnyddio i astudio adeiledd yr ymennydd – er enghraifft, yr union ddifrod mewn cleifion sydd â'u hymennydd wedi'i ddifrodi. Yn wahanol i sganiau CAT, fydd sganiau MRI ddim yn golygu chwistrellu lliwur ymbelydrol i'r claf, ac felly maen nhw'n dda os oes rhaid sganio person sawl gwaith mewn cyfnod byr. Yr enw ar y ddyfais sganio ddiweddaraf yw tomograffeg gollwng positronau (PET). Mae'n fath o sgan sy'n wahanol i'r lleill am ei fod yn dangos cyfansoddiad cemegol (metabolaeth) yr ymennydd yn hytrach na dim ond ei adeiledd. Mae'n ddyfais sganio fwy soffistigedig, felly, a gall ddatgelu gwybodaeth na all y lleill mo'i dadlennu (fel a yw tyfiant yn falaen neu'n anfalaen). Defnyddiodd Raine ac eraill sganiau PET i astudio ymddygiad troseddwyr a gweld a oedd annormaleddau yn ymennydd sampl o lofruddwyr. Manteision y dulliau hyn yw nad ydyn nhw'n ymwthiol ar y cyfan nac yn achosi niwed parhaol i'r claf, ond eu bod yn fodd i ni ymchwilio i'r cysyniad o leoleiddio swyddogaethau – y syniad bod rhannau penodol o'r ymennydd yn gyfrifol am ymddygiadau penodol. Defnyddir y sganiau PET yn effeithiol i ganfod cyfnodau cynnar salwch niwrolegol fel epilepsi, clefyd Alzheimer a dementiâu eraill. Ond oherwydd defnyddio ymbelydredd wrth greu delweddau PET, dim ond hyn a hyn o weithiau y gall claf fynd drwy'r drefn honno. Mae delweddu PET hefyd yn ddrud dros ben, a dyna pam na chynigir mohono ond mewn nifer cyfyngedig o ganolfannau meddygol yn y byd.

Mae astudio gefeilliaid hefyd o werth i fioseicolegwyr sy'n ymchwilio i'r dybiaeth bod ymddygiad yn deillio o'n ffurfiant genetig. Mae gefeilliaid MZ yn rhannu 100% o'u genynnau ac, os yw ymddygiad yn gynnyrch ein genynnau, dylai'r ddau efaill amlygu'r un ymddygiad. Er enghraifft, astudiodd Bouchard a McGue efeilliaid unfath a rhai nad oedden nhw'n unfath i weld a allai deallusrwydd ddeillio o natur. Er bod astudio gefeilliaid yn darparu gwybodaeth ddefnyddiol ar gyfer y ddadl rhwng natur a magwraeth, ac yn gallu helpu seicolegwyr i weld a yw anhwylderau penodol yn rhai genetig, dydy pawb ddim yn eu llyncu'n ddihalen. Gan fod cyfraddau cydgordiad yn arwain at ddata cydberthynol, does dim modd sefydlu perthnasoedd achos-ac-effaith. Er enghraifft, os yw gefeilliaid wedi tyfu yn yr un amgylchedd, bydden nhw wedi wynebu'r un 'trigeri' cymdeithasol, a gallai hynny egluro'r tebygrwydd yn eu hymddygiad. Mae hynny'n arwain at broblem arall sy'n codi wrth gymharu cyfraddau cydgordiad mewn setiau o efeilliaid, sef bod gefeilliaid fel rheol wedi tyfu yn yr union un amgylchedd (neu o leiaf rai tebyg iawn) a'i bod hi felly'n anodd datglymu'r ffactorau biolegol ac amgylcheddol.

Hanfod yr **ymagwedd ymddygiadol** yw bod pob ymddygiad wedi'i ddysgu. Mae modd egluro'r rheswm bod tueddi chi fod yn ymosodol neu'n gariadus neu â diddordeb mewn pêl-droed neu'n dda mewn arholiadau neu'n dioddef o anhwylder meddwl oll yn nhermau'r profiadau rydych chi wedi'u cael yn hytrach nag unrhyw ragdueddi rydych chi wedi'i etifeddu. Cred yr ymddygiadwyr yw ein bod ni'n cael ein geni'n 'llechen lân' ac mai ymddygiad yn unig a ddylai gael sylw seicolegwyr – does dim angen chwilio am y meddwl na dadansoddi meddyliau a theimladau.

Tybiaeth 1 Mae modd egluro ymddygiad yn nhermau cyflyru clasurol

Caiff ymddygiadau newydd eu caffael drwy **gysylltu** (*association*). Disgrifiodd Ivan Pavlov y broses o gyflyru clasurol gyntaf yn 1904 ar sail arsylwi cynhyrchu poer mewn cŵn (mae llun o hynny ar dudalen 27). Uned ysgogiad-ac-ymateb yw 'ymddygiad' – bydd bwyd (*ysgogiad*) yn cynhyrchu poer (ymateb *atgyrch*).

- Cyn y cyflyru, bydd y bwyd yn **ysgogiad heb ei gyflyru** (**UCS**) a chynhyrchu poer yn **ymateb heb ei gyflyru** (**UCR**).
- Yn ystod y cyflyru, bydd **ysgogiad niwtral** (**NS**), fel sŵn cloch, yn digwydd yr un pryd â'r UCS ac felly'n caffael ei briodweddau.
- Ar ôl y cyflyru, bydd sŵn y gloch yn troi'n **ysgogiad cyflyrol** (**CS**), sy'n esgor ar yr ymateb, sef cynhyrchu poer, sydd bellach yn **ymateb cyflyrol** (**CR**).

Tybiaeth 2 Mae modd egluro ymddygiad yn nhermau cyflyru gweithredol

Caiff ymddygiadau newydd eu dysgu drwy *atgyfnerthu*. Ar unrhyw adeg, bydd organeb yn gweithredu ar yr amgylchedd ac yn arwain at ganlyniadau cadarnhaol (gwobrwyo neu **atgyfnerthu**) neu ganlyniadau negyddol (**cosbi**).

Dangosodd Skinner (1938) fod anifail (e.e. colomen neu lygoden fawr) mewn bocs Skinner (gweler isod) yn symud o amgylch y bocs ar hap. Ambell waith, bydd gweithred benodol yn arwain at belen o fwyd. Am fod y bwyd yn gweithredu fel **atgyfnerthydd**, bydd yr anifail fwy a mwy yn ailadrodd yr ymddygiad a arweiniodd at gael y wobr (y belen o fwyd). Bydd atgyfnerthwyr yn cynyddu'r tebygolrwydd y caiff ymddygiad ei ailadrodd, a chosbwyr yn lleihau'r tebygolrwydd. Gall atgyfnerthydd **atgyfnerthu'n negyddol** (dianc rhag sefyllfa annymunol) neu **atgyfnerthu'n gadarnhaol** (rhywbeth dymunol/pleserus).

Mae **siapio** yn egluro sut y caiff ymddygiadau penodol eu dysgu – drwy atgyfnerthu sefyllfaoedd mwyfwy tebyg i berfformiad a ddymunir.

Tybiaeth 3 Mae modd egluro ymddygiad yn nhermau damcaniaeth dysgu cymdeithasol (*Social Learning Theory* – SLT)

Mewn SLT, dysgir *yn bennaf* drwy *arsylwi*, h.y. yn anuniongyrchol. Bydd unigolion yn arsylwi **modelau** rôl (pobl y maen nhw'n uniaethu â nhw) ac yn dysgu am ganlyniadau'r ymddygiad drwy **atgyfnerthu** anuniongyrchol neu **ddirprwyol**. Cynrychiolir y canlyniadau hynny fel **disgwyliadau o ran canlyniadau at y dyfodol** ac fe gân nhw eu storio fel cynrychioliadau mewnol y meddwl.

Er y gall arsylwi arwain at ddysgu (**dysgu drwy arsylwi**), mae *perfformio*'r ymddygiadau hynny'n gysylltiedig â ffactorau eraill. Yn y dyfodol, bydd unigolyn yn amlygu'r ymddygiad ar yr amod bod disgwyl cael gwobr yn drech na disgwyl cael cosb, a hefyd fod gan yr unigolyn y sgiliau sy'n ofynnol i berfformio'r ymddygiad.

Cedwir yr ymddygiad yn repertoire yr unigolyn os caiff yr unigolyn ei (g)wobrwyo am amlygu'r ymddygiad; atgyfnerthu *uniongyrchol* yw hwnnw. Bydd hynny'n dylanwadu ar werth yr ymddygiad i'r unigolyn.

GWAITH I CHI   Rhif 2.1

Rhowch gynnig ar gyflyru clasurol. Os ydych chi'n chwythu aer at lygad rhywun (gan ddefnyddio gwelltyn), bydd yn cau ac yn agor ei (l)lygaid. Ymateb atgyrch (UCR) yw hwnnw. Yr UCS yw'r pwff o aer.

Gweithiwch mewn grŵp o dri. Bydd person 1 yn curo'i (d)dwylo (dyna'r NS), ac yn syth wedyn bydd person 2 yn chwythu aer at lygad person 3 gan wneud iddo/iddi amrantu (*blink*). Cyn hir, dylech chi weld bod curo dwylo wedi troi'n CS.

ALLWCH CHI...?   Rhif 2.1

1... Egluro'r hyn a olygir gan gyflyru clasurol a gweithredol.

2... Egluro proses cyflyru clasurol.

3... Disgrifio'r gwahanol fathau o atgyfnerthu.

4... Egluro'r cysyniadau o ddysgu anuniongyrchol ac atgyfnerthu dirprwyol.

CWESTIWN ARHOLIAD

Amlinellwch ddwy o dybiaethau'r ymagwedd ymddygiadol. [4]

Nodiadau Yn yr arholiad, cewch gais i amlinellu *dwy* o dybiaethau **un** o'r pedair ymagwedd. Bydd y cwestiwn hwn yn werth 4 marc. Dylech chi strwythuro'ch ateb fel hyn:

▸ Enwi un dybiaeth.

▸ Egluro / manylu ar y dybiaeth honno.

▸ Enwi ail dybiaeth.

▸ Egluro / manylu ar y dybiaeth honno.

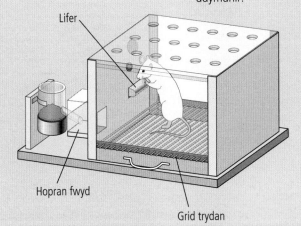

Lifer

Hopran fwyd

Grid trydan

▲ Llygoden fawr mewn bocs Skinner. Gellid atgyfnerthu'r llygoden fawr yn gyntaf drwy bwyso'r lifer, a dylai hynny arwain ymhen amser at bwyso'r lifer yn aml. Yna, gallem ddechrau siocio'r llygod mawr hyn ar ôl iddyn nhw bwyso'r lifer, a dylai hynny arwain ymhen amser at bwyso llai a llai ar y lifer.

Damcaniaeth dysgu cymdeithasol am ymosodedd

Credir mai ymddygiad ymosodol yw un o'r ffurfiau ar ymddygiad cymdeithasol pobl sy'n peri'r gofid mwyaf. Barn rhai seicolegwyr yw bod ymosodedd yn rhan o'n hetifeddiaeth esblygol, a bod pobl ac anifeiliaid yn ymddwyn yn ymosodol am fod ymddwyn felly'n werthfawr er mwyn goroesi. Yn ôl y farn honno, mae ymosodedd yn **gynhenid** ac yn fiolegol.

Ond barn **ymddygiadwyr** yw bod ein hymddygiad ymosodol yn codi o'n rhyngweithiadau ag eraill yn ein byd cymdeithasol. Fe ddysgwn ni pryd a sut mae ymddwyn yn ymosodol drwy wylio'r hyn y mae pobl eraill yn ei wneud ac yna ddynwared yr ymddygiad hwnnw. Dyna hanfod y **ddamcaniaeth dysgu cymdeithasol am ymosodedd**.

*Diffinnir **ymosodedd** fel ymddygiad rhwng aelodau o'r un rhywogaeth, a'r bwriad yw achosi poen neu niwed.*
- *Pam mae pobl yn ymddwyn yn ymosodol?*
- *Pam mae un person yn fwy ymosodol nag un arall?*

DYMA'R YMCHWILYDD

Ganed **Albert Bandura** yng Nghanada yn 1925. Am ei fod yn byw mewn tref fach lle nad oedd ond dau athro yn yr ysgol, bu'n rhaid iddo addysgu llawer arno'i hun. Meddai: *'Er bod cynnwys y mwyafrif o werslyfrau yn dyddio, bydd arfau hunangyfeirio o werth mawr i ddyn dros amser'* (Pajares, 2004).

Yn ddamweiniol y dechreuodd astudio seicoleg i gychwyn, ond ymserchodd yn y pwnc a gweithio yn y pen draw gyda rhai o ymddygiadwyr gorau ei ddydd. Ond teimlai na allai atgyfnerthu uniongyrchol ohono'i hun esbonio cymhlethdod ymddygiad pobl. Yn y 1960au, datblygodd ei ddamcaniaeth dysgu cymdeithasol ac yn ddiweddarach trodd honno'n ddamcaniaeth wybyddol gymdeithasol sy'n rhoi pwys ar yr agwedd ar ymddygiad pobl sy'n ei rheoli ei hun. Mae'n credu nad grymoedd amgylcheddol yn unig sy'n siapio pobl ond bod ganddyn nhw hefyd y gallu i'w cyfeirio'u hunain.

Ond i fyfyrwyr sydd newydd ddechrau astudio seicoleg, mae'n fwyaf cyfarwydd o hyd am yr astudiaethau Bobo a wnaeth bron 50 mlynedd yn ôl. *'Mae'r ddol Bobo yn dal i fy nilyn i ble bynnag yr wyf yn mynd... Wrth gyrraedd gwesty yn Washington yn ddiweddar, holodd y clerc wrth y ddesg gofrestru, "Ai chi wnaeth arbrawf dol Bobo?" Eglurais: "Rwy'n ofni mai am hynny y câ' i fy nghofio." Atebodd: "Wel, mae hynny'n haeddu gwobr. Fe rodda i chi mewn ystafell yn y rhan dawel o'r gwesty." Felly, mae rhai manteision yn codi o'r enwogrwydd hwnnw'* (Bandura, 2004, tudalen 626).

Y DDAMCANIAETH DYSGU CYMDEITHASOL (SLT)

Roedd Albert Bandura yn credu nad oedd modd egluro ymosodedd drwy ddefnyddio'r ddamcaniaeth ddysgu draddodiadol lle credid mai profiad *uniongyrchol* yn unig oedd yn gyfrifol am gaffael ymddygiadau newydd. Mae'r ddamcaniaeth dysgu cymdeithasol yn awgrymu ein bod ni hefyd yn dysgu drwy arsylwi pobl eraill. Mae hynny'n fodd i ni ddysgu *elfennau penodol* ymddygiad ymosodol (e.e. ei ffurf, ei amlder, y sefyllfaoedd sy'n esgor arno a'r targedau sydd iddo). Dydy hynny ddim yn awgrymu bod y ddamcaniaeth yn anwybyddu rôl ffactorau biolegol ond, yn hytrach, fod ffurfiant biolegol person yn creu'r potensial i fod yn ymosodol ac mai'r ffordd o *fynegi* ymosodedd sy'n cael ei ddysgu. Mae astudiaeth glasurol Bandura ac eraill (1961, gweler y tudalen gyferbyn) yn darlunio llawer o egwyddorion pwysig y ddamcaniaeth.

Arsylwi

Bydd plant yn dysgu eu hymatebion ymosodol yn bennaf drwy *arsylwi* – gwylio ymddygiad modelau rôl ac yna *ddynwared* yr ymddygiad hwnnw. Tra oedd damcaniaeth Skinner ynghylch **cyflyru gweithredol** yn honni bod dysgu'n digwydd drwy atgyfnerthu uniongyrchol, awgrymodd Bandura fod plant yn dysgu drwy arsylwi pobl sy'n fodelau rôl iddyn nhw ac y maen nhw'n uniaethu â nhw, h.y. **dysgu drwy arsylwi**.

Bydd plant hefyd yn arsylwi ac yn dysgu am ganlyniadau ymddygiad ymosodol drwy wylio eraill yn cael eu hatgyfnerthu neu eu cosbi. Yr enw ar hynny yw **atgyfnerthu dirprwyol** neu anuniongyrchol. Bydd plant yn gweld llu o enghreifftiau o ymddygiad ymosodol yn y cartref a'r ysgol, ar y teledu ac mewn ffilmiau. Drwy arsylwi *canlyniadau* ymddygiad ymosodol i'r rhai sy'n eu defnyddio, bydd plant yn graddol ddysgu am yr hyn yr ystyrir ei fod yn ymddygiad priodol (ac effeithiol) yn y byd o'u hamgylch. Felly, fe ddysgant yr ymddygiadau (drwy arsylwi), a hefyd a yw'n werth ailadrodd yr ymddygiadau hynny (drwy atgyfnerthu dirprwyol).

Cynrychiolaeth yn y meddwl

Honnodd Bandura (1986) fod rhaid i blant, er mwyn i ddysgu cymdeithasol ddigwydd, ffurfio cynrychioliadau yn eu meddwl o ddigwyddiadau yn eu hamgylchedd cymdeithasol. Rhaid iddyn nhw hefyd gynrychioli gwobrau a chosbau posibl am eu hymddygiad ymosodol o ran **disgwyl canlyniadau at y dyfodol**. Pan fydd cyfleoedd priodol yn codi yn y dyfodol, bydd plant yn amlygu'r ymddygiad ar yr *amod* bod disgwyl gwobr yn drech na disgwyl cosb.

Cynnal drwy brofiad uniongyrchol

Os caiff plentyn wobr (h.y. yn cael yr hyn y mae'n dymuno'i gael neu'n cael ei ganmol/ei chanmol gan bobl eraill) am ymddwyn yn ymosodol, mae'n debyg o ailadrodd yr un weithred mewn sefyllfaoedd tebyg yn y dyfodol. Yna, bydd yr atgyfnerthu uniongyrchol hwnnw'n dylanwadu ar werth ymosodedd i'r plentyn. Bydd plentyn sydd â hanes o fwlio plant eraill yn llwyddiannus yn credu mwy a mwy fod hynny'n ffordd dda o gael gwobrau. Fe fydd i ymosodedd, felly, gryn werth i'r plentyn oherwydd ei gysylltiad â sicrhau gwobrau.

Credir bod y ddamcaniaeth dysgu cymdeithasol yn enghraifft o'r ymagwedd ymddygiadol – ond oherwydd ei phwyslais ar gynrychioliadau yn y meddwl (mental representations) mae iddi hefyd elfennau o'r ymagwedd wybyddol.

ATGYFNERTHU UNIONGYRCHOL AC ANUNIONGYRCHOL

Mae ymddygiadwyr yn credu y caiff ymddygiad newydd ei ddysgu o ganlyniad i wobrau (atgyfnerthu). Os canlyniad ymddygiad yw 'sefyllfa ddymunol', caiff ei atgyfnerthu – mae'n debycach o gael ei ailadrodd. Gall yr atgyfnerthu hwnnw ddigwydd yn *uniongyrchol* – er enghraifft, efallai y caech chi wobr am daro'ch cyfaill am ei fod yn rhoi un o'i felysion i chi. Neu fe allech chi gael eich atgyfnerthu'n *anuniongyrchol* – fe welwch chi rywun arall yn taro cyfaill a chanlyniad hynny yw ei fod yn cael un o'r melysion. Atgyfnerthu anuniongyrchol neu ddirprwyol yw hynny a gall arwain at ailadrodd yr ymddygiad. Os felly, mae'n enghraifft o ddysgu drwy arsylwi. Mae SLT yn cynnwys atgyfnerthu uniongyrchol ac anuniongyrchol – ymwneud ag atgyfnerthu uniongyrchol yn unig yr oedd damcaniaeth Skinner ynghylch cyflyru gweithredol.

ASTUDIAETH Y DDOL BOBO

Cynhaliodd Albert Bandura a'i gydweithwyr glasur o astudiaeth i ddangos bod plant yn dysgu ymosodedd drwy fodelu, sef gwylio rhywun arall yn ymddwyn yn ymosodol a dynwared yr ymddygiad hwnnw'n ddiweddarach.

Trefnodd Bandura ac eraill (1961) i rai plant ifanc iawn (bechgyn a merched 3-5 oed) wylio oedolyn yn chwarae gyda theganau. Cymerwyd y plant fesul un i ystafell a theganau ynddi. Ymunodd oedolyn â'r plentyn a rhyngweithio â'r plentyn a chwarae gyda'r teganau. Un ohonyn nhw oedd dol Bobo o faint llawn. Gwelodd hanner y plant fodelau o oedolion yn rhyngweithio'n ymosodol â'r ddol Bobo a gwelodd yr hanner arall fodelau nad oedden nhw'n ymddwyn yn ymosodol at y ddol.

Cyflawnodd y model ymosodol weithredoedd corfforol-ymosodol pendant at y ddol, e.e. ei tharo ar ei phen â gordd bren a'i chicio o amgylch y stafell i sylwadau ymosodol fel 'POW!'

Ar ôl hynny, teimlodd y plant yn rhwystredig pan ddangoswyd iddyn nhw deganau deniadol na chaent chwarae gyda nhw. Yna, fe'u cymerwyd i ystafell lle'r oedd dol Bobo ymhlith teganau eraill.

Atgynhyrchodd y plant a oedd yn y cyflwr ymosodol gryn dipyn o ymddygiad ymosodol, yn gorfforol ac ar lafar, tebyg i'r model a welwyd. Amlygodd y plant yn y grŵp an-ymosodol fawr ddim ymosodedd at y ddol.

Y cymhelliant i fod yn ymosodol

Er bod astudiaeth Bandura ac eraill yn dweud wrthym fod plant yn caffael ymatebion ymosodol o ganlyniad i wylio pobl eraill, dydy hi ddim yn dweud llawer wrthym ynghylch *pam* y byddai plentyn yn magu cymhelliant i gyflawni'r un ymddygiad pe na bai'r model yno. Clasur o arbrawf gan Bandura a Walters (1963) sy'n llenwi'r bwlch hwnnw.

Yn yr arbrawf, rhannwyd y plant yn dri grŵp. Gwyliodd pob grŵp ddiwedd gwahanol i ffilm lle'r oedd model o oedolyn yn ymddwyn yn ymosodol tuag at ddol Bobo.

- Gwelodd grŵp 1 y model yn cael gwobr am amlygu ymddygiad ymosodol.
- Gwelodd grŵp 2 y model yn cael cosb am amlygu ymddygiad ymosodol.
- Gwelodd grŵp 3 y model yn peidio ag wynebu unrhyw ganlyniad am ymddwyn yn ymosodol.

Gwelodd Bandura a Walters fod diwedd y ffilm wedi dylanwadu ar y chwarae â'r ddol wedi hynny. Amlygu lefel uchel o ymosodedd yn eu chwarae wnaeth y rhai a oedd wedi gweld gwobrwyo'r model am weithredu'n ymosodol. Dangosodd y rhai a welsai gosbi'r oedolyn lefel isel o ymosodedd yn eu chwarae, a rhywle yn y canol rhwng y ddwy lefel hynny o ymosodedd roedd y rhai yn y **grŵp rheoli** nad oedden nhw wedi gweld unrhyw wobr na chosb. Enw Bandura ar y math hwnnw o ddysgu oedd **dysgu dirprwyol** – roedd y plant yn dysgu am ganlyniadau tebygol gweithredoedd ac yna'n addasu eu hymddygiad yn unol â hynny.

Awgrym yr arholwr

Sylwch fod astudiaeth Bandura o ddynwared ymosodedd yn ffordd ddefnyddiol o ddarlunio damcaniaeth ymosodedd ond nad yw hi ynddi'i hun yn ddisgrifiad o'r ddamcaniaeth dysgu cymdeithasol.

GWAITH I CHI — Rhif 2.2

Mae'r rhaglen deledu *Supernanny* yn dangos Jo Frost yn dofi plant trafferthus. Mae ei thechnegau'n cynnwys atgyfnerthu uniongyrchol ac anuniongyrchol (cadarnhaol a negyddol) yn ogystal â chosbi.

Chwiliwch am enghreifftiau o'r rhaglen ar YouTube a lluniwch restr o enghreifftiau o'r ymagwedd ymddygiadol ar waith. Dylech chi chwilio'n arbennig am enghreifftiau o atgyfnerthu anuniongyrchol (modelu) ac atgyfnerthu uniongyrchol (cadarnhaol a negyddol).

▲ 'Model' o oedolyn yn amlygu ymosodedd at y ddol Bobo o faint llawn, gan gynnwys taro'r ddol gan weiddi 'POW!'

ALLWCH CHI...? — Rhif 2.2

1... Restru prif nodweddion y ddamcaniaeth dysgu cymdeithasol am ymosodedd.

2... Amlinellu trefniadau a darganfyddiadau **un** o astudiaethau Bandura o ymosodedd.

3... Egluro ym mha ffordd y mae astudiaeth Bandura'n cefnogi'r ddamcaniaeth dysgu cymdeithasol am ymosodedd.

4... Dewis **un** o dybiaethau'r ymagwedd ymddygiadol ac egluro sut mae hynny'n perthnasu ag eglurhad Bandura o ymosodedd.

CWESTIWN ARHOLIAD

Disgrifiwch y ddamcaniaeth dysgu cymdeithasol am ymosodedd. [8]

Nodiadau Yn yr arholiad, cewch gais i ddisgrifio **un** o'r pedair damcaniaeth rydych chi wedi'u hastudio (mae damcaniaeth ar gyfer pob un o'r pedair ymagwedd). Bydd y cwestiwn yn werth 8 marc. I gael yr 8 marc i gyd, dylai'ch ateb:

▶ Fod yn gywir ac yn fanwl.

▶ Dangos tystiolaeth o ymhelaethu cydlynol, h.y. dylech chi egluro pob pwynt i ddangos eich dealltwriaeth.

▶ Amlygu dyfnder ac ystod o wybodaeth, ond nid i'r un graddau o reidrwydd. Hynny yw, gallwch chi fanylu cryn dipyn ar ambell bwynt (h.y. dyfnder) neu drafod nifer o bwyntiau yn llai manwl (ystod).

▶ Bod wedi'i strwythuro'n dda ac yn gydlynol.

▶ Bod yn gywir o ran gramadeg, atalnodi a sillafu.

▶ Bod yn rhyw 250-300 o eiriau.

Therapi 1 Therapi anghymell

Ar y ddau dudalen hyn a'r ddau nesaf fe astudiwn ni ddwy enghraifft bellach o'r **ymagwedd ymddygiadol** mewn seicoleg. Mae'r ddwy'n enghreifftiau o'r therapïau ymddygiadol a ddefnyddir i drin anhwylderau meddwl. Yn ôl yr ymagwedd ymddygiadol, mae pob ymddygiad wedi'i ddysgu, gan gynnwys ymddygiadau annymunol fel caethiwed (*addiction*). Os dysgir ymddygiadau o'r fath drwy gyflyru, mae modd eu dad-ddysgu yn yr un ffordd.

Ar y ddau dudalen hyn, fe astudiwn ni **therapi anghymell** (*aversion therapy*), ac ar y ddau nesaf fe edrychwn ni ar **ddadsensiteiddio systematig**. Does ond gofyn i chi astudio un ohonyn nhw.

> **Awgrym yr arholwr**
>
> Cofiwch gysylltu nodau'r therapi â thybiaethau'r ymagwedd.

THERAPÏAU YMDDYGIADOL

Therapi ymddygiadol yw'r enw ar grŵp o dechnegau therapiwtig sydd wedi'i seilio ar egwyddorion cyflyru clasurol a gweithredol. Mae gan therapïau ymddygiadol amryw o nodweddion sy'n eu gwahanu oddi wrth fathau eraill o ymagwedd therapiwtig (Sternberg, 1995).

- O fwriad, maen nhw'n rhai tymor-byr ac fel rheol does ond gofyn cynnal nifer fach o sesiynau.
- Bydd therapyddion ymddygiad yn targedu'r *symptomau* yn hytrach na'r broblem waelodol am eu bod yn credu y gall achosion gwreiddiol ymddygiad camaddasol beidio â bod â rhyw lawer o berthynas o gwbl â'r ffactorau sy'n ei gynnal ar hyn o bryd.
- O fwriad, therapïau cyfarwyddol yw therapïau ymddygiad. Y therapydd sy'n llunio cynllun y driniaeth.

CYFLYRU CLASUROL A GWRTHGYFLYRU

Mae therapi anghymell yn enghraifft o **wrthgyflyru**. Mae unigolyn, er enghraifft, wedi dysgu cysylltu alcohol â phleser. Mewn therapi anghymell, bydd yr unigolyn yn caffael cyswllt ysgogiad-ac-ymateb newydd drwy gyflyru clasurol. Er enghraifft, os cysylltir alcohol â chyfog, bydd yr ymateb newydd hwnnw'n *groes* i'r ymateb gwreiddiol, sef pleser, ac felly'n dileu'r cysylltiad annymunol cychwynnol.

THERAPI ANGHYMELL

Mae therapi anghymell yn ffurf ar **seicotherapi** sydd wedi'i chynllunio i achosi i glaf gwtogi ar batrwm annymunol o ymddwyn, neu ei osgoi. Ar hyn o bryd, mae gan y claf ymddygiad annymunol, fel alcoholiaeth, sy'n gysylltiedig â phleser. Nod y therapi anghymell yw *cyflyru'r* claf i gysylltu'r ymddygiad annymunol ag ysgogiad annymunol (neu *anghymhellol*) (fel teimlo'n sâl). Bydd hynny'n arwain at atal yr ymddygiad annymunol.

Fel rheol, yr ymddygiadau annymunol dan sylw yw alcoholiaeth, smygu, camddefnyddio cyffuriau a gorfwyta, ond mae'r dechneg hefyd wedi'i defnyddio'n fwy dadleuol i 'drin' gwrywgydiaeth, gwyrdroadau rhywiol ac ymddygiad ymosodol. Ar ôl i wrywgydiaeth gael ei dad-droseddoli yn y DU yn 1967, rhoddodd y GIG y gorau, bron yn llwyr, i therapi anghymell fel ffordd o 'drin' gwrywgydiaeth.

Sut mae'n gweithio

Seilir therapi anghymell ar egwyddorion **cyflyru clasurol**. Dro ar ôl tro, caiff unigolion ysgogiad anghymhellol (h.y. annymunol), fel sioc drydan neu gyffur, sy'n gwneud iddyn nhw deimlo'n gyfoglyd wrth iddyn nhw gyflawni'r ymddygiad annymunol sy'n cael ei drin. Sylwch nad yw defnyddio sioc yr un peth â **therapi electrogynhyrfol** (**ECT**).

Mae'r ysgogiad anghymhellol (y sioc) yn **UCS**, sy'n esgor ar **UCR** fel osgoi. Pan gaiff yr ysgogiad anghymhellol ei baru dro ar ôl tro â'r ymddygiad annymunol, bydd yr ymddygiad (e.e. trais, a oedd yn **NS** ac sydd bellach yn **CS**) yn arwain at yr un canlyniadau. O ganlyniad, bydd y cleifion yn colli'r awydd i gyflawni'r ymddygiad annymunol.

Sensiteiddio cudd

Mae modd cyflwyno'r ysgogiad anghymhellol drwy awgrym llafar yn hytrach nag ysgogiad pendant. Er enghraifft, mae gofyn i berson sy'n alcoholig i ddychmygu golygfeydd annymunol, atgas neu frawychus tra maen nhw'n yfed. Caiff y ffurf honno ar therapi, sef **sensiteiddio cudd**, ei defnyddio'n llawer llai aml na'r ffurfiau eraill ar therapi anghymhellol.

Cyfog ac alcohol

Efallai i rai ohonoch chi sydd wedi cael y profiad o oryfed a theimlo'n gyfoglyd ystyried pam nad yw profiad anghymhellol o'r fath yn mygu eich awydd i yfed eto: yn ôl egwyddorion therapi anghymhellol fe ddylai wneud hynny. Un rheswm yw na fydd anghymhellion llwyddiannus ar ôl cyfog yn digwydd onid oes hunaniaeth gref gan sylwedd. Yn aml, ar ôl un profiad gwael, bydd pobl yn magu atgasedd at ddiodydd alcoholaidd sydd â blas cryf arnyn nhw.

Wrth ysgrifennu gyntaf am y cysylltiad hwnnw rhwng blas cryf ac anghymhelliad, galwodd y seicolegydd Martin Seligman ef yn 'syndrom saws béarnaise' ar ôl iddo fwyta cinio mawr a gynhwysai saws béarnaise bras. Yna, aeth i gyngerdd o gerddoriaeth gan y cyfansoddwr Wagner. Yn ddiweddarach y noson honno, cafodd ef bwl o ffliw'r stumog a chyfogi'n ddifrifol. Am y 10 mlynedd nesaf, teimlai'n anghysurus iawn bob tro y clywai arogl saws béarnaise. Parodd hynny iddo fyfyrio ynglŷn â'r cysylltiad caffaeledig rhwng saws béarnaise a chyfog. Er iddo dreulio'r noson yn gwrando ar Wagner, ni theimlai'n anghysurus pan glywai'r gerddoriaeth honno eto. Rhwng y bwyd a'r anghysur yr oedd y cysylltiad cryf. Cynigiodd, felly, fod rhagdueddiad cynhenid ynom i ddysgu cysylltiadau rhwng blas a chyfog, ond bod rhaid i'r blas fod yn un cryf iawn.

Gellir defnyddio therapi anghymell i drin alcoholiaeth. Caiff yr unigolion gyffur i wneud iddyn nhw deimlo'n gyfoglyd wrth yfed diod alcoholaidd.

1. Yn y sefyllfa uchod, pa rai yw'r UCS, yr UCR, yr NS, y CS a'r CR?
2. Gallwch chi wneud yr un peth ynghylch defnyddio siociau trydan i drin smygwyr.

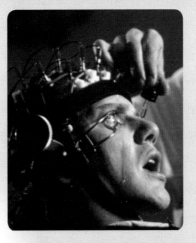

◄ Cefndir ffilm Stanley Kubrick *A Clockwork Orange*, sef addasiad o nofel Anthony Burgess, yw cyfnod treisgar yn y DU yn y dyfodol agos. Portreadir defnydd eithafol ar therapi anghymell i sicrhau rheolaeth gymdeithasol. Caiff Alex, hwligan yn ei arddegau, ei ddal gan yr heddlu. Yn y carchar, caiff therapi anghymell i'w analluogi i gyflawni rhagor o drais. Caiff Alex ei ddal mewn cadair o flaen sgrin fawr. Caiff ei ben ei glymu i lawr a'i lygaid yn cael eu dal ar agor â chlipiau metel. Yna, chwistrellir cyffur iddo i wneud iddo deimlo'n ddychrynllyd o sâl, a chaiff ei orfodi i wylio delweddau o drais dychrynllyd. Ar ôl ychydig wythnosau o'r driniaeth, mae Alex yn barod i ddychwelyd i gymdeithas ac wedi'i gyflyru i deimlo'n sâl os ydy Alex yn gweld trais.

Triniaethau newydd

Mae triniaethau diweddar o ran trin alcoholiaeth wedi gwella'r defnydd o therapi anghymell (*aversion therapy*) traddodiadol. Mae ymchwilwyr wedi dod o hyd i gyffuriau sy'n gwneud defnyddwyr yn sâl os ydyn nhw'n eu cymysgu ag alcohol, ond hefyd yn gwobrwyo unrhyw ymatal drwy greu teimladau o dawelwch a bodlonrwydd (Badawy, 1999). Bydd y cyfansoddion hynny (*metabolynnau tryptoffan*) yn rhwystro alcohol rhag cael ei drosi'n gywir yn y corff ac yn ei droi'n gemegyn sy'n achosi effeithiau annymunol fel cyfog a gwrido poeth. Ond yn wahanol i gyfansoddion anghymell confensiynol, byddan nhw hefyd yn cynnig ysgogiad i barhau â'r driniaeth.

Therapi anghymell ar waith

Mewn astudiaeth o alcoholigion, cymharodd Miller (1978) effeithiolrwydd tri math o driniaeth:
- Therapi anghymell (gan ddefnyddio sioc).
- Therapi **cynghori** ynghyd ag anghymell.
- Cynghori ar ei ben ei hun.

Flwyddyn yn ddiweddarach, roedd pob grŵp wedi cyrraedd yr un lefel o adferiad (*recovery*). Awgrymai hynny nad oedd therapi anghymell yn cynnig unrhyw fantais.

Ar y llaw arall, gwelodd Smith ac eraill (1997) fod gan alcoholigion a gafodd eu trin â therapi anghymell (gan ddefnyddio sioc neu gyffur i ysgogi cyfog) gyfraddau uwch o ymatal ar ôl blwyddyn na'r rhai a driniwyd drwy eu cynghori'n unig. Dywedodd Smith (1988) hefyd i'r therapi lwyddo yn achos grŵp o 300 o smygwyr: roedd 52% o'r rhai a gawsai eu trin â sioc yn dal i ymatal ar ôl blwyddyn.

Bydd therapïau anghymell yn aml yn dioddef am fod y cleifion yn rhoi'r gorau iddyn nhw. Dywedodd Bancroft (1992) fod hyd at 50% o gleifion yn gwrthod cael eu trin neu'n rhoi'r gorau i raglenni therapi anghymell. Os cleifion parod yn unig sy'n fodlon ymgymryd â'r therapi yn y lle cyntaf, mae'n anodd iawn gwerthuso therapïau o'r fath.

ASTUDIAETH ACHOS

Roedd gamblo Mr Y yn broblem. Cafodd ei drin fel claf allanol clinig mewn ysbyty. Dechreuodd ei therapydd drwy ofyn i Mr Y gadw dyddiadur o'i ymddygiad. Defnyddiodd y therapydd y wybodaeth honno i weld pa mor ddifrifol oedd y broblem ac fel sail i fesur maint y newid yn ystod y driniaeth.

Am fod sioc drydan yn hawdd ei defnyddio ac yn dderbyniol i'r claf, dewisodd y therapydd hi'n ysgogiad anghymell. Cydsyniodd Mr Y â'r driniaeth. Cafodd siociau bob dydd am yr wythnos gyntaf a gostyngwyd hynny i unwaith yr wythnos dros gyfnod o fis. Rhyw awr fyddai hyd y sesiynau. Rhoddwyd y sioc drwy osod electrodau ar arddwrn y claf. Y claf a ddewisai lefel y sioc – sioc anghyffyrddus ond heb fod yn rhy boenus. Yna, cafodd y sioc ei rhoi gydag ysgogiadau yr oedd y claf wedi'u dewis oherwydd eu cysylltiad â'i gamblo problemus (fel sleidiau o'r trac rasio, taflenni betio, disgrifiadau ysgrifenedig o gamblo). Cynlluniodd y therapydd amseriad, hyd a dwyster y siociau yn ofalus i sicrhau bod y claf yn teimlo digon o anghyffyrddusrwydd anghymhellol i sicrhau'r effaith gyflyru.

Ar ôl pythefnos o driniaeth, cafodd Mr Y ddyfais siocio symudol i'w defnyddio'n ddyddiol gartref i ychwanegu at y driniaeth a gâi fel claf allanol. Ymwelodd y therapydd â Mr Y gartref i fonitro'i gydymffurfiaeth yn ogystal â'i gynnydd rhwng ei sesiynau fel claf allanol. Amserlennwyd cynnal sesiynau ychwanegol yn swyddfa'r therapydd unwaith y mis am chwe mis.

Addaswyd o www.minddisorders.com/A-Br/Aversion-therapy.html.

Awgrym yr arholwr

I gael y 12 marc i gyd, rhaid i'ch ateb ddarparu cysylltiad rhwng nodau therapi anghymell a phrif dybiaethau'r ymagwedd ymddygiadol.

1... Egluro beth yw therapi anghymell.
2... Egluro sut mae egwyddorion cyflyru clasurol yn gweithio mewn therapi anghymell.
3... Disgrifio enghraifft o therapi anghymell (e.e. ar gyfer alcoholiaeth).
4... Amlinellu **dau** ddarganfyddiad o'r ymchwil i therapi anghymell.

CWESTIWN ARHOLIAD

Disgrifiwch sut mae'r ymagwedd ymddygiadol wedi cael ei chymhwyso mewn naill ai therapi anghymell neu ddadsensiteiddio systematig. [12]

Nodiadau Yn yr arholiad, bydd gofyn i chi ddisgrifio **un** therapi. Byddwch wedi astudio cyfanswm o bedwar therapi (un ar gyfer pob un o'r pedair ymagwedd). Bydd y cwestiwn hwn yn werth 12 marc. I gael y 12 marc i gyd, dylai'ch ateb fodloni'r un meini prawf â'r rhai a restrwyd ar dudalen vii. Gallwch chi gynnwys y canlynol mewn ateb ynghylch therapi anghymell.

▶ Amlinelliad byr o nodau therapi anghymell a sut mae'r rheiny'n cysylltu â thybiaethau'r ymagwedd ymddygiadol.

▶ Enghreifftiau o'r ffyrdd y mae therapi anghymell wedi'i ddefnyddio.

▶ Darganfyddiadau ymchwil i therapi anghymell.

▶ Dylai'ch ateb fod tua 400-450 o eiriau.

Therapi 2 Dadsensiteiddio systematig

Therapi **ymddygiadol** a ddefnyddir yn bennaf i drin **anhwylderau ffobig** yw dadsensiteiddio systematig (*Systematic desensitisation* – SD). Datblygwyd y therapi gan Joseph Wolpe yn y 1950au ar ôl iddo gael ei ysbrydoli gan arbrofion ar gathod. Datblygodd Masserman (1943) ffobia mewn cathod drwy roi sioc drydan iddyn nhw pan oedden nhw yn cael eu rhoi mewn bocs. Wedi hynny, dangosodd y cathod orbryder eithafol pan gaen nhw eu rhoi yn y bocs, ond diflannodd hynny os oedden nhw'n cael eu bwydo yn y bocs. Eglurodd Wolpe (1958) hynny yn nhermau cyflyru, a gwnaeth arbrofion pellach drwy gyflwyno'r bwyd yn fwy graddol (h.y. yn gyntaf, beth ffordd o'r bocs ac yna'n nes ac yn nes tan iddo fod yn y bocs). Llwyddiant yr arbrofion hynny a arweiniodd i Wolpe awgrymu y gellid defnyddio proses debyg i drin anhwylderau ffobig.

Ar y ddau dudalen blaenorol, fe edrychon ni ar **therapi anghymell**, sef techneg arall a ddefnyddir gan yr ymagwedd ymddygiadol. Y dewis arall yw i chi astudio dadsensiteiddio systematig, sy'n cael ei drafod ar y ddau dudalen hyn. Does ond gofyn i chi astudio un ohonyn nhw.

*Nodweddion allweddol anhwylderau ffobig yw bod person ffobig yn sylweddoli bod ei (h)ymateb yn ormodol, a bod y ffobia'n ymyrryd â bywyd bob-dydd arferol. Ymhlith anhwylderau ffobig mae **ffobiâu penodol** (ofni gwrthrychau penodol fel pry' cop/corryn, cŵn, uchder), **agoraffobia** (ofn cael eich dal mewn lle cyhoeddus y mae'n anodd neu'n lletchwith dianc ohono), a **ffobiâu cymdeithasol** (ffobia o sefyllfaoedd sy'n cynnwys pobl eraill, fel siarad yn gyhoeddus neu fod yn rhan o grŵp cymdeithasol).*

Sut mae'n gweithio

▲ **Problem** – bydd y claf yn dychryn pryd bynnag y bydd hi'n gweld pry cop/corryn.

▲ **Canlyniad** – ar ôl SD, mae'r claf wedi goresgyn ei hofn o bry' cop /corryn a fydd hi ddim yn cynhyrfu pan fydd hi yn ei ymyl.

Cam 1: Mae'r claf yn cael ei ddysgu i ymlacio'r cyhyrau yn llwyr. (Dydy cyflwr ymlaciol ddim yn gydnaws â gorbryder.)

Cam 2: Bydd y therapydd a'r claf yn cydlunio hierarchaeth dadsensiteiddio – cyfres o olygfeydd dychmygol, a phob un yn achosi ychydig yn fwy o bryder na'r un flaenorol.

Cam 3: Bydd y claf yn gweithio'i ffordd yn raddol drwy'r hierarchaeth dadsensiteiddio gan ddelweddu pob digwyddiad sy'n ysgogi gorbryder ac ymgymryd yr un pryd â'r ymateb ymlacio sy'n cystadlu â hynny.

Cam 4: Ar ôl i'r claf feistroli un cam yn yr hierarchaeth (h.y. y gall ddal i fod wedi ymlacio wrth ei ddychmygu), bydd yn barod i symud ymlaen i'r un nesaf.

Cam 5: Yn y pen draw, bydd y claf yn meistroli'r sefyllfa oedd yn codi ofn ac a achosodd iddo/iddi geisio cymorth yn y lle cyntaf.

CYFLYRU CLASUROL A GWRTHGYFLYRU

Mae damcaniaeth Pavlov ynghylch **cyflyru clasurol** yn egluro sut y gall ysgogiadau a arferai fod yn niwtral (fel nadroedd, archfarchnadoedd neu hyd yn oed glociau) ysgogi gorbryder mewn rhai pobl am eu bod wedi'u cysylltu â digwyddiad gwahanol a oedd, yn naturiol, yn peri gofid i ni. Bydd digwyddiad sy'n peri gofid, e.e. cael eich cnoi (**UCS**), yn creu ymateb o ofn naturiol (**UCR**). Caiff **NS**, e.e. presenoldeb ci, ei gysylltu'n raddol â'r UCS ac felly bydd yr NS hefyd yn arwain at UCR. Maen nhw'n awr yn cael eu galw yn **CS** ac yn **CR**.

Yr ochr arall i gyflyru clasurol yw *gwrthgyflyru*. Mae hynny'n golygu *lleihau* ymateb cyflyrol (fel gorbryder) drwy sefydlu ymateb anghydnaws (ymlacio) i'r un ysgogiad cyflyrol (e.e. neidr, archfarchnad, neu beth bynnag).

DADSENSITEIDDIO SYSTEMATIG (SD)

Gall unigolyn ddysgu nad yw'r ysgogiad y mae'n ei ofni mor ddychrynllyd â hynny wedi'r cyfan – pe câi brofiad o'r ysgogiad hwnnw eto. Ond fydd hynny byth yn digwydd am fod y gorbryder y mae'r ysgogiad yn ei greu yn rhwystro unrhyw ymdrech i gael profiad ohono eto. Yn y 1950au, ar sail ymchwil Masserman gyda chathod (gweler uchod), datblygodd Joseph Wolpe dechneg lle câi pobl ffobig eu cyflwyno'n *raddol* i'r ysgogiad a ofnent.

Gwrthgyflyru

Mae'r diagram ar y chwith yn dangos camau'r SD. Man cychwyn y broses yw dysgu technegau ymlacio. Y nod yn y pen draw yw caffael cysylltiad ysgogiad-ac-ymateb newydd, a symud o ymateb-yn-llawn-ofn i ysgogiad ymlaen i ymateb yn ymlaciol i'r ysgogiad a gâi ei ofni. Gelwir hynny'n **wrthgyflyru** am fod y claf yn dysgu cysylltiad newydd sy'n mynd yn groes i'r cysylltiad gwreiddiol. Galwodd Wolpe hynny hefyd yn '**ataliad cilyddol**' (*reciprocal inhibition*) am fod yr ymlacio'n *atal* y gorbryder.

Hierarchaeth dadsensiteiddio

Mae'r diagram ar y chwith hefyd yn dangos sut mae'r dysgu'n mynd yn ei flaen drwy **hierarchaeth dadsensiteiddio**, sef cyfres o gamau graddol y penderfynir arnyn nhw ar ddechrau'r therapi pan fydd y claf a'r therapydd yn gweithio ar hierarchaeth o'r ysgogiadau a ofnir.

Gwahanol ffurfiau ar SD

Yn nyddiau cynnar SD, byddai cleifion yn dysgu wynebu'n uniongyrchol y sefyllfaoedd a ofnent (**dadsensiteiddio** *in vivo*) drwy ddysgu ymlacio ym mhresenoldeb y gwrthrychau neu'r delweddau a fyddai'n cyffroi eu gorbryder fel rheol. Ond dros y blynyddoedd diwethaf bydd y therapydd, yn hytrach na chyflwyno'r ysgogiad sy'n peri ofn, yn gofyn i'r claf *ddychmygu* ei bresenoldeb (**dadsensiteiddio** *in vitro* neu **gudd**).

Gan i ymchwil ddangos mai cyswllt go-iawn â'r ysgogiad a ofnir sy'n fwyaf llwyddiannus, mae technegau *in vivo* yn fwy llwyddiannus na'r rhai cudd (Menzies a Clarke, 1993). Yn aml, defnyddir amryw o dechnegau gwahanol – rhai *in vivo* a chudd ynghyd â modelu, sef bod y claf yn gwylio rhywun arall sy'n ymdopi'n dda â'r ysgogiad a ofnir (Comer, 2002).

Dewis arall yw hunanweinyddu SD. Dywed Humphrey (1973) i hynny fod yn effeithiol yn achos ffobia cymdeithasol, er enghraifft.

GWAITH I CHI
Rhif 2.4

1. Dewiswch enghraifft eich hun o ffobia (gallai fod yn wrthrych neu'n sefyllfa).
2. Dysgwch rai technegau ymlacio. Er enghraifft, ewch i: www.umm.edu/sleep/relax_tech.htm (defnyddiol at straen arholiadau!).
3. Ewch ati i greu hierarchaeth dadsensiteiddio ar gyfer eich ffobia.
4. Ewch ati i ymarfer dadsensiteiddio systematig!

THERAPÏAU YMDDYGIADOL

Therapi ymddygiadol yw'r enw ar grŵp o dechnegau therapiwtig sydd wedi'i seilio ar egwyddorion cyflyru clasurol a gweithredol. Mae gan therapïau ymddygiadol amryw o nodweddion sy'n eu gwahanu oddi wrth fathau eraill o ymagwedd therapiwtig (Sternberg, 1995).

- O fwriad, maen nhw'n rhai tymor-byr ac fel rheol does ond gofyn cynnal nifer fach o sesiynau.
- Bydd therapyddion ymddygiad yn targedu'r *symptomau* yn hytrach na'r broblem waelodol am eu bod yn credu y gall achosion gwreiddiol ymddygiad camaddasol beidio â bod â fawr o berthynas â'r ffactorau sy'n ei gynnal ar hyn o bryd.
- O fwriad, therapïau cyfarwyddol yw therapïau ymddygiad. Y therapydd sy'n llunio cynllun y driniaeth.

▲ Anghofio geiriau sawl cân mewn cyngerdd wnaeth i'r gantores, yr actores a'r gyfarwyddwraig o America, Barbra Streisand, ddatblygu ffobia cymdeithasol. Am 27 mlynedd fe osgôdd hi roi unrhyw berfformiad cyhoeddus. Yn ystod cyfweliad ag Oprah Winfrey yn 2006, datgelodd Barbra iddi oresgyn ei ffobia cymdeithasol drwy ddefnyddio cyffuriau lleihau gorbryder a rhoi perfformiadau mwy a mwy cyhoeddus, i gychwyn mewn sioe fach i gynhesu, ac yna ar daith ar hyd a lled y wlad ac, yn olaf, gerbron cynulleidfa fawr ar y teledu.

Dewis arall yw ochrgamu'r hierarchaeth a'r ymlacio a dim ond cael profiad o fod gyda'r ysgogiad a ofnir. Gelwir hwnnw'n **llwyrfoddi** (*flooding*). Mae'r dechneg wedi'i haddasu ar gyfer cleifion sy'n dioddef o **anhwylder gorfodaeth obsesiynol** (*obsessive compulsive disorder* – OCD, gweler isod). Enw arall arni yw '**wynebu a rhwystro ymateb**' (*exposure and response prevention* – ERP), ac mae'n golygu cyflwyno cleifion i'r gwrthrychau neu'r sefyllfaoedd sy'n ysgogi obsesiynau (sef dadsensiteiddio) ac yna yn eu gwahardd rhag amlygu'r ymateb gorfodol arferol.

Effeithiolrwydd SD wrth drin ffobiâu

Mae ymchwil wedi darganfod bod SD yn llwyddiannus wrth drin amrywiaeth o anhwylderau gorbryder. Honnodd McGrath ac eraill (1990) fod rhyw 75% o gleifion sydd â ffobia yn ymateb i SD.

Mewn darn o ymchwil gan Capafóns ac eraill (1998), cafodd aeroffobia (ofn hedfan) ei drin ag SD. Recriwtiwyd grŵp o 41 o aeroffobigion drwy'r wasg yn Sbaen drwy gynnig triniaeth iddyn nhw'n rhad ac am ddim. Rhoddwyd 21 o'r cyfranwyr mewn **grŵp rheoli** a chafodd y lleill SD ar unwaith, sef dau sesiwn awr-o-hyd bob wythnos am 12-15 wythnos. Defnyddiwyd technegau dychmygu ac *in vivo* ac amrywiol fesurau i asesu lefel yr ymadfer (*recovery*), fel graddfeydd hunanadrodd a mesurau ffisiolegol o orbryder. Dywedodd yr aeroffobigion a gafodd y driniaeth iddyn nhw deimlo llai o ofn (o'u cymharu â'r grŵp rheoli) a llai o arwyddion ffisiolegol o ofn yn ystod efelychiad o daith hedfan. Ond amlygodd un person yn y grŵp rheoli welliant eithaf tebyg (tystiolaeth o ymadfer digymell) ac ni ddangosodd dau glaf yn y grŵp trin unrhyw ymadfer. Mae hynny'n dangos nad yw SD yn effeithiol bob tro.

Oes angen gwrthgyflyru?

Efallai bod modd priodoli llwyddiant SD yn fwy i'r driniaeth na'r ymlacio, a hwyrach hefyd mai'r elfen bwysicaf yw disgwyl gallu ymdopi â'r ysgogiad a ofnir. Cymharodd Klein ac eraill (1983), er enghraifft, SD â **seicotherapi** cynhaliol i gleifion â **ffobiâu cymdeithasol** neu **ffobiâu penodol**. Doedd dim gwahaniaeth o ran effeithiolrwydd (roedd y rhai a gafodd seicotherapi cynhaliol hefyd wedi gwneud yn dda). Mae hynny'n awgrymu mai'r elfen weithredol yn SD neu mewn unrhyw seicotherapi, efallai, yw'r gobaith bod modd goresgyn y ffobia.

Anhwylder gorbryder yw anhwylder gorfodaeth obsesiynol (OCD), a bydd y cleifion yn teimlo obsesiynau a/neu orfodaethau dro ar ôl tro. Obsesiynau yw syniadau, meddyliau, ysgogiadau neu ddelweddau cyson y bernir eu bod yn amhriodol neu'n waharddedig, ac fe achosan nhw orbryder dwys. Bydd gorfodaethau'n datblygu fel ffordd o reoli'r meddyliau obsesiynol. Mae'r gorfodaethau hynny'n ymddygiadau neu feddyliau ailadroddus, fel golchi'r dwylo dro ar ôl tro. Er bod y mwyafrif o gleifion OCD yn sylweddoli bod eu gorfodaethau'n afresymol, bydd eu methiant i'w rheoli yn creu rhagor o orbryder.

ALLWCH CHI...? Rhif 2.4

1... Egluro beth yw dadsensiteiddio systematig.
2... Egluro sut mae egwyddorion cyflyru clasurol yn gweithio mewn dadsensiteiddio systematig.
3... Disgrifio'r **tri** phrif gam mewn dadsensiteiddio systematig.
4... Amlinellu **dau** ddarganfyddiad o'r ymchwil i ddadsensiteiddio systematig.

CWESTIWN ARHOLIAD

Disgrifiwch sut mae'r ymagwedd ymddygiadol wedi cael ei chymhwyso mewn naill ai therapi anghymell neu ddadsensiteiddio systematig. [12]

Nodiadau *Yn yr arholiad, cewch gais i ddisgrifio **un** therapi. Byddwch chi wedi astudio cyfanswm o bedwar therapi (un ar gyfer pob un o'r pedair ymagwedd). Bydd y cwestiwn hwn yn werth 12 marc. I gael y 12 marc i gyd, dylai'ch ateb fodloni'r un meini prawf â'r rhai a restrwyd ar dudalen vii. Gallech chi gynnwys y canlynol mewn ateb ynghylch dadsensiteiddio systematig.*

▶ *Amlinelliad byr o nodau dadsensiteiddio systematig a sut mae'r rheiny'n cysylltu â thybiaethau'r ymagwedd ymddygiadol.*

▶ *Enghreifftiau o'r ffyrdd y mae dadsensiteiddio systematig wedi'i ddefnyddio.*

▶ *Darganfyddiadau ymchwil i ddadsensiteiddio systematig.*

▶ *Dylai'ch ateb fod yn rhyw 400-450 o eiriau.*

Awgrym yr arholwr

I gael y 12 marc i gyd, rhaid i'ch ateb ddarparu cysylltiad rhwng nodau dadsensiteiddio systematig a phrif dybiaethau'r ymagwedd ymddygiadol.

Gwerthuso'r ymagwedd ymddygiadol

Rydych chi wedi astudio dwy enghraifft o'r **ymagwedd ymddygiadol** – un ddamcaniaeth (**y ddamcaniaeth dysgu cymdeithasol**) ac un therapi (naill ai **therapi anghymell** neu **ddadsensiteiddio systematig**). Mae hi'n bryd i chi'n awr ddefnyddio'ch dealltwriaeth o'r ymagwedd ymddygiadol i ystyried ei chryfderau a'i gwendidau. I'ch helpu chi, rydyn ni wedi darparu rhai enghreifftiau ychwanegol o'r ymagwedd ymddygiadol.

⊕ Cryfderau'r ymagwedd ymddygiadol

1. Ymagwedd wyddonol

John B. Watson, ar ddechrau'r 20fed ganrif, oedd y cyntaf i gyflwyno ymddygiadaeth. Sylweddolodd fod modd defnyddio gwaith Pavlov ar atgyrchau cyflyrol i greu seicoleg wirioneddol wrthrychol ac, felly, un wyddonol. Mae ymddygiadaeth yn dal i ymgorffori'r ymagwedd wirioneddol wyddonol, sef ceisio astudio ymddygiad sy'n arsylwadwy ac yn uniongyrchol fesuradwy. Caiff cysyniadau anghyffwrdd fel teimladau a meddyliau eu **gweithredoli** o ran yr ysgogiadau a'r ymddygiadau ymateb. Cred ymddygiadwyr yw bod modd i ni ddefnyddio'r **dull gwyddonol** i ddadansoddi, meintioli a chymharu ymddygiad.

Mae'r ymagwedd wyddonol honno'n fanteisiol am ei bod hi'n fodd i ni wahaniaethu rhwng credoau simsan a ffeithiau go-iawn. Er enghraifft, gall pobl gredu bod gwisgo darn o aur o amgylch eich gwddf yn cadw ysbrydion drwg draw, ond sut mae gwybod a yw hynny'n wir heb wneud **arbrofion**? Pan ddaw hi'n fater o drin anhwylderau meddwl, mae ar bobl eisiau tystiolaeth i ddangos bod triniaethau wedi llwyddo yn hytrach na chais i gredu eu bod nhw'n gweithio. Mae'r ymagwedd wyddonol, felly, yn ddymunol.

2. Cymwysiadau llwyddiannus

Mae egwyddorion ymddygiadol wedi'u rhoi ar waith yn llwyddiannus yn y byd go-iawn, yn enwedig o ran trin anhwylderau meddwl ac wrth addysgu. Er enghraifft, caiff egwyddorion **cyflyru clasurol** eu defnyddio mewn therapi anghymell i helpu pobl sy'n gaeth i rywbeth, a hefyd mewn dadsensiteiddio systematig i helpu pobl sy'n dioddef o **ffobiâu**.

Ym myd addysg, mae **cyflyru gweithredol** yn sylfaen i strategaethau addysgu llwyddiannus. Mae **atgyfnerthu cadarnhaol** a chosbi wedi helpu i siapio ymddygiad yn yr ystafell ddosbarth yn ogystal ag amgylchedd yr ysgol yn gyffredinol.

Aeth B.F. Skinner ati'n benodol i gymhwyso egwyddorion cyflyru gweithredol at addysgu, a lluniodd ddyfais hyfforddi a oedd wedi'i rhaglennu'n fecanyddol (Skinner, 1954). Credai fod yr addysgu yn yr ystafell ddosbarth yn aml yn aneffeithiol am fod myfyrwyr gwahanol yn dysgu ar gyfraddau gwahanol, a bod atgyfnerthiadau felly'n amrywio gormod i fod yn effeithiol. Oherwydd diffyg rhoi sylw i'r unigolyn, hefyd, bydd oedi yn yr atgyfnerthu. Golygai cysyniad Skinner o beiriant addysgu y gallai pob myfyriwr weithio yn ôl ei gyflymdra/ei chyflymdra'i hun a chael atgyfnerthiadau a fyddai'n hybu dysgu at y dyfodol. Bob tro y bydd ateb yn gywir, fe atgyfnerthir y myfyriwr; a phob tro y bydd ateb yn anghywir, cynigir eglurhad pellach. Bydd yr adborth yn fwy effeithiol am ei fod yn digwydd ar unwaith. Bydd yr adborth hefyd yn gadarnhaol, ac felly'n fwy calonogol nag adborth negyddol. Bydd y peiriant yn rhannu'r broses ddysgu yn gamau bach er mwyn i'r myfyriwr dderbyn mwy o wobrau.

3. Canolbwyntio ar y sefyllfa bresennol

Dydy'r ymagwedd ymddygiadol ddim yn poeni ynghylch digwyddiadau yng ngorffennol yr unigolyn. Er bod ymagweddau eraill ym myd seicoleg yn ceisio egluro ymddygiad unigolyn yn nhermau'r pethau a ddigwyddodd yn ystod plentyndod neu yn nhermau ffactorau **cynhenid** (*innate*), does dim rhaid i'r ymagwedd ymddygiadol chwilio am achosion cymhleth wrth drin anhwylderau meddwl: bydd yn hoelio'i sylw ar y symptomau presennol ac yn ceisio'u dileu.

Er enghraifft, defnyddir therapi anghymell i drin alcoholiaeth drwy ddysgu cysylltiad ysgogiad-ac-ymateb newydd i'r unigolyn rhwng alcohol a chyfog a chwtogi, felly, ar yr ymddygiad annymunol. Dydy'r driniaeth ddim yn ceisio deall pam y gall yr unigolyn fod wedi troi at alcohol.

Bydd dadsensiteiddio systematig hefyd yn ceisio trin ymddygiad annymunol, fel ofn sefyllfaoedd cymdeithasol, drwy addysgu cysylltiad ysgogiad-ac-ymateb newydd rhwng y sefyllfa a ofnir a phroses ymlacio. Ni cheisir deall pam y gallai'r ffobia fod wedi datblygu yn y lle cyntaf; unig nod y driniaeth yw dileu'r symptomau.

Mae'n well gan rai pobl ymagwedd uniongyrchol o'r fath, ac mae llwyddiant y therapïau hynny'n awgrymu nad oes angen ymchwilio am ystyron dwfn bob tro. Ar y llaw arall, gan nad ydy'r ymagwedd ddim yn gweithio i bawb nac i bob anhwylder, mae hynny'n awgrymu nad yw hoelio sylw ar y sefyllfa bresennol bob amser yn ddigon.

▲ Defnyddir egwyddorion ymddygiadaeth (fel atgyfnerthu a chosbi) yn llwyddiannus i hyfforddi anifeiliaid – er enghraifft, wrth hyfforddi llewod i berfformio mewn syrcas neu hyfforddi cŵn yn y rhaglen deledu *Dog Borstal*. Ond i ba raddau y mae'r un egwyddorion yn addas i bobl?

1. Pwyslais ar fagwraeth

Mae'r ymagwedd ymddygiadol yn canolbwyntio'n llwyr ar yr amgylchedd fel ffordd o siapio ymddygiad. Felly, o ran y **ddadl natur-a-magwraeth**, anwybyddir rôl **natur**. Er enghraifft, fyddai ymddygiadwyr ddim yn ystyried sut y gallai ein ffurfiant genetig ddylanwadu ar ein personoliaeth a'n hymddygiad.

Yn ogystal, caiff rôl ffactorau allanol (h.y. **magwraeth**) ei gor-ddweud yn yr ymagwedd hon. Petai dysgu yn bopeth, gallai pawb fynd yn llawfeddyg neu'n wyddonydd. Caiff ein hymddygiad ei reoli gan nifer o ffactorau allanol, fel cymhelliant ac emosiwn a gallu cynhenid.

2. Ymagwedd benderfyniadol

Barn ymddygiadwyr yw mai'r prif ddylanwad, o bell iawn, yw'r cysylltiadau a ffurfiwn ni rhwng ysgogiadau amgylcheddol penodol (cyflyru clasurol) a'r gwobrau/cosbau a gawn ni gan ein hamgylchedd (cyflyru gweithredol). Felly, ffactorau allanol (amgylcheddol) sy'n rheoli pobl.

Dydy'r ymagwedd **benderfyniadol** honno ddim yn ystyried y prosesau meddwl sy'n digwydd cyn i ni ymddwyn mewn ffordd benodol, ac mae'n awgrymu nad ydym ni'n gwneud dewis wrth ymddwyn. Mae'r farn mai'n hamgylchedd sy'n penderfynu sut y gweithredwn ni yn tanseilio'r dewis neu'r **ewyllys rydd** sydd gennym fel pobl wrth wneud penderfyniadau o'r fath. Mae'n golygu nad ydy pobl yn gallu gwneud dewisiadau ac nad oes ganddyn nhw ddim cyfrifoldeb personol na moesol dros eu hymddygiad. Does dim modd dal pobl yn gyfrifol am unrhyw gamwedd, felly. Yn hytrach, dylid eu cosbi i newid eu hymddygiad yn hytrach na'u haddysgu i feddwl yn gyfrifol.

3. Mwy perthnasol i anifeiliaid nag i bobl

Mae'n werth cofio mai mewn arbrofion gydag anifeiliaid heblaw pobl – fel yr ymchwil gan Pavlov a Skinner – y mae gwreiddiau ymddygiadaeth. Hefyd, datblygwyd SD mewn ymchwil gydag anifeiliaid. Creodd Wolpe (1958) ffobia mewn cathod drwy eu rhoi mewn cewyll a rhoi sioc drydan iddyn nhw dro ar ôl tro. Yna, ar ôl dysgu'r ymateb gorbryder hwnnw iddyn nhw, gwelodd y gallai ei liniaru drwy roi bwyd yn ymyl cawell a oedd yn debyg i'r un gwreiddiol. I bob golwg, roedd y weithred o fwyta yn lleddfu eu hymateb gorbryder (**ataliad cilyddol** (*reciprocal inhibition*)) ac yn raddol gellid gosod y cathod mewn cewyll a oedd yn fwy ac yn fwy tebyg i'r cewyll gwreiddiol heb iddyn nhw amlygu symptomau gorbryder.

Gall gorbryder mewn pobl beidio ag ymateb yn yr un ffordd bob amser. Gwnaeth Wolpe (1973) drin merch am ei bod hi'n ofni pryfed, a gweld na wnaeth SD iacháu ei ffobia. Darganfuwyd nad oedd hi wedi bod yn cyd-dynnu â'i gŵr – gŵr a gawsai ei lysenwi ar ôl pryfyn. Doedd ei hofn, felly, ddim yn ganlyniad i gyflyru, ond yn ffordd o gynrychioli ei phroblemau priodasol. Argymhellodd Wolpe iddi gael **cyngor** priodasol, a llwyddodd hwnnw lle methodd SD.

Llyfr difyr yw un B.F. Skinner Walden Two *(1948). Mae'n disgrifio byd delfrydol lle mae'r amgylchedd wedi'i gynllunio i siapio ymddygiad pobl mewn ffordd ddymunol.*

GWAITH I CHI   Rhif 2.5

Cymharu a chyferbynnu

Rydych chi bellach wedi astudio dwy ymagwedd – yr un **ymddygiadol** a'r un **fiolegol**. Gallwch chi'n awr gymharu a chyferbynnu'r ddwy.

1. Yn gyntaf, gwnewch gopi o'r tabl isod a llenwch y golofn dde ar gyfer yr ymagwedd ymddygiadol.

2. Yn ail, edrychwch ar yr atebion a roesoch am yr ymagwedd fiolegol, a chymharwch a chyferbynnwch nhw â'r ymagwedd ymddygiadol. Fe allech chi, er enghraifft, ystyried mater penderfyniaeth a dweud bod y ddwy ymagwedd yn hynod benderfyniadol (tebygrwydd) ond bod yr ymagwedd fiolegol yn awgrymu mai ffactorau mewnol a chorfforol sy'n pennu ein cymeriad ni tra bo'r ymagwedd ymddygiadol yn cynnig mai ffactorau allanol (gwahaniaeth) sy'n ei bennu. Nodwch gynifer o debygrwyddau a gwahaniaethau ag y gallwch chi, a gwnewch yn siŵr eich bod chi'n egluro pob un ohonyn nhw'n ofalus.

3. Defnyddiwch y wybodaeth honno i lunio ateb i'r cwestiwn arholiad hwn:
Cymharwch a chyferbynnwch yr ymagweddau biolegol ac ymddygiadol o ran yr hyn sy'n debyg a'r hyn sy'n wahanol. [12]

Materion a dadleuon	Yr ymagwedd ymddygiadol
Nomothetig/idiograffig	
Natur/magwraeth	
Lleihadaeth/cyfaniaeth	
Penderfyniaeth/ewyllys rydd	
Gwyddonol/anwyddonol	
Y fethodoleg a ddefnyddir	
Unrhyw beth arall	

Awgrym yr arholwr

Mae ffordd arbennig i ateb cwestiynau 'cymharu a chyferbynnu' – cewch gyngor penodol ar dudalennau 60-61 ynghylch delio â'r cwestiynau hynny.

Mae'r materion a'r dadleuon a restrir yn y tabl ar y dde wedi'u hegluro yn rhagymadrodd y llyfr hwn (gweler tudalennau x-xi).

Y fethodoleg a ddefnyddir gan yr ymagwedd ymddygiadol

Y pwnc olaf ynglŷn â'r **ymagwedd ymddygiadol** yw ystyried y fethodoleg a ddefnyddir gan yr ymagwedd honno. Er ei bod hi'n amlwg bod ymchwilwyr yn defnyddio pob math o ddull a thechneg, rydyn ni wedi dewis dau ddull sy'n arbennig o gyffredin yn yr ymagwedd ymddygiadol – **arbrofion labordy** ac astudiaethau sy'n defnyddio anifeiliaid.

1. Arbrofion labordy

▲ Gwnaeth Albert Bandura gyfres o arbrofion i gefnogi ei ddamcaniaeth dysgu cymdeithasol (gweler tudalen 19). Yn yr arbrofion, arsylwodd y plant oedolyn (y 'model') yn chwarae ag amrywiol deganau, gan gynnwys dol Bobo (dangosir uchod). O dan rai amodau, gwelodd y plentyn y model yn ymddwyn yn ymosodol at y ddol Bobo ac yn ei tharo, er enghraifft, â morthwyl pren. Yn ddiweddarach, cafodd y plant gyfle i chwarae gyda'r teganau. Roedd y plant a oedd wedi arsylwi'r model yn ymddwyn yn ymosodol yn llawer tebycach o ddynwared yr un ymddygiad. Gallwn ni gasglu ar sail hynny i arsylwi ymosodedd *achosi* i'r plentyn ddysgu'r ymddygiad hwnnw drwy fodelu – all casgliadau achosol o'r fath ond cael eu tynnu o ymchwil arbrofol. Mewn arbrawf, caiff y newidyn annibynnol ei fanipwleiddio i amlygu'r effaith a gaiff hynny ar y newidyn dibynnol.

Awgrym yr arholwr

Syniad da yw defnyddio arbrawf labordy fel enghraifft i ddangos i'r arholwr eich bod yn deall sut mae arbrofion wedi cael eu defnyddio yn yr ymagwedd ymddygiadol.

GWAITH I CHI
Rhif 2.6

Un o'r dulliau a ddefnyddir gan ymddygiadwyr yw astudio anifeiliaid – fel y clasur o ymchwil a wnaed gan Pavlov (a ddisgrifir ar y tudalen gyferbyn) a Skinner (gweler tudalen 17). Mewn parau neu grwpiau bach, ymchwiliwch i'r gwaith a wnaed gan Pavlov a Skinner.

1. Pa anifeiliaid a ddefnyddiwyd?
2. Pa egwyddorion ymddygiadol a ddeilliodd o'u gwaith?
3. Sut mae'r egwyddorion hynny wedi'u cymhwyso at ddysgu gan bobl?

Rhannwch eich dosbarth yn ddau grŵp. Gan ddefnyddio enghreifftiau Pavlov a Skinner, dadleuwch ynghylch manteision ac anfanteision defnyddio dysgu gan anifeiliaid fel ffordd o gael gwybod am ddysgu gan bobl.

Barn ymddygiadwyr yw mai ymddygiad arsylwadwy yn unig sy'n werth ei astudio am na allwn ni gadarnhau'r hyn sy'n digwydd yn y meddwl. Credai ymddygiadwyr cynnar ar ddechrau'r 20fed ganrif y dylid defnyddio dulliau gwyddonol i astudio ymddygiad er mwyn i seicoleg gael ei derbyn yn wyddor. Dadleuodd ymddygiadwyr, felly, o blaid arddel ymagwedd arbrofol – un wrthrychol a mesuradwy – at astudio ymddygiad pobl.

Gan fod ymddygiadwyr yn credu mai'n rhyngweithiadau ni â'r amgylchedd sy'n siapio'n hymddygiad, byddai'n dilyn y gallwn ni sefydlu achos rhai ymddygiadau penodol os byddwn ni'n manipwleiddio'n hamgylchedd. Un o brif nodau'r arbrawf labordy yw sefydlu perthynas achos-ac-effaith (ysgogiad-ac-ymateb). Yn arbrawf Bandura ac eraill (gweler ar y chwith), er enghraifft, fe wnaethon nhw fanipwleiddio amgylchedd y plant (y **newidyn annibynnol** oedd a oedden nhw'n arsylwi model rôl ymosodol/an-ymosodol, neu a gâi'r model ei (h)atgyfnerthu am ei (h)ymddygiad), ac arsylwi effaith hynny ar ymddygiad y plant (y **newidyn dibynnol** oedd a oedd y plant yn amlygu ymddygiad ymosodol).

Cryfderau

- Arbrawf labordy yw'r ffordd orau i astudio perthnasoedd achosol am fod modd rheoli'r **newidynnau allanol** yn ofalus.
- Mae arbrofion labordy yn cynnig ffordd wrthrychol o astudio ymddygiad pobl. Gan fod yr arbrofwr yn dilyn trefn benodedig a safonol, bydd modd i eraill wneud yr arbrawf eto (ei ddyblygu) i ddangos **dilysrwydd** y darganfyddiadau.
- Am fod modd meintioli'r data sy'n deillio o arbrofion (e.e. y nifer/canran o blant yn arbrofion Bandura ac eraill a gopïodd y model rôl), mae'n haws dadansoddi a gwneud cymariaethau.

Gwendidau

- Natur artiffisial y sefyllfa. Go brin y bydd pobl yn ymddwyn yn yr un ffordd mewn labordy ag y bydden nhw mewn bywyd go-iawn. Yr enw ar hynny yw **dilysrwydd ecolegol** (*ecological validity*), sef i ba raddau y mae amgylchedd yn rhannu'r un nodweddion â bywyd bob-dydd. Isel iawn, fel rheol, fydd dilysrwydd ecolegol arbrawf mewn labordy.
- Mae'r cyfranwyr yn debyg o ymddwyn yn annaturiol mewn arbrawf labordy am y byddan nhw'n ceisio dyfalu diben yr astudiaeth a chydymffurfio â disgwyliadau'r ymchwilydd. Ond gall fod awydd arnyn nhw i ddifetha'r astudiaeth yn fwriadol er mwyn bod yn lletchwith. Gelwir y problemau hynny'n **nodweddion awgrymu ymateb**.
- Gall **tuedd arbrofwr** hefyd fod yn broblem. Gallai'r arbrofwr (o fwriad neu beidio) amlygu ymddygiad sy'n dylanwadu ar y cyfranwyr i weithredu yn y ffordd a ddymuna, e.e. drwy ddefnyddio tôn y llais i ddylanwadu ar adborth y cyfranwyr. Gall hynny ddigwydd oherwydd y cysylltiad corfforol sy'n digwydd rhwng yr arbrofwr a'r cyfrannwr mewn labordy.

Caiff llawer o'r cysyniadau a ddisgrifiwyd uchod eu trafod yn fanylach ym Mhennod 6. Er enghraifft, trafodir arbrofion labordy ar dudalennau 137 a 144. Gallwch chi ddarllen am newidynnau annibynnol a dibynnol ar dudalen 136.

Gan fod ymddygiadwyr yn credu mai gwahaniaethau meintiol yn unig sydd rhwng pobl ac anifeiliaid (e.e. maint eu hymennydd), maen nhw'n dadlau o blaid astudio dysgu gan anifeiliaid a chymhwyso hynny at bobl. Mae enghreifftiau o'r ymchwil hwnnw'n cynnwys gwaith Pavlov (gweler y panel ar y dde) a Skinner (gweler tudalen 17).

Cryfderau

- Mae dysgu gan anifeiliaid wedi'i gymhwyso'n llwyddiannus at ymddygiad pobl. Er enghraifft, datblygwyd egwyddorion **cyflyru clasurol** drwy i Pavlov astudio cŵn, ac mae'r egwyddorion hynny wedi'u defnyddio'n llwyddiannus mewn therapi, fel mewn **dadsensiteiddio systematig** i drin **ffobiâu**.
- Mewn termau ymarferol, mae llai o gyswllt emosiynol ag anifeiliaid. Gall hynny arwain at fwy o wrthrychedd ymhlith yr arbrofwyr ac, felly, ar lai o duedd. Yn yr un modd, dydy anifeiliaid ddim yn mynnu nodweddion awgrymu ymateb er eu bod nhw, fel y bydd pobl, yn llai tebyg o amlygu ymddygiad nad yw'n cynrychioli, o reidrwydd, sut maen nhw'n ymddwyn mewn amgylcheddau naturiol.

Gwendidau

- Problem fawr yw mater y **gallu i gymhwyso'n gyffredinol**. I ba raddau y gallwn ni ddweud bod anifeiliaid yn dysgu yn yr un ffordd â phobl? Gall hynny fod yn wir yn achos rhai o elfennau sylfaenol dysgu gan bobl (e.e. gwobr/cosb), ond mae ymddygiad pobl yn fwy cymhleth a chaiff ei reoli gan weithgarwch meddyliol uwch (e.e. bod â system soffistigedig o iaith).
- Yn sicr, mae ymchwil i anifeiliaid yn codi **materion moesegol**. Nid yw anifeiliaid yn gallu cytuno i gymryd rhan a does ganddyn nhw ddim hawl i dynnu'n ôl. Allan nhw ddim deall pam y cân nhw eu cyfyngu i amgylchedd arbrofol. Mae hynny'n codi dadl foesol bwysig.

CYFARPAR YMCHWIL PAVLOV

◄ Cafodd Ivan Pavlov wobr Nobel yn 1904 am ei waith ar y system dreulio. Fe ddefnyddiodd ef gyfarpar tebyg i'r un yn y darlun ar y chwith. Dyfeisiwyd y cyfarpar i fesur cynhyrchu poer mewn cŵn. Pan gafodd ef y wobr, disgrifiodd ddarganfyddiad newydd – roedd ef wedi sylwi bod poer, pan fyddai ef neu gynorthwyydd yn mynd â phowdr cig i mewn i'r labordy, yn dechrau diferu o'r tiwb. Sylweddolodd Pavlov fod cyflwr seicolegol y disgwyl yn effeithio ar ymateb atgyrchol cynhyrchu poer. Sut y gallai hynny ddigwydd? Roedd atgyrchau'n fiolegol, ond ffactorau seicolegol oedd yn dylanwadu ar yr atgyrch. I roi prawf ar hynny, rhoes gynnig ar gysylltiad newydd, sef seinio tôn (cloch) a bwydo powdr cig i'r ci. Ar ôl gwneud hynny sawl tro, gwelodd fod y ci'n cynhyrchu poer pan glywai'r dôn/gloch. Mae'r diagram isod yn darlunio'r broses honno.

Cyn y cyflyru:

Cloch ⟶ Dim ymateb

(NS)

Cig powdr ⟶ Cynhyrchu poer

(UCS)   (UCR)

Yn ystod y cyflyru:

Cig powdr + Cloch ⟶ Cynhyrchu poer

(UCS) + (NS)   (UCR)

Ar ôl y cyflyru:

Cloch ⟶ Cynhyrchu poer

(CS)   (CR)

Awgrym yr arholwr

I sicrhau eich bod chi'n rhoi ateb trylwyr a pherthnasol i'r cwestiwn, bydd angen i chi gofio cynnwys enghreifftiau o'r ffyrdd o ddefnyddio'r fethodoleg benodol yn yr ymagwedd. Er enghraifft, wrth drafod defnyddio astudiaethau o anifeiliaid yn yr ymagwedd ymddygiadol, dylech chi sôn am waith Pavlov neu Skinner. Bydd hynny'n eich helpu chi i egluro'r fethodoleg yn drylwyr ac yn gydlynol ac yn dangos i'r arholwr eich bod chi'n deall y fethodoleg yn yr ymagwedd benodol honno. Wnaiff atebion lle bydd yr ymgeisydd yn sôn mewn ffordd generig am ddulliau ymchwil penodol ddim cael credyd yn y ddau fand uchaf (gweler y cynlluniau marcio ar dudalen vii).

ALLWCH CHI...?

Rhif **2.6**

1... Enwi **dau** ddull y mae'r ymagwedd ymddygiadol yn eu defnyddio, a disgrifiwch enghraifft o'r ffordd y defnyddiwyd y naill ddull a'r llall mewn astudiaeth ymchwil a oedd yn arddel yr ymagwedd ymddygiadol.

2... Yn achos pob dull unigol, nodwch ac eglurwch **ddau** gryfder a **dau** wendid defnyddio'r dull hwnnw yn yr astudiaeth y gwnaethoch chi ei disgrifio.

CWESTIWN ARHOLIAD

Eglurwch a gwerthuswch y fethodoleg sy'n cael ei defnyddio gan yr ymagwedd ymddygiadol. [12]

Nodiadau *Yn yr arholiad, bydd gofyn i chi egluro a gwerthuso'r dulliau a ddefnyddir gan **un** o'r pedair ymagwedd. **Mae'n hanfodol i chi egluro'n glir sut mae'r*** dulliau'n cysylltu'n glir â thybiaethau'r ymagwedd, h.y. eu bod yn amlwg berthnasol i'r ymagwedd. *Dyma ganllaw cyffredinol o ran trefnu eich ateb:*

▶ *Eglurwch un dull a ddefnyddir gan yr ymagwedd (defnyddiwch enghreifftiau a fydd yn amlygu ei berthnasedd i'r ymagwedd).*

▶ *Gwerthuswch gryfderau a gwendidau'r dull hwnnw.*

▶ *Eglurwch ail ddull a ddefnyddir gan yr ymagwedd (defnyddiwch enghreifftiau a fydd unwaith eto'n amlygu ei berthnasedd).*

▶ *Gwerthuswch gryfderau a gwendidau'r ail ddull.*

D.S. Mae band uchaf y cynllun marcio ar gyfer y cwestiwn hwn yn gofyn am: 'Egluro dulliau'n briodol ac yn glir... ac yn amlwg berthnasol i'r ymagwedd'.

Pennod 2: crynodeb

Tybiaethau'r ymagwedd ymddygiadol

Cyflyru clasurol
UCS → UCR, paru'r UCS â'r NS, yr NS yn troi'n CS → CR.

Cyflyru gweithredol
Gall yr atgyfnerthwyr fod yn gadarnhaol (gwobrwyon) neu'n negyddol (dianc rhag ysgogiad anghymell). Bydd cosbi'n lleihau'r ailadrodd a fydd ar yr ymddygiad.

Y ddamcaniaeth dysgu cymdeithasol
Gweler ar y dde.

Damcaniaeth dysgu cymdeithasol am ymosodedd (Bandura)

Arsylwi
Bydd yr unigolyn yn arsylwi eraill yn cael eu gwobrwyo/cosbi.

Atgyfnerthu dirprwyol
Profiad anuniongyrchol (dirprwyol) fydd yn penderfynu a gaiff ymddygiadau o'r fath eu hailadrodd.

Cynrychiolaeth yn y meddwl
Caiff disgwyliadau o ran canlyniadau at y dyfodol eu storio.

Cynnal drwy brofiad uniongyrchol
Gwobrau uniongyrchol yn y dyfodol sy'n pennu gwerth yr ymddygiad i'r unigolyn.

Therapi anghymell

Cyflyru clasurol a gwrthgyflyru
Paru ysgogiad anghymell (UCS) ag ymddygiad annymunol (NS yn troi'n CS) i gynhyrchu osgoi (CR).

Sensiteiddio cudd
Cyflwynir yr ysgogiad anghymell drwy awgrym llafar.

Cymwysiadau
Smygu, camddefnyddio cyffuriau a gorfwyta – eu paru â sioc drydan. Caiff alcoholigion gyffur sy'n achosi cyfog.

Dadsensiteiddio systematig

Gwrthgyflyru
Gan fod ymlacio'n wrthwyneb i orbryder, bydd paru'r ysgogiad a ofnir ag ymlacio yn atal gorbryder (ataliad cilyddol).

Hierarchaeth dadsensiteiddio
Bydd y claf a'r therapydd yn llunio hierarchaeth o'r ysgogiadau a ofnir. Bydd y claf yn dysgu ymlacio ym mhob cam o'r hierarchaeth.

Ffurfiau gwahanol
In vivo (bywyd go-iawn), in vitro neu gudd (dychmygol), wedi'i hunanweinyddu.

Cryfderau a gwendidau'r ymagwedd ymddygiadol

Cryfderau
- ▶ Ymagwedd wyddonol – hawdd gweithredu'r cysyniadau.
- ▶ Cymwysiadau llwyddiannus i drin anhwylder meddwl ac wrth addysgu (e.e. dyfais hyfforddi sydd wedi'i rhaglennu).
- ▶ Edrych ar y sefyllfa bresennol yn hytrach na chwilio am achosion cymhleth o brofiadau yn y gorffennol.

Gwendidau
- ▶ Mae'r pwyslais ar fagwraeth, gan anwybyddu esboniadau biolegol (natur), yn gorbwysleisio'r ffactorau amgylcheddol.
- ▶ Ymagwedd benderfyniadol – ffactorau amgylcheddol, yn hytrach nag ewyllys rydd, sy'n rheoli pobl.
- ▶ Mwy perthnasol i anifeiliaid nag i bobl – ond gallai ofn mewn anifeiliaid, er enghraifft, gael ei gyflyru tra gallai gorbryder mewn pobl fod ag achosion eraill.

Methodoleg yr ymagwedd ymddygiadol

Arbrofion labordy
Gall manipwleiddio'r amgylchedd o dan amodau sy'n cael eu rheoli'n llym amlygu perthnasoedd achosol.
- ▶ **Cryfderau**: ffordd wrthrychol o astudio ymddygiad pobl, ac mae modd meintioli'r data a'u dadansoddi'n rhwydd.
- ▶ **Gwendidau**: gallai fod yn brin o ddilysrwydd ecolegol am ei fod yn artiffisial, a gallai fod â nodweddion awgrymu ymateb, a hefyd â thuedd arbrofwr.

Defnyddio anifeiliaid mewn ymchwil
Gan fod anifeiliaid a phobl yn gwahaniaethu'n feintiol yn unig, mae modd cymhwyso'n gyffredinol o anifeiliaid at bobl.
- ▶ **Cryfderau**: mae'n amlwg bod rhai egwyddorion (e.e. cyflyru clasurol) yn gymwys i anifeiliaid a phobl; fydd anifeiliaid ddim yn ymateb, er enghraifft, i nodweddion awgrymu ymateb.
- ▶ **Gwendidau**: amheuon ynglŷn â'r gallu i gymhwyso'n gyffredinol am fod pobl yn cyfarwyddo'u hymddygiad eu hunain drwy feddwl, er enghraifft; mae materion moesegol yn codi am na all anifeiliaid roi cydsyniad gwybodus.

Gweithgareddau adolygu

Gallwch chi ddefnyddio cynnwys y bennod hon i wneud rhai o'r gweithgareddau adolygu a ddisgrifiwyd ar dudalen 15. Er enghraifft, gallech chi lunio mapiau meddwl neu ystyried tybiaethau'r ymagwedd ymddygiadol mewn perthynas â'r ddamcaniaeth dysgu cymdeithasol a'r therapi y gwnaethoch chi ei astudio. Yn sicr, dylech chi restru'r geiriau allweddol yn y bennod hon unwaith eto a gwneud yn siŵr eich bod chi'n eu deall nhw.

Adolygu'r ddamcaniaeth dysgu cymdeithasol

Heb edrych yn ôl yn eich llyfr, rhestrwch y cyfan o'r termau/cysyniadau allweddol ag y gallwch chi eu cofio, ac eglurwch ystyr pob term/ymadrodd unigol.

Wedyn, gwiriwch yr hyn rydych chi wedi'i anghofio ac ychwanegwch nhw at eich rhestr. Efallai y gallech chi ail-wneud y dasg hon tan i chi allu cofio pob un o'r cysyniadau allweddol.

Gallech chi hefyd ail-wneud y dasg hon gyda'r therapi rydych chi wedi'i ddysgu.

Cwestiynau amlddewis

Gan weithio ar eich pen eich hun neu mewn grwpiau, lluniwch gwestiynau ac atebion amlddewis ynglŷn â'r deunydd yn y bennod hon (a Phennod 1, os dymunwch). Yna, cyfrannwch eich cwestiynau i gwestiynau gweddill y dosbarth. Gallwch chi ateb y cwestiynau'n unigol neu mewn timau.

Cyngor ynghylch arholiadau ysgrifenedig

Isod, rhestrir sawl cwestiwn posibl mewn arholiad:

- **Disgrifiwch** sut mae'r ymagwedd ymddygiadol wedi cael ei chymhwyso mewn naill ai therapi anghymell neu ddadsensiteiddio systematig. [12]
- **Gwerthuswch** ddau o gryfderau'r ymagwedd ymddygiadol. [6]
- **Gwerthuswch** ddau o wendidau'r ymagwedd ymddygiadol. [6]
- **Eglurwch a gwerthuswch** y fethodoleg a ddefnyddir gan yr ymagwedd ymddygiadol. [12]

1. Dychmygwch eich bod chi'n ysgrifennu llyfr ar gyfer myfyrwyr Uwch-Gyfrannol. Nodwch **bedwar** (neu ragor) o awgrymiadau da i fyfyrwyr ynghylch ateb y cwestiynau hynny a chael y marciau llawn. Edrychwch yn yr adran yn y llyfr hwn sy'n sôn am yr arholiad a'r cynlluniau marcio (gweler tudalen vii).

2. Ar ôl i chi orffen llunio'r cyngor, dewiswch un o'r cwestiynau a lluniwch ddau ateb enghreifftiol iddo:
   - Ateb *nad yw* yn dilyn eich cyngor.
   - Patrwm o ateb sy'n dilyn y cyngor.

3. Ar ôl i chi ysgrifennu'r ddau fersiwn, rhowch nhw i rywun arall i'w ddarllen a gofynnwch iddo/iddi ddweud p'un yw'r gorau, ac eglurwch wrtho/wrthi pam mae'r traethodau'n wahanol.

4. Lluniwch nodiadau ar gyfer y patrwm o ateb gan ddangos yr hyn sy'n ei wneud yn batrwm o ateb.

Llenwch y bylchau

Copïwch y testun isod a cheisiwch lenwi'r bylchau heb edrych yn ôl at y testun. Faint rydych chi wedi'i gofio?

Un dull a ddefnyddir gan ymddygiadwyr yw'r arbrawf _____. Mae'r dull hwnnw'n amlygu perthnasoedd _____ am ei fod yn dangos effaith y newidyn _____ ar y newidyn _____. Yn astudiaeth Bandura lle defnyddiwyd y ddol Bobo, y newidyn annibynnol oedd _____, a'r newidyn dibynnol oedd _____.

Un o gryfderau penodol y math hwn o arbrawf yw bod _____ _____, ond gwendid ynddo yw nad ydy pobl yn ymddwyn yn yr un ffordd mewn labordy ag a wnânt yn eu bywyd bob-dydd. Yr enw ar hynny yw diffyg _____ _____. Dydy pobl ddim yn ymddwyn yr un fath mewn arbrawf labordy ag y byddent mewn bywyd bob-dydd am sawl rheswm, ac un ohonynt yw eu bod yn ceisio dyfalu'r hyn y mae ar yr arbrofwr eisiau iddyn nhw ei wneud. Mae hynny'n gysylltiedig â _____ _____ _____. Problem arall a all godi yw y gall yr arbrofwr, yn anfwriadol, gyfleu ei (d)disgwyliadau. Yr enw ar hynny yw _____ _____.

Dull poblogaidd arall ymhlith ymddygiadwyr yw defnyddio anifeiliaid mewn ymchwil. Y rheswm dros deimlo bod cyfiawnhad ganddynt i ddefnyddio anifeiliaid yw eu bod yn credu nad oes ond gwahaniaethau _____ rhwng pobl ac anifeiliaid. Roedd arbrofion cynnar Pavlov yn cynnwys _____, ac arbrofion Skinner ar gyflyru gweithredol yn cynnwys _____.

Un o gryfderau defnyddio anifeiliaid wrth wneud ymchwil yw _____ _____. Un gwendid yw y gallwn ni beidio bod â chyfiawnhad dros gymhwyso ymddygiad anifeiliaid at ymddygiad pobl am fod ymddygiad pobl yn _____ _____ _____.

Llunio eich croesair eich hun

Ar lawer gwefan cewch chi help i lunio eich croeseiriau eich hun, e.e. www.crosswordpuzzlegames.com/ (cewch chi wefannau hefyd i'ch helpu i lunio'ch chwilair eich hun neu bosau eraill).

Help i ddathlu?

Wrth werthuso'r ymagwedd ymddygiadol, cofiwch yr elfennau hyn:
Gwyddonol
Cymwysiadau
Magwraeth
Penderfyniaeth amgylcheddol

Lluniwch baragraff byr am bob un o'r pedwar. Ceisiwch wneud hynny'n gyntaf heb edrych ar eich nodiadau.

Mae sylwadau arholwr ar yr atebion hyn ar dudalen 174.

ENGHRAIFFT O GWESTIWN 1(a) a 1(b)

(a) Amlinellwch ddwy o dybiaethau'r ymagwedd ymddygiadol. [4]
(b) Disgrifiwch y ddamcaniaeth dysgu cymdeithasol am ymosodedd. [8]

Ateb Megan i 1(a)

Un o dybiaethau'r ymagwedd ymddygiadol yw ein bod ni'n dysgu drwy gyflyru clasurol. Seilir hynny ar egwyddor cysylltu. Dangosodd Pavlov (drwy ei ymchwil gyda chŵn) y caiff dau ysgogiad (e.e. bwyd a sŵn cloch) a gyflwynir yr un pryd, dro ar ôl tro, eu cysylltu â'i gilydd. Drwy'r broses honno gallwn ni ddysgu ymatebion newydd i ysgogiadau amgylcheddol am fod yr ymagwedd ymddygiadol yn dweud bod pob ymddygiad yn cael, neu wedi cael, ei ddysgu.

Mae'r ymagwedd hefyd yn dweud ein bod ni'n dysgu drwy ganlyniadau'n gweithredoedd ni. Yr enw ar hynny yw cyflyru gweithredol. Fe ddysgwn ni drwy atgyfnerthu a chosbi (mae'r naill yn cynyddu'r tebygolrwydd y bydd yr ymddygiad yn digwydd eto, a'r llall yn ei leihau). Gall yr atgyfnerthu fod yn gadarnhaol neu'n negyddol. Mewn atgyfnerthu cadarnhaol, cawn ni wobr am ein hymddygiad; mewn atgyfnerthu negyddol, fe lwyddwn ni i osgoi rhywbeth annymunol rhag digwydd.

Ateb Tomos i 1(a)

Mae'r ymagwedd ymddygiadol yn credu ein bod ni'n dysgu popeth o'n hamgylchedd a'n bod ni'n cael ein geni'n llechi glân. Mae hi hefyd yn credu ein bod ni'n dysgu oddi wrth bobl eraill. Yr enw ar hynny yw 'dysgu drwy arsylwi'.

Ateb Megan i 1(b)

Byddai'r ddamcaniaeth dysgu cymdeithasol (SLT) am ymosodedd yn ystyried sut y gallai plant ddysgu ymosodedd yn uniongyrchol ac yn anuniongyrchol. Er enghraifft, efallai y caiff plentyn sylw oherwydd iddo/iddi gael pwl o dymer ddrwg a bydd hynny'n ei (h)atgyfnerthu'n gadarnhaol am ei fod yn ymddangos fel gwobr (dysgu ymosodedd yn uniongyrchol).

Byddai SLT yn canolbwyntio'n bennaf ar ystyried sut y byddai plant yn dysgu ymosodedd o weld eraill wrthi (dysgu anuniongyrchol). Er enghraifft, gall plentyn weld brawd neu chwaer hŷn yn cael pwl o dymer ddrwg a'u mam yn rhoi melysion iddo/iddi i'w dawelu/i'w thawelu. Oherwydd atgyfnerthu dirprwyol, bydd y plentyn ifancach yn meddwl y caiff ef neu hi felysion hefyd os bydd yn ymddwyn felly. Yr enw ar hynny yw dysgu drwy arsylwi neu fodelu.

Mae dysgu-drwy-arsylwi ac atgyfnerthu dirprwyol o'r fath yn golygu bod plant yn dysgu pa atgyfnerthiadau y maen nhw'n debyg o'u cael os ydyn nhw'n ailadrodd yr ymddygiad (disgwyl canlyniadau at y dyfodol). Cysyniadau meddyliol yw'r disgwyliadau hynny ac fe newidiant os bydd y plentyn yn ailadrodd yr ymddygiad. Caiff y plentyn ei (g)wobrwyo'n uniongyrchol a bydd hynny'n cynyddu neu'n lleihau ei (d)disgwyliadau at y dyfodol yn ôl a gaiff gweithredoedd o'r fath eu hatgyfnerthu neu eu cosbi.

Mae astudiaethau Bandura yn dangos sut y bydd plant yn dynwared ymddygiad pobl eraill ac yn modelu eu hymddygiad arnyn nhw. Mewn un astudiaeth, cafwyd bod plant yn debycach o ymddwyn yn ymosodol os oeddent wedi gweld oedolyn yn cael ei (g)wobrwyo am fod yn ymosodol. Mae'r astudiaeth yn ategu'r ddamcaniaeth dysgu cymdeithasol am ymosodedd am ei bod hi'n dangos y bydd plant yn dysgu drwy atgyfnerthiad dirprwyol, h.y. drwy weld eraill yn cael eu gwobrwyo am eu hymddygiad.

Mae'r ddamcaniaeth honno am ymosodedd, fel y ddamcaniaeth yn gyffredinol, yn canolbwyntio ar y ffordd y byddwn ni'n meddwl am ein hymddygiad ni'n hunain ac ymddygiad pobl eraill, ac yn ystyried canlyniadau gweithredoedd ymosodol. Mae hi felly'n ychwanegu elfen wybyddol at y farn ymddygiadol draddodiadol.

Ateb Tomos i 1(b)

Gwnaeth Bandura astudiaeth o ymosodedd lle bu plant 3-5 oed yn gwylio fideo o oedolyn a dol Bobo, sef dol blastig y gallwch chi chwythu gwynt iddo. Roedd tair sefyllfa. Mewn un, bu'r oedolyn yn bwrw ac yn cicio'r ddol Bobo a chafodd wobr gan oedolyn arall am wneud hynny. Mewn un arall, bu'r oedolyn yn ymosodol at y ddol, ond cafodd ei gosbi/ei chosbi drwy i oedolyn arall weiddi arno/arni. Sefyllfa reoli oedd y drydedd un, ac ynddi chafodd yr oedolyn mo'i (g)wobrwyo na'i gosbi/chosbi am ei (h)ymddygiad ymosodol.

Gwelodd Bandura fod plant a oedd wedi gweld yr oedolyn yn cael ei (g)wobrwyo yn debycach o ymddwyn yn ymosodol yn ddiweddarach pan gaent eu rhoi mewn ystafell gyda dol Bobo o'u cymharu â'r plant a oedd wedi gweld oedolyn yn cael ei gosbi/ei chosbi. Mae'r astudiaeth yn dangos y bydd plant yn copïo oedolyn, neu fodel rôl, yn enwedig os gwelan nhw'r model yn cael ei (g)wobrwyo am ei (h)ymddygiad. Yr enw ar hynny yw 'dysgu drwy arsylwi'.

Hanfod yr **ymagwedd seicodynamig** (*psychodynamic approach*) yw egluro ymddygiad yn nhermau ei *ddynameg*, h.y. y grymoedd sy'n ei yrru. Yr enghraifft fwyaf cyfarwydd o'r ymagwedd honno yw damcaniaeth seicdreiddiol Freud ynghylch personoliaeth, ond ceir llawer o ddamcaniaethau seicodynamig eraill sy'n seiliedig ar syniadau Freud (fel damcaniaeth Jung).

Sigmund Freud oedd y cyntaf i herio'r farn mai salwch corfforol a achosai anhwylderau meddwl. Cynigiodd, yn hytrach, mai ffactorau *seicolegol* oedd yn gyfrifol.

WHAT'S ON A MAN'S MIND

SIGMUND FREUD

Tybiaeth 1 Tair rhan y meddwl (h.y. y bersonoliaeth deiran) sy'n dylanwadu ar ymddygiad

Credai Freud fod personoliaeth yr oedolyn wedi'i strwythuro'n dair rhan sy'n datblygu ar wahanol adegau yn ein bywydau.

- Yr **id**. Dyma'r rhan fympwyol (ac anymwybodol) o'n personoliaeth, a bydd yn bresennol pan gawn ni'n geni. Bydd yn mynnu cael ei foddhau'n syth, a gellir galw hynny'n **egwyddor pleser**. Prif nod yr id yw sicrhau pleser a boddhad, beth bynnag fydd y gost.
- Yr **ego** yw'r rhan ymwybodol a rhesymegol o'r meddwl sy'n datblygu pan fyddwn ni tua dwy oed. Bydd yn ceisio dod o hyd i ffyrdd realistig o gydbwyso gofynion yr id mewn ffordd sy'n gymdeithasol dderbyniol. **Egwyddor realaeth** sy'n ei reoli.
- Yr **uwch-ego** yw'r rhan olaf o'n personoliaeth i ddatblygu. Bydd yn ymffurfio yn y plentyn tua phedair oed ac yn ymgorffori ymwybyddiaeth y plentyn o'r hyn sy'n iawn a heb fod yn iawn yn ogystal â'i hunan delfrydol. Bydd yr uwch-ego'n ceisio perffeithio a gwareiddio'n hymddygiad. Fe ddysgwch chi hynny drwy uniaethu â'ch rhieni ac eraill.

Tybiaeth 2 Bydd lefelau gwahanol o ymwybyddiaeth ac amddiffyniadau'r ego yn dylanwadu ar ymddygiad

Cynigiodd Freud fod y meddwl yn debyg i fynydd iâ, sef bod llawer o'r hyn sy'n digwydd yn y meddwl yn gorwedd o dan yr wyneb. Dyna'r meddwl **rhagymwybodol** ac **anymwybodol**. Mae'r meddwl ymwybodol yn rhesymegol, ond nid felly'r meddwl anymwybodol am mai chwant am bleser sy'n ei reoli. Er nad oes modd cysylltu'n uniongyrchol â'r meddwl anymwybodol, bydd yn ei fynegi ei hun yn uniongyrchol, er enghraifft, drwy freuddwydion.

Mae perthynas hefyd rhwng yr anymwybod a **mecanweithiau amddiffyn yr ego**. Bydd gwrthdaro rhwng yr id, yr ego a'r uwch-ego yn creu gorbryder. Bydd yr ego'n defnyddio amrywiol amddiffyniadau i'w ddiogelu ei hun. O'u gorddefnyddio, gallant achosi ymddygiad anystywallt. Er enghraifft, gall bachgen nad yw'n gallu delio â'r hyn a wêl ef yn wrthodiad gan ei fam pan gaiff babi newydd ei eni'n frawd iddo **atchwel** i gyfnod datblygol cynharach gan faeddu ei ddillad a bod yn llai galluog i ofalu amdano'i hun. Dyma rai enghreifftiau eraill o fecanweithiau amddiffyn:

- **Dadleoli** (trosglwyddo ysgogiadau o un person neu wrthrych i un arall).
- **Alldaflu** (priodoli meddyliau annymunol i rywun arall).
- **Atalnwyd** (gwthio atgofion pwysig yn ddwfn i'n meddwl anymwybodol er mwyn iddyn nhw gael eu hanghofio i bob pwrpas).

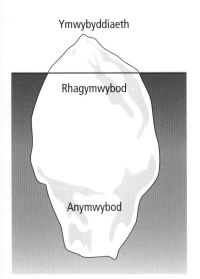

Ymwybyddiaeth

Rhagymwybod

Anymwybod

Tybiaeth 3 Bydd profiadau plentyndod cynnar yn dylanwadu ar ymddygiad

Yn ystod plentyndod, dydy'r ego ddim wedi datblygu digon i ddelio â thrawma ac felly caiff y trawma hwnnw ei atal. Er enghraifft, gall plentyn golli rhiant yn gynnar yn ei (h)oes ac atal y teimladau cysylltiedig. Yn ddiweddarach yn ei (h)oes, gall colledion eraill beri i'r unigolion ail-brofi'r golled gynharach a gall hynny arwain at iselder meddwl. Caiff dicter am y golled, sydd heb ei fynegi cynt, ei gyfeirio tuag i mewn, at yr hunan, gan achosi iselder ysbryd.

Ceir cyfnodau datblygu allweddol yn gynnar mewn plentyndod (fe'u disgrifir ar y ddau dudalen nesaf). Gall **obsesiwn** yn ystod unrhyw un o'r cyfnodau hynny (oherwydd rhwystredigaeth neu ormodedd) gael effaith arhosol ar bersonoliaeth yr unigolyn.

Damcaniaeth Freud ynghylch datblygiad personoliaeth

Tua throad yr 20fed ganrif, fe luniodd Freud ddamcaniaeth ynghylch datblygiad personoliaeth i egluro sut y bydd pobl yn datblygu. Mae 'personoliaeth' yn cyfeirio at y cymeriad unigryw sydd gan bob un ohonon ni. Awgrymodd Freud fod personoliaeth yn datblygu o'r rhyngweithio rhwng ysfeydd **cynhenid** a phrofiadau cynnar mewn bywyd.

HANS BACH

Prin oedd y dystiolaeth a gyflwynodd Freud i ategu ei ddamcaniaeth ynghylch datblygiad personoliaeth. Un o'r ychydig astudiaethau a gyhoeddwyd yw astudiaeth achos Hans Bach i gefnogi'r cysyniad o gymhleth Oedipws.

Tad Hans, gŵr â diddordeb mawr yng ngwaith Freud ar yr anymwybod, a ddaeth â'r bachgen pump oed o'r enw 'Hans Bach' (ei enw iawn oedd Herbert Graf) i sylw Freud. Os gwelai Hans geffylau'n tynnu ceirt trymlwythog, byddai'n dychryn. Awgrymodd Freud (1909) fod sawl rheswm dros ffobia Hans.

Yn gyntaf, roedd Hans wedi clywed dyn yn dweud wrth blentyn un tro: 'Paid â rhoi dy fys i'r ceffyl gwyn neu fe wnaiff dy frathu di'. Roedd Hans hefyd wedi gofyn i'w fam un tro a fyddai hi'n hoffi rhoi ei bys ar ei bidyn. Roedd ei fam wedi dweud wrtho na fyddai hynny'n briodol a pharodd hynny i Hans boeni y gallai ei fam ei adael. Symudodd Hans un ffynhonnell o orbryder at un arall – dechreuodd ofni gael ei gnoi gan geffyl gwyn ond mewn gwirionedd ei ofn oedd y byddai ei fam yn ei adael (cysylltiad y ddau ddigwyddiad oedd cyffwrdd â rhywbeth â'ch bys).

Yn ail, gwelodd Hans geffyl â chert lawn yn dymchwel a meddyliodd fod y ceffyl wedi marw. Roedd y ceffyl yn symbol o'i awydd i weld ei dad (whisgers mawr a sbectol tebyg i ffrwynau tywyll y ceffyl) yn marw ac roedd y gert lawn yn symbol o'i fam am ei bod hi'n feichiog â'i chwaer ef. Pan ddymchwelodd y gert, roedd hynny'n debyg i eni plentyn. Roedd y gert lawn, felly, yn symbol o'i dad yn marw a'i fam yn rhoi genedigaeth – dau ddigwyddiad a'i llenwai â gorbryder.

Wrth i Hans drafod y gorbryderon hynny, bu modd iddo'u derbyn a dechrau uniaethu â'i dad. Honnodd Freud fod hynny'n ategu ei ddamcaniaeth ynghylch datblygiad seicorywiol (cymhleth Oedipws), ac yn dystiolaeth o blaid ei eglurhad o darddiadau ymddygiad anystywallt (*disorder*).

www Gallwch wrando ar raglen radio'r BBC am Hans Bach yn: www.bbc.co.uk/radio4/science/case_study_20080528.shtml.

DATBLYGIAD PERSONOLIAETH

Craidd y bersonoliaeth

Mae tair elfen i'r bersonoliaeth, sef yr **id**, yr **ego** a'r **uwch-ego**. Byddan nhw'n gweithio gyda'i gilydd i greu ymddygiadau cymhleth. Un o nodweddion eu rhyngweithio yw bod y tri grym yn gwrthdaro â'i gilydd. Enw ar allu'r ego i weithredu er gwaetha'r grymoedd croes hynny yw '**cryfder yr ego**'. Gall person sydd â chryfder ego da reoli'r pwysau hynny'n effeithiol, ond bydd y rhai sydd â gormod neu ry ychydig o gryfder ego yn troi'n rhai'n sy'n rhy ddi-ildio neu'n rhy barod i ddarfu. Yn ôl Freud, yr allwedd i bersonoliaeth iach yw cydbwysedd rhwng yr id, yr ego a'r uwch-ego.

Bydd cryfder yr ego yn datblygu'n naturiol wrth i fywyd fynd yn ei flaen, ond gall profiadau bywyd ei gynyddu neu ei niweidio. Er enghraifft, bydd plentyn a gaiff anogaeth i gymryd cyfrifoldeb personol dros ei (g)weithredoedd yn datblygu ego cryfach.

Bydd pobl hefyd yn wahanol o ran y graddau y mae'r id, yr ego neu'r uwch-ego yn tra-arglwyddiaethu ar eu personoliaeth. Er enghraifft, y duedd yw i berson y mae ei (h)id yn tra-arglwyddiaethu ar ei bersonoliaeth/ei phersonoliaeth fod yn anghymdeithasol a pheidio â phoeni am bobl eraill.

Y cyfnodau seicorywiol

Disgrifiodd Freud y **cyfnodau seicorywiol** mewn datblygiad (defnyddiai ef y gair 'rhywiol' i olygu synhwyrus neu gorfforol). Ym mhob cyfnod, mae grym bywyd neu **libido** y person yn gysylltiedig ag un o organau'r corff.

1. Y cyfnod cyntaf yw **cyfnod y genau** (*oral stage*). Mae hynny'n golygu y caiff y plentyn bleser, er enghraifft, o fwyta a sugno. Wrth brifio, bydd yn chwilio am bleser drwy rannau eraill o'r corff.
2. Yn ystod **cyfnod yr anws** (rhyw 1½–3 oed), ar yr anws y bydd y corff yn hoelio'i sylw – caiff bleser o garthu neu ddal carthion yn ôl.
3. Yn ystod y **cyfnod ffalig** (rhyw 3–6 oed) bydd yn hoelio'i sylw ar yr organau atgenhedlu ac, i gychwyn, ar y rhiant o'r rhyw arall. Datrysir hynny drwy uniaethu â'r rhiant o'r un rhyw. Galwodd Freud hynny'n **gymhleth Oedipws** – bydd bachgen ifanc, fel Hans Bach, (gweler ar y chwith), yn teimlo atyniad rhywiol at ei fam ac yn gweld ei dad yn un sy'n cystadlu ag ef am ei gariad. Oherwydd ei awydd i ladd ei dad, mae'n teimlo'n euog. Wrth uniaethu â'i dad yn y pen draw, caiff y bachgen wared ar ei euogrwydd. Yr uniaethu hwnnw sy'n arwain at ddatblygiad yr uwch-ego, a dyna sylfaen ymddygiad moesol am fod y bachgen, wrth uniaethu â'i dad, yn arddel egwyddorion ei dad.
   Yn ôl Freud, dyma pryd y bydd merched bach yn datblygu **pidyn-eiddigedd** (*penis envy*) o'r hyn sydd gan fechgyn – a rhoi bai ar eu mamau am beidio â rhoi un iddyn nhw. Bellach, tad y ferch yw gwrthrych ei chariad ac, yn lle teimlo 'eiddigedd', bydd chwant cael plentyn arni. Bydd hynny'n arwain at uniaethu â'i mam ac at ddatrys ei theimladau croes.
4. Ar ôl y cyfnod ffalig daw'r **cyfnod cudd**, ac ni fydd fawr o ddim yn digwydd o ran datblygiad seicorywiol.
5. Yn olaf, yn ystod glasoed, daw **cyfnod yr organau cenhedlu**, pryd y ceir pleser yn bennaf, unwaith eto, o'r organau cenhedlu. Hoelir sylw hefyd ar feithrin annibyniaeth.

GWAITH I CHI
Rhif 3.2

Ceisiwch roi prawf ar un o'r rhagdybiaethau sy'n codi o ddamcaniaeth Freud sy'n cysylltu'r camau seicorywiol â'r bersonoliaeth ddiweddarach. Mae amrywiol brofion ar y we ar gyfer mathau o bersonoliaeth (ewch, er enghraifft, i www.okcupid.com/tests/the-freudian-character-test). Bydd hwnnw'n rhoi sgôr i chi am fath o bersonoliaeth. Yna, gallwch chi gydberthnasu sgôr unigolyn ar y prawf hwnnw â mesur arall, fel faint o arian y bydd person fel rheol yn ei godi o beiriant arian ar y tro. Er enghraifft, bydden ni'n disgwyl i bobl â sgôr anws-ddargadw (*anal retentive score*) uwch dynnu llai o arian allan (**cydberthyniad negyddol**).

DYMA'R YMCHWILYDD

Yn Fienna y magwyd **Sigismund Schlomo Freud** (1856–1939) ac yno y bu tan i'r Natsïaid ei orfodi i adael yn 1938 am ei fod yn Iddew. Bu farw yn Llundain (gallwch chi ymweld â'r tŷ lle y bu'n byw ac y bu farw – ewch i www.freud.org.uk). Ef oedd yr hynaf o wyth o blant – methodd pedair o'i chwiorydd â gadael Fienna a buon nhw farw mewn gwersylloedd crynhoi.

Astudiodd Freud feddygaeth ac ymddiddori mewn niwroleg (anhwylderau'r system nerfol) a hysteria (gorbryder gormodol sy'n gallu arwain at anhwylderau corfforol). Un o'r cleifion y gwnaeth Freud eu trin oedd Anna O. (gweler tudalen 37). Anna oedd yr un a fathodd yr enw 'iachâd drwy siarad' i gyfeirio at y dechneg a ddatblygwyd gan Freud i drin cleifion hysterig. Datblygodd yr 'iachâd drwy siarad' hwnnw'n **seicdreiddio**, sef dull Freud o roi therapi.

Ffantasi pur, ym marn llawer, yw disgrifiad Freud o ddatblygiad personoliaeth, ond mae ei syniadau wedi byw ac wedi dylanwadu ar sawl maes (e.e. dramâu, llyfrau, celfyddyd ac ati). Gan fod rhyw elfen apelgar yn ei ddamcaniaethau, mae ei farn wedi effeithio'n ddirfawr ar y meddwl modern. Newidiodd Freud y ffordd y deallwn ni bwysigrwydd plentyndod a daeth â'r syniad o gymhellion anymwybodol i sylw'r cyhoedd. Adeg ei farw, y farn oedd bod Freud yn un o feddylwyr gwyddonol mawr ei oes ac yn gydradd â Darwin ac Einstein.

Dylanwad y cyfnodau seicorywiol ar bersonoliaeth

Rhagfynegiad Freud oedd y byddai profiadau yn ystod cyfnodau seicorywiol allweddol yn arwain at fathau pendant o bersonoliaeth mewn oedolion. Mae'r effeithiau hynny'n deillio o rwystredigaeth neu ormodedd yn ystod unrhyw gyfnod seicorywiol – bydd y naill a'r llall yn arwain at **obsesiwn** â'r cyfnod ac â mathau nodweddiadol o ymddygiad. Yn y tabl isod fe amlinellir y mathau posibl o bersonoliaeth sy'n gysylltiedig â phob cyfnod unigol.

	Datrys y cyfnod mewn ffordd iach	Rhwystredigaeth neu driniaeth arw	Gormodedd
Cyfnod y genau	Gallu ffurfio perthnasoedd ag eraill a derbyn eu serch; mwynhau bwyd a diod.	Nodweddir **cymeriad ymosodol cyfnod y genau** gan ymosodedd, awydd i dra-arglwyddiaethu neu ddominyddu, pesimistiaeth, eiddigedd ac amheuaeth.	Mae **cymeriad derbyn cyfnod y genau** yn optimistaidd, yn hawdd ei dwyllo, yn orddibynnol ar eraill, yn ymddiried, ac yn edmygu pobl eraill yn fawr iawn.
Cyfnod yr anws	Yn gallu delio ag awdurdod a bod â chydbwysedd rhwng bod yn drefnus a bod yn anhrefnus.	Mae **cymeriad anws-ddargadwol** yn dwt, yn gybyddlyd, yn fanwl-gywir, yn drefnus ac yn styfnig.	Mae **cymeriad anws-ymgarthol** yn hael, yn flêr, yn ddi-drefn, yn ddiofal ac yn herfeiddiol.
Cyfnod ffalig	Mae'r uwch-ego wedi'i seilio ar fewnoli barn y rhiant o'r un rhyw, ac yn arwain at feithrin cydwybod a datblygiad moesol aeddfed.	Mae **cymeriad ffalig** yn ddi-hid, yn hyderus ac yn uwch-ego llym a chosbol, ac fe all fod â phroblemau o ran rhyw a hunaniaeth rywiol. Awgrymodd Freud y gall obsesiwn yn ystod y cyfnod hwn arwain at wrywgydiaeth.	
Cyfnod yr organau cenhedlu	**Cymeriad organau-cenhedlu** yw'r ddelfryd. Oedolyn aeddfed a chytbwys sy'n gallu caru a chael ei garu/ei charu, sy'n gweithio'n galed ac yn cyfrannu i gymdeithas.		

Mecanweithiau amddiffyn yr ego a phersonoliaeth

Gall gweithrediad **amddiffynfeydd yr ego** hefyd effeithio ar bersonoliaeth. Bydd rhai o amddiffynfeydd yr ego'n eithaf normal, ond bydd eraill yn amharu ar allu unigolyn i ddelio â realiti ac yn gallu arwain at anhwylderau meddwl difrifol.

Ymhlith amddiffynfeydd 'normal' yr ego mae defnyddio hiwmor, **trosgyfeirio** (trawsffurfio emosiwn negyddol yn ymddygiad neu emosiwn cadarnhaol) neu eu **hatal** (gwthio meddyliau anghyffyrddus i'r rhagymwybod er mwyn gallu eu cyrchu'n ddiweddarach).

Ymhlith amddiffynfeydd yr ego sy'n debyg o gael eu cysylltu ag anhwylder meddwl mae **gwadu** (gwrthod derbyn realiti) neu **ystumio** (ailsiapio'r realiti allanol i ddiwallu anghenion mewnol).

ALLWCH CHI…? Rhif 3.2

1… Ddewis **un** o dybiaethau'r ymagwedd seicodynamig o dudalen 31 ac egluro sut mae'n perthnasu â damcaniaeth Freud ynghylch personoliaeth

2… Egluro sut mae'r id, yr ego a'r uwch-ego yn effeithio ar ddatblygiad personoliaeth.

3… Egluro sut y gall **dau** o'r cyfnodau seicorywiol berthnasu â datblygiad personoliaeth yn ddiweddarach.

4… Dewis **un** math o amddiffyniad yr ego ac egluro sut mae'n perthnasu â datblygiad personoliaeth.

CWESTIWN ARHOLIAD

Disgrifiwch theori datblygiad personoliaeth Freud. [8]

Nodiadau Yn yr arholiad, cewch gais i ddisgrifio *un* o'r pedair damcaniaeth rydych chi wedi'u hastudio (mae damcaniaeth ar gyfer pob un o'r pedair ymagwedd). Bydd y cwestiwn yn werth 8 marc. I gael yr 8 marc i gyd, dylai'ch ateb:

▶ Fod yn gywir ac yn fanwl.

▶ Dangos tystiolaeth o ymhelaethu cydlynol, h.y. dylech chi egluro pob pwynt i ddangos eich dealltwriaeth.

▶ Amlygu dyfnder ac ystod o wybodaeth, ond nid i'r un graddau o reidrwydd. Hynny yw, gallwch chi fanylu cryn dipyn ar ambell bwynt (h.y. dyfnder) neu drafod nifer o bwyntiau yn llai manwl (ystod).

▶ Bod wedi'i strwythuro'n dda ac yn gydlynol.

▶ Bod yn gywir o ran gramadeg, atalnodi a sillafu.

▶ Bod yn rhyw 250-300 o eiriau.

Awgrym yr arholwr

Wrth ddisgrifio damcaniaeth Freud ynghylch personoliaeth, mae'n bwysig canolbwyntio ar y ffordd y mae'r cysyniadau'n egluro datblygiad personoliaeth, yn hytrach na gwneud dim ond disgrifio cysyniadau fel yr id, yr ego, yr uwch-ego a'r cyfnodau seicorywiol.

Ar y ddau dudalen hyn a'r ddau nesaf, fe astudiwn ni ddwy enghraifft bellach o'r **ymagwedd seicodynamig** mewn seicoleg. Defnyddir y ddwy dechneg mewn **seicdreiddio**, sef y dull a ddatblygwyd gan Freud i drin anhwylder meddwl. Seilir therapi seicdreiddiol ar y dybiaeth nad yw unigolion, yn aml, yn gwybod am ddylanwad gwrthdrawiadau **anymwybodol** ar eu cyflwr seicolegol cyfredol. Nod seicdreiddio yw helpu i ddod â'r gwrthdrawiadau hynny i'r meddwl ymwybodol lle gellir delio â nhw. Ar y ddau dudalen hyn fe astudiwn ni **ddadansoddi breuddwydion**, ac ar y ddau nesaf fe ystyriwn ni **ryddgysylltu**. Does ond gofyn i chi astudio un ohonyn nhw.

Cyn dyddiau Freud, ceisiodd y Groegiaid a'r Eifftwyr ddarganfod ystyr gudd breuddwydion am eu bod yn credu mai Duw fyddai'n eu hanfon. Roedd y diwylliannau clasurol hynny'n ddylanwad mawr ar feddylfryd Freud.

Awgrym yr arholwr

Cofiwch gysylltu nodau'r therapi â thybiaethau'r ymagwedd.

Disgrifiad enwog Freud o freuddwydion oedd 'y ffordd frenhinol i wybod am weithgareddau anymwybodol y meddwl' (Freud, 1900, tud.769).

▲ Ceisiodd artistiaid swrealaidd ail-greu profiad di-sens ond ystyrlon breuddwydion yn eu paentiadau.

HUNLLEFAU

Mae'n anodd gweld sut y byddai hunllefau'n cyflawni dyheadau neu'n gallu amddiffyn y cysgwr (byddan nhw'n eich deffro yn hytrach na gadael i chi gysgu'n dawel). Awgrymodd Freud fod dosbarth o freuddwydion nad ydynt fel petaen nhw'n cyflawni dyheadau. Enghraifft a roddodd oedd un o'i freuddwydion ei hun pan oedd wrthi'n gweithio mewn labordy cemeg – gwaith na wnâi ef mohono'n dda. Iddo ef, 'rhybudd synhwyrol', yn hytrach na chyflawni dyhead, oedd y freuddwyd. Credai Freud fod y profiad o gael breuddwydion gorbryder a hunllefau yn deillio o fethiant gwaith breuddwydion. Doedd ffenomenau o'r fath ddim yn croesddweud y ddamcaniaeth cyflawni-dyheadau ond yn dangos, yn hytrach, sut roedd yr ego yn ymateb i'r ymwybyddiaeth o ddyheadau a gawsai eu gwthio o'r neilltu ond a oedd yn rhy rymus i allu cael eu cuddio'n ddigonol.

DADANSODDI BREUDDWYDION

Cynigiodd Freud fod y meddwl anymwybodol yn ei fynegi ei hun drwy freuddwydion ac y gall cynnwys breuddwydion unigolyn, felly, ddatgelu'r hyn sydd yn ei (h)anymwybod. Dadansoddi breuddwydion yw'r broses o briodoli ystyr i freuddwydion.

Breuddwydion fel meddwl prif-broses (atalnwyd)

Credai Freud fod tri adeiledd sylfaenol i bersonoliaeth: yr **id**, yr **ego** a'r **uwch-ego**. Elfen bwysicaf egluro breuddwydion yw'r id, sef ffynhonnell anymwybodol ein hysgogiadau. Yr id hefyd yw ffynhonnell y dyheadau a'r ffantasïau sy'n deillio ohonyn nhw. Mae'n gysylltiedig â'r meddwl anymwybodol ac afresymegol a yrrir gan reddf (*instinct*) o'r enw **meddwl prif-broses**. Gan fod y ffurf honno ar feddwl yn annerbyniol i feddwl ymwybodol yr oedolyn, caiff ei halltudio i'n breuddwydion (galwodd Freud hynny'n **atalnwyd**) lle gallwn ni gyflawni'n dymuniadau a'n dyheadau. Credai Freud y byddai peidio â breuddwydio yn peri i'r egni a fuddsoddwyd yn y dyheadau hynny gynyddu nes iddyn nhw fod yn annioddefol a bygwth ein pwyll.

Breuddwydion fel ffordd o gyflawni dyheadau

Credai Freud fod pob breuddwyd yn ffordd o gyflawni, yn anymwybodol, y dyheadau na ellid eu bodloni yn y meddwl ymwybodol. Byddai breuddwydion, felly, yn diogelu'r cysgwr (meddwl prif-broses) ond hefyd yn caniatáu peth mynegiant i'r ysfeydd claddedig hynny (cyflawni dyheadau).

Natur symbolaidd breuddwydion

Yn ôl Freud, mae breuddwydion yn cynrychioli dyheadau sydd heb eu cyflawni, ond mynegir eu cynnwys yn *symbolaidd*. Caiff gwir ystyr breuddwyd (y **cynnwys cudd**) ei thrawsffurfio i ffurf fwy diniwed (y **cynnwys amlwg**, y cynnwys y cewch chi brofiad ohono). Gall honno fod yn ddiystyr i bawb ond seicdreiddiwr sydd wedi'i hyfforddi i ddehongli'r symbolau. Er enghraifft, gall neidr neu wn gynrychioli pidyn, a thwnnel neu ogof gynrychioli gwain. Ond i ddeall holl ystyr symbolau breuddwydion, credai Freud fod angen eu hystyried yng nghyd-destun bywyd yr unigolyn. Er enghraifft, gallai pysgodyn gynrychioli cyfaill i unigolyn sy'n bysgotwr, neu gyfaill arall sydd ag arwydd y Pysgod yn y Sidydd. Chefnogai Freud mo'r syniad o gael breuddwydiaduron a chydnabu hefyd nad symbol yw popeth mewn breuddwyd: fel y dywedodd, *'weithiau dydy sigâr ddim ond yn sigâr'*.

Gwaith breuddwydion

Caiff cynnwys cudd breuddwyd ei amlygu drwy broses **gwaith breuddwydion**. Disgrifir yr amrywiol brosesau isod. Cânt eu cymhwyso at ddyheadau a ataliwyd er mwyn amlygu cynnwys y freuddwyd a gafwyd. Ymhlith y prosesau mae:

- **Cywasgu** Mewn breuddwyd, bydd y meddyliau'n gyforiog o fanylion a chynnwys ond caiff y rheiny eu cywasgu'n ddelweddau byr mewn breuddwyd lle bydd delwedd yn cynrychioli sawl cysylltiad a syniad.
- **Dadleoli** Caiff arwyddocâd emosiynol gwrthrych mewn breuddwyd ei wahanu oddi wrth ei wrthrych neu ei gynnwys go-iawn a'i gysylltu ag un cwbl wahanol i beidio â 'sensro' cynnwys y freuddwyd. (Defnyddiodd Freud y cysyniad o 'sensor' sy'n rhwystro meddyliau cythryblus rhag cyrraedd y meddwl ymwybodol ar unrhyw ffurf heblaw un guddiedig).
- **Cynrychioli** Trosir meddwl yn ddelweddau gweledol.
- **Symbolaeth** Bydd symbol yn cymryd lle gweithred, person neu syniad.
- **Ymhelaethu eilaidd** Bydd y meddwl anymwybodol yn casglu'r holl ddelweddau gwahanol ac yn eu clymu wrth ei gilydd i ffurfio stori resymegol a chuddio rhagor eto ar y cynnwys cudd.

Gall deunydd go-iawn y freuddwyd ddod o ddigwyddiadau diweddar ym mywyd effro'r unigolyn.

Enghraifft o ddadansoddi breuddwyd

Breuddwyd *Cefais freuddwyd lle'r oeddwn i ar long bleser mewn gwlad dramor. Dyma lanio a gadael y llong. Cynhaliwyd helfa yr oedd rhaid i bawb gymryd rhan ynddi. Aethon ni i gyd i'r dref a phrynais bâr o esgidiau pert. Doedd ond un bwyty yn y dref ac i hwnnw yr aeth pawb i yfed a bwyta. Cafodd pawb ginio a meddwi'n llwyr ar gwrw a llymeidiau o decila.*

Dehongliad personol *Efallai mai arwyddocâd bod ar long oedd 'mod i'n teimlo'n ofnus ac wedi 'nal yng nghanol cefnfor neu benderfyniad mawr, a bod y glanio'n cynrychioli'r penderfynu. Efallai fod y sgidiau'n cyfleu fy mod i â 'nhraed ar y ddaear wrth wneud y penderfyniad. Gall bwyta a chael hwyl olygu fy mod i'n fodlon ar y penderfyniad.*

Gallai Freud ddweud *Oes gan y llong bleser/lleoliad tramor/helfa gysylltiadau personol neu gysylltiad ag unrhyw sioe realiti gyfredol neu gyd-destun anuniongyrchol arall? Gallai gwybod hynny effeithio'n fawr ar ystyr y darnau hynny o gynnwys amlwg. Gellir dehongli'r sgidiau a'r hwyl yn ddigon syml fel y gwnaeth y breuddwydiwr, ond mae gofynion cyflawni dyheadau yn troi'r freuddwyd yn un ynghylch dymuno i'r breuddwydiwr fod yn fodlon ac â'i draed/ei thraed ar y ddaear ar ôl gwneud y penderfyniad.*

Addaswyd o www.alexfiles.com/otiod.shtml#samples.

Defnyddio dadansoddi breuddwydion mewn therapi

I raddau helaeth, mae'r broses o ddadansoddi breuddwydion yn fater o wrthdroi'r prosesau a greodd y cynnwys amlwg. Awgrymodd Freud y dylai therapydd anwybyddu unrhyw gysylltiad ymddangosiadol rhwng elfennau yn y cynnwys amlwg. Gellir defnyddio'r broses o ryddgysylltu (gweler y ddau dudalen nesaf) i ddadlennu'r cynnwys cudd, h.y. dylid gadael i'r claf drafod pob elfen o'r freuddwyd a mynegi unrhyw syniad sy'n dod i'w feddwl/meddwl.

Fydd seicdreiddiwr ddim yn cynnig un dehongliad penodol o freuddwyd – mae dadansoddi breuddwydion yn golygu awgrymu amrywiol ddehongliadau ar sail rhyddgysylltiadau'r claf a gwybodaeth am brofiadau eu bywyd, a gadael i'r claf ddewis y dehongliadau sy'n gwneud synnwyr.

Tystiolaeth ymchwil

Mae ymchwil diweddar wedi cynnig cefnogaeth i gyswllt Freud rhwng breuddwydio a meddwl prif-broses. Defnyddiodd Solms (2000) **sganiau PET** i amlygu'r rhannau o'r ymennydd sy'n weithgar wrth freuddwydio. Dangosodd y canlyniadau fod y rhan resymegol o'r ymennydd yn *anweithredol* yn ystod **cwsg symudiad llygaid cyflym** (**REM**) ond bod canolfannau'r **blaenymennydd**, sy'n ymwneud â'r cof a chymhelliant, yn weithgar iawn. Yn iaith Freud, caiff yr ego (y meddwl rhesymegol ac ymwybodol) ei atal a rhoir penrhyddid i'r id (y rhannau mwy cyntefig a 'yrrir' gan yr anymwybod).

Caiff y cysylltiad gefnogaeth hefyd mewn ymchwil cynharach gan Hopfield ac eraill (1983) i'r **rhwydweithiau niwral** – efelychiadau cyfrifiadurol sy'n ceisio dynwared gweithrediad yr ymennydd. Mae'r efelychiadau hynny'n dangos mai ffordd y rhwydweithiau niwral o ddelio â chof gorlawn yw cyfuno neu gywasgu 'atgofion'. Mae hynny'n ategu syniad Freud ynghylch cywasgu, sef sensro dyheadau annerbyniol a delio â nhw drwy ailgyfuno tameidiau ohonynt tan fod ffurf newydd arnyn nhw (cynnwys amlwg y freuddwyd).

Awgrym yr arholwr

Cofiwch fod rhaid i'ch ateb, er mwyn iddo allu cael y 12 marc i gyd, ddarparu cysylltiad rhwng nodau dadansoddi breuddwydion a phrif dybiaethau'r ymagwedd seicodynamig

Awgrym yr arholwr

Er bod rhyddgysylltu'n rhan o ddadansoddi breuddwydion, mae'n bwysig sicrhau, wrth ateb cwestiwn arholiad, fod eich ymateb yn canolbwyntio'n glir ar ddadansoddi breuddwydion yn hytrach na'r therapi arall, sef rhyddgysylltu.

ALLWCH CHI...?
Rhif 3.3

1... Egluro diben dadansoddi breuddwydion.
2... Egluro sut mae breuddwydion yn cyflawni dyheadau.
3... Egluro'r gwahaniaeth rhwng cynnwys cudd ac amlwg breuddwydion.
4... Enwi a disgrifio **tair** proses sydd ynghlwm wrth ddadansoddi breuddwydion (h.y. y broses o drawsffurfio'r cynnwys amlwg yn ôl i'r cynnwys cudd).
5... Amlinellu **dau** o ddarganfyddiadau astudiaethau ymchwil a dweud pa gasgliad y gellir ei dynnu o bob un o'r astudiaethau hynny.

CWESTIWN ARHOLIAD

Disgrifiwch sut mae'r ymagwedd seicodynamig wedi cael ei chymhwyso mewn naill ai dadansoddi breuddwydion neu ryddgysylltu. [12]

*Nodiadau Yn yr arholiad, cewch gais i ddisgrifio **un** therapi. Byddwch chi wedi astudio cyfanswm o bedwar therapi (un am bob un o'r pedair ymagwedd). Bydd y cwestiwn yn werth 12 marc. I gael y 12 marc i gyd, dylai'ch ateb fodloni'r un meini prawf â'r rhai a restrwyd ar dudalen vii. Gallech chi gynnwys y canlynol mewn ateb ynghylch dadansoddi breuddwydion.*

▶ *Amlinelliad byr o nodau dadansoddi breuddwydion a sut mae'r rheiny'n cysylltu â thybiaethau'r ymagwedd seicodynamig.*
▶ *Esboniadau o'r modd y gellir troi cynnwys amlwg yn ôl i'r cynnwys cudd.*
▶ *Disgrifiad o'r broses o ddadansoddi breuddwydion.*
▶ *Darganfyddiadau ymchwil i ddadansoddi breuddwydion.*
▶ *Dylai'ch ateb fod tua 400-450 o eiriau o hyd.*

Therapi 2 Rhyddgysylltu

Rhyddgysylltu (*free association*) yw un o'r technegau a ddefnyddir mewn **seicdreiddio** – y dull a ddatblygwyd gan Freud i drin anhwylder meddwl. Seilir therapi seicdreiddiol ar y dybiaeth nad yw unigolion, yn aml, yn ymwybodol o ddylanwad gwrthdrawiadau **anymwybodol** ar eu cyflwr seicolegol cyfredol. Nod seicdreiddio yw helpu i ddod â'r gwrthdrawiadau hynny i'r meddwl ymwybodol lle mae modd delio â nhw.

Ar y ddau dudalen blaenorol fe astudion ni **ddadansoddi breuddwydion**, techneg arall a ddefnyddir mewn seicdreiddio. Y dewis arall yw i chi astudio **rhyddgysylltu**, sef pwnc y ddau dudalen hyn. Does ond gofyn i chi astudio un ohonyn nhw.

▲ Soffa Freud a chadair y dadansoddwr (Amgueddfa Freud, Llundain). Gorweddai'r claf ar y soffa gan wynebu i ffwrdd oddi wrth Freud i helpu'r claf i hoelio'i sylw arno/arni'i hun. Credai Freud fod hynny'n helpu'r cleifion i ymlacio ac i ymchwilio i'w meddyliau anymwybodol drwy ryddgysylltu.

Awgrym yr arholwr

Cofiwch gysylltu nodau'r therapi â thybiaethau'r ymagwedd.

GWAITH I CHI

Rhif 3.4

Tuedd llawer myfyriwr yw dibrisio seicoleg Freudaidd. Efallai y gall y gweithgaredd isod – **'Stori'ch Bywyd'** – helpu i'ch argyhoeddi.

Credai Freud fod gwneud synnwyr o'n gorffennol, a digwyddiadau'n plentyndod ni'n arbennig, yn ein helpu i ddatrys gwrthdrawiadau presennol ac agor rhagor o bosibiliadau i ni'n hunain yn y dyfodol. Ysgrifennwch stori fer amdanoch eich hun. Dylai'r stori'ch dangos chi yn y gorffennol, y presennol a'r dyfodol. Cewch chi gynnwys y manylion hyn:

- Golygfa o gam cynnar yn eich plentyndod.
- Golygfa ynghylch gwrthdaro yn eich bywyd presennol.
- Dychmygwch olygfa yn y dyfodol lle mae'r gwrthdaro wedi'i ddatrys ac elfennau o'r ddwy olygfa gyntaf hefyd yn bresennol.

Cewch chi gyflwyno golygfeydd y stori ym mha drefn a ddewiswch. Yna, gallech rannu'ch stori gyda myfyrwyr eraill ac ystyried yr hyn a ddysgoch chi o'r ymarfer.

Wnaethoch chi droi meddyliau a theimladau anymwybodol yn rhai ymwybodol? Ydych chi'n meddwl y gall hynny fod o gymorth? Os ydych chi, ym mha ffordd? Ydy'r dasg wedi newid eich barn chi am seicdreiddio?

RHYDDGYSYLLTU

Rhyddgysylltu yw un o'r technegau mwyaf pwysig a chanolog a ddefnyddir mewn seicdreiddio. Dyma'r therapi a ddatblygwyd gan Sigmund Freud i droi'r anymwybodol yn ymwybodol.

Atalnwyd a'r meddwl anymwybodol

Seilir seicdreiddio – fel therapi – ar y syniad nad yw unigolion yn ymwybodol o'r llu ffactorau sy'n achosi eu hymddygiad, eu hemosiynau ac iechyd cyffredinol eu meddwl. Bydd y ffactorau hynny'n gweithredu ar y lefel anymwybodol ac yn ganlyniad i atgofion sydd wedi'u **hatal** neu i wrthdrawiadau sydd heb eu datrys ers dyddiau plentyndod. Wrth seicdreiddio, bydd y therapydd yn ceisio olrhain y ffactorau anymwybodol hynny yn ôl i'w tarddiad, ac yna'n helpu'r unigolion i ddelio â nhw. Bydd y therapydd yn defnyddio amrywiaeth o dechnegau i ddadlennu'r deunydd sydd wedi'i atal ac yn helpu'r cleient i ddelio ag ef. Rhyddgysylltu yw un o'r technegau hynny (fel y mae dadansoddi breuddwydion, a drafodwyd ar y ddau dudalen blaenorol).

Defnyddio rhyddgysylltu

Mewn rhyddgysylltu, bydd y cleifion yn mynegi eu meddyliau yn union wrth iddyn nhw ddigwydd, hyd yn oed er y gall y meddyliau ymddangos yn ddibwys neu'n amherthnasol. Ddylai'r cleifion ddim sensro'u meddyliau mewn unrhyw ffordd. Credai Freud mai gwerth rhyddgysylltu oedd bod y cleifion yn gwneud y cysylltiadau wrth iddyn nhw fynegi eu meddyliau ac mai'r ffactorau anymwybodol y mae'r dadansoddi'n ceisio'u dadlennu sy'n penderfynu ar y cysylltiadau hynny. Mae'r drefn hon wedi'i chynllunio i amlygu meysydd lle ceir gwrthdaro, a dod â'r atgofion sydd wedi'u hatal i mewn i'r ymwybod. Bydd y therapydd yn helpu i ddehongli'r rheiny wrth y cleifion, a bydd y cleifion yn cywiro, yn gwrthod ac yn ychwanegu meddyliau a theimladau pellach.

Dehongliad y therapydd

Bydd therapyddion yn gwrando'n astud wrth i'w cleifion siarad, yn chwilio am gliwiau ac yn tynnu casgliadau cychwynnol ynghylch achos(ion) posibl y broblem. Ar y cychwyn, gall cleifion wrthod derbyn dehongliadau'r therapydd (e.e. drwy newid y pwnc i osgoi trafodaeth boenus) neu hyd yn oed **drosglwyddo**, sef ail-greu teimladau gwrthdrawiadau a'u trosglwyddo i'r therapydd (e.e. ymddwyn tuag at y therapydd fel petai *ef* neu *hi*, er enghraifft, oedd y rhiant roedden nhw'n ei (d)dirmygu).

Gweithio drwy'r broses

Nid ffurf fer ar therapi mo seicdreiddio (na rhyddgysylltu). Gyda'i gilydd, bydd cleifion a'u therapydd yn archwilio'r un materion dro ar ôl tro, weithiau am flynyddoedd, i geisio cael darlun cliriach o achosion ymddygiad niwrotig y cleifion.

Enghraifft o ryddgysylltu

Rwy'n meddwl am y cymylau bach ysgafn rwy'n eu gweld fel petai â'm llygaid fy hun. Maen nhw'n wyn ac fel perlau. Mae'r wybren yn llawn cymylau ond gallwch chi ddal i weld ambell ddarn o awyr las yma ac acw...

Bydd y cymylau'n newid eu siâp drwy'r amser, fel hylif, am eu bod yn ddafnau o ddŵr sydd wedi cyddwyso...

Rwy'n meddwl bod gen i obsesiwn, efallai, â'r dŵr hwnnw. Mae'r meddyg wedi sôn nad oes digon o ddŵr yn fy nghorff. Awgrymodd y dylwn i yfed dau neu dri litr o ddŵr bob dydd. Dŵr mwyn neu de!

Meddyliais fod cysylltiad rhwng fy angen i ychwanegu halen at fy mwyd a'm syched. Dyna fy nghorff wedi dod o hyd i esgus – bwyd hallt – i wneud i mi yfed rhagor o ddŵr. Mae gen i

ANNA O.

Un o gleifion cynnar Freud oedd Anna O. Dioddefai o barlys difrifol ar ei hochr dde yn ogystal â chyfog, a châi drafferth yfed. Drwy ddefnyddio techneg rhyddgysylltu, dangosodd Freud fod achos seicolegol i'w symptomau corfforol.

Yn ystod ei sesiynau therapiwtig gyda hi, daeth yn amlwg iddi ddatblygu ofn yfed am fod ci roedd hi'n ei gasáu wedi yfed o'i gwydryn hi. Deilliodd symptomau eraill ei pharlys o'r adeg y gofalai am ei thad, ac yntau'n sâl, am na allai hi fynegi ei gorbryder am ei salwch. Yn hytrach, mynegwyd ei gorbryder fel parlys corfforol.

Yn ystod y seicdreiddio, bu modd iddi ddeall yr ofn a deimlai ynghylch dŵr, a llwyddodd hefyd i fynegi ei theimladau o orbryder am ei thad. Gynted ag y cafodd hi gyfle i droi'r meddyliau anymwybodol hynny'n rhai ymwybodol, diflannodd ei hofnau a'i pharlys.

▲ Anna O. (ei henw go-iawn oedd Bertha Pappenheim).

Iachâd drwy ysgrifennu

Anna O. (gweler y blwch uchod) yw un o gleifion enwocaf Freud. Ei disgrifiad o ryddgysylltu oedd 'iachâd drwy siarad'. Defnyddiodd Freud ysgrifennu hefyd fel ffordd o fynegi rhyddgysylltu, ac awgrymodd fod cleifion yn cyflawni math o hunanddadansoddiad drwy ysgrifennu ar bapur beth bynnag a ddeuai i'w meddwl. Datblygwyd y dull ymhellach gan Pickworth Farrow (1942) am i'r dull, yn ei brofiad ef, fod yn ffordd effeithiol o'i ddadansoddi ei hun.

Tystiolaeth ymchwil

Cofnododd Pole a Jones (1998) dros 200 o sesiynau o seicdreiddio gydag un claf. Drwy gymharu cymhlethdod y rhyddgysylltiadau â'r symptomau a gâi'r claf, fe welson nhw fod y symptomau'n pylu pan geid cyfnodau o ryddgysylltu arbennig o gyfoethog. Awgrymai hynny fod rhyddgysylltu'n llesol.

Daw tystiolaeth arall o effeithiolrwydd rhyddgysylltu o adolygiadau o seicdreiddio yn gyffredinol. Dadansoddodd Bergin (1971) ddata hanes 10 000 o gleifion ac amcangyfrif i 80% ohonyn nhw elwa o seicdreiddio o'i gymharu â'r 65% a elwodd o ddilyn therapïau eclectig (therapïau a seiliwyd ar amryw o ymagweddau gwahanol). Daeth Bergin i'r casgliad fod hynny'n gefnogaeth gymedrol i seicdreiddio.

Tschuschke ac eraill (2007) a wnaeth un o'r astudiaethau mwyaf o driniaeth **seicodynamig** tymor-hir. Cynhwyswyd dros 450 o gleifion ynddi, ac fe ddangosodd mai po hwyaf fydd y triniaethau **seicotherapiwtig**, gorau yn y byd fydd y canlyniadau. Mae hynny'n cefnogi'r angen i gleifion gael therapi hirfaith.

Y tu hwnt i Freud

Nid techneg mewn seicdreiddio'n unig ydy rhyddgysylltu. Yn wir, mae ef wedi'i ddefnyddio y tu hwnt i'r cyd-destun therapiwtig. Awgrym Hollway a Jefferson (2000), er enghraifft, oedd ei ddefnyddio'n ddull o gasglu gwybodaeth oddi wrth gyfranwyr i ymchwil. Fe ddatblygon nhw'r '*dull naratif rhyddgysylltu o gyfweld*' sy'n arbennig o ddefnyddiol yn achos cyfweleion 'amddiffynedig', h.y. y rhai sy'n amharod i ddatgelu eu gwir feddyliau a theimladau. Mantais bellach i'r dull **ansoddol** hwnnw yw ei fod yn cydnabod y ddynameg anymwybodol rhwng y cyfwelydd a'r cyfwelai.

Treuliodd Lion Kimbro dri mis yn cofnodi pob un o'i feddyliau (a chyhoeddodd nhw i bawb eu darllen). Dywedodd mai'r canlyniad oedd eglurder anhygoel ynglŷn â'i farn a'i deimladau ac iddo newid fel dyn wrth wneud hynny. Gallwch chi ddarllen rhagor yn www.speakeasy.org/~lionl.

ALLWCH CHI...? | Rhif 3.4

1... Ddisgrifio nod rhyddgysylltu.

2... Disgrifio sut mae rhyddgysylltu'n fodd i'r meddwl anymwybodol ei ddatgelu ei hun.

3... Disgrifio rôl y therapydd mewn rhyddgysylltu.

4... Enwi a disgrifio **tair** nodwedd allweddol o ryddgysylltu.

5... Amlinellu **dau** o ddarganfyddiadau astudiaethau ymchwil a dweud pa gasgliad y gellir ei dynnu o bob un o'r astudiaethau hynny.

CWESTIWN ARHOLIAD

Disgrifiwch sut mae'r ymagwedd seicodynamig wedi cael ei chymhwyso mewn naill ai dadansoddi breuddwydion neu ryddgysylltu. [12]

Nodiadau *Yn yr arholiad, cewch gais i ddisgrifio un therapi. Byddwch chi wedi astudio cyfanswm o bedwar therapi (un am bob un o'r pedair ymagwedd). Bydd y cwestiwn yn werth 12 marc. I gael y 12 marc i gyd, dylai'ch ateb fodloni'r un meini prawf â'r rhai a restrwyd ar dudalen vii. Gallech chi gynnwys y canlynol mewn ateb ynghylch rhyddgysylltu.*

▶ *Amlinelliad byr o nodau rhyddgysylltu a sut mae'r rheiny'n cysylltu â thybiaethau'r ymagwedd seicodynamig.*

▶ *Enghreifftiau o'r ffordd o gynnal proses o ryddgysylltu.*

▶ *Darganfyddiadau ymchwil ynghylch rhyddgysylltu.*

▶ *Dylai'ch ateb fod yn rhyw 400-450 o eiriau o hyd.*

Awgrym yr arholwr

I gael y 12 marc i gyd, rhaid i'ch ateb ddarparu cysylltiad rhwng nodau rhyddgysylltu a phrif dybiaethau'r ymagwedd seicodynamig.

lawer o feddyliau am ymddangosiadau fy nghorff ac maen nhw fel petaen nhw'n rhesymegol ac yn ceisio sicrhau cydbwysedd mewnol. Mae gan bawb feddyg ynddo'i hun. Felly, pa angen meddyg y tu allan? Os gadewch chi'ch hunan i fod ar drugaredd eich tueddfryd rhydd heb unrhyw dybiaeth o gwbl, cewch chi'r reddf i wneud pethau a wnaiff eich synnu chi. Fe fyddan nhw, serch hynny, yn ddefnyddiol i'ch corff ac yn hwb i'ch iechyd a'ch hwyliau.

Darllenais yn rhywle y gallwch chi fod yn feddyg i chi'ch hun ... Mae pawb yn gallu bod yn feddyg iddo'i hun.

Trosiad o ddarn yn www.freudfile.org/psychoanalysis/free_associations.html.

Gwerthuso'r ymagwedd seicodynamig

Rydych chi wedi astudio dwy enghraifft o'r **ymagwedd seicodynamig** – un ddamcaniaeth (damcaniaeth Freud ynghylch datblygiad personoliaeth) ac un therapi (naill ai **dadansoddi breuddwydion** neu **ryddgysylltu**). Mae hi'n bryd i chi'n awr ddefnyddio'ch dealltwriaeth o'r ymagwedd seicodynamig i ystyried ei chryfderau a'i gwendidau. I'ch helpu chi, rydyn ni wedi darparu rhai enghreifftiau ychwanegol o'r ymagwedd seicodynamig.

⊕ Cryfderau'r ymagwedd seicodynamig

1. Natur a magwraeth

Un o gryfderau'r ymagwedd seicodynamig yw ei bod hi'n cymryd dwy ochr y **ddadl natur-a-magwraeth** i ystyriaeth. Honnai Freud fod personoliaeth oedolyn yn gynnyrch ysfeydd **cynhenid** (**natur**) a phrofiadau plentyndod (**magwraeth**). Ymhlith yr ysfeydd cynhenid mae strwythurau'r bersonoliaeth (yr id, yr ego a'r uwch-ego) yn ogystal â'r cyfnodau seicorywiol y bydd pob plentyn yn mynd drwyddyn nhw. Ym mhob un o'r cyfnodau hynny, gall rhwystredigaeth neu ormodedd esgor ar obsesiwn â'r cyfnod hwnnw ac â nodweddion rhagweladwy i bersonoliaeth yr oedolyn. Mae damcaniaeth Freud felly'n ystyried dylanwad natur (y pethau y cawn ni'n geni â nhw) a magwraeth (pethau sy'n datblygu drwy brofiad). Mae natur *ryngweithiadol* yr ymagwedd hon yn gryfder allweddol.

2. Defnyddioldeb

Mae'r ymagwedd seicodynamig wedi bod yn ddefnyddiol mewn sawl ffordd:

- Mae'n tynnu sylw at y ffaith fod plentyndod yn gyfnod hollbwysig yn ein datblygiad; bydd profiadau'n plentyndod ni'n ddylanwad mawr ar bwy ydyn ni a phwy fyddwn ni.
- Mae syniadau Freud wedi dylanwadu'n fawr ar y therapïau a ddefnyddir i drin anhwylderau meddwl. Freud oedd y cyntaf i sylweddoli bod modd defnyddio ffactorau seicolegol i esbonio symptomau corfforol fel y parlys. Mae **seicdreiddio** (y term cyffredinol am therapi sydd wedi'i ddatblygu ar sail yr ymagwedd hon) wedi'i ddefnyddio'n eang i helpu pobl i oresgyn problemau seicolegol. Ceir tystiolaeth ymchwil sy'n ategu hynny (gweler tudalennau 34-35 a 36-37).
- Ar y cyfan, mae hon yn ymagwedd ddefnyddiol wrth helpu i ddeall problemau iechyd meddwl, h.y. y gall trawma mewn plentyndod a/neu wrthdaro anymwybodol achosi problemau iechyd meddwl.

3. Mae'n adlewyrchu cymhlethdod ymddygiad pobl

Un o'r beirniadaethau cyffredin ar yr ymagweddau eraill yn yr uned hon yw bod yr esboniadau o ymddygiad yn rhai **lleihaol**. Mae esboniadau Freud ar y llaw arall yn adlewyrchu cymhlethdod ymddygiad a phrofiad pobl.

Mae modd gweld hynny yn y ffyrdd y mae'r ymagweddau gwahanol yn trin anhwylder meddwl. Er enghraifft, mae'r **ymagwedd ymddygiadol** yn cynnig bod modd ymadfer o anhwylder meddwl drwy ailddysgu, ac nad oes gofyn ystyried yr hyn a allai fod wedi achosi'r anhwylder yn y lle cyntaf. Problem yr ymagwedd honno yw y gall y symptomau gwreiddiol ymddangos eto am fod eu hunion achos wedi'i anwybyddu ('**amnewid symptomau**' yw'r enw ar hynny). Mae dull seicdreiddio Freud yn ceisio dadlennu ystyron dwfn ac yn cydnabod mai proses faith yw deall ymddygiad.

Mae'r materion a'r dadleuon a restrir yn y tabl ar y tudalen gyferbyn wedi'u hegluro yn rhagymadrodd y llyfr hwn (gweler tudalennau x–xi).

"AC YNA, YN LLE RHOI BWYD I MI, BYDDAI'N CANU CLOCH FACH."

www.cartoonstock.com

GWAITH I CHI

Cymharu a chyferbynnu

Rydych chi bellach wedi astudio tair ymagwedd – y rhai biolegol, ymddygiadol a seicodynamig. Gallwch chi'n awr gymharu a chyferbynnu'r tair ohonyn nhw.

1. Gwnewch gopi o'r tabl sydd ar y tudalen gyferbyn a llenwch y golofn dde (yr ymagwedd seicodynamig).
2. Edrychwch ar yr atebion a roesoch chi am yr **ymagwedd fiolegol** ar dudalen 11 (ym Mhennod 1), a chymharwch a chyferbynnwch nhw â'r rhai ar gyfer yr ymagwedd seicodynamig. Fe allech chi, er enghraifft, ystyried mater lleihadaeth a dweud bod yr ymagwedd fiolegol yn lleihaol ond nad ydy'r ymagwedd seicodynamig, mewn rhai ffyrdd, ddim yn lleihaol. Eglurwch y gwahaniaeth, ac yna gwnewch yr un peth ar gyfer cynifer o ddebygrwyddau a gwahaniaethau ag y gallwch chi.

1. Ymagwedd leihaol

Ar y tudalen gyferbyn, fe nodon ni un o gryfderau'r ymagwedd seicodynamig, sef ei bod hi'n adlewyrchu cymhlethdod ymddygiad a phrofiadau pobl. Ond mewn rhai ffyrdd gellir hefyd ystyried bod yr ymagwedd seicodynamig yn lleihaol. Gellir ei chyhuddo o 'leihadaeth fecanistig' am ei bod yn symleiddio ymddygiad cymhleth pobl i lefel mecanwaith y meddwl (h.y. i'r frwydr rhwng yr **id**, yr **ego** a'r **uwch-ego**) a phrofiadau cynnar plentyndod (y **cyfnodau seicorywiol**). Drwy wneud hynny, mae'n anwybyddu dylanwadau pwysig eraill ar ymddygiad – fel biocemeg a geneteg. Yn ystod y 1950au a'r 60au, er enghraifft, un o'r prif esboniadau o **awtistiaeth** oedd bod rhai mamau'n oeraidd iawn eu hagwedd at eu plant a bod awtistiaeth plant yn deillio o dynnu'n ôl oherwydd diffyg cariad. Roedd eglurhad seicodynamig o'r fath yn gorsymleiddio prosesau gwaelodol awtistiaeth. Gwendid yn yr ymagwedd honno mewn rhai ffyrdd, felly, yw ei bod hi'n lleihaol.

2. Ymagwedd benderfyniadol

I Freud, câi ymddygiad babanod ei benderfynu gan rymoedd cynhenid (y **libido**), a phrofiadau plentyndod a benderfynai ymddygiad oedolion. Mae'n dilyn o hynny nad oes gennym ni **ewyllys rydd** (dewis) o ran pwy fyddwn ni na sut y byddwn ni'n ymddwyn. Fe alwn ni hynny'n safbwynt **penderfyniadol** am ei fod yn credu bod ein personoliaeth wedi'i siapio (wedi'i rhagbenderfynu) gan rymoedd na allwn ni mo'u newid neu nad oes gennym ddewis yn eu cylch – fel pobl, does gennym ni ddim ewyllys rydd pan ddaw hi'n fater o'n personoliaeth a'n hymddygiad. Gwendid yw hyn am ein bod ni'n *gallu* newid ein ffordd o ymddwyn os dymunwn ni wneud hynny. Gall y safbwynt penderfyniadol hwnnw roi esgus credadwy i rai pobl dros ymddwyn yn afresymol ('*alla i byth â helpu'r hyn ydw i*') neu ymddwyn yn droseddol ('*nid arna i mae'r bai*'). Mae'n lled-awgrymu hefyd na ellir dal pobl yn gyfrifol am eu hymddygiad.

Awgrym yr arholwr

Mae ffordd arbennig o lunio atebion i gwestiynau 'cymharu a chyferbynnu' – cewch gyngor penodol ar dudalennau 60-61 ynghylch delio â'r cwestiynau hynny.

Rhif **3.5**

3. Gwnewch gam 2 eto, gan gymharu'r ymagweddau **ymddygiadol** (tudalen 25 ym Mhennod 2) a'r un seicodynamig.
4. Defnyddiwch y wybodaeth honno i lunio ateb i'r cwestiwn arholiad hwn:

   Cymharwch a chyferbynnwch yr ymagweddau ymddygiadol a seicodynamig o ran tebygrwyddau a gwahaniaethau. [12]

Materion a dadleuon	Yr ymagwedd seicodynamig
Nomothetig/idiograffig	
Natur/magwraeth	
Lleihadaeth/cyfaniaeth	
Penderfyniaeth/ewyllys rydd	
Gwyddonol/anwyddonol	
Y fethodoleg a ddefnyddir	
Unrhyw beth arall!	

3. Does dim posib profi ei bod hi'n anghywir

Y prif wrthwynebiad i ddamcaniaeth Freud yw ei bod hi'n anodd ei **ffugio**. Damcaniaeth dda yw un y mae modd rhoi prawf arni i weld a yw hi'n anghywir. Dadleuodd Popper (1935) mai ffugio yw'r unig ffordd o fod yn sicr; *'faint bynnag o arsylwi fydd ar elyrch gwyn, allwch chi ddim casglu bod pob alarch yn wyn, ond mae gweld un alarch du yn ddigon i wrthbrofi'r casgliad hwnnw'.* Hynny yw, allwch chi ddim profi bod damcaniaeth yn gywir – dim ond dangos ei bod hi'n anghywir.

Mae llawer o ragfynegiadau Freud yn nodedig o 'lithrig'. Does dim modd gwrthbrofi, er enghraifft, fod gan bob dyn dueddiadau gwrywgydiol sydd wedi'u hatal. Os dewch chi o hyd i ddynion sydd heb dueddol wrywgydiol sydd wedi'i hatal, gallwch chi ddadlau bod y tueddiadau hynny ganddyn nhw ond i'r rheiny gael eu hatal gymaint nes iddyn nhw beidio â bod yn amlwg. Mewn geiriau eraill, does dim modd profi bod y rhagfynegiad yn anghywir.

Ond er ei bod hi'n anodd llunio rhagdybiaethau profadwy ar sail damcaniaeth Freud ynghylch personoliaeth, dydy hi ddim yn amhosibl. Mae ymchwil, er enghraifft, wedi astudio'r berthynas rhwng euogrwydd a gwneud drygioni gan i Freud ragfynegi bod perthynas wrthdro rhyngddynt, a gwelodd MacKinnon (1938) fod tuedd i unigolion a dwyllodd wrth gyflawni tasg fynegi llai o euogrwydd pan holwyd nhw ynghylch bywyd yn gyffredinol na'r rhai a oedd heb dwyllo.

▶ *Gallai rhywun gredu bod pob alarch yn wyn, ac mae'r llun fel petai'n ategu'r rhagfynegiad hwnnw – ond nid yw'n profi bod hynny'n gywir. Yn wir, allwch chi ddim profi bod rhagdybiaeth yn gywir, dim ond yn anghywir (ei ffugio) drwy weld alarch du.*

ALLWCH CHI...?   Rhif **3.5**

1... Nodi **dau** o gryfderau'r ymagwedd seicodynamig.
2... Gwneud **tri** phwynt pendant i egluro'r naill gryfder a'r llall.
3... Nodi **dau** o wendidau'r ymagwedd seicodynamig.
4... Gwneud **tri** phwynt pendant i egluro'r naill wendid a'r llall.

CWESTIYNAU ARHOLIAD

Gwerthuswch ddau o gryfderau'r ymagwedd seicodynamig. [6]
Gwerthuswch ddau o wendidau'r ymagwedd seicodynamig. [6]

Nodiadau Yn yr arholiad, bydd gofyn i chi drafod **dau** o gryfderau a **dau** o wendidau **un** o'r pedair ymagwedd. Yn achos pob cryfder a gwendid, dylech chi wneud hyn:

▶ Nodi'r cryfder neu'r gwendid yn glir.
▶ Egluro'n drwyadl pam y mae'n gryfder neu'n wendid mewn perthynas â'r ymagwedd.
▶ Os yw'n briodol, defnyddio enghreifftiau sydd wedi'u tynnu o'r ddamcaniaeth/therapi i ddarlunio'ch ateb.
▶ Meddwl am bob cryfder/gwendid fel un sy'n werth tri marc (er nad felly y caiff ei farcio mewn gwirionedd).
▶ Ysgrifennwch ryw 50-60 o eiriau am bob cryfder/gwendid.

Y fethodoleg a ddefnyddir gan yr ymagwedd seicodynamig

Y pwnc olaf ynglŷn â'r **ymagwedd seicodynamig** yw ystyried y fethodoleg a ddefnyddir yn yr ymagwedd honno. Er ei bod hi'n amlwg bod ymchwilwyr yn defnyddio pob math o ddull a thechneg, rydyn ni wedi dewis dau ddull sy'n arbennig o gyffredin yn yr ymagwedd seicodynamig – **astudiaethau achos** a'r **cyfweliad clinigol**.

Trafodir astudiaethau achos yn gyffredinol ar dudalen 163.

1. Astudiaethau achos

Fel rheol, mae'r ymagwedd seicodynamig at astudio ymddygiad yn hoelio'i sylw ar yr unigolyn ac yn arsylwi 'achosion' penodol yn fanwl iawn. Yr enw cyffredinol ar hynny yw ymagwedd **idiograffig**. Gan fod yr ymagwedd idiograffig yn pwysleisio mor unigryw yw pob unigolyn, yr astudiaeth achos fyddai'r brif ffordd i seicolegydd seicodynamig astudio ymddygiad pobl. Ac am fod astudiaethau achos yn golygu astudio un person yn fanwl iawn, bydd hynny'n aml yn golygu treulio llawer o amser yn cyfweld ac yn arsylwi'r unigolyn hwnnw. Seiliodd Freud ei ddamcaniaeth ynghylch datblygiad personoliaeth ar sawl achos clinigol. Defnyddiodd ef achos Hans Bach, er enghraifft, i ddatblygu ei syniadau ynghylch gwrthdaro Oedipws (gweler tudalen 32 a'r blwch ar y dde).

Cryfderau

- Gellir sicrhau dirnadaeth go-iawn o ymddygiad am fod astudiaethau achos yn golygu treulio amser gyda'r unigolyn yn hytrach na chael dim ond cipolwg ar ei (h)ymddygiad – yr hyn a gaech chi mewn **arbrawf labordy**.
- Ceir data disgrifiadol ac **ansoddol**, a bydd hynny'n bwysig wrth geisio deall y rhesymau dros ymddygiad unigolyn. Efallai y byddwn ni mewn gwell sefyllfa i dynnu casgliadau dilys am ymddygiad os cymerwn ni'r amser i'w astudio'n fanwl.
- Bydd ymchwil idiograffig yn rhoi sylw i gyfanrwydd a natur unigryw'r unigolyn, a'i nod yw cyflwyno darlun cyflawn a manwl. Bydd hynny'n amhrisiadwy os y nodweddion unigryw hynny sy'n bwysig wrth ddeall pam y mae unigolyn yn ymddwyn fel y mae.

Gwendidau

- Am fod astudiaethau achos yn ymwneud ag unigolion, does dim modd eu cymhwyso'n gyffredinol at bobl eraill. Dydy canlyniadau astudiaeth ond yn ddilys o'u cymhwyso at yr achos hwnnw.
- Gan fod astudiaethau achos yn dibynnu ar ddadansoddi ansoddol yn hytrach na **meintiol**, y perygl yw i'r ymchwilydd ddehongli ymddygiad yn y ffordd y mae'n dymuno (mae'n **oddrychol**). Yr ymchwilwyr eu hunain sy'n penderfynu sut y maen nhw'n bwriadu dehongli'r hyn a arsylwant/glywant, yr hyn y maen nhw'n ei gynnwys yn eu disgrifiadau a'r hyn y byddan nhw'n ei hepgor. Peth hawdd, felly, yw dewis a dethol gwybodaeth i ategu'r ddamcaniaeth sy'n cael ei chynnig.
- Go brin bod yr unigolion a astudiwyd gan Freud yn sampl gynrychioliadol o'r boblogaeth. I raddau helaeth, roedden nhw'n fenywod dosbarth canol o Fienna ac yn dioddef o anhwylderau niwrotig byw mewn diwylliant rhywiol-ataliol yn y 19eg ganrif. Mae hynny'n codi materion rhywedd, **diwylliant** a thuedd hanesyddol.

ASTUDIAETH ACHOS HANS BACH

Mae'r astudiaeth achos o Hans Bach yn llenwi bron 150 o dudalennau gan i dad Hans gofnodi llawer o'i sgyrsiau â Hans yn fanwl. Er enghraifft:

Fi:	Fyddet ti'n aml yn mynd i'r gwely gyda Mami yn Gmunden?
Hans:	Byddwn.
Fi:	Ac a fyddet ti'n meddwl i ti dy hun mai ti oedd y Dadi?
Hans:	Byddwn.
Fi:	Ac yna byddet ti'n ofni Dadi?
Hans:	Rwyt ti'n gwybod popeth; wyddwn i ddim byd.
Fi:	Pa geirt (carts) rwyt ti'n dal i'w hofni?
Hans:	Pob un ohonyn nhw.
Fi:	Rwyt ti'n gwybod nad yw hynny'n wir.
Hans:	Dw i ddim yn ofni coets a phâr o geffylau na chabiau un ceffyl. Rwy'n ofni bysiau a cheirt bagiau pan fyddan nhw'n llwythog, ond nid pan fyddan nhw'n wag.

(Freud, 1909, tudalennau 90–91)

Er i'r sgyrsiau hynny amlygu, i dad Hans ac i Freud, ffyrdd mewnol meddwl Hans o weithio, efallai nad oedd geiriau Hans yn cynrychioli ei deimladau go-iawn. Yn sicr, mae'r darn uchod fel petai'n dangos bod tad Hans yn aml yn defnyddio '**cwestiynau arweiniol**' (cwestiynau a all 'awgrymu' ateb penodol gan yr ymatebydd – cewch wybod rhagor am gwestiynau arweiniol yn y disgrifiad o astudiaeth Loftus a Palmer ar dudalen 92). Mae hynny'n golygu y gall disgwyliadau tad Hans yn hawdd fod wedi dylanwadu ar atebion Hans.

Cynhwysodd yr astudiaeth achos fanylion eraill hefyd, fel y lluniad hwn gan Hans.

▲ Atgynhyrchiad o luniad Hans. Gofynnodd i'w dad ychwanegu'r pidyn ond dywedodd ei dad 'Tynna fe dy hun'.

Awgrym yr arholwr

Cofiwch ddefnyddio enghraifft o astudiaeth achos i ddangos i'r arholwr eich bod yn deall sut mae astudiaethau achos wedi'u defnyddio yn yr ymagwedd seicodynamig.

2. Cyfweliadau clinigol

Bydd seicdreiddio, sef yr enw cyffredinol ar therapïau seicodynamig, yn defnyddio llawer ar dechneg y cyfweliad clinigol, sef annog y cleient i sôn am ei (g)orffennol a'i (h)emosiynau. Fel rheol, does dim trefn bendant i gyfweliadau clinigol. Gall y therapydd gychwyn drwy ofyn rhai cwestiynau parod, ond wedyn bydd y cwestiynau'n dibynnu ar atebion y claf. Bydd y claf yn rhydd i sôn am unrhyw beth. Gall y therapydd lywio'r cyfweliad fel y gwêl yn dda a mynd ar drywydd unrhyw fater perthnasol sy'n codi. Defnyddiodd Freud dechneg y cyfweliad clinigol fel ffordd o wneud diagnosis o'i gleifion wrth **ddadansoddi breuddwydion** a gwneud gwaith **rhyddgysylltu**.

Cryfderau

- Gan fod cyfweliadau clinigol yn fodd i feithrin perthynas dda rhwng cleientiaid a therapyddion, bydd cleientiaid yn debycach o fod yn agored ac yn onest am eu hemosiynau.
- Bydd cyfweliadau clinigol yn fodd i'r therapydd astudio'r ymddygiad llafar a'r **ymddygiad dieiriau**, tôn y llais ac osgo'r corff.
- Fel gydag astudiaethau achos, bydd cyfweliadau clinigol yn fodd i gasglu cyfoeth o ddata ansoddol sy'n debycach o hwyluso deall y rhesymau dros ymddygiad yr unigolyn.

Gwendidau

- Yma eto, mae problem o ran y gallu i gymhwyso'n gyffredinol, ond mewn ffordd wahanol y tro hwn. Tuedd cyfweliadau clinigol yw esgor ar ddata ansoddol sy'n anodd eu crynhoi, ac mae'n anodd canfod unrhyw dueddiadau yn y data. Mae hynny'n ei gwneud hi'n anodd llunio cyffredinoliadau.
- Ceir perygl hefyd o oddrychedd a **thuedd y cyfwelydd**. Gall therapydd fod yn eithriadol o awyddus i lywio'r cyfweliad fel y 'gwêl yn dda' a dehongli atebion y cleient mewn ffordd sy'n ateg rhagdybiaeth benodol a all fod ganddo/ganddi.

▲ Mae'n debyg eich bod chi'n gyfarwydd iawn â'r cyfweliad clinigol. Pan ewch chi i weld eich meddyg, bydd ef/hi'n cychwyn drwy ofyn rhai cwestiynau cyffredinol fel 'Beth sy'n bod?' neu 'Ydy'ch tymheredd chi wedi bod yn uchel?'. Eich atebion i'r cwestiynau cychwynnol hynny fydd yn penderfynu pa gwestiynau y bydd yn eu gofyn wedyn.

Mewn rhywfaint o ymchwil seicolegol, bydd y cyfwelwyr yn defnyddio'r un dechneg. Bryd hynny, bydd y cyfwelydd yn rhydd i amrywio'r cwestiynau i gael cymaint o wybodaeth â phosibl gan y cyfweleion. Gelwir cyfweliadau o'r fath yn **'gyfweliadau distrwythur'** ac fe'u trafodir eto ar dudalennau 159-161.

GWAITH I CHI
Rhif **3.6**

Mynnwch gopi o astudiaeth achos Freud o Hans Bach (Freud, 1909, tudalennau 5-147). Neu efallai y gallech chi fwrw golwg ar rai o'i astudiaethau achos eraill. Ceir adroddiad ar Ddyn y Llygod Mawr yn yr un gyfrol â Hans Bach.
- Ewch drwy'r astudiaeth achos a chwiliwch am eich enghreifftiau'ch hun.
- Gwnewch nodiadau am y technegau a ddefnyddir mewn astudiaethau achos, a nodwch enghreifftiau, lle gallwch chi, o'r cryfderau a'r gwendidau.
- Gwnewch yr un peth ar gyfer cyfweliadau clinigol.

Gallwch chi wneud hyn ar eich pen eich hun neu mewn grwpiau. Dylech chi baratoi'r wybodaeth honno i'w chyflwyno'n ôl i'r grŵp, a llunio taflen gyffredinol am yr enghreifftiau rydych chi wedi'u nodi.

Awgrym yr arholwr

I sicrhau eich bod chi'n rhoi ateb trylwyr a pherthnasol i'r cwestiwn, bydd angen i chi gofio cynnwys enghreifftiau o'r ffyrdd o ddefnyddio'r fethodoleg benodol yn yr ymagwedd. Er enghraifft, wrth drafod defnyddio astudiaethau achos yn yr ymagwedd seicodynamig, gallech chi sôn am astudiaeth achos Freud o Hans Bach neu Anna O. Bydd hynny'n eich helpu chi i esbonio'r fethodoleg yn drylwyr ac yn gydlynol ac yn dangos i'r arholwr eich bod chi'n deall y fethodoleg a ddefnyddir yn yr ymagwedd benodol honno. Wnaiff atebion lle bydd yr ymgeisydd yn sôn mewn ffordd generig am ddulliau ymchwil penodol ddim cael credyd yn y ddau fand uchaf (gweler y cynlluniau marcio ar dudalen vii).

ALLWCH CHI...?
Rhif **3.6**

1... Enwi **dau** ddull y mae'r ymagwedd seicodynamig yn eu defnyddio, a disgrifio enghraifft o'r ffordd y defnyddiwyd y naill ddull a'r llall mewn astudiaeth ymchwil a ddefnyddiodd yr ymagwedd seicodynamig.

2... Yn achos pob dull unigol, amlinellu ac egluro **dau** gryfder a **dau** wendid defnyddio'r dull hwnnw yn yr astudiaeth y gwnaethoch chi ei disgrifio.

CWESTIWN ARHOLIAD

Eglurwch a **gwerthuswch** y fethodoleg sy'n cael ei defnyddio gan yr ymagwedd seicodynamig. [12]

Nodiadau *Yn yr arholiad, bydd gofyn i chi egluro a gwerthuso'r dulliau a ddefnyddir gan **un** o'r pedair ymagwedd.* **Mae'n hanfodol i chi egluro'n glir sut mae'r dulliau'n cysylltu â thybiaethau'r ymagwedd, h.y. eu bod yn amlwg berthnasol i'r ymagwedd.** *Dyma ganllaw cyffredinol o ran strwythuro'ch ateb:*

▶ *Eglurwch un dull a ddefnyddir gan yr ymagwedd (defnyddiwch enghreifftiau a fydd yn amlygu ei berthnasedd i'r ymagwedd).*

▶ *Gwerthuswch gryfderau a gwendidau'r dull hwnnw.*

▶ *Eglurwch ddull arall a ddefnyddir gan yr ymagwedd (defnyddiwch enghreifftiau a fydd unwaith eto'n amlygu ei berthnasedd).*

▶ *Gwerthuswch gryfderau a gwendidau'r dull arall.*

D.S. Mae band uchaf y cynllun marcio ar gyfer y cwestiwn hwn yn gofyn am: 'Egluro dulliau'n briodol ac yn glir... ac yn amlwg berthnasol i'r ymagwedd'.

Tybiaethau'r ymagwedd seicodynamig

Personoliaeth deiran
Yr id (egwyddor pleser), yr ego (egwyddor realiti), yr uwch-ego (cydwybod a'r hunan delfrydol).

Lefelau o ymwybyddiaeth
Y meddwl ymwybodol, rhagymwybodol ac anymwybodol. Mae'r anymwybodol yn gysylltiedig ag amddiffynfeydd yr ego, e.e. atchweliad, dadleoli, atalnwyd.

Plentyndod cynnar
Gan fod gorbryder yn effeithio'n fawr ar blant ifanc, bydd amddiffynfeydd yr ego yn gweithredu. Caiff y cyfnodau seicorywiol ddylanwad mawr.

Damcaniaeth Freud ynghylch datblygiad personoliaeth

Craidd y bersonoliaeth
Cryfder yr ego yn rheoli'r id, yr ego a'r uwch-ego.

Y cyfnodau seicorywiol
Cyfnodau'r genau, yr anws, y ffalig (gwrthdaro Oedipws neu eiddigedd pidyn), y cyfnod cudd, cyfnod yr organau cenhedlu.

Mathau o bersonoliaeth
Cymeriadau geneuol ymosodol neu dderbyniol, anws-ddargadwol neu anws-ymgarthol, ffalig a'r organau cenhedlu.

Amddiffyniadau'r ego
Gallan nhw arwain at anhwylderau meddwl.

Dadansoddi breuddwydion

Meddwl prif-broses
Mae breuddwydion yn fynegiant o feddyliau'r id (rhai afresymegol sy'n cael eu gyrru gan reddfau) sy'n annerbyniol i'r meddwl ymwybodol.

Cyflawni dyheadau
Mae breuddwydion yn gyflawniad anymwybodol o ddyheadau a gaiff eu gwadu gan y meddwl ymwybodol.

Gwaith breuddwydion
Trawsffurfir cynnwys cudd yn gynnwys amlwg drwy gywasgu, dadleoli, cynrychioli, symbolaeth ac ymhelaethu eilaidd.

Rhyddgysylltu

Atalnwyd
Caiff gwrthdrawiadau sydd heb eu datrys eu hatal a'u hanfon i'r meddwl anymwybodol, ond cânt ddylanwad negyddol a fydd yn arwain at ymddygiad anystywallt.

Rhyddgysylltu
Bydd y claf yn adrodd ei feddyliau/ei meddyliau wrth iddyn nhw ddigwydd; bydd meddyliau sydd heb eu sensro yn amlygu teimladau anymwybodol.

Dehongliad y therapydd
Bydd y therapydd yn tynnu casgliadau cychwynnol.

Mynd drwy'r broses
Bydd seicdreiddio'n cymryd blynyddoedd maith.

➕ Cryfderau a gwendidau'r ymagwedd seicodynamig ➖

Cryfderau
▶ Natur a magwraeth – ymagwedd ryngweithiadol.
▶ Ei defnyddioldeb – pwysleisio ar blentyndod, ei gwerth fel therapi ac eglurhad o ymddygiad.
▶ Mae'n adlewyrchu cymhlethdod ymddygiad pobl – bydd lleihadaeth (*reductionism*) yn rhwystro gwir ddealltwriaeth.

Gwendidau
▶ Mae'n lleihaol – symleiddir ymddygiad i fecaneg yr id, yr ego a'r uwch-ego a phwysigrwydd plentyndod.
▶ Mae'n benderfyniadol – penderfynir ar ymddygiad gan rymoedd cynhenid a phlentyndod.
▶ Ni ellir profi ei bod yn anghywir – dylai fod modd ffugio damcaniaeth 'dda'.

Methodoleg yr ymagwedd seicodynamig

Ymagwedd idiograffig sy'n astudio un achos yn fanwl.
▶ **Cryfderau**: gwir ddirnadaeth oherwydd treulio mwy o amser gyda'r cyfrannwr, data ansoddol cyfoethog, pwysleisir natur unigryw unigolion.
▶ **Gwendidau**: does dim modd ei chymhwyso'n gyffredinol, mae'r dehongliadau'n oddrychol a dydy'r sampl ddim yn gynrychioliadol.

Cyfweliad clinigol
Bydd y cyfwelydd yn gofyn cwestiynau penodedig i ddechrau ac yna'n holi yng ngoleuni ymateb y claf.
▶ **Cryfderau**: mae'n hwyluso perthynas y claf a'r cyfwelydd, gall y therapydd adnabod ymddygiad dieiriau, data ansoddol.
▶ **Gwendidau**: does dim modd ei chymhwyso'n gyffredinol am ei bod hi'n anodd crynhoi'r data ansoddol, a bydd tuedd y cyfwelydd yn arwain at ddarganfyddiadau goddrychol.

Gweithgareddau adolygu

Gallwch chi gymhwyso rhai o'r gweithgareddau adolygu a ddisgrifiwyd ar ddiwedd penodau 1 a 2 (gweler tudalennau 15 a 29) at gynnwys y bennod hon. Er enghraifft, gallech chi lunio mapiau meddwl neu gwestiynau amlddewis. Yn sicr, dylech chi restru'r geiriau allweddol yn y bennod hon unwaith eto a gwneud yn siŵr eich bod chi'n eu deall nhw.

Yr id, yr ego a'r uwch-ego

1. Mewn parau, penderfynwch ar yr hyn y byddai'ch id, eich ego a'ch uwch-ego yn dweud wrthych am ei wneud yn y sefyllfaoedd canlynol (neu gwnewch hyn fel chwarae rôl).

    a) Does gennych chi'r un geiniog ond fe ewch i'ch hoff siop ddillad beth bynnag, gweld dilledyn hyfryd a'i roi amdanoch. Fe sylwch chi nad oes tag ar yr eitem ac na welodd neb mohonoch chi'n mynd â hi i'r ystafell newid.

    b) Mae'ch ffrind gorau newydd wahanu oddi wrth ei gariad/ei chariad ac yn teimlo'n ddychrynllyd. Y broblem yw bod y cyn-gariad wedi gofyn i chi fynd allan ar ddêt ac rydych chi wedi'i hoffi'n ddistaw bach ers oesoedd.

    c) Yn eich prawf seicoleg, fe sylweddolwch eich bod wedi gadael rhai nodiadau adolygu yn y casyn pensiliau sydd gennych chi ar y ddesg o'ch blaen. Mae'ch athro/athrawes wrthi'n brysur yn marcio gwaith yn nhu blaen yr ystafell ddosbarth.

2. Lluniwch siart ac arno'r penawdau 'yr id', 'yr ego', 'yr uwch-ego' ac ewch ati mewn parau i osod yr ymadroddion canlynol o dan y penawdau priodol. Ceisiwch feddwl hefyd am rai ymadroddion drosoch chi'ch hun.
    * Mae'n mynnu cael pleser ar unwaith.
    * Ei swyddogaeth yw rheoli ysfeydd yr id, yn enwedig y rhai y mae cymdeithas yn eu gwahardd.
    * Mae'n ymwneud â dyfeisio strategaeth realistig i gael pleser.
    * Nid yw'n poeni ynghylch canlyniadau gweithred.
    * Gall gosbi'r ego drwy achosi teimladau o euogrwydd.
    * Mae'n gweithio allan ffyrdd realistig o fodloni gofynion yr id.
    * Mae'n datblygu er mwyn cyfryngu rhwng gofynion afrealistig yr id a'r uwch-ego.

Amddiffynfeydd yr ego

1. Penderfynwch pa fecanweithiau amddiffyn (atalnwyd, dadleoli, gwadu, alldaflu) sy'n cael eu defnyddio yn yr enghreifftiau isod:

    a) Mae Siwan yn teimlo awydd mawr i daro'i brawd bach digywilydd yn ei wyneb. Yn lle hynny, mae'n dyrnu ei chlustog.

    b) Gan fod Manon yn gwrthod derbyn nad oes ar ei chariad eisiau bod gyda hi ragor, mae hi'n dal i'w decstio.

    c) Bydd Aled yn cyhuddo'i gariad yn gyson o'i fradychu.

    d) Wrth siarad am ei theimladau mewn therapi, cofiodd Anwen yn sydyn i'w thad ei ladd ei hun pan oedd hi'n ferch.

2. Rhestrwch holl amddiffynfeydd yr ego y soniwyd amdanynt yn y bennod hon a meddyliwch am enghreifftiau o bob un ohonyn nhw.

Llenwi'r bylchau

Copïwch y testun isod a cheisiwch lenwi'r bylchau heb droi'n ôl yn y llyfr i weld faint rydych chi'n ei gofio.

> Un o dybiaethau'r ymagwedd seicodynamig yw bod pob plentyn yn symud drwy bum _____ _____ o ddatblygiad. Bydd yn symud drwyddyn nhw yn yr un _____. Enwau'r cyfnodau hynny yw'r cyfnod _____, cyfnod yr _____, y cyfnod _____, y cyfnod _____ a chyfnod yr _____ _____. Ym mhob cyfnod, bydd egni neu _____ y plentyn yn gysylltiedig â rhan o'r corff. Os bydd gwrthdaro'n digwydd yn ystod unrhyw gyfnod ac os na chaiff ei oresgyn neu os methir â delio ag ef, gall _____ ddigwydd, efallai oherwydd _____ neu _____ yn ystod cyfnod datblygu. Bydd hynny'n effeithio ar ein _____ yn ddiweddarach mewn bywyd. Un enghraifft o hynny yw'r cymeriad _____ _____. Fel rheol, bydd gan bobl o'r fath rai o'r nodweddion canlynol: _____, _____ a _____. Math arall o bersonoliaeth yw'r cymeriad _____ _____. Fel rheol, bydd gan bobl o'r fath rai o'r nodweddion hyn: _____, _____ a _____.

Cofiwch yr elfennau hyn

Efallai y gallan nhw'ch helpu chi i werthuso'r ymagwedd seicodynamig.
Natur a magwraeth
Defnyddiol
Lleihaol
Penderfyniadol

Lluniwch baragraff byr am bob un ohonyn nhw. Fel o'r blaen, ceisiwch wneud hynny'n gyntaf heb edrych ar eich nodiadau.

Llunio a marcio traethodau

Tasg 1 Llunio'ch traethawd

Mae'n bwysig iawn ymarfer llunio traethodau o fewn yr amser. Mae gennych ryw 15 munud i ateb cwestiwn 12-marc, a dylech chi ysgrifennu rhyw 400-450 o eiriau.

Yn aml, bydd gan fyfyrwyr syniad camarweiniol o'r hyn y gallan nhw ei wneud am fod ganddynt ddigon o amser, cyn yr arholiad, i lunio traethodau eithaf rhesymol, a byddan nhw hefyd yn defnyddio'u nodiadau. Lluniwch ateb i'r cwestiwn canlynol heb unrhyw nodiadau a chaniatewch ddim ond 15 munud i chi'ch hun.

Cymharwch a chyferbynnwch yr ymagweddau ymddygiadol a seicodynamig o ran tebygrwyddau a gwahaniaethau. [12]

D.S. Cyn i chi gychwyn, lluniwch gynllun byr iawn o'r pwyntiau allweddol a gaiff sylw – gallech chi ddefnyddio **ffrâm ysgrifennu** i nodi pob un o'ch pwyntiau allweddol. Ffrâm ysgrifennu yw tabl lle bydd pob bocs yn un elfen yn eich ateb. Er enghraifft, rhannwch eich tabl yn 3 colofn 5 rhes. Ym mocs 1 y rhes gyntaf nodwch eich pwynt, eglurwch hyn ym mocs 2 a rhowch enghraifft ohono ym mocs 3. Gwnewch hynny ar bob llinell. Rydych chi'n dilyn **rheol PEE** (pwyntio, egluro, esiampl).

Tasg 2 Marcio'ch traethawd

Ar ôl gorffen, dylech chi gyfnewid eich traethawd â rhywun arall er mwyn i chi farcio traethodau'ch gilydd. Cewch enghreifftiau o gynlluniau marcio ar dudalen vii.

Cofiwch na chewch chi farciau yn y traethawd hwn am ddeunydd disgrifiadol (AA1). Gofalwch beidio â rhoi marc os na chaiff yr ymagweddau ond eu disgrifio. Cewch roi marciau AA2 yn unig am chwilio am debygrwyddau a gwahaniaethau ac egluro pam mae'r ymagweddau'n debyg/yn wahanol.

Tasg 3 Gwella'ch traethawd

Dylech chi drafod gyda'ch partner marcio y marciau a roesoch i draethodau'ch gilydd, a mynd ati wedyn i wella'r ddau draethawd. Gallwch chi ddefnyddio'ch gwerslyfr neu'ch nodiadau dosbarth i wella'r traethodau. Am fod myfyrwyr yn aml yn cynnwys deunydd amherthnasol i lenwi traethawd, mae'n fwy na thebyg y gwelwch chi eich bod chi'n dileu llawn cymaint o ddeunydd ag y byddwch chi'n ei ychwanegu.

Cwestiynau arholiad enghreifftiol ac atebion myfyrwyr

Cewch chi sylwadau'r arholwr ar yr atebion hyn ar dudalen 175.

Cewch chi sylwadau'r arholwr ar yr atebion hyn ar dudalen 175.

> **Awgrym yr arholwr**
>
> Cofiwch y bydd cwestiwn 1(a) yn yr arholiad bob amser wedi'i baru ag 1(b), a fydd yn holi am y ddamcaniaeth sy'n gysylltiedig â'r ymagwedd honno ac yn werth 8 marc.

ENGHRAIFFT O GWESTIWN 1(a)

> **Amlinellwch** ddwy o dybiaethau'r ymagwedd seicodynamig. [4]

Ateb Megan

Mae'r ymagwedd seicodynamig yn dweud bod pethau sy'n digwydd i ni yn ystod ein plentyndod yn dylanwadu arnom, ac y byddan nhw'n effeithio arnon ni'n ddiweddarach mewn bywyd. Mae'r ymagwedd hefyd yn dweud bod 3 elfen i'n meddwl – yr id, yr ego a'r uwch-ego. Byddan nhw'n brwydro â'i gilydd yn gyson ac yn achosi gwrthdaro yn ein meddwl.

Ateb Tomos

Un o dybiaethau'r ymagwedd yw bod tair rhan i bersonoliaeth: yr id (sy'n mynnu cael pleser beth bynnag fydd y gost), yr uwch-ego (ein hymwybyddiaeth o'r hyn sy'n gywir ac yn anghywir, ein moesau) a'r ego (sydd mewn cysylltiad â realiti ac, i raddau helaeth, yn rhan o'r meddwl ymwybodol). Yn ei hanfod, bydd yr ego'n gweithredu fel canolwr rhwng yr id a'r uwch-ego am eu bod yn gwrthdaro ac y gall y naill fod yn dweud 'Mae arna i eisiau ei wneud/ ei gael yn syth' a'r llall yn dweud 'Elli di mo'i gael ar unwaith'.

Mae'r ymagwedd seicodynamig hefyd yn tybio bod yr ego, er mwyn ymdopi â gofynion yr id, yn defnyddio amddiffynfeydd o'r enw 'mecanweithiau amddiffyn' i'n rhwystro rhag teimlo'r gorbryderon a achosir gan y frwydr rhwng yr id a'r uwch-ego. Yr enw ar un enghraifft o fecanwaith amddiffyn yw dadleoli, sef cymryd ein teimladau ynghylch rhywun neu rywbeth a'u cyfeirio at ryw wrthrych arall (e.e. dyrnu'n clustog ni yn lle'n cariad am ein bod yn ddig wrtho/wrthi).

ENGHRAIFFT O GWESTIWN 2

> **Disgrifiwch** sut mae'r ymagwedd seicodynamig wedi cael ei chymhwyso mewn naill ai dadansoddi breuddwydion neu ryddgysylltu. [12]

Ateb Megan

Techneg a ddefnyddiwyd gan Freud i helpu i drin ei gleientiaid oedd rhyddgysylltu. Mae'n golygu bod y claf yn eistedd ar gadair esmwyth ac yn siarad yn agored am beth bynnag a ddaw i'w feddwl/i'w meddwl. Bydd y therapydd yn annog y cleient i fod mor agored a gonest â phosibl, waeth pa mor ddibwys neu bitw y gall eu meddyliau fod. Credai Freud fod gwneud hynny'n ffordd o ochrgamu'r ego gan fod hwnnw fel rheol yn sensro'r meddyliau bygythiol sy'n dod o'r meddwl anymwybodol.

Yn ystod y therapi, bydd y dadansoddwr fel arfer yn eistedd y tu ôl i'r claf, heb gyfathrebu ag ef neu hi ar lafar nac yn ddieiriau fel rheol, ond weithiau bydd angen iddo neu iddi ailadrodd yr hyn y mae'r cleient wedi'i ddweud i gael darlun clir ohono. Gall y claf osgoi sôn am bethau penodol neu newid y pwnc neu frasgamu dros bwnc os bydd yn codi. Enw Freud ar hynny oedd 'gwrthwynebedd' ac, am y gallai ddatgelu i'r cleient a'r therapydd beth allai'r problemau gwaelodol fod, credai ei fod yn elfen bwysig yn y therapi.

Pan fydd y therapydd yn trafod meddyliau'r cleient gyda'r cleient, gallai 'trosglwyddo' ddigwydd, sef bod y claf yn dadleoli ei deimladau/ei theimladau at y therapydd. Er enghraifft, gall ddigio mwy a mwy gyda'r therapydd os sylweddolir bod y claf yn ddig dros ben am y ffordd y bu i'w r(h)ieni ymddwyn tuag ato/ati pan oedd yn blentyn.

Ateb Tomos

Un o brif dybiaethau'r ymagwedd seicodynamig yw mai'r meddyliau a'r teimladau yn ein meddwl anymwybodol, gan mwyaf, sy'n gyrru'n hymddygiad ni. Nod unrhyw therapi sy'n seiliedig ar yr ymagwedd honno, felly, fyddai mynd at y meddwl anymwybodol a dod â'r teimladau hynny i'r meddwl ymwybodol er mwyn gallu rhoi sylw iddynt.

Un ffurf ar seicdreiddio yw dadansoddi breuddwydion. Credai Freud fod breuddwydion yn ffynhonnell bwysig o wybodaeth am ein personoliaeth ac mai hwy, yn eu hanfod, yw'r 'ffordd frenhinol i'r anymwybod'. I Freud, cynrychiolai breuddwydion ein dymuniadau a'n dyheadau gwaelodol (cyflawni dyheadau), a maen nhw'n dod i'r wyneb wrth i ni freuddwydio am mai dyna'r adeg yr oedd amddiffynfeydd ein ego ar eu hisaf, ac na fydden nhw felly'n sensro gwybodaeth bwysig. Ond, meddai Freud, cyflwynir y wybodaeth honno mewn breuddwyd ar ffurf gudd, o'r enw 'cynnwys amlwg', sef trywydd y stori yr ydych chi'n ei dwyn i gof. Yr enw ar wir ystyr y freuddwyd, sy'n debyg o fod wedi'i chuddio, yw'r cynnwys cudd. Y broses o 'waith breuddwydion' sy'n cuddio'r 'cynnwys cudd' ac yn fodd i'r freuddwyd fynd yn ei blaen a dilyn trywydd mwy derbyniol. Yn ystod gwaith breuddwydion, er enghraifft, gall dadleoli ddigwydd drwy i ni drosglwyddo'n gwir deimladau ynghylch rhywun i rywun neu rywbeth arall. Hefyd, bydd symboleiddio'n cuddio ystyr y freuddwyd, a gall gwrthrych mewn breuddwyd fod yn symbol o rywbeth arall. Mewn gwirionedd, er enghraifft, gall neidr gynrychioli pidyn neu fe all trên sy'n mynd drwy dwnnel gynrychioli cyfathrach rywiol.

Rôl y dadansoddwr breuddwydion yw datgodio'r cynnwys amlwg yn gynnwys cudd. Rhaid iddo/iddi wneud dim mwy nag awgrymu syniadau am ddehongliad wrth y claf, a gall hwnnw/honno'u derbyn neu wadu eu gwirionedd. Derbyniai Freud ei hun nad symbol oedd popeth mewn breuddwyd, a'i ddatganiad enwog oedd 'dydy sigâr weithiau'n ddim ond sigâr'. Er bod i rai symbolau ystyr gyffredinol, mae'n bwysig dehongli'r freuddwyd yng nghyd-destun bywyd cyfredol y claf.

Yn yr **ymagwedd wybyddol** (*cognitive approach*) pwysleisir sut mae meddwl yn siapio'n hymddygiad ni – yn groes i'r **ymagwedd ymddygiadol** lle câi'r cysyniad o'r meddwl ei alltudio o unrhyw eglurhad. Gan i'r ymagwedd wybyddol ddod i'r amlwg yn y 1950au ochr yn ochr â'r chwyldro mewn prosesu gwybodaeth/cyfrifiaduron, mae hi'n llawer mwy diweddar na'r rhai a astudiwyd hyd yn hyn. Bydd seicolegwyr gwybyddol yn egluro pob ymddygiad yn nhermau meddyliau, credoau ac agweddau ac yn astudio sut y bydd y rheiny'n cyfarwyddo'n hymddygiad, h.y. byddan nhw'n astudio prosesau *mewnol* y meddwl.

Tybiaeth 1 Gellir egluro ymddygiad drwy gyfeirio at brosesau'r meddwl

Yn ôl yr ymagwedd hon, prosesyddion gwybodaeth yw pobl yn eu hanfod, a bydd y prosesau gwybyddol hanfodol i gyd yn gweithio gyda'i gilydd i ni allu gwneud synnwyr o'r byd o'n hamgylch ac ymateb iddo. Ymhlith y prosesau gwybyddol sydd wedi'u hastudio fwyaf mae **canfyddiad**, sylw, cof ac iaith. Mae'r holl brosesau hynny'n perthnasu â'i gilydd ac yn gweithio gyda'i gilydd yn gyson i helpu unigolion i ddeall eu hamgylchedd. Gallwch chi weld sut mae'r prosesau hynny'n gweithio drwy ystyried y profiad o weld ci a gwybod mai ci sydd yno. Beth sy'n ein galluogi ni i wneud hynny? Rhaid i ni roi sylw iddo, sylwi ar ei nodweddion (e.e. pedair coes, cynffon, blew), chwilio drwy storfa'n cof i weld a yw'n cyd-fynd â **sgema** (adeiledd yn y meddwl sy'n cynrychioli agwedd ar y byd) sydd yno'n barod. I ni allu ei enwi, fe ddefnyddiwn ni'n gwybodaeth o iaith. Bydd prosesau'n meddwl ni'n gweithio gyda'i gilydd ar amrantiad i ni allu ymateb i'r byd o'n hamgylch. Enw arall ar hynny yw 'prosesu gwybodaeth'.

▲ Enghraifft o'r ymagwedd wybyddol, sef delio â phroblem drwy sôn amdani mewn ffordd wahanol, yw *Always Look on the Bright Side of Life*, y gân ar ddiwedd ffilm Monty Python, *The Life of Brian*.

Tybiaeth 2 Caiff y meddwl dynol ei gymharu â chyfrifiadur

Mae nosiwn y 'gyfatebiaeth â chyfrifiadur' wedi'i derbyn yn helaeth yn yr ymagwedd wybyddol gan i seicolegwyr gwybyddol gymharu'r meddwl dynol â chyfrifiadur yn aml. Mewn gair, byddan nhw'n cymharu sut y byddwn ni'n cymryd gwybodaeth i mewn (*mewnbynnu*), yn ei newid/ei storio (*prosesu*), ac yna'n ei dwyn i gof pan fydd angen (*allbynnu*). Yn ystod y cyfnod prosesu, fe ddefnyddiwn ni brosesau gwybyddol canfod, sylw, y cof ac ati. Caiff y meddwl ei gymharu, felly, â chaledwedd cyfrifiadur, a'r prosesau gwybyddol â meddalwedd cyfrifiadur.

Enghraifft o'r ymagwedd hon yw'r **model amlstorfa** (*multistore model*) o'r cof (Atkinson a Shiffrin, 1968). Yn y ddamcaniaeth honno, cynigiwyd bod gwybodaeth yn dod i mewn i'r ymennydd drwy'r synhwyrau (y llygaid, y clustiau, ac ati) ac yn symud i storfa'r cof tymor-byr (STM) ac yna i storfa'r cof tymor-hir (LTM). Bydd yn allbwn pan fydd gofyn iddi fod.

GWAITH I CHI

Rhif 4.1

Rhowch gynnig ar y gweithgarwch hwn. Dylai pob myfyriwr feddwl am air sy'n gysylltiedig â 'lladrad banc' a'i ysgrifennu ar nodyn Post-it. Yna rhowch y Post-it ar eich talcen a chwiliwch i weld a oes eraill yn y dosbarth sydd â'r un gair ar Post-it ar eu talcen.

Ystyriwch bob un o'r geiriau a ddewiswyd – y rheiny yw'n sgema ni o ladrad banc.

Yn y dyfodol, efallai y gwelwch chi y byddwch, wrth feddwl am ladrad o fanc, hefyd yn meddwl am y gair 'sgema' am fod hwnnw bellach wedi dod yn rhan o'ch sgema am ladrad banc!

ALLWCH CHI...?

Rhif 4.1

1... Egluro'r term 'sgemâu', gan ddefnyddio enghreifftiau.

2... Egluro ym mha ffordd y mae'r meddwl dynol yn debyg i gyfrifiadur (gallech chi ddefnyddio enghraifft y model amlstorfa o'r cof i'ch helpu i egluro).

3... Egluro sut y gellid ymchwilio i fodel yr amlstorfa yn wrthrychol a gwyddonol.

CWESTIWN ARHOLIAD

Amlinellwch ddwy o dybiaethau'r ymagwedd wybyddol. [4]

Nodiadau Yn yr arholiad, cewch gais i amlinellu *dwy* o dybiaethau *un* o'r pedair ymagwedd. Bydd y cwestiwn yn werth 4 marc. Dylech chi strwythuro'ch ateb fel hyn:

▶ Enwi un dybiaeth.

▶ Egluro / manylu ar y dybiaeth honno.

▶ Enwi tybiaeth arall.

▶ Egluro / manylu ar y dybiaeth honno.

Tybiaeth 3 Gan fod seicoleg yn wyddor, dylid astudio ymddygiad mewn ffordd wrthrychol a mesuradwy

Er bod seicolegwyr gwybyddol yn hoelio'u sylw ar brosesau mewnol ein meddwl, bydden nhw'n dal i ddadlau o blaid arddel ymagwedd wyddonol at astudio ymddygiad pobl, sef gwneud hynny o dan amodau rheoledig arbrofion labordy. Er na allwn ni weld prosesau gwybyddol yn digwydd yn y meddwl ac er na allwn ni, yn sicr, *fesur* y prosesu mewnol, gallwn ni fesur canlyniadau'r prosesau hynny'n wyddonol a goddrychol. Hynny yw, gellir cymryd bod yr hyn y mae pobl yn ei ddweud a sut y maen nhw'n ymateb yn fesurau dilys o'u prosesau meddwl. Er enghraifft, os hoffen ni gael gwybod am faint y cof tymor-byr o dan amodau rheoledig mewn labordy, gallwn ni ofyn i gyfranwyr ddwyn i gof gynifer o eiriau â phosibl o restr o eiriau. Yna, gallwn ni ddiddwytho maint y cof hwnnw o'u hymatebion. Rydyn ni felly wedi llunio tybiaeth am system y cof ar sail mesur ymatebion pobl i dasg.

Damcaniaeth priodoli

Ceir sawl damcaniaeth sy'n darlunio'r **ymagwedd wybyddol**, fel y **model camlstorfa** o'r cof y soniwyd amdano ar y tudalen blaenorol. Mae'r **ddamcaniaeth priodoli** yn enghraifft ragorol arall o'r ymagwedd wybyddol. **Priodoli** yw'r broses o egluro achosion ymddygiad. Pan edrychwn ni ar ymddygiad rhywun arall, fe feddyliwn ni'n anymwybodol am esboniadau o'u hymddygiad, h.y. byddwn ni'n *priodoli* achosion. Er enghraifft, os bydd ffrind yn prynu anrheg i chi, fe fyddwch chi'n dweud 'Dyna berson caredig!'. Rydych chi wedi egluro ymddygiad eich ffrind yn nhermau ei bersonoliaeth/ei phersonoliaeth. Yn y 1950au, tynnodd seicolegwyr gwybyddol ein sylw at y ffaith na fyddwn ni'n arsylwi nodweddion personoliaeth (fel caredigrwydd neu gybydd-dod), ond yn arsylwi *ymddygiadau* ac yn tynnu casgliadau o'r rheiny ynghylch nodweddion personol. Mae'n broses mor reddfol nes i ni wneud hynny hyd yn oed pan wyliwn ni ffilm o drionglau a chylchoedd (gweler isod)!

Gwneir priodoliadau ynghylch mwy nag ymddygiad pobl eraill, sef am ein hymddygiad ni ein hunain hefyd. Sut mae gwybod sut un ydych chi? Byddwch chi'n barnu'ch personoliaeth eich hun drwy arsylwi sut y byddwch chi'n ymddwyn.

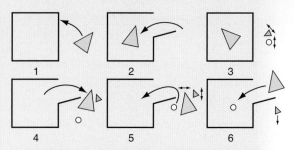

▲ Yn 1944, gwnaeth Fritz Heider a Marianne Simmel glasur o astudiaeth mewn seicoleg. Fe ddangoson nhw ffilm ddi-sain o ddau driongl (un mawr ac un bach) a chylch (gweler y diagram uchod) i grŵp o fwy na 100 o fenywod. Dwy funud a hanner oedd hyd y ffilm ac ynddi dangoswyd y trionglau a'r cylch yn symud yn erbyn ac o amgylch ei gilydd (gallwch chi weld y ffilm ar YouTube: www.youtube.com/watch?v=sZBKer6PMtM).

Gofynnwyd i un grŵp o'r cyfranwyr ysgrifennu dim ond disgrifiad o'r hyn a oedd wedi digwydd, ond gofynnwyd i grŵp arall ddehongli symudiadau'r ffigurau fel petaen nhw'n weithredoedd pobl. Er enghraifft, disgrifiodd y cyfranwyr y triongl fel un ymosodol, rhyfelgar, dig, twp, dwl, hyll, swil, slei a chroendenau (gwyliwch y ffilm ac fe welwch chi pam).

Mae hynny'n dangos pa mor barod yw pobl i briodoli nodweddion personoliaeth hyd yn oed i wrthrychau difywyd.

YN Y BYD GO-IAWN

Un o atyniadau'r ddamcaniaeth priodoli yw iddi esgor ar rai cymwysiadau difyr. Un o'r rheiny yw dull i drin methu cysgu. Yn aml, caiff dioddefwyr drafferth mynd i gysgu am iddyn nhw ddechrau disgwyl methu â mynd i gysgu. Felly, wrth fynd i'r gwely, bydd y ffaith eu bod nhw ar bigau'r drain yn eu rhwystro rhag cysgu. Eglurhad y ddamcaniaeth priodoli yw eu bod nhw wedi dysgu *priodoli* eu trafferthion i 'fethu cysgu'. Os oes modd eu hargyhoeddi mai rhywbeth arall yw gwraidd y drafferth, dylai hynny ddileu eu cambriodoliad.

Mewn un astudiaeth, rhoddwyd pilsen i ddioddefwyr gan ddweud y byddai'r bilsen yn eu cyffroi neu'n eu tawelu. Aeth y rhai a ddisgwyliai gael eu cyffroi i gysgu'n gynt am iddyn nhw briodoli eu cyffro i'r bilsen – ac ymlacio (Storms a Nisbett, 1970)!

Y DDAMCANIAETH PRIODOLI (*Attribution Theory*)

Y cyntaf i ddatblygu'r ddamcaniaeth priodoli oedd Fritz Heider yn y 1950au. Mae amryw o seicolegwyr, gan gynnwys Edward E. Jones a Harold Kelley, wedi cynnig damcaniaethau pellach.

Priodoliadau mewnol ac allanol

Gwreiddiau'r ddamcaniaeth priodoli yw astudiaeth ddifyr Heider a Simmel (1944, gweler ar y chwith). Arweiniodd hyn i Heider (1958) gynnig bod tuedd gref i bobl briodoli achosion i ymddygiad. Awgrymodd Heider fod pobl yn debyg i wyddonwyr amatur (neu 'naïf') ac yn ceisio deall ymddygiad pobl eraill drwy gyfuno pytiau o wybodaeth nes sicrhau esboniad rhesymol ohono. Daw'r esboniadau hynny o ddwy ffynhonnell.

- Y *person*: ffactorau mewnol neu ffactorau anianawd, fel nodweddion y person. Er enghraifft, gallen ni egluro ymddygiad swnllyd person yn nhermau ei bersonoliaeth/ei phersonoliaeth allblyg.
- Y *sefyllfa*: ffactorau allanol neu sefyllfaol, fel normau cymdeithasol neu lwc. Er enghraifft, gallen ni egluro ymddygiad swnllyd person yn nhermau'r amgylchedd swnllyd. Neu fe allen ni egluro canlyniad da mewn arholiad yn nhermau bod ag athro neu athrawes dda (**priodoliad sefyllfaol**) yn hytrach na gallu myfyriwr (sef **priodoliad anianawd**).

Awgrymodd Heider ei bod hi'n well gan bobl wneud priodoliadau anianawd. Gelwir hynny'n **gyfeiliornad priodoliad sylfaenol** (*fundamental attribution error*) (**FAE**), h.y. mae'n gamgymeriad sylfaenol y bydd pobl yn ei wneud. Er enghraifft, os bydd cynorthwyydd yn anghwrtais iawn wrth weini mewn siop, y duedd yw cymryd bod hynny'n rhan o natur y cynorthwyydd (eglurhad anianawd) yn hytrach na holi a yw'r cynorthwyydd wedi bod yn cael diwrnod gwael (esboniad sefyllfaol).

Fe wnaeth Ross ac eraill (1977) amlygu'r cyfeiliornad (*error*). Bu arsylwyr yn gwylio cystadleuwyr yn rhoi'r atebion mewn cwis, a gofynnwyd iddyn nhw farnu eu gallu. Er iddyn nhw wybod mai rhai o'r cystadleuwyr oedd wedi llunio'r cwestiynau (a dyna pam y gwnaethan nhw'n dda yn y cwis), roedden nhw'n dal i fod â barn uwch am y cystadleuwyr hynny.

Ond fydd y cyfeiliornad ddim yn digwydd ym mhob **diwylliant**. Mewn diwylliannau **cyfunolaidd**, tuedd pobl yw gwneud priodoliadau sefyllfaol, ond mewn cymdeithas **unigolyddol** bydd pobl yn ymboeni mwy am gymeriad yr unigolyn am fod diwylliannau unigolyddol (fel yr un yn yr Unol Daleithiau) yn pwysleisio hawliau a buddiannau'r unigolyn. Mewn diwylliant cyfunolaidd (*collectivist culture*), bydd unigolion yn rhannu tasgau, eiddo ac incwm.

GWAITH I CHI

Rhif 4.2

Dychmygwch fod un o'ch cyd-fyfyrwyr yn cerdded i mewn i'r dosbarth 10 munud yn hwyr un bore. Meddyliwch beth fyddai'ch ymateb cychwynnol ynghylch pam yr oedd yn hwyr. Cymharwch eich atebion ag atebion aelodau eraill o'ch dosbarth a rhestrwch nhw. Ewch ati mewn parau i benderfynu a yw pob un o'r rhesymau unigol hynny'n briodoliad mewnol neu allanol.

◀ Enghraifft o'r model cydamrywio. Dychmygwch eich bod chi yn y gwaith. Mae'ch rheolwr yn digio wrthych chi. Byddech chi'n gwneud priodoliad anianawd os bydd ef yn gweiddi arnoch chi'n aml (cysondeb uchel), ar weithwyr eraill weithiau (arbenigrwydd isel) ac nad oes neb arall yn gweiddi arnoch chi am waith gwael (consensws isel). Ond os na fydd yn gweiddi ar weithwyr eraill (arbenigrwydd uchel), gallai hynny'ch arwain chi i lunio priodoliad sefyllfaol – mai rhywbeth am eich ymddygiad chi sydd o'i le. Byddai hynny'n arbennig o debygol pe na bai'n gweiddi arnoch chi bron byth (cysondeb isel).

Y model cydamrywio (Covariation model)

Awgrymodd Kelley (1967) fod modd egluro priodoliadau yn nhermau cydamrywio. Y duedd yw i bethau sy'n cydamrywio, fel cymylau llwyd a glaw neu yfed a phen mawr, ddigwydd yr un pryd. Bydd eu cydamrywio'n ein harwain ni i ddisgwyl i'r naill achosi'r llall. Cynigiodd Kelley mai cydamrywiad tri ffactor neu dair echelin sy'n pennu priodoliadau.

- **Cysondeb** Ymddwyn yr un ffordd bob amser, sef i ba raddau y mae'r ymddygiad rhwng un person ac un ysgogiad yr un peth drwy'r amser. Er enghraifft, bydd Siôn bob amser yn chwerthin wrth glywed comedïwr penodol (cysondeb uchel) neu'n teimlo bod y comedïwr hwnnw'n ddoniol weithiau (cysondeb isel).
- **Arbenigrwydd** Ystyried i ba raddau y mae unrhyw ymddygiad yn unigryw, ac i ba raddau y mae un person yn ymddwyn yn yr un ffordd wrth wynebu ysgogiadau gwahanol. Er enghraifft, bydd Siôn yn chwerthin wrth wrando ar y comedïwr hwn yn unig (arbenigrwydd mawr) neu'n chwerthin wrth glywed y mwyafrif o gomedïwyr (arbenigrwydd isel).
- **Consensws** I ba raddau y ceir cytundeb ymhlith pobl eraill. Er enghraifft, bydd pawb yn chwerthin wrth glywed y comedïwr hwn (consensws uchel) neu rai pobl yn unig sy'n teimlo bod y comedïwr hwn yn ddoniol (consensws isel).

Bydd priodoliadau mewnol (anianawd) yn digwydd pan fydd cysondeb yn uchel ac arbenigrwydd a chonsensws yn isel. Gwneir priodoliadau allanol (sefyllfaol) pan fydd cysondeb yn isel, arbenigrwydd yn uchel a chonsensws yn isel neu bob un o'r tri'n uchel.

Ategwyd hynny gan astudiaeth McArthur (1972), a roddodd i gyfranwyr 12 o frawddegau a gynhwysai ddigwyddiadau. Cynhwyswyd gwybodaeth (uchel neu isel) am bob un o'r tair echelin. Priodolodd y cyfranwyr achosion mewnol neu allanol, fel y rhagwelwyd gan y model.

Un o'r beirniadaethau ar y model yw ei fod yn ymagwedd fecanistig iawn. Credai Kelley fod ymddygiad pobl gan amlaf yn gywir ac yn rhesymegol, ond gall hynny beidio â bod yn wir. Bydd pobl yn aml yn ymddwyn yn afresymegol.

Cyfeiliornadau (errors) a thueddiadau yn y broses briodoli

Mae'r cyfeiliornad priodoliad sylfaenol yn enghraifft o'r tueddiadau rhagweladwy y bydd pobl yn eu hamlygu wrth wneud priodoliadau, ac yn eu harwain i wneud cambriodoliadau. Mae sawl cyfeiliornad neu duedd arall yn y broses briodoli, a disgrifir dau ohonyn nhw isod.

Tuedd yr actor/arsylwr Mae'n well gennym ni egluro'n hymddygiad ein hunain (yr actor) yn nhermau sefyllfa, ac ymddygiad pobl eraill (y rhai rydyn ni'n eu harsylwi) yn nhermau anianawd. Gofynnodd Nisbett ac eraill (1973) i fyfyrwyr gynnig eglurhad ynghylch dewis cwrs astudio penodol ac i gysylltu hynny â hwy eu hunain a chyfaill. Gwnaethant briodoliadau sefyllfaol amdanynt eu hunain (e.e. yr hyn a oedd gan y cwrs i'w gynnig) ond priodoliadau anianawd ynglŷn â'r cyfaill.

Tuedd hunanlesol Fe gymerwn ni'r clod am ein llwyddiannau ond datgysylltwn ni'n hunain oddi wrth ein methiannau a rhoi'r bai ar ffactorau allanol. Bydd hynny'n gwarchod ein hunan-barch ac yn rhoi teimlad o reolaeth i ni. Trefnodd Jones ac eraill (1968) i gyfranwyr addysgu dau ddisgybl. Priodolodd yr 'athrawon' y gwelliant mewn perfformiad iddyn nhw eu hunain ond rhoeson nhw'r bai ar y disgyblion am fethu.

GWAITH I CHI
Rhif 4.3

Meddyliwch am eich enghreifftiau'ch hun o'r model cydamrywio. Ym mhob rhes yn y tabl isod, meddyliwch am enghraifft. Enghraifft bosibl ar gyfer rhes 5 fyddai: Bydd Aled weithiau'n prynu anrheg pen-blwydd i'w wraig (cysondeb isel). Fydd ef byth yn prynu anrheg i'w gyfeillion eraill (arbenigrwydd uchel), ac ni fydd dynion eraill fel rheol yn prynu anrhegion i'w gwragedd (consensws uchel).

Yna, edrychwch i weld a fyddai pobl eraill yn gwneud priodoliad mewnol neu allanol. Er enghraifft, ydy ymddygiad Aled yn deillio o'i anianawd (mae'n gybyddlyd) neu i'r sefyllfa (dydy ef ddim yn caru ei wraig)?

	Cysondeb	Arbenigrwydd	Consensws
1	Uchel	Uchel	Uchel
2	Uchel	Uchel	Isel
3	Uchel	Isel	Uchel
4	Uchel	Isel	Isel
5	Isel	Uchel	Uchel
6	Isel	Uchel	Isel
7	Isel	Isel	Uchel
8	Isel	Isel	Isel

ALLWCH CHI...?
Rhif 4.2

1... Ddisgrifio'r hyn a olygir gan y term 'priodoliad'.
2... Disgrifio'r gwahaniaeth rhwng priodoliadau 'mewnol' ac 'allanol'.
3... Llunio **tair** brawddeg am yr FAE.
4... Llunio **un** paragraff am fodel cydamrywiol Kelley.
5... Dewis **un** o dybiaethau'r ymagwedd wybyddol o dudalen 45 ac egluro sut mae honno'n perthnasu â'r ddamcaniaeth priodoli.

CWESTIWN ARHOLIAD

Disgrifiwch ddamcaniaeth priodoli. [8]

Nodiadau *Yn yr arholiad, cewch gais i ddisgrifio* ***un*** *o'r pedair damcaniaeth rydych chi wedi'u hastudio (mae damcaniaeth ar gyfer pob un o'r pedair ymagwedd). Bydd y cwestiwn yn werth 8 marc. I gael yr 8 marc i gyd, dylai'ch ateb:*

- ▶ *Fod yn gywir ac yn fanwl.*
- ▶ *Dangos tystiolaeth o ymhelaethu cydlynol, h.y. dylech chi egluro pob pwynt i ddangos eich dealltwriaeth.*
- ▶ *Amlygu dyfnder ac ystod o wybodaeth, ond nid i'r un graddau o reidrwydd. Hynny yw, gallwch chi fanylu cryn dipyn ar ambell bwynt (h.y. dyfnder) neu drafod nifer o bwyntiau yn llai manwl (ystod).*
- ▶ *Bod wedi'i strwythuro'n dda ac yn gydlynol.*
- ▶ *Bod yn gywir o ran gramadeg, atalnodi a sillafu.*
- ▶ *Bod tua 250-300 o eiriau.*

Therapi 1 Therapi ymddygiadol gwybyddol

Awgrym yr arholwr

Allwch chi gofio tybiaethau cyffredinol yr ymagwedd wybyddol? Bydd angen i chi gysylltu nodau'r therapi â thybiaethau'r ymagwedd gyfan.

Gan i ni ystyried un ddamcaniaeth sy'n darlunio'r **ymagwedd wybyddol**, fe edrychwn ni'n awr ar therapïau sydd wedi'u seilio arni. Ar y ddau dudalen hyn a'r ddau nesaf, fe astudiwn ni enghreifftiau o **therapi ymddygiadol gwybyddol (CBT)**. Bydd therapïau o'r fath yn cyfuno therapi gwybyddol â thechnegau ymddygiadol (sy'n gysylltiedig â'r **ymagwedd ymddygiadol**). Mae CBT yn golygu canfod *meddwl* camaddasol ac yna ddatblygu strategaethau ymdopi (h.y. newid *ymddygiadol*).

Ar y ddau dudalen hyn fe astudiwn ni CBT, gan gynnwys enghreifftiau penodol o therapi gwybyddol Beck a **hyfforddiant gwrthsefyll straen** (SIT) Meichenbaum. Ar y ddau nesaf, fe astudiwn ni enghraifft benodol arall o CBT – **therapi rhesymoli emosiwn** (RET) Ellis. Does ond gofyn i chi astudio'r ddau dudalen hyn (CBT a'r enghreifftiau) neu'r ddau nesaf (RET).

Efallai y gall ymddangos yn rhyfedd bod dwy ymagwedd mor wrthgyferbyniol (y rhai gwybyddol ac ymddygiadol) fel petaen nhw'n gweithio gyda'i gilydd. Bydd ymddygiadwyr yn gwrthod defnyddio unrhyw gysyniad meddyliol ond bydd seicolegwyr gwybyddol yn seilio'u hymagwedd i gyd ar egluro ymddygiad yn nhermau'r cysyniadau hynny. Yn y 1950au, daeth y ddau draddodiad hynny o hyd i beth tir cyffredin wrth ystyried trin anhwylderau meddwl. Bydd y therapïau gwybyddol ac ymddygiadol yn hoelio'u sylw ar y sefyllfa 'ar hyn o bryd' (o'u cymharu, er enghraifft, â'r ymagwedd seicodynamig sy'n ymwneud â datgelu dylanwadau o'r gorffennol).

Bydd therapïau gwybyddol ac ymddygiadol hefyd yn hoelio'u sylw'n fwy ar ddileu symptomau yn hytrach na cheisio dod o hyd i achosion gwreiddiol yr ymddygiad. Bydd rhai dulliau CBT yn fwy gwybyddol na dim arall, a bydd eraill yn gogwyddo mwy at yr ymddygiadol.

CYMWYSIADAU YN Y BYD GO-IAWN

Cyfaddefodd pêl-droediwr Lerpwl, Ryan Babel, ei fod ef bob amser wedi teimlo dan bwysau oddi wrth y dorf ac wedi cael trafferth pan droai cefnogwyr yn ei erbyn. Perthyn i'r gorffennol y mae hynny bellach, diolch i'r rheolwr Rafa Benitez. 'Cyngor Benitez i mi oedd y dylai'r enllibio fy ngwneud i'n gryfach, y mwyaf y byddai cefnogwyr y tîm arall yn rhegi arna i, mwya yn y byd roedden nhw'n fy ofni i.'

Heb yn bod iddyn nhw, bydd llawer o chwaraewyr yn ymateb i straen drwy feddwl meddyliau camaddasol sy'n tarfu llawer ar eu perfformiad. Ar ôl deall sut mae'r ffordd honno o feddwl yn eu cadw rhag cyflawni eu holl botensial, fe ddechreuan nhw ddatblygu strategaethau ymdopi newydd a all gael effaith arbennig o gadarnhaol ar eu perfformiad. Mae astudiaethau o effeithiau hyfforddiant gwrthsefyll straen (SIT, gweler y tudalen gyferbyn) ar berfformiad mewn chwaraeon wedi bod yn gadarnhaol iawn ar y cyfan. Mae SIT wedi'i gysylltu â gwella perfformiad wrth redeg traws gwlad a chwarae sboncen a phêl-fasged ac wedi bod yn arbennig o effeithiol wrth hybu perfformiadau gymnastwyr (Kerr a Leith, 1993). A barnu wrth berfformiadau Ryan Babel dros Lerpwl, mae'n gweithio'n eithaf da mewn pêl-droed hefyd!

THERAPI YMDDYGIADOL GWYBYDDOL (CBT)

Defnyddir CBT i drin amrywiaeth mawr o wahanol anhwylderau meddwl yn ogystal â phroblemau 'normal' fel cyfarwyddyd priodas ac i wella perfformiad mewn arholiadau. Mae'n therapi cost-effeithiol am ei fod yn un cymharol fyr (rhwng 16 a 20 o sesiynau fel rheol), ac yn boblogaidd am nad yw'n golygu chwilio am ystyron dwfn. Mae'n cynnwys yr ymagweddau gwybyddol ac ymddygiadol.

Yr ymagwedd wybyddol

Mae'r ymagwedd wybyddol yn credu mai'r dylanwad allweddol ar ymddygiad yw sut mae unigolyn yn *meddwl* am sefyllfa. Nod *therapi* gwybyddol, felly, yw newid meddyliau a chredoau dieisiau neu gamaddasol. Mae amrywiol seicolegwyr wedi defnyddio termau gwahanol am gamfeddwl o'r fath. Galwodd Beck (1976) nhw'n *'feddyliau awtomatig camweithredol'* a galwodd Ellis (1962) nhw'n *'dybiaethau afresymegol'* (gweler y ddau dudalen nesaf). Galwodd Meichenbaum (1977) gynhyrchion y camfeddwl hyn yn *'hunanddatganiadau gwrthgynhyrchiol'*.

Nod CBT yw adnabod a herio'r meddyliau negyddol hynny ac, yn eu lle, osod meddwl adeiladol a chadarnhaol a fydd yn arwain at ymddygiad iach. Er enghraifft, gall claf gredu bod pawb yn ei gasáu neu'n ei chasáu. Credu hynny (gwybyddiaeth) sy'n achosi ei broblemau/ei phroblemau. Os gellir newid y gred drwy ei herio (e.e. 'Ble mae'ch tystiolaeth chi?', 'Pam rydych chi'n poeni am hyn?'), bydd y broblem yn diflannu.

Bydd yr ymagwedd wybyddol yn ystyried *achosion* ymddygiad i ryw raddau – credir mai camfeddwl yw achos cychwynnol ymddygiad camaddasol (afiach). Ond fydd therapyddion gwybyddol, yn wahanol i seicdreiddiwr, ddim yn hoelio'u sylw ar ffynhonnell wreiddiol y tybiaethau afresymegol.

Yr ymagwedd ymddygiadol

Am mai cred yr ymagwedd ymddygiadol yw mai wedi'u dysgu y mae ymddygiadau annymunol, nod *therapi* ymddygiadol yw gwrthdroi'r broses ddysgu a chreu set newydd o ymddygiadau mwy dymunol. Ymhlith technegau therapiwtig ymddygiadol mae gwobrwyo ymddygiadau dymunol a defnyddio modelau i fodelu ymddygiadau dymunol.

Un o broblemau therapïau ymddygiadol yw eu bod yn adleoli ymddygiadau annymunol heb ystyried eu hachosion. Gall hynny olygu y daw ymddygiadau afiach pellach i'r golwg ('**amnewid symptomau**' yw'r enw ar hynny). Gall cyfuno therapïau ymddygiadol â rhai gwybyddol fod yn ffordd effeithiol o ddelio â phroblemau amnewid symptomau am fod therapïau gwybyddol yn taclo rhai agweddau ar achosiaeth.

Tystiolaeth ymchwil o blaid CBT

Ceir corff mawr o dystiolaeth sy'n awgrymu mai CBT yw'r therapi mwyaf effeithiol o'r cyfan. Yn ôl David ac Avellino (2003), gan CBT, ran amlaf, y mae'r gyfradd lwyddo uchaf o'r holl therapïau. Ond awgryma Wampold ac eraill (2002) mai rheswm posibl dros hynny yw y caiff triniaethau sydd heb fod yn rhai *bona fide* (h.y. y rhai heb fframwaith damcaniaethol) eu cynnwys yn y therapïau sy'n cael eu cymharu; o'u cau allan o'r dadansoddiad, dydy CBT ddim fel petai'n rhagori ar y therapïau eraill hynny. Ar y llaw arall, gall y diffyg llwyddiant ymddangosiadol ddeillio o'r ffaith fod effeithiolrwydd yn amrywio cryn dipyn mewn perthynas â chymhwysedd y therapydd. Daeth Kuyken a Tsivrikos (2009) i'r casgliad fod cymaint â 15% o'r amrywiadau yn y canlyniad i'w briodoli i gymhwysedd y therapydd.

DYMA'R YMCHWILWYR

Cafodd **Aaron Beck** ei hyfforddi'n seicdreiddiwr, ond wrth ymchwilio i gleifion ag iselder ysbryd, teimlodd nad oedd esboniadau seicodynamig yn ddigonol ac y gallai ef egluro profiadau ei gleifion yn well yn nhermau meddyliau negyddol. Teimlo hynny wnaeth iddo fod yn un o'r cyntaf i ddatblygu therapi gwybyddol. Ef bellach sy'n rhedeg y *Beck Institute for Cognitive Therapy and Research* yn Philadelphia, UDA, gyda'i ferch, Dr Judith Beck.

Pleidleisiodd clinigwyr yn yr Unol Daleithiau mai **Donald Meichenbaum** oedd 'un o 10 seicotherapydd mwyaf dylanwadol y ganrif'. Bu'n gweithio gyda dioddefwyr bom Oklahoma yn 1993, dioddefwyr Corwynt Katrina yn 2005, milwyr o Ganada a fu'n gwasanaethu yn Afghanistan, a phoblogaeth frodorol yr Inuit yng ngogledd Canada.

▲ Aaron Beck (1921–).

▲ Donald Meichenbaum (1940–).

Therapi gwybyddol Beck

Roedd Beck (1967) yn credu fod unigolion ag iselder ysbryd yn teimlo felly am fod tueddd i'w meddwl ddehongli'r byd mewn ffordd negyddol. Fe awgrymodd, er enghraifft, fod pobl ag iselder ysbryd wedi magu **sgema** negyddol (tuedd i fabwysiadu golwg negyddol ar y byd) drwy eu rhyngweithiadau â phobl eraill. Awgrymodd Beck fod ganddyn nhw driad (*triad*) *negyddol*, sef golwg besimistaidd arnyn nhw eu hunain, ar y byd (methu ag ymdopi â gofynion yr amgylchedd) ac ar y dyfodol. Yn ei therapi, argymhellodd Beck ddefnyddio amrywiol dechnegau, fel *dyddiadur camfeddyliau*, i herio'r triawd negyddol hwnnw.

Dyddiadur camfeddyliau (*disfunctional thought diary*) Fel 'gwaith cartref', gofynnir i gleientiaid gadw cofnod o'r digwyddiadau a wnaeth arwain at emosiynau annymunol. Yna, dylen nhw gofnodi'r meddyliau 'negyddol' awtomatig a gysylltwyd â'r digwyddiadau hynny a nodi faint roedden nhw'n credu yn y meddyliau hynny (ar raddfa o 1–100%). Yna, mae gofyn iddyn nhw lunio ymateb rhesymegol a nodi maint eu cred, unwaith eto ar ffurf canran, yn yr ymateb rhesymegol hwnnw. Yn olaf, dylai cleientiaid ail-nodi canran eu cred yn y meddyliau awtomatig.

Therapi yn ystod therapi Gall cleient ofidio ynghylch rhywbeth y mae ef/hi wedi'i glywed a thybio bod rhywun arall (person X) yn siarad amdano/amdani. Yn ystod CBT, addysgir y cleient i herio camfeddyliau awtomatig o'r fath drwy ei holi ei hun, er enghraifft: 'Pa dystiolaeth sydd bod X yn sôn amdana i? Beth yw'r peth gwaetha a allai ddigwydd petai X yn gwneud hynny?'. Drwy herio'r camfeddyliau hynny a gosod rhai mwy adeiladol yn eu lle, gall cleientiaid roi cynnig ar ffyrdd newydd o ymddwyn.

SIT Meichenbaum

Datblygodd Meichenbaum (1985) ddull ar CBT i ddelio â straen. Credai na allwn ni (fel rheol) newid *achosion* straen yn ein bywyd (e.e. mae swydd straenus yn dal i fod yn straenus), ond gallwn ni newid y ffordd y *meddyliwn* ni am y straenachoswyr. Gall meddwl yn negyddol (e.e. 'gan i mi fethu gwneud y gwaith mewn pryd, rhaid bod pobl yn meddwl fy mod i'n anobeithiol') arwain at ganlyniadau negyddol fel gorbryder, ond bydd meddwl yn gadarnhaol (e.e. 'iawn, methais wneud y gwaith mewn pryd ond bydd fy mhennaeth yn dal i fod wrth ei fodd/ei bodd â'r hyn rwy' wedi'i gyflawni') yn arwain at agweddau a theimladau mwy cadarnhaol.

Awgrymodd Meichenbaum y gallai pobl wrthsefyll straen yn yr un ffordd ag y gellid eu brechu rhag clefydau heintus fel y frech goch. Mae tri phrif gyfnod i'r broses honno.

1. **Y cyfnod cysyniadoli** Bydd y therapydd yn addysgu'r cleient i weld bygythiadau canfyddedig yn broblemau-i'w-datrys ac i ddatgymalu straenachosyddion cyffredinol yn gydrannau penodol y gellir ymdopi â nhw.
2. **Y cyfnod caffael sgiliau (a'u hymarfer)** Bydd hynny'n cynnwys meddwl yn gadarnhaol, ymlacio, arfer sgiliau cymdeithasol a defnyddio cymorth cymdeithasol yn ogystal â hunanddatganiadau ymdopi (gweler ar y dde). Mae'r sgiliau'n wybyddol am eu bod yn annog y cleient i feddwl mewn ffordd wahanol, ac yn ymddygiadol am eu bod yn golygu dysgu ymddygiadau mwy ymaddasol.
3. **Y cyfnod cymhwyso (a pharhau)** Caiff cleientiaid gyfle i gymhwyso'r sgiliau ymdopi y maen nhw newydd eu dysgu at wahanol sefyllfaoedd mwy a mwy straenus. Gellir defnyddio amrywiol dechnegau, fel modelu (gwylio rhywun arall yn ymdopi â straenachoswyr ac yna ddynwared yr ymddygiad hwnnw).

Awgrym yr arholwr

I gael y 12 marc, rhaid i'ch ateb ddangos cysylltiad rhwng nodau CBT a phrif dybiaethau'r ymagwedd wybyddol.

GWAITH I CHI   Rhif 4.4

Faint y mae credoau hunandrechol yn amharu ar eich bywyd chi? Rhowch gynnig ar ateb holiadur yn: www.rational.org.nz/public.htm. Gallwch chi gydberthnasu'ch sgôr ar hwnnw â rhyw fesur arall, fel hapusrwydd (lluniwch eich graddfa'ch hun neu chwiliwch am un ar y we).

ALLWCH CHI...?   Rhif 4.3

1... Amlinellu nodau CBT.
2... Egluro'r ymagwedd wybyddol at therapi.
3... Egluro'r ymagwedd ymddygiadol at therapi.
4... Dewis **dwy** neu **ragor** o'r technegau a ddefnyddir mewn CBT ac egluro pob un ohonyn nhw gan roi enghreifftiau.

CWESTIWN ARHOLIAD

Disgrifiwch sut mae'r ymagwedd wybyddol wedi cael ei chymhwyso at naill ai CBT neu RET. [12]

Nodiadau Yn yr arholiad, cewch gais i ddisgrifio *un* therapi. Byddwch chi wedi astudio cyfanswm o bedwar therapi (un am bob un o'r pedair ymagwedd). Bydd y cwestiwn yn werth 12 marc. I gael y 12 marc i gyd, dylai'ch ateb fodloni'r un meini prawf â'r rhai a restrwyd ar dudalen vii. Gallwch chi gynnwys y canlynol mewn ateb ynghylch CBT.

▶ Amlinelliad byr o nodau CBT a sut mae'r rheiny'n cysylltu â thybiaethau'r ymagwedd wybyddol.
▶ Eglurhad o gydrannau gwybyddol ac ymddygiadol CBT.
▶ Enghreifftiau o'r ffordd y mae CBT wedi'i ddefnyddio.
▶ Darganfyddiadau'r ymchwil i CBT.
▶ Dylai'ch ateb fod yn rhyw 400-450 o eiriau o hyd.

Enghreifftiau o hunanddatganiadau ymdopi SIT

- I'ch helpu i baratoi ar gyfer sefyllfa straenus, gallech chi ddweud: 'Gelli di ddatblygu cynllun a delio â hi'.
- Wrth wynebu a thrin sefyllfa straenus, gallech chi ddweud wrthych chi'ch hun: 'Ymlacia, ti sy'n rheoli'r sefyllfa. Anadla gan bwyll.'
- Enghraifft o hunanddatganiad atgyfnerthu fyddai: 'Doedd hynny ddim cynddrwg â'r disgwyl'.

Therapi 2 Therapi rhesymoli emosiwn

Ffurf ar **therapi ymddygiadol gwybyddol (CBT)** yw **therapi rhesymoli emosiwn (RET)**. Prif ganolbwynt yr ymagwedd hon at driniaeth yw awgrymu newid ffyrdd o feddwl er mwyn newid ymddygiad a lleddfu neu wella'r symptomau. Nod y therapi yw newid y patrymau afresymegol o feddwl sy'n achosi gofid emosiynol a'u troi'n feddyliau mwy rhesymol a rhesymegol. Fydd CBT ddim yn canolbwyntio'n llwyr ar feddwl (y gydran **wybyddol**): bydd hefyd yn cwmpasu'r **ymagwedd ymddygiadol** sy'n credu mai wedi'u dysgu y mae ymddygiadau annymunol. Nod therapi ymddygiadol yw gwrthdroi'r broses ddysgu a chreu set newydd o ymddygiadau mwy dymunol.

Ar y ddau dudalen blaenorol, fe astudion ni CBT (gan gynnwys therapïau Beck a Meichenbaum). Y dewis arall yw astudio therapi RET Ellis. Does ond gofyn i chi astudio un ohonyn nhw, a rhaid i chi beidio â drysu rhwng CBT ac RET wrth ateb cwestiwn arholiad.

Ar y ddau dudalen blaenorol, cyflwynwyd disgrifiad cyffredinol o CBT ac fe all fod yn werth ei ddarllen i gynyddu'ch dealltwriaeth o'r hanfodion.

> **Awgrym yr arholwr**
>
> *Allwch chi gofio tybiaethau cyffredinol yr ymagwedd wybyddol? Bydd angen i chi gysylltu nodau'r therapi â thybiaethau'r ymagwedd gyfan.*

▲ 'Gwyn y gwêl y frân ei chyw'. Dyna grynhoi'r ymagwedd wybyddol – does dim 'realiti', a'r hyn sy'n bwysig yw'r ffordd rydych chi'n meddwl am realiti.

GWAITH I CHI
Rhif 4.5

1. Meddyliwch am sefyllfa lle rydych chi'n teimlo'n rhwystredig neu'n anhapus.
2. Enwch y *digwyddiad sy'n ei hachosi*, y *meddyliau hunandrechol*, a *chanlyniadau* y meddwl afresymegol hwnnw.
3. Sut y gellid defnyddio RET (gweler isod) i newid y meddwl afresymegol hwnnw a sicrhau canlyniadau mwy cynhyrchiol i chi?

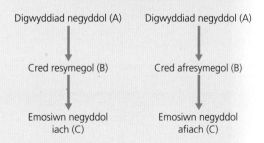

▲ Cawn brofiad o ddigwyddiadau negyddol drwy'r amser, fel cael gradd isel am draethawd neu weld ffilm drist. Fydd digwyddiadau negyddol o'r fath ddim yn esgor ar emosiynau negyddol ond os dilynir hwy gan gred afresymegol yn hytrach nag un resymegol.

THERAPI RHESYMOLI EMOSIWN (RET)

Yn y 1950au, Albert Ellis oedd un o'r seicolegwyr cyntaf i ddatblygu ffurf ar CBT. Fe'i galwodd yn 'therapi *rhesymegol*' i danlinellu bod problemau seicolegol, yn ei farn ef, yn deillio o feddwl yn afresymegol – bydd unigolion yn aml yn datblygu arferion hunandrechol oherwydd credoau diffygiol amdanyn nhw'u hunain a'r byd o'u hamgylch. Nod y therapi yw troi'r meddyliau *afresymegol* hynny'n rhai rhesymegol. Dyna pam y'i galwyd yn 'therapi *rhesymegol*' i ddechrau. Mae cred resymegol yn hyblyg, yn realistig a heb fod yn gofyn llawer ond mae cred afresymegol yn haearnaidd, yn afrealistig ac yn gofyn llawer iawn.

Ailenwodd Ellis ei therapi yn 'therapi rhesymoli *emosiwn*' (RET) am fod y therapi'n hoelio sylw ar ddatrys problemau emosiynol ac, yn ddiweddarach byth, fe'i hailenwodd yn '**therapi ymddygiad rhesymoli emosiwn**' (**REBT**) am fod y therapi hefyd yn datrys problemau ymddygiadol.

Meddwl yn rhaidweithiol

Ffynhonnell cred afresymegol yw meddwl yn rhaidweithiol – meddwl bod *rhaid* i rai syniadau neu dybiaethau penodol fod yn wir er mwyn i unigolyn fod yn hapus. Nododd Ellis y tair cred afresymegol bwysicaf.

- *Rhaid i mi* gael fy nghymeradwyo neu fy nerbyn gan y bobl sy'n bwysig i mi.
- *Rhaid i mi* wneud yn dda neu'n dda iawn, neu rwy'n ddiwerth.
- *Rhaid* i'r byd roi hapusrwydd i mi, neu fe fydda i'n marw.

Ymhlith tybiaethau afresymegol eraill mae:

- *Rhaid* i bobl eraill fy nhrin i'n deg a rhoi i mi'r hyn y mae arna i ei angen, neu maen nhw'n hollol bwdr.
- *Rhaid* i bobl fodloni fy nisgwyliadau neu mae hyn yn ofnadwy!

Mae unigolion sy'n arddel tybiaethau o'r fath yn debygol o fod yn siomedig o leiaf ac, ar ei waethaf, yn isel eu hysbryd. Bydd unigolion sy'n methu arholiad yn mynd yn isel eu hysbryd nid am iddyn nhw fethu'r arholiad ond am fod ganddyn nhw gred afresymegol ynglŷn â'r methiant hwnnw (e.e. 'Os metha i, bydd pobl yn meddwl 'mod i'n dwp'). Mae angen herio'r 'rhaid' hwnnw i sicrhau iechyd meddwl da.

Model ABC (Activating event, Belief, Consequences)

Cynigiodd Ellis (1957) mai'r ffordd i ymdrin â meddyliau afresymegol oedd defnyddio'r model ABC i'w hadnabod. (A) yw'r digwyddiad cychwynnol – y sefyllfa sy'n esgor ar deimlo rhwystredigaeth a gorbryder. Gan fod y digwyddiadau hynny'n rhai go-iawn, byddan nhw wedi achosi gofid neu boen wirioneddol. Gallan nhw esgor ar gredoau afresymegol (B) a fydd yn arwain at ganlyniadau hunandrechol (C). Er enghraifft:

- A (digwyddiad cychwynnol) → cyfaill yn eich anwybyddu chi ar y stryd
- B (cred) → rhaid ei fod wedi penderfynu nad yw'n eich hoffi chi; does neb yn eich hoffi chi ac rydych chi'n ddiwerth
- C (canlyniadau) → osgoi sefyllfaoedd cymdeithasol yn y dyfodol

DYMA'R YMCHWILYDD

Tan ei farw yn 93 oed yn 2007, cynhaliodd **Albert Ellis** gyfarfodydd agored i gynulleidfaoedd i arddangos ei ymagwedd ABC. Bob nos Wener, cynhaliai sesiynau bywiog gyda gwirfoddolwyr o'r gynulleidfa yn Sefydliad Albert Ellis yn Efrog Newydd am ddim ond $5.00, gan gynnwys teisennau a choffi!

Fel llawer seicolegydd, ymddiddorodd Ellis mewn maes ymddygiad a oedd yn her iddo ef ei hun. Parodd ei brofiad ei hun o anhapusrwydd (er enghraifft, fe ysgarodd ei rieni pan oedd ef yn 12 oed) iddo ddatblygu ffyrdd i helpu eraill. Er iddo gael ei hyfforddi'n seicdreiddiwr i gychwyn, fe gollodd ei ffydd yn ymagwedd Freud o dipyn i beth a dechrau datblygu ei ddulliau ei hun. Mewn hanner canrif fe ysgrifennodd 54 o lyfrau a chyhoeddi 600 o erthyglau ar RET/REBT, yn ogystal â chyngor ynghylch perthnasoedd rhywiol da a phriodasau da.

▲ Albert Ellis (1913–2007).

WWW Cynhyrchwyd ffilm o Albert Ellis yn holi cleient o'r enw Gloria. Gallwch ei gweld mewn pedair rhan ar YouTube (chwiliwch YouTube am 'Albert Ellis Gloria'). Mae'n cynnig sawl cipolwg defnyddiol ar broses RET.

ABCDE – ychwanegwyd 'disputing' ac 'effects'

Estynnwyd y model ABC i gynnwys D ac E – anghytuno â chredoau ac effeithiau'r anghytuno hwnnw. Y pwynt allweddol i'w gofio yw nad y digwyddiadau cychwynnol sy'n arwain at ganlyniadau anghynhyrchiol ond y *credoau* sy'n arwain at y canlyniadau hunandrechol. Bydd RET felly'n canolbwyntio ar herio neu anghytuno â'r credoau a gosod credoau effeithiol a rhesymegol yn eu lle. Er enghraifft:

- **Anghytuno rhesymegol** Fydd credoau hunandrechol ddim yn dilyn yn rhesymegol o'r wybodaeth sydd ar gael (e.e. 'ydy meddwl fel hyn yn gwneud synnwyr?').
- **Anghytuno empirig** Gall credoau hunandrechol beidio â bod yn gyson â realiti (e.e. 'ble mae'r prawf bod y gred honno'n gywir?').
- **Anghytuno pragmatig** Bydd hwn yn pwysleisio diffyg defnyddioldeb credoau hunandrechol (e.e. 'sut mae'r gred hon yn debyg o'm helpu i?').

Effaith yr anghytuno yw troi credoau hunandrechol yn rhai mwy rhesymegol. Gall yr unigolyn symud o *drychinebu* ('fydd neb byth yn fy hoffi i') i ddehongliadau mwy rhesymegol o ddigwyddiadau ('mae'n fwy na thebyg bod meddwl fy nghyfaill ar rywbeth arall ac na wnaeth e hyd yn oed mo 'ngweld i'). Bydd hynny yn ei dro'n helpu'r cleient i deimlo'n well ac, yn y pen draw, i dderbyn rhagor arno/arni'i hun.

Parch cadarnhaol diamod

Yn raddol, sylweddolodd Ellis (1994) mai elfen bwysig mewn therapi llwyddiannus oedd argyhoeddi'r cleient o'i (g)werth fel bod dynol. Os bydd y cleient yn teimlo'n ddiwerth, bydd yn llai parod i ystyried newid ei gredoau/ ei chredoau a'i (h)ymddygiad. Ond os bydd y therapydd yn cynnig parch a gwerthfawrogiad beth bynnag y bydd y cleient yn ei wneud a'i ddweud (h.y. **parch cadarnhaol diamod**), bydd hynny'n hwyluso newid yng nghredoau ac agweddau'r cleient.

Tystiolaeth ymchwil

Ar y cyfan, mae RET wedi gwneud yn dda mewn astudiaethau o ganlyniadau (h.y. astudiaethau sydd wedi'u cynllunio i fesur canlyniad triniaeth). Mewn **metaddadansoddiad**, er enghraifft, daeth Engels ac eraill (1993) i'r casgliad bod RET yn driniaeth effeithiol ar gyfer amryw o wahanol fathau o anhwylder.

Honnodd Ellis (1957) iddo gael cyfradd lwyddo o 90% a chymryd 27 o sesiynau, ar gyfartaledd, i gwblhau'r gwaith. Ond cydnabu nad oedd y therapi bob amser yn effeithiol, ac awgrymodd mai rheswm posibl oedd i rai cleifion beidio â rhoi eu credoau diwygiedig ar waith (Ellis, 2001). Eglurhad posibl arall, meddai, oedd diffyg addasrwydd y therapi am nad oes rhai pobl angen y math uniongyrchol o gyngor y mae tuedd i ymarferwyr RET ei roi. Gwell ganddyn nhw rannu eu gofidiau â therapydd heb ymroi i'r ymdrech wybyddol sy'n gysylltiedig ag adferiad (Ellis, 2001).

Awgrym yr arholwr

I gael y 12 marc i gyd, rhaid i'ch ateb ddarparu cysylltiad rhwng nodau RET a phrif dybiaethau'r ymagwedd wybyddol.

Enghreifftiau o anghytuno â chredoau afresymegol

- 'Pam y mae'n rhaid *i mi wneud yn dda iawn?*'
- 'Ble mae hi'n dweud ar bapur 'mod i'n berson **drwg**?'
- 'Ble mae'r dystiolaeth bod rhaid i mi gael fy nghymeradwyo neu fy nerbyn?'

Enghreifftiau o gyfnewid am gredoau rhesymegol effeithiol

- 'Mae'n well gen i wneud yn dda ond does dim rhaid i mi wneud hynny.'
- 'Er i mi wneud rhywbeth gwael, dydw i ddim yn **berson drwg**.'
- 'Does dim tystiolaeth bod rhaid *i mi gael fy nghymeradwyo* er yr **hoffwn i** gael fy nghymeradwyo.'

ALLWCH CHI...? — Rhif **4.4**

1... Amlinellu nodau RET.

2... Egluro elfennau gwybyddol ac ymddygiadol RET.

3... Dewis **dwy** neu **ragor** o'r technegau a ddefnyddir mewn RET ac egluro pob un ohonyn nhw gan roi enghreifftiau.

4... Amlinellu **dau** o ddarganfyddiadau astudiaethau ymchwil a dweud pa gasgliad y gellir ei dynnu o bob un o'r astudiaethau hynny.

CWESTIWN ARHOLIAD

Disgrifiwch sut mae'r ymagwedd wybyddol wedi cael ei chymhwyso mewn naill ai CBT neu RET. [12]

Nodiadau Yn yr arholiad, cewch gais i ddisgrifio *un* therapi. Byddwch chi wedi astudio cyfanswm o bedwar therapi (un am bob un o'r pedair ymagwedd). Bydd y cwestiwn yn werth 12 marc. I gael y 12 marc i gyd, dylai'ch ateb fodloni'r un meini prawf â'r rhai a restrwyd ar dudalen vii. Gallwch chi gynnwys y canlynol mewn ateb ynghylch RET.

▶ *Amlinelliad byr o nodau RET a sut mae'r rheiny'n cysylltu â thybiaethau'r ymagwedd wybyddol.*

▶ *Datblygiad hanesyddol RET.*

▶ *Enghreifftiau o'r ffordd y mae RET wedi'i ddefnyddio, gan bwysleisio'r cydrannau gwybyddol ac ymddygiadol.*

▶ *Darganfyddiadau ymchwil i RET.*

▶ *Dylai'ch ateb fod tua 400-450 o eiriau o hyd.*

Gwerthuso'r ymagwedd wybyddol

Rydych chi wedi astudio dwy enghraifft o'r **ymagwedd wybyddol** – un ddamcaniaeth (**damcaniaeth priodoli**) ac un therapi (**CBT** neu **RET**). Mae hi'n bryd i chi'n awr ddefnyddio'ch dealltwriaeth o'r ymagwedd wybyddol i ystyried ei chryfderau a'i gwendidau. I'ch helpu chi, rydyn ni wedi darparu rhai enghreifftiau ychwanegol o'r ymagwedd wybyddol.

 Cryfderau'r ymagwedd wybyddol

1. Prosesau cyfryngu

Un o brif fanteision yr ymagwedd wybyddol, yn enwedig o'i chymharu ag **ymddygiadaeth**, yw ei bod hi'n hoelio sylw ar y 'prosesau' pwysig sy'n digwydd rhwng ysgogiad ac ymateb. Er na wnaeth ymddygiadwyr geisio ymchwilio i'r hyn sy'n digwydd y tu mewn i'r 'bocs du', mae seicolegwyr gwybyddol wedi mynd beth ffordd i egluro sut mae prosesau *cyfryngol* pwysig fel **canfyddiad** a'r cof yn effeithio ar y ffordd yr ymatebwn ni i'r byd o'n hamgylch.

Mae hyn wedi helpu i egluro elfennau ymarferol ymddygiad pobl. Er enghraifft, bydd seicolegwyr gwybyddol yn astudio ffyrdd o ddefnyddio ciwiau adalw i wella'r cof (gweler yr astudiaeth isod). Gall yr ymchwil hwnnw ddangos i ni pam y mae angen i ni lunio rhestri siopa cyn mynd i'r archfarchnad leol.

GWERTH CIWIAU ADALW *(Retrieval Cues)*

Ydych chi'n methu cofio rhywbeth? Os cewch chi gliw gan rywun, efallai y cofiwch chi'n syth.

- Mae ymchwil wedi dangos y gall pobl, o gael y ciw cywir, gofio mwy nag oedden nhw'n feddwl. Gwnaeth Tulving a Psotka (1971) arbrawf i ddangos hyn.
- Rhoesant chwe rhestr wahanol o eiriau i'r cyfranwyr, a 24 o eiriau ar bob rhestr.
- Rhannwyd pob rhestr yn chwe chategori gwahanol (ac felly roedd 36 o gategorïau yn y chwe rhestr i gyd, fel mathau o goed ac enwau cerrig gwerthfawr).
- Ar ôl i'r holl restri gael eu cyflwyno, gofynnwyd i'r cyfranwyr ysgrifennu pob gair y gallen nhw ei gofio (proses 'adalw rhydd').
- Yna, cawson nhw giwiau, sef enwau'r gwahanol gategorïau (e.e. 'coed' neu 'gerrig gwerthfawr') a chais i adalw'r geiriau unwaith eto (proses 'adalw â chiwiau').
- Y darganfyddiad allweddol oedd bod pobl yn cofio rhyw 50% o'r geiriau pan gawson nhw brawf cychwynnol yn y cyflwr adalw rhydd, ond cododd hynny i 70% pan gawson nhw'r ciwiau. Mae hynny'n dangos bod mwy yn eich pen chi, yn aml, nag a gredwch chi, petai rhywun ond yn rhoi'r ciwiau iawn i chi!

2. Cyfraniadau pwysig

Mae'r ymagwedd wybyddol wedi dylanwadu ar lawer o feysydd seicoleg. Yn ogystal â chael ei chymhwyso'n ddefnyddiol at therapi – fel mewn CBT i drin anhwylderau fel iselder ysbryd yn llwyddiannus – mae hi hefyd wedi'i chymhwyso at faes seicoleg datblygiadol. Er enghraifft, mae damcaniaethau ynghylch sut mae meddwl plant yn datblygu wedi llywio arferion addysgu mewn ysgolion. Datblygodd Piaget (1970) ddamcaniaeth o'r fath, sef nad yw ffordd plant o feddwl yr un fath â ffordd oedolion o feddwl. Er enghraifft, all plant rhyw wyth neu naw oed ddim meddwl yn haniaethol. Os dymunan nhw ddatrys problem fathemategol, bydd angen iddyn nhw ei weld yn ddiriaethol, fel manipwleiddio prennau cyfrif. Cafodd syniadau Piaget effaith fawr ar yr addysgu mewn ysgolion cynradd gan i athrawon sylweddoli ei bod hi'n bwysig defnyddio enghreifftiau diriaethol gyda phlant iau.

Mewn seicoleg gymdeithasol, hefyd, mae llawer o'r meddwl yn 'wybyddol' ei natur am ei fod yn golygu ystyried y prosesau meddwl sydd ynghlwm wrth ddeall y byd cymdeithasol a'r bobl o'n hamgylch. Er enghraifft, pam y byddwn ni'n ffurfio rhai **stereoteipiau**, a pham y bydd **tueddiadau priodoli** yn digwydd.

3. Ymagwedd wyddonol

Fel llawer o'r ymagweddau, un arall o gryfderau'r ymagwedd wybyddol yw ei bod yn ei chynnig ei hun i ymchwil wyddonol. Er enghraifft, mae'r amrywiol ddamcaniaethau priodoli a ddisgrifiwyd ar dudalennau 46-47 yn darparu rhagfynegiadau clir y gellir rhoi prawf arnyn nhw mewn ymchwil arbrofol. Mae hynny'n golygu, felly, y gellir rhoi prawf ar y damcaniaethau hynny a dangos a ydyn nhw'n wir neu beidio.

Un o fanteision eraill yr ymagwedd wyddonol yw ei bod hi'n ceisio rheoli newidynnau cyn belled â phosibl. Rydyn ni felly'n debycach o ddod o hyd i berthnasoedd achosol.

GWAITH I CHI

Rhif 4.6

Bydd ateb y cwestiynau isod yn eich helpu chi i ddeall sut y gallwn ni fesur cof mewn 'ffordd wyddonol'. Gan gyfeirio at astudiaeth Tulving a Psotka uchod:

1. Enwch y **newidyn annibynnol** (IV) yn yr astudiaeth.
2. Enwch y **newidyn dibynnol** (DV) yn yr astudiaeth.
3. Pa gasgliadau y gallwch chi eu tynnu o'r astudiaeth mewn perthynas â'r cof?

Trafodwch (mewn grwpiau) a allwn ni, yn eich barn chi, fesur y cof yn wyddonol.

GWAITH I CHI

Cymharu a chyferbynnu

Rydych chi bellach wedi astudio pob un o'r pedair ymagwedd – y rhai biolegol, ymddygiadol, seicodynamig a gwybyddol. Gallwch chi'n awr gymharu a chyferbynnu'r pedair ohonyn nhw.

1. Gwnewch gopi o'r tabl sydd ar y tudalen gyferbyn a llenwch y golofn dde yn y tabl ar gyfer yr ymagwedd wybyddol.
2. Edrychwch ar yr atebion a roesoch chi am yr **ymagwedd fiolegol** (tudalen 11), a chymharwch a chyferbynnwch nhw â'r rhai ar gyfer yr ymagwedd wybyddol, fel y gwnaethoch chi o'r blaen.
3. Gwnewch gam 2 eto, gan gymharu'r ymagweddau **ymddygiadol** (tudalen 25) a'r ymagweddau gwybyddol.
4. Yn olaf, gwnewch gam 2 eto ar gyfer yr ymagweddau **seicodynamig** (tudalen 39) a'r ymagweddau gwybyddol.
5. Defnyddiwch y wybodaeth honno i lunio ateb i'r cwestiwn arholiad hwn:

Gwendidau'r ymagwedd wybyddol

1. Natur a magwraeth

Er bod yr ymagwedd wybyddol yn ystyried dylanwad ffactorau mewnol ac allanol ar ymddygiad (e.e. mae prosesau yn y meddwl yn 'fewnol' a rôl profiad wrth ffurfio **sgemâu** yn 'allanol'), mae'n methu ag ystyried elfennau pwysig, sef **natur** a **magwraeth**. Er enghraifft, anwybyddir rôl **genynnau** mewn gwybyddiaeth ddynol, ond drwy ddefnyddio astudiaethau o efeilliaid (gweler tudalen 13) mae'r ymchwil i ddeallusrwydd wedi ystyried yn gyson dylanwad y genynnau.

Yn aml, hefyd, cam afrealistig i bob golwg yw anwybyddu ffactorau cymdeithasol a diwylliannol (magwraeth). Ym maes datblygu gwybyddiaeth, er enghraifft, methodd damcaniaethwyr allweddol fel Piaget ag ystyried dylanwad diwylliant a rhywedd ar ddatblygiad meddwl plant.

2. Ymagwedd benderfyniadol

Fel y gwelson ni, 'sgemâu' yw un o dybiaethau pwysig yr ymagwedd wybyddol (gweler tudalen 45). Bydd pobl yn caffael y sgemâu hynny drwy brofiad uniongyrchol. Awgrymodd Piaget, er enghraifft, mai datblygu sgemâu, yn ei hanfod, yw datblygiad gwybyddol. Yn ifanc iawn, gallai plentyn alw popeth sydd â phedair coes a blew yn 'gi'. Yn ddiweddarach, bydd y plentyn yn dysgu amrywiol sgemâu cysylltiedig – un ar gyfer ci ac un ar gyfer cath, ac ati.

Ffordd bwysig arall y byddwn ni'n caffael sgemâu yw'n rhyngweithiadau cymdeithasol ni. Byddwn ni'n caffael stereoteipiau am bobl a sefyllfaoedd, fel y gred bod menywod â gwallt golau yn ddwl ond yn hwyl, neu fod pobl â sbectol yn ddeallus. Stereoteipiau diwylliannol yw'r rhain ac fe allan nhw (neu sgemâu) benderfynu sut y byddwn ni'n dehongli sefyllfaoedd.

Roedd tad wrthi'n mynd â'i fab i'r ysgol yn y car pan fuon nhw mewn damwain ddifrifol. Yn drist iawn, lladdwyd y tad yn y fan a'r lle, ond gan fod y mab yn dal yn fyw fe'i rhuthrwyd yn syth i theatr yn yr ysbyty i gael llawdriniaeth ar ei anafiadau difrifol. Daeth y llawfeddyg yno i roi'r llawdriniaeth iddo ond meddai, 'Alla i ddim rhoi llawdriniaeth i hwn – fy mab i yw e!'.

Beth ddigwyddodd? Oedd y tad yn fyw wedi'r cyfan? Nac oedd. Mam y bachgen oedd y llawfeddyg. Bydd tuedd i'r stori ddrysu pobl am fod eu sgema o lawfeddyg yn peri iddyn nhw ddisgwyl i'r llawfeddyg fod yn ddyn.

Awgrym yr arholwr

Wrth ateb cwestiwn 'cymharu a chyferbynnu', cofiwch fod rhaid i chi, i gael marciau, egluro'r tebygrwyddau a'r gwahaniaethau rhwng y ddwy ymagwedd, a hynny gan ddefnyddio'r materion a'r dadleuon allweddol a drafodwyd yn rhagymadrodd y llyfr hwn (gweler tudalennau x-xi). Cewch gyngor penodol hefyd ynghylch ateb y cwestiynau 'cymharu a chyferbynnu' ar dudalennau 60-61.

Rhif 4.7

Cymharwch a chyferbynnwch yr ymagweddau ymddygiadol a gwybyddol o ran yr hyn sy'n debyg neu'n wahanol. [12]

(Fe allwch chi, wrth gwrs, wneud y ddau draethawd arall hefyd gan gymharu'r ymagwedd fiolegol â'r un wybyddol, a'r un seicodynamig â'r un wybyddol.)

Materion a dadleuon	Yr ymagwedd wybyddol
Nomothetig/idiograffig	
Natur/magwraeth	
Lleihadaeth/cyfaniaeth	
Penderfyniaeth/ewyllys rydd	
Gwyddonol/anwyddonol	
Y fethodoleg a ddefnyddir	
Unrhyw beth arall!	

3. Yr ymagwedd fecanistig *(Mechanistic Approach)*

Beirniadaeth arall ar yr ymagwedd wybyddol yw ei bod hi'n 'fecanistig' – mae'n portreadu ymddygiad pobl fel peta:'n debyg i ymddygiad peiriant. Gan fod yr ymagwedd wybyddol wedi'i seilio ar 'ymddygiad' cyfrifiaduron, mae'n anochel mai golwg braidd yn fecanistig ar ymddygiad pobl fyddai'r canlyniad. Cafwyd y feirniadaeth honno ar fodel cydamrywiad Kelley a egluro'r broses briodoli (gweler tudalen 47).

Y prif wrthwynebiad i esboniadau mecanistig o'r fath yw eu bod nhw'n anwybyddu ffactorau cymdeithasol ac emosiynol. Ar y cyfan, yn wir, maen nhw'n gorsymleiddio ymddygiad ac felly'n **lleihaol**. Mae'r ddamcaniaeth briodoli, er enghraifft, yn awgrymu bod rhai rheolau penodol yn rhagfynegi pryd y gwnaiff pobl briodoliadau anianawd neu rai sefyllfaol. Ond mae ymchwil wedi darganfod bod llu o eithriadau i'r rheolau hynny ac wedi dangos felly nad yw ymddygiad pobl mor syml neu ragweladwy ag y mae damcaniaethau gwybyddol yn ei awgrymu.

ALLWCH CHI...?   Rhif 4.5

1... Nodi **dau** o gryfderau'r ymagwedd wybyddol.

2... Gwneud **tri** phwynt pendant i egluro'r naill gryfder a'r llall.

3... Nodi **dau** o wendidau'r ymagwedd wybyddol.

4... Gwneud **tri** phwynt pendant i egluro'r naill wendid a'r llall.

CWESTIYNAU ARHOLIAD

Gwerthuswch ddau o gryfderau'r ymagwedd wybyddol. [6]

Gwerthuswch ddau o wendidau'r ymagwedd wybyddol. [6]

Nodiadau *Yn yr arholiad, bydd gofyn i chi drafod **dau** o gryfderau a **dau** o wendidau **un** o'r pedair ymagwedd. Yn achos pob cryfder a gwendid, dylech chi:*

▶ *Nodi'r cryfder neu'r gwendid yn glir.*

▶ *Egluro'n drwyadl pam y mae'n gryfder neu'n wendid mewn perthynas â'r ymagwedd.*

▶ *Os yw'n briodol, defnyddio enghreifftiau sydd wedi'u tynnu o'r ddamcaniaeth/therapi i ddarlunio'ch ateb.*

▶ *Meddyliwch am bob cryfder/gwendid fel un sy'n werth tri marc (er nad felly y cân nhw eu marcio mewn gwirionedd).*

▶ *Ysgrifennwch ryw 50-60 o eiriau am bob cryfder/gwendid.*

Y fethodoleg a ddefnyddir gan yr ymagwedd wybyddol

Ycam olaf ynglŷn â'r **ymagwedd wybyddol** yw ystyried methodoleg yr ymagwedd honno. Er ei bod hi'n amlwg bod ymchwilwyr yn defnyddio pob math o ddull a thechneg, rydyn ni wedi dewis dau ddull sy'n arbennig o gyffredin yn yr ymagwedd hon – **arbrofion labordy** ac **astudiaethau achos** o unigolion sydd wedi cael niwed i'w hymennydd.

Trafodir arbrofion labordy yn gyffredinol ym Mhennod 6 (gweler tudalennau 138 ac 144-145). Caiff cysyniadau'r dulliau ymchwil eraill a nodir ar y tudalen hwn hefyd eu hegluro ym Mhennod 6.

1. Arbrofion labordy

Un o'r prif ddulliau ymchwilio a ddefnyddir gan seicolegwyr gwybyddol yw arbrofion labordy, a hynny am fod eu cred bod seicoleg yn wyddor bur yn golygu y dylid astudio ymddygiad yn wrthrychol ac yn wyddonol. Sut mae astudio prosesau meddwl mewn labordy? Cred seicolegwyr gwybyddol yw y gallan nhw lunio casgliadau ynglŷn â'r broses ym meddwl unigolyn ar sail arsylwi ymddygiad yr unigolyn, a hefyd drwy ofyn i bobl ateb cwestiynau (fel gofyn i bobl astudio rhestri o eiriau a dweud pa eiriau y gallan nhw eu cofio).

Er enghraifft, ar y ddau dudalen blaenorol, fe ddisgrifion ni arbrawf labordy gan Tulving a Psotka ynghylch anghofio. Enghraifft arall yw'r clasur o astudiaeth gan Loftus a Palmer y darllenwch chi amdani ym Mhennod 5. Yn wir, gwnaeth Elizabeth Loftus amrywiaeth o wahanol arbrofion i weld a all cwestiynau arweiniol ystumio atgof pobl am ddigwyddiad. Fe astudiodd hi ymatebion cyfranwyr fel ffordd o brofi a oedd eu hatgof o ddigwyddiad wedi'i ystumio o dan amgylchiadau penodol. Mae'r maes ymchwil hwn yn arbennig o berthnasol i'n dealltwriaeth o ba mor ddibynadwy yw tystiolaeth llygad-dystion.

Maes ymchwil arall a astudiwyd gan Loftus yw **effaith yr arf** (gweler isod), maes sydd unwaith eto'n gysylltiedig â thystiolaeth llygad-dystion a chywirdeb y cof.

EFFAITH YR ARF

Mewn astudiaeth yn 1987, nododd Loftus ac eraill effaith yr arf. Yr eglurhad yr oedden nhw'n ei roi oedd nad yw llygad-dystion yn arbennig o dda wrth adnabod troseddwyr. Roedd llygad-dystion yn hoelio'u sylw ar yr arf yr oedd y troseddwr yn ei ddal yn hytrach nag ar wyneb y troseddwr. Nid oedd llygad-dystion yn gallu adalw gwybodaeth am wyneb y troseddwr am nad ar hwnnw yr oedden nhw'n edrych!

Yn eu harbrawf cychwynnol, defnyddiodd Loftus ac eraill ddwy sefyllfa, y naill yn cynnwys arf a'r llall ddim. Yn y ddwy sefyllfa, clywodd y cyfranwyr drafodaeth yn yr ystafell nesaf. Yn sefyllfa 1, daeth dyn allan gan ddal pen ysgrifennu ac â saim ar ei ddwylo. Yn sefyllfa 2, roedd y drafodaeth ychydig yn boethach a daeth dyn allan gan ddal cyllell bapur a oedd yn waed i gyd.

Pan ofynnwyd i'r cyfranwyr adnabod y dyn o 50 o ffotograffau, roedd 49% yn sefyllfa 1 yn gywir o'i gymharu â 33% yn gywir yn sefyllfa 2. Mae hynny'n awgrymu y gall yr arf fod wedi tynnu sylw oddi ar y sawl a oedd yn ei ddal, a gall egluro pam y bydd gan lygad-dystion gof gwael, weithiau, am rai o fanylion troseddau treisgar.

Cryfderau

- Arbrawf labordy yw'r ffordd orau o astudio perthnasoedd achosol am fod modd rheoli **newidynnau allanol** yn ofalus.
- Mae arbrofion labordy'n cynnig ffordd wrthrychol o astudio ymddygiad dynol. Gan fod yr arbrofwr yn dilyn dulliau safonol a phenodedig, gall eraill wneud yr arbrawf eto (ei **ddyblygu**) i amlygu **dilysrwydd** y darganfyddiadau.
- Gan fod modd meintioli'r data sy'n deillio o arbrofion (e.e. y ganran o gyfranwyr yn astudiaeth Loftus a Palmer a ddywedodd fod yna brif lamp), mae'n haws eu dadansoddi a gwneud cymariaethau.

Gwendidau

- Gall arbrofion labordy fel y rhai a wnaed gan Loftus beidio â chynrychioli bywyd bob-dydd am nad yw pobl yn cymryd yr arbrawf o ddifrif a/neu eu bod heb eu cyffroi'n emosiynol fel y bydden nhw mewn damwain go-iawn, h.y. mae arbrofion o'r fath yn brin o **ddilysrwydd ecolegol**. Gwnaeth Foster ac eraill (1994) ganfod y byddai cyfranwyr, petaen nhw'n gwylio lladrad go-iawn, a hefyd yn meddwl y byddai eu hymatebion yn dylanwadu ar y treial, yn gywirach wrth adnabod y lleidr.
- Mae'r cyfranwyr yn debyg o ymddwyn yn annaturiol mewn labordy am y byddan nhw'n ceisio dyfalu diben yr astudiaeth a chydymffurfio â disgwyliadau'r ymchwilydd, ond gall fod awydd arnyn nhw i ddifetha'r astudiaeth yn fwriadol er mwyn bod yn lletchwith. Gelwir y problemau hynny'n **nodweddion awgrymu ymateb**.
- Gall **tuedd arbrofwr** hefyd fod yn broblem. Gallai'r arbrofwr (o fwriad neu beidio) amlygu ymddygiad sy'n dylanwadu ar y cyfranwyr i weithredu yn y ffordd a ddymuna, e.e. drwy ddefnyddio tôn y llais i ddylanwadu ar adborth y cyfranwyr, neu ddehongli'r ymddygiad mewn ffordd sy'n cyd-fynd â'r rhagdybiaeth. Gall hynny ddigwydd, efallai, oherwydd y cysylltiad corfforol sy'n digwydd rhwng yr arbrofwr a'r cyfranwyr mewn labordy.

Awgrym yr arholwr

Cofiwch ddefnyddio enghraifft o arbrawf i ddangos i'r arholwr eich bod yn deall sut mae arbrofion labordy wedi'u defnyddio yn yr ymagwedd wybyddol.

Trafodir astudiaethau achos yn gyffredinol ar dudalen 163.

2. Astudiaethau achos o unigolion sydd wedi cael niwed i'w hymennydd

Mae astudiaethau achos yn ymchwiliadau manwl i berson, grŵp neu ddigwyddiad penodol. Ym maes seicoleg wybyddol, gall astudiaethau achos o unigolion sydd â niwed i'w hymennydd roi cipolwg unigryw i ymchwilwyr ar ffordd y meddwl o weithio.

Cymerwch chi'r clasur o astudiaeth achos o HM, a gollodd ran o'i gof yn barhaol o ganlyniad i lawdriniaeth ar ei ymennydd (gweler ar y dde). Gallai HM gofio digwyddiadau a fu cyn y llawdriniaeth, ond câi drafferth storio gwybodaeth am ddigwyddiadau ar ôl y llawdriniaeth. Mae'r astudiaeth achos honno wedi'i defnyddio i gefnogi'r syniad o'r **model amlstorfa** o'r cof, sef bod gennym ni gof tymor-byr a chof tymor-hir.

Cryfderau

- Gellir sicrhau mewnwelediad (*insight*) go-iawn o ymddygiad am fod astudiaethau achos yn golygu treulio amser gyda'r unigolyn yn hytrach na chael dim ond cipolwg ar ei (h)ymddygiad – yr hyn a fyddai i'w weld mewn **arbrawf labordy**.
- Ceir data disgrifiadol ac **ansoddol**, a bydd hynny'n bwysig wrth geisio deall y rhesymau dros ymddygiad unigolyn. Efallai y byddwn ni mewn gwell sefyllfa i dynnu casgliadau dilys am ymddygiad os cymerwn ni'r amser i'w astudio'n fanwl.

Gwendidau

- **Gallu i gymhwyso yn gyffredinol** Am fod astudiaethau achos yn ymwneud ag unigolion, does dim modd eu cymhwyso'n gyffredinol at bobl eraill. Dydy canlyniadau astudiaeth ond yn ddilys o'u cymhwyso at yr achos hwnnw.
- Gan fod astudiaethau achos yn dibynnu ar ddadansoddi ansoddol yn hytrach na **meintiol**, y perygl yw i'r ymchwilydd ddehongli ymddygiad yn y ffordd y mae'n dymuno (mae'n **oddrychol**). Yr ymchwilwyr eu hunain sy'n penderfynu sut y bwriadant ddehongli'r hyn a arsylwant/glywant, yr hyn a gynhwysant yn eu disgrifiadau a'r hyn y byddant yn ei hepgor. Peth hawdd, felly, yw dewis a dethol gwybodaeth i ategu'r ddamcaniaeth sy'n cael ei chynnig.

ALLWCH CHI...? ┤Rhif 4.6├

1... Enwi **dau** ddull y mae'r ymagwedd wybyddol yn eu defnyddio, a disgrifio enghraifft o'r ffordd y defnyddiwyd y naill ddull a'r llall mewn astudiaeth ymchwil a ddefnyddiodd yr ymagwedd wybyddol.

2... Yn achos pob dull unigol, amlinellu ac egluro **dau** gryfder a **dau** wendid defnyddio'r dull hwnnw yn yr astudiaeth y gwnaethoch chi ei disgrifio.

CWESTIWN ARHOLIAD

Eglurwch a **gwerthuswch** y fethodoleg sy'n cael ei defnyddio gan yr ymagwedd wybyddol. [12]

Nodiadau *Yn yr arholiad, bydd gofyn i chi egluro a gwerthuso'r dulliau a ddefnyddir gan **un** o'r pedair ymagwedd. **Mae'n hanfodol i chi egluro'n glir sut mae'r dulliau'n cysylltu â thybiaethau'r ymagwedd, h.y. eu bod yn amlwg berthnasol i'r ymagwedd.** Dyma ganllaw cyffredinol o ran strwythuro'ch ateb:*

▸ *Eglurwch un dull a ddefnyddir gan yr ymagwedd (defnyddiwch enghreifftiau a fydd yn amlygu ei berthnasedd i'r ymagwedd).*

▸ *Gwerthuswch gryfderau a gwendidau'r dull hwnnw.*

▸ *Eglurwch ddull arall a ddefnyddir gan yr ymagwedd (defnyddiwch enghreifftiau a fydd unwaith eto'n amlygu ei berthnasedd).*

▸ *Gwerthuswch gryfderau a gwendidau'r dull arall.*

D.S. Mae band uchaf y cynllun marcio ar gyfer y cwestiwn hwn yn gofyn am: 'Egluro dulliau'n briodol ac yn glir... ac yn amlwg berthnasol i'r ymagwedd'.

ACHOS DIDDOROL HM

Yn y 1940au, roedd **seicolawdriniaeth** (gweler tudalen 6) ar ei hanterth. Dr William Scoville oedd un o lawfeddygon mwyaf blaenllaw'r maes ac fe'i galwyd i helpu claf a alwyd yn Henry M. neu HM (Henry Gustav Molaison, 1926-2008). Ar ei ben-blwydd yn 16 oed, cafodd HM ei ffit ddifrifol gyntaf o epilepsi. Dros yr ychydig flynyddoedd nesaf, gwnaeth y ffitiau wanhau mwy a mwy arno am fod meddyginiaeth yn rheoli llai a llai ar ei gyflwr. Roedd Scoville yn credu y gellid iacháu epilepsi HM drwy dynnu'r rhannau o'i ymennydd a oedd yn achosi'r ffitiau (yr **hipocampws**).

Dydy'r effaith ar epilepsi HM ddim yn glir. Fe wellodd ychydig bach, mae'n debyg, ond taflwyd hynny i'r cysgod gan broblem lawer mwy: allai HM ddim ffurfio unrhyw atgofion newydd mwyach. Daliodd ei bersonoliaeth a'i ddeall i fod yn gyflawn, ond roedd wedi colli rhai o'i atgofion o'r 10 mlynedd cyn y llawdriniaeth (*amnesia anterograd*). Yn bwysicach byth, collodd y gallu i ffurfio unrhyw atgofion tymor-hir newydd (*amnesia ôl-redol*). Am flynyddoedd maith, dywedai ei fod yn 27 oed ac mai'r flwyddyn oedd 1953. Ymhen tipyn, sylweddolodd fod hynny'n hurt a cheisiai ddyfalu'r ateb. Er iddo wylio'r newyddion bob nos, ni allai gofio dim am ddigwyddiadau mawr. Ailddarllenai gylchgronau'n hapus heb golli diddordeb. Ni allai gofio rhestri o eiriau nac adalw wynebau'r bobl y cyfarfyddai â nhw. Ni chofiai fod ei fam wedi marw, a phob tro y soniwyd wrtho am hynny byddai'n galaru unwaith eto.

Mae'n amlwg i ganlyniad y llawdriniaeth fod yn drychineb i HM, ond prin y deallai ef hynny. Ysgrifennodd: *'Ar hyn o bryd, rwy'n ceisio cofio a ydw i wedi gwneud neu ddweud rhywbeth o'i le. Mae popeth yn edrych yn glir i mi ar y foment, ond beth ddigwyddodd gynnau? Dyna sy'n fy mhoeni i. Mae hi fel deffro o freuddwyd. Dydw i ddim yn cofio'* (Hilts, 1995).

GWAITH I CHI ┤Rhif 4.8├

Mae'r dasg hon yn golygu edrych ar YouTube. Teipiwch iddi'r geiriau *Life without memory: the case of Clive Wearing (parts a and b)*, a gwyliwch y ffilmiau am Clive Wearing, gŵr tebyg i HM, a gollodd ei gof. Defnyddiwch yr astudiaeth achos honno, ac un HM, i drafod cryfderau a gwendidau defnyddio astudiaethau achos i ddweud wrthym sut mae ein cof ni'n gweithio.

Awgrym yr arholwr

I sicrhau eich bod chi'n rhoi ateb trylwyr a pherthnasol i'r cwestiwn, bydd angen i chi gofio cynnwys enghreifftiau o'r ffyrdd o ddefnyddio'r fethodoleg benodol yn yr ymagwedd. Er enghraifft, wrth drafod defnyddio astudiaethau achos yn yr ymagwedd wybyddol, dylech chi gynnwys yr astudiaeth o HM, Clive Wearing, neu unrhyw astudiaethau achos gwybyddol eraill. Bydd hynny'n eich helpu chi i egluro'r fethodoleg yn drylwyr ac yn gydlynol ac yn dangos i'r arholwr eich bod chi'n deall methodoleg yr ymagwedd benodol honno. Wnaiff atebion lle bydd yr ymgeisydd yn sôn mewn ffordd generig am ddulliau ymchwil penodol ddim cael credyd yn y ddau fand uchaf (gweler y cynlluniau marcio ar dudalen vii).

Tybiaethau'r ymagwedd wybyddol

Prosesau meddwl
Mae prosesau gwybyddol (meddwl) yn cynnwys canfod, sylw, cof ac iaith – pedair elfen sy'n ein helpu i greu a defnyddio sgemâu.

Cyfatebiaeth â chyfrifiadur
Mae'r meddwl dynol fel cyfrifiadur. Mae meddwl yn golygu mewnbynnu, prosesu ac allbynnu.

Mae modd mesur ymddygiad meddyliol yn wrthrychol
Mae modd defnyddio mesuriadau o ymddygiadau allanol i ddod i gasgliadau ynghylch prosesau meddyliol mewnol.

Damcaniaeth priodoli

Priodoliadau mewnol ac allanol
Heider (1958) a nododd y ddwy ffynhonnell hynny, ac awgrymodd fod tuedd i wneud priodoliadau mewnol/anianawd (yr FAE).

Model cydamrywio
Cynigiodd Kelley (1967) fod cysondeb uchel, arbenigrwydd isel a chonsensws isel (Uchel-Isel-Isel) yn arwain at briodoliadau anianawd.

Gwallau a thueddiadau
Fel y cyfeiliornad priodoliad sylfaenol (FAE), tuedd yr actor/arsylwr, a'r duedd hunanlesol.

CBT

Yr ymagwedd wybyddol
Mae'n pwysleisio meddwl. Ei nod yw newid meddyliau a chredoau camaddasol yn rhai mwy cadarnhaol ac adeiladol.

Yr ymagwedd ymddygiadol
Mae'n pwysleisio ymddygiad. Drwy wobrwyon a modelu, gall therapi gael gwared ar ymddygiadau afiach.

Therapi gwybyddol Beck
Bydd sgemâu negyddol yn esgor ar feddyliau awtomatig camweithredol y gellir eu herio, e.e. defnyddio dyddiadur o feddyliau.

Hyfforddiant gwrthsefyll straen Meichenbaum (SIT)
Gellir sicrhau'r gwrthsefyll drwy wneud hyn:
1. Cysyniadoli.
2. Caffael sgiliau (e.e. hunanddatganiadau ymdopi a modelu).
3. Cymhwyso (application).

RET

Meddwl yn rhaidweithiol (Mustabatory thinking)
Bydd pobl yn arddel credoau am yr hyn y mae'n rhaid iddo fod yn wir er mwyn iddyn nhw fod yn hapus; mae tybiaethau o'r fath yn afresymegol.

Model ABCDE
Y digwyddiad cychwynnol > cred > canlyniadau > anghytuno > effaith. Gall yr anghytuno fod yn rhesymegol, yn empirig neu'n bragmatig.

Parch cadarnhaol diamod
Bydd y therapydd yn cyfleu i'r cleient ymwybyddiaeth o werth a pharch a fydd yn helpu i newid ei gredoau/ei chredoau a'i (h)ymddygiad.

➕ Cryfderau a gwendidau'r ymagwedd wybyddol ➖

Cryfderau
▶ Prosesau cyfryngu: mae'n egluro'r hyn sy'n digwydd yn y 'blwch du'.
▶ Cyfraniadau pwysig: i therapi, addysg a deall prosesau cymdeithasol.
▶ Ymagwedd wyddonol: bydd y damcaniaethau yn arwain at ragfynegiadau clir y gellir rhoi prawf arnynt i 'brofi' y ddamcaniaeth.

Gwendidau
▶ Natur a magwraeth: ni chydnabyddir rhai agweddau, e.e. geneteg a dylanwadau cymdeithasol/diwylliannol.
▶ Ymagwedd benderfyniadol: caiff sgemâu eu dysgu'n rhannol drwy stereoteipiau cymdeithasol, a'r rheiny sy'n pennu'n credoau.
▶ Ymagwedd fecanistig: seilir yr ymagwedd ar gyfrifiaduron; mae'n esgor ar esboniadau peiriannol a diemosiwn.

Methodoleg yr ymagwedd wybyddol

Arbrofion labordy
Drwy fanipwleiddio'r amgylchedd o dan amodau a reolir yn dynn iawn, gellir amlygu perthnasoedd achosol.
Cryfderau: ffordd wrthrychol ac o-dan-reolaeth o astudio ymddygiad pobl, ac mae modd meintioli'r data a'u dadansoddi'n rhwydd.
Gwendidau: gall beidio â bod â dilysrwydd ecolegol am ei fod yn artiffisial; gall fod â nodweddion awgrymu ymateb; gallai hefyd amlygu tuedd arbrofwr.

Astudiaethau achos o unigolion sydd wedi cael niwed i'w hymennydd
Ymagwedd idiograffig sy'n astudio un achos yn fanwl.
Cryfderau: ceir mewnwelediad go-iawn oherwydd treulio mwy o amser gyda'r cyfrannwr; cyfoeth o ddata ansoddol.
Gwendidau: does dim modd cyffredinoli'r achosion, sampl anghynrychioliadol, dehongliadau goddrychol.

Gweithgareddau adolygu

Gallwch chi gymhwyso rhai o'r gweithgareddau adolygu a ddisgrifiwyd ar ddiwedd Penodau 1, 2 a 3 (gweler tudalennau 15, 29 a 43) at gynnwys y bennod hon. Er enghraifft, gallech chi ystyried tybiaethau'r ymagwedd wybyddol mewn perthynas â'r ddamcaniaeth priodoli a'r therapi yr ydych chi wedi'u hastudio, neu fe allech chi osod a marcio traethodau'ch gilydd. Yn sicr, dylech chi restru'r geiriau allweddol yn y bennod hon unwaith eto a gwneud yn siŵr eich bod chi'n eu deall.

▲ Yn nhechneg y jig-so, bydd pob person yn gyfrifol am ran o'r jig-so ac yna, fel grŵp, fe roddwch chi ddarnau'r jig-so wrth ei gilydd.

Techneg y jig-so

Rhannwch eich dosbarth yn grwpiau, a phedwar aelod i bob grŵp. Gorau oll os nad yw'r grwpiau'n 'grwpiau cyfeillgarwch'. Rhowch lythyren – A, B, C ac Ch – i bob person yn eich grŵp. Rhaid i bob un gyflawni'r dasg sy'n perthyn yn benodol i'r llythyren y mae ef/hi wedi'i chael – rhestrir enghreifftiau posibl isod.

Person A: Tybiaethau'r ymagwedd wybyddol.
Person B: Model cydamrywio Kelley.
Person C: Therapi gwybyddol Beck neu RET Ellis.
Person Ch: Methodoleg wybyddol.

Er enghraifft, rhaid i'r rhai sydd â'r llythyren A baratoi deunyddiau ar dybiaethau'r ymagwedd wybyddol. Gallan nhw wneud hynny drwy gyfarfod â phob A arall yn y dosbarth. Rhaid iddyn nhw wneud hyn:

a) Llunio set o nodiadau byr a chofiadwy am eu pwnc.
b) Briffio'r grŵp ynglŷn â'u pwnc.
c) Llunio tri (neu ragor) o gwestiynau ar gyfer prawf ar eu pwnc.

Dylai'ch athro/athrawes gasglu'r holl gwestiynau sydd wedi'u llunio a'u defnyddio i lunio prawf dosbarth. Bydd pawb yn cymryd y prawf yn unigol – bydd eich perfformiad yn dibynnu ar safon y briffio y bydd aelodau'ch grŵp wedi'i roi i chi!

Cofiwch yr elfennau hyn

Efallai y gallan nhw'ch helpu chi i werthuso'r ymagwedd wybyddol:

Cyfryngu
Cyfraniadau pwysig
Natur a magwraeth
Penderfyniadol

Lluniwch baragraff byr am bob un o'r pedair elfen. Fel o'r blaen, ceisiwch wneud hynny'n gyntaf heb edrych ar eich nodiadau.

Cywir neu anghywir?

Penderfynwch pa rai o'r gosodiadau isod sy'n gywir neu'n anghywir. Os yw'r gosodiad yn anghywir, cywirwch ef.

		Cywir neu anghywir?
1	Heider a Simmel wnaeth yr arbrawf gyda dau driongl a chylch.	
2	Ystyr y llythrennau FAE yw cyfeiliornad priodoliad sylfaenol.	
3	Awgrymai model cydamrywio Kelley y caiff cysondeb, arbenigrwydd a chydweithio eu defnyddio i bennu priodoliadau mewnol ac allanol.	
4	Mae'r duedd hunanlesol yn cyfeirio at wneud priodoliadau anianawd ynghylch methiannau ond nid llwyddiannau.	
5	Un o gryfderau'r ymagwedd wybyddol yw ei bod hi'n fecanistig.	
6	Mae astudiaethau achos yn un o'r dulliau a ddefnyddir yn gyffredin gan seicolegwyr gwybyddol.	

Hwyl *Post-its*

Dylai pob myfyriwr fod â phentwr o *Post-its*. Meddyliwch am yr holl dermau arbenigol yr ydych chi wedi'u dysgu wrth astudio'r ymagwedd wybyddol, ac ysgrifennwch bob un yn unigol ar *Post-it*.

Yna, dylai pob aelod o'r dosbarth roi ei *Post-its* ar un wal yn yr ystafell ddosbarth fel bod y nodiadau wedi'u trefnu mewn rhyw ffordd. Er enghraifft, dylai pob *Post-it* sy'n gysylltiedig â thybiaethau fynd gyda'i gilydd, a dylai pob *Post-it* am y therapi y gwnaethoch ei astudio fynd gyda'i gilydd. O fewn pob casgliad o *Post-its*, gallwch chi drefnu rhagor arnyn nhw. Yn y diwedd, byddwch chi wedi creu map meddwl o'r bennod!

Yna, gallech chi wneud yr un peth ar gyfer y penodau eraill yr ydych chi wedi'u hastudio.

Sioe luniau

Sioe luniau yw cyfres o luniau a phob un wedi'i rhoi ar un cyflwyniad PowerPoint sy'n newid yn awtomatig ar ôl hyn a hyn o amser (e.e. pum eiliad). Gan weithio mewn grwpiau, gall myfyrwyr lunio sioe luniau am yr ymagwedd wybyddol (neu am un o'r pynciau yn y bennod hon), ac yna'i dangos i fyfyrwyr mewn grwpiau eraill a gofyn iddyn nhw ddyfalu beth yr oedd y lluniau yn eu cynrychioli.

Diolch i Mike Griffin a Cath Gellis am y syniad hwn o Psychology AS: The Teacher's Companion for AQA 'A', a gyhoeddwyd gan Folens.

▶ Beth y mae'r llun hwn yn ei gynrychioli? Gan fod delwedd yn ffordd bwerus iawn o gofio rhywbeth, bydd y sioe luniau hon yn eich helpu chi i ddatblygu rhai ciwiau defnyddiol iawn i'ch cof. Yma eto, gallech chi wneud hyn ar gyfer pob ymagwedd arall yn y bennod hon.

Cwestiynau arholiad enghreifftiol ac atebion myfyrwyr

Mae sylwadau'r arholwr ar yr atebion hyn ar dudalen 175.

ENGHRAIFFT O GWESTIWN 1(b)

Disgrifiwch y ddamcaniaeth priodoli. [8]

Ateb Megan

Priodoliadau yw'r credoau sydd gennym ynghylch achosion ymddygiad person. Cynigiodd Heider fodel simplistig o briodoli. Dywedodd fod modd categoreiddio'n credoau ni am achosion ymddygiad person mewn dwy brif ffordd. Yn gyntaf, fe ddefnyddiwn ni briodoli mewnol, sef credu mai'r person ei hun sy'n gyfrifol am ei (h)ymddygiad – dweud, er enghraifft, mai un felly yw ef/hi. Neu fe allwn ni wneud priodoliad allanol, sef ystyried mai ffactorau allanol sy'n gyfrifol am ymddygiad person, er enghraifft, yr amgylchedd neu'r sefyllfa y mae ef neu hi ynddo/ynddi.

Cynigiodd Kelley fodel mwy cymhleth o'r enw 'model cydamrywio'. Dywedodd Kelley mai tri ffactor sy'n pennu cydamrywiadau, sef Cysondeb – a fydd y person bob amser yn ymddwyn fel hyn wrth wynebu sefyllfaoedd tebyg? Arbenigrwydd – a fydd y person bob amser yn ymddwyn fel hyn yn yr un sefyllfa? Consensws – a fydd pobl eraill yn ymddwyn yn yr un ffordd mewn sefyllfaoedd tebyg?

Yn ôl Kelley, gwneir priodoliadau mewnol pan fydd arbenigrwydd a chonsensws yn isel a chysondeb yn uchel. Er enghraifft, bydd Siôn bob amser yn chwerthin wrth weld comedïwyr (cysondeb uchel), fydd ef ddim yn chwerthin wrth weld un comedïwr penodol (arbenigrwydd isel) ac ni fydd pawb yn chwerthin wrth weld pob comedïwr (consensws isel). Gallwn ni ddod i'r casgliad, felly, fod Siôn yn ddyn ysgafnfryd sydd bob amser yn hapus (priodoliad mewnol).

Yn aml, fe wnawn ni gamgymeriadau yn ein priodoliadau. Yr enw ar un ohonyn nhw yw'r Cyfeiliornad Priodoliad Sylfaenol (FAE), sef tuedd i ni gynnig priodoliadau mewnol i ymddygiad pobl eraill, hyd yn oed os yw achosion allanol yr un mor debygol. Ond fydd hynny ddim yn digwydd ym mhob diwylliant: mae'n debycach o ddigwydd mewn diwylliannau unigolyddol.

Ateb Tomos

Priodoli yw dweud beth yw achos ymddygiad unigolyn. Er enghraifft, ydyn ni'n meddwl bod yr unigolyn yn gyfrifol am ei (h)ymddygiad, sef achos mewnol, neu fod rhywbeth y tu allan i'r unigolyn wedi achosi ei (h)ymddygiad, sef achos allanol? Os gwnaiff unigolyn yn wael mewn arholiad, byddai meddwl 'wnaeth ef/hi ddim adolygu' yn briodoliad mewnol, ond byddai meddwl 'mae'r athro'n wirioneddol wael' yn briodoliad allanol.

Cynigiodd Kelley y model cydamrywio. Dywedodd fod tri pheth yn dylanwadu ar briodoliadau, sef cysondeb, arbenigrwydd a chonsensws. Os bydd unigolyn bob amser yn ymddwyn mewn ffordd benodol, ceir cysondeb uchel, ac os bydd yn ymddwyn mewn ffordd sy'n unigryw, bydd hynny'n arbennig.

Fe wnawn ni lawer o gamgymeriadau yn ein priodoliadau hefyd, fel y duedd hunanddewis lle mae tueddi ni feio ffactorau allanol am ein hymddygiad. Os methwn ni arholiad, er enghraifft, byddwn ni'n beio'r athro neu'r athrawes.

ENGHRAIFFT O GWESTIWN 3

(a) **Gwerthuswch** ddau o gryfderau'r ymagwedd wybyddol. [6]

(b) **Gwerthuswch** ddau o wendidau'r ymagwedd wybyddol. [6]

Ateb Megan i 3(a)

Un o gryfderau'r ymagwedd wybyddol yw ei bod hi'n ystyried bod yr hyn sy'n digwydd yn y meddwl yn bwysig. Yn wahanol i'r ymagwedd ymddygiadol na welai'r meddwl yn werth ei astudio, mae seicolegwyr gwybyddol o'r farn fod prosesau pwysig fel canfod a meddwl yn siapio'n hymddygiad ni ac y dylid, felly, eu hastudio. Hynny yw, mae ganddyn nhw ddiddordeb yn yr hyn sy'n digwydd yn y 'blwch du'. Mae hynny wedi esgor ar ddatblygiadau pwysig o ran deall a gwella'r cof. Cryfder pwysig arall sydd gan yr ymagwedd hon yw'r ffordd y mae hi wedi dylanwadu ar wahanol feysydd mewn seicoleg, a'i heffaith ar fywyd bob-dydd. Mae therapïau fel CT a CBT, er enghraifft, wedi bod yn help mawr i bobl oresgyn eu problemau seicolegol; yn wir, caiff CBT ei ddefnyddio'n helaeth iawn ym Mhrydain i drin iselder ysbryd. Mae seicoleg wybyddol hefyd wedi dylanwadu'n fawr ar y meddylfryd ym maes seicoleg datblygiadol. Mae damcaniaeth Piaget ynghylch datblygiad gwybyddol, er enghraifft, wedi bod yn ddylanwadol dros ben ym myd addysg.

Ateb Tomos i 3(a)

Mae'r ymagwedd wybyddol yn ystyried yr hyn sy'n digwydd yn y meddwl ac yn dweud bod y meddwl fel cyfrifiadur am ei fod yn cymryd gwybodaeth i mewn, yn ei storio ac yna'n gallu ei dwyn i gof.

Er hynny, mae'r ymagwedd wybyddol yn wyddonol, ac mae hynny'n beth da am y byddai'n dweud y dylen ni astudio ymddygiad mewn labordy, lle gallwn ni reoli'r sefyllfa a bod yn wrthrychol. Mae hi hefyd yn rhagori ar rai ymagweddau eraill am ei bod hi'n ceisio defnyddio prosesau ymwybodol y meddwl i egluro ymddygiad. Anwybyddu'r rheiny wna ymagweddau eraill.

Ateb Megan i 3(b)

Un o broblemau'r ymagwedd hon yw ei bod hi'n cymharu'r meddwl dynol â chyfrifiadur (cyfatebiaeth â chyfrifiadur). Mae hynny'n rhy 'fecanistig' am fod emosiynau a theimladau bodau dynol yn effeithio llawer iawn ar eu hymateb i sefyllfaoedd ac ar y ffordd y byddan nhw'n storio gwybodaeth (er enghraifft, pan fyddwn ni'n dyston i ddigwyddiad trawmatig). Gan fod cynifer o wahaniaethau rhyngddynt, mae gostwng y meddwl i lefel peiriant yn ymddangos fel petai'n gam sydd ychydig bach yn naïf.

Gellir hefyd ystyried bod yr ymagwedd wybyddol ychydig yn simplistig. Er iddi ddweud bod ffactorau mewnol ac allanol yn siapio'n hymddygiad ni, mae hi hefyd yn anwybyddu rhai ffactorau pwysig eraill sy'n debyg o effeithio ar ein ffordd o ymddwyn. Er enghraifft, mae'n methu ag ystyried effaith geneteg ar ymddygiad a hefyd effaith ffactorau cymdeithasol pwysig, fel magwraeth yr unigolyn, ar ymddygiad. Mewn gair, dydy'r ymagwedd ddim yn ystyried pob agwedd ar y ddadl rhwng natur a magwraeth. Yn wir, mae'n anwybyddu'r ddadl yn gyfan gwbl.

Ateb Tomos i 3(b)

Dydy hon ddim yn ymagwedd dda am fod ein meddwl yn wahanol i gyfrifiadur mewn llawer ffordd. Er enghraifft, byddwn ni'n aml yn anghofio, ond fydd cyfrifiaduron ddim yn gwneud hynny. Hefyd, mae gennym ni deimladau sy'n effeithio ar y ffordd y byddwn ni'n cofio pethau.

ENGHRAIFFT O GWESTIWN 5

Eglurwch a gwerthuswch y fethodoleg sy'n cael ei defnyddio gan yr ymagwedd wybyddol. [12]

Ateb Megan

Bydd yr ymagwedd wybyddol yn defnyddio astudiaethau achos i ddeall prosesau gwybyddol fel y cof. Gall astudiaethau achos o unigolion sydd wedi cael niwed i'w hymennydd helpu seicolegwyr i ddeall rhagor ar brosesau'r meddwl. Cymerwch, er enghraifft, achos HM, y gŵr yr amharwyd ar ei gof o ganlyniad i seicolawdriniaeth. Câi drafferth i gofio pethau newydd ar ôl ei lawdriniaeth, ac mae'r achos hwnnw wedi'i ddefnyddio i ategu'r model amlstorfa o'r cof. Mantais astudiaethau achos yw eu bod nhw'n fodd i ni gael darlun manwl ac unigryw o ymddygiad unigolyn. Hefyd, mae modd cael data ansoddol sy'n fodd i ni dynnu casgliadau dilys am ein bod ni wedi cymryd yr amser i astudio ymddygiad yn fanwl.

Mae i astudiaethau achos eu hanfanteision, er hynny. Y brif broblem yw na allwn ni eu cymhwyso'n gyffredinol at bobl eraill. Yn achos HM, roedd y niwed i'w ymennydd yn unigryw, a go brin y gallwn ni dynnu casgliadau cyffredinol am y cof ar sail yr achos hwnnw'n unig. Ceir perygl hefyd o ran tuedd yr ymchwilydd a goddrychedd. Gall ymchwilwyr ddewis dim ond y wybodaeth y mae arnynt ei hangen yn eu disgrifiadau er mwyn ategu damcaniaeth neu ragdybiaeth. Mae hynny'n golygu nad yw astudiaethau achos mor wrthrychol ag arbrofion, dyweder.

Dull arall a ddefnyddir gan yr ymagwedd wybyddol yw arbrofion mewn labordy. Mae seicolegwyr gwybyddol o'r farn fod seicoleg yn wyddor bur ac y dylem astudio ymddygiad yn wrthrychol. Mae arbrofion labordy wedi bod yn ddefnyddiol wrth astudio prosesau'r cof. Gwnaeth Loftus, er enghraifft, lu o arbrofion i rôl cwestiynau arweiniol wrth ystumio'r cof. Mantais arbrofion labordy yw eu bod nhw'n fodd i ni dynnu casgliadau ynglŷn â'r perthnasoedd achosol am fod modd cadw rheolaeth dynn ar y newidynnau. Am eu bod yn dilyn trefniadau safonedig a gwrthrychol, mae'n hawdd eu dyblygu er mwyn dilysu'r darganfyddiadau. Byddan nhw'n esgor ar ddata meintiol (yn arbrofion Loftus, er enghraifft, y ganran o'r bobl yr oedd cwestiwn arweiniol wedi dylanwadu arnynt) sy'n hawdd eu dadansoddi a'u cymharu.

Serch hynny, gall arbrofion labordy fod yn brin o ddilysrwydd ecolegol. Gellir amau, er enghraifft, a yw ymchwil Loftus yn ddilys am nad oedd y cyfranwyr yn debyg o gael eu cyffroi'n emosiynol cymaint yn ystod yr astudiaeth ag y byddent petaen nhw wedi bod yn dyston i ddigwyddiadau trawmatig mewn bywyd go-iawn. Gall nodweddion awgrymu ymateb hefyd fod yn broblem wrth i'r cyfranwyr geisio ymateb i'r arbrawf ac, felly, ymddwyn yn annaturiol. Yn olaf, gall yr arbrofwr, o fwriad neu beidio, roi tuedd i'r canlyniad ac annog y cyfrannwr i ymddwyn/ymateb yn y ffordd y mae'n ei dymuno. Gall hynny ddigwydd am fod yr arbrofwr a'r cyfrannwr yn agos at ei gilydd.

Ateb Tomos

Mae'r ymagwedd hon yn defnyddio arbrofion labordy i astudio ymddygiad am ei bod yn credu y dylem ni astudio ymddygiad mewn ffordd wyddonol. Gwnaiff hynny am fod modd rheoli cynifer o newidynnau â phosibl wrth astudio ymddygiad yn wyddonol. Gall arbrofwyr fanipwleiddio'r newidyn annibynnol, a mesur ei effaith ar y newidyn dibynnol i sefydlu perthnasoedd achos-ac-effaith. Ymhlith manteision y dull hwnnw mae'r ffaith fod y trefniadau wedi'u safoni a bod modd eu dyblygu, felly, i ddilysu'r darganfyddiadau. Mae gwrthrychedd, hefyd, yn fantais allweddol am fod yr arbrofwr yn gallu rheoli cymaint â phosibl ar y newidynnau allanol. Mae arbrofion yn uchel eu dilysrwydd ac mae hynny hefyd yn beth da.

Dywedir, er hynny, fod arbrofion yn isel eu dilysrwydd ecolegol am nad ydyn nhw'n cynrychioli sut y mae person yn debyg o ymddwyn yn y byd go-iawn. Mae'n sefyllfa artiffisial – dydy'r ymddygiad ddim yn naturiol. Gall problemau moesegol godi hefyd os nad yw'r cyfranwyr yn ymwybodol o'r nodau, fel diffyg cydsyniad gwybodus. Gall nodweddion awgrymu ymateb hefyd ddigwydd os bydd y rhai sy'n cymryd rhan yn teimlo bod angen iddyn nhw newid eu hymddygiad i fod yn gyfranwyr 'da' neu i ddifetha'r canlyniadau'n fwriadol. Bydd hynny hefyd yn golygu nad yw'r sefyllfa'n cynrychioli ymddygiad yn y byd go-iawn.

Un o'r cwestiynau yn arholiad Uned 1 yw'r cwestiwn 'cymharu a chyferbynnu'. Cwestiwn 4 yw hwnnw bob tro. Bydd yn gofyn i chi gymharu a chyferbynnu dwy o'r ymagweddau sydd wedi cael sylw yn yr uned hon. Yn y gweithgareddau 'Gwaith i chi' ar y tudalennau gwerthuso (gweler tudalennau 11, 25, 39 a 53) drwy gydol y bennod, rydyn ni wedi bod yn eich paratoi chi ar gyfer y cwestiwn hwnnw.

Ar y ddau dudalen hyn, cewch dipyn o gyngor arbennig ynghylch taclo'r cwestiynau cymharu a chyferbynnu (C+Ch) a dau ateb enghreifftiol gan fyfyrwyr.

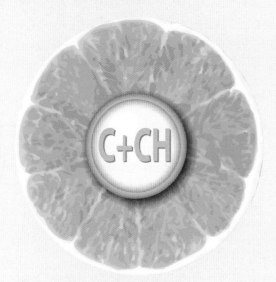

GWAITH I CHI

Rhif 4.9

Ar dudalennau x ac xi fe gyflwynwyd chi i'r materion a'r dadleuon. Rydyn ni wedi defnyddio'r rheiny drwy gydol yr uned fel ffordd o werthuso pob ymagwedd. Rydych chi hefyd wedi'u defnyddio'n sail i gymharu'r gwahanol ymagweddau. Mae deall y problemau a'r dadleuon yn hollbwysig er mwyn gallu ateb y cwestiynau C+Ch.

Ewch yn ôl i'r gweithgaredd 'Gwaith i Chi' ar dudalen xi i weld a allwch chi gynnig ymatebion mwy soffistigedig a gwybodus iddo. Dylech chi allu gwneud hynny am eich bod chi'n gwybod mwy o lawer erbyn hyn am y problemau, y dadleuon a'r ymagweddau.

AWGRYMIADAU ALLWEDDOL YNGHYLCH ATEB Y CWESTIWN C+CH

Cwestiwn **AA2** yw'r cwestiwn C+Ch. Mae'n canolbwyntio, felly, ar eich sgiliau *gwerthuso*.

> **Cymharwch a chyferbynnwch** ymagwedd 1 ac ymagwedd 2 o ran tebygrwyddau a gwahaniaethau. [12]

Am fod y cwestiwn arholiad yn pwysleisio yr hyn sy'n debyg *a'r hyn* sy'n wahanol, rhaid i chi gynnwys y naill a'r llall i gael marciau yn y ddau fand uchaf. Drwy gydol y penodau yn yr uned hon, rydych chi wedi ymarfer cymharu a chyferbynnu'r ymagweddau, a dylech chi fod wedi sylweddoli mai'r ffordd orau o wneud hynny yw ystyried sut mae pob ymagwedd unigol yn trin y problemau a'r dadleuon allweddol.

Trap disgrifio AA1

Camgymeriad yn aml yw *disgrifio* pob ymagwedd neu bob problem/dadl. Mae'n hawdd gwneud hynny am fod 'disgrifio' (**AA1**) yn sgìl symlach na gwerthuso. Ond chaiff disgrifiadau o'r fath ddim marciau yn y cwestiwn C+Ch. Rhaid i chi hoelio'ch sylw ar egluro *sut* y mae'r ddwy ymagwedd a enwyd yn debyg ac yn wahanol. Er enghraifft:

> *Mae'r ymagwedd ymddygiadol yn awgrymu bod pob ymddygiad wedi'i ddysgu o'r amgylchedd. Mae'r ymagwedd seicodynamig yn awgrymu ein bod ni'n cael ein geni ag ysfeydd cynhenid (innate drives), ond hefyd fod yr amgylchedd yn chwarae rôl am fod profiadau/ perthnasoedd cynnar yn bwysig.*

Am nad yw'r paragraff hwnnw ond yn *disgrifio* y tybiaethau, h.y. yn amlygu **AA1**, nid oes marc am ateb cwestiwn C+CH. Ystyriwch yr ail enghraifft:

> *Un gwahaniaeth allweddol rhwng yr ymagweddau ymddygiadol a seicodynamig yw eu safbwynt o ran y ddadl ynghylch natur a magwraeth. Mae'r ymagwedd ymddygiadol yn cefnogi'r ddadl o blaid magwraeth am ei bod yn credu bod pob ymddygiad wedi'i ddysgu o'r amgylchedd. Ond persbectif rhyngweithredol (interactionist) sydd gan yr ymagwedd seicodynamig am ei bod yn credu ein bod ni'n cael ein geni ag ysfeydd cynhenid yr id (natur) ond hefyd fod profiadau plentyndod yn bwysig am y gall obsesiynau ddatblygu (magwraeth).*

Am fod y paragraff hwnnw'n *cyferbynnu* y ddwy ymagwedd yn glir o ran dadl seicolegol allweddol, mae'n amlygu **AA2**.

Sut mae ysgrifennu sylwadau AA2

Un ffordd o osgoi magl disgrifio **AA1** yw defnyddio rhai brawddegau allweddol ar ddechrau pob paragraff.

- Un tebygrwydd (neu wahaniaeth) allweddol rhwng ymagweddau X ac Y yw …
- Un gymhariaeth allweddol rhwng ymagweddau X ac Y yw'r ffaith fod …
- Un ffordd o gyferbynnu (neu gymharu) ymagweddau X ac Y yw ystyried y ddadl benderfyniadol …
- Tebygrwydd (neu wahaniaeth) arall rhwng ymagweddau X ac Y yw …
- Yn olaf, mae ymagweddau X ac Y yn debyg (neu'n wahanol) oherwydd …

Amseru a hyd

Y peth pwysicaf yw bod angen i chi hoelio'ch sylw ar ateb y cwestiwn yn yr amser a gewch chi (15 munud). Mae'r pwyntiau bwled uchod yn awgrymu bod pum paragraff (h.y. pum pwynt cymharu/cyferbynnu) yn ddigon i gael marciau yn y band uchaf. Does dim rhaid i chi ddilyn y pwyntiau bwled yn union, ond fe wnaiff pum pwynt y tro'n iawn. Dylech chi ysgrifennu rhyw 80–100 o eiriau ym mhob paragraff, sef ateb o tua 400–500 o eiriau i gyd.

Sylwch nad oes dim rhaid i chi roi sylw i bob un o'r pum pwynt bwled. Fe allech chi, er enghraifft, ailadrodd y ddau gyntaf. Ond rhaid i chi roi sylw i debygrwyddau **a** gwahaniaethau.

ENGHRAIFFT O GWESTIWN C+CH

> Cwestiwn 4 **Cymharwch a chyferbynnwch** yr ymagwedd fiolegol a'r ymagwedd seicodynamig o ran tebygrwyddau a gwahaniaethau. [12]

Dyma'r bandiau ar gyfer marcio'r cwestiwn hwn.

Marciau	AA2
10–12	Mae'r dadansoddi'n drwyadl, wedi'i strwythuro'n glir a cheir tystiolaeth o ymhelaethu cydlynol ar ddebygrwyddau **a** gwahaniaethau perthnasol. Amlygir dyfnder ac ystod wrth ddadansoddi, ond nid i'r un graddau o reidrwydd.
7–9	Mae'r dadansoddi'n drylwyr a chydlynol, a cheir tystiolaeth o debygrwyddau **a** gwahaniaethau. Amlygir dyfnder **neu** ystod o ddadansoddi.
4–6	Mae'r dadansoddi'n eithaf sylfaenol/cyfyngedig, a cheir tystiolaeth o debygrwyddau **a/neu** wahaniaethau.
1–3	Arwynebol yw'r dadansoddi. Mae'r deunydd yn ddryslyd. Cyfyngedig iawn yw'r dadansoddi.
0	Dim dadansoddi perthnasol.

Dau ateb enghreifftiol gan fyfyrwyr

Bydd yr enghreifftiau hyn yn eich helpu i ddeall yr hyn y bydd angen i chi ei wneud i gael marciau da wrth ateb cwestiwn **cymharu a chyferbynnu**.

Ateb Megan
Mae'r ymagwedd fiolegol yn credu ein bod ni'n ymddwyn yn y ffordd y byddwn ni oherwydd ein ffurfiant biolegol. Bydd pethau fel genynnau, cemegion a hormonau, yn hytrach na phethau allanol, i gyd yn effeithio ar y ffordd y byddwn ni'n ymddwyn. Mae'n credu bod angen i ni astudio'r ymennydd hefyd fel ffordd o ddeall ymddygiad am y gall gwahanol rannau o'r ymennydd ddylanwadu ar ein hymddygiad. Er enghraifft, caiff rhai pobl sydd wedi cael strôc broblemau gyda'u lleferydd.

Mae'r ymagwedd seicodynamig yn meddwl bod ein plentyndod yn bwysig iawn a bod ein perthynas â'n rhieni yn dylanwadu ar y ffordd y byddwn ni'n prifio. Soniodd Freud am y cyfnodau datblygu pwysig, sef cyfnod y genau (oral), cyfnod yr anws, y cyfnod ffalig a chyfnod yr organau cenhedlu, am y gallen ni gael ein 'dal' yn y cyfnodau hynny.

Mae gwahaniaeth rhwng y ddwy ymagwedd, sef bod y naill yn canolbwyntio'n bennaf ar y dylanwadau mewnol ar ymddygiad a'r llall yn bennaf ar ddylanwadau allanol. Maen nhw hefyd ill dwy'n lleihaol ac yn benderfyniadol.

Sylwadau'r arholwr
Mae Megan wedi treulio'r rhan fwyaf o'r amser yn amlinellu tybiaethau'r ymagwedd a does fawr o gymharu. Gan nad ydych chi'n cael marciau **AA1** yn y cwestiwn hwn, gwastraff amser yw *disgrifio* tybiaethau'r ymagwedd; dylech chi ganolbwyntio ar egluro pam y mae'r tybiaethau'n debyg ac yn wahanol. Mae Megan wedi ceisio 'cymharu a chyferbynnu' ar ddiwedd y traethawd, ond prin iawn yw'r manylion. Ar y cyfan, marciau yn y band isaf fyddai'r ateb hwn yn cael, sef **3 allan o 12 marc**.

Ateb Tomos
Un gwahaniaeth rhwng yr ymagwedd fiolegol a'r ymagwedd seicodynamig yw eu safbwynt o ran y ddadl natur-a-magwraeth. Mae'r gyntaf yn credu bod modd egluro ymddygiad yn nhermau ein ffurfiant ffisiolegol a genynnol, ac felly'n tueddu at y ddadl 'natur', ond mae'r ail yn ystyried mai'r rhyngweithio rhwng ysfeydd cynhenid (natur) a phrofiadau plentyndod (magwraeth) yw achos ymddygiad.

Gwahaniaeth mawr arall yw'r dulliau a ddefnyddiant i astudio ymddygiad. Gan fod yr ymagwedd wyddonol yn ceisio astudio ymddygiad pobl yn wrthrychol drwy ddulliau fel arbrofion labordy. Mae'r ymagwedd seicolegol yn gymharol anwyddonol ac yn dibynnu ar ddefnyddio astudiaethau achos i astudio ymddygiad, sef holi unigolyn am brofiadau, teimladau ac ati yn y gorffennol, a mater i'r ymchwilydd wedyn yw cynnig dehongliad o achosion yr ymddygiad. Gan fod honno'n ffordd oddrychol iawn o astudio ymddygiad, mae'n wahanol i'r ymagwedd fiolegol. Byddai'r ymagwedd fiolegol hefyd yn credu bod modd i ni astudio anifeiliaid fel ffordd o gael gwybod am ymddygiad pobl (e.e. Selye), ond wnâi'r ymagwedd seicodynamig mo hynny am na all anifeiliaid fynegi meddyliau a theimladau ac ati.

Un tebygrwydd yw bod y ddwy ymagwedd yn rhai penderfyniadol. Yn ôl yr ymagwedd fiolegol, ein genynnau a'n ffisioleg adeg ein geni sy'n pennu'n hymddygiad ni, ond i'r ymagwedd seicodynamig y profiadau a gawn ni fel plant sy'n pennu'n hymddygiad fel oedolion. Mae'r ddwy ymagwedd, felly, yn gwadu bod gennym ni ewyllys rydd fel pobl.

Tebygrwydd arall yw bod y ddwy'n lleihaol. Fel yr esboniwyd, gellir ystyried bod yr ymagwedd fiolegol yn amlygu 'lleihadaeth ffisiolegol' am ei bod hi'n symleiddio'n hymddygiad ni i lefel gweithrediad systemau biolegol. Gellir ystyried bod yr ymagwedd seicodynamig yn amlygu 'lleihadaeth fecanistig' am ei bod hi'n symleiddio'n hymddygiad ni i fecanwaith yr ymennydd (rhyngweithiad yr id, yr ego a'r uwch-ego). Ond fe allech chi ddadlau bod yr olaf yn llai lleihaol am ei bod hi'n ystyried amryw o ffactorau sy'n dylanwadu ar ein hymddygiad, ac yn cydnabod mai proses gymhleth yw deall ymddygiad.

Yn olaf, rwy'n teimlo bod y naill ymagwedd a'r llall wedi bod yn gyfraniadau defnyddiol i gymdeithas yn gyffredinol. Mae'r tybiaethau biolegol wedi bod yn bwysig o ran dylanwadu ar gemotherapi a'r defnyddio helaeth ar gyffuriau fel cyffuriau gwrthiselder i helpu'r rhai ag iselder ysbryd. Mae seicdreiddio hefyd wedi'i ddefnyddio i helpu pobl i oresgyn problemau seicolegol ac wedi'n helpu ni i sylweddoli mai profiadau yn ystod plentyndod sydd wrth wraidd llawer o salwch seicolegol.

Sylwadau'r arholwr
Mae Tomos wedi cymharu'r ymagweddau o ran tebygrwyddau a gwahaniaethau yn effeithiol. Mae'r ateb yn amlygu ystod a dyfnder ac yn dangos ymhelaethu cydlynol. Dyma ateb trwyadl a chlir ei strwythur fyddai'n cael y marc uchaf, sef **12 allan o 12 marc**.

Dyma chi wedi cyrraedd diwedd yr uned gyntaf ac rydych chi'n barod i sefyll yr arholiad: llongyfarchiadau! I adolygu'r hyn rydych chi wedi'i ddysgu, rydyn ni wedi cynnig, ar y ddau dudalen hyn, lu o syniadau i chi allu eu defnyddio yn y dosbarth ac ar eich pen eich hun.

Damcaniaethau i'w cofio

Crëwch ddiagram pry' cop/corryn fel yr un ar y dde – un â phedair cangen a chwe choes. Labelwch y pedair cangen â'r pedair damcaniaeth rydych chi wedi'u hastudio – model GAS Selye, y ddamcaniaeth dysgu cymdeithasol am ymosodedd, damcaniaeth Freud am bersonoliaeth a'r ddamcaniaeth priodoli.

Mae pob damcaniaeth wedi'i chysylltu â chwe choes – ar ddiwedd pob coes nodwch chwe pheth a wyddoch chi mewn perthynas â'r ddamcaniaeth honno.

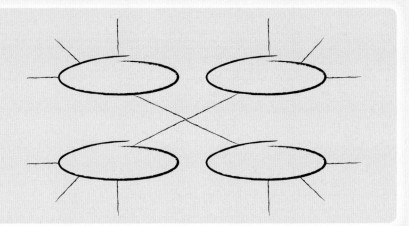

Therapi pwy ydw i?

Mewn parau, dewiswch therapi rydych chi wedi'i astudio. Rhaid i un o'r pâr chwarae'r therapydd a'r llall y cleient/claf. Lluniwch sgript ar gyfer golygfa mewn sesiwn therapi ac yna actiwch hi o flaen eich dosbarth. Rhaid i weddill y dosbarth ddyfalu pa therapi sy'n cael ei actio.

Tybiaethau

Lluniwch dabl â phedair colofn ynddo fel yr un isod. O dan y tabl rydyn ni wedi rhestru nifer o frawddegau. Rhowch y brawddegau yn y colofnau priodol yn y tabl. (Dim edrych ar eich nodiadau!)

Yr ymagwedd fiolegol	Yr ymagwedd ymddygiadol	Yr ymagwedd seicodynamig	Yr ymagwedd wybyddol

1. Mae'r meddwl fel cyfrifiadur.
2. Mae profiadau cynnar yn bwysig iawn.
3. Bydd gwahanol rannau o'r ymennydd yn dylanwadu ar ymddygiad.
4. Mae i'r ymennydd rannau ymwybodol ac anymwybodol.
5. Caiff ymddygiad ei ddysgu drwy gyflyru.
6. Gall hormonau ddylanwadu ar ymddygiad.
7. Gellir astudio'r meddwl yn wyddonol.
8. Byddwn ni'n dysgu ymddwyn drwy arsylwi pobl eraill.

Ewch ati fesul pâr i geisio llunio dwy frawddeg mewn perthynas â phob tybiaeth unigol.

Ceisiwch feddwl am rai tybiaethau eraill drosoch chi'ch hun.

Eich cyfle chi i fod yn seicolegydd

Ar y dde mae rhestr o ymddygiadau cyffredin pobl. Rhannwch eich dosbarth yn grwpiau. Dylai pob grŵp ddewis ymddygiad, a hefyd un o'r pedair ymagwedd. Defnyddiwch dybiaethau'r ymagwedd o'ch dewis i egluro'r ymddygiad. Dylai gweddill y dosbarth ddyfalu pa ymagwedd y gwnaethoch ei defnyddio a barnu pa mor llwyddiannus oedd eich eglurhad ohoni.

Gwerthuso – y problemau a'r dadleuon allweddol

Drwy gydol y penodau ar yr 'ymagweddau' yn yr uned hon, rydych chi wedi dysgu am rai materion a dadleuon seicolegol allweddol. Cymerwch lythyren gyntaf pob un ohonyn nhw, h.y.

Nomothetig/idiograffig,
Natur-a-magwraeth,
Lleihadaeth/cyfaniaeth,
Penderfyniaeth/ewyllys rydd,
Gwyddonol/anwyddonol,
Y fethodoleg a ddefnyddir.

- Ewch ati mewn parau i geisio meddwl am air neu ymadrodd a wnaiff eich helpu chi i gofio'r materion/dadleuon allweddol hynny.
- Yna, ewch ati ar eich pen eich hun i lunio **dwy** frawddeg ar bob dadl gan egluro'i natur.
- Rhannwch y dosbarth yn ddau. Rhaid i'r naill hanner a'r llall lunio araith sy'n dadlau o blaid manteision pob mater/dadl unigol. Er enghraifft, bydd un hanner yn llunio dadl o blaid 'lleihadaeth' a'r llall o blaid 'cyfaniaeth'; neu fanteision astudio ymddygiad yn 'wyddonol' yn erbyn gwneud hynny'n 'anwyddonol'; neu fanteision ac anfanteision methodoleg benodol.

Gallai'r tîm gorau gael gwobr.
Bydd hynny'n eich helpu i ddeall y materion/y dadleuon ac i wella'r marciau a gewch chi ar gwestiynau 3 a 4 yn yr arholiad.

Cymysgu'r cyfan

Cymerwch unrhyw ddamcaniaeth neu therapi yr ydych chi wedi'i (h)astudio a lluniwch chwe brawddeg amdani/amdano ar chwe darn o bapur. Cymysgwch nhw i gyd ac yna gofynnwch i rywun arall geisio'u rhoi nhw mewn trefn sy'n gwneud synnwyr. Yn ddiarwybod i chi'ch hun, bydd ad-drefnu'r brawddegau yn eich helpu chi i'w cofio.

Rhowch brawf ar hynny: ceisiwch gofio'r brawddegau ar ôl i chi gyflawni'r dasg hon.

Cariad	Ymosodedd (*aggression*)	Arferion bwyta
Rhagfarn	Breuddwydion	Caethiwed (*addiction*)
Allgaredd (*altruism*)	Iselder ysbryd	Pêl-droed

RHAGOR O SYNIADAU YNGHYLCH ADOLYGU

- **Posteri** Dewiswch un o'r pynciau yr ydych chi wedi'u hastudio a nodwch 10 ffaith allweddol am y pwnc neu'r therapi neu'r ddamcaniaeth. Rhowch nhw ar boster gyda lluniau (o gylchgronau, o'r we neu rai a dynnwyd â llaw).

- **Cartwnau** Lluniwch gartŵn stribed i ddarlunio damcaniaeth neu therapi. Cewch chi help i wneud hynny gan amrywiol wefannau, a dwy o enghreifftiau ohonyn nhw yw: www.toondoo.com/createToon.do?param=openFullWindow www.andstripcreator.com/make.php.

- **Podlediadau** Helpwch eich gilydd drwy gynhyrchu podlediadau byr i wrando arnyn nhw yn ystod unrhyw eiliadau sbâr. Crëwch eich podlediadau'ch hun yn: audacity.sourceforge.net/.

- **Bod yn awdur** Lluniwch lyfryn adolygu gan geisio'i wneud mor fyr â phosibl ond yn gynhwysfawr.

- **Gwaith grŵp** Ffurfiwch grŵp gwaith gyda'ch cyfeillion. Dylai pob aelod o'r grŵp nodi un cysyniad neu ddamcaniaeth y mae wedi'i chael hi'n anodd ei (d)deall, a dylai aelodau eraill o'r grŵp ef/hi geisio'i (h)egluro. Gall hynny olygu bod rhaid i aelodau eraill o'r grŵp fynd i ffwrdd i wneud tipyn o ymchwil).

Cysylltu'r ymagweddau a'r materion/dadleuon

Ar dudalen o bapur A3 (un mawr!) crëwch dabl fel yr un isod.

Rhannwch eich dosbarth yn bedwar grŵp. Dylid rhoi un o'r pedair ymagwedd yn yr uned hon i bob grŵp unigol a llunio cyflwyniad ynghylch sut mae'r ymagwedd honno'n cyd-fynd â phob un o'r pum mater/dadl yn y tabl.

Ar ôl pob cyflwyniad dylai pob myfyriwr lenwi'r golofn berthnasol yn ei dabl/ei thabl. Erbyn diwedd pob un o'r pedwar cyflwyniad, dylai pawb yn y dosbarth fod wedi llenwi'r tabl.

	Yr ymagwedd fiolegol	Yr ymagwedd ymddygiadol	Yr ymagwedd seicodynamig	Yr ymagwedd wybyddol
Nomothetig/idiograffig				
Natur/magwraeth				
Lleihadaeth/cyfaniaeth				
Penderfyniaeth/ewyllys rydd				
Gwyddonol/anwyddonol				
Y fethodoleg a ddefnyddir				

Dominos

Dylai'r myfyrwyr weithio mewn parau i lunio 20 o gwestiynau ac atebion, fel 'Beth yw enw'r rhan gynhenid ac anymwybodol o'r meddwl?'

Lluniwch 20 'domino' (darn o bapur neu, yn well byth, un â llinell i lawr ei ganol). Ar yr ochr dde, ysgrifennwch gwestiwn. Ar y chwith, ysgrifennwch ateb i gwestiwn gwahanol fel y dangosir isod.

Cyfnewidiwch eich dominos â phâr arall o fyfyrwyr a chwaraewch y gêm.

Neu fe allwch chi eu defnyddio i chwarae gêm o gwestiwn ac ateb. Rhowch yr holl ddominos gyda'i gilydd a deliwch nhw allan o amgylch y dosbarth. Bydd un myfyriwr yn cychwyn drwy ofyn y cwestiwn ar un o'i gardiau/o'i chardiau. Bydd y myfyriwr sydd â'r ateb yn ei alw allan, ac yna'n darllen y cwestiwn ar ei gerdyn ef/ei cherdyn hi. Gallwch chi amseru'r gêm hon a'r her fydd mynd drwy'r holl gardiau o fewn dwy funud.

Dyma'ch atebion

Rhannwch eich dosbarth yn bum grŵp. Dylai pob grŵp ddewis (ar hap, efallai) un o'r pedair ymagwedd yn y fanyleb. Dylai'r grŵp lunio cynllun enghreifftiol o ddraethawd ar gyfer pob un o'r cwestiynau arholiad isod. Dylech chi ddefnyddio cynllun marcio PY1 ar dudalen vii i'ch helpu i lunio atebion a fyddai'n ennill marciau yn y band uchaf.

---

1 (a) **Amlinellwch** ddwy o dybiaethau'r ymagwedd _____. [4]

   (b) **Disgrifiwch** theori _____. [8]

2 **Disgrifiwch** sut mae'r ymagwedd _____ wedi cael ei chymhwyso mewn naill ai _____ neu therapi _____. [12]

3 (a) **Gwerthuswch** ddau o gryfderau'r ymagwedd _____. [6]

   (b) **Gwerthuswch** ddau o wendidau'r ymagwedd _____. [6]

4 **Cymharwch a chyferbynnwch** yr ymagwedd _____ a'r ymagwedd _____ o ran tebygrwyddau a gwahaniaethau. [12]

5 **Eglurwch a gwerthuswch** y fethodoleg sy'n cael ei defnyddio gan yr ymagwedd _____. [12]

Erbyn diwedd y gweithgaredd, bydd gan bob myfyriwr batrwm o ateb i bob cwestiwn posibl!

▲ Mae seicolegwyr wedi dangos bod pobl sy'n llwyddo yn credu ynddyn nhw eu hunain – mae ganddyn nhw barch mawr iddyn nhw eu hunain. Os hoffech chi wneud yn dda yn yr arholiadau, mae'n werth bod â ffydd ynddoch chi eich hun.

Mae'r atebion ar dudalen 179.

Mae templad o'r croesair hwn
i'w weld ar wefan Atebol
(www.atebol.com)

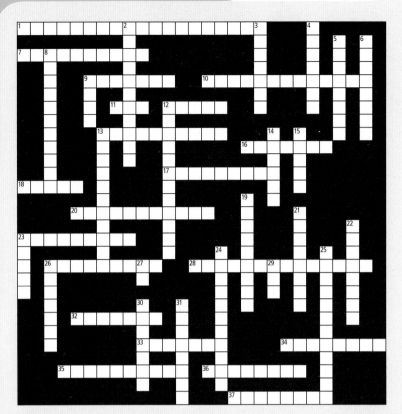

Ar draws

1. Mae serotonin, dopamin a GABA yn _____ . (19)
7. Y rhan o'r system nerfol sydd ynghlwm wrth yr ymateb ymladd neu ffoi. (10)
9. Y seicolegydd a ddatblygodd ddamcaniaeth dysgu cymdeithasol. (7)
10. Mae gan gymeriad sy'n gybyddlyd a threfnus bersonoliaeth _____ . (4 – anghofiwch yr heiffen! – 9)
11. Byrfodd y math o sgan o'r ymennydd sy'n cynnwys defnyddio lliwur ymbelydrol. (3)
12. Adeiledd meddyliol sy'n cynrychioli agwedd ar y byd. (5)
13. Ymagwedd sy'n egluro ymddygiad yn nhermau dysgu a phrofiad. (10)
16. Caiff yr ego ei yrru gan egwyddor _____ . (7)
17. Atgyfnerthu anuniongyrchol. (9)
18. Cynigiodd Popper na allwch chi brofi bod damcaniaeth yn gywir. Allwch chi ond ei _____ . (5)
20. Mae seicolegwyr gwybyddol yn awgrymu bod modd cymharu'r ymennydd â hwn: _____ . (11)
23. Mae lwc yn enghraifft o briodoliad _____ . (9)
26. Hormon a gaiff ei gynhyrchu yn y chwarren adrenal ac sy'n gysylltiedig â straen. (9)
28. Y gwrthwyneb i'r safbwynt ewyllys rydd. (14)
32. Yr enw ar yr ysgogiad cyflyrol cyn i'r cyflyru ddigwydd. (7)
33. Y seicolegydd a gyflwynodd y cysyniad o gyflyru gweithredol. (7)
34. Ymagwedd sy'n egluro ymddygiad yn nhermau sut mae meddwl yn siapio'n hymddygiad ni. (8)
35. Ymagwedd at ymchwil sy'n canolbwyntio mwy ar yr unigolyn nag ar ddeddfau cyffredinol. (10)
36. Yr hormon a gynhyrchir pan fydd person dan straen. (8)
37. Ymagwedd sy'n egluro ymddygiad yn nhermau prosesau corfforol. (8)

I lawr

2. Y therapi a ddatblygwyd gan Freud. (11)
3. Math o atgyfnerthiad sy'n golygu dianc rhag sefyllfa annymunol. (7)
4. Esboniadau _____ sy'n datgymalu ffenomenau cymhleth yn gydrannau symlach. (7)
5. Y term a ddefnyddir i ddisgrifio esboniadau amgylcheddol o ymddygiad. (8)
6. Trydydd cam model GAS. (8)
8. Gefeilliaid unfath. (11)
9. Y ddol a ddefnyddiwyd mewn clasur o arbrawf ynghylch dysgu cymdeithasol. (4)
12. Ymagwedd sy'n egluro ymddygiad yn nhermau'r meddwl anymwybodol. (12)
13. Y rhan o'r ymennydd sy'n ymwneud â swyddogaethau gwybyddol uwch. (1,5,5)
14. Y seicolegydd a ddatblygodd y cysyniad o gyflyru clasurol. (6)
15. Y trydydd cyfnod o ddatblygiad seicorywiol, yn ôl Freud. (5)
19. Ymagwedd at ymchwil sy'n hoelio sylw ar lunio deddfau cyffredinol ymddygiad. (9)
21. Awgrymodd Kelley y caiff priodoliadau mewnol eu gwneud os yw _____ yn uchel. (8)
22. Roedd ffilm Heider a Simmel (1944) yn cynnwys cylch a dau o'r rhain: _____ . (8)
23. Y seicolegydd a ddatblygodd fodel GAS. (5)
24. Mae'r ddamcaniaeth dysgu cymdeithasol yn cynnig bod atgyfnerthu yn anuniongyrchol *ac* yn _____ . (11)
25. Y lefel o ymwybodolrwydd rhwng yr ymwybodol a'r anymwybodol. (12)
26. Bydd yr ego'n delio â gorbryder drwy ddefnyddio mecanweithiau _____ yr ego. (7)
27. Y rhan fympwyol ac anymwybodol o'n personoliaeth. (2)
29. Y byrfodd am y camgymeriad cyffredin o egluro ymddygiad person yn nhermau ffactorau mewnol yn hytrach na rhai allanol. (3)
30. Astudiaeth achos a ddefnyddiwyd gan Freud i ategu cymhleth Oedipws. (4,3)
31. Math o ddull cyfweld a ddefnyddiwyd gan Freud. (8)

Astudiaethau craidd a Dulliau Ymchwil Cymhwysol

MANYLEB UNED 2 UWCH GYFRANNOL | 66

PENNOD 5 ASTUDIAETHAU CRAIDD

Rhagymadrodd | 67
Seicoleg gymdeithasol
Astudiaeth graidd 1 Asch (1955) Barnau a phwysau cymdeithasol | 68
Astudiaeth graidd 2 Milgram (1963) Astudiaeth ymddygiadol o ufudd-dod | 74
Seicoleg ffisiolegol
Astudiaeth graidd 3 Rahe, Mahan ac Arthur (1970) Rhagfynegi newid mewn iechyd yn y dyfodol agos o newidiadau blaenorol ym mywyd y gwrthrych | 80
Astudiaeth graidd 4 Bennett-Levy a Marteau (1984) Ofn anifeiliaid: beth yw bod yn barod? | 86
Seicoleg wybyddol
Astudiaeth graidd 5 Loftus a Palmer (1974) Ail-lunio dinistrio ceir: enghraifft o'r rhyngweithiad rhwng iaith a'r cof | 92
Astudiaeth graidd 6 Gardner a Gardner (1969) Dysgu iaith arwyddion i tsimpansî | 98
Seicoleg datblygiad
Astudiaeth graidd 7 Langer a Rodin (1976) Effeithiau dewis a chyfrifoldeb personol ehangach ar gyfer yr oedrannus | 104
Astudiaeth graidd 8 Gibson a Walk (1960) Y clogwyn gweledol | 110
Gwahaniaethau rhwng unigolion
Astudiaeth graidd 9 Buss (1989) Gwahaniaethau yn ôl rhyw yn y dewis o gymar gan fodau dynol | 116
Astudiaeth graidd 10 Rosenhan (1973) Bod yn gall o dan amgylchiadau gwallgof | 122
Pennod 5: Crynodeb | 128
Gweithgareddau adolygu | 131
Croesair | 132

PENNOD 6 DULLIAU YMCHWIL CYMHWYSOL

Rhagymadrodd | 133
Sut mae gwyddoniaeth yn gweithio | 134
Beth yw arbrawf? | 136
Dilysrwydd | 138
Rhagor am ddilysrwydd | 140
Materion moesegol | 142
Arbrofion labordy ac arbrofion maes | 144
(Lled-)arbrofion naturiol | 146
Cydberthyniadau | 148
Cynrychioli data a thynnu casgliadau | 150
Arsylwadau | 152
Rhagor am arsylwadau | 154
Dulliau samplu | 156
Holiaduron a chyfweliadau | 158
Rhagor am holiaduron a chyfweliadau | 160
Dulliau ymchwil eraill | 162
Data meintiol ac ansoddol | 164
Adolygu dibynadwyedd a dilysrwydd | 165
Pennod 6: Crynodeb | 166
Croesair | 167
Gweithgareddau adolygu | 168
Cwestiynau arholiad enghreifftiol ac atebion myfyrwyr | 170

ADOLYGIAD DIWEDD UNED 2
Gweithgareddau adolygu | 172

PY2 60% 1¾ awr
Seicoleg: Astudiaethau Craidd a Dulliau Ymchwil Cymhwysol

Mae Adran A ac Adran B wedi'u seilio ar yr astudiaethau craidd, a bydd ymgeiswyr yn ateb tri chwestiwn gorfodol ym mhob adran. Mae Adran C wedi'i seilio ar ddulliau ymchwil, a bydd ymgeiswyr yn ateb un cwestiwn o blith dewis o ddau.	**Astudiaethau craidd:** Deg astudiaeth graidd sydd wedi'u tynnu o bum prif faes

▶ Asch ▶ Milgram ▶ Rahe, Mahan ac Arthur ▶ Bennett-Levy a Marteau ▶ Loftus a Palmer ▶ Gardner a Gardner ▶ Langer a Rodin ▶ Gibson a Walk ▶ Buss ▶ Rosenhan	Ar gyfer pob astudiaeth graidd, dylai ymgeiswyr wybod: ▶ Y nodau a'r cyd-destun: ▶ Y trefniadau. ▶ Y darganfyddiadau a'r casgliadau. ▶ Gwerthuso'r fethodoleg. ▶ Asesu'r ymchwil yn feirniadol a'i gymharu â thystiolaeth arall.

Dulliau ymchwil cymhwysol

Cymhwyso gwybodaeth a dulliau ymchwil at sefyllfaoedd newydd:
▶ Dulliau ymchwil ansoddol a meintiol (diffinio ac enwi'r manteision a'r anfanteision): arbrofion labordy, arbrofion yn y maes a (lled-) arbrofion naturiol, cydberthyniadau, arsylwadau, holiaduron, cyfweliadau ac astudiaethau achos.
▶ Dibynadwyedd a ffyrdd o ddelio ag ef (hanner hollt, profi-ac-ailbrofi, rhyng-farnu).
▶ Dilysrwydd (arbrofol ac ecolegol) a ffyrdd o ddelio â nhw (cynnwys, cydgyfredol, lluniad).
▶ Materion moesegol sy'n ymwneud ag ymchwil, gan gynnwys diffyg cydsyniad gwybodus, defnyddio twyll, diffyg hawl i dynnu'n ôl o'r ymchwiliad, diffyg cyfrinachedd, methiant i amddiffyn cyfranwyr rhag niwed corfforol a seicolegol.
	▶ Dulliau samplu gwahanol (diffinio ac enwi'r manteision a'r anfanteision), gan gynnwys cyfle, cwota, hap, hunanddewisol (gwirfoddolwr), haenedig, a systematig.
	▶ Diffinio a chynnig manteision ac anfanteision, a thynnu casgliadau o'r ffyrdd canlynol o ddisgrifio data:
	  ▶ Datblygu system godio.
	  ▶ Dadansoddi'r cynnwys.
	  ▶ Categoreiddio.
	  ▶ Cymedr, canolrif, modd.
	  ▶ Amrediad.
	  ▶ Graffiau gwasgariad, siartiau bar, histogram.

SYLWADAU AR FANYLEB A THREFNIADAETH YR UNED HON

Mae Uned 2 wedi'i rhannu'n ddwy bennod, sef Pennod 5 ar yr Astudiaethau Craidd a Phennod 6 ar y Dulliau Ymchwil Cymhwysol. Yn y naill a'r llall cewch chi ddarlun o'r ffordd y bydd seicolegwyr yn gwneud ymchwil.

Yn y bennod ar astudiaethau craidd, fe edrychwch chi'n fanwl ar ddeg astudiaeth adnabyddus mewn seicoleg. Ym mhob achos, bydd y llyfr yn dilyn yr un patrwm:
- Set 1 o ddau dudalen: y nodau, y cyd-destun a'r trefniadau.
- Set 2 o ddau dudalen: y darganfyddiadau a'r casgliadau.
- Set 3 o ddau dudalen: gwerthuso'r fethodoleg, y dystiolaeth arall ac atebion myfyrwyr i gwestiynau arholiad.

Nodweddion eraill sydd wedi'u cynnwys yw rhai fel bocsys 'Dyma'r ymchwilydd', gweithgareddau, a chwestiynau 'Allwch Chi ..?'.

Ym Mhennod 6 (Dulliau Ymchwil Cymhwysol) fe astudiwch chi'r dulliau a'r technegau y bydd seicolegwyr yn eu defnyddio wrth astudio ymddygiad, yn ogystal ag ystyried manteision neu anfanteision y dulliau/technegau hynny.

PY2 Astudiaethau craidd a dulliau ymchwil cymhwysol
Mae'r arholiad yn cael ei rhannu yn dair adran. Mae Adrannau A a B yn ymwneud â'r astudiaethau craidd. Fe welwch chi enghraifft o Adran C ar dudalen 133.

90 marc (awr a 45 munud)

ADRAN A

Atebwch bob cwestiwn yn yr adran hon.
Cofiwch y dylai eich ateb ganolbwyntio ar sgìl gwybodaeth a dealltwriaeth.

1. Rhowch grynodeb o amcanion **a** chyd-destun ymchwil Milgram (1963), 'Astudiaeth ymddygiadol o ufudd-dod' ('Behavioural study of obedience'). [12]

2. Amlinellwch ddulliau gweithredu ymchwil Gibson a Walk (1960), 'Y clogwyn gweledol' ('The visual cliff'). [12]

3. Disgrifiwch ganlyniadau **a** chasgliadau ymchwil Loftus a Palmer (1974), 'Ail-lunio dinistrio ceir: enghraifft o'r rhyngweithiad rhwng iaith a'r cof' ('Reconstruction of automobile destruction: an example of the interaction between language and memory'). [12]

ADRAN B

Atebwch bob cwestiwn yn yr adran hon.
Cofiwch y dylai eich ateb ganolbwyntio ar sgìl dadansoddi a gwerthuso.

4. Gwerthuswch fethodoleg ymchwil Asch (1955) 'Barnau a Phwysau Cymdeithasol' ('Opinions and Social Pressure'). [12]

5. Gan gyfeirio at dystiolaeth amgen, aseswch yn feirniadol ymchwil Gibson a Walk (1960), 'Y clogwyn gweledol' ('The visual cliff'). [12]

6. Gan gyfeirio at dystiolaeth amgen, aseswch yn feirniadol ymchwil Rosenhan (1973), 'Bod yn gall o dan amgylchiadau gwallgof' ('On being sane in insane places'). [12]

Bydd seicolegwyr academaidd mewn prifysgolion a sefydliadau ymchwil eraill yn gwneud astudiaethau i roi prawf ar ddamcaniaethau ac esboniadau seicolegol. Ym Mhennod 1, er enghraifft, fe welson ni i Hans Selye astudio llygod mawr i roi prawf ar ei fodel o'r **Syndrom Addasu Cyffredinol** (*General Adaptation Syndrome* – GAS), ac ym Mhennod 2 fe welson ni fod astudiaeth Bandura gyda'r ddol Bobo wedi amlygu gwirionedd y **Ddamcaniaeth Dysgu Cymdeithasol** (*Social Learning Theory* – SLT). Enghreifftiau o astudiaethau ymchwil yw'r rheiny. Gan fod ar seicolegwyr eraill eisiau darllen am ymchwil o'r fath i allu datblygu eu syniadau a'u damcaniaethau eu hunain, bydd seicolegwyr (a phob gwyddonydd) yn cyhoeddi adroddiadau ar eu hymchwil mewn cyfnodolion academaidd (gweler ar y dde).

Astudiaeth graidd yw erthygl a gyhoeddwyd yn wreiddiol mewn cyfnodolyn academaidd ac sydd wedi sicrhau enwogrwydd hir dymor – yn bennaf am fod y darganfyddiadau ynddi wedi bod yn ganolog wrth ddatblygu syniadau seicolegol.

Erthyglau mewn cyfnodolion

Bydd erthyglau mewn cyfnodolion yn dilyn patrwm gweddol safonol, fel yr amlinellwyd uchod. Gan fod cwestiynau arholiad yn dilyn yr un drefn – y cyd-destun a'r nodau, y trefniadau, y darganfyddiadau a'r casgliadau (gweler gyferbyn) – rydyn ni wedi dilyn yr un drefn wrth gyflwyno pob un o'r astudiaethau craidd yn y bennod hon.

Isod, cewch chi eglurhad o holl nodweddion allweddol erthygl mewn cyfnodolyn ac fe welwch chi nhw ar y tudalen cyntaf o astudiaeth graidd Loftus a Palmer (1974).

Crynodeb Crynodeb o'r astudiaeth.

Y nodau a'r cyd-destun Fel rheol, man cychwyn erthygl yw adolygu'r ymchwil blaenorol (damcaniaethau ac astudiaethau) ac yna sôn am nodau'r astudiaeth benodol hon. Bydd yr ymchwilwyr yn amlinellu'r rheiny a gallan nhw hefyd ddatgan eu rhagfynegiadau a/neu eu **rhagdybiaeth**/au.

Y trefniadau Disgrifiad manwl o'r hyn a wnaeth yr ymchwilwyr, fel darparu manylion am y cyfranwyr a'r dulliau a ddefnyddiwyd i gasglu'r data. Y prif bwynt yw manylu digon i rywun arall **ailwneud** yr astudiaeth

Y darganfyddiadau (a elwir weithiau'n 'ganlyniadau') Yma, ceir darganfyddiadau'r ymchwilwyr, gan gynnwys data **meintiol** mewn tablau a graffiau i ddarlunio'r hyn a wnaeth y cyfranwyr. Gall hefyd gynnwys data **ansoddol** lle bydd y cyfranwyr yn cynnig sylwadau ar eu hymddygiad neu eu profiad.

Y casgliadau (a elwir weithiau'n 'drafodaeth') Bydd yr ymchwilwyr yn cynnig dehongliadau o'r darganfyddiadau, fel cyffredinoli ynghylch pobl ar sail ymddygiad y cyfranwyr yn yr astudiaeth. Gallen nhw gynnig esboniadau o'r ymddygiadau a arsylwyd, a hefyd ystyried goblygiadau'r canlyniadau a chynnig awgrymiadau ynghylch ymchwil at y dyfodol.

CYFNODOLION YSGOLHEIGAIDD

Bob blwyddyn fe gyhoeddir dros filiwn o bapurau ymchwil mewn miloedd o gyfnodolion ysgolheigaidd. Maen nhw'n wahanol i gylchgronau 'poblogaidd' am mai adroddiadau manwl ar ymchwil sydd ynddyn nhw. Mae'r erthyglau wedi'u llunio gan academyddion ac *wedi'u hadolygu gan gydweithwyr*. Ystyr hynny yw bod arbenigwyr academaidd eraill wedi darllen yr erthyglau ac wedi penderfynu bod yr ymchwil yn werth ei gyhoeddi (h.y. ei fod yn ddidwyll ac yn ddilys).

Seicoleg yw maes penodol rhai cannoedd o gyfnodolion, e.e. *The Psychologist, Archives of Sexual Behaviour, Journal of Early Adolescence* a *The British Journal of Psychology*.

Gall y cyfnodolion gael eu cyhoeddi'n wythnosol, yn fisol neu'n llai aml na hynny. Seilir gwerslyfrau academaidd ar eu herthyglau ac fe gysylltant honiadau'r ymchwil ag adroddiadau ysgolheigaidd, fel y gwelwch chi wrth bori drwy'r cyfeiriadau yng nghefn y llyfr hwn.

Astudiaeth graidd 1: Loftus a Palmer (*1974). Dyma dudalen cyntaf yr erthygl wreiddiol.

Darllenwch y gwreiddiol

Er i ni ddisgrifio pob astudiaeth graidd yn eithaf manwl, syniad da fyddai edrych ar yr erthygl wreiddiol. Mewn llawer achos, bydd hi ar y we ac rydyn ni wedi rhoi'r cysylltau yn y testun. Os nad ydy'r adroddiad gwreiddiol ar y we, gallwch chi roi cyfeiriad llawn yr astudiaeth i'ch llyfrgell leol ac, am ffi fach, fe gewch lungopïau ohoni drwy wasanaeth benthyciadau rhyng-lyfrgellol Prydain.

Mae llu o astudiaethau craidd i'w cael, ac os oes gennych chi ddiddordeb, gallwch ddarllen amdanyn nhw (yn ogystal â rhai o astudiaethau craidd CBAC) yn y llyfrau hyn:

Banyard, P. a Grayson, A. (2007). Introducing Psychological Research, 3ydd arg. Llundain: Palgrave.

Hock, R.R. (2008). Forty Studies That Changed Psychology. Llundain: Pearson Educational.

Rolls, G. (2005). Classic Case Studies in Psychology. Llundain: Hodder and Stoughton.

Slater, L. (2004). Opening Skinner's Box: Great Psychological Experiments of the Twentieth Century. Efrog Newydd: Norton.

Asch (1955) Barnau a phwysau cymdeithasol

Astudio sut mae pobl eraill yn effeithio ar ein meddyliau, ein teimladau a'n hymddygiad yw hanfod astudio dylanwad cymdeithasol. Roedd Solomon Asch yn un o amryw o seicolegwyr cymdeithasol yn y 1950au a geisiodd ddeall prosesau dylanwad cymdeithasol. Meddai'r cymdeithasegydd Gabriel Tarde: *'Cerddwr yn ei gwsg yw'r dyn cymdeithasol'*, hynny yw, fe gyflawnwn ni lawer o'n hymddygiad fel petaen ni'n cerdded yn ein cwsg. I raddau, caiff barn ac agwedd pobl eu ffurfio gan farn ac agwedd pobl o'u hamgylch, a bydd llawer o hynny'n digwydd heb unrhyw ymdrech ymwybodol.

Efallai y byddwch chi'n anghytuno – ac efallai'n credu'ch bod chi'n arddel eich barn a'ch daliadau'ch hun ac mai'ch barn eich hun sydd gennych ac nid rhyw duedd i gydymffurfio'n ddifeddwl. Ond mae ymchwil Asch, wrth ddangos fel arall, wedi syfrdanu pobl.

"Fel 'na mae pawb yn gwisgo eleni, Luned. Elli di ddim me-me-ddwl drosot ti dy hun?"

Trosiad o gartŵn o www.cartoonstock.com

BETH YW CYDYMFFURFIO?

Dywedir bod unigolyn yn *cydymffurfio* os yw'n dewis gweithredu yn y ffordd y mae'r mwyafrif o aelodau eraill y grŵp o'i phlaid neu y credir ei bod hi'n gymdeithasol dderbyniol. Ar y llaw arall, dywedir bod unigolyn yn gwyro os yw'n dewis ymddwyn mewn ffordd nad yw'n gymdeithasol dderbyniol neu nad yw'r mwyafrif o aelodau'r grŵp fel petaen nhw o'i phlaid. Am fod barn neu ymddygiad y *mwyafrif* o bobl yn ddylanwad clir ar yr unigolyn, caiff y ffurf honno ar ddylanwad cymdeithasol ei galw weithiau'n *ddylanwad y mwyafrif*. Ond dydy'r ffaith fod unigolyn yn cydymffurfio â'r mwyafrif *yn gyhoeddus* ddim yn golygu ei fod/ei bod wedi newid ei (h)agweddau neu ei gredoau/ei chredoau preifat. Nodweddir y rhan fwyaf o ddylanwad y mwyafrif, felly, gan **gydymffurfio'n gyhoeddus** yn hytrach na **derbyn yn breifat**.

Mae'n bwysig i seicolegwyr ddeall proses cydymffurfio am mai'r farn yw ei bod hi'n effeithio ar lawer o'n hymddygiadau a'n penderfyniadau mewn llawer sefyllfa – er enghraifft, sut y daw rheithgorau i benderfyniad a sut y bydd myfyrwyr yn ymddwyn yn y dosbarth.

Y CYD-DESTUN A'R NODAU

Pwnc amryw o astudiaethau cynharach oedd y ffordd y bydd pobl mewn grŵp yn ffurfio'u barn. Gofynnodd Jenness (1932), er enghraifft, i fyfyrwyr ddyfalu faint o ffa oedd mewn jar. Yna, ar ôl iddyn nhw gael cyfle i drafod eu hamcangyfrif, gofynnwyd i bob un yn unigol eu (h)amcangyfrif unwaith eto. Gwelodd Jenness fod tuedd i amcangyfrifon unigolion glosio at norm y grŵp. Mae hi fel petai'n gam rhesymol i bobl mewn sefyllfa *amwys* (*ambiguous*) (fel ceisio dyfalu faint o ffa sydd mewn jar) droi at eraill i gael rhyw syniad o ateb rhesymol. Ond credir bod cyfyngiad ar ymchwil Jenness am iddo ofyn yn benodol iddyn nhw lunio amcangyfrif grŵp yn hytrach na dim ond dweud a fydden nhw'n llunio amcangyfrifon tebyg.

Gwnaeth Sherif (1935) ymchwiliad tebyg i'r ymatebion i ysgogiad amwys. Defnyddiodd ef yr *effaith hunansymudol* (*autokinetic effect*), sef taflunio smotyn sefydlog o oleuni ar sgrin mewn ystafell sydd, fel arall, yn dywyll, ac mae'r smotyn fel petai'n symud o gwmpas. Dywedodd Sherif wrth y cyfranwyr ei fod yn mynd i symud y golau, a gofynnodd iddyn nhw amcangyfrif faint yr oedd y smotyn o oleuni wedi symud. I gychwyn, rhoddwyd prawf ar bob cyfrannwr unigol, ac yna gofynnwyd iddyn nhw weithio gyda thri arall a oedd wedi rhoi amcangyfrifon go wahanol o faint y symud. Ar ôl y trafod, gofynnwyd i bob un roi ei (h)ateb fel unigolyn unwaith eto. Roedd y ffaith fod y rheiny'n eithaf tebyg i rai'r lleill yn eu grŵp yn amlygu tuedd i sefydlu normau grŵp a chydymffurfio â nhw.

Y farn yw bod ymchwil Sherif yn rhagori ar ymchwil Jenness am na ddywedodd ef yn benodol wrth y cyfranwyr fod rhaid iddyn nhw lunio amcangyfrif grŵp. Fe sefydlodd y cyfranwyr norm eu grŵp o'u pen a'u pastwn eu hunain.

Ond barn Asch oedd bod ymchwil Jenness ac ymchwil Sherif yn gyfyngedig am nad oedd yn mesur **cydymffurfiad** (*conformity*) mewn gwirionedd – roedd yn mesur ffurfiant normau'r grŵp yn hytrach na gweld a oedd pobl yn cydymffurfio ag ymddygiad a barn pobl eraill. Credai Asch hefyd fod yr ymchwil yn brin o effaith am fod cydymffurfio'n eithaf tebygol mewn sefyllfaoedd amwys nad oes dim ateb clir iddyn nhw. Aeth Asch ati, felly, i ddyfeisio ffordd newydd o roi prawf ar gydymffurfio.

Nodau

Cam synhwyrol mewn sefyllfaoedd *amwys* yw i ni droi at bobl eraill i'n helpu i benderfynu ar ein hymddygiad a'n hagweddau, fel penderfynu pa raglenni teledu sydd orau, neu ba gyllell i'w defnyddio mewn bwyty. Os nad ydych chi'n siŵr beth i'w feddwl neu ei wneud, fe edrychwch i weld beth mae pawb arall yn ei wneud. Ond os oes ateb sydd, yn amlwg, yn gywir, ydy ymddygiad pobl eraill yn dal i ddylanwadu ar bobl?

Ceisiodd Asch ymchwilio i effeithiau pwysau'r grŵp ar unigolion mewn sefyllfa *ddi*amwys. Roedd arno eisiau gwybod a fyddai unigolion, wrth wynebu ateb a oedd yn amlwg anghywir, yn rhoi ateb a fyddai'n parhau'r camgymeriad hwnnw (yn cydymffurfio) neu'n cynnig ymateb annibynnol.

TREFNIADAU

Yr astudiaeth waelodlin

Gofynnodd Asch i fyfyrwyr (a oedd wedi gwirfoddoli) gymryd rhan mewn prawf 'gweld'. Ond heb yn wybod i'r gwirfoddolwyr roedd pob un ond un o'r cyfranwyr yn gynghreirwyr (h.y. yn gydweithwyr) i'r arbrofwr. Gwir ddiben yr arbrawf oedd gweld sut y byddai'r unig gyfrannwr 'naïf' yn ymateb i ymddygiad y **cynghreirwyr** (*confederates*).

Rhoddwyd prawf ar gyfanswm o 123 o israddedigion gwryw o dri choleg gwahanol yn yr Unol Daleithiau. Ym mhob sesiwn roedd un cyfrannwr naïf a grŵp o chwech i wyth o gynghreirwyr. Cafodd y cyfranwyr (yr un go-iawn a'r cynghreirwyr) eu rhoi i eistedd mewn ystafell a gosodwyd yr un naïf bob tro i eistedd ym mhen draw'r grŵp neu'r nesaf at yr olaf (i sicrhau ei fod yn clywed atebion y lleill cyn rhoi ei ateb ei hun).

Dangoswyd dau gerdyn mawr gwyn (fel y rhai ar y dde) i'r cyfranwyr. Ar un cerdyn mae llinell ddu fertigol – y llinell safonol y dylai'r llinellau eraill gael eu cymharu â hi. Ar y cerdyn arall mae tair llinell fertigol sy'n amrywio o ran eu hyd. Gofynnwyd i'r cyfranwyr ddewis pa linell sydd yr un hyd â'r llinell safonol. Mae un o'r llinellau o'r un hyd ac mae hyd y lleill yn wahanol (o ryw 2cm a rhagor).

Dechreuodd yr arbrawf yn ddidrafferth gan i'r holl gynghreirwyr enwi'r llinell gywir, ond ar ôl ychydig o dreialon gwnaeth pob un o'r cynghreirwyr ddewis anghywir. Cafodd y cynghreirwyr eu cyfarwyddo i wyro i'r un ateb *anghywir* mewn 12 o'r 18 o dreialon gyda phob cyfrannwr.

Ar ôl cwblhau'r treialon, datgelodd Asch wir natur yr ymchwil a holi'r cyfranwyr naïf am eu hymatebion a'u hymddygiad.

Trefniadau ychwanegol

Gan fod Asch eisiau gwybod ai maint neu unfrydedd y mwyafrif oedd bwysicaf wrth benderfynu cydymffurfio, rhoddodd gynnig ar nifer o amrywiadau i ganfod effaith ffactorau penodol ar lefelau'r cydymffurfio.

- **Maint y grŵp** Amrywiwyd hwnnw o 1–15 o bobl.
- **Partner geirwir** Atebodd un o'r grŵp yn eirwir. Chwaraewyd ei rôl gan gynghreiriwr neu gyfrannwr naïf arall.
- **Partner a anghytunai'n anghywir** Cyflwynwyd cynghreiriwr a anghytunodd â'r mwyafrif ond a anghytunodd hefyd â'r cyfrannwr naïf.
- **Partner sy'n newid ei feddwl** Yn yr astudiaethau blaenorol, fe arsylwyd y cyfrannwr naïf mewn sefyllfa benodol. Beth petai'r sefyllfa'n newid? Yn yr amrywiad hwnnw, bydd y partner sy'n gynghreiriwr yn dechrau drwy roi ymatebion cywir i'r chwe threial hollbwysig cyn ymuno â'r mwyafrif ar gyfer y chwe threial hollbwysig arall.
- **Partner sy'n gadael** Bydd y partner yn cychwyn drwy roi'r ymatebion cywir i'r chwe threial hollbwysig cyntaf, ond yna rhaid iddo adael i fynd i apwyntiad pwysig.

GWAITH I CHI   Rhif 5.2

Fel petaech chi'n ysgrifennu rysáit, lluniwch eich canllaw cam-wrth-gam eich hun i drefniadau'r astudiaeth hon. Y nod yw i chi roi cyfarwyddiadau manwl-gywir i rywun ynglŷn â'r hyn y dylai ei wneud. Rhifwch y camau yn y drefn y byddai angen eu dilyn.

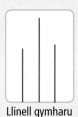

Y llinell safonol   Llinell gymharu

▲ Enghreifftiau o gardiau tebyg i'r rhai a ddefnyddiwyd yn arbrawf Asch i roi prawf ar gydymffurfio mewn sefyllfa ddiamwys (*unambiguous*).

▼ Mae'r arbrofwr yn dangos y llinellau i grŵp o gyfranwyr sydd oll yn gynghreirwyr i'r arbrofwr ac eithrio'r un cyfrannwr naïf sydd ar y sedd olaf ond un yn y grŵp.

www Gallwch chi wylio fideos o arbrawf Asch ar YouTube.

Yr erthygl wreiddiol
Cyhoeddwyd erthygl Asch yn y cyfnodolyn *Scientific American*. Y cyfeiriad llawn yw: Asch, S.E. (1955). Opinions and social pressure. *Scientific American*, *193*(5), 31–35. Mae copïau o'r erthygl hon i'w gweld ar y we, e.e. yn www.columbia.edu/cu/psychology/terrace/w1001/readings/asch.pdf.

Adnoddau eraill
- Effaith Asch a gwleidyddiaeth (effaith Obama): mbd.scout.com/mb.aspx?s=176&f=3586&t=3294461.
- Ffenomen Asch ac ymddygiad defnyddwyr: frontpage.wiu.edu/~mfjtd/asch.htm.
- Cân Asch – *Asch Followed Sherif* (ar dôn *I Shot the Sheriff* gan Bob Marley): socialpsychlyrics.blogspot.com/2007/10/solomon-aschs-1951-1955-conformity.html.

GWAITH I CHI   Rhif 5.3

Rhowch gynnig ar chwarae rôl yn yr arbrawf hwn. Paratowch 18 o barau o gardiau (llinell safonol a llinellau cymharu). Bydd angen arbrofwr arnoch i gyfarwyddo'r cynghreirwyr a threfnu'r arbrawf. Dylai gweddill y dosbarth arsylwi ymddygiad y cyfrannwr naïf. Er eich bod chi'n *gwybod* bod y cynghreirwyr yn dweud celwydd, mae'n anodd mynd yn groes i farn y dorf. Wnaeth y cyfrannwr naïf ymddwyn yn od? Sut deimlad oedd anghytuno â phawb?

DARGANFYDDIADAU

Yr astudiaeth waelodlin

Wrth wynebu atebion anghywir unfrydol gan y cynghreirwyr, rhoddodd y cyfranwyr naïf atebion anghywir 36.8% o'r amser, h.y. yn y treialon hollbwysig, roedd 36.8% o ymatebion y cyfranwyr naïf yn anghywir.

Treialon rheoli I gadarnhau bod y llinellau ysgogi yn ddiamwys, cynhaliodd Asch dreial rheoli lle na roddodd yr un o'r cynghreirwyr atebion anghywir. Gwelodd Asch fod pobl yn gwneud camgymeriadau lai nag 1% o'r amser o dan amgylchiadau arferol.

Gwahaniaethau rhwng unigolion Roedd cryn amrediad yn y lefelau cydymffurfio. Ni roddodd chwarter (25%) y cyfranwyr yr un ateb anghywir (cydymffurfio). Yn y pegwn arall, cydymffurfiodd rhai unigolion â barn y mwyafrif bron bob tro, a chydymffurfiodd 75% o leiaf unwaith.

Tueddai ymddygiad y cyfranwyr (annibynnol neu gydymffurfiol) yn ystod y treialon hollbwysig i fod yn gyson: *'fydd y rhai sy'n mynnu bod yn annibynnol o'r cychwyn ddim fel rheol yn cydymffurfio â barn y mwyafrif … bydd y rhai sy'n dewis llwybr cydymffurfio yn methu ag ymryddhau o hynny, a pharhau wnaiff eu poen'.*

- Roedd y rhai annibynnol eu barn â ffydd gadarn yn eu barn eu hunain a theimlent fod *'rheidrwydd arnyn nhw i ddweud y gwir fel y gwelen nhw ef'*, er iddyn nhw ystyried mai'r mwyafrif oedd yn gywir.
- Roedd y rhai a ildiai'n rhwydd iawn yn methu â sylweddoli pa mor aml y bydden nhw'n cydymffurfio. Amrywiai eu hesboniadau o'u hymddygiad; roedden nhw'n dweud iddyn nhw ildio er mwyn peidio â difetha'r canlyniadau. Meddyliai rhai ohonyn nhw eu bod yn 'ddiffygiol' o'u cymharu â gweddill y grŵp a bod angen iddyn nhw wneud eu gorau glas i guddio'r 'diffyg' hwnnw.

▲ Yn y llun fe welwch chi gyfranwyr 5, 6 a 7; rhif 6 yw'r cyfrannwr naïf. Mae'n pwyso ymlaen er mwyn ailastudio'r cardiau ysgogi gan nad yw'n credu yr hyn y mae'n ei weld – mae'r cynghreirwyr i gyd wedi enwi'r llinell safonol anghywir. Anghytunodd y cyfrannwr naïf hwn â'r mwyafrif ym mhob un o'r 12 treial hollbwysig.

Darganfyddiadau ychwanegol

Fel y gwelson ni, fe amrywiodd Asch nodweddion allweddol y grŵp i arsylwi effaith hynny ar lefelau'r cydymffurfio. Dyma ddarganfyddiadau'r amrywiadau hynny:

- **Maint y grŵp** Doedd fawr o newid ar farn y cyfrannwr naïf a oedd ag un cynghreiriwr yn unig. O fod â dau gynghreiriwr, derbyniodd y cyfrannwr naïf yr ateb anghywir 13.6% o'r amser. O fod â thri chynghreiriwr, cododd hynny i 31.8%. Wnaeth ychwanegu rhagor o gynghreirwyr fawr o wahaniaeth.
- **Partner geirwir** Fe wnaeth hyn leihau'r pwysau i gydymffurfio; atebodd y cyfranwyr yn anghywir ond 25% mor aml ag yn yr ymchwiliad gwaelodlin.
- **Partner sy'n anghytuno'n anghywir** Yr effaith, yma eto, oedd lleihau'r pwysau i gydymffurfio – roedd presenoldeb anghytunwr yn cynyddu annibyniaeth.
- **Partner sy'n newid ei feddwl** Pan gychwynnodd y partner o gynghreiriwr drwy fod yn annibynnol ond troi wedyn i gydymffurfio â'r mwyafrif, roedd ymddygiad y cyfrannwr naïf hefyd yn annibynnol yn achos y chwe threial hollbwysig cyntaf ond yna fe gydymffurfiodd ag atebion anghywir y mwyafrif gan ddilyn ei bartner. Chafodd ei ymddygiad annibynnol cychwynnol, felly, ddim effaith barhaol.
- **Partner sy'n gadael** Os oedd partner annibynnol yn gadael ar ôl y chwe threial hollbwysig cyntaf (i fynd i apwyntiad arall), dechreuodd y cyfrannwr naïf hefyd ddod o dan ddylanwad y mwyafrif, ond fe gawson nhw lai o ddylanwad na phetai'r partner wedi gadael heb 'reswm da'.

DYMA'R YMCHWILYDD

▲ Solomon Asch (1920–1996).

Cafodd **Solomon Asch** ei eni yn Warsaw ac ymfudodd i'r Unol Daleithiau yn ei arddegau. Astudiodd seicoleg ym Mhrifysgol Columbia yn Efrog Newydd a dylanwadu ar genhedlaeth o seicolegwyr cymdeithasol, gan gynnwys Stanley Milgram (gweler yr astudiaeth graidd nesaf). Asch wnaeth oruchwylio PhD Milgram.

Yn y 1950au, ymddygiadaeth oedd prif ddamcaniaeth byd seicoleg. Drwy ddyfeisio astudiaethau ymchwil celfydd a pharhaol eu heffaith fe chwaraeodd Asch ran bwysig wrth sefydlu cymysgedd mwy cytbwys a chynhyrchiol o wyddoniaeth naturiol a chymdeithasol.

Mae'n debyg ei fod yn fwyaf adnabyddus am ei astudiaethau o gydymffurfio yn y 1950au, ac mae ei enw wedi'i gysylltu gymaint â'r maes nes bod gweld unigolion yn cydymffurfio'n aml â'r mwyafrif yn cael ei alw'n *effaith Asch*.

CASGLIADAU

Mae'r astudiaeth yn dangos bod tuedd hynod o gryf i gydymffurfio â phwysau'r grŵp mewn sefyllfa lle mae'r ateb yn glir. Meddai Asch: *'Mae bywyd mewn cymdeithas yn mynnu bod consensws yn amod anhepgorol. Ond ... pan fydd cydymffurfio yn trechu consensws, caiff y broses gymdeithasol ei llygru a bydd yr unigolyn ... yn ildio'r pwerau y mae ei weithrediad fel bod sy'n teimlo ac yn meddwl yn dibynnu arnyn nhw.'* Hynny yw, mae cytundeb y grŵp yn agwedd angenrheidiol ar fywyd cymdeithasol, ond mae'n beth seicolegol afiach i bwysau'r mwyafrif fod yn drech na chi.

Y ffactorau a oedd yn effeithio ar gydymffurfio

Roedd pwysau'r mwyafrif yn llai os oedd y mwyafrif yn fach, ond yn llai hefyd ymhellach ym mhresenoldeb anghytunwr, hyd yn oed os rhoddai'r anghytunwr ateb anghywir gwahanol. Mae hynny'n dangos bod effaith y mwyafrif yn dibynnu i gryn raddau ar unfrydedd y mwyafrif hwnnw. Hyd yn oed pan ddechreuodd yr anghytunwr ymddwyn yn annibynnol, roedd ei symudiad yn ôl at farn y mwyafrif yn ddigon i gwtogi ar allu'r cyfrannwr naïf i barhau i fod yn annibynnol.

Gwrthsefyll cydymffurfio

I Asch, y darganfyddiad pwysig oedd bod yna unrhyw gydymffurfio o gwbl. Tynnodd sylw at y ffaith fod ei gyfranwyr wedi dal i fod yn annibynnol mewn dau o bob tri o'r treialon. Mae hynny'n dystiolaeth glir o'r ffordd y gall pobl *wrthsefyll* y pwysau i gydymffurfio. Cyflwynir yr astudiaeth hon yn y mwyafrif o werslyfrau ar seicoleg gymdeithasol fel tystiolaeth bendant o duedd pobl i gydymffurfio yn wyneb mwyafrif unfrydol. Ond mae hi hefyd yn dystiolaeth o'r amodau lle bydd pobl yn gwrthsefyll cydymffurfio. Meddai Asch: *'Mae'n creu gofid ein bod ni wedi gweld bod y duedd i gydymffurfio yn ein cymdeithas ni mor gryf nes i bobl ifanc rhesymol o ddeallus a llawn bwriadau da fod yn fodlon galw gwyn yn ddu. Mae'n codi cwestiynau am ein ffyrdd o addysgu ac am y gwerthoedd sy'n llywio'n hymddygiad. Ac eto, byddai unrhyw un a dueddai i dynnu casgliadau rhy besimistaidd o'r adroddiad hwn yn elwa o'i atgoffa'i hun na ddylid tanamcangyfrif y gallu i fod yn annibynnol ... fe gytunodd bron pob un o'r rhai a gymerodd ran yn yr arbrawf heriol hwn fod annibyniaeth barn yn rhagori ar gydymffurfio.'*

▲ **Ymddwyn yn annibynnol neu gydymffurfio?** Mae annibyniaeth go-iawn neu beidio â chydymffurfio yn golygu nad ydych chi'n dilyn norm unrhyw grŵp cymdeithasol.

ALLWCH CHI...?   Rhif **5.1**

1... Egluro'r hyn a olygir gan 'gydymffurfio'.
2... Enwi **dwy** astudiaeth a wnaed cyn astudiaeth Asch ac egluro casgliadau'r naill a'r llall ohonyn nhw.
3... Amlinellu nodau'r astudiaeth hon yn fyr.
4... Faint o gyfranwyr oedd yn yr astudiaeth waelodlin?
5... Disgrifio **tair** o nodweddion allweddol y cyfranwyr.
6... Enwi **chwe** agwedd allweddol ar y trefniadau gwaelodlin (e.e. cafodd y cyfranwyr eu twyllo pan ddywedwyd wrthyn nhw mai prawf gweld oedd yr astudiaeth).
7... Disgrifio **dau** o'r trefniadau ychwanegol.
8... Enwi **chwech** o ddarganfyddiadau'r astudiaeth.
9... Yn achos pob darganfyddiad, nodi casgliad y gellid ei dynnu ohono. Ceisiwch wneud pob casgliad yn wahanol.
10... Pa dystiolaeth sy'n achosi i chi ddod i'r casgliad bod yr astudiaeth yn ategu'r farn fod pobl yn syndod o barod i gydymffurfio?
11... Pa dystiolaeth sy'n achosi i chi ddod i'r casgliad bod yr astudiaeth yn ategu'r farn fod pobl yn ymddwyn yn syndod o annibynnol?

CWESTIYNAU ARHOLIAD

ADRAN A

Rhowch grynodeb o amcanion a chyd-destun ymchwil Asch (1955), 'Barnau a Phwysau Cymdeithasol' ('Opinions and Social Pressure'). [12]

Amlinellwch ddulliau gweithredu ymchwil Asch (1955), 'Barnau a Phwysau Cymdeithasol'. [12]

Disgrifiwch ganlyniadau a chasgliadau ymchwil Asch (1955), 'Barnau a Phwysau Cymdeithasol'. [12]

Nodiadau Yn Adran A arholiad Uned 2, gellid gofyn unrhyw un o'r cwestiynau uchod i chi. Bydd pob cwestiwn yn werth 12 marc. I gael y 12 marc i gyd, dylai'ch ateb:

▶ Fod yn gywir ac yn fanwl.

▶ Ddangos dyfnder ac ystod o wybodaeth, ond nid i'r un graddau o reidrwydd. Hynny yw, gallwch chi fanylu cryn dipyn ar ambell bwynt (h.y. dyfnder) neu drafod nifer o bwyntiau yn llai manwl (ystod).

▶ Bod wedi'i strwythuro'n dda ac yn gydlynol.

▶ Bod yn gywir o ran gramadeg, atalnodi a sillafu.

▶ Bod yn rhyw 200-250 o eiriau o hyd, sef nifer llai nag yn achos y cwestiynau eraill sydd â 12 marc, ond yma mae'r pwyslais ar fod yn fanwl-gywir.

GWAITH I CHI   Rhif 5.4

Ar ddechrau'r bennod, fe amlinellwyd fformat erthygl mewn cyfnodolyn (gweler tudalen 67). Mae pob un o'r astudiaethau craidd yn y bennod hon wedi'i seilio ar erthygl o'r fath mewn cyfnodolyn ac mae'n dilyn yr un cynllun â'r erthyglau, sef sôn am y cyd-destun a'r nodau, y trefniadau, y darganfyddiadau a'r casgliadau. Ond mae un elfen wedi'i adael allan, sef y crynodeb. Dyna rywbeth y gallwch chi ei lunio'n awr: crynodeb o gyd-destun a nodau, trefniadau, darganfyddiadau a chasgliadau astudiaeth Asch. Peidiwch defnyddio mwy na 200 o eiriau.

Asch (1955) Barnau a phwysau cymdeithasol

Ar y ddau dudalen hyn, byddwn ni'n gwerthuso'r astudiaeth graidd drwy astudio'r materion sy'n gysylltiedig â'i methodoleg hi a chymharu'r astudiaeth â thystiolaeth arall. Pan ddaw'n fater o werthuso, cewch chi benderfynu drosoch chi'ch hun. Rydyn ni wedi cyflwyno peth tystiolaeth a rhai datganiadau ac yn eich gwahodd chi i'w ddefnyddio i ffurfio'ch barn eich hun am yr astudiaeth graidd.

GWERTHUSO'R FETHODOLEG

Mae eglurhad o'r cysyniadau hyn ym Mhennod 6 (Dulliau ymchwil cymhwysol).

Dull

Nid **arbrawf** ydy astudiaeth Asch. Fe'i gwnaed mewn labordy. *Pa fanteision y mae hynny'n eu cynnig? Pa anfanteision sydd i'r dull hwn?*

Dibynadwyedd

Gwnaeth Larsen ymchwil Asch eto yn 1974. Gwelodd fod lefelau'r cydymffurfio lawer yn is nag a welodd Asch. Barn rhai yw bod hynny'n golygu bod darganfyddiadau Asch yn brin o ran **dibynadwyedd**. *Beth allai fod wedi bod yn gyfrifol am y cyfraddau is o gydymffurfio a welwyd gan Larsen?*

Dilysrwydd

Gwnaeth Asch ei ymchwil ar gydymffurfio drwy arsylwi ymatebion cyfranwyr i dasg 'cymharu llinellau'. *Rhowch **ddau** reswm pam y gallai'r dasg honno beidio â bod wedi bod yn fesur dilys o gydymffurfio?*

Doedd y cyfranwyr naïf ddim yn adnabod y 'cyfranwyr' eraill. *Sut y gallai hynny fod wedi effeithio ar y cyfraddau cydymffurfio?*

Roedd yn rhaid i'r cyfranwyr roi eu hateb ar lafar. *I ba raddau y gallai hynny fod wedi effeithio ar y lefelau cydymffurfio?*

Samplu

Casglodd Asch ei ddarganfyddiadau gan ddefnyddio **sampl** o fyfyrwyr gwryw o goleg. Roedd tueddiad o ran rhywedd a diwylliant i'r sampl. *Eglurwch sut y gallai'r sampl a ddefnyddiwyd gan Asch fod wedi effeithio ar y canlyniadau.* (Gall darllen peth o'r dystiolaeth arall a gyflwynir ar y tudalen hwn fod o gymorth i chi.)

Materion moesegol

Roedd astudiaeth Asch yn cynnwys **twyll** gweithgar a **thwyll** goddefol. *Eglurwch a yw'r rheiny'n dderbyniol.*

Mae'r llun uchaf ar dudalen 70 yn dangos y gall y profiad fod wedi bod yn eithaf poenus i'r gwir gyfrannwr. Rhoddodd Bogdonoff ac eraill (1961) brawf ar y cyffroi awtonomig yn y cyfranwyr mewn tasg debyg i un Asch a gweld eu bod wedi'u cyffroi (pwysedd gwaed uchel, ac ati). Roedd hynny'n dangos y pryder oedden nhw'n ei deimlo. *I ba raddau y credwch chi i'r cyfranwyr yn yr astudiaeth hon gael niwed seicolegol?*

Ydych chi'n credu y gallai Asch fod wedi darganfod yr hyn a wnaeth heb dwyllo'i gyfranwyr?

TYSTIOLAETH ARALL

Ymchwil blaenorol

Trowch yn ôl at ddarganfyddiadau a chasgliadau Jenness (1932) a Sherif (1935) ar dudalen 68. *Ydy darganfyddiadau Asch yn cefnogi, yn gwrth-ddweud neu'n datblygu eu darganfyddiadau a'u casgliadau?*

Plentyn ei oes

Awgrymodd Perrin a Spencer (1980) y gellid, efallai, briodoli'r cyfraddau uchel o gydymffurfio a welwyd gan Asch i'r ffaith i'r ymchwil gael ei wneud yn UDA yn y 1950au – oes yr erlid dan McCarthy ac oes cymdeithas hynod gydymffurfiol. Gwnaeth Perrin a Spencer astudiaeth Asch drachefn yn Lloegr tua diwedd y 1970au. Mewn 396 o dreialon, gwelwyd mai un myfyriwr yn unig a gydymffurfiodd. *Pam yn eich barn chi yr oedd canlyniadau Perrin a Spencer mor wahanol i rai Asch?*

Roedd Doms ac Avermaet (1981) yn credu y gall canlyniadau Asch fod yn fwy realistig na rhai Perrin a Spencer am i'r ddau olaf ddefnyddio myfyrwyr gwyddoniaeth a allai fod wedi teimlo'n fwy hyderus ynglŷn â'u gallu i amcangyfrif hyd llinellau. Defnyddiodd astudiaeth arall gan Perrin a Spencer (1981) fechgyn ifanc a oedd ar brawf, a chafwyd lefelau o gydymffurfio tebyg i rai Asch. Ond roedd ffactorau eraill yn yr astudiaeth ddiweddarach a allai fod yn bwysig, sef bod y cyfranwyr yn fechgyn ar brawf ac mai swyddogion prawf oedd y cynghreirwyr – gall yr awydd i blesio'r swyddogion prawf fod wedi dylanwadu ar lefelau'r cydymffurfio. *Pa gasgliadau y gallwch chi eu tynnu o'r dystiolaeth honno mewn perthynas ag ymchwil Asch?*

Tuedd rhywedd

Mae rhai astudiaethau (e.e. Neto, 1995) wedi gweld bod merched yn yn fwy parod na dynion i gydymffurfio. Gellir egluro hynny, efallai, drwy ddweud bod merched yn poeni mwy am berthnasoedd cymdeithasol na dynion a bod hynny'n golygu bod ganddyn nhw nodau tymor-byr gwahanol mewn arbrawf. Y canlyniad yw bod merched fel petaen nhw yn barotach i gydymffurfio nag ydyn nhw yn y byd go-iawn (Eagly, 1978). *Eglurwch sut mae'r darganfyddiadau hynny'n cefnogi, yn gwrth-ddweud neu'n datblygu darganfyddiadau Asch.*

Tuedd ddiwylliannol

Roedd y sampl wreiddiol yn cynnwys myfyrwyr o UDA ac felly'n aelodau o gymdeithas **unigolyddol**. Tanlinellu pwysigrwydd anghenion a nodau'r unigolyn wnaiff cymdeithasau o'r fath. Ar y llaw arall, disgrifir rhai cymdeithasau (e.e. Japan ac Israel) fel rhai **cyfunolaidd** (*collectivist*) am eu bod yn rhannu eu heiddo a hyd yn oed eu hunaniaeth. Diffinnir yr unigolyn yn fwy yn nhermau anghenion a nodweddion y grŵp na rhai'r unigolyn. Ar ôl adolygu 133 o astudiaethau a wnaed mewn 17 o wledydd, daeth Smith a Bond (1988) i'r casgliad bod cymdeithasau cyfunolaidd yn fwy parod i gydymffurfio na'r rhai unigolyddol. *Eglurwch sut mae'r darganfyddiadau hynny'n cefnogi, yn gwrth-ddweud neu'n datblygu darganfyddiadau Asch.*

GWAITH I CHI

Rhif 5.5

Bydd rhai pobl yn cydymffurfio mwy na'i gilydd. Dangosodd Burger a Cooper (1979) fod pobl sydd ag awydd mawr i sicrhau rheolaeth bersonol (mewnolion) yn llai tebyg o gydymffurfio. Yn yr arbrawf hwnnw, dangoswyd cyfres o gartwnau i'r cyfranwyr a gofyn iddyn nhw eu gosod yn nhrefn eu doniolwch. Eisteddodd cynghreiriwr wrth eu hochr gan fynegi ei farn am rai o'r cartwnau'n uchel. Roedd y cyfranwyr a oedd â lefel isel o awydd i reoli yn debycach na'r rhai ag awydd mawr i reoli o gytuno â barn y cynghreiriwr.

Gallech chi geisio ail-wneud yr arbrawf hwn gan ddefnyddio graddfa Rotter ar gyfer *locws rheoli* (gweler tudalen 104) i fesur awydd yr unigolyn i sicrhau rheolaeth.

Rhybudd o ran moeseg: Rhaid i bob cyfrannwr a ddefnyddiwch fod dros 16 oed ac ar y diwedd rhaid i chi drafod yr arbrawf gydag ef neu hi'n ofalus.

Gwahaniaethau rhwng unigolion

Mae rhai pobl yn fwy parod i gydymffurfio na'i gilydd. Ar y tudalen gyferbyn rydyn ni eisoes wedi ystyried gwahaniaethau rhwng y ddau ryw a rhwng diwylliannau. Ceir gwahaniaethau hefyd rhwng personoliaethau. Er enghraifft, caiff rhai pobl eu galw'n 'allanolion', h.y. mae ganddyn nhw **locws rheoli** mwy allanol na 'mewnolion'. Tuedd allanolion yw credu nad oes ganddyn nhw fawr o reolaeth dros eu bywydau a bod pethau'n aml yn digwydd oherwydd lwc. Maen nhw hefyd yn debycach o ddibynnu ar farn pobl eraill (gweler astudiaeth Burger a Cooper yn y gweithgaredd Gwaith i Chi ar y tudalen gyferbyn). *Eglurwch sut mae'r darganfyddiadau hynny'n cefnogi, yn gwrth-ddweud neu'n datblygu darganfyddiadau Asch.*

Cydymffurfio neu fewnoli

Cwestiwn allweddol ynghylch astudiaeth Asch oedd a oedd cyfranwyr yn cyd-fynd â'r atebion er mwyn iddyn nhw beidio â swnio'n wirion ('cydymffurfio') neu a wnaeth dylanwad y mwyafrif newid eu canfyddiadau (h.y. iddyn nhw fewnoli barn y mwyafrif).

Mewn astudiaeth gan Berns ac eraill (2005) defnyddiwyd technegau **fMRI** i arsylwi pa rannau o'r ymennydd a fyddai'n brysur pan weithiai cyfranwyr ar dasg debyg i un Asch. Cafwyd mai'r rhannau mwyaf gweithgar o'r ymennydd adeg y treialon hollbwysig (lle rhoddwyd atebion anghywir i'r cynghreirwyr) oedd y cylchedau canfyddiadol (*perceptual circuits*) – yn hytrach na'r rhannau sydd ynghlwm wrth ffurfio barn. Er bod hynny'n awgrymu bod tasg Asch yn newid y ffordd y bydd pobl yn gweld y byd, mae'n bosibl mai achos y gweithgaredd yn y rhan honno o'r ymennydd oedd bod y cyfranwyr yn ailwirio'r hyn yr oedden nhw'n gredu eu bod yn ei weld.

Câi'r rhan o'r ymennydd sy'n gysylltiedig ag ofn ei rhoi ar waith pan fyddai'r cyfranwyr yn ymddwyn yn annibynnol, ac mae hynny'n ategu'r farn fod cyfranwyr yn cydymffurfio am eu bod yn ofni cael eu gwrthod gan y grŵp. *Eglurwch sut mae'r darganfyddiadau hynny'n cefnogi, yn gwrth-ddweud neu'n datblygu darganfyddiadau Asch.*

Casgliad

Mae amryw byd o ymdrechion wedi'u gwneud i ail-greu *effaith Asch*. Mae rhai astudiaethau wedi cefnogi Asch. Er enghraifft, gwnaeth Nicholson ac eraill (1985) yr astudiaeth unwaith eto gyda myfyrwyr o Brydain ac UDA a chael bod 32% o'r astudiaeth gyntaf a 38% o'r ail wedi cydymffurfio o leiaf unwaith.

Ar y llaw arall, gwelodd rhai astudiaethau na cheid unrhyw effaith. Welodd Lalancette a Standing (1990), er enghraifft, ddim cydymffurfio er iddyn nhw wneud y dasg yn fwy amwys (dylai hynny fod wedi cynyddu'r cydymffurfio). Eu casgliad nhw oedd bod effaith Asch fel petai'n ffenomen anrhagweladwy yn hytrach nag yn duedd sefydlog yn ymddygiad pobl. *Beth, yn eich barn chi, y maen nhw'n ei olygu wrth hynny?*

Beth yw'ch casgliad cyffredinol chi ynghylch effaith Asch? Eglurwch y dystiolaeth sy'n ategu'ch casgliad.

CWESTIYNAU ARHOLIAD

ADRAN B

Gwerthuswch fethodoleg ymchwil Asch (1955), 'Barnau a Phwysau Cymdeithasol' ('Opinions and Social Pressure').   [12]

Gan gyfeirio at dystiolaeth arall, aseswch yn feirniadol ymchwil Asch (1955), 'Barnau a Phwysau Cymdeithasol'.   [12]

Nodiadau *Yn Adran B arholiad Uned 2, gellid gofyn unrhyw un o'r cwestiynau uchod i chi. Bydd pob cwestiwn yn werth 12 marc. I gael y 12 marc i gyd, dylai'ch ateb wneud hyn:*

▶ *Cyflwyno gwerthusiad sydd wedi'i strwythuro'n glir.*

▶ *Ymhelaethu'n gydlynol ynghylch pob pwynt.*

▶ *Amlygu dyfnder ac ystod o ddadansoddi, ond nid i'r un graddau o reidrwydd. Hynny yw, gallwch chi fanylu cryn dipyn ar ambell bwynt (h.y. dyfnder) neu drafod nifer o bwyntiau yn llai manwl (ystod).*

▶ *Bod yn rhyw 300-350 o eiriau o hyd; canolbwyntir ar gyflwyno ehangder digonol o ddeunydd ond hefyd ar fanylu digon ar bob pwynt a wneir, h.y. dyfnder ac ehangder.*

Efallai y bydd hi'n fuddiol i chi astudio atebion y myfyrwyr ar ddiwedd yr astudiaethau craidd eraill i weld, ac osgoi, y camgymeriadau nodweddiadol y bydd myfyrwyr yn eu gwneud wrth ateb cwestiynau Adran B.

Cwestiynau arholiad enghreifftiol ac atebion myfyrwyr

Mae sylwadau'r arholwr ar yr atebion hyn ar dudalen 176.

ENGHRAIFFT O GWESTIWN 2

> Amlinellwch ddulliau gweithredu ymchwil Asch (1955), 'Barnau a Phwysau Cymdeithasol' ('Opinions and Social Pressure').   [12]

Ateb Megan

Nod Asch oedd darganfod a oedd pobl yn cydymffurfio mewn sefyllfaoedd diamwys. Rhoddodd gyfrannwr naïf gyda grŵp o gynghreirwyr a bu'n rhaid iddyn nhw i gyd wneud prawf ar linellau. Yn y mwyafrif o'r treialon, byddai'r cynghreirwyr yn rhoi ateb anghywir o fwriad, ac arhosodd Asch i weld a fyddai'r cyfrannwr naïf a oedd yn eistedd ger pen draw'r grŵp yn rhoi'r ateb cywir. Gwelodd fod ¾ y cyfranwyr go-iawn wedi cyd-fynd â'r cyfranwyr ffug o leiaf unwaith.

Ateb Tomos

Mewn grwpiau o saith i naw, caiff myfyrwyr gwryw wybod y byddan nhw'n cymryd rhan mewn 'arbrawf seicolegol mewn barnu gweld'. Mae'r arbrofwr yn dangos dau gerdyn i'r grŵp. Ar gerdyn 1 mae llinell 'safonol'. Ar gerdyn 2 roedd tair llinell o amrywiol hyd. Rhaid iddyn nhw ddewis y llinell ar yr ail gerdyn sydd o'r un hyd â'r llinell safonol (mae'r ateb yn amlwg).

Caiff cyfrannwr 'naïf' ei roi i eistedd yn y sedd olaf ond un i sicrhau ei fod wedi clywed atebion unfrydol y cyfranwyr eraill pan roddan nhw eu hatebion llafar ar 18 o dreialon. Dydy'r cyfrannwr naïf ddim yn gwybod bod y 'cyfranwyr' eraill yn y grŵp yn 'gynghreirwyr' yr arbrofwr ac iddyn nhw gael cyfarwyddyd i roi'r un ateb sy'n amlwg anghywir mewn 12 o'r 18 o dreialon, a elwir yn dreialon 'hollbwysig'.

Roedd ar Asch eisiau gweld yn y 12 o dreialon hollbwysig a fyddai'r cyfrannwr naïf yn rhoi'r un ateb ar lafar â'r cyfranwyr eraill (ymateb cydymffurfiol) neu a fyddai'n rhoi ateb gwahanol i'r gweddill (ymateb anghydffurfiol). Ar ôl cwblhau'r treialon, datgelodd Asch wir natur yr ymchwil a holi'r cyfranwyr naïf ynglŷn â'u hymatebion a'u hymddygiad.

Milgram (1963) Astudiaeth ymddygiadol o ufudd-dod

Dylanwad cymdeithasol oedd pwnc astudiaeth Milgram, fel un Asch. Ond tra oedd Asch yn astudio dylanwad cymdeithasol *anuniongyrchol*, dylanwad cymdeithasol *uniongyrchol*, sef **ufudd-dod** i awdurdod anghyfiawn, yw pwnc yr astudiaeth hon. Mae'n hoelio'i sylw ar awdurdod *anghyfiawn* yn hytrach nag *awdurdod* yn unig oherwydd pwy fyddai'n gwrthod ufuddhau i awdurdod cyfiawn? Felly, er mwyn deall ufudd-dod a gwrthwynebu, mae angen astudio awdurdod anghyfiawn.

Mae'n debyg mai'r astudiaeth y byddwn ni'n ei hystyried yw'r un fwyaf cyfarwydd a diddorol ym myd seicoleg. Cewch chi benderfynu pam mae hi wedi diddori pobl cyhyd.

GWAITH I CHI
Rhif 5.6

Cyn gwneud ei astudiaeth, gwnaeth Milgram arolwg gan ofyn i bobl ragfynegi sut y byddai'r cyfranwyr yn ymddwyn os bydden nhw'n cael cais i roi sioc drydan mwy a mwy difrifol. Lluniwch eich holiadur eich hun ac astudiwch ymateb pobl iddo. Gallech chi weithio mewn grwpiau bach a chyflwyno'ch canlyniadau i'r dosbarth.

BETH YW UFUDD-DOD?

Mae ufudd-dod yn cyfeirio at fath o ddylanwad cymdeithasol sy'n achosi i berson weithredu mewn ymateb i orchymyn uniongyrchol gan ffigur sydd ag awdurdod. Yn ymhlyg yn hynny hefyd mae'r awgrym bod y sawl sy'n cael y gorchymyn yn gorfod gwneud rhywbeth na fyddai wedi'i wneud oni bai am y gorchymyn.

Yn y ffurf hon ar ddylanwad cymdeithasol, mae'r unigolyn yn cael ei wynebu â'r dewis o *gydymffurfio* â gorchymyn uniongyrchol gan berson â statws uwch (er enghraifft, milwr yn ufuddhau i orchymyn gan swyddog sydd uwch ei ben/ei phen) neu ei *herio*. Oherwydd safle uwch y ffigur ag awdurdod yn yr hierarchaeth, rhaid i'r unigolyn hefyd ystyried *canlyniadau an*ufudd-dod.

▲ Eichmann adeg ei dreial yn Jerwsalem, Israel, yn 1961. Fe'i cafwyd yn euog a'i grogi am ei droseddau. Yn ôl y barnwr: *'Hyd yn oed petaen ni wedi cael bod y Cyhuddedig wedi gweithredu oherwydd iddo ufuddhau'n ddifeddwl, fel y dadleuodd, byddem ni wedi dal i ddweud bod rhaid i ddyn a fu am flynyddoedd yn cymryd rhan mewn troseddau mor erchyll â'r rhain dalu'r gosb eithaf yn ôl y gyfraith, ac na all ddibynnu ar unrhyw orchymyn, hyd yn oed, i leihau ei gosb.'*

Y CYD-DESTUN A'R NODAU

Drwy gydol hanes y ddynoliaeth, mae pobl wedi ymddwyn yn greulon at bobl eraill. Efallai mai'r achos mwyaf dychrynllyd oedd yr Holocost yn ystod yr Ail Ryfel Byd pryd y llofruddiwyd miliynau o Iddewon. Yn Auschwitz, un o'r mwyaf effeithlon o wersylloedd marwolaeth y Natsïaid, bu farw hyd at 12,000 o bobl y dydd. Ym mis Awst 1944, rhoddodd Adolf Eichmann wybod i Heinrich Himmler fod ei uned wedi goruchwylio marwolaethau rhyw bedair miliwn o Iddewon yn y gwersylloedd ac mai'r amcangyfrif oedd bod dwy filiwn wedi'u lladd gan unedau symudol.

Ai ffrwyth drygioni a meddyliau sadistaidd yn unig oedd y creulondeb hwnnw, neu ymddygiad anghyffredin gan bobl gyffredin? Yn 1960 fe ddaliwyd Adolf Eichmann, y gŵr a gawsai ei roi yng ngofal gweithredu'r 'Ateb Terfynol'. Rhoddwyd ef ar brawf yn Jerwsalem, Israel, yn 1961. Go brin iddo ymddwyn yn ystod y treial fel y troseddwr rhyfel cas yr oedd llawer wedi disgwyl ei weld. Ysgrifennodd Hannah Arendt (1963): *'Cysur yn wir fyddai credu fod Eichmann yn anghenfil … Hanfod y drafferth gydag Eichmann oedd bod cynifer yn debyg iddo, ac nad oedd llawer ohonyn nhw'n wyrdroëdig nac yn sadistaidd a'u bod, ac yn dal i fod, yn ofnadwy ac yn frawychus o normal.'*

Yr awgrym oedd *'y gall yr unigolyn mwyaf cyffredin a pharchus droi'n droseddwr o dan rai amgylchiadau'* (Arendt, 1963). Yn ei dreial, dywedodd Eichmann, fel llawer o droseddwyr rhyfel eraill a ddaeth gerbron llys, nad oedd 'ond wedi ufuddhau i orchmynion'.

Credai llawer o ymchwilwyr fod yr ufuddhau a oedd yn angenrheidiol i barhau â'r Holocost yn deillio o'r ffaith fod 'Almaenwyr yn wahanol'. Roedden nhw'n credu fod tueddi i Almaenwyr fod â 'math' penodol o bersonoliaeth – y **bersonoliaeth orawdurdodol**. Cynigiodd Adorno ac eraill (1950) y cysyniad hwnnw, sef eu bod yn unigolion sydd fel rheol yn elyniaethus at bobl o statws is ac yn 'wasaidd' eu hagwedd at rai a oedd yn eu barn nhw o statws uwch na nhw. Tuedd unigolion o'r fath yw cynnal safonau'r gymdeithas y maen nhw'n byw ynddi a bod yn anoddefgar eu hagwedd at ffyrdd eraill o fyw. Awgrymodd Adorno ac eraill fod personoliaethau gorawdurdodol yn debyg o fagu rhagfarn yn erbyn grwpiau lleiafrifol oherwydd gelyniaeth anymwybodol sy'n deillio o fagwraeth lem iawn ei disgyblaeth, ac y caiff honno'i dadleoli i grwpiau lleiafrifol fel yr Iddewon neu bobl groenddu (eglurhad **seicodynamig**).

▲ Adolf Eichmann oedd pennaeth Adran Materion Iddewig y Gestapo rhwng 1941 ac 1945.

Nodau

Wrth i Eichmann sefyll ei brawf yn Israel, roedd Milgram yn dechrau astudio ym Mhrifysgol Yale. Roedden nhw'n teimlo awydd i roi prawf ar y rhagdybiaeth bod yr 'Almaenwyr yn wahanol' – y gred bod modd egluro 'ufudd-dod' yn nhermau ffactorau **anianawd** (*dispositional*) mewnol.

Sylweddolai Milgram fod ufudd-dod yn rhan annatod o fywyd cyhoeddus a bod rhaid wrth ryw system o awdurdod i fyw mewn cymunedau, . Mae mater ufudd-dod yn arbennig o berthnasol i ddeall erchyllterau'r Ail Ryfel Byd: *'efallai i bolisïau annynol [yr Ail Ryfel Byd] gychwyn ym meddwl un person, ond ni ellid eu cyflawni ar raddfa enfawr heb i nifer fawr iawn o bobl ufuddhau i orchmynion.'*

Nod Milgram oedd creu sefyllfa a fyddai'n fodd iddo fesur y broses o ufudd-dod hyd yn oed os yw'r gorchymyn yn gofyn am ymddygiad dinistriol.

TREFNIADAU

Cyfranwyr

Rhoddodd Milgram hysbyseb (tebyg i'r un ar y dde) mewn papur yn New Haven. O blith y bobl a ymatebodd, dewisodd 40 o wrywod 20–50 oed. Parodd yr hysbyseb i'r cyfranwyr gredu y bydden nhw'n cymryd rhan mewn ymchwil i'r cof a dysgu. Roedd amrywiaeth o swyddi gan y dynion yn y sampl – o glercod y post i beirianwyr – ac amrywiai lefel eu haddysg o ŵr a oedd heb orffen ei addysg gynradd i ddyn â doethuriaeth. Talwyd $4.50 i bob un am gymryd rhan yn yr astudiaeth. Dywedwyd wrthyn nhw y bydden nhw'n cael yr arian am ddod i'r labordy – doedd y tâl ddim yn dibynnu ar aros yn yr astudiaeth.

Y dull

Cynhaliwyd yr astudiaeth mewn labordy ym Mhrifysgol Yale. Pan gyrhaeddodd y cyfranwyr, cawson nhw eu cyfarch gan yr 'arbrofwr', dyn 31 oed a edrychai fel technegydd yn ei got lwyd. Roedd 'cyfrannwr' arall yn y labordy, cyfrifydd addfwyn a hoffus, Mr Wallace, 47 oed. Cynorthwywyr (**cynghreirwyr**) i Milgram oedd y ddau ohonyn nhw mewn gwirionedd.

Tynnodd y cyfranwyr slipiau o bapur i benderfynu p'un ohonyn nhw fyddai'n chwarae rôl yr athro neu'r dysgwr. Cawsai'r dewis ei drefnu ymlaen llaw – cafodd rôl yr athro ei roi i'r cyfrannwr naïf bob tro a chafodd rôl y dysgwr ei roi i'r cynorthwyydd bob tro.

Yna, cymerwyd y dysgwr a'r athro i ystafell yr arbrawf lle strapiwyd y dysgwr i gyfarpar 'cadair drydan' i'w rwystro rhag symud gormod. Gosodwyd electrod ar arddwrn y dysgwr a'i gysylltu â generadur siociau yn yr ystafell nesaf.

Y peiriant sioc Cymerwyd yr athro i'r ystafell nesaf a'i roi i eistedd o flaen y generadur sioc. Ar y peiriant mawr hwnnw roedd 30 o switsys a phob un yn dangos cynnydd graddol yn y foltedd, gan godi o 15 o foltiau i 450 o foltiau. Ar gyfer pob pedwar switsh, roedd labeli 'sioc', o 'ychydig o sioc' ar 15 folt i 'sioc ddwys' ar 255 o foltiau ac, yn olaf 'XXX' ar 450 o foltiau – sioc a allai ladd. Rhoddodd yr arbrofwr sioc 'enghreifftiol' i'r athro i ddangos bod y peiriant yn un go-iawn.

Y dasg ddysgu Ar ôl i'r astudiaeth gychwyn, dywedwyd wrth yr athro am roi sioc pan roddai'r dysgwr ateb anghywir, a chynyddu lefel y sioc bob tro gan gyhoeddi lefel y sioc bob tro.

Adborth y dysgwr Dywedwyd wrth y dysgwr am roi ryw dri ateb anghywir i bob un cywir, a hefyd iddo beidio â gwneud unrhyw sylw na phrotest tan i lefel y sioc gyrraedd 300 o foltiau. Bryd hynny, dylai daro'r wal ond peidio â gwneud unrhyw sylw pellach.

Adborth yr arbrofwr Cafodd yr arbrofwr ei hyfforddi i roi dilyniant o bedwar 'ysgogiad' safonol os byddai'r athro'n petruso ynghylch rhoi'r sioc neu'n gofyn am arweiniad:
- 'Ewch yn eich blaen.'
- 'Mae'r arbrawf yn mynnu eich bod chi'n mynd ymlaen.'
- 'Mae'n gwbl hanfodol i chi fynd ymlaen.'
- Does gennych chi ddim dewis arall: rhaid i chi fynd ymlaen.'

Cafwyd ysgogiadau arbennig hefyd fel: 'Efallai fod y siociau'n boenus, ond fydd 'na ddim difrod parhaol i'r corff. Felly ewch yn eich blaen.'

Datgelu'r twyll Ar ôl cwblhau'r ymchwil, fe eglurwyd y 'twyll' wrth yr athro a daeth yr arbrofwr â'r athro a'r dysgwr yn ôl at ei gilydd. Yna, cawson nhw eu cyfweld am eu profiad yn yr astudiaeth hon.

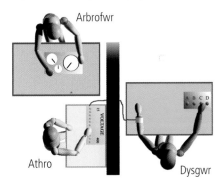

Arbrofwr
Athro
Dysgwr

◁ Caiff y 'dysgwr' ei strapio i gadair mewn ystafell ar wahân. Bydd yr 'athro' yn eistedd drws nesaf i roi sioc pryd bynnag y gwnaiff y dysgwr gamgymeriad. Bydd yr arbrofwr yn 'ysgogi' yr 'athro' i'w annog i barhau.

GWAITH I CHI   Rhif 5.7

1. Lluniwch eich canllaw cam-wrth-gam eich hun i drefnu'r astudiaeth hon. Rhifwch bob cam.
2. Cynhyrchwch ailgread o'r astudiaeth, gan gynnwys copi o'r peiriant sioc. Gallech chi hyd yn oed ei ffilmio ar gyfer YouTube!

www Ail-greu Mae sawl enghraifft o ail-greu'r astudiaeth ar YouTube, yn enwedig un gan y BBC, a hefyd ailgread difyr Derren Brown o arbrawf Milgram ('The Heist').

Cân Milgram Gwrandewch ar: www.wjh.harvard.edu/~wegner/shock.mp3.

Yr erthygl wreiddiol
Y cyfeiriad llawn ar gyfer erthygl Milgram yw Milgram, S. (1963). Behavioral study of obedience. *Journal of Abnormal and Social Psychology*, 67, 371–378. Gallwch chi gael copi ohoni yn: www.garfield.library.upenn.edu/classics1981/A1981LC33300001.pdf.

Adnoddau eraill
- Y cyfan yr hoffech chi ei wybod am Stanley Milgram yn www.stanleymilgram.com.
- Cyhoeddodd Milgram ei holl astudiaethau o ufudd-dod yn y llyfr *Obedience to Authority: An Experimental View* (Milgram, 1974). Mae'n cynnwys cyfweliadau â llawer o'r cyfranwyr.
- Cofiant rhagorol i Stanley Milgram yw un Thomas Blass: *The Man Who Shocked the World: The Life and Legacy of Stanley Milgram* (Blass, 2004).

◁ Cynorthwyydd Milgram oedd yr arbrofwr (yn y got labordy). Mae'r llun yn ei ddangos yn rhoi prawf ar y sioc i 'athro'. © Stanley Milgram, atgynhyrchwyd gyda chaniatâd Alexandra Milgram.

Milgram (1963) Astudiaeth ymddygiadol o ufudd-dod

DARGANFYDDIADAU

Cyn yr astudiaeth

Gwnaeth Milgram arolwg o 14 o fyfyrwyr seicoleg yn Yale. Eu hamcangyfrif nhw oedd mai 0-3% o'r cyfranwyr fyddai'n rhoi sioc 450 folt.

Canlyniadau'r arbrawf

- Ar ôl cyrraedd 300 folt, gwrthododd pump (12.5%) o'r cyfranwyr barhau. Dyna pryd y gwnaeth y dysgwr yr unig brotest. Roedd pob un o'r cyfranwyr wedi parhau tan hynny.
- Rhoddodd cyfanswm o 26 (65%) o'r 40 o gyfranwyr sioc o'r cyfan o'r 450 folt.
- Golygai hynny fod 35% o'r cyfranwyr wedi herio awdurdod yr arbrofwr.

Arwyddion o densiwn eithafol

Dangosodd llawer o'r cyfranwyr nerfusrwydd, a nifer fawr ohonyn nhw densiwn eithafol: *'gwelwyd nhw'n chwysu, yn crynu, yn cnoi eu gwefusau, yn griddfan ac yn gwthio'u hewinedd i'w croen'.*

'Chwerthin a gwenu'n nerfus' wnaeth un deg pedwar o'r cyfranwyr. Dangosodd eu sylwadau a'u hymddygiad allanol eu bod yn mynd yn groes i'r graen wrth gosbi'r dysgwr. Yn y cyfweliad (i ddatgelu'r twyll) wedi'r arbrawf, eglurodd y cyfranwyr hynny nad oedden nhw'n sadistaidd ac nad oedd eu chwerthin wedi golygu eu bod yn mwynhau rhoi sioc i'r dysgwr.

Cafodd tri o'r cyfranwyr 'drawiadau llawn ac afreolus'. Cafodd un cyfrannwr bwl mor ddychrynllyd nes y bu'n rhaid atal y sesiwn.

Ar ôl yr astudiaeth

Anfonwyd holiadur at y cyfranwyr. O'r 92% o'r cyfranwyr a ymatebodd:
- roedd 84% ohonyn nhw'n 'falch/falch iawn' iddyn nhw gymryd rhan.
- roedd 15% yn 'niwtral' ynghylch cymryd rhan.
- roedd 2% yn 'flin/flin iawn' iddyn nhw gymryd rhan.
- dywedodd 80% y dylid cynnal rhagor o arbrofion fel hyn.
- teimlai 74% iddyn nhw ddysgu rhywbeth o bwysigrwydd personol.

▼ *Mae'r graff yn dangos nifer y cyfranwyr a roddodd y gorau i'r siocio ar wahanol lefelau. Stopiodd pum cyfrannwr (12.5%) ar ôl cyrraedd 300 o foltiau, sef yr adeg y protestiodd y dysgwr a tharo ar y wal. Aeth 26 o gyfranwyr (65%) ymlaen i 450 o foltiau (a oedd wedi'i farcio'n XXX ar y generadur siociau).*

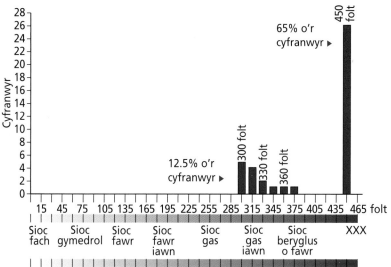

Graff sy'n dangos pryd y gwrthododd y cyfranwyr barhau

Ymatebion y cyfranwyr

- *'Rwy'n credu ei fod yn ceisio dweud rhywbeth, mae'n curo … Wel, dydy hi ddim yn deg rhoi sioc i'r dyn … mae'r rhain yn foltiau ofnadwy. Dydw i ddim yn credu bod hyn yn garedig iawn … O, alla i ddim parhau â hyn.'*
- *'Mae'n bwrw'r wal. Rwy'n mynd i roi'r gorau iddi. Byddwn i'n hoffi mynd ymlaen, ond alla i ddim â gwneud hynny i ddyn … mae'n flin gen i, alla i ddim gwneud hynny i ddyn. Fe wna i ddrwg i'w galon. Cymerwch eich [arian].'*

Cododd rhai cyfranwyr o'u seddau a gadael heb ddweud gair. Yn aml, byddai'r rhai a aeth ymlaen tan y diwedd yn ochneidio ac yn sychu'r chwys oddi ar eu talcen. Ysgydwodd rhai eu pennau fel eu bod nhw'n flin, ond wnaeth rhai ddim cynhyrfu dim.

DYMA'R YMCHWILYDD

▲ Stanley Milgram (1933–1984).

Magwyd Stanley Milgram mewn teulu o Iddewon dosbarth gweithiol yn Efrog Newydd. Bu yn yr un dosbarth â Philip Zimbardo (gweler tudalen 134). Pan holwyd Zimbardo a oedd hi'n gyd-ddigwyddiad i'r ddau ohonyn nhw feithrin diddordeb mewn dylanwad cymdeithasol, ei ateb oedd:

'Roedd gan y ddau ohonon ni ddiddordeb mewn dylanwadau sefyllfaol am fod tyfu mewn teulu tlawd yn gwneud i chi weld bod methiant a drygioni yn eich plith, a does arnoch chi ddim eisiau credu mai anian eich teulu a'ch cyfeillion sy'n gyfrifol ond, yn hytrach, y grymoedd sefyllfaol sydd arnyn nhw.'

(neges bersonol oddi wrth Zimbardo)

Er bod Milgram yn fwyaf cyfarwydd oherwydd ei astudiaeth o ufudd-dod, bu'n ymchwilydd dyfal mewn meysydd eraill hefyd. Yn 1967, daeth o hyd i ffordd o roi prawf ar yr hyn a elwid yn 'broblem y byd bach' drwy ddewis pobl ar hap i anfon pecynnau at ddieithryn yn nhalaith Massachusetts, UDA. Chafodd yr anfonwyr ond enw, galwedigaeth a lleoliad cyffredinol y derbynnydd. Fe'u cyfarwyddwyd i anfon y pecyn at rywun roedden nhw'n ei (h)adnabod wrth ei (h)enw cyntaf – yr un tebycaf, yn eu barn nhw, o adnabod y derbynnydd. Byddai'r person hwnnw'n gwneud yr un peth, ac ati, tan i'r pecyn gyrraedd y derbynnydd. Gan na chymerodd hi, yn rhyfedd iawn, ond chwe unigolyn (ar gyfartaledd) i'r pecyn gyrraedd pen ei daith, cafwyd yr honiad ynghylch 'chwe gradd o wahaniad', sef mai chwe cham yn unig sy'n gwahanu pawb yn y byd oddi wrth bawb arall. Rhowch gynnig ar hynny drosoch chi'ch hun ar Facebook: mae yno grŵp 'Chwe gradd o wahaniad' (www.facebook.com/group.php?gid=2215880552).

CASGLIADAU

Daeth Milgram i'r casgliad bod *'rhaid i'r ffenomen o ufuddhau orffwys ar ddadansoddi'r amodau penodol y mae'n digwydd ynddyn nhw'*. Hynny yw, daeth i'r casgliad i'r amgylchiadau y cafodd y cyfranwyr eu hunain ynddyn nhw ddod ynghyd i greu sefyllfa lle bu'n anodd anufuddhau.

Casgliad Milgram oedd bod 13 o elfennau yn y sefyllfa honno wedi cyfrannu at y lefelau hynny o ufudd-dod.

1. Roedd lleoliad yr astudiaeth mewn prifysgol o fri yn rhoi awdurdod iddi.
2. Cymerodd y cyfranwyr yn ganiataol bod yr arbrofwr yn gwybod beth roedd yn ei wneud a bod ganddo nod teilwng ac y dylid, felly, ei ddilyn.
3. Cymerodd y cyfranwyr yn ganiataol bod y dysgwr wedi cydsynio'n wirfoddol i gymryd rhan.
4. Doedd ar y cyfrannwr ddim eisiau tarfu ar yr arbrawf am ei fod yn teimlo o dan rwymedigaeth i'r arbrofwr am iddo gydsynio'n wirfoddol i gymryd rhan.
5. Roedd y ffaith fod y cyfrannwr yn cael ei dalu yn atgyfnerthu'r rhwymedigaeth honno (er iddo gael gwybod y gallai ymadael).
6. Credai'r cyfranwyr mai siawns a benderfynodd ar rôl y dysgwr ac felly na allai'r dysgwr ddim cwyno mewn gwirionedd.
7. Gan ei bod hi'n sefyllfa newydd i'r cyfrannwr, ni wyddai sut oedd ymddwyn. Petai hi wedi bod yn bosibl trafod y sefyllfa gyda phobl eraill, efallai y byddai'r cyfrannwr wedi ymddwyn yn wahanol.
8. Cymerodd y cyfrannwr yn ganiataol bod yr anghysur a achoswyd yn fach iawn a thros dro, a bod ffrwyth gwyddonol yr arbrawf yn bwysig.
9. Gan i'r chwaraewr 'chwarae'r gêm' hyd at sioc lefel 20 (300 folt), cymerodd y cyfrannwr yn ganiataol bod y dysgwr yn fodlon parhau â'r arbrawf.
10. Roedd y cyfrannwr rhwng dau feddwl, rhwng bodloni gofynion y dioddefwr a gofynion yr arbrofwr.
11. Doedd gofynion y ddau ddim mor fawr â'i gilydd na'r un mor ddilys.
12. Chafodd y cyfrannwr fawr o amser i ddatrys y gwrthdaro pan gyrhaeddwyd 300 folt, ac ni wyddai y byddai'r dioddefwr yn dal ei dafod am weddill yr arbrawf.
13. Roedd y gwrthdaro rhwng dwy duedd sydd wedi gwreiddio'n ddwfn, sef peidio â niweidio neb, ac ufuddhau i'r rhai sydd, yn ein barn ni, yn awdurdodau dilys.

GWAITH I CHI
Rhif 5.8

1. Yma eto, gallech chi lunio crynodeb o'r astudiaeth hon, fel y gwnaethoch chi yn achos astudiaeth Asch. Dylai'r crynodeb, mewn cyfanswm o ryw 200 o eiriau, gynnwys manylion byr am gyd-destun a nodau, trefniadau, darganfyddiadau a chasgliadau astudiaeth Milgram. (Ceisiwch beidio â thwyllo drwy edrych ar ein crynodeb ni ohoni ar ddiwedd y bennod hon).
2. Pwy ohonoch chi all lunio'r crynodeb byrraf sy'n cynnwys pob pwynt allweddol?

Meddai un arsylwr: *'Gwelais ŵr busnes aeddfed a hunanfeddiannol yn dod i mewn i'r labordy dan wenu'n hyderus. O fewn 20 munud, roedd ei hyder wedi diflannu a'i nerfau bron i gyd ar chwâl. Tynnai'n gyson ar ei glust a throi a throsi ei ddwylo. Ar un adeg, curodd ei ddwrn yn erbyn ei dalcen a dweud, 'O Dduw, gad i ni roi diwedd ar hyn'. Ond fe ddaliodd i ymateb i bob un o eiriau'r arbrofwr ac ufuddhau tan y diwedd.'*

(Milgram, 1963)

Ym Mhennod 4, fe astudion ni **ddamcaniaeth priodoli** (gweler tudalen 46). Cynigiodd Heider ein bod ni'n egluro'n hymddygiad ni ac ymddygiad pobl eraill yn nhermau ffactorau mewnol (**anianawd**) neu allanol (**sefyllfaol**), ac mai'n tuedd ni yw dewis esboniadau anianawd yn hytrach na rhai sefyllfaol (y **cyfeiliornad priodoliad sylfaenol** – *fundamental attribution error* – *FAE*). Gellir egluro darganfyddiadau Milgram yn nhermau'r FAE. Gwelodd fod ymddygiad y cyfranwyr yn bur wahanol i'r hyn yr oedd pobl wedi'i ragfynegi ymlaen llaw. Mae'n 'well' gan bobl eglurhad anianawd (fyddai rhywun ond yn rhoi siociau cryf petaen nhw'n annynol) yn hytrach nag un sefyllfaol (mewn labordy, gall pobl deimlo fod rhaid iddyn nhw ufuddhau).

ALLWCH CHI...?
Rhif **5.3**

1... Egluro'r hyn a olygir gan 'ufudd-dod'.
2... Egluro'r cysylltiad rhwng cysyniad Adorno o'r bersonoliaeth orawdurdodol a'r rhagdybiaeth bod 'Almaenwyr yn wahanol'.
3... Amlinellu nodau'r astudiaeth hon yn fyr.
4... Faint o gyfranwyr oedd yn yr astudiaeth hon?
5... Disgrifio **tair** o nodweddion allweddol y cyfranwyr.
6... Enwi **tair** o nodweddion y trefniadau a gynlluniwyd i gynyddu gorbryder cyfrannwr.
7... Enwi **wyth** agwedd allweddol ar y trefniadau.
8... Enwi ac egluro **chwech** o ddarganfyddiadau'r astudiaeth hon.
9... Yn achos pob darganfyddiad, nodi casgliad y gellid ei dynnu ar ei sail. Ceisiwch wneud pob casgliad yn wahanol.
10... Amlinellu **tri** eglurhad a roddodd Milgram dros ei ganlyniadau.
11... Pa dystiolaeth sy'n achosi i chi ddod i'r casgliad bod yr astudiaeth yn ategu'r farn fod pobl yn syndod o barod i ufuddhau?
12... Pa dystiolaeth sy'n achosi i chi ddod i'r casgliad bod yr astudiaeth yn ategu'r farn fod pobl yn gwrthwynebu ufuddhau?

CWESTIYNAU ARHOLIAD

ADRAN A

Rhowch grynodeb o amcanion **a** chyd-destun ymchwil Milgram (1963), 'Astudiaeth ymddygiadol o ufudd-dod' ('Behavioural study of obedience'). [12]

Amlinellwch ddulliau gweithredu ymchwil Milgram (1963), 'Astudiaeth ymddygiadol o ufudd-dod'. [12]

Disgrifiwch ganlyniadau **a** chasgliadau ymchwil Milgram (1963), 'Astudiaeth ymddygiadol o ufudd-dod'. [12]

Nodiadau *Yn Adran A arholiad Uned 2, gellid gofyn unrhyw un o'r cwestiynau uchod i chi. Bydd pob cwestiwn yn werth 12 marc. I gael y 12 marc i gyd, dylai'ch ateb:*

▸ *Fod yn gywir ac yn fanwl.*

▸ *Amlygu dyfnder ac ystod o wybodaeth, ond nid i'r un graddau o reidrwydd. Hynny yw, gallwch chi fanylu cryn dipyn ar ambell bwynt (h.y. dyfnder) neu drafod nifer o bwyntiau yn llai manwl (ystod).*

▸ *Bod wedi'i strwythuro'n dda ac yn gydlynol.*

▸ *Bod yn gywir o ran gramadeg, atalnodi a sillafu.*

▸ *Bod yn rhyw 200-250 o eiriau o hyd, sef nifer llai nag yn achos y cwestiynau eraill sydd â 12 marc, ond yma mae'r pwyslais ar fod yn fanwl-gywir.*

Milgram (1963) Astudiaeth ymddygiadol o ufudd-dod

Ar y ddau dudalen hyn, byddwn ni'n gwerthuso'r astudiaeth graidd drwy astudio problemau ynglŷn â'i methodoleg a chymharu'r astudiaeth â thystiolaeth arall. Er mor bwysig yw ymchwil Milgram mewn seicoleg gymdeithasol, bu llawer o feirniadau arno. Mae rhai beirniaid wedi hoelio'u sylw ar **foeseg** amheus yr astudiaeth ac eraill wedi amau ei **dilysrwydd** fel un a gynrychiolai ufudd-dod mewn bywyd go-iawn. Dywedodd Philip Zimbardo mai'r rheswm dros i ymchwil Milgram ddenu cymaint o feirniadaeth elyniaethus oedd yr *hyn* a ddarganfu am y natur ddynol yn hytrach na'r ffordd y gwnaeth ei ddarganfod.

GWERTHUSO'R FETHODOLEG

Mae eglurhad o'r cysyniadau hyn ym Mhennod 6 (Dulliau Ymchwil Cymhwysol).

Dull

Gwnaeth Milgram ei ymchwil mewn amgylchedd labordy. *Pa fanteision ac anfanteision y mae hynny'n eu cynnig?*

Dilysrwydd yr arbrawf

Mae Orne a Holland (1968) yn honni bod yr ymchwil yn brin o **ddilysrwydd arbrawf** am na chredai'r cyfranwyr fod y siociau trydan yn rhai real. Fyddai hi ddim wedi gwneud synnwyr fod rhywun mewn arbrawf dysgu yn cael siociau marwol. Felly, fe wnaeth y cyfranwyr ymddwyn fel y disgwyliwyd iddyn nhw ymddwyn oherwydd **nodweddion awgrymu ymateb** yr astudiaeth. Gan iddyn nhw, yn arbennig, gael eu talu, teimlent fod rheidrwydd arnyn nhw i gyd-fynd â'r sefyllfa am iddyn nhw gytuno i gyflawni'r contract cymdeithasol hwnnw.

Ar y llaw arall, dywedodd Milgram (1974) yn ddiweddarach bod 75% o'r cyfranwyr yn credu'n gryf eu bod nhw'n rhoi siociau trydan. Roedd gan 22.6% ohonyn nhw rai amheuon, ac roedd 2.4% yn sicr nad oedd y siociau'n rhai real. *Beth yw eich casgliadau chi ynghylch dilysrwydd astudiaeth Milgram fel arbrawf?*

Dilysrwydd ecolegol

Problem arall yw i ba raddau y mae'n rhesymol cymhwyso darganfyddiadau'r astudiaeth yn gyffredinol at y byd 'go-iawn'. Cynhaliwyd yr astudiaeth mewn sefyllfa hynod artiffisial a di-gyd-destun. *Fyddai pobl yn ymddwyn yn yr un ffordd yn eu bywyd bob-dydd? Rhowch dystiolaeth i ategu'ch barn.*

Ar un ystyr, mae'r feirniadaeth honno'n ddi-sail am ei bod hi'n amherthnasol mai mewn labordy y gwnaed yr astudiaeth. Aeth Milgram ati i roi prawf ar ufuddhau i awdurdod, a gallai fod wedi gwneud hynny mewn unrhyw sefyllfa lle mae gan ffigur awdurdod clir y mae pobl yn barnu y dylen nhw ufuddhau iddo. Ar y llaw arall, fe allech chi ddadlau nad yw ufuddhau i awdurdod yn digwydd mewn bywyd go-iawn mewn ffyrdd mor amlwg ac nad yw hi chwaith mor eithafol. *Beth yw'ch casgliad chi ynghylch **dilysrwydd ecolegol** astudiaeth Milgram?*

Tystiolaeth arall y gellir ei hystyried yw ffrwyth gwneud yr un ymchwil mewn sefyllfaoedd diwylliannol gwahanol. Adolygodd Smith a Bond (1998) astudiaeth mewn wyth gwlad a chael bod yno, gan amlaf, lefelau uwch o ufuddhau – gan gynnwys 92% yn yr Iseldiroedd. *Beth yw'ch casgliad chi ynghylch dilysrwydd ecolegol astudiaeth Milgram?*

Samplu

Dewisodd Milgram ei gyfranwyr drwy hysbysebu mewn papur newydd. *Pam y gallai'r **sampl honno o wirfoddolwyr** fod yn gyfyngiad?*

Er i Milgram ddewis sampl a adlewyrchai amrywiaeth o gefndiroedd, gwryw oedd pob un o'i sampl gychwynnol. *Pam y gallai hynny fod yn gyfyngiad? Pam y gallai dynion fod yn fwy neu'n llai ufudd?*

Mewn gwirionedd, gwelodd Milgram ac eraill mewn arbrofion diweddarach mai'r un oedd cyfradd ufudd-dod grwpiau o wrywod a benywod (65%) ond dywedodd merched ufudd yn gyson eu bod yn teimlo mwy o straen na dynion.

Materion moesegol

Dywedodd Baumrind (1964) i Milgram achosi niwed seicolegol i'w gyfranwyr ac na ellid cyfiawnhau hynny. Amddiffynnodd Milgram ei hun mewn sawl ffordd. Yn gyntaf, wyddai ef ddim, cyn gwneud yr astudiaeth, y byddai'n achosi lefelau mor uchel o ofid. Yn ail, fe wnaeth ystyried rhoi'r gorau i'r astudiaeth pan welodd ymddygiad y cyfranwyr, ond penderfynodd nad oedd unrhyw arwydd o effeithiau niweidiol (Milgram, 1974). Yn drydydd, dywedodd 84% o'r cyfranwyr wedyn eu bod yn falch iddyn nhw gymryd rhan. Yn olaf, dylai'r niwed posibl i'r cyfranwyr gael ei bwyso yn erbyn pwysigrwydd y darganfyddiadau. *A wnaeth Milgram roi ei gyfranwyr mewn sefyllfa lle y gallen nhw wynebu niwed seicolegol diangen?*

Beth am faterion moesegol eraill? Er enghraifft, a oedd gan y cyfranwyr yr **hawl i dynnu'n ôl**? Ydych chi'n meddwl y gallai Milgram fod wedi darganfod yr hyn a wnaeth heb iddo dwyllo'i gyfranwyr?

TYSTIOLAETH ARALL

Defnyddio siociau go-iawn

Gwelodd Sheridan a King (1972) lefelau uchel tebyg o ufudd-dod wrth ddefnyddio siociau go-iawn. Cafodd ci bach ei ddefnyddio'n 'ddioddefydd' drwy roi siociau trydan go-iawn mwy a mwy difrifol iddo. Er i'r ci bach fod yn yr un ystafell ac y gellid ei weld yn ymateb i'r siociau poenus, rhoddodd 75% o'r cyfranwyr y sioc fwyaf un iddo. Syndod braidd oedd gweld y merched yn ufuddhau'n fwy na'r dynion. *Pa gasgliadau y gallwch chi eu tynnu o'r dystiolaeth hon mewn perthynas ag astudiaeth Milgram?*

Ail-wneud

Gwnaeth Burger (2009) ran o astudiaeth Milgram eto gan ddefnyddio sefyllfa debyg i rai o'r amrywiadau diweddarach, ond adawodd ef ddim i'r gwirfoddolwyr fynd y tu hwnt i 150 folt ar ôl iddyn nhw ddangos eu parodrwydd i wneud hynny. Gwelodd fod 70% o'r cyfranwyr yn fodlon gwthio'r botwm 150 folt gan wybod y byddai'n achosi poen i fod dynol arall. *Eglurwch sut mae'r darganfyddiadau hynny'n datblygu rhai Milgram.*

GWAITH I CHI

Rhif 5.9

Pan fydd ymchwilwyr yn cynnig ymchwil newydd, rhaid i **bwyllgor moesegol** ei gymeradwyo. Ewch ati i ethol aelodau o'ch dosbarth i wasanaethu ar bwyllgor moesegol ac enwebwch berson i chwarae rôl Milgram a dadlau pam y dylid caniatáu ei astudiaeth ymchwil.

Gallech chi hefyd gynnal dadl ynghylch moeseg ymchwil Milgram.

www Darllenwch am storïau eraill am ufudd-dod, fel lladdfa My Lai neu'r 'Hoax most cruel' (chwiliwch Google).

Astudiaethau maes

Ymchwiliodd Hofling ac eraill (1966) i ufudd-dod mewn ysbyty. Ffoniodd 'Dr Smith' nyrsys i ofyn iddyn nhw roi 20mg o gyffur o'r enw *Astroten* i glaf. Roedd hynny'n groes i reoliadau'r ysbyty mewn amryw o ffyrdd am nad oedd nyrsys i fod i gymryd cyfarwyddiadau dros y ffôn, nac oddi wrth feddyg diethr, a bod y dos yn ddwywaith y dos a argymhellwyd ar y botel. Er hynny, ufuddhaodd 21 o'r 22 (95%) o nyrsys. Fel yn astudiaeth Milgram, gofynnwyd i nyrsys ymlaen llaw a fyddai eu cydweithwyr yn ufuddhau, ac ateb pob un ohonyn nhw oedd na wnâi unrhyw nyrs hynny. Pan gafodd y nyrsys a fu ynghlwm wrth yr astudiaeth eu holi wedyn, eu hamddiffyniad oedd iddyn nhw ufuddhau am mai dyna y mae meddygon yn disgwyl i nyrsys ei wneud.

Mae'r astudiaeth yn dangos bod ufuddhau'n digwydd mewn sefyllfaoedd go-iawn … neu a yw hi? Gofynnodd Rank a Jacobson (1977), hefyd, i nyrsys gyflawni gorchymyn afreolaidd. Y tro hwnnw, *gwrthododd* 16 o'r 18 (89%). Y gwahaniaeth yn y sefyllfa oedd bod y cyffur yn gyfarwydd (*Faliwm*) ac i'r nyrsys gael ymgynghori â'u cydweithwyr – darlun mwy realistig o'r arferion go-iawn mewn ysbyty. *Pa gasgliadau y gallwch chi eu tynnu o'r dystiolaeth honno?*

Amrywiadau Milgram

Cynhaliodd Milgram (1974) 18 o amrywiadau ar ei astudiaeth wreiddiol o ufudd-dod gan fanipwleiddio nodweddion y sefyllfa'n systematig i arsylwi'r effeithiau ar ufudd-dod y cyfranwyr. Yn yr amrywiad lle'r oedd *yr arbrofwr* yn absennol, er enghraifft, gadawodd yr arbrofwr yr ystafell ar ôl rhoi ei gyfarwyddiadau ac yna rhoddodd orchmynion dros y ffôn. Yn yr astudiaeth honno, gostyngodd y lefelau ufudd-dod i 21%. Yn yr amrywiad lle'r oedd *cynghreiriaid yn bresennol* cafwyd dau'n rhagor o 'athrawon' (cynghreirwyr) a wrthododd ufuddhau; gostyngodd yr ufudd-dod i 10%. Yn yr astudiaeth agosrwydd lle'r oedd y dysgwr yn yr un ystafell â'r athro, gostyngodd y lefelau ufudd-dod i 40%. *Pa gasgliadau y gallwch chi eu tynnu o'r dystiolaeth honno?*

Digwyddiadau o fywyd go-iawn

Mae David Mandel (1998) wedi dadlau nad yw digwyddiadau o fywyd go-iawn wedi cadarnhau casgliadau Milgram ynghylch penderfynyddion sefyllfaol ufudd-dod. Seiliodd hynny ar ddadansoddiad manwl o Fataliwn 101 yr Heddlu Wrth Gefn gan yr hanesydd Christopher Browning. Yng Ngwlad Pwyl yn 1942, cafodd yr Uwch-Gapten Wilhelm Trapp, cadlywydd Bataliwn 101 yr Heddlu Wrth Gefn, orchmynion i ladd yr holl Iddewon mewn tref fach. Er i Trapp gynnig neilltuo dynion i ddyletswyddau eraill petaen nhw'n teimlo'n anfodlon ynglŷn â'r lladd, fe ufuddhaodd y mwyafrif ohonyn nhw er gwaethaf ffactorau a ddylai, yn ôl Milgram, gynyddu herio'r gorchymyn: roedd y ffigur ag awdurdod yn dweud nad oedd rhaid iddyn nhw ufuddhau; doedd ef ddim yn bresennol pan laddon nhw'r Iddewon; roedden nhw wyneb yn wyneb â'u dioddefwyr; ac roedd rhai o'u cydweithwyr wedi anufuddhau. Mae Mandel wedi dadlau bod Milgram wedi darparu 'alibi i ufuddhau'. *Ydy ymchwil Milgram yn egluro ufudd-dod mewn bywyd go-iawn, neu'n gwneud dim mwy na chynnig alibi? Eglurwch eich ateb.*

ALLWCH CHI…? Rhif 5.4

CWESTIYNAU ARHOLIAD

ADRAN B

Gwerthuswch fethodoleg ymchwil Milgram (1963) 'Astudiaeth ymddygiadol o ufudd-dod' ('Behavioural study of obedience'). [12]

Gan gyfeirio at dystiolaeth arall, aseswch yn feirniadol ymchwil Milgram (1963) 'Astudiaeth ymddygiadol o ufudd-dod'. [12]

Nodiadau *Yn Adran B arholiad Uned 2, gellid gofyn unrhyw un o'r cwestiynau uchod i chi. I gael y 12 marc i gyd, dylai'ch ateb:*

▸ *Gyflwyno gwerthusiad sydd wedi'i strwythuro'n glir.*

▸ *Cyflwyno ymhelaethu cydlynol ar bob pwynt.*

▸ *Amlygu dyfnder ac ystod o ddadansoddi, ond nid i'r un graddau o reidrwydd. Hynny yw, gallwch chi fanylu cryn dipyn ar ambell bwynt (h.y. dyfnder) neu drafod nifer o bwyntiau yn llai manwl (ystod).*

▸ *Bod yn rhyw 300–350 o eiriau o hyd (canolbwyntir ar gyflwyno ehangder digonol o ddeunydd ond hefyd ar fanylu digon ar bob pwynt a wneir, h.y. dyfnder ac ehangder).*

Efallai y bydd hi'n fuddiol i chi astudio atebion y myfyrwyr ar ddiwedd yr astudiaethau craidd eraill i ganfod ac osgoi'r camgymeriadau nodweddiadol y bydd myfyrwyr yn eu gwneud wrth ateb cwestiynau Adran B.

Cwestiynau arholiad enghreifftiol ac atebion myfyrwyr

Mae sylwadau'r arholwr ar yr atebion hyn ar dudalen 176.

ENGHRAIFFT O GWESTIWN 1

> Rhowch grynodeb o amcanion a chyd-destun ymchwil Milgram (1963) 'Astudiaeth ymddygiadol o ufudd-dod' ('Behavioural study of obedience'). [12]

Ateb Megan

Ufuddhau yw bod pobl yn gwneud yr hyn y maen nhw'n cael eu gorchymyn i'w wneud. Roedd ar Milgram eisiau gwneud ei ymchwil am i filiynau o bobl farw yn yr holocost ac am fod pobl yn credu i'r Holocost ddigwydd am fod 'Almaenwyr yn wahanol'.

Ateb Tomas

Mae ufudd-dod yn ffurf ar ddylanwad cymdeithasol lle bydd unigolyn yn gweithredu mewn ymateb i orchymyn gan unigolyn arall, a hwnnw/honno fel rheol yn ffigur ag awdurdod. Er bod i 'ufudd-dod' gysylltiadau negyddol, gellir hefyd ei ystyried yn rhinwedd ac yn rhan angenrheidiol o gymdeithas, e.e. pe na bai pobl yn ufuddhau i gyfyngiadau cyflymdra ar y ffyrdd, byddai llawer mwy o ddamweiniau.

Roedd Adorno ac eraill (1950) yn credu i'r Holocost ddigwydd am fod gan yr Almaenwyr bersonoliaethau 'gorawdurdodol'. Mae'r rheiny'n elyniaethus i'r rhai sydd yn eu barn nhw'n israddol iddyn nhw, yn gweithredu fel gweision i'r rhai sydd yn eu barn nhw'n well na nhw ac yn anoddefgar o ffyrdd eraill o fyw. Awgrymodd Adorno fod y rhai gorawdurdodol yn debyg o fod wedi'u magu gan rieni llym a disgybledig a'u bod fel oedolion yn dadleoli eu gelyniaeth anymwybodol yn rhagfarnau yn erbyn grwpiau lleiafrifol, ac mai dyna pam y gallai'r Holocost ddigwydd. Credai llawer o ymchwilwyr fod 'Almaenwyr yn wahanol'; roedden nhw'n credu fod poblogaeth yr Almaen yn cynnwys llu o unigolion gorawdurdodol a dyna pam na allai'r Holocost ddigwydd mewn gwledydd eraill. Mae'r eglurhad yn awgrymu eglurhad anianawd o ufuddhau.

Yn ei dreial, eglurodd Adolf Eichmann ei rôl yn yr Holocost drwy honni ei fod ef, fel aelod uchel o'r Gestapo, yn 'ufuddhau i orchmynion heb feddwl. Fe wnes i'r hyn a ddywedwyd wrthyf am ei wneud.' Cafwyd Eichmann yn euog ac fe'i crogwyd yn 1962.

Rahe, Mahan ac Arthur (1970) Rhagfynegi newid mewn iechyd yn y dyfodol agos o newidiadau blaenorol ym mywyd y gwrthrych

Cafodd y ddwy astudiaeth graidd gyntaf i ni eu hastudio eu grwpio gyda'i gilydd yn enghreifftiau o seicoleg gymdeithasol – ymagwedd lle y caiff ymddygiad a phrofiad eu deall yn nhermau ein perthnasoedd â phobl eraill. Dyma droi'n awr at seicoleg ffisiolegol, sef ymagwedd at ddeall ymddygiad sy'n pwysleisio prosesau'r corff – fel hormonau a nerfau. Ym Mhennod 1, fe wnaethon ni ystyried yr **ymagwedd fiolegol** yn gyffredinol ac, o fewn honno, ddamcaniaeth nodweddiadol, sef **model GAS** Selye o straen. Rydyn ni'n awr yn mynd i ystyried y berthynas rhwng straen ac iechyd unwaith eto.

DYMA'R YMCHWILWYR

Honnir i'r meddyg **Dr Thomas Holmes** (1919–1989) ymddiddori yn y cysylltiad rhwng salwch a straen pan sylwodd ei fod fel rheol yn cael annwyd pan oedd ei fam-yng-nghyfraith yn dod i aros. Yn y 1950au, gwnaeth Holmes ymchwil gyda chleifion twbercwlosis (TB) i gysylltiad straen â dyfodiad y salwch. Fe werthfawrogai yr ymagwedd **idiograffig** i'r graddau y credai fod angen i ni ddeall stori pob unigolyn.

Daeth **Dr Richard Rahe** i weithio gyda Dr Holmes fel myfyriwr meddygol. Ers hynny, mae ei yrfa, gyda Llynges yr Unol Daleithiau'n bennaf, wedi canolbwyntio ar ymchwilio i straen ac ymdopi. Mae wrthi'n ymgynghori â phrif swyddogion meddygol y fyddin a'r Gwarchodlu Cenedlaethol i wella'r ymadfer ar ôl straen wedi i aelodau o'r lluoedd arfog ddychwelyd o Afghanistan ac Iraq. Yn 1997, cafodd Rahe *Wobr Hans Selye* am ei gyfraniad pwysig i'n dealltwriaeth ni o straen.

▲ Dr Richard Rahe (1936–).

Y CYD-DESTUN A'R NODAU

Awgrymodd ymchwil Hans Selye yn y 1930au (gweler tudalennau 4–5) fod cysylltiad achosol rhwng cyflwr *seicolegol* straen a salwch *corfforol*. Creodd hynny'r maes ymchwil **seicosomatig**. Roedd Dr Thomas Holmes yn un o amryw o ymchwilwyr a fu'n ymchwilio ymhellach i'r cysylltiad. Wrth weithio mewn sanatoriwm TB, sylwodd Holmes a chydweithiwr iddo, Norman Hawkins, fod y salwch heintus hwnnw'n fwy cyffredin ymhlith y tlodion. Eu hawgrym, felly, oedd nad tlodi ynddo'i hun, ond effeithiau emosiynol tlodi, a barai i bobl fod yn fwy agored i'r salwch.

Ategwyd hynny mewn astudiaeth gan Hawkins ac eraill (1957) a gymharodd gleifion TB â gweithwyr di-TB yn y sanatoriwm (gan eu cyplysu o ran oedran, rhyw, hil, incwm). Fe sylwon nhw fod cynnydd mewn 'digwyddiadau annifyr' yn ystod y ddwy flynedd cyn i gleifion TB gael eu derbyn, a nodwyd bod hynny'n digwydd gryn dipyn yn amlach yn y cleifion TB nag yn y rhai a oedd heb TB.

Yn y 1960au, datblygodd Dr Richard Rahe y gwaith hwnnw ymhellach wrth iddo weithio gyda Dr Thomas Holmes. Wedi iddyn nhw sylweddoli bod angen mesur safonol i allu asesu newidiadau bywyd a oedd yn gysylltiedig â straen, fe ddadansoddon nhw hanesion achos dros 5000 o gleifion a llunio rhestr o 43 o'r digwyddiadau hollbwysig mewn bywyd. I weld pa mor straenus oedd pob digwyddiad, fe ofynnon nhw i 400 o bobl (a oedd yn wahanol o ran oedran, rhyw, addysg ac ati) sgorio pob digwyddiad o ran faint o ailymaddasu y byddai gofyn i'r person cyffredin ei wneud. Gofynnwyd i'r cyfranwyr roi ffigur am yr ailymaddasu hwnnw, gan

BETH YW 'NEWIDIADAU BYWYD'?

Newidiadau bywyd yw'r digwyddiadau pwysig – fel priodi, ymddeol neu ddelio â phrofedigaeth – sy'n golygu newid mawr mewn rhyw agwedd ar ein bywyd. Am eu bod nhw'n cael cymaint o effaith arnon ni, cân nhw weithiau eu galw'n newidiadau bywyd *hollbwysig* i amlygu hynny. Caiff newidiadau o'r fath effaith go amrywiol, wrth gwrs. Gall yr hyn a all fod yn straen ofnadwy i un person (fel marwolaeth priod) fod yn rhyddhad mawr i un arall. Yn yr un modd, gall rhywbeth mor fach â marwolaeth anifail anwes, neu newid ysgol, fod yn straen aruthrol i rai pobl. Er bod y term 'newid bywyd' yn awgrymu bod rhaid i rywbeth ddigwydd i achosi cymaint o straen, gall yr un ymateb ddigwydd os bydd rhywbeth yn *peidio* â digwydd. Er enghraifft, mae *peidio* â chael dyrchafiad neu beidio â mynd i brifysgol yn straen enbyd i lawer o bobl serch nad oes dim byd yn 'digwydd'.

gymryd 'priodi' fel gwerth gwaelodlin o 500. Petai'n cymryd mwy i ymaddasu i'r digwyddiad nag i briodi, dylen nhw roi sgôr uwch i'r digwyddiad. Ar ôl cael cyfansymiau sgorau pob cyfrannwr, trowyd y rheiny'n gyfartaleddau a'u defnyddio i lunio *unedau newid bywyd* (LCUs) ar gyfer pob digwyddiad bywyd. Gyda'i gilydd, defnyddiwyd y 43 o ddigwyddiadau bywyd a'r LCUs cysylltiedig i lunio'r *Rhestr o Brofiadau Diweddar* (yr SRE) (Rahe ac eraill, 1964) ac yn ddiweddarach *Raddfa Barnu Ailymaddasu Cymdeithasol* (yr SRRS, gweler y tudalen gyferbyn) (Holmes a Rahe, 1967).

Gan i'r SRE/SRRS gynnig ffordd i ymchwilwyr gasglu sgôr meintiol ar gyfer 'straen', bu'n fodd iddyn nhw ymchwilio i'r berthynas rhwng y straen a achosir gan newid o gyflwr sefydlog presennol (h.y. newidiadau bywyd) a salwch.

Ond oherwydd cyfyngiadau moesegol mae'n annheg gofyn i unigolion wynebu digwyddiadau bywyd penodol dim ond i weld a gân nhw salwch. Felly, gwnaeth yr ymchwilwyr astudiaethau *ôl-syllol*, sef asesu sgorau LCU cyfranwyr a oedd wedi bod yn sâl a'u cymharu â sgorau LCU pobl nad oedden wedi bod yn sâl (fel yn yr astudiaeth gan Hawkins ac eraill uchod). Ond ceir problemau ynghylch dulliau ôl-syllol, fel bod unigolion yn gorfod gallu adalw gwybodaeth o'u gorffennol a honno, efallai, wedi'i haflunio gan y cof. Gall yr ymchwilio hefyd, mae'n debyg, gael effaith: gall yr awydd i 'blesio' yr ymchwilydd effeithio ar ganfyddiad llawer cyfrannwr o'i salwch a throi'r broses yn un eithaf goddrychol.

Problem arall ynghylch ymchwil blaenorol yw iddo gynnwys grwpiau o bobl a oedd eisoes yn sâl ac mewn ysbyty. Mae hynny'n golygu y gall y casgliadau beidio â bod yn gymwys i'r boblogaeth drwyddi draw.

Nodau

Nod Rahe ac eraill (1970) oedd gwneud *darpar* astudiaeth gan ddefnyddio poblogaeth normal i ymchwilio i weld a oes perthynas rhwng digwyddiadau/ newidiadau bywyd a salwch. Darpar astudiaeth yw un lle caiff grŵp o gyfranwyr ei nodi ar ddechrau'r astudiaeth (poblogaeth normal yn yr achos hwn) a'i ddilyn ymlaen mewn amser.

▲ Roedd y cyfranwyr yn yr astudiaeth hon yn gwasanaethu ar longau rhyfel Llynges UDA. Awgrym Rahe, Mahan ac Arthur oedd bod llong yn cynnig uned naturiol i wneud astudiaeth o ddosbarthiad clefydau ynddi am fod y criw i gyd yn wynebu straen cyffredin o ran gwaith, newid yn yr hinsawdd a haint. Mae salwch ymhlith aelodau'r criw, felly, yn debyg o ddeillio o pa mor fregus y mae eu cyfansoddiad yn hytrach nag o ffactorau amgylcheddol.

GWAITH I CHI
Rhif 5.10

Cofiwch lunio eich canllaw cam-wrth-gam eich hun i drefniadau'r astudiaeth hon. Rhifwch bob cam.

TREFNIADAU

Roedd yr astudiaeth yn cynnwys 2664 o ddynion a oedd yn gwasanaethu ar dair o longau Llynges UDA. Cludo awyrennau mewn gweithgareddau milwrol oddi ar arfordir Viet Nam wnâi dwy o'r llongau, a chludo awyrennau ym Môr y Canoldir wnâi'r llall.

Cymedr oedran y cyfranwyr ar draws y tair llong oedd 22.3, a deuai'r cyfranwyr o amrywiaeth o gefndiroedd o ran eu haddysg, eu swyddi a'u profiad ar y môr. O'r sampl gychwynnol, 'collwyd' 10% am iddyn nhw gael eu trosglwyddo i ffwrdd o'r llongau.

Gofynnwyd i'r cyfranwyr lenwi'r fersiwn milwrol o'r SRE. Holiadur-a-phapur a hunanweinyddir oedd yn gofyn iddyn nhw gofnodi newidiadau o bwys yn eu bywydau o ran profiadau personol, teuluol, cymunedol, cymdeithasol, crefyddol, economaidd, galwedigaethol, preswyl ac iechyd. Llenwodd pob morwr yr SRE bob chwe mis dros gyfnod o ddwy flynedd cyn iddo fynd ar fordaith ar ddyletswydd am wyth mis.

Aseiniwyd *uned newid bywyd* (LCU) i bob newid bywyd ar yr SRE. Mae'r gwerth hwnnw'n adlewyrchu difrifoldeb y digwyddiad penodol a'r addasu angenrheidiol, ac fe'i lluniwyd gan sampl o sifiliaid UDA (fel y disgrifiwyd ar y tudalen gyferbyn). Gwnaed y broses honno o neilltuo gwerthoedd yn achos amryw o samplau gwahanol i sicrhau dibynadwyedd yr LCUs.

Wrth i bob llong ddychwelyd o'i mordaith dramor, aeth ffisigydd ymchwil arni ac adolygu cofnodion iechyd yr holl forwyr. Ar bob llong roedd cyfleuster meddygol lle cedwid cofnodion o hyd yn oed y newidiadau mwyaf dibwys yn eu hiechyd ar sail adroddiadau aelodau'r criw. Gwnâi hynny'r cyfan yn fwy dibynadwy. Hepgorwyd cyfnodau'r morwyr yn yr ystafelloedd i gleifion os credid mai'r cymhelliant oedd bod awydd arnyn nhw i gael eu hesgusodi rhag gweithio.

Nid oedd y cyfranwyr nac adrannau meddygol y llongau yn gwybod beth oedd nodau ymchwil y prosiect, h.y. wydden nhw ddim y câi cofnod y llongau o salwch ei ddefnyddio i fod yn ddolen gyswllt â chanlyniadau holiadur yr SRE.

GWAITH I CHI
Rhif 5.11

Gwnewch eich ymchwiliad eich hun i'r berthynas rhwng straen a salwch.
1. Bydd angen dull arnoch chi i asesu straen. Mae llawer o amrywiadau ar yr SRRS ar gael ar y we. Defnyddiwch y raddfa isod gydag oedolion, neu rhowch gynnig ar y fersiwn i'r ifanc fel yr un yn: www.thekentcenter.org/stressscale.htm. Gallech chi ddefnyddio SRE diwygiedig Rahe (gweler, er enghraifft, www.mindtools.com/stress/ps/ScheduleofRecentExperience.htm), neu lunio'ch un eich hun.
2. Yna bydd angen i chi ystyried sut mae mesur y 'salwch' cydamrywiol. Er enghraifft, gallech chi nodi sawl gwaith y mae myfyriwr wedi bod yn absennol mewn mis (gan hepgor absenoldeb am resymau heblaw salwch).
3. Gallwch chi blotio'ch canlyniadau ar graff gwasgariad, neu ddefnyddio dull Excel (gweler tudalen 148) i gyfrifo'r cyfernod cydberthyniad.

Graddfa Barnu Ailymaddasu Cymdeithasol (SRRS)

Roedd yr SRE a ddefnyddiwyd yn yr astudiaeth yn debyg i'r SRRS isod ac wedi'i addasu ymhellach er mwyn iddo fod yn benodol berthnasol i brofiadau milwrol, fel cynnwys digwyddiad bywyd am gael eich dewis i gael dyrchafiad.

Trefn	Digwyddiad bywyd	LCU
1	Marwolaeth priod	100
2	Ysgariad	73
3	Gwahaniad priodasol	65
4	Tymor yn y carchar	63
5	Marwolaeth aelod agos o'r teulu	63
6	Anaf neu salwch personol	50
7	Priodi	53
8	Cael eich diswyddo	47
9	Cymodi priodasol	45
10	Ymddeol	45
11	Newid yn iechyd aelod o'r teulu	44
12	Beichiogrwydd	40
13	Anawsterau rhyw	39
14	Cael aelod newydd o'r teulu	39
15	Ailaddasu busnes	39
16	Newid yn eich sefyllfa ariannol	38
17	Marwolaeth cyfaill agos	37
18	Newid i fath arall o waith	36
19	Newid yn nifer y dadleuon â'ch priod	35
20	Morgais o fwy na £10,000	31
21	Blaen-gau morgais neu fenthyciad	30
22	Newid yn eich cyfrifoldebau yn y gwaith	29
23	Eich mab neu'ch merch yn gadael cartref	29
24	Trafferth gyda'ch perthnasau-yng-nghyfraith	29
25	Camp bersonol nodedig	28
26	Eich gwraig yn dechrau gweithio neu'n rhoi'r gorau i weithio	26
27	Dechrau neu orffen ysgol	26
28	Newid yn eich amodau byw	25
29	Adolygu'ch arferion personol	24
30	Trafferth gyda'ch pennaeth	23
31	Newid yn eich oriau/amodau gwaith	20
32	Newid yn eich preswylfa	20
33	Newid ysgol	20
34	Newid yn eich hamdden	19
35	Newid yng ngweithgareddau'ch eglwys	19
36	Newid yn eich gweithgareddau cymdeithasol	18
37	Morgais neu fenthyciad o lai na £10,000	17
38	Newid yn eich arferion cysgu	16
39	Newid yn nifer y cynulliadau teuluol	15
40	Newid yn eich arferion bwyta	15
41	Gwyliau	13
42	Y Nadolig	12
43	Mân dorri'r gyfraith	11

Rahe, Mahan ac Arthur (1970) Rhagfynegi newid mewn iechyd yn y dyfodol agos o newidiadau blaenorol ym mywyd y gwrthrych

DARGANFYDDIADAU

Y berthynas rhwng TLCUs a salwch

Astudiwyd y berthynas rhwng *cyfanswm yr unedau newid bywyd* (TLCUs) cyn y fordaith a salwch yn ystod y fordaith. Y cydnewidynnau oedd (a) y cyfnod o ddwy flynedd cyn y fordaith a (b) salwch yn ystod y fordaith. Er nad arweiniodd y cydberthyniad rhwng y cydnewidynnau hynny ddim ar gydberthyniad **arwyddocaol**, gwelwyd bod **cydberthyniad cadarnhaol** rhwng (a) y cyfnod o chwe mis cyn y fordaith a (b) salwch yn ystod y fordaith. Cyfrifwyd bod yna **gyfernod cydberthyniad** o .118. Er y gall hynny ymddangos fel petai'n gydberthyniad gwan, roedd yn hynod o arwyddocaol o ystyried nifer y cyfranwyr (roedd tebygolrwydd o lai nag 1% y gallai'r canlyniad fod wedi digwydd ar siawns – ysgrifennir hynny fel *p* (tebygolrwydd) <0.01). Yn achos Llong Un a Llong Tri yr oedd y berthynas gryfaf.

Grwpiau degradd

Rhannwyd aelodau'r criw'n 10 grŵp (yn ddegraddau) yn unol â'r TLCUs. Yn negradd 1 yr oedd y 10% o griw'r llong â'r sgorau isaf o TLCUs yn ystod y chwe mis cyn y fordaith. Yn negradd 2 yr oedd y 10% o'r morwyr â'r sgorau TLCU isaf nesaf, ac felly ymlaen. Mae Tabl 1 (ar y dde) yn dangos nifer cymedrig yr achosion o salwch ym mhob grŵp degradd unigol yn ystod y fordaith, a'r unig wahaniaeth arwyddocaol rhwng y grwpiau o ran y gyfradd gymedrig o salwch oedd rhwng degraddau 2 a 3, sef y grŵp salwch-isel.

Grŵp salwch-isel pendant oedd y morwyr yn y grwpiau TLCU isel (degraddau 1 a 2) (gweler Tabl 2 ar y dde) a grŵp salwch-uchel oedd y morwyr â sgôr TLCU uchel (degraddau 9 a 10). Gwelwyd gwahaniaeth arwyddocaol yn y sgorau cymedrig rhwng y grŵp salwch-isel a degraddau 6–8 a rhwng degraddau 3–5 a'r grŵp salwch-uchel.

Ailgrwpio'r sgorau

Braidd yn anwastad oedd dosbarthiad y grwpiau degradd. Amrediad y TLCUs yn negraddau 1–6 oedd 1–194, ond yr amrediad yn negraddau 7–10 oedd 195–1000. Er mwyn ystyried pa mor llinol oedd y sgorau, cawson nhw eu hailgrwpio'n amrediadau o 0–99, 100–199, 200–299 ac ati. Grwpiwyd y pedwar rhaniad terfynol gyda'i gilydd am fod llai na 3% o'r dynion yn perthyn i'r grŵp hwnnw. Mae'r **graff gwasgariad** ar y dde yn dangos cydberthyniad llinol (h.y. llinell syth) cadarnhaol a chlir y data hynny.

GWAITH I CHI

Rhif 5.12

- Chwiliwch am ffordd dda o gynrychioli'r data yn y tablau uchod yn graffigol, e.e. defnyddio siart bar.
- Troswch y data yn y graff gwasgariad yn dabl o ddata.

---

www Yr erthygl wreiddiol

Y cyfeiriad llawn ar gyfer yr astudiaeth hon yw Rahe, R.H., Mahan, J.L. ac Arthur, R.J. (1970). Prediction of near-future health-change from subjects' preceding life changes. *Journal of Psychosomatic Research*, 14, 401–406. Gallwch chi gael copi o'r erthygl honno drwy roi'r cyfeiriad llawn i'ch llyfrgell leol.

Adnoddau eraill

Ar y we, gallwch chi ddarllen darn arall o ymchwil sy'n defnyddio'r SRE. Fe'i gwnaed gan Ransom Arthur a'i dîm ymchwil: Rubin, R.T., Gunderson, E.K.E. ac Arthur, R.J. (1972). Life stress and illness patterns in the US Navy. *Psychosomatic Medicine*, 34, 533–547. Gweler www.psychosomaticmedicine.org/cgi/reprint/34/6/533.pdf.

▼ **Tabl 1** Cyfraddau cymedrig salwch yn ystod cyfnod y fordaith yn achos pob grŵp degradd unigol

Pennwyd y grwpiau degradd drwy roi'r criw yn eu trefn o ran TLCUs a'u rhannu'n 10 grŵp.

Grŵp degradd	Nifer y morwyr	Cyfradd gymedrig salwch pob grŵp degradd
1	258	1.434
2	268	1.377
3	266	1.583
4	258	1.543
5	273	1.498
6	260	1.685
7	269	1.651
8	274	1.693
9	277	2.083
10	261	2.049

▼ **Tabl 2** Cyfraddau cymedrig salwch ar gyfer y grwpiau degradd isel ac uchel

Grŵp salwch	Grŵp degradd	Nifer y morwyr	Cyfradd gymedrig salwch pob grŵp degradd
Isel	1–2	526	1.405
	3–5	797	1.784
	6–8	803	1.676
Uchel	9–10	538	2.066

▼ **Graff gwasgariad** sy'n dangos y cydberthyniad llinol cadarnhaol rhwng LCUs a sgorau cymedrig salwch.

Cafodd aelodau'r criw eu hailgrwpio er mwyn i amrediad sgorau TLCU pob grŵp fod yr un peth, h.y. 0–99 (a blotiwyd ar **ganolrif** y grŵp, h.y. 44.5), 100–199, ac ati. Ar y brig, cafodd y sgorau 600–999 eu grwpio gyda'i gilydd ar y canolrif o 800 ar gyfer y grŵp.

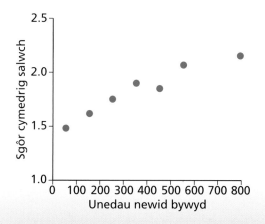

Roedd dau awdur arall yr astudiaeth graidd hon, Jack Mahon a Ransom Arthur, hefyd yn y Llynges. Ymddeolodd y capten Ransom J. Arthur o'r Llynges yn 1974 a mynd yn Athro Seiciatreg ym Mhrifysgol California yn Los Angeles (UCLA). Roedd yn bencampwr nofio a bu Richard Rahe ac yntau'n cynrychioli'r Llynges mewn cystadlaethau nofio.

◄ Gall straen ysgogi salwch seicolegol yn ogystal â salwch corfforol. Ar straen cronig amserlen weithio eithriadol o galed y gantores o UDA, Mariah Carey, y rhoddwyd y bai am y pwl o iselder ysbryd a gafodd hi yn 2001.

CASGLIADAU

Mae canlyniadau'r darpar astudiaeth hon yn cefnogi'r nosiwn bod perthynas linol rhwng sgôr TLCU y cyfranwyr a chyfradd eu salwch wedi hynny.

Mae'n bwysig nodi mai pyliau mân o salwch a gafodd y dynion ar y cyfan ac mai prin a digon dibwys, yn aml, oedd eu newidiadau bywyd cyn y daith. Gwnaeth hynny hi'n fwy anodd canfod y perthnasoedd rhwng TLCUs a salwch. Efallai y gellid amlygu perthynas gryfach mewn poblogaethau mwy amrywiol o ran eu salwch.

Mae'r ffaith i berthynas arwyddocaol gael ei chanfod o dan amodau o'r fath yn golygu bod y darganfyddiadau'n fwy trawiadol, a chânt eu hategu gan y ffaith eu bod yn gyson â darpar astudiaethau/astudiaethau ôl-syllol eraill.

Ar Long Dau y cafwyd mordaith anoddaf y tair llong. Gall hynny egluro pam nad oedd y berthynas rhwng TLCUs a salwch mor gryf yn achos data Llong Dau, ac fe awgrymai y caiff newidiadau bywyd llai o effaith ar salwch, mewn amgylcheddau straenus, am fod ffactorau amgylcheddol yn drech na nhw.

Awgrymodd dadansoddi pellach ar y data fod y wybodaeth am newidiadau bywyd yn rhagfynegi salwch yn well yn y cyfranwyr hŷn (dros 21 oed) ac yn y dynion priod a oedd wedi ymrestru nag yn y grŵp o forwyr ifanc sengl.

GWAITH I CHI — Rhif 5.13

Gallwch chi lunio crynodeb o'r astudiaeth hon fel y gwnaethoch o'r blaen yn achos y lleill. Dylai'r crynodeb gynnwys manylion byr am gyd-destun a nodau, trefniadau, darganfyddiadau a chasgliadau'r astudiaeth hon – a'r cyfan mewn rhyw 200 o eiriau.

ALLWCH CHI...? — Rhif 5.5

1... Egluro'r hyn a olygir gan newidiadau bywyd.
2... Egluro'r cysylltiad rhwng ymchwil Selye a'r astudiaeth gan Rahe, Mahan ac Arthur.
3... Cyhoeddwyd yr ymchwil yn y *Journal of Psychosomatic Research*. Eglurwch ystyr 'seicosomatig'.
4... Amlinellu nodau'r astudiaeth hon yn fyr.
5... Egluro beth yw LCUs a sut y cawson nhw eu cyfrifo.
6... Faint o gyfranwyr oedd yn yr astudiaeth hon?
7... Disgrifio **tair** o nodweddion allweddol y cyfranwyr.
8... Enwi **chwe** agwedd allweddol ar y trefniadau.
9... I ba raddau y credwch chi i'r SRE fod yn fesur addas i'w ddefnyddio gyda'r cyfranwyr yn yr astudiaeth hon?
10... Beth yw cyfernod cydberthyniad?
11... Egluro beth oedd y grwpiau degradd.
12... Egluro pam y bu angen ailgrwpio'r data er mwyn amlygu cydberthyniad llinol.
13... Enwi **chwech** o ddarganfyddiadau'r astudiaeth hon.
14... Yn achos pob darganfyddiad, nodi casgliad y gellid ei dynnu ar ei sail. Ceisiwch wneud pob casgliad yn wahanol.
15... Pa dystiolaeth sy'n peri i chi ddod i'r casgliad bod y canlyniadau hyn yn arbennig o drawiadol?
16... Awgrymu pam y gallai'r cydberthyniad rhwng newidiadau bywyd a salwch fod yn gryfach ymhlith y morwyr priod a hŷn nag yn y grŵp o forwyr sengl ifancach.

CWESTIYNAU ARHOLIAD

ADRAN A

Rhowch grynodeb o nodau a chyd-destun ymchwil Rahe, Mahan ac Arthur (1970), 'Rhagfynegi newid mewn iechyd yn y dyfodol agos o newidiadau blaenorol ym mywyd y gwrthrych' ('Prediction of near-future health change from subjects' preceding life changes'). [12]

Amlinellwch ddulliau gweithredu ymchwil Rahe, Mahan ac Arthur (1970), 'Rhagfynegi newid mewn iechyd yn y dyfodol agos o newidiadau blaenorol ym mywyd y gwrthrych'. [12]

Disgrifiwch ganlyniadau a chasgliadau ymchwil Rahe, Mahan ac Arthur (1970), 'Rhagfynegi newid mewn iechyd yn y dyfodol agos o newidiadau blaenorol ym mywyd y gwrthrych'. [12]

Nodiadau *Yn Adran A arholiad Uned 2, gellir gofyn unrhyw un o'r cwestiynau uchod i chi. Bydd pob cwestiwn yn werth 12 marc. I gael y 12 marc i gyd, dylai'ch ateb:*

▸ *Fod yn gywir ac yn fanwl.*
▸ *Amlygu dyfnder ac ystod o wybodaeth, ond nid i'r un graddau o reidrwydd. Hynny yw, gallwch chi fanylu cryn dipyn ar ambell bwynt (h.y. dyfnder) neu drafod nifer o bwyntiau yn llai manwl (ystod).*
▸ *Bod wedi'i strwythuro'n dda ac yn gydlynol.*
▸ *Bod yn gywir o ran gramadeg, atalnodi a sillafu.*
▸ *Bod yn rhyw 200–250 o eiriau o hyd, sef nifer llai nag yn achos y cwestiynau eraill sydd â 12 marc, ond yma mae'r pwyslais ar fod yn fanwl-gywir.*

Rahe, Mahan ac Arthur (1970) Rhagfynegi newid mewn iechyd yn y dyfodol agos o newidiadau blaenorol ym mywyd y gwrthrych

Ar y ddau dudalen hyn, byddwn ni'n gwerthuso'r astudiaeth graidd drwy astudio'r materion sy'n gysylltiedig â'i methodoleg hi a chymharu'r astudiaeth â thystiolaeth arall. Pan ddaw'n fater o werthuso, cewch chi benderfynu drosoch chi'ch hun. Rydyn ni wedi cyflwyno peth tystiolaeth a rhai datganiadau ac yn eich gwahodd chi i'w defnyddio i ffurfio'ch barn eich hun am yr astudiaeth graidd.

GWERTHUSO'R FETHODOLEG

Cewch chi eglurhad o'r cysyniadau hyn ym Mhennod 6 (Dulliau Ymchwil Cymhwysol).

Dull

Defnyddiodd Rahe ac eraill **gydberthyniad** (*correlation*) i ddadansoddi eu data. Mae manteision ac anfanteision i ddulliau o'r fath. *Eglurwch oblygiadau defnyddio'r fethodoleg hon ar gyfer y casgliadau y gellir eu tynnu o'r astudiaeth.*

Un broblem ynghylch ymchwil cydberthynol yw y gall fod **newidynnau cysylltiol**. Mae'n bosibl y byddai pobl sydd â lefelau uchel o orbryder yn debycach o sôn am ddigwyddiadau negyddol bywyd a hefyd yn debycach o fod yn sâl. *Eglurwch sut y gellid defnyddio hynny i werthuso astudiaeth Rahe ac eraill.*

Dibynadwyedd

Defnyddiwyd yr SRE i fesur straen. *Sut yr aseswyd* **dibynadwyedd** *y raddfa honno?* Bu'n rhaid i'r cyfranwyr adalw digwyddiadau o'r ddwy flynedd flaenorol. *Pa mor ddibynadwy fyddai'r data hynny?*

Dilysrwydd (*validity*)

Mae problemau pwysig ynghylch defnyddio'r SRE i asesu lefelau straen. Dydy hi ddim, er enghraifft, yn gwahaniaethu rhwng straenachoswyr dymunol ac annymunol nac yn cymryd i ystyriaeth yr adnoddau cymdeithasol/seicolegol a all fod ar gael i berson. Hefyd, mae llawer o'r digwyddiadau a nodwyd ar y raddfa yn anarferol; gallai rhai cyfranogwyr beidio â chael profiad o lawer o'r rhai a restrwyd neu hyd yn oed o unrhyw un ohonyn nhw. Mae amryw o raddfeydd eraill wedi'u datblygu ar gyfer asesu straen (gweler ar y dde). *Beth yw'ch casgliad chi ynghylch* **dilysrwydd** *yr SRE fel dull o asesu straen, yn enwedig mewn grŵp o forwyr sydd ag oedran cymedrig o 22.3?*

Ceir problemau hefyd ynghylch mesur salwch. *Ai straen, mewn gwirionedd, a achosodd y salwch a fesurwyd gan Rahe ac eraill? Allwch chi feddwl am resymau eraill pam y gallai'r cyfranwyr fod wedi bod yn sâl?*

Gellir hefyd asesu dilysrwydd y darganfyddiadau drwy gymharu darganfyddiadau'r astudiaeth graidd hon ag ymchwil arall (gweler ar y dde). *Beth yw'ch casgliad chi ynghylch dilysrwydd y darganfyddiadau?*

Samplu

Roedd sampl Rahe ac eraill yn cynnwys 2664 o wrywod o Lynges UDA, a chyfartaledd eu hoedran oedd 22.3. *Sut y gallai'r nodweddion hynny fod wedi dylanwadu ar y canlyniadau cyffredinol?*

Materion moesegol

Gallai problemau fel diffyg **cydsyniad gwybodus** llawn, **cyfrinachedd**, **yr hawl i dynnu'n ôl** ac ôl-drafod (*debriefing*) terfynol ein poeni ni. *I ba raddau y credwch chi i Rahe ac eraill ddelio'n briodol â'r materion moesegol?*

Gan i'r cyfranwyr yn yr astudiaeth hon lenwi'r SRE, mae'n amlwg eu bod yn gwybod eu bod yn ymwneud â phrosiect. Ond mae'n fwy na thebyg na chafwyd eu cydsyniad uniongyrchol i'r cofnod o'u salwch fod ar gael i'r ymchwilwyr, a hynny am y byddai cofnod o'r fath ar gael i uwch-swyddogion y Llynges. I ba raddau y mae hynny'n gydsyniad gwybodus llawn? Trafodwch foeseg yr astudiaeth hon gyda'ch dosbarth.

TYSTIOLAETH ARALL

Ymchwil a ddefnyddiai'r SRE

Defnyddiodd Arthur yr SRE i wneud astudiaeth bellach (Rubin ac eraill, 1972), sef astudiaeth o batrymau salwch awyrenwyr llyngesol yn Viet Nam a fu'n hedfan cyrchoedd bomio oddi ar long awyrennau am chwe mis. Gwelwyd bod perthynas rhagfynegi rhwng eu sgorau SRE a salwch wedi hynny yn eu sampl. *Eglurwch sut mae'r darganfyddiadau hynny'n cefnogi, yn gwrthddweud neu'n datblygu darganfyddiadau Rahe ac eraill.*

Ymchwil a ddefnyddiai'r SRRS

Gofynnodd Cohen ac eraill (1991, 1993) i gyfranwyr lenwi'r SRRS i asesu eu lefel gyfredol o straen yn nhermau LCUs. Yna, rhoddwyd diferion trwyn i'r cyfranwyr. Cafodd y **grŵp arbrofol** ddiferion trwyn ac ynddyn nhw firws sy'n achosi'r annwyd cyffredin, a chafodd y grŵp rheoli ddiferion trwyn di-haint. Rhoddwyd y cyfranwyr mewn cwarantin a'u monitro am ryw saith diwrnod. Dangosodd canlyniadau'r astudiaethau i'r cyfranwyr a ddywedodd fod ganddyn nhw lefelau uwch o straen fod yn debycach o gael eu heintio â feirws yr annwyd. *Eglurwch sut mae'r darganfyddiadau hynny'n cefnogi, yn gwrthddweud neu'n datblygu darganfyddiadau Rahe ac eraill.*

Dulliau eraill o fesur straen

Er bod yr ymchwil sy'n defnyddio'r SRRS fel petai'n awgrymu bod gan unrhyw ddigwyddiad sy'n newid bywyd y potensial i wneud drwg i iechyd oherwydd yr ailymaddasu arwyddocaol sydd ynghlwm wrtho, mae rhai beirniaid yn awgrymu bellach mai *ansawdd* y digwyddiad sy'n hollbwysig, ac mai'r rhai mwyaf niweidiol yw'r rhai annymunol, annisgwyl ac heb reolaeth.

Trafferthion pob dydd Awgrymodd Lazarus (1990) ymhellach mai cymharol brin yw'r newidiadau mawr ym mywydau'r mwyafrif o bobl ac felly mai mân straenachoswyr (h.y. trafferthion) bywyd yw'r ffynhonnell bwysicaf o straen i'r mwyafrif o bobl. Er enghraifft, astudiodd DeLongis ac eraill (1988) straen mewn 75 o gyplau priod. Rhoeson nhw holiadur ynghylch digwyddiadau bywyd i'r cyfranwyr, a graddfa o drafferthion a digwyddiadau calonogol. Er na welson nhw ddim perthynas rhwng digwyddiadau bywyd ac iechyd, gwelwyd cydberthyniad cadarnhaol ac arwyddocaol o +.59 rhwng trafferthion a phroblemau iechyd drannoeth fel y ffliw, gwddf/pen tost, dolur gwddf, cur pen a phoen cefn. *Eglurwch sut mae'r darganfyddiadau hynny'n cefnogi, yn gwrthddweud neu'n datblygu darganfyddiadau Rahe ac eraill.*

Cydnabod adnoddau cymdeithasol Cynhyrchodd Moos a Swindle (1990) yr LISRES (*y Gofrestr o Straenachoswyr Bywyd ac Adnoddau Cymdeithasol*). Nodwyd wyth maes o straenachoswyr parhaus mewn bywyd, sef iechyd, y cartref, cyllid, gwaith, partner, plentyn, teulu estynedig, cyfeillion. Roedd yr LISRES hefyd yn cynnwys asesiad o'r adnoddau cymdeithasol a oedd ar gael i'r unigolyn am eu bod nhw'n cymedroli effaith y straenachoswyr.

▲ Ym Mhennod 1, fe gyfeirion ni at y **system imiwnedd**. Mae hi'n cynnwys *celloedd fel celloedd gwaed gwyn*, celloedd sy'n lladdwyr naturiol a macroffagau, sy'n ymosod ar antigenau sy'n ymledu (h.y. bacteria, firysau, tocsinau a pharasitiaid). Mae rhai o gelloedd y system imiwnedd wedi'u tiwnio i antigenau penodol (fel firws y frech goch), a phan ddaw'r antigen hwnnw i mewn i'r corff fe gynhyrchan nhw filiynau o broteinau imiwnedd arbenigol o'r enw *gwrthgyrff* i ddifa'r antigen.

Y cysylltiad rhwng straen a'r system imiwnedd

Mae ymchwil diweddarach wedi ceisio egluro'r cysylltiad rhwng straen a salwch yn nhermau gweithrediad llai-na-chyflawn y **system imiwnedd**. Pan fydd unigolion dan straen, bydd celloedd yn y system imiwnedd yn llai effeithiol ac yn lleihau gallu'r unigolyn i ymladd haint. Mewn clasur o astudiaeth, mesurodd Kiecolt-Glaser ac eraill (1984) weithgarwch y system imiwnedd mewn myfyrwyr a oedd wrthi'n cymryd arholiadau meddygol pwysig. Cymerwyd samplau o waed fis cyn yr arholiadau (straen isel) ac yn ystod cyfnod yr arholiadau (straen uchel). Aseswyd gweithrediad y system imiwnedd drwy fesur gweithgarwch y celloedd sy'n *'lladdwyr naturiol'* (NK) yn y samplau gwaed. Roedd gweithgarwch y celloedd NK gryn dipyn yn llai yn y sampl o waed a gymerwyd yn ystod yr arholiadau o'i gymharu â'r un a gawsai ei chymryd fis ynghynt. Mae hynny'n awgrymu bod straenachoswyr tymor-byr a rhagweladwy yn cwtogi ar weithrediad y system imiwnedd a bod yr unigolyn, felly, yn fwy agored i salwch a haint. *Eglurwch sut mae'r darganfyddiadau hynny'n cefnogi, yn gwrthddweud neu'n datblygu darganfyddiadau Rahe ac eraill.*

Ceir tystiolaeth hefyd y gall straen tymor-byr hefyd fod o les i'r system imiwnedd (uwch-reoleiddio). Astudiodd Evans ac eraill (1994) weithgarwch un *gwrthgorff* penodol, sef IgA secretu (sIgA), sy'n gorchuddio arwynebau mwcaidd y geg, yr ysgyfaint a'r stumog ac yn helpu i ddiogelu rhag haint. Trefnodd yr ymchwilwyr i'r myfyrwyr roi sgyrsiau i fyfyrwyr eraill (straen ysgafn ond llym). Dangosodd y myfyrwyr hynny gynnydd yn eu sIgA, ond gostwng wnaeth y lefelau o sIgA yn ystod wythnosau cyfnodau'r arholiadau. Mae Evans ac eraill (1997) yn cynnig bod straen fel petai'n cael dwy effaith ar y system imiwnedd, sef cynnydd ynddi os ceir straen tymor-byr iawn a lleihad yn achos straen tymor-hir. *Eglurwch sut mae'r darganfyddiadau hynny'n cefnogi, yn gwrthddweud neu'n datblygu darganfyddiadau Rahe ac eraill.*

Rhif 5.6

ALLWCH CHI...?

CWESTIYNAU ARHOLIAD

ADRAN B

Gwerthuswch fethodoleg ymchwil Rahe, Mahan ac Arthur (1970), 'Rhagfynegi newid mewn iechyd yn y dyfodol agos o newidiadau blaenorol ym mywyd y gwrthrych'. [12]

Gan gyfeirio at dystiolaeth amgen, aseswch yn feirniadol ymchwil Rahe, Mahan ac Arthur (1970), 'Rhagfynegi newid mewn iechyd yn y dyfodol agos o newidiadau blaenorol ym mywyd y gwrthrych'. [12]

Nodiadau Yn Adran B arholiad Uned 2, gellir gofyn unrhyw un o'r cwestiynau uchod i chi. I gael y 12 marc i gyd am bob cwestiwn. Bydd angen:

▶ *Cyflwyno gwerthusiad sydd wedi'i strwythuro'n glir.*

▶ *Ymhelaethu'n gydlynol ar bob pwynt.*

▶ *Amlygu dyfnder ac ystod o ddadansoddi, ond nid i'r un graddau o reidrwydd. Hynny yw, gallwch chi fanylu cryn dipyn ar ambell bwynt (h.y. dyfnder) neu drafod nifer o bwyntiau yn llai manwl (ystod).*

▶ *Bod yn rhyw 300–350 o eiriau o hyd (canolbwyntir ar gyflwyno ehangder digonol o ddeunydd ond hefyd ar fanylu digon ar bob pwynt a wneir, h.y. dyfnder ac ehangder).*

Efallai y bydd hi'n fuddiol i chi astudio atebion y myfyrwyr ar ddiwedd yr astudiaethau craidd eraill i ganfod ac osgoi'r camgymeriadau nodweddiadol y bydd myfyrwyr yn eu gwneud wrth ateb cwestiynau Adran B.

Cwestiynau arholiad enghreifftiol ac atebion myfyrwyr

Mae sylwadau'r arholwr ar yr atebion hyn ar dudalen 176.

ENGHRAIFFT O GWESTIWN 3

Disgrifiwch ganlyniadau a chasgliadau ymchwil Rahe, Mahan ac Arthur (1970), 'Rhagfynegi newid mewn iechyd yn y dyfodol agos o newidiadau blaenorol ym mywyd y gwrthrych'. [12]

Ateb Megan

Gwelodd Rahe ac eraill fod cyfernod cydberthyniad cadarnhaol ac arwyddocaol o .118 rhwng y TLCUs ar gyfer y chwe mis cyn y fordaith a salwch. Gwelodd Rahe fod perthynas linol gadarnhaol rhwng y newidiadau bywyd a gofnodwyd gan gyfrannwr dros gyfnod o 2 flynedd a'i debygolrwydd o ddatblygu newid mawr yn ei iechyd. Gwelodd Rahe fod y berthynas rhwng TLCUs ar gyfer y cyfnod o 6 mis yn union cyn eu mordaith 6-8 mis a salwch ar ei hamlycaf yn y categori o ddynion priod a oedd wedi ymrestru, o'u cymharu â morwyr dibriod. Gwelodd Rahe fod morwyr yn y grwpiau â sgorau TLCU isel (a labelwyd yn ddegraddau 1 a 2) yn cynrychioli grŵp salwch-isel pendant a bod gan ddegradd 1 gymedr salwch o 1.434. Ar y llaw arall, grŵp salwch-uchel oedd y morwyr â sgôr TLCU uchel (a labelwyd yn ddegraddau 9 a 10) a bod i ddegradd 10 gymedr salwch o 2.049. Casgliad Rahe oedd bod canlyniadau'r ddarpar astudiaeth yn cefnogi'r nosiwn bod perthynas linol rhwng sgôr TLCU y cyfranwyr a'u cyfradd o salwch. Er mai prin oedd yr achosion o salwch a phrin, at ei gilydd, oedd y digwyddiadau bywyd a fesurwyd gan yr SRE, casgliad Rahe oedd bod y darganfyddiadau'n dal i fod yn drawiadol.

Ateb Tomos

Gwelodd Rahe fod cydberthyniad rhwng y sgorau am ddigwyddiadau bywyd a salwch. Roedd morwyr priod yn debycach o fod yn sâl na'r rhai dibriod. Roedd y morwyr a oedd o dan straen go-iawn yn debyg o gael llawer o salwch, ond chafodd y morwyr nad oedden nhw dan straen fawr ddim salwch. Daeth Rahe i'r casgliad fod hynny'n cyd-fynd â chasgliadau ymchwil eraill.

Bennett-Levy a Marteau (1984)
Ofn anifeiliaid: beth yw bod yn barod?

Mae ein hastudiaeth graidd nesaf hefyd yn enghraifft o ymagwedd ffisiolegol/**ymagwedd fiolegol** mewn seicoleg. Mae'n hoelio'i sylw ar yr awgrym bod y rhagdueddiad i fagu rhai ofnau wedi'i etifeddu am ei fod yn cynyddu siawns yr unigolyn o oroesi ac atgenhedlu. Dyma enghraifft o'r **ymagwedd esblygol** at ddeall ymddygiad. Mae'r ymagwedd esblygol yn cynnig esboniadau yn nhermau etifeddiant **genetig** ac felly'n rhan o'r ymagwedd ffisiolegol/fiolegol.

GWAITH I CHI
Rhif 5.15

Yn Uned 1, fe edrychon ni ar bedair ymagwedd at seicoleg. Gallwch chi geisio defnyddio'r ymagweddau hynny i egluro pam y gallai person fagu ofn at gŵn neu bryfed cop/corynod.

YR YMAGWEDD ESBLYGOL

Seiliwyd damcaniaeth Darwin ynghylch esblygiad drwy **ddethol naturiol** ar dair prif dybiaeth. Yn gyntaf, cyfran fach yn unig o bob cenhedlaeth sy'n goroesi ac yn atgenhedlu. Yn ail, am nad yw'r epil yn unfath â'u rhieni, bydd pob cenhedlaeth yn amlygu rhywfaint o amrywiaeth ac mae o leiaf beth o'r amrywiad hwnnw'n etifeddadwy. Yn drydydd, bydd rhai nodweddion yn rhoi mantais i'r anifail dros eraill o ran ei siawns o 'oroesi ac atgenhedlu'.

Mae rhai amrywiadau, neu nodweddion, *wedi'u dethol yn naturiol* am eu bod nhw'n **ymaddasol**. Bydd nodwedd yn ymaddasol os yw'n cynyddu siawns yr unigolyn o oroesi ac atgenhedlu. Er enghraifft, os yw anifail yn ofni rhai anifeiliaid peryglus, fel nadredd gwenwynig, mae hynny'n debyg o gynyddu ei siawns o oroesi ac, felly, o atgenhedlu. Os bydd epil yr anifail yn etifeddu'r ofnusrwydd hwnnw, mae llinell enetig yr unigolyn yn debyg o ffynnu ac mae grŵp genetig sydd heb y nodwedd honno'n llai tebyg o oroesi. Am fod yr anifail yn ofni gwrthrychau penodol, gall ymaddasu i'w amgylchedd ac mae ef wedi'i ddethol yn naturiol.

Pwynt pwysig i'w ddeall yw nad oes dim o hynny'n digwydd yn ymwybodol. Chaiff ymddygiad a nodweddion mo'u dethol yn naturiol ond os ydynt (a) yn etifeddadwy a (b) yn cynyddu'r siawns o oroesi ac atgenhedlu.

▲ Mae seicolegwyr esblygol yn awgrymu i'r dethol hwnnw ddigwydd yn bennaf yn yr **amgylchedd addasu esblygol (EEA)**, sef y cyfnod y bu pobl yn byw ar wastatiroedd Affrica. Bu pobl cynnar fel Homo ergaster, a ddarlunnir yma, yn byw bron 2 filiwn o flynyddoedd yn ôl yn Nyffryn Hollt dwyrain Affrica. Y peryglon yr oedden nhw yn ei wynebu bob dydd a arweiniodd ar esblygiad ein hymateb, sef ofn.

Y CYD-DESTUN A'R NODAU

Mae **seicoleg esblygol** yn awgrymu bod rhai ofnau'n ymddygiadau ymaddasol a helpodd ein hynafiaid i oroesi. Os ydym yn ofni anifail yn fawr iawn ac yn ceisio dianc rhagddo, go brin y gwnaiff ef ddrwg i ni. Gall yr ofnau a oedd yn bwysig er mwyn i'n hynafiaid oroesi fod yn dal i lechu yn ein hymennydd.

Cynigiodd Seligman (1971) y cysyniad o **barodrwydd biolegol**, sef rhagdueddiad etifeddol i ofni rhai mathau o anifeiliaid fel nadredd. Mae tri o arsylwadau'n cefnogi'r gred honno.

1. Nid peth ar hap yw dosbarthiad ffobiâu ynghylch anifeiliaid, h.y. bydd rhai anifeiliaid, e.e. pryfed cop/corynod, yn aml yn cyffroi ofn, ond nid felly rai eraill, e.e. pryfed.
2. Does dim profiad trawmatig wedi'i gyplysu ag ofni'r anifeiliaid hynny, h.y. gall pobl ofni pryfed cop/corynod er nad oes unrhyw gysylltiad â nhw wedi ysgogi'r ofn hwnnw.
3. Yn aml, bydd yr ofnau'n ymddangos yn gynnar mewn bywyd ac yn cyrraedd eu hanterth pan fydd plentyn tua phedair oed.

Ategir rhagor ar y cysyniad o barodrwydd biolegol gan ymchwil i fwncïod sydd wedi'u magu'n ar dir gwyllt a rhai sydd wedi'u magu mewn labordai. Gwelodd Mineka ac eraill (1980) fod mwncïod a fagwyd ar dir gwyllt yn dangos cryn ofn o nadredd go-iawn – a modelau a theganau ohonyn nhw – ond ddangosodd y mwncïod a fagwyd mewn labordy fawr o ymateb i'r nadredd. Gellid egluro hynny yn nhermau'r profiadau uniongyrchol y gallai mwncïod gwyllt fod wedi'u cael a bod y rheiny wedi creu ymateb, sef ofn (**cyflyru gweithredol** (*operant conditioning*) neu **ddysgu drwy arsylwi**).

Er hynny, nododd Bennett-Levy a Marteau fod y mwncïod labordy yn amlygu ofn pan symudai'r 'neidr' gryn dipyn. Eu hawgrym, felly, oedd y gall mwncïod (a bodau dynol) fod heb 'demplad parod' i ofni nadredd fel y cyfryw, ond y gallan nhw fod yn barod i ofni 'symudiadau tebyg i symudiadau neidr'.

Awgrymodd Hinde (1974) hefyd fod rhai nodweddion eraill fel newydd-deb a dieithrwch yn ysgogi ofn. Awgrymodd Hinde ymhellach mai sail yr ofn yw'r gwahaniaeth mawr rhwng ysgogiad (e.e. neidr) a model yr organeb o'r byd.

Ategwyd hynny gan brofiad Bennett-Levy a Marteau o drin cleifion sydd â ffobiâu. Gwelson nhw fod disgrifiadau cleifion o'r hyn a ofnent am anifeiliaid yn canolbwyntio bob amser ar olwg yr anifeiliaid ac ar y teimlad a geid o gyffwrdd â nhw.

Nodau

Nid oedd cysyniad Seligman o barodrwydd biolegol yn awgrymu pa fecanwaith a fyddai'n rhoi'r parodrwydd hwnnw ar waith. Nod Bennett-Levy a Marteau oedd ymchwilio i'r mecanwaith gwaelodol (*underlying mechanism*) – mae bodau dynol wedi'u 'paratoi'n fiolegol' i ofni rhai ffurfweddau penodol ar ysgogiad mewn anifeiliaid, fel symudiad cyflym neu sydyn, a gwahaniaethau rhyngddyn nhw a'r ffurf ddynol. Eu rhagfynegiad oedd y dylid cysylltu nodweddion canfyddadol anifeiliaid bach a diberygl â dosbarthiad graddau o ofni ac osgoi'r anifeiliaid hynny.

Yr erthygl wreiddiol
Y cyfeiriad llawn ar gyfer yr astudiaeth hon yw Bennett-Levy, J. a Marteau, T. (1984) Fear of animals: what is prepared? *British Journal of Psychology*, *75*, 37–42. Gallwch chi gael copi o'r erthygl honno drwy roi'r cyfeiriad llawn i'ch llyfrgell leol. Fe'i hailargraffwyd yn Gross, R. (1999). *Key Studies in Psychology*, 3ydd arg. Llundain: Hodder.

Adnoddau eraill
Darllenwch am ffobiâu. Er bod yr astudiaeth graidd hon yn sôn am ofnau'n gyffredinol yn hytrach na **ffobiâu** clinigol, mae'n berthnasol i ffobiâu. Fe welwch chi feini prawf ffobiâu penodol yn: www. behavenet.com/capsules/disorders/specphob.htm, neu ewch i: phobias.about.com/ i gael gwybod rhagor am ffobiâu.

TREFNIADAU

Dosbarthwyd dau holiadur i 113 o gyfranwyr a oedd wedi dod i ganolfan iechyd ym Mhrydain. Dosbarthwyd yr holiaduron ar hap.
- Yng ngrŵp 1, a lenwodd holiadur 1, roedd 34 o fenywod a 30 o wrywod. **Cymedr** oedran grŵp 1 oedd 35.5, **GS** = 16.9.
- Yng ngrŵp 2, a lenwodd holiadur 2, roedd 25 o fenywod a 24 o wrywod. Cymedr oedran grŵp 2 oedd 35.1, GS = 16.4.

Holodd yr holiadur ynghylch 29 o anifeiliaid a phryfed bach diberygl. Y rheswm dros astudio anifeiliaid 'diberygl', yn ôl y ddadl, oedd y dylai'r un nodweddion canfyddiadol sy'n creu ofn o anifeiliaid peryglus fagu ofn o anifeiliaid diberygl er nad oes iddyn nhw unrhyw arwyddocâd biolegol i oroesiad bodau dynol.

Yn achos anifeiliaid y gellid ystyried eu bod yn niweidiol (e.e. nadredd y glaswellt neu sglefrod môr), gofynnwyd i'r cyfranwyr farnu eu bod yn ddiberygl er mwyn i berygl beidio â bod yn ffactor yn eu barn.

Holiadur 1 Fe'i cynlluniwyd i fesur ofn a hunanadroddiad ac awydd i osgoi anifeiliaid a phryfed. Barnodd y cyfranwyr yr anifeiliaid ar ddwy raddfa:

1. **Graddfa ofn** Gofynnwyd i'r cyfranwyr nodi cyfradd eu hofn o'r anifail ar raddfa o dri phwynt.
2. **Graddfa agosrwydd** Nododd y cyfranwyr hyd a lled eu hosgoi drwy ddefnyddio graddfa pum-pwynt o agosrwydd. Cyfarwyddwyd y cyfranwyr fel hyn: *'am fod rhai anifeiliaid a phryfed yn anodd eu codi ar dir gwyllt, dychmygwch eu bod wedi'u hanafu mewn rhyw ffordd. Er enghraifft, mae gan aderyn aden sydd wedi'i thorri neu mae gan wiwer droed sydd wedi'i thorri, ac ati'.*

Holiadur 2 Cynlluniwyd i hwn fesur barn hunanadrodd am yr un grŵp o 29 o anifeiliaid a phryfed ag a ddefnyddiwyd yn holiadur 1, ond fe holodd yn benodol ynghylch pedwar dimensiwn canfyddiadol. Rhoddwyd y cyfarwyddiadau hyn: *'Hoffem i chi ystyried pa mor HYLL, LLYSNAFEDDOG a CHYFLYM yw'r anifeiliaid, a pha mor SYDYN y maen nhw fel petaen nhw'n SYMUD'.* Defnyddiwyd graddfa tri-phwynt.

DYMA'R YMCHWILWYR

Yn ddiweddar, ymgymerodd **James Bennett-Levy** â swydd Athro Cyswllt yn Adran Iechyd Gwledig Prifysgol Northern Rivers, Prifysgol Sydney, Awstralia. Cyn hynny, bu'n seicolegydd clinigol ymgynghorol gyda Chanolfan Therapi Gwybyddol Rhydychen ac arbenigo ar therapi ymddygiadol gwybyddol.

Hyfforddwyd **Theresa Marteau** i fod yn seicolegydd clinigol, a dyna pryd y cyfarfu hi â James. Yna, symudodd i faes seicoleg iechyd ac ymchwilio i'r ymatebion emosiynol, gwybyddol ac ymddygiadol i wybodaeth am risgiau i iechyd. Hi ar hyn o bryd yw Athro Seicoleg Iechyd yng Ngholeg King's, Llundain.

Pan holwyd beth a barodd iddyn nhw wneud yr astudiaeth hon, meddent: *'Roedd Theresa wedi bod wrthi'n ddiweddar yn trin rhywun â ffobia ynghylch pryfed. Un noson, cafodd hi a James ginio gyda'i gilydd o dan y nenfwd arian, ac fe drodd y sgwrs at faes ffobiâu ynghylch anifeiliaid a chodi'r cwestiwn "Tybed pam y caiff rhai pryfed ac anifeiliaid eu hofni'n fwy na'i gilydd?". "Byddai'n ddiddorol cael gwybod."'* (neges bersonol).

Holiaduron 1 a 2 gyda'i gilydd
- Caiff **ofn** ei farnu ar raddfa tri-phwynt, sef 1 = dim ofn, 2 = eithaf ofnus, 3 = ofnus iawn.
- Caiff **agosrwydd** ei raddio ar raddfa pum-pwynt, sef 1 = yn mwynhau ei godi, 2 = yn ei godi, ond mae'n annifyr, 3 = cyffwrdd ag ef neu fynd o fewn 15cm iddo, 4 = sefyll 30-180cm i ffwrdd, 5 = symud mwy na 180cm i ffwrdd.
- Caiff **hyll, llysnafeddog** (*slimy*)**, cyflym** a **symud yn sydyn** eu barnu ar raddfa 3-phwynt, sef 1 = heb fod yn ..., 2 = yn eithaf ..., 3 = yn ... iawn.

	Holiadur 1		Holiadur 2			
	Ofn	Agosrwydd	Hyll	Llysnafeddog	Cyflym	Yn symud yn sydyn
Aderyn du						
Babi tsimpansî						
Bochdew						
Brân						
Broga						
Buwch goch gota						
Cath						
Ceiliog y rhedyn						
Crwban						
Cwningen						
Chwilen						
Chwilen ddu						
Gwiwer						
Gwlithen						
Gwyfyn						
Iâr fach yr haf/pili pala						
Lindysyn						
Llygoden						
Llygoden fawr						
Llo morlo						
Madfall						
Morgrugyn						
Mwydyn/Pry' genwair						
Neidr y glaswellt						
Oen						
Pry' cop/corryn						
Robin						
Sbaniel (ci)						
Sglefren fôr						

▲ James Bennett-Levy a Theresa Marteau.

Bennett-Levy a Marteau (1984)
Ofn anifeiliaid: beth yw bod yn barod?

▼ **Tabl 1 Cymedrau'r farn am nodweddion anifeiliaid**

Yn y tabl isod fe welwch chi gymedr sgorau grwpiau 1 a 2 am bob un o'r 29 o anifeiliaid o ran y chwe dimensiwn. Mae'r anifeiliaid yn ymddangos yn nhrefn y farn am eu hagosrwydd.

	Ofn	Agosrwydd	Hyll	Llysnafeddog	Cyflym	Yn symud yn sydyn
Llygoden fawr	2.08	3.90	2.24	1.10	2.35	2.53
Chwilen ddu	1.58	3.25	2.53	1.20	1.96	2.04
Sglefren fôr	1.81	2.95	2.00	2.47	1.39	1.51
Pry' cop/corryn	1.64	2.88	2.43	1.06	2.25	2.52
Gwlithen	1.19	2.84	2.63	2.90	1.04	1.02
Neidr y glaswellt	1.55	2.78	1.80	1.78	2.12	2.42
Chwilen	1.33	2.50	2.10	1.18	1.55	1.57
Madfall	1.25	2.45	1.88	1.54	2.53	2.78
Mwydyn/Pry' genwair	1.16	2.39	2.18	2.45	1.14	1.20
Broga	1.17	2.28	1.88	2.24	1.80	2.31
Gwyfyn	1.25	2.27	1.53	1.09	2.04	2.32
Morgrugyn	1.14	2.22	1.86	1.04	2.04	2.14
Brân	1.22	2.14	1.67	1.02	2.02	2.08
Llygoden	1.27	2.13	1.35	1.02	2.35	2.56
Ceiliog y rhedyn	1.16	2.06	1.76	1.12	2.48	2.77
Gwiwer	1.11	2.03	1.02	1.02	2.44	2.71
Lindysyn	1.05	1.84	1.65	1.24	1.14	1.12
Llo morlo	1.03	1.63	1.06	1.42	1.50	1.48
Aderyn du	1.08	1.59	1.10	1.00	2.04	2.20
Bochdew	1.00	1.50	1.02	1.00	1.98	2.23
Babi tsimpansî	1.09	1.48	1.33	1.00	1.63	1.73
Iâr fach yr haf / pili pala	1.00	1.33	1.06	1.02	2.08	2.36
Sbaniel (ci)	1.08	1.31	1.08	1.02	2.06	1.84
Crwban	1.00	1.31	1.41	1.08	1.08	1.06
Robin	1.00	1.31	1.02	1.00	2.10	2.29
Oen	1.00	1.16	1.02	1.00	1.61	1.90
Cath	1.03	1.14	1.02	1.00	2.17	2.31
Buwch goch gota	1.02	1.14	1.10	1.00	1.71	1.88
Cwningen	1.02	1.13	1.04	1.00	2.35	2.65

▼ **Tabl 2 Matrics cydberthyniad o fesurau o nodweddion, ofn ac agosrwydd anifeiliaid**

	Hyll	Llysnafeddog	Cyflym	Yn symud yn sydyn	Ofn	Agosrwydd
Hyll		.75	−.20	−.16	.82	.87
Llysnafeddog (*slimy*)	.75		−.29	−.21	.61	.77
Cyflym	−.20	−.29		.95	.17	−.02
Yn symud yn sydyn	−.16	−.21	.95		.02	.05
Ofn	.82	.61	.17	.02		.90
Agosrwydd	.87	.77	−.02	.05	.90	

DARGANFYDDIADAU

Mae Tabl 1 yn dangos cymedr sgorau grwpiau 1 a 2 am bob un o'r 29 o anifeiliaid ar y chwe dimensiwn.

Roedd ofn llygod mawr yn fwy nag unrhyw anifail arall. O holi'n anffurfiol, awgrymwyd mai'r rheswm oedd y canfyddiad y gallen nhw fod yn niweidiol.

Gwahaniaethau rhwng y ddau ryw

O ran y farn ynghylch agosrwydd, cafwyd bod benywod yn llai parod na gwrywod i fynd at 10 o'r anifeiliaid neu i'w codi. Yr anifeiliaid hynny (yn eu trefn ddisgynnol) oedd sglefren fôr, chwilen ddu, morgrugyn, gwyfyn, brân, mwydyn/pry' genwair, chwilen, gwlithen, llygoden a phry' cop/corryn.

Er bod gwahaniaethau tebyg ynghylch ofn, ni chafwyd bod unrhyw wahaniaeth mawr rhwng y ddau ryw o ran y categorïau 'hyll', 'llysnafeddog', 'cyflym' ac 'yn symud yn sydyn'.

Er i'r dynion yng ngrŵp 1 farnu eu bod yn llai ofnus na'r menywod, roedden nhw i bob golwg yr un mor barod i ymateb i nodweddion yr anifeiliaid. Gwelwyd bod cydberthyniad agos dros ben, er enghraifft, ym marn dynion a menywod ynghylch agosrwydd (**cyfernod cydberthyniad** (r) = +.96).

Matrics cydberthyniad

Mae Tabl 2 yn dangos y cydberthyniadau rhwng y gwahanol farnau. Gallwch chi weld bod:

- Cydberthyniad uchel (r = +.95) rhwng 'cyflym' ac 'yn symud yn sydyn'.
- Y cydberthyniad rhwng 'agosrwydd' a 'symud yn sydyn' yn +.05, ond o dynnu effaith 'hylltod' o hynny, cododd i +.61.
- Cafwyd bod cydberthyniadau rhannol tebyg ynghylch ofn a chyflymdra ac agosrwydd a chyflymdra, ac roedd y rheiny'n arwyddocaol.

Yn ôl y disgwyl, felly, roedd pob un o'r pedair barn am nodweddion canfyddiadol (hylltod, llysnafeddogrwydd, cyflymdra a sydynrwydd) yn gysylltiedig ag ofn ac agosrwydd.

Cyflwynir amryw o ddarganfyddiadau yn yr astudiaeth hon fel cyfernodau cydberthyniad. Fe'u heglurir yn llawn ar dudalen 148. Mae cydberthyniad o +.36 a rhagor yn arwyddocaol ar y lefel 5% (h.y. mae siawns o 5% fod y canlyniad hwnnw'n deillio o siawns). Mae cydberthyniad o −.36 hefyd yn arwyddocaol, ac mae'r arwydd 'minws' yn dynodi bod y naill newidyn yn lleihau wrth i'r llall gynyddu (h.y. cydberthyniad negyddol).

GWAITH I CHI

Rhif 5.16

Mae llawer iawn o wybodaeth yn Nhabl 1. Efallai y bydd hi'n gliriach os nodwch chi y tri anifail ar frig pob categori. Gallwch chi hefyd nodi'r tri anifail sydd ar waelod pob categori.

CASGLIADAU

'Mae canlyniadau'r astudiaeth yn awgrymu bod nodweddion canfyddiadol anifeiliaid o bwysigrwydd wrth bennu gwerthusiad cadarnhaol neu negyddol pobl ohonyn nhw.'

Y profiad o anifeiliaid sydd â'r pedair nodwedd ganfyddidol (hyll, llysnafeddog, cyflym neu'n symud yn sydyn) yw eu bod yn llai dymunol ac yn ysgogi mwy o ofn nag anifeiliaid eraill.

Serch yr ymdrech i ddileu effaith y niwed a ragwelwyd drwy gyfarwyddo'r cyfranwyr i farnu bod rhai anifeiliaid yn ddiberygl, mae'n amlwg bod hynny'n nodwedd bwysig pan ddaw'n fater o farnu faint o ofn y mae anifeiliaid yn ei ysgogi, a barnu nodweddion canfyddiadol eraill anifeiliaid.

Ffobiâu clinigol

Roedd ar Bennett-Levy a Marteau awydd gwybod a allai'r eglurhad ynghylch **parodrwydd biolegol** (*biological preparedness*) fod â rhan yn y broses o ddatblygu **ffobiâu** clinigol. Mae'r term 'ffobia clinigol' yn cyfeirio at ofn gormodol sydd, ym marn gweithiwr proffesiynol ym myd iechyd, yn anhwylder meddwl. Y nodwedd allweddol sy'n gwahanu ffobia clinigol oddi wrth ffobia bob-dydd yw hyd a lled effaith yr anhwylder o ran amharu ar weithrediad yr unigolyn.

Ond does dim modd astudio cleifion clinigol am y byddai'r ffaith iddyn nhw ddatblygu ofn gormodol o anifeiliaid penodol yn ystumio'u hymateb. Y dewis arall yw astudio barn poblogaeth normal (fel yn yr astudiaeth hon) o ran ofn, a'i pherthnasu ag amlder ffobiâu clinigol. Dylai fod cyfatebiaeth gref rhwng y ddau.

Gellid cymhwyso darganfyddiadau'r astudiaeth hon at helpu cleifion â ffobiâu clinigol drwy ddelio â'u hofn o nodweddion canfyddiadol allweddol, fel llysnafeddogrwydd (*sliminess*).

Parodrwydd biolegol

Mae dau fecanwaith posibl sy'n fodd i ofnau gael eu hetifeddu.

1. Gall **egwyddor gwahaniaeth** (Hinde, 1974) egluro'r berthynas gref rhwng y farn am hylltod a llysnafeddogrwydd a'r farn am ofn ac agosrwydd. Dywedodd y cyfranwyr iddyn nhw seilio'u barn ynghylch golwg hyll ar lysnafeddogrwydd, blewiogrwydd, lliw'r anifail, nifer ei aelodau a'i deimlyddion, a pherthynas ei lygaid â'i ben. Mae pob un o'r nodweddion hynny'n cyd-fynd ag egwyddor gwahaniaeth, sef mai'r hyn a ofnir yw'r gwahaniaeth rhwng yr anifail a'r ffurf ddynol.

2. Roedd cryn gydberthyniad rhwng pob **ffurfwedd ysgogiad anghymhellol** (Schneirla, 1965) ac ofn ar ôl tynnu effeithiau'r newidynnau eraill. Yn ogystal, soniodd y cyfranwyr am giwiau cyffyrddol a chlywedol eraill a gyfrannodd at eu hofn o rai anifeiliaid penodol, fel teimlo pry' cop/corryn a sŵn hisian neidr.
'Dangosodd canlyniadau'r astudiaeth nad yw bodau dynol, yn fwy na thebyg, yn barod i ofni'n benodol anifeiliaid ac iddynt arwyddocâd biolegol i'r rhywogaeth. Yn hytrach, mae hyd a lled parodrwydd bodau dynol i fynd at anifail neu ei ofni yn dibynnu nid yn unig ar ei allu i wneud drwg ond hefyd ar bresenoldeb rhai priodweddau canfyddiadol sy'n ysgogi ofn, a'r gwahaniaeth rhyngddo â phobl.'

GWAITH I CHI — Rhif 5.17

- Lluniwch eich canllaw cam-wrth-gam eich hun i ddulliau gweithredu yr astudiaeth hon. Rhifwch bob cam.
- Chwiliwch am ffordd dda o gynrychioli'r data yn y tablau gyferbyn ar ffurf graffigol, e.e. defnyddio siart bar neu **graff gwasgariad**.
- Lluniwch grynodeb o'r astudiaeth hon fel y gwnaethoch o'r blaen. Dylai'r crynodeb gynnwys manylion byr am gyd-destun a nodau, dulliau gweithredu, darganfyddiadau a chasgliadau'r astudiaeth hon – a'r cyfan mewn rhyw 200 o eiriau.

ALLWCH CHI...? — Rhif 5.7

1... Egluro'r hyn a olygir gan barodrwydd biolegol.
2... Egluro ym mha ffordd y byddai ofni rhai anifeiliaid penodol yn ymaddasol.
3... Enwi **un** astudiaeth a wnaed cyn un Bennett-Levy a Marteau ac egluro'r casgliadau y gellir eu tynnu o'r astudiaeth honno.
4... Amlinellu nodau astudiaeth Bennett-Levy a Marteau yn fyr.
5... Faint o gyfranwyr oedd yn yr astudiaeth hon?
6... Pam y cyfarwyddwyd y cyfranwyr i farnu bod rhai anifeiliaid/ pryfed penodol yn ddiberygl?
7... Disgrifiwyd grŵp 1 fel 'cymedr oed 35.5, GS = 16.9'. Eglurwch ystyr hynny.
8... Disgrifio **tair** o nodweddion allweddol y cyfranwyr.
9... Egluro'r gwahaniaeth rhwng grwpiau 1 a 2 yn yr astudiaeth hon.
10... Disgrifio'r holiadur y gofynnwyd i bob grŵp ei lenwi.
11... Egluro'r gwahaniaeth rhwng y ddau holiadur a ddefnyddiwyd.
12... Enwi **chwech** o ddarganfyddiadau'r astudiaeth hon.
13... Yn achos pob darganfyddiad, nodi casgliad y gellid ei dynnu ohono. Ceisiwch wneud pob casgliad yn wahanol.
14... Amlinellu'r **ddau** fecanwaith sy'n gallu esbonio sut y caiff ofn ei etifeddu.
15... Rhoi peth tystiolaeth o'r astudiaeth hon i ategu pob un o'r mecanweithiau unigol hynny.

CWESTIYNAU ARHOLIAD

ADRAN A

Rhowch grynodeb o amcanion a chyd-destun ymchwil Bennett-Levy a Marteau (1984), 'Ofn anifeiliaid: beth yw bod yn barod?' ('Fear of animals: what is prepared?'). [12]

Amlinellwch ddulliau gweithredu ymchwil Bennett-Levy a Marteau (1984), 'Ofn anifeiliaid: beth yw bod yn barod?'. [12]

Disgrifiwch ganlyniadau a chasgliadau ymchwil Bennett-Levy a Marteau (1984), 'Ofn anifeiliaid: beth yw bod yn barod?'. [12]

Nodiadau *Yn Adran A arholiad Uned 2, gellir gofyn unrhyw un o'r cwestiynau uchod i chi. Bydd pob cwestiwn yn werth 12 marc. I gael y 12 marc i gyd, bydd angen:*

▶ *Bod yn gywir ac yn fanwl.*

▶ *Dangos dyfnder ac ystod o wybodaeth, ond nid i'r un graddau o reidrwydd. Hynny yw, gallwch chi fanylu cryn dipyn ar ambell bwynt (h.y. dyfnder) neu drafod nifer o bwyntiau yn llai manwl (ystod).*

▶ *Strwythur da sy'n gydlynol.*

▶ *Bod yn gywir o ran gramadeg, atalnodi a sillafu.*

▶ *Bod yn rhyw 200–250 o eiriau o hyd, sef nifer llai nag yn achos y cwestiynau eraill sydd â 12 marc, ond yma mae'r pwyslais ar fod yn fanwl-gywir.*

Bennett-Levy a Marteau (1984)
Ofn anifeiliaid: beth yw bod yn barod?

Ar y ddau dudalen hyn, byddwn ni'n gwerthuso'r astudiaeth graidd drwy astudio'r materion sy'n gysylltiedig â'i methodoleg hi a chymharu'r astudiaeth â thystiolaeth arall. Pan ddaw'n fater o werthuso, cewch chi benderfynu drosoch chi'ch hun. Rydyn ni wedi cyflwyno peth tystiolaeth a rhai datganiadau ac yn eich gwahodd chi i'w defnyddio i ffurfio'ch barn eich hun am yr astudiaeth graidd.

GWERTHUSO'R FETHODOLEG

Cewch chi eglurhad o'r cysyniadau hyn ym Mhennod 6 (Dulliau Ymchwil Cymhwysol).

Dull

Defnyddiodd Bennett-Levy a Marteau **holiaduron** i gasglu eu data. *Eglurwch o leiaf* **un** *o fanteision ac* **un** *o anfanteision defnyddio holiaduron yn yr ymchwil hwn.*

Defnyddiodd Bennett-Levy a Marteau sgorau **cymedrig** i ddadansoddi eu data. *Eglurwch* **un** *o fanteision ac un o anfanteision defnyddio'r sgorau cymedrig yn yr ymchwil hwn.*

Defnyddiodd Bennett-Levy a Marteau **gydberthyniadau** i ddadansoddi eu data. *Eglurwch o leiaf* **un** *o fanteision ac un o anfanteision defnyddio dadansoddiad cydberthynol yn yr ymchwil hwn.*

Roedd y cyfranwyr a lenwodd holiadur 1 (ofni ac osgoi) yn wahanol i'r cyfranwyr a atebodd holiadur 2 (hyll, llysnafeddog, cyflym, yn symud yn sydyn). *Pam y gallai hynny effeithio ar y canlyniadau?*

Dibynadwyedd

Bydd holiadur yn **ddibynadwy** os ceir yr un canlyniadau pan fydd yr un person yn ateb yr holiadur ar ddau achlysur gwahanol. *Ydych chi'n meddwl y byddai'r holiaduron a ddefnyddiwyd yn yr astudiaeth hon yn ddibynadwy?*

Dilysrwydd

Gwnaeth Merckelbach ac eraill (1987) ymchwil Bennett-Levy a Marteau unwaith eto a chael bod cysylltiadau tebyg rhwng ofni ac osgoi anifail a'i nodweddion canfyddedig. *Ydy hynny'n awgrymu bod darganfyddiadau Bennett-Levy a Marteau yn ddibynadwy neu'n ddilys? Eglurwch eich ateb.*

Defnyddiwyd dau fesur yn yr astudiaeth, sef dau holiadur a asesodd agweddau ar ofn. Yn achos y naill holiadur a'r llall, gallen ni ofyn pa mor realistig yw ef. Ydy ofn go-iawn yr un peth â *holi* pobl sut y bydden nhw'n ymateb i anifail penodol? Un ffordd o asesu **dilysrwydd** yw ystyried i ba raddau y gwnaeth y mesurau hynny fesur yr hyn a bwriadwyd iddyn nhw ei fesur. *I ba raddau y credwch chi fod y mesuriadau'n ddilys?*

Samplu

Yr oedd 113 o gyfranwyr yn y **sampl**, sef 59 o fenywod a 54 o wrywod. Roedd atebion y ddau ryw i'r ddau holiadur hefyd wedi'u hollti'n eithaf cyfartal. *Pam y mae hynny'n bwysig?*

Pobl o Brydain oedd y **boblogaeth darged** a astudiwyd. *Sut y gallai hynny effeithio ar hyd a lled cymhwyso'r canfyddiadau'n gyffredinol at boblogaeth ehangach?*

Materion moesegol

Oes unrhyw **faterion moesegol** *yn amlwg yn yr ymchwil hwn?*

GWAITH I CHI

Rhif 5.18

Gallech chi lunio graddfa fwy realistig drwy gynnwys ffotograffau o'r anifeiliaid ar y raddfa. I weld a wnâi hynny wahaniaeth, rhowch y raddfa wreiddiol i rai pobl a rhowch i bobl eraill y raddfa sydd â'r ffotograffau arni. Dewis arall fyddai mynd i sw a holi pobl sy'n edrych ar anifeiliaid penodol.

TYSTIOLAETH ARALL

Hanfod y cysyniad o barodrwydd biolegol yw y bydd parodrwydd cynhenid mewn anifail i ddysgu cysylltu dosbarthiadau penodol o ysgogiadau ag ymateb sy'n peri i'r anifail eu hosgoi. Byddai'r ysgogiadau hynny'n bethau a fyddai wedi bod yn beryglus i'n hynafiaid yn yr **amgylchedd addasu esblygol (EEA)**. Byddai osgoi, felly, yn ymaddasol. Gelwir ysgogiadau o'r fath yn rhai *'ofn-berthnasol'* (FR), yn wahanol i rai *'ofn-amherthnasol'* (FI). Mae'r pry' cop/corryn yn ysgogiad FR a blodyn yn un FI.

Parodrwydd biolegol

Mae amryw o ragfynegiadau'n codi o'r cysyniad o **barodrwydd biolegol**:

- Dylid dysgu ymateb osgoi/ofni yn gynt i ysgogiadau a fyddai wedi bod yn beryglus yn yr EEA (ysgogiadau FR).
- Ar ôl caffael ofnau o'r fath, byddai'n fwy anodd eu 'dad-ddysgu' (h.y. byddai'n anodd dileu'r **ymateb cyflyrol**).
- Dylen ni arsylwi **'gwrthbarodrwydd'** (*contrapreparedness*) – *llai* o debygrwydd y dysgir cysylltiadau rhwng ysgogiadau FR ac ymatebion na fydden nhw'n ymaddasol.

Dysgu cyflym Gwelodd Seligman (1971) fod rhwng dwy a phedair o siociau trydan bach yn ddigon i achosi **ffobia** i luniau o bryfed cop/corynod neu nadredd ond bod angen cyfres fwy o siociau i ysgogi'r un math o ymateb ffobig i luniau o flodau. *Ydy'r darganfyddiadau hynny'n ategu, yn croesddweud neu'n datblygu darganfyddiadau Bennett-Levy a Marteau?*

Diflannu Nododd Öhman (2000) fod ymatebion yr ofn cyflyrol i ysgogiadau fel tai a blodau yn diflannu cyn gynted ag y rhoddwyd y gorau i baru'r sioc anghymhellol ac anghyflyrol (sioc ysgafn) â'r ysgogiadau hynny. Ond cafwyd ofn yn ymateb o hyd yn achos ysgogiadau fel nadredd a phryfed cop/corynod. *Ydy'r darganfyddiadau hynny'n ategu, yn croesddweud neu'n datblygu darganfyddiadau Bennett-Levy a Marteau?*

Gwrthbarodrwydd Gwelodd McNally a Reiss (1982) fod rhai cysylltiadau ag ysgogiadau FR yn llai tebyg o fod wedi'u dysgu. Ceisiodd yr ymchwilwyr gyflyru cyfranwyr dynol i gysylltu ysgogiadau FR (llun o neidr) neu rai FI (llun o flodyn) ag arwydd diogelwch (absenoldeb sioc). Os oedd y cyflyru'n llwyddiannus, dylai'r person, o weld llun, brofi rhyddhad am iddo/iddi fod wedi dysgu cysylltu'r llun â dim sioc o gwbl. Rhoddodd y canlyniadau hyn ychydig bach o gefnogaeth i'r nosiwn o wrthbarodrwydd. *Ydy'r darganfyddiadau hynny'n ategu, yn croesddweud neu'n datblygu darganfyddiadau Bennett-Levy a Marteau?*

Ym Mhennod 2 (tudalen 20), fe nodwyd stori Seligman am ei hoffter o saws béarnaise ond nid i gerddoriaeth Wagner wedi iddo fynd yn sâl ar ôl bwyta'r naill a gwrando ar y llall. Parodd y profiad hwnnw iddo awgrymu ein bod ni wedi'n paratoi'n fiolegol i ddysgu cysylltiadau â rhai ysgogiadau penodol yn fwy parod na'i gilydd.

Dysgu drwy arsylwi mewn anifeiliaid

Gwnaeth Cook a Mineka (1990) gyfres o astudiaethau lle gwyliodd arsylwyr o fwncïod dapiau fideo o fwncïod eraill yn dychryn o weld tegan o neidr neu o grocodeil. Y canlyniad oedd i'r arsylwyr o fwncïod amlygu ofn i'r ysgogiadau hynny'n ddiweddarach, ond bod tuedd i'r un dysgu beidio â digwydd pe câi'r arsylwyr o fwncïod weld fideos a ddangosai'r un peth yn union ond gan ddefnyddio blodau artiffisial neu deganau o gwningod.

Dangosodd Mineka a Cook (1986) y gallai arsylwi 'frechu' mwnci rhag magu ofn. Os câi mwnci'n gyntaf weld mwncïod eraill yn ymddwyn yn ddi-ofn gyda neidr, ni fyddai wedyn yn magu ofn pan wyliai ef y fideos. *Ydy'r darganfyddiadau hynny'n ategu, yn croesddweud neu'n datblygu darganfyddiadau Bennett-Levy a Marteau?*

Astudiaethau gyda bodau dynol

Er i rai ymchwilwyr gael canlyniadau cadarnhaol, mae cyflyru FR wedi bod yn llai llwyddiannus ar y cyfan yn achos cyfranwyr dynol. Er enghraifft, cyflyrodd Regan a Howard (1995) gyfranwyr dynol drwy ddangos sleidiau o ysgogiadau FR neu FI iddyn nhw, ac yna sŵn gwyn (yr NS). Yn ddiweddarach, pan chwaraewyd y sŵn, roedd y bodau dynol yn debycach o ymateb yn ofnus pan oedd y sŵn gwyn wedi'i gysylltu â'r ysgogiad ofn-berthnasol (e.e. anifail bach) nag ysgogiad ofn-amherthnasol (e.e. tirwedd). *Ydy'r darganfyddiadau hynny'n ategu, yn croesddweud neu'n datblygu darganfyddiadau Bennett-Levy a Marteau?*

Tuedd disgwyliad

Daeth adolygiad McNally (1987) o astudiaethau labordy i'r casgliad bod tystiolaeth bendant o gynyddu gwrthwynebedd i ddiflaniad ymatebion ofn a gyflyrwyd gan ysgogiadau FR ond mai ansicr, ar y gorau, oedd y dystiolaeth o blaid eu caffael yn gyflym.

Parodd hynny i Davey (1995) gynnig eglurhad symlach, sef tueddiadau disgwyliad. Tuedd disgwyliad yw'r disgwyliad y bydd ysgogiadau FR (fel sefyllfaoedd peryglus, profiad blaenorol o annifyrrwch) yn esgor ar ganlyniadau negyddol yn y dyfodol. Does dim angen troi at hanes esblygiad. Mae hyn yn egluro rhai data anghyson, fel rhai ffobiâu modern (e.e. ffobia o nodwyddau hypodermig). *Ydy'r darganfyddiadau hynny'n ategu, yn croesddweud neu'n datblygu darganfyddiadau Bennett-Levy a Marteau?*

CWESTIYNAU ARHOLIAD

ADRAN B

Gwerthuswch fethodoleg ymchwil Bennett-Levy a Marteau (1984), 'Ofn anifeiliaid: beth yw bod yn barod?'.   [12]

Gan gyfeirio at dystiolaeth amgen, aseswch yn feirniadol ymchwil Bennett-Levy a Marteau (1984), 'Ofn anifeiliaid: beth yw bod yn barod?'.   [12]

Nodiadau Yn Adran B arholiad Uned 2, gellid gofyn unrhyw un o'r cwestiynau uchod i chi. I gael y 12 marc i gyd am bob cwestiwn, dylai'ch ateb wneud hyn:

▶ Cyflwyno gwerthusiad sydd wedi'i strwythuro'n glir.

▶ Ymhelaethu'n gydlynol ar bob pwynt.

▶ Amlygu dyfnder ac ystod o ddadansoddi, ond nid i'r un graddau o reidrwydd. Hynny yw, gallwch chi fanylu cryn dipyn ar ambell bwynt (h.y. dyfnder) neu drafod nifer o bwyntiau yn llai manwl (ystod).

▶ Bod yn rhyw 300-350 o eiriau o hyd (canolbwyntir ar gyflwyno ehangder digonol o ddeunydd ond hefyd ar fanylu digon ar bob pwynt a wneir, h.y. dyfnder ac ehangder).

Cwestiynau arholiad enghreifftiol ac atebion myfyrwyr

Cewch chi sylwadau'r arholwr ar yr atebion hyn ar dudalen 176.

ENGHRAIFFT O GWESTIWN 4

Gwerthuswch fethodoleg ymchwil Bennett-Levy a Marteau (1984), 'Ofn anifeiliaid: beth yw bod yn barod?'.   [12]

Ateb Megan

Defnyddiodd Bennett-Levy a Marteau holiadur i gasglu data. Mantais hynny yw y gallwch chi gasglu data'n rhwydd oddi wrth lawer o bobl, a'r anfantais yw y gall pobl beidio â dweud wrthych chi'r hyn y maen nhw'n ei feddwl mewn gwirionedd. Gallan nhw ddweud celwydd i ymddangos fel petaen nhw'n fwy derbyniol yn gymdeithasol.

Problem arall yw a fyddai pobl wedi cael niwed seicolegol wrth lenwi'r holiadur am fod rhaid iddyn nhw feddwl am bethau a oedd yn eu dychryn.

Yn olaf, gallwn ni ofyn a yw'r astudiaeth yn ddilys – mae astudiaethau eraill, fel un Merckelbach, yn awgrymu ei bod hi.

Ateb Tomos

Defnyddiodd Bennett-Levy a Marteau (BL+M) holiaduron i gasglu eu data. Mantais holiaduron yw eu bod yn fodd i gael llawer o wybodaeth gan lawer o gyfranwyr mewn amser cymharol fyr. Anfantais yw y gall y cyfranwyr beidio â dweud y gwir am ofni ac osgoi anifeiliaid. Defnyddiodd BL+M gydberthyniadau i ddadansoddi eu data. Mantais defnyddio cydberthyniadau yw bod hynny'n dweud wrthym ni pa mor gryf yw'r berthynas rhwng ofni neu osgoi a nodweddion canfyddiadol yr anifail. Anfantais yw na allwn ni brofi mai'r nodweddion canfyddiadol a achosodd ofni neu'r awydd i osgoi'r anifail.

Yn holiadur 2 gofynnodd BL+M i'r cyfranwyr farnu pa mor 'llysnafeddog' a 'hyll' yr oedd 29 o anifeiliaid. Mae arwyddocâd negyddol i'r termau hynny a gallan nhw ddylanwadu ar ymateb y cyfranwyr i'r holiadur. Gofynnwyd iddyn nhw hefyd pa mor agos i'r anifail y bydden nhw'n barod i fod, fel mesur o osgoi. Mantais eu holi yw bod hynny'n osgoi'r mater moesegol posibl o achosi niwed seicolegol iddyn nhw drwy eu rhoi'n agos i anifeiliaid y maen nhw'n eu hofni. Anfantais yw na chân nhw ond cais i ddisgrifio sut y bydden nhw'n ymddwyn: gallan nhw oramcangyfrif neu danamcangyfrif pa mor agos y bydden nhw'n fodlon mynd at yr anifeiliaid.

Roedd y cyfranwyr a lenwodd holiadur 1 yn wahanol i'r rhai a atebodd holiadur 2. Gall gwahaniaethau rhwng y grwpiau effeithio ar y canlyniadau er mai ar hap y dyrannodd BL+M y cwestiynau i'r cyfranwyr.

Loftus a Palmer (1974) Ail-lunio dinistrio ceir: enghraifft o'r rhyngweithiad rhwng iaith a'r cof

Mae'r astudiaeth graidd gan Loftus a Palmer yn enghraifft o'r **ymagwedd wybyddol** mewn seicoleg. Dyna'r un a astudion ni ym Mhennod 4. Mae'n ymagwedd sy'n pwysleisio effaith meddwl ar ein hymddygiad. Mae ymchwil Loftus a Palmer yn ymwneud â chywirdeb **tystiolaeth llygad-dystion (EWT)** ac yn astudio effaith **cwestiynau arweiniol** wrth geisio esbonio *pam* mae'n gallu bod yn anghywir.

Y CYD-DESTUN A'R NODAU

Pan fydd llygad-dystion yn rhoi tystiolaeth i lys ym Mhrydain, rhaid iddyn nhw dyngu llw neu'r cadarnhad hwn: *'Yr wyf yn datgan a chadarnhau yn ddifrifol, yn ddiffuant ac yn ddidwyll y bydd y dystiolaeth a roddaf y gwir, yr holl wir, a'r gwir yn unig'*. Ond beth sy'n digwydd os bydd y llygad-dyst yn credu ei fod/ei bod yn dweud y gwir ond nad yw'r dystiolaeth honno'n gwbl gywir mewn gwirionedd? Mae'r tyst, wedi'r cyfan, yn gorfod dibynnu ar ei gof/ei chof ac, os nad yw'n cofio'n gywir, ydy'r tyst yn dweud y gwir?

Mae diffyg cywirdeb tystiolaeth llygad-dystion yn peri pryder mawr. Mae ymchwil yn UDA wedi dangos mai cam-gofio gan lygad-dystion yw'r prif ffactor sy'n arwain at gam-gosbi. Mae'r *Innocence Project* yn honni mai cam-adnabod gan lygad-dystion yw achos unigol mwyaf cam-garcharu yn UDA a'i fod yn chwarae rhan mewn mwy na 75% o'r euogfarnau a ddilëwyd yn ddiweddarach ar sail profion DNA (cewch chi wybod rhagor am hyn yn: www.innocenceproject.org/ understand/Eyewitness-Misidentification.php).

Un eglurhad a gynigir ynghylch diffyg cywirdeb tystiolaeth o'r fath yw y gall yr holi gan yr heddlu neu swyddogion eraill ar ôl trosedd newid canfyddiad tystion o'r digwyddiadau ac effeithio ar eu hatgofion yn ddiweddarach. Mae rhai cwestiynau'n fwy 'awgrymog' na'i gilydd. Mewn termau cyfreithiol, gelwir cwestiynau o'r fath yn *gwestiynau arweiniol* – cwestiwn sydd *'drwy ei ffurf neu ei gynnwys yn awgrymu wrth y tyst pa ateb y dymunir ei gael neu sy'n ei arwain at yr ateb a ddymunir'* (Loftus a Palmer, 1974, tudalen 585).

Gall cwestiynau arweiniol amharu ar allu llygad-dystion i farnu cyflymder cerbydau am fod pobl yn eithaf gwael am farnu manylion damweiniau traffig yn nhermau ffigurau fel amser, cyflymder a phellter. Gwelodd Marshall (1969) fod amcangyfrifon gan staff yr Awyrlu, a wyddai ymlaen llaw y caen nhw gais i amcangyfrif cyflymder cerbyd, wedi amrywio o 10 i 50mya, ar ôl iddyn nhw weld car yn teithio 12mya.

Gall newidynnau penodol, fel geiriad cwestiwn i ysgogi barn ynghylch cyflymder cerbyd, ddylanwadu ar amcangyfrifon o'r fath. Awgryma Filmore (1971) fod defnyddio'r geiriau 'smashed' a 'hit' yn lled-awgrymu cyfraddau gwahanol o symud. Byddai geiriau o'r fath hefyd yn peri i'r gwrandäwr dybio bod i'r gwrthdrawiadau ganlyniadau gwahanol oherwydd tybio bod 'hit' yn *llai difrifol* na 'smashed'.

BETH *YW* TYSTIOLAETH LLYGAD-DYSTION?

Term cyfreithiol yw 'tystiolaeth llygad-dystion' ac mae'n cyfeirio at ddefnyddio llygad-dystion (neu glust-dystion) i roi tystiolaeth mewn llys ynghylch pwy a gyflawnodd y drosedd. Bydd *cof* llygad-dyst yn mynd drwy dri cham:

- Bydd y tyst yn *amgodio* manylion y digwyddiad a'r bobl berthnasol i'r cof tymor-hir. Gall yr amgodio fod yn rhannol yn unig ac wedi'i ystumio, yn enwedig gan fod y mwyafrif o droseddau'n digwydd yn gyflym iawn, yn aml yn y nos, ac yn cynnwys, yn fynych, lawer o weithredu cyflym, cymhleth a threisgar.
- Bydd y tyst yn *cadw* y wybodaeth am gyfnod. Yn ystod y cadw, gall atgofion gael eu colli neu eu haddasu (bydd y rhan fwyaf o'r anghofio'n digwydd yn ystod yr ychydig funudau cyntaf) a gallai gweithgareddau eraill rhwng yr amgodio a'u hadalw *ymyrryd* â'r cof.
- Bydd y tyst yn *adalw* yr atgof o'r storfa. Gall yr hyn sy'n digwydd yn ystod ail-lunio'r cof (e.e. presenoldeb neu absenoldeb ciwiau adalw priodol neu natur yr holi) amharu cryn dipyn ar ei gywirdeb.

Rhif 5.19

Ymchwiliodd Elizabeth Loftus i gwestiynau arweiniol drwy holi pobl: *'Fyddwch chi'n cael cur pen yn aml?'* Dywedodd y bobl a holwyd felly eu bod nhw yn cael 2.2 cur pen yr wythnos ar gyfartaledd. Ond pan ofynnwyd i bobl *'Fyddwch chi'n cael cur pen ambell waith, ac os felly, pa mor aml?'* yr ateb oedd 0.7 cur pen ar gyfartaledd! Cawsai'r *ffordd* y gofynnwyd y cwestiwn gryn effaith ar yr ateb. Rhowch gynnig ar hyn drosoch chi'ch hun.

Nodau

Nod Loftus a Palmer oedd ymchwilio i gywirdeb, neu ddiffyg cywirdeb, y cof. Roedden nhw'n arbennig o awyddus i ymchwilio i effaith cwestiynau arweiniol ar amcangyfrif cyflymder.

Nod yr arbrawf cyntaf oedd gweld a fyddai geiriad y cwestiwn a ofynnir yn dylanwadu ar amcangyfrifon y cyfranwyr o gyflymder y cerbydau mewn damwain traffig. Er enghraifft, byddai cyfranwyr a holwyd ynghylch pa mor gyflym yr oedd ceir yn teithio pan wnaethon nhw daro (*'hit'*) ei gilydd yn rhoi amcangyfrifon gwahanol o'u cyflymder, a byddai ganddyn nhw ddisgwyliadau gwahanol i'r cyfranwyr a holwyd gan ddefnyddio'r gair 'malu' (*'smashed'*).

Ymchwiliodd yr ail arbrawf i weld a oedd cwestiynau arweiniol yn gogwyddo ymateb person, neu'n newid yr atgof sydd wedi'i storio.

Cynlluniwch astudiaeth sy'n debyg i'r un a wnaeth Loftus a Palmer.
- Chwiliwch am ddarn o ffilm o ddamwain car (chwiliwch ar YouTube).
- Penderfynwch ar set o gwestiynau i'w gofyn i'ch cyfranwyr, ac un ohonyn nhw fydd y cwestiwn hollbwysig ynghylch cyflymder.
- Penderfynwch sut y byddwch chi'n rhannu'ch cyfranwyr yn grwpiau – caiff pob grŵp gwestiwn hollbwysig gwahanol.

▲ Dangoswyd darnau o ffilm o wahanol ddamweiniau traffig i'r cyfranwyr a gofynnwyd iddyn nhw amcangyfrif cyflymder y ceir cyn i'r ddamwain ddigwydd. Amrywiwyd ffurf y cwestiwn er mwyn gofyn i rai cyfranwyr pa mor gyflym yr oedd y ceir yn teithio pan wnaethon nhw daro ('hit') ei gilydd ond gofynnwyd yr un cwestiwn i'r lleill gan ddefnyddio'r geiriau 'smashed', 'collided', 'bumped' neu 'contacted'.

TREFNIADAU

Arbrawf 1

Cymerodd 45 o fyfyrwyr ran yn yr astudiaeth. Dangoswyd saith pwt o ffilm o wahanol ddamweiniau traffig iddyn nhw. Amrywiai hyd y darnau o 5 i 30 eiliad. Gwnaed y darnau'n wreiddiol fel rhan o ffilm ar ddiogelwch gyrwyr.

Ar ôl pob pwt, cafodd y cyfranwyr holiadur a ofynnai iddyn nhw ddisgrifio'r ddamwain roedden nhw newydd ei gweld, a hefyd gyfres o gwestiynau penodol am y ddamwain. Ymhlith y rheiny roedd un 'hollbwysig' a ofynnodd i'r cyfranwyr: 'About how fast were the cars going when they _____ each other?' Newidwyd y gair yn y gofod gwag o grŵp i grŵp. Roedd naw cyfrannwr ym mhob un o'r 5 grŵp. Dyma'r cwestiynau:
- About how fast were the cars going when they *hit* each other?
- About how fast were the cars going when they *smashed* each other?
- About how fast were the cars going when they *collided* with each other?
- About how fast were the cars going when they *bumped* into each other?
- About how fast were the cars going when they *contacted* with each other?

Ym mhob grŵp, cafodd amcangyfrifon y cyfranwyr o gyflymder eu cofnodi yn nhermau milltiroedd yr awr.

Arbrawf 2

Cynhwysodd yr astudiaeth hon set newydd o fyfyrwyr, 150 ohonyn nhw, yn gyfranwyr.

Rhan 1 Dangoswyd iddyn nhw ffilm o ddamwain a gynhwysai nifer o geir. Parodd y ddamwain lai na phedair eiliad. Yna, gofynnwyd set o gwestiynau i'r cyfranwyr, gan gynnwys y cwestiwn hollbwysig ynghylch cyflymder. Rhannwyd y cyfranwyr yn dri grŵp o 50 yr un.
- Gofynnwyd i **Grŵp 1** 'How fast were the cars going when they *smashed* into each other?'
- Gofynnwyd i **Grŵp 2** 'How fast were the cars going when they *hit* each other?'
- **Grŵp 3** Am mai hwn oedd y **grŵp rheoli**, ni holwyd ei aelodau o gwbl.

Rhan 2 Wythnos yn ddiweddarach, gofynnwyd i'r cyfranwyr ddychwelyd i'r labordy seicoleg. Fe'u holwyd ymhellach am y ddamwain ar y ffilm. Y cwestiwn hollbwysig a ofynnwyd i'r holl gyfranwyr oedd: 'Did you see any broken glass?'. Doedd y ffilm ddim yn cynnwys unrhyw wydr a gawsai ei dorri, ond mae'n debyg y gallai'r rhai a oedd yn meddwl bod y car yn teithio'n gynt ddisgwyl y byddai gwydr wedi'i dorri.

www Mae fideo gwych ar YouTube ynghylch cywirdeb y cof, 'False memory and eyewitness testimony' yn: www.youtube.com/watch?v=bfhIuaD183I&feature=PlayList&p=743A DEA06B23C9A7&index=0&playnext=1.

Yr erthygl wreiddiol

Cyfeiriad llawn yr astudiaeth graidd hon yw Loftus, E.F. a Palmer, J.C. (1974). Reconstruction of automobile destruction: an example of the interaction between language and memory. *Journal of Verbal Learning and Verbal Behavior*, *13*, 585–589. Gallwch chi ddarllen yr erthygl gyfan yn: http://www.homepages.utoledo.edu/ mcaruso/social/loftus.pdf.

Adnoddau eraill

Clasur o lyfr gan Elizabeth Loftus yw *Eyewitness Testimony* (1996, fersiwn diwygiedig o'r llyfr a gyhoeddodd hi yn 1979).

Mae hi hefyd wedi ysgrifennu dau lyfr gyda Katherine Ketcham:
- *The Myth of Repressed Memory: False Memories and Allegations of Sexual Abuse* (1996)
- *Witness for the Defense: The Accused, the Eyewitness and the Expert Who Puts Memory on Trial* (1992).

Trafodir ymchwil Elizabeth Loftus mewn pennod yn *Opening Skinner's Box: Great Psychological Experiments of the Twentieth Century* gan Lauren Slater (2004), llyfr sy'n cynnwys y cefndir i amryw o astudiaethau allweddol mewn seicoleg. Ond cofiwch fod y llyfr wedi'i feirniadu'n hallt gan rai (chwiliwch Google).

"Ydy'r geiriau 'chwythu', 'tŷ', ac 'i lawr' yn golygu rhywbeth i chi, Mr Blaidd?"

Trosiad o www.cartoonstock.com

Loftus a Palmer (1974) Ail-lunio dinistrio ceir: enghraifft o'r rhyngweithiad rhwng iaith a'r cof

DARGANFYDDIADAU

Arbrawf 1

Fel y dangosir yn y tabl a'r graff isod, cyfrifwyd cymedr amcangyfrifon pob **grŵp yn yr arbrawf** o gyflymder. Roedd amcangyfrif y grŵp a gafodd y gair 'smashed' yn uwch nag un y grwpiau eraill (40.8 mya). Gan y grŵp a gafodd y gair 'contacted' y cafwyd yr amcangyfrif isaf o gyflymder (31.8 mya).

▼ Tabl 1 Amcangyfrifon o gyflymder ar gyfer y gwahanol ferfau yn arbrawf 1

Berf	Cymedr yr amcangyfrifon o gyflymder (mya)
Smashed	40.8
Collided	39.3
Bumped	38.1
Hit	34.0
Contacted	31.8

▼ Graff 1 sy'n dangos y data yn Nhabl 1

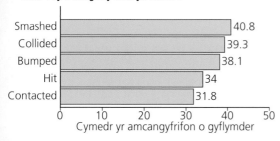

Arbrawf 2

Rhan 1 Dangosir darganfyddiadau arbrawf 2 yn Nhabl 2 ar y dde. Rhoddodd y cyfranwyr amcangyfrifon uwch o gyflymder yn y cyflwr 'smashed', yn union fel y cyfranwyr yn arbrawf 1.

Rhan 2 Dychwelodd y cyfranwyr wythnos yn ddiweddarach ac ateb rhagor o gwestiynau am y ddamwain ar y ffilm. Fe welwch chi'r darganfyddiadau yn y siart bar ar y dde. Roedd y cyfranwyr yn y cyflwr 'smashed' fwy na dwywaith mor debygol o ddweud iddyn nhw weld gwydr wedi'i dorri na'r rhai yn y grŵp a gafodd y gair 'hit' neu yn y cyflwr rheoli.
- **Y cyflwr 'smashed':** dywedodd 16 iddyn nhw weld gwydr wedi'i dorri; dywedodd 34 eu bod heb weld gwydr wedi'i dorri.
- **Y cyflwr 'hit':** dywedodd 7 iddyn nhw weld gwydr wedi'i dorri; dywedodd 43 eu bod heb weld gwydr wedi'i dorri.
- **Y cyflwr rheoli:** dywedodd 6 iddyn nhw weld gwydr wedi'i dorri; dywedodd 44 eu bod heb weld gwydr wedi'i dorri.

CASGLIADAU

Mae'r darganfyddiadau'n dangos y gall ffurf cwestiwn (newid un gair, yn yr achos hwn) effeithio'n amlwg ac yn systematig ar ateb tyst i'r cwestiwn hwnnw.

Mae Loftus a Palmer yn cynnig dau eglurhad o'r canlyniad hwn.
1. **Ffactorau gogwydd-yr-ymateb** (*Response-bias*) Mae'r gwahanol amcangyfrifon o gyflymder yn digwydd am fod y gair hollbwysig (e.e. 'smashed' neu 'hit') yn dylanwadu ar ymateb yr unigolyn neu'n ei ogwyddo.
2. **Mae cynrychiolaeth y cof wedi newid** Mae'r gair hollbwysig yn newid atgof yr unigolyn gan effeithio ar ei ganfyddiad/ei chanfyddiad o'r ddamwain. Byddai rhai geiriau hollbwysig yn peri i rywun dybio bod y ddamwain wedi bod yn fwy difrifol.

Os yw'r ail gasgliad yn wir, bydden ni'n disgwyl i gyfranwyr 'gofio' manylion eraill sydd heb fod yn wir. Rhoddodd Loftus a Palmer brawf ar hynny yn eu hail arbrawf. Yn y cyflwr 'smashed', mae'r ddau ddarn o wybodaeth yn cyfuno i ffurfio atgof o ddamwain sy'n ymddangos fel petai hi'n eithaf difrifol. Mae hynny'n esgor ar ddisgwyliadau penodol – er enghraifft, bod gwydr yn debyg o fod wedi'i dorri yno.

Mae darganfyddiadau arbrawf 2 yn awgrymu nad canlyniad gogwydd-yr-ymateb yw effaith cwestiynau arweiniol ond y gall cwestiynau arweiniol newid atgof yr unigolyn o'r digwyddiad.

Mae modd deall y darganfyddiadau hynny mewn perthynas ag ymchwil i effeithiau labeli geiriol ar ffurfiau pethau-i'w-cofio, fel yn y clasur o astudiaeth gan Carmichael ac eraill (1932) (gweler y tudalen gyferbyn). Bydd labeli geiriol yn achosi shifft yn y ffordd y cynrychiolir gwybodaeth yn y cof ac yn ei gwneud hi'n debycach i'r awgrym a roir gan y label geiriol.

▼ Tabl 2 Amcangyfrifon o gyflymder ar sail y berfau gwahanol yn arbrawf 2

Cyflwr y ferf	Amcangyfrif o'r cyflymder (mya)			
	1–5	6–10	11–15	16–20
Smashed	0.09	0.27	0.41	0.62
Hit	0.06	0.09	0.25	0.50

▼ Graff 2 Ymatebion 'Yes' a 'No' i'r cwestiwn am wydr toredig yn arbrawf 2

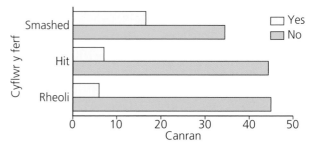

GWAITH I CHI

Rhif 5.21

Lluniwch eich canllaw cam-wrth-gam eich hun i drefniadau'r astudiaeth hon. Rhifwch bob cam.

Lluniwch grynodeb o'r astudiaeth hon, fel y gwnaethoch chi o'r blaen.

DYMA'R YMCHWILWYR

Athro ym Mhrifysgol California, Irvine, ydy **Elizabeth Loftus**. Hi, mae'n debyg, yw un o'r seicolegwyr mwyaf adnabyddus sy'n fyw heddiw. Mae'n enwog am ei hymchwil helaeth i **dystiolaeth llygad-dystion** ac, yn fwy diweddar, i **gof ffug** (*false memory*). Caiff ei galw'n aml yn dyst arbenigol mewn achosion llys i dystio ynghylch anwadalrwydd y cof, megis yn achos Michael Jackson, ac mae hi wedi cael gwobrau di-rif. Un ohonyn nhw oedd Gwobr Cymrawd 2001 William James gan Gymdeithas Seicolegol America (am wneud 'astudiaethau ymchwil dyfeisgar a thrylwyr eu cynllun … a esgorodd ar dystiolaeth wrthrychol a chlir ynghylch cwestiynau dyrys a dadleuol').

Myfyriwr seicoleg oedd **John Palmer** pan gafodd gyfle i weithio gydag Elizabeth Loftus ar yr astudiaeth hon. Mae ef wedi mynd ymlaen i ganolbwyntio ar sylw gweledol ac mae'n Athro Ymchwil ym Mhrifysgol Washington, UDA.

▲ Elizabeth Loftus (1944–).

▲ John Palmer (1954–).

GWAITH I CHI
Rhif 5.22

Gallech chi ail-wneud yr astudiaeth gan Carmichael ac eraill (gweler isod). I wneud hynny, bydd angen i chi ddefnyddio **cynllun grwpiau annibynnol**, h.y. caiff hanner y cyfranwyr y geiriau ar y chwith a'r hanner arall y geiriau ar y dde. Yn ddiweddarach, byddwch chi'n gofyn i'r cyfranwyr ail-dynnu'r ffigur gwreiddiol.

I benderfynu a wnaeth y geiriau a roddwyd i'r cyfranwyr ddylanwadu arnyn nhw, bydd angen i chi ofyn i farnwyr annibynnol farnu'r lluniau. Yn achos y ffigur cyntaf, er enghraifft, byddech chi'n gofyn i'r barnwr benderfynu a yw'r llun a gynhyrchwyd yn debycach i len neu i ddiemwnt. Yna, yn achos pob cyfrannwr a phob llun, gallwch chi sgorio maint dylanwad y label geiriol arno/arni. Yn olaf, dylech chi benderfynu sut mae crynhoi'r data hynny mewn tabl a/neu graff.

ASTUDIAETH GAN CARMICHAEL AC ERAILL (1932)

Fe ddarparodd yr astudiaeth hon gan Carmichael ac eraill dystiolaeth o blaid effaith labeli geiriol. Dangoswyd set o luniadau (yn y golofn ganol) i'r cyfranwyr ac yna fe gawson nhw ddisgrifiad geiriol ohonyn nhw (yn y golofn ar y chwith neu'r un ar y dde). Pan ofynnwyd yn ddiweddarach i'r cyfranwyr aildynnu'r llun, roedd y label geiriol wedi effeithio gan amlaf ar y gwrthrych a gafwyd. Dyma'r canlyniadau:

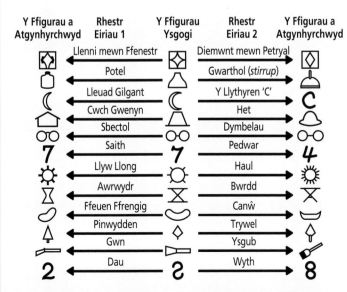

Y Ffigurau a Atgynhyrchwyd	Rhestr Eiriau 1	Y Ffigurau Ysgogi	Rhestr Eiriau 2	Y Ffigurau a Atgynhyrchwyd
	Llenni mewn Ffenestr		Diemwnt mewn Petryal	
	Potel		Gwarthol (*stirrup*)	
	Lleuad Gilgant		Y Llythyren 'C'	
	Cwch Gwenyn		Het	
	Sbectol		Dymbelau	
	Saith		Pedwar	
	Llyw Llong		Haul	
	Awrwydr		Bwrdd	
	Ffeuen Ffrengig		Canŵ	
	Pinwydden		Trywel	
	Gwn		Ysgub	
	Dau		Wyth	

ALLWCH CHI...?
Rhif **5.9**

1… Egluro'r hyn a olygir gan 'dystiolaeth llygad-dystion'.

2… Egluro ystyr 'cwestiynau arweiniol' a sut y byddan nhw'n ystumio'r cof.

3… Enwi **dwy** astudiaeth a wnaed cyn astudiaeth Loftus a Palmer. Eglurwch gasgliadau'r naill a'r llall a sut maen nhw'n perthnasu ag astudiaeth Loftus a Palmer.

4… Mae'r astudiaeth yn cynnwys dau arbrawf gwahanol. Eglurwch nodau'r naill a'r llall.

5… Faint o gyfranwyr oedd ym mhob arbrawf?

6… Egluro pam na ddylai'r cyfranwyr wybod gwir nodau'r astudiaeth hon.

7… Yn achos pob arbrawf, enwi **tair** nodwedd allweddol ar y dulliau gweithredu.

8… Pam yr oedd hi'n syniad da gofyn cyfres o gwestiynau yn hytrach na'r cwestiwn hollbwysig yn unig?

9… Pam y mae hi'n syniad da bod â grŵp rheoli yn yr ail arbrawf?

10… Enwi **chwech** o ddarganfyddiadau'r astudiaeth hon.

11… Yn achos pob darganfyddiad, nodi casgliad y gellid ei dynnu ohono. Ceisiwch wneud pob casgliad yn wahanol.

12… Pa dystiolaeth sy'n peri i chi gasglu bod cwestiynau arweiniol yn effeithio ar y cof yn hytrach na gwneud dim ond gogwyddo ymateb yr unigolyn?

CWESTIYNAU ARHOLIAD

ADRAN A

Rhowch grynodeb o amcanion a chyd-destun ymchwil Loftus a Palmer (1974) 'Ail-lunio dinistrio ceir: enghraifft o'r rhyngweithiad rhwng iaith a'r cof' ('Reconstruction of automobile destruction: an example of the interaction between language and memory'). [12]

Amlinellwch ddulliau gweithredu ymchwil Loftus a Palmer (1974) 'Ail-lunio dinistrio ceir: enghraifft o'r rhyngweithiad rhwng iaith a'r cof'. [12]

Disgrifiwch ganlyniadau a chasgliadau ymchwil Loftus a Palmer (1974) 'Ail-lunio dinistrio ceir: enghraifft o'r rhyngweithiad rhwng iaith a'r cof'. [12]

Nodiadau Yn Adran A arholiad Uned 2, gellir gofyn unrhyw un o'r cwestiynau uchod i chi. I gael y 12 marc i gyd am bob cwestiwn, dylai eich ateb ddilyn y canllawiau ar dudalen 101.

Loftus a Palmer (1974) Ail-lunio dinistrio ceir: enghraifft o'r rhyngweithiad rhwng iaith a'r cof

Ar y ddau dudalen hyn byddwn ni'n gwerthuso'r astudiaeth graidd drwy astudio'r materion sy'n gysylltiedig â'i methodoleg hi a chymharu'r astudiaeth â thystiolaeth arall. Pan ddaw'n fater o werthuso, cewch chi benderfynu drosoch chi'ch hun. Rydyn ni wedi cyflwyno peth tystiolaeth a rhai datganiadau ac yn eich gwahodd chi i'w defnyddio i ffurfio'ch barn eich hun am yr astudiaeth graidd.

GWERTHUSO'R FETHODOLEG

Cewch chi eglurhad o'r cysyniadau hyn ym Mhennod 6 (Dulliau Ymchwil Cymhwysol).

Dull

Defnyddiodd Loftus a Palmer **arbrofion labordy**. *Amlinellwch* **ddwy** *o fanteision defnyddio'r dull hwnnw yn yr ymchwil.*

Yn arbrawf 1, cyfrifodd Loftus a Palmer gymedr yr amcangyfrifon o gyflymder ar gyfer pob un o'r gwahanol ferfau. Ond naw cyfrannwr yn unig oedd yng ngrŵp pob berf. *Pa gyfyngiad a allai fod i ddefnyddio cymedr y sgorau fel hyn yn ymchwil Loftus a Palmer?*

Dibynadwyedd

Mae amryw o astudiaethau eraill wedi esgor ar ddarganfyddiadau tebyg (fel astudiaeth Loftus a Zanni, gweler ar y dde). *Ym mha ffordd y mae hynny'n dangos bod darganfyddiadau'r astudiaeth hon yn* **ddibynadwy***?*

Dilysrwydd

Caiff ymchwil Loftus a Palmer ei feirniadu'n fynych am fod yn brin o **ddilysrwydd ecolegol**. Sut y gallai'r agweddau canlynol gyfrannu at y feirniadaeth honno?
- Cynhaliwyd yr astudiaeth mewn labordy.
- Gwelodd y cyfranwyr bytiau o ffilm o ddamweiniau ceir yn hytrach na damwain go-iawn lle gallai'r arsylwyr deimlo braw neu bryder.
- Gwyddai'r cyfranwyr eu bod mewn arbrawf ac y gallan nhw fod wedi amau y bydden nhw'n cael eu holi am y pytiau o ffilm.

I ba raddau y credwch chi fod modd cymhwyso'r astudiaeth hon yn gyffredinol at fywyd bob-dydd?

Samplu

Myfyrwyr coleg yn yr Unol Daleithiau oedd y cyfranwyr yn yr astudiaeth hon. *Ym mha ffordd yr oedd y grŵp hwnnw o gyfranwyr yn unigryw? Sut y byddai nodweddion unigryw'r* **sampl** *yn yr astudiaeth hon yn effeithio ar y casgliadau a gâi eu tynnu ohoni?*

Materion moesegol

Ni chafodd Loftus a Palmer **gydsyniad gwybodus** llawn gan eu cyfranwyr. *Yn yr astudiaeth hon, ydy* **twyll** *yn dderbyniol? A fyddai Loftus a Palmer wedi cael yr un darganfyddiadau petai'r cyfranwyr wedi cael gwybodaeth lawn?*

GWAITH I CHI

Rhif 5.23

Pa gasgliad y dewch chi iddo am ddilysrwydd ecolegol astudiaeth Loftus a Palmer? Cynhaliwch 'ffug dreial'. Tasg y naill dîm fydd dadlau bod dilysrwydd ecolegol i'r astudiaeth hon a rhaid i'r tîm arall gyflwyno'r ddadl groes. Efallai y gallech chi wneud tipyn o ymchwil ychwanegol yn gyntaf. Beth yw casgliad eich dosbarth?

TYSTIOLAETH ARALL

Astudiaethau labordy eraill

Dangosodd Loftus a Zanni (1975) ffilm o ddamwain car i gyfranwyr. Yna, fe ofynnon nhw i rai o'r cyfranwyr 'Did you see *a* broken headlight?', ac i eraill 'Did you see *the* broken headlight?' O'r rhai a holwyd am 'a broken headlight' dywedodd 7% iddyn nhw weld un (er nad oedd un yn y ffilm) o'i gymharu â'r 17% o bobl a holwyd am '*the* broken headlight'. Ffurf ar gwestiwn arweiniol oedd defnyddio 'a' a 'the'. *Ydy'r ymchwil hwn yn ategu, yn datblygu neu'n croesddweud darganfyddiadau Loftus a Palmer?*

Dangosodd Loftus (1979) i gyfranwyr gyfres o luniau o ddyn yn dwyn waled goch o fag menyw. Yn ddiweddarach, enwodd 98% ohonyn nhw'r lliw'n gywir. Ac er iddyn nhw'n ddiweddarach gael disgrifiad anghywir o'r waled – ei bod hi'n frown – mynnodd y cyfranwyr ddweud bod y waled yn goch. *Ydy'r ymchwil hwn yn ategu, yn datblygu neu'n croesddweud darganfyddiadau Loftus a Palmer?*

Dangosodd Loftus ac eraill (1978) sleidiau o'r digwyddiadau a arweiniodd at ddamwain car. Cafodd un grŵp weld Datsun coch yn stopio wrth gyffordd ag arwydd 'STOP'. Dangoswyd arwydd 'YIELD' i'r grŵp arall. Yn ddiweddarach, cafodd yr holl gyfranwyr set o gwestiynau. Cafodd hanner pob grŵp y cwestiwn 'Did another car pass the red Datsun while it was at the YIELD sign?' a chafodd hanner arall pob grŵp gwestiwn a ddywedodd 'STOP sign'. Yn olaf, dangoswyd iddyn nhw barau o sleidiau a bu'n rhaid iddyn nhw ddweud pa sleidiau oedd yn y dilyniant gwreiddiol. O'r cyfranwyr a gawsai gwestiynau cyson (e.e. fe welon nhw arwydd 'STOP' ac fe'u holwyd wedyn am 'stop sign'), dewisodd 75% y sleid gywir, ond ddewiswyd mohoni ond gan 41% o'r rhai a gawsai gwestiwn camarweiniol (e.e. a welodd arwydd 'STOP' ond a holwyd wedyn am 'yield sign'). *Ydy'r ymchwil hwn yn ategu, yn datblygu neu'n croesddweud darganfyddiadau Loftus a Palmer?*

Ailgynhaliodd Bekerian a Bowers (1983) astudiaeth Loftus ac eraill (1978) o arwydd 'stop'/arwydd 'yield'. Yn y rhan 'adnabod' o'r arbrawf, roedd Loftus ac eraill wedi cyflwyno'r sleidiau mewn trefn wahanol i'r un wreiddiol (sef ar hap). Rhoddodd Bekerian a Bowers y sleidiau yn y drefn wreiddiol a chael bod yr adalw yn awr yr un peth yn achos y grŵp cyson a'r grŵp a gamarweiniwyd. *Beth yw'ch casgliad chi o'r astudiaeth hon? Ydy'r ymchwil hwn yn ategu, yn datblygu neu'n croesddweud darganfyddiadau Loftus a Palmer?*

Llygad-dystion mewn bywyd go-iawn

Cynhaliodd Buckout (1980) astudiaeth â 2000 o gyfranwyr. Dangoswyd ffilm fer iawn (13 o eiliadau) ar awr frig ar y teledu. Yn ddiweddarach, cynhaliwyd rhes adnabod ar y teledu a gwahoddwyd y gwylwyr i ffonio i ddweud pwy o blith y rhai a gâi eu hamau oedd eu dewis nhw. Dim ond 14% a enwodd yr un cywir!

Cyfwelodd Yuille a Cutshall (1986) 13 o bobl a oedd wedi bod yn dystion i ladrad arfog yng Nghanada. Cynhaliwyd y cyfweliadau bedwar mis ar ôl y lladrad ac fe gynhwyswyd dau gwestiwn camarweiniol ynddyn nhw. Wnaeth y wybodaeth yn y cwestiynau camarweiniol ddim dylanwadu ar y cyfweleion. Rhoeson nhw ddisgrifiadau a oedd yn debyg iawn i'r rhai yn eu datganiadau cychwynnol fel tystion. *Beth ydych chi'n ei gasglu o'r astudiaethau hynny? Ydy'r ymchwil hwn yn ategu, yn datblygu neu'n croesddweud darganfyddiadau Loftus a Palmer?*

Atgofion ffug

Mae diddordeb ymchwil Loftus wedi symud o dystiolaeth llygad-dystion i **atgofion ffug**. Atgof ffug yw cofio rhywbeth na ddigwyddodd mohono ond sy'n teimlo fel petai'n atgof gwir. Canolbwynt ei hymchwil yw gweld a ellid amlygu hynny mewn arbrawf. Cynhaliodd Loftus a Pickrell (1995) astudiaeth y cyfeirir ati fel 'ar goll yn y post'. Fe gyfwelon nhw gyfranwyr ynghylch digwyddiadau yn ystod eu plentyndod gan fewnblannu atgof o fod wedi bod ar goll mewn canolfan siopa pan oedden nhw'n ifanc (dywedwyd wrth y cyfranwyr fod perthynas agos wedi rhoi gwybod am y digwyddiad). Dechreuodd rhyw 20% o'r cyfranwyr gredu cymaint yn eu hatgofion ffug nes iddyn nhw ddal i lynu wrthynt hyd yn oed ar ôl cael ôl-drafodaeth. *Ym mha ffordd y mae hynny'n ategu'r ymchwil i dystiolaeth llygad-dystion?*

Dywedodd Braun ac eraill (2005) wrth 120 o gyfranwyr eu bod yn mynd i werthuso copi hysbysebu ac ateb cwestiynau am daith i Disneyland. Darllenodd grŵp 1 hysbysiad generig am Disneyland na soniodd ddim am unrhyw gymeriad o gartŵn. Cafodd grŵp 2 yr un copi, ond codwyd copi cardbord (o faint oedolyn) o Bugs Bunny mewn cornel yn yr ystafell gyfweld. Darllenodd grŵp 3 hysbyseb ffug am Disneyland a gynhwysai Bugs Bunny, a darllenodd grŵp 4 yr hysbyseb ffug a gweld y Bugs Bunny o gardbord. Yn ddiweddarach, dywedodd 30% o'r bobl yng ngrŵp 2 iddyn nhw gofio cyfarfod, neu wybod iddyn nhw gyfarfod, â Bugs Bunny pan ymwelon nhw â Disneyland yn blant, a dywedodd 40% o'r cyfranwyr yng ngrŵp 4 yr un peth (allen nhw ddim bod wedi gweld Bugs Bunny yn Disneyland am nad yw'n un o gymeriadau Disney). *Ydy'r ymchwil hwn yn ategu, yn datblygu neu'n croesddweud darganfyddiadau Loftus a Palmer?*

CWESTIYNAU ARHOLIAD

ADRAN B

Gwerthuswch fethodoleg ymchwil Loftus a Palmer (1974), 'Ail-lunio dinistrio ceir: enghraifft o'r rhyngweithiad rhwng iaith a'r cof' ('Reconstruction of automobile destruction: An example of the interaction between language and memory'). [12]

Gan gyfeirio at dystiolaeth amgen, aseswch yn feirniadol Loftus a Palmer (1974), 'Ail-lunio dinistrio ceir: enghraifft o'r rhyngweithiad rhwng iaith a'r cof'. [12]

Nodiadau *Yn Adran B arholiad Uned 2, gellid gofyn unrhyw un o'r cwestiynau uchod i chi. I gael y 12 marc, dylai eich ateb ddilyn y canllawiau ar dudalen 81.*

Cwestiynau arholiad enghreifftiol ac atebion myfyrwyr

Cewch chi sylwadau'r arholwr ar yr atebion hyn ar dudalen 177.

ENGHRAIFFT O GWESTIWN 6

Gan gyfeirio at dystiolaeth amgen, aseswch yn feirniadol ymchwil Loftus a Palmer (1974), 'Ail-lunio dinistrio ceir: enghraifft o'r rhyngweithiad rhwng iaith a'r cof'. [12]

Ateb Megan

Gofynnodd Loftus i rai pobl 'Did you see a broken headlight?' ac yna fe ofynnodd i bobl eraill 'Did you see the broken headlight?'. Dywedodd mwy o'r bobl a holwyd am 'the broken headlight' iddyn nhw weld un. Ond pan holodd rhai ymchwilwyr yng Nghanada i lygad-dystion go-iawn, gwelson nhw nad oedd cwestiynau camarweiniol yn effeithio arnyn nhw. Roedd yr ymchwil hwnnw'n rhagori ar un Loftus a Palmer am nad oedd wedi'i wneud mewn labordy. Holwyd pobl ynglŷn â'r hyn y gallen nhw ei gofio am deithiau i Disneyland pan oedden nhw'n blant, a hynny ar ôl iddyn nhw weld hysbysebion a oedd yn cynnwys Bugs Bunny. Gwelodd yr ymchwilwyr y gallai llawer ohonyn nhw gofio cyfarfod â Bugs, ond allai hynny ddim bod wedi digwydd am nad yw'n un o gymeriadau Disney.

Ateb Tomos

Dangosodd Loftus (1979) rywun yn dwyn pwrs coch o fag. Yn ddiweddarach, cafodd y cyfranwyr wybodaeth â gwallau ynddi, ond cofiodd 98% o'r cyfranwyr yn gywir fod y pwrs yn goch. Mae'r ymchwil hwnnw fel petai'n gwrth-ddweud ymchwil Loftus a Palmer (L+P) am iddo ddarganfod nad yw hi mor hawdd llygru atgofion llygad-dystion ag y byddai ymchwil L+P yn awgrymu, ond a oes mwy o gywirdeb yn yr ymchwil hwnnw am fod lliw'r pwrs yn nodwedd eithaf sylfaenol ac amcangyfrif cyflymder yn broses fwy cymhleth?

Cyfwelodd Yuille a Cutshall (1986) 13 o bobl a oedd wedi bod yn llygad-dystion i ladrad arfog go-iawn. Cynhaliwyd y cyfweliadau 4 mis ar ôl y lladrad ac fe gynhwyswyd 2 gwestiwn camarweiniol ynddynt. Wnaeth hynny ddim dylanwadu ar y cyfweleion. Rhoesant ddisgrifiadau a oedd yn debyg iawn i'w datganiadau cychwynnol fel tystion. Mae'r ymchwil hwnnw'n gwrth-ddweud L+P am ei fod yn awgrymu nad yw tystiolaeth llygad-dystion mor anghywir ag y byddai L+P yn awgrymu. Mae hynny'n arbennig o bwysig am fod ymchwil Y+C yn defnyddio tystion go-iawn yn hytrach na dibynnu ar ymchwil mewn labordy (fel y gwnaeth L+P).

Dywedodd Braun ac eraill (2002) wrth 120 o gyfranwyr eu bod yn mynd i werthuso hysbysebion Disneyland ac ateb cwestiynau am eu teithiau i Disneyland pan oedden nhw'n blant. Roedd pedwar grŵp – (1) hysbyseb heb gymeriadau cartŵn, (2) yr un hysbyseb â Bugs Bunny o gardbord yng nghornel yr ystafell, (3) hysbyseb oedd yn cynnwys Bugs Bunny, (4) hysbyseb a Bugs Bunny o gardbord. Yn ddiweddarach, dywedodd 30% o Grŵp 2 a 40% o Grŵp 4 eu bod yn cofio cyfarfod â Bugs Bunny wrth ymweld â Disneyland pan oedden nhw'n blant. Byddai hynny wedi bod yn amhosibl am mai un o gymeriadau Warner Bros. yw Bugs Bunny. Mae'r ymchwil hwn yn datblygu un L+P am ei fod yn dangos nad oes angen i'r gamwybodaeth fod mewn geiriau, hyd yn oed, iddi gael effaith ar ein hatgofion. Gellir hefyd sefydlu atgofion ffug drwy ddefnyddio camwybodaeth ddieiriau sy'n fwy cynnil.

Gardner a Gardner (1969)
Dysgu iaith arwyddion i tsimpansî

Mae'r ail astudiaeth graidd o seicoleg **wybyddol** yn ymwneud ag iaith, sef y system o arwyddion a symbolau y bydd bodau dynol yn ei defnyddio i gyfathrebu â'i gilydd. Bydd pobl yn ceisio cyfathrebu ag anifeiliaid mewn llu o wahanol ffyrdd – defnyddio gorchmynion i gyfarwyddo'u cŵn a dysgu parot i ddweud geiriau diddorol. Dysgodd yr enwog Dr Doolittle siarad â nhw. Ond mae ochr fwy difrifol i ddysgu iaith pobl i anifeiliaid. Os gellir dangos bod rhai anifeiliaid yn gallu defnyddio iaith arwyddion, bydd y rhaniad clir rhwng anifeiliaid a bodau dynol yn diflannu. Dros y 60 mlynedd diwethaf, mae amryw o ymchwilwyr wedi ceisio dysgu iaith pobl i anifeiliaid, gan gynnwys parotiaid, tsimpansîs a gorilas, i geisio cael hyd i ateb. Ar lefel arall, mae prosiectau o'r fath wedi rhoi ffenestr ddifyr iawn i ni weld sut mae meddyliau anifeiliaid eraill yn gweithio.

BETH YW IAITH?

Bydd pob anifail yn cyfathrebu, ond er bod gan rai anifeiliaid systemau cymhleth iawn, fel dawns y wenynen fêl, mae llawer o bobl yn dadlau nad yw hynny'r un peth ag 'iaith'. Lluniodd yr ieithydd o UDA, Charles Hockett (1960), yr hyn a alwodd yn 'nodweddion dylunio iaith', sef y 13 o nodweddion sy'n gwahanu iaith pobl oddi wrth gyfathrebu gan anifeiliaid. Er bod llawer o'r nodweddion i'w cael mewn cyfathrebu gan anifeiliaid, iaith pobl yn unig sy'n amlygu'r holl nodweddion hynny.

- **Cydgyfnewidioldeb** (*interchangeability*) Y gallu i anfon a derbyn negeseuon.
- **Semantigrwydd** (*Semanticity*) Defnyddio symbolau i gynrychioli neu gyfeirio at wrthrychau, sefyllfaoedd neu ddigwyddiadau.
- **Dadleoli** Cyfathrebu ynghylch pethau nad ydyn nhw'n bresennol ar y pryd.
- **Cynhyrchedd** (*Productivity*) Creu amrywiaeth di-ben-draw o negeseuon newydd.
- **Dysgu a throsglwyddo** Caffael iaith (*language acquisition*) a'i throsglwyddo i'r genhedlaeth nesaf.

Gallwch ddarllen y rhestr lawn a manylion pellach yn: people.exeter.ac.uk/bosthaus/Lecture/hockett1.htm.

Y CYD-DESTUN A'R NODAU

I ba raddau y mae bodau dynol yn ansoddol wahanol i bob anifail arall? Dyna gwestiwn sy'n herio daliadau gwyddonol a chrefyddol. Er mai un awgrym yw mai gwahaniaeth hollbwysig rhwng bodau dynol ac anifeiliaid yw bod gennym ni iaith, mae amryw o ymchwilwyr wedi ceisio dangos y gall rhai anifeiliaid gaffael iaith pobl. Byddai profi hynny'n herio'r gwahaniaeth hwnnw.

Dadleuodd Noam Chomsky (1957) fod rhan arbennig o ymennydd y bod dynol (y '*ddyfais caffael iaith*' neu LAD) yn golygu ein bod ni wedi'n 'rhaglennu' yn fiolegol i gaffael iaith. Mae hynny'n egluro pam y mae iaith gan bobl ym mhob diwylliant ledled y byd, pa mor gyntefig bynnag yw ef, a pham y bydd plant yn ei chaffael hi mor gyflym ac mor naturiol. Yn ôl y farn honno, ddylai anifeiliaid eraill ddim gallu caffael iaith.

Gweithiodd Hayes a Hayes (1952) yn helaeth gyda tsimpansî o'r enw Vicki a cheisio'i dysgu i gynhyrchu iaith leisiol. Ond yn ystod eu chwe blynedd o weithio gyda Vicki, llwyddodd hi ddim ond i wneud pedwar sŵn a oedd yn debyg i'r geiriau Saesneg *mama*, *papa*, *cup* ac *up*.

Magodd Premack a Premack (1966) tsimpansî o'r enw Sarah a'i dysgu i ddefnyddio sglodion lliw o wahanol siapiau i gynrychioli geiriau. Rhoddai hi nhw ar fwrdd i wneud brawddegau. Yn gyntaf, dysgodd hi'r symbol am wrthrych (*afal*), ac yna roi symbolau wrth gwt ei gilydd i ffurfio brawddegau (yn gyntaf *Mary + afal*, yna *Mary + rhoi + afal*, ac yn olaf *Sarah + rhoi + afal + Mary*). Erbyn y diwedd, roedd hi wedi caffael 130 o arwyddion, a gallai lunio brawddegau hyd at wyth uned o hyd. Ond er y byddai Sarah yn ymarfer brawddegau ar ei phen ei hun, wnâi hi ddim gofyn cwestiynau o'i phen a'i phastwn ei hun.

Dywed Bryan (1963) fod cyfarpar lleisiol tsimpansî yn wahanol iawn i gyfarpar lleisiol pobl. Er bod tsimpansîs yn gallu cynhyrchu llu o wahanol seiniau, y duedd yw i'r lleisio ddigwydd mewn sefyllfaoedd lle maen nhw dan straen mawr neu'n gyffro i gyd. Pan gân nhw eu gadael yn llonydd, wnân nhw ddim sŵn fel rheol. Daeth Gardner a Gardner i'r casgliad, felly, nad oedd iaith leisiol yn briodol ar gyfer y rhywogaeth honno.

Er hynny, mae Yerkes (1943) yn nodi bod tsimpansîs labordy yn gallu datblygu ymddygiadau begera ac ymddygiadau tebyg ohonyn nhw'u hunain a bod defnyddio'u dwylo i helpu i ddatrys problemau trin mecanyddol yn sgìl arbennig sydd gan y tsimpansî. Byddai hynny'n golygu eu bod yn addas i ddefnyddio iaith arwyddion.

Nodau

Nod Gardner a Gardner oedd ymchwilio i weld a allen nhw ddysgu tsimpansî i ddefnyddio iaith pobl – *Iaith Arwyddion America* (yr ASL) yn benodol – i gyfathrebu. Eu bwriad oedd magu'r tsimpansî yn yr un ffordd ag y caiff plentyn ei fagu/ei magu fel bod modd iddo/iddi gaffael iaith yn naturiol.

Fe benderfynon nhw ddefnyddio tsimpansî am fod y rhywogaeth honno'n un ddeallus dros ben, yn gymdeithasol iawn ac yn magu perthynas gref â phobl. Mae eu natur gymdeithasol yn arbennig o bwysig am ei bod, yn fwy na thebyg, yn brif ysgogydd wrth ddatblygu iaith. Y peth gorau, felly, yw defnyddio anifail sy'n hoffi cymdeithasu.

Roedd sawl rheswm dros benderfynu defnyddio iaith arwyddion yn yr astudiaeth hon. Yn gyntaf, awgrymai'r dystiolaeth flaenorol y câi tsimpansîs drafferth i ddefnyddio'u cyfarpar lleisiol. Yn ail, mae gan tsimpansîs ddwylo deheuig sy'n golygu y dylen nhw ymdopi'n dda â'r broses fecanyddol o gynhyrchu arwyddion.

Y TREFNIADAU

Babi o tsimpansî benyw a ddaliwyd ar dir gwyllt oedd Washoe ac roedd hi'n rhyw 8-14 mis oed pan gyrhaeddodd hi labordy Gardner a Gardner. Bydd tsimpansîs yn gwbl ddibynnol tan iddyn nhw fod yn rhyw ddwy oed.

Yn ystod yr ychydig fisoedd cyntaf, canolbwynt yr ymchwil oedd datblygu trefn ddyddiol a meithrin perthynas rhwng Washoe a'r 'cymdeithion' dynol a fyddai'n gofalu amdani mewn shifftiau.

Roedd Gardner a Gardner o'r farn na fyddai Washoe yn dysgu iaith ond petai hi'n rhyngweithio ag eraill yn yr un ffordd ag y bydd plentyn yn ei wneud. Tra byddai Washoe yn effro, felly, byddai hi bob amser yng nghwmni o leiaf un o'i chymdeithion. Byddai ei chymdeithion dynol yn gyfeillion a fyddai'n chwarae gyda hi ac yn cyflwyno gemau a gweithgareddau a fyddai'n debyg o esgor ar gymaint â phosibl o ryngweithio â Washoe. Roedd pob un o'r cymdeithion yn medru defnyddio Iaith Arwyddion America (ASL), a châi'r holl gyfathrebu ei gyfyngu i arwyddo. Bydden nhw'n 'clebran' llawer â Washoe, yn union fel y gwnewch chi gyda babi. Mae'r ASL yn cynnwys set o arwyddion llaw sy'n cyfateb i symbolau penodol ond hefyd i eiriau neu gysyniadau. Gall y geiriau fod yn fympwyol (*arbitary*) neu'n eiconig (yn seiliedig ar ddelweddau).

Dulliau hyfforddi

Ymhlith y dulliau hyfforddi a ddefnyddiwyd gan gymdeithion dynol Washoe roedd:

- **Dynwared** arwyddion gwneud y gêm 'Gwna hyn', lle mae'r hyfforddwr yn dweud 'gwna hyn' a'r bwriad yw i'r tsimpansî ddynwared y weithred honno. Y wobr yw cael ei gosi. Gwaetha'r modd, fu hynny ddim yn llwyddiant mawr yn achos Washoe. Byddai'n ddigon parod i ddynwared ystumiau ond nid pan gâi hi orchymyn i wneud hynny.
- **Ysgogi** (*Prompting*) Defnyddiwyd dynwared hefyd i ysgogi. Weithiau, byddai Washoe yn 'siarad' yn wael – yn defnyddio arwydd yn eithaf esgeulus. Yna, ar ôl i'r arwydd cywir gael ei ddangos iddi, byddai hi'n ddynwared.
- **Defnyddio arwyddion** Yn ystod y gemau a'r trefniadau beunyddiol (bwydo, gwisgo, ymolchi ac ati), cafodd pob gwrthrych a gweithgaredd ei enwi â'r arwydd priodol er mwyn i Washoe gysylltu'r arwyddion â'r gwrthrychau/gweithgareddau. Drwy wneud hynny, fe ddysgodd hi *ddeall* geirfa fawr o arwyddion.
- **Clebran** (*Babbling*) Gan mai hwn yw'r cyfnod pwysig yn natblygiad llafar pobl, sef pryd y bydd babanod yn ymarfer elfennau llefaru, roedd hi'n bwysig i Washoe 'glebran' mewn iaith arwyddion (h.y. clebran â'i dwylo). Anogwyd hi i wneud hynny drwy ailadrodd y clebran yn ôl ati a'i gysylltu ag arwyddion go-iawn yn yr un ffordd ag y gallai rhiant dynol ddweud 'mami' pan fydd y babi yn clebran 'mamama'.
- **Cyflyru offerynnol (gweithredol)**, h.y. defnyddio gwobrau i gynyddu'r tebygolrwydd y câi'r ymddygiad ei ailadrodd. Cosi oedd y wobr fwyaf effeithiol i'w defnyddio yn achos Washoe.
- **Siapio** I gychwyn, roedd Washoe yn cael ei gwobrwyo am gynhyrchu arwydd a oedd yn debyg i'r arwydd go-iawn, ond o dipyn i beth châi hi ond ei gwobrwyo am arwyddion a oedd yn fwyfwy tebyg i'r arwydd cywir.
- **Hyfforddiant uniongyrchol** Byddai tiwtor yn ffurfio'r ystumiau cywir â'i dwylo, ac yna byddai hi'n eu hailadrodd. Roedd hynny'n ddull llawer cyflymach o ddysgu geiriau newydd.

Cofnodi'r arsylwadau

Mae'r erthygl ar yr astudiaeth graidd yn cynnwys cyfnod o 22 o fisoedd pryd y cadwyd cofnod o lwyddiant Washoe i ddysgu iaith. Roedd yn rhaid i bob arwydd newydd a ddysgodd fodloni meini prawf pendant cyn iddo gael ei gyfrif yn arwydd newydd iddi:

- Roedd rhaid i dri arsylwr gwahanol ddweud iddyn nhw weld Washoe'n defnyddio'r arwydd yn ddigymell ac yn briodol (ac eithrio os gofynnwyd iddi 'Beth sydd arnat ti ei eisiau?' neu gwestiwn tebyg).
- Roedd yn rhaid i'r arwydd gael ei gofnodi bob dydd dros gyfnod o 15 diwrnod.

NODIADAU BYWGRAFFYDDOL AM WASHOE

▲ Tsimpansî benyw oedd Washoe, tebyg i'r un yn y llun uchod.

Cafodd **Washoe Pan Satyrus** (hen ddosbarthiad tacsonomig am tsimpansîs yw *Pan satyrus*) ei geni yng Ngorllewin Affrica tua mis Medi 1965. Fe'i daliwyd ar dir gwyllt a'i chludo i'r Unol Daleithiau i weithio gyda'r awyrlu yno. Dydy manylion ei gwasanaeth milwrol ddim ar gael.

Yna, fe'i mabwysiadwyd hi gan y Dr Allen Gardner a Dr Beatrix Gardner ar gyfer eu hymchwil. Fe'i galwyd yn Washoe ar ôl y sir yn Nevada lle'r oedden nhw'n byw. 'Pobl' yw ystyr 'Washoe' yn iaith y llwyth Washoe o Americaniaid Brodorol.

Yn 1970, yn bump oed, symudodd hi gyda Roger a Deborah Fouts i Brifysgol Oklahoma ac, yn 1980, aeth hi gyda nhw i Brifysgol Canol Washington a chael cartref yn y *Sefydliad Cyfathrebu Tsimpansîs a Phobl* (CHCI) gyda grŵp o tsimpansîs eraill.

Bu farw Washoe ym mis Hydref 2007 yn rhyw 42 oed. Dywedir ar ei gwefan mai yn ei chartref â'i theulu a'i chyfeillion o'i chwmpas y bu hi farw. Ceir tudalen o deyrngedau iddi gan gannoedd o bobl y gwnaeth hi eu hysbrydoli.

Iaith Arwyddion America (ASL neu Ameslan)

ASL yw'r brif iaith arwyddion a ddefnyddir yn yr Unol Daleithiau a rhannau o Ganada a México. Mae iaith arwyddion Prydain (BSL) yn wahanol iawn i ASL, a does dim modd i ddefnyddwyr y naill ddeall defnyddwyr y llall. Yn ASL, ceir arwyddion ar gyfer pob llythyren yn yr wyddor a phob digid, a hefyd arwyddion am eiriau unigol. Er enghraifft, i arwyddo 'sannau' fe ffurfiwch chi'r symbol ar gyfer y llythyren 'S' (gweler isod) â'ch dwy law, a tharo'r ddwy law gaeedig yn erbyn ei gilydd ychydig o weithiau. Mae ASL hefyd yn cynnwys arwyddion ar gyfer geiriau haniaethol. Er enghraifft, yr arwydd am 'os gwelwch chi'n dda' yw rhoi'ch llaw dde'n wastad dros ganol eich brest a'i symud yn glocwedd (o safbwynt yr arsylwr) ychydig o weithiau. Mae arwyddion o'r fath yn fympwyol yn hytrach nag yn seiliedig ar ddelweddau, sef nodwedd allweddol ar iaith.

A   S   L

▲ Yr arwyddion ar gyfer y llythrennau ASL.

- Cewch wybod rhagor am Washoe a'i ffrindiau yn: www.friendsofwashoe.org/.
- Koko ydy epa arall sy'n siarad (www.koko.org/friends/) a Kanzi (www.greatapetrust.org).
- Ar YouTube cewch sawl fideo o bob un o'r epaod hyn, gan gynnwys Koko yn gwneud arwyddion ASL.

Yr erthygl wreiddiol

Cyfeiriad llawn yr erthygl wreiddiol yw Gardner, R.A. a Gardner, B.T. (1969). Teaching sign language to a chimpanzee. *Science*, *165*, 664–672. Gallwch chi gyrchu'r tudalen cyntaf ar-lein (www.sciencemag.org/cgi/pdf_extract/165/3894/664) neu roi'r cyfeiriad i'ch llyfrgell leol.

Adnoddau eraill

Rhoddodd Gardner a Gardner ddisgrifiad llawn o'u hymchwil gyda Washoe a tsimpansîs eraill yn eu llyfr *Teaching Sign Language to Chimpanzees* (Gardner ac eraill, 1989).

Ysgrifennodd Roger Fouts am Washoe yn ei lyfr *Next of Kin: My Conversations with Chimpanzees* (Fouts a Mills, 1997).

DYMA'R YMCHWILWYR

Cafodd **Beatrix (Trixie) Tugendhat Gardner** ei geni yn Awstria yn 1933. Yn chwech oed, fe ffodd rhag y Natsïaid. Aeth hi'n gyntaf i Brasil ac yna i'r Unol Daleithiau, lle'r aeth hi i'r ysgol a'r brifysgol. Cwblhaodd ei hastudiaethau fel myfyriwr gradd ym Mhrifysgol Rhydychen, a bu'n gweithio yno gyda'r **etholegydd** enwog Niko Tinbergen. Pan aeth hi'n ôl i'r Unol Daleithiau, aeth i Goleg Wellesley yn Massachusetts a chyfarfod â'i gŵr, Allen Gardner, yno. Disgrifiwyd eu priodas yn un 'ddelfrydol' (Van Cantfort, 2002) am iddi gyfuno ymagwedd etholegol Trixie (sef arsylwi anifeiliaid mewn cynefin naturiol) ag ymagwedd arbrofol Allen a'i ddiddordeb mewn seicoleg wybyddol.

Yn 1963, symudodd y ddau i Brifysgol Nevada. Dair blynedd yn ddiweddarach fe wnaethon nhw gyfarfod â Washoe a chychwyn ar y prosiect arwyddion. Daliodd Trixie Gardner i weithio ar y prosiect hwnnw a rhai tebyg ym Mhrifysgol Nevada tan iddi farw'n sydyn yn 61 oed pan oedd hi ar daith ddarlithio yn yr Eidal.

Dysgodd Allen a Trixie Gardner gyfanswm o bedwar tsimpansî, sef Washoe, Moja, Tatu a Dar, i ddefnyddio iaith arwyddion. Dydy'r adroddiad a gewch chi yma ond yn ddarn bach o'r holl waith a wnaethon nhw, ac mae gogwydd i'r darlun hwnnw: dyna un o broblemau ymagwedd yr 'astudiaeth graidd'. Yn aml, bydd clasur o astudiaeth fel hon yn fan cychwyn yn hytrach nag yn ddiwedd y daith i ymchwil – fel yn achos yr astudiaeth graidd hon.

Cychwynnodd **R. Allen Gardner** ar ei astudiaethau seicolegol ym Mhrifysgol Northwestern gyda Benton Underwood, un o arweinwyr y datblygu a fu wedi'r Ail Ryfel Byd ar ymchwil gwybyddol i gaffael a chadw deunyddiau geiriol.

Mae Allen Gardner yn dal i ymddiddori mewn cyfathrebu gan tsimpansîs ac mae'n Athro Gwyddorau Gwybyddol a'r Ymennydd ym Mhrifysgol Reno yn Nevada.

DARGANFYDDIADAU

Erbyn diwedd y prosiect, roedd 30 o eiriau'n bodloni meini prawf Gardner a Gardner. Yn y tabl isod fe welwch chi pa mor gyflym y dysgwyd y geiriau.

	Misoedd o hyfforddiant		
	7	14	21
Nifer yr arwyddion y gallai Washoe eu defnyddio	4	13	30

Dangosir y 30 o eiriau isod yn nhrefn eu dysgu. Ceisiadau syml oedd yr arwyddion cynnar, ac enwau gwrthrychau yn bennaf oedd y rhai diweddarach.

come-gimme, more, up, sweet, open, tickle, go, out, hurry, hear-listen, toothbrush, drink, hurt, sorry, funny, please, food-eat, flower, cover-blanket, you, napkin-bib, in, brush, hat, shoes, pants, clothes, cat, key, baby.

Barnwyd bod pedwar gair arall (*dog, smell, me* a *clean*) yn sefydlog, ond heb fodloni'r meini prawf. Dyma rai enghreifftiau o'r ffyrdd penodol y defnyddiai Washoe eiriau:

- *More* Wrth ofyn am barhau neu ailadrodd gweithgaredd, e.e. rhagor o gosi neu ail ddogn o fwyd.
- *Drink* Wrth ofyn am ddŵr. I ddynodi 'pop', byddai Washoe yn aml yn cyfuno *drink* a *sweet*.
- *Sorry* Ar ôl cnoi rhywun, neu pan gâi rhywun ei anafu mewn rhyw ffordd arall (nid gan Washoe o reidrwydd). Fe'i defnyddiwyd hefyd pan ddywedwyd wrthi am ymddiheuro am fod yn ddrygionus.
- *Baby* Ar gyfer doliau (dynol ac anifeiliaid).
- *Please* Wrth ofyn am wrthrych neu weithgaredd. Yn aml, fe'i cyfunwyd â *go, out, drink*.

Roedd proses Washoe o gaffael iaith yn debyg i'r un sy'n digwydd mewn plant dynol mewn tair ffordd.

1. **Gwahaniaethu** Ymhen tipyn, dechreuodd Washoe ddefnyddio'r arwydd *flower* i gyfeirio at aroglau – er enghraifft, wrth glywed aroglau coginio neu wrth agor pwrs baco. Dysgodd Gardner a Gardner arwydd newydd i Washoe am *smell* gan ddefnyddio siapio ac annog goddefol. Er iddi ddysgu gwahaniaethu rhwng y ddau arwydd, daliodd hi i gamddefnyddio *flower* yng nghyd-destun 'arogl' ambell waith.
2. **Trosglwyddo** Agwedd arall ar ddysgu iaith yw dysgu cymhwyso un peth penodol yn gyffredinol at ddosbarth cyffredinol o wrthrychau. Dangosodd Washoe'r gallu hwnnw'n gynnar drwy gymhwyso geiriau fel 'flower' at wahanol fathau o flodau, a hefyd drwy ddefnyddio'r arwydd am 'dog' pan glywai hi gi'n cyfarth, ac nid yn unig pan welai hi gi.
3. **Cyfuno arwyddion** Fel y gwnaiff plant dynol, aeth Washoe ati, ar ôl dysgu rhyw wyth o arwyddion, i gyfuno dau neu dri o arwyddion i gyfleu ystyron mwy cymhleth, fel *listen dog* (i gyfeirio at gi'n cyfarth). Gan i hynny ddigwydd, efallai, am i'r ymchwilwyr eu hunain gyfuno arwyddion, roedd Washoe ar ryw ystyr yn eu dynwared nhw. Ond fe gynhyrchodd hi ei chyfuniadau newydd ei hun, fel *open food drink* (agor yr oergell) a *go sweet* (i gael ei chario i'r llwyn mafon). Ei cham enwocaf oedd iddi arwyddo *baby in my drink* pan oedd dol yn ei chwpan.

GOSODIAD LLOYD MORGAN

Yn y 19eg ganrif, meddai'r seicolegydd o Brydain, C. Lloyd Morgan:

'Ni chawn ddehongli gweithred mewn unrhyw achos fel canlyniad ymarfer cynneddf seicig uwch os oes modd ei dehongli'n ffrwyth ymarfer un sy'n is ar y raddfa seicolegol.'

Lloyd Morgan (1894)

Hynny yw, does dim angen i chi ddyfeisio esboniadau clyfar os oes un symlach yn bod. Os gallwch chi egluro ymddygiad Washoe fel 'dynwared', does dim angen ei alw'n 'iaith'.

CASGLIADAU

Byddai Gardner a Gardner yn betrus ynghylch ateb y cwestiwn a oedd Washoe wedi caffael iaith. Roedd hynny, yn eu barn nhw, yn groes i ysbryd eu hymchwil. Dadleuent nad oes modd ateb y cwestiwn os nad oes ffordd glir o wahaniaethu rhwng un dosbarth o ymddygiad cyfathrebol y gellir ei alw'n 'iaith' a dosbarth arall nad oes modd ei alw'n 'iaith'.

Dangosodd yr astudiaeth fod modd dysgu mwy nag ychydig o eiriau i tsimpansîs (mewn astudiaethau blaenorol, doedd tsimpansîs ond wedi dysgu hyd at bedwar o eiriau). Dangosodd yr astudiaeth hefyd fod iaith arwyddion yn gyfrwng cyfathrebu priodol i'r tsimpansî. Ar ben hynny, awgrymodd yr astudiaeth y gellid cyflawni mwy na hynny – roedd gallu Washoe i drosglwyddo defnyddio arwyddion yn ddigymell o bethau penodol i rai cyffredinol a'i gallu i gyfuno dau neu dri gair yn awgrymu y gellid cyflawni cryn dipyn yn fwy mewn camau pellach yn y prosiect.

Un her oedd datblygu ffordd ddibynadwy o ddangos bod Washoe'n defnyddio iaith mewn ffordd ystyrlon. Awgrymodd Gardner a Gardner mai un ffordd o wneud hynny fyddai gosod gwrthrych mewn blwch a oedd â ffenestr iddo. Gallai ymchwilydd na wyddai beth oedd y gwrthrych hwnnw ofyn i Washoe ddweud beth oedd hi'n ei weld. Ond wnâi hynny ddim gweithio ond yn achos eitemau a fyddai'n ddigon bach i fynd i mewn i flwch. Gwnaeth Gardner a Gardner hynny'n llwyddiannus yn eu gwaith diweddarach.

GWAITH I CHI
Rhif 5.25

- Lluniwch eich canllaw cam-wrth-gam eich hun i ddulliau gweithredu yr astudiaeth hon. Rhifwch bob cam.
- Chwiliwch am ffordd dda o gynrychioli'r data yn y tablau gyferbyn ar ffurf graffigol, megis siart bar.
- Lluniwch grynodeb o'r astudiaeth hon fel y gwnaethoch o'r blaen. Dylai'r crynodeb gynnwys manylion byr am gyd-destun a nodau, dulliau gweithredu, darganfyddiadau a chasgliadau'r astudiaeth hon – a'r cyfan mewn rhyw 200 o eiriau.

ALLWCH CHI...? {Rhif 5.11}

1... Egluro sut (ac os) y gallwn ni wahaniaethu rhwng iaith pobl a system naturiol tsimpansîs o gyfathrebu.

2... Enwi **dwy** astudiaeth a wnaed cyn un Gardner a Gardner, ac egluro'r casgliadau y gellir eu tynnu o'r naill a'r llall o'r astudiaethau hynny.

3... Amlinellu nodau'r astudiaeth hon yn fyr.

4... Disgrifio **tair** o nodweddion allweddol y cyfrannwr yn yr astudiaeth achos hon.

5... Egluro beth yw ASL.

6... Pam, yn eich barn chi, roedd hi'n bwysig yn y prosiect hwn i ASL gynnwys symbolau mympwyol yn ogystal â rhai eiconig?

7... Amlinellu'r dulliau gwahanol a ddefnyddiwyd i ddysgu Washoe i ddefnyddio ASL.

8... Egluro proses dysgu offerynnol (cyflyru gweithredol, gweler tudalen 17).

9... Awgrymu pa wobr y gallai plentyn ei chael pan fydd yn dweud ei (g)eiriau cyntaf.

10... Enwi **chwech** o ddarganfyddiadau'r astudiaeth hon.

11... Yn achos pob darganfyddiad, enwi casgliad y gellid ei dynnu ohono. Ceisiwch wneud pob casgliad yn wahanol.

12... Pam yr oedd y meini prawf ar gyfer yr arwyddion mor gaeth?

13... Beth yn eich barn chi fyddai'r prif anhawster wrth gofnodi iaith arwyddion tsimpansî?

14... Ym mha ffordd yr oedd proses Washoe o gaffael iaith yn debyg i'r ffordd y bydd plant dynol yn caffael iaith?

15... Pa dystiolaeth sy'n ategu'r farn fod Washoe wedi dysgu defnyddio iaith?

16... Pa dystiolaeth sy'n groes i'r farn honno?

CWESTIYNAU ARHOLIAD

ADRAN A

Rhowch grynodeb o amcanion a chyd-destun ymchwil Gardner a Gardner (1969), 'Dysgu iaith arwyddion i tsimpansî' ('Teaching sign language to a chimpanzee'). [12]

Amlinellwch ddulliau gweithredu ymchwil Gardner a Gardner (1969), 'Dysgu iaith arwyddion i tsimpansî'. [12]

Disgrifiwch ganlyniadau a chasgliadau ymchwil Gardner a Gardner (1969), 'Dysgu iaith arwyddion i tsimpansî'. [12]

Nodiadau Yn Adran A arholiad Uned 2, gellid gofyn unrhyw un o'r cwestiynau uchod i chi. Bydd pob cwestiwn yn werth 12 marc. I gael y 12 marc i gyd, dylai'ch ateb:

- Fod yn gywir ac yn fanwl.
- Amlygu dyfnder ac ystod o wybodaeth, ond nid i'r un graddau o reidrwydd. Hynny yw, gallwch chi fanylu cryn dipyn ar ambell bwynt (h.y. dyfnder) neu drafod nifer o bwyntiau yn llai manwl (ystod).
- Bod wedi'i strwythuro'n dda ac yn gydlynol.
- Bod yn gywir o ran gramadeg, atalnodi a sillafu.
- Bod yn rhyw 200-250 o eiriau o hyd, sef nifer llai nag yn achos y cwestiynau eraill sydd â 12 marc, ond yma mae'r pwyslais ar fod yn fanwl-gywir.

Gardner a Gardner (1969)
Dysgu iaith arwyddion i tsimpansî

Ar y ddau dudalen hyn byddwn ni'n gwerthuso'r astudiaeth graidd drwy astudio'r materion sy'n gysylltiedig â'i methodoleg hi a chymharu'r astudiaeth â thystiolaeth arall. Pan ddaw'n fater o werthuso, cewch chi benderfynu drosoch chi'ch hun. Rydyn ni wedi cyflwyno peth tystiolaeth a rhai datganiadau ac yn eich gwahodd chi i'w defnyddio i ffurfio'ch barn eich hun am yr astudiaeth graidd.

GWERTHUSO'R FETHODOLEG

Cewch chi eglurhad o'r cysyniadau hyn ym Mhennod 6 (Dulliau Ymchwil Cymhwysol).

Dull

Astudiaeth achos oedd yr astudiaeth hon. *Beth yw manteision ac anfanteision y dull ymchwilio hwn yng nghyd-destun yr astudiaeth hon?*

Dibynadwyedd

Sylweddolai Gardner a Gardner fod angen sefydlu meini prawf clir i wirio caffael geirfa gan Washoe. I wneud hynny, roedd yn rhaid i dri arsylwr ddweud iddyn nhw weld Washoe'n arwyddo'n ddigymell ac yn briodol. *Ym mha ffyrdd eraill y gwnaethon nhw sicrhau **dibynadwyedd**? Ym mha ffordd y mae hynny'n dangos bod darganfyddiadau'r astudiaeth yn ddibynadwy?*

Dilysrwydd

Cofnodwyd campau Washoe gan ymchwilwyr a oedd yn ei hadnabod hi'n dda, a gallai eu disgwyliadau fod wedi gogwyddo'u cofnodion (**tuedd yr arsylwr**). *I ba raddau y credwch chi y gellir ystyried bod darganfyddiadau'r astudiaeth hon yn ddilys?*

Disgrifir achos Clever Hans ar dudalen 140 – dangoswyd nad oedd galluoedd mathemategol ymddangosiadol Hans yn ddim mwy nag ymateb i giwiau ei hyfforddwr. *Oedd Washoe'n cynhyrchu iaith yn ddigymell, neu'n ymateb yn unig i giwiau ei hyfforddwyr?*

Mae'r Gardneriaid ac eraill wedi parhau i wneud ymchwil gyda tsimpansîs ac epaod eraill (gweler yr astudiaethau ar y dde). *I ba raddau y mae modd cymhwyso canlyniadau'r astudiaeth hon yn gyffredinol at tsimpansîs eraill?*

Materion moesegol

Mae Dawkins (1990) yn nodi y gallai ymchwil sy'n foesegol amheus ac yn defnyddio anifeiliaid heblaw pobl fod yn dderbyniol os ceisir lleddfu dioddefaint pobl, ond y gallai beidio â bod yn dderbyniol os ceisir bodloni chwilfrydedd deallusol yn unig. *Oedd hi'n foesegol defnyddio Washoe fel hyn?*

Rhan o'r broses o ddysgu iaith i anifail yw eu hamddifwyllaniannu i'r byd dynol. *Ydy hi'n foesegol dysgu iaith pobl i anifeiliaid?*

Er i Gardner a Gardner a chymdeithion eraill Washoe ei thrin hi'n dda, fe'i ganed hi'n tsimpansî gwyllt. *Ydy'r hyn rydyn ni wedi'i ddysgu o'r ymchwil hwn mor bwysig nes iddo gyfiawnhau ei symud hi o'i hamgylchedd naturiol a'i gorfodi i dreulio'i hoes mewn caethiwed a gwneud tasgau nad yw'n 'naturiol' i'w rhywogaeth eu cyflawni?*

GWAITH I CHI
Rhif 5.26

Pa mor foesegol dderbyniol yw'r astudiaeth hon? Rhannwch eich dosbarth yn grwpiau a gofynnwch i rai grwpiau lunio dadleuon o blaid manteision yr ymchwil a rhai grwpiau i lunio dadleuon am y costau.

TYSTIOLAETH ARALL

Rhagor o ymchwil gyda Washoe a'i chyfeillion

Honnwyd mai Washoe oedd y tsimpansî cyntaf i ddysgu defnyddio iaith pobl. Ar ôl yr ymchwil sy'n destun yr astudiaeth graidd hon, bu Washoe byw am 38 o flynyddoedd. Pan fu hi farw, honnodd ei gofalwyr fod ganddi eirfa o 250 o arwyddion ac fe ddywedon nhw iddyn nhw gael llawer o sgyrsiau bob-dydd â hi.

Aeth Gardner a Gardner (Gardner ac eraill, 1989) ymlaen i drawsfeithrin (h.y. magu anifeiliaid o rywogaeth arall) tsimpansîs eraill. Magwyd Moja, Tatu a Dar mewn ffordd debyg i Washoe, ond gwellwyd rhywfaint ar y dull o wneud hynny. Yn gyntaf, roedd y tsimpansîs i gyd newydd eu geni pan gyrhaeddon nhw. Yn ail, fe gyrhaeddon nhw o un i un er mwyn iddyn nhw dyfu fel brodyr a chwiorydd i'w gilydd ac yn gwmni ac yn fodelau o ymddygiad i'w gilydd. Roedd yr amgylchedd, felly, yn fwy naturiol. Yn drydydd, darganfuwyd mai'r cyfan a wnâi **cyflyru gweithredol** oedd dysgu'r tsimpansîs i wneud sawl cais. Y nod, felly, oedd defnyddio iaith yn bennaf fel cyfrwng i gynnal deialog, yn yr un ffordd ag y bydd plant dynol yn mwynhau iaith er ei mwyn ei hun ac nid ond yn ffordd o gael yr hyn y mae arnyn nhw ei eisiau. Yn y pen draw, ymunodd y tri tsimpansî â Washoe yn y *Sefydliad Cyfathrebu Tsimpansîs a Phobl* (y CHCI).

Dadl Gardner (mewn neges bersonol) yw bod esblygu'n broses barhaus, ac felly nad oes rheswm dros gredu bod naid sydyn mewn gallu o un rhywogaeth i'r llall. Peth rhesymol fyddai credu bod gan ein perthnasau agosaf y gallu i ddatblygu iaith. *Beth rydych chi'n ei gasglu o'r dystiolaeth hon? Ydy'r ymchwil yn atgyfnerthu, yn datblygu neu'n gwrth-ddweud ymchwil Gardner a Gardner?*

Loulis

Beichiogodd Washoe sawl tro, ond ni fu'r un beichiogrwydd yn llwyddiant. Yn y 1970au, cafodd fab o'r enw Loulis i'w fabwysiadu. Penderfyniad yr ymchwilwyr yn CHCI oedd na fyddai'r un o'r gofalwyr yn arwyddo pan fyddai Loulis yno heblaw am ddefnyddio'r saith arwydd allweddol *which, want, where, name, that* a *sign*. Fyddai Loulis ond yn gallu caffael iaith petai'r tsimpansîs eraill yn ei dysgu iddo. Y syndod yw i Loulis gaffael dros 50 o arwyddion dim ond drwy wylio'r tsimpansîs eraill. Roedd hynny'n ddrych o'r ffordd y bydd plant dynol yn caffael iaith. *Beth rydych chi'n ei gasglu o'r dystiolaeth hon? Sut mae'r ymchwil yn atgyfnerthu, yn datblygu neu'n gwrth-ddweud ymchwil Gardner a Gardner?*

Epaod eraill
Nim Chimpsky

Gwnaed astudiaeth arall o iaith anifeiliaid gan Terrace (1979) ar tsimpansî o'r enw Nim Chimpsky (a enwyd ar ôl yr arbenigwr ar ieithyddiaeth, Noam Chomsky). Dysgodd Nim 125 o arwyddion gwahanol a'u rhoi wrth ei gilydd mewn cyfuniadau. Cofnododd Terrace dros

20 000 o gyfathrebiadau gan Nim dros gyfnod o ddwy flynedd. Pan astudiodd y data, cafodd siom o weld bod gwahaniaeth amlwg rhwng cyfathrebu Nim ac iaith plant, a daeth i'r casgliad nad oedd Nim yn defnyddio'r hyn a oedd yn cyfateb i iaith pobl.

Kanzi a Mulika

Dau tsimpansî bonobo yw Kanzi a'i chwaer Mulika. Fe'u haddysgwyd i ddefnyddio iaith drwy ddefnyddio lecsigramau.

▲ Mae panel o lecsigramau'n gyfundrefn o symbolau gweledol a geometrig (lecsigramau) sy'n cynrychioli geiriau. Cariai cymdeithion y tsimpansîs banel o lecsigramau i bobman er mwyn i'r tsimpansîs allu dangos yr hyn y dymunen nhw ei ddweud.

Dysgodd Kanzi ddefnyddio lecsigramau'n gyntaf drwy ryngweithio â'i fam, Matata. Chafodd mo Kanzi na Mulika eu haddysgu'n benodol i ddefnyddio lecsigramau. Mae'n debyg iddyn nhw gaffael eu gwybodaeth oherwydd eu hawydd i gyfathrebu â'u cymdeithion dynol. Erbyn i Kanzi fod yn 17 mis oed, gallai gynhyrchu dros 2500 o gyfuniadau an-nynwaredol. Roedd hynny'n llai na nifer Nim ond, yn wahanol i Nim, roedd holl gyfathrebu Kanzi'n ymwneud ag eraill (nid ag ef ei hun) ac yn ymwneud â gemau'n amlach na bwyd. Cymharodd Savage-Rumbaugh ac eraill (1986) gaffael geiriau fel hynny â chynnydd dau tsimpansî 'cyffredin' a oedd yn llawer llai llwyddiannus, a dod i'r casgliad y gall rhai tsimpansîs fod â mwy o duedd at iaith na'i gilydd. *Sut mae'r dystiolaeth hon yn ategu, yn datblygu neu'n gwrth-ddweud ymchwil Gardner a Gardner?*

Iaith cyfrifiadur: ELIZA

Am 30 mlynedd, mae cyfrifiaduron wedi gallu efelychu sgwrsio. Yn y 1960au, er enghraifft, creodd Weizenbaum raglen o'r enw ELIZA a allai ymateb i fewnbwn defnyddiwr fel petai'r rhaglen yn seicotherapydd anghyfarwyddol. Allai beirniaid arbenigol ddim bob amser ddweud y gwahaniaeth rhwng ymatebion ELIZA ac ymatebion therapydd go-iawn (gweler Boden, 1977). Awgryma hynny fod gwahaniaeth rhwng gallu cynhyrchu iaith a'i deall hi. *Beth rydych chi'n ei gasglu o'r dystiolaeth hon? Ydy'r dystiolaeth yn atgyfnerthu, yn datblygu neu'n gwrth-ddweud ymchwil Gardner a Gardner?*

CWESTIYNAU ARHOLIAD

ADRAN B

Gwerthuswch fethodoleg ymchwil Gardner a Gardner (1969), 'Dysgu iaith arwyddion i tsimpansî'. [12]

Gan gyfeirio at dystiolaeth amgen, aseswch yn feirniadol ymchwil Gardner a Gardner (1969), 'Dysgu iaith arwyddion i tsimpansî'. [12]

Nodiadau *Yn Adran B arholiad Uned 2, gellid gofyn unrhyw un o'r cwestiynau uchod i chi. I gael y 12 marc i gyd am bob cwestiwn, dylai'ch ateb wneud hyn:*

▶ *Cyflwyno gwerthusiad sydd wedi'i strwythuro'n glir.*

▶ *Ymhelaethu'n gydlynol ar bob pwynt.*

▶ *Amlygu dyfnder ac ystod o ddadansoddi, ond nid i'r un graddau o reidrwydd. Hynny yw, gallwch chi fanylu cryn dipyn ar ambell bwynt (h.y. dyfnder) neu drafod nifer o bwyntiau yn llai manwl (ystod).*

▶ *Bod yn rhyw 300-350 o eiriau o hyd (canolbwyntir ar gyflwyno ehangder digonol o ddeunydd ond hefyd ar fanylu digon ar bob pwynt a wneir, h.y. dyfnder ac ehangder).*

Efallai y bydd hi'n fuddiol i chi astudio atebion y myfyrwyr ar ddiwedd yr astudiaethau craidd eraill i ganfod ac osgoi'r camgymeriadau nodweddiadol y bydd myfyrwyr yn eu gwneud wrth ateb cwestiynau Adran B.

Cwestiynau arholiad enghreifftiol ac atebion myfyrwyr

Cewch chi sylwadau'r arholwr ar yr atebion hyn ar dudalen 177.

ENGHRAIFFT O GWESTIWN 1

> **Rhowch grynodeb o amcanion a chyd-destun ymchwil Gardner a Gardner (1969), 'Dysgu iaith arwyddion i tsimpansî' ('Teaching sign language to a chimpanzee'). [12]**

Ateb Megan

Lluniodd Hockett 'Nodweddion Dylunio Iaith' a chredai fod i gyfathrebu gan anifeiliaid a phobl rai nodweddion tebyg ond bod ieithoedd pobl yn fwy cymhleth na chyfathrebu gan anifeiliaid. Credai fod anifeiliaid yn amlygu rhai o nodweddion iaith, e.e. dadleoli a chynhyrchu, ond nad oedden nhw'n amlygu pob un o'r nodweddion yr oedd ef wedi'u disgrifio.

Am 6 blynedd, bu gan Hayes a Hayes tsimpansî o'r enw Vicki, a'u nod oedd ei dysgu i gynhyrchu iaith leisiol. Ond ni lwyddodd hi i wneud mwy na phedwar sŵn a oedd yn debyg i eiriau Saesneg.

Yn ddiweddarach, dywedodd Bryan nad oes gan tsimpansîs y tannau llais (vocal cords) angenrheidiol i siarad. Er i Gardner a Gardner ddod i'r casgliad nad oedd iaith leisiol yn briodol ar gyfer y rhywogaeth honno, roedd ymchwilwyr blaenorol wedi nodi bod tsimpansîs laborty yn gallu gofyn am bethau a defnyddio'u dwylo i helpu i ddatrys problemau ymarferol.

Nod Gardner a Gardner oedd dysgu tsimpansî (a ddewiswyd am eu bod yn anifeiliaid deallus a chymdeithasgar) i ddefnyddio Iaith Arwyddion America i gyfathrebu.

Ateb Tomos

Gall astudio iaith anifeiliaid ein helpu ni i ddeall sut mae pobl yn wahanol i anifeiliaid. Awgrymodd Chomsky mai pobl yn unig sydd ag iaith am eu bod nhw wedi'u geni â dyfais arbennig, a bod anifeiliaid heb y ddyfais honno.

Gweithiwyd ar Vicki'r tsimpansî am 6 blynedd ond ni allai ddweud mwy na 4 gair. Efallai na allai Vicki siarad am nad oedd ganddi laryncs. Nod Gardner a Gardner, felly, oedd dysgu Washoe i ddefnyddio iaith arwyddion i gyfathrebu.

Langer a Rodin (1976) Effeithiau dewis a chyfrifoldeb personol ehangach ar gyfer yr oedrannus

Mae seicoleg datblygiad yn ymwneud â'r ffordd y bydd pobl yn newid wrth iddyn nhw heneiddio, a hefyd ag ymddygiad ar wahanol gyfnodau yn eu bywyd. Mae'r ddwy astudiaeth graidd ddatblygiadol nesaf yn astudio ymddygiad yn nau ben y sbectrwm – yn gyntaf, ffordd o wneud yr henoed yn fwy iach ac yna datblygiad canfyddiad mewn babanod.

GWAITH I CHI

Rhif 5.27

Gallech chi asesu'ch teimlad eich hun o reolaeth drwy ddefnyddio graddfa a ddatblygwyd gan Julian Rotter, *Rotter's Locus of Control Scale* (Rotter, 1966). Bydd y raddfa'n dangos a ydych chi'n fwy o dan reolaeth eich dewis eich hun (yn fath 'mewnol') neu ddylanwadau allanol (math 'allanol'). Mae fersiynau ohoni ar-lein; ewch, er enghraifft, i www.ucalgary.ca/~lapoffen/tasha/rotter.htm.

Gallwch chi gydberthnasu eich sgôr â rhyw fesur o salwch corfforol am fod cyd-destun yr astudiaeth graidd hon yn awgrymu bod pobl sydd â llai o deimlad o reolaeth yn debycach o fynd yn sâl.

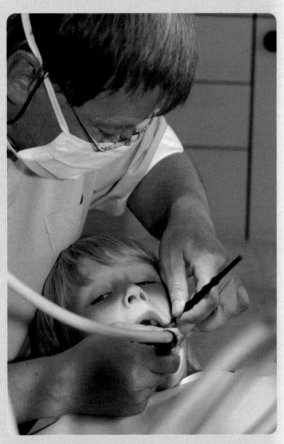

▲ Mae modd cymhwyso'r ddealltwriaeth hon o rôl rheoli at sefyllfaoedd, fel yn y ddeintyddfa, lle caiff unigolion driniaethau poenus. Bydd rhai deintyddion yn cynnig cyfle i chi roi arwydd (fel codi'ch llaw neu bwyso botwm) pan fydd y boen yn ormod. Mae cleifion mewn sefyllfaoedd o'r fath fel petaen nhw'n gallu dioddef mwy o boen (Brown, 1986).

BETH YW 'RHEOLAETH'?

Mae 'rheolaeth' yn cyfeirio at y graddau y mae unigolyn yn teimlo y gall gyfarwyddo neu reoli ei (h)ymddygiad. Gall unigolyn deimlo'i fod/ei bod o dan reolaeth grymoedd eraill (prosesau mewnol y corff neu asiantau allanol) neu fod ganddo/ganddi reolaeth, h.y. yn hunangyfarwyddo ac yn gyfrifol. Gall rheolaeth ganfyddedig fod yn bwysicach na rheolaeth go-iawn.

Y CYD-DESTUN A'R NODAU

Mae'n bosibl nad bioleg sy'n penderfynu rhai o'r newidiadau corfforol sy'n digwydd wrth i bobl heneiddio ond bod pobl, yn hytrach, yn colli'r teimlad bod ganddyn nhw reolaeth bersonol. Wrth i berson heneiddio, bydd yn gweld colli rolau. Bydd hynny'n arwain at golli cymhwysedd canfyddedig a bod ganddo/ganddi lai o deimlad o gyfrifoldeb. Gall person sy'n teimlo bod ganddo/ganddi fwy o bwrpas mewn bywyd elwa am ei fod/ei bod yn llai tebyg o farw.

Disgrifiodd Adler (1930) yr angen i reoli'ch amgylchedd personol fel *'angenrheidrwydd cynhenid bywyd ei hun'*. Nododd deCharms (1968): *'Prif dueddfryd cymhelliant dyn yw esgor yn effeithiol ar newidiadau yn ei amgylchedd. Bydd dyn yn ymdrechu i fod yn asiant achosol, i fod yn brif locws achosiaeth, neu'n darddiad ei ymddygiad ei hun; bydd yn ymdrechu i achosi'n bersonol.'*

Mae sawl astudiaeth labordy wedi dangos bod cynyddu'r teimlad o reolaeth yn lleddfu straen a phoen. Gwelodd Langer ac eraill (1975), er enghraifft, fod y cleifion mewn ysbytai a deimlai fod ganddyn nhw fwy o reolaeth yn gofyn am lai o gyffuriau lleddfu poen ac, ym marn y nyrsys, yn amlygu llai o orbryder. Mewn astudiaeth arall, dangosodd Stotland a Blumenthal (1964) fod myfyrwyr a gafodd ddewis ym mha drefn y bydden nhw'n cymryd cyfres o brofion ar eu gallu yn llai gorbryderus (mesurwyd hynny gan chwys, sy'n arwydd o weithgarwch y **gyfundrefn nerfol awtonomig**) na'r rhai a gafodd y profion mewn trefn a bennwyd ymlaen llaw.

Cysylltodd Martin Seligman (1975) ddiffyg rheolaeth ag iselder ysbryd. Disgrifiodd syndrom o **ddiymadferthedd a ddysgwyd**, sef un sy'n datblygu pan fydd unigolyn yn cyson deimlo'n analluog i reoli'r digwyddiadau yn ei fywyd/ei bywyd. Bydd hynny'n esgor ar deimladau parhaus o ddiymadferthedd ac, yn y pen draw, at iselder ysbryd.

Darlunnir effeithiau diymadferthedd yn fyw gan ddisgrifiad Bettleheim (1943) o'r *Muselmänner*, y lled-feirwon yn y gwersylloedd crynhoi (*concentration camps*). Nododd fod llawer o'r carcharorion hynny: *'... wedi mynd i gredu'r hyn yr oedd y gwarchodwyr wedi'i ddweud wrthyn nhw dro ar ôl tro, sef nad oedd dim gobaith iddyn nhw ac na fydden nhw byth yn gadael y gwersyll yn fyw ... dibynnai [eu goroesiad] ar y gallu i drefnu diogelu rhyw feysydd o weithredu annibynnol iddyn nhw eu hunain, i gadw rheolaeth dros rai agweddau pwysig ar eu bywydau er bod yr amgylchedd fel petai'n eu llethu'n gyfan gwbl.'*

Cyflwynodd Ferrare (1962) dipyn o ddata ysgytwol ar ôl iddo arsylwi cleifion geriatrig. Holodd amryw o unigolion a chael hyd i 17 a ddywedodd nad oedd ganddyn nhw ddim dewis ond symud i gartref penodol i'r henoed. O'r rheiny, roedd wyth wedi marw cyn pen pedair wythnos ar ôl symud yno i fyw ac wyth arall wedi marw cyn pen 10 wythnos. Y farn oedd bod pob un o'r marwolaethau hynny'n annisgwyl.

Nodau

Nod Langer a Rodin oedd ymchwilio i effeithiau cynyddu cyfrifoldeb a dewis personol grŵp o gleifion mewn cartref nyrsio. Roedd arnyn nhw eisiau gweld yn benodol a yw cynyddu rheolaeth yn esgor ar effeithiau llesol yn gyffredinol ac a yw hynny'n effeithio ar fywiogrwydd y corff a'r meddwl, ar weithgarwch cymdeithasol ac ar fodlonrwydd cyffredinol.

Roedden nhw hefyd yn awyddus i weld a gâi'r profiad uniongyrchol o gyfrifoldeb personol ei gymhwyso'n gyffredinol fel bod modd i'r cyfranwyr a oedd â mwy o reolaeth mewn sefyllfaoedd penodol gymhwyso hynny at agweddau eraill ar eu bywydau.

www **Yr erthygl wreiddiol**
Cyfeiriad llawn yr erthygl wreiddiol yw: Langer, E J. a Rodin, J. (1976). The effects of choice and enhanced personal responsibility for the aged. A field experiment in an institutional setting. *Journal of Personality and Social Psychology*, *34*, 191–198. Gallwch chi gael copi o'r erthygl drwy'ch llyfrgell leol.

Gallwch chi ddarllen yr astudiaeth ddilynol (Rodin a Langer, 1977) yn: capital2.capital.edu/faculty/jfournie/documents/Rodin_Judith.pdf.

Adnoddau eraill
Yn fwy diweddar, mae Ellen Langer wedi ymchwilio i fywiogrwydd y meddwl (*mindfulness*). Darllenwch am hynny yn: www.teachersmind.com/pdfdirectory/Mindful.PDF.

Gwrandewch ar Ellen Langer yn sôn am yr astudiaeth graidd hon, ac am fywiogrwydd y meddwl, ar raglen *Mindchangers* y BBC – cewch gopi ohoni yn www.psychblog.co.uk (chwiliwch am 'Mind Changes').

TREFNIADAU

Cynhaliwyd yr astudiaeth mewn cartref nyrsio yn Connecticut, UDA. Honnwyd bod hwnnw'n un o'r goreuon. Câi'r preswylwyr yno gynnig cyfleusterau meddygol ac adloniannol a oedd yn fodern, yn llawen, yn lân ac yn gyffyrddus.

Y Cyfranwyr

Dewiswyd dau o bedwar llawr y cartref ar gyfer yr astudiaeth hon am fod iechyd corfforol a seicolegol y preswylwyr y naill lawr a'r llall yn debyg: roedden nhw wedi bod yn y cartref am gyfnodau tebyg ac yn dod o gefndir **cymdeithasol-economaidd** tebyg (ar sail eu haddysg, eu galwedigaeth a'u hincwm). Doedd fawr o gyfathrebu rhwng y lloriau.

Neilltuwyd y naill lawr, ar hap, i fod yn **grŵp arbrofol** (y grŵp â chyfrifoldeb, RIG) a'r llall yn **grŵp rheolydd** (grŵp cymharu, CG). Ar y dde fe welwch chi fanylion y naill grŵp a'r llall.

Yn yr RIG, roedd 8 o wrywod a 39 o fenywod. Yn y CG, roedd 9 o wrywod a 35 o fenywod. Cafodd rhai o breswylwyr y ddau lawr eu hepgor o'r ymchwil am eu bod o oedran gwahanol, yn gaeth i'w gwelyau neu ddim yn siarad.

Briffio

I gyflwyno triniaeth yr arbrawf, aeth gweinyddwr allblyg 33 oed y cartref nyrsio ati i alw cyfarfod yn lolfa'r naill lawr a'r llall a gwneud cyhoeddiad i'r naill set a'r llall o breswylwyr yn unigol. Eglurodd mai diben y cyfarfod oedd sôn am rai o'r pethau a oedd ar gael iddyn nhw.

Dywedodd wrth yr RIG: *'Dydy llawer ohonoch chi ddim yn sylweddoli cymaint o ddylanwad sydd gennych chi dros eich bywydau chi yma. Meddyliwch am ychydig am y penderfyniadau y gallwch chi, ac y dylech chi, fod yn eu gwneud. Chi, er enghraifft, sy'n gyfrifol am ofalu amdanoch chi'ch hun, am benderfynu … sut yr hoffech chi i'ch ystafelloedd gael eu trefnu … Chi ddylai fod yn penderfynu sut yr hoffech chi dreulio'ch amser … Roedd arna i eisiau manteisio ar y cyfle i roi anrheg i chi … dyma blanhigyn i chi ei gadw a gofalu amdano sut bynnag yr hoffech chi.'*

Dywedodd wrth y CG: *'Dydy llawer ohonoch chi ddim yn sylweddoli cymaint y cewch chi ei wneud yma. Cymerwch funud i feddwl am yr holl ddewisiadau rydyn ni wedi'u cynnig i chi er mwyn i'ch bywyd fod yn llawnach ac yn fwy diddorol. Er enghraifft, … fe hoffen ni i'ch ystafelloedd fod mor braf ag y gallan nhw fod, ac rydyn ni wedi ceisio'u gwneud nhw felly i chi … Rydyn ni'n teimlo mai'n cyfrifoldeb ni yw gwneud hwn yn gartref y gallwch chi fod yn falch ohono a bod yn hapus ynddo. … Roedd arna i eisiau manteisio ar y cyfle i roi anrheg i chi … dyma blanhigion i chi eu cadw. Bydd y nyrsys yn rhoi dŵr iddyn nhw ac yn gofalu amdanyn nhw drosoch chi.'*

Dridiau'n ddiweddarach, ymwelodd y gweinyddwr â'r holl gyfranwyr ac ailadrodd y neges.

- RIG: *'Cofiwch beth ddywedais i ddydd Iau diwethaf. Mae arnon ni eisiau i chi fod yn hapus. Hoffen ni i chi drin hwn fel eich cartref a gwneud yr holl benderfyniadau y byddech chi'n arfer eu gwneud. Sut mae'r planhigyn yn dod yn ei flaen?'*
- CG: *'Cofiwch beth ddywedais i ddydd Iau diwethaf. Mae arnon ni eisiau i chi fod yn hapus. Sut mae'r planhigyn yn dod yn ei flaen?'*

Roedd dau grŵp o gyfranwyr yn yr astudiaeth hon.

- **RIG**
  - Rhoddwyd pwyslais ar gael y preswylwyr i fod yn gyfrifol amdanyn nhw eu hunain.
  - Fe'u holwyd nhw am eu barn ynghylch sut y câi cwynion eu trin.
  - Cawson nhw ddewis eu planhigyn eu hunain i ofalu amdano.
  - Cawson nhw ddewis pa noson fyddai'r 'noson ffilmiau'.
- **CG**
  - Rhoddwyd pwyslais ar ddweud mai'r staff oedd yn gyfrifol am y preswylwyr.
  - Dywedwyd wrthyn nhw mai'r staff fyddai'n trin pob cwyn.
  - Cawson nhw blanhigyn y byddai rhywun arall yn gofalu amdano.
  - Dywedwyd wrthyn nhw pa noson fyddai'r 'noson ffilmiau'.

Yr Holiaduron

Defnyddiwyd dau holiadur a gawsai eu cynllunio i asesu effaith rhoi cyfrifoldeb. Gofynnwyd i'r preswylwyr lenwi'r naill holiadur a'r llall wythnos cyn y briffio (ar ddechrau'r astudiaeth ac i sefydlu gwaelodlin) ac yna dair wythnos ar ôl y briffio (i asesu effeithiau'r cynnydd yn y teimlad bod ganddyn nhw reolaeth bersonol).

- Cynorthwyydd ymchwil a weinyddodd yr holiadur cyntaf. Wyddai'r cynorthwyydd ddim byd am **ragdybiaeth** yr arbrawf. Asesai'r holiadur faint o reolaeth y teimlai'r preswylwyr fod ganddyn nhw dros ddigwyddiadau cyffredinol yn eu bywydau, a pha mor hapus a gweithgar y teimlen nhw. Cynhwysai'r holiadur raddfa wyth-pwynt a amrywiai o 0 (dim) i 8 (cyfanswm). Ar ôl pob cyfweliad, nododd y cynorthwyydd ymchwil pa mor fywiog oedd y preswylwyr (0-8).
- Llenwyd holiadur arall gan y ddwy nyrs a weithiai ar y ddau lawr (un oedd y nyrs ddydd a'r llall oedd y nyrs nos). Wyddai'r nyrsys ddim am **ragdybiaeth** yr arbrawf. Barnwyd pa mor hapus, bywiog, dibynnol, cymdeithasol a gweithgar oedd pob preswylydd. Nodwyd eu harferion bwyta a chysgu, a faint o amser roedden nhw wedi'i dreulio ar amrywiol weithgareddau fel darllen, gwylio'r teledu, ymweld â chleifion eraill, gwylio'r staff, siarad â'r staff ac eistedd ar eu pennau eu hunain yn gwneud dim byd, ymhlith pethau eraill.

Mesuriadau o ymddygiad

Aseswyd y preswylwyr hefyd ar sail mesuriadau o'u hymddygiad, fel mynd i noson ffilmiau, cymryd rhan mewn cystadlaethau (fel dyfalu nifer y melysion mewn jar) a defnyddio cadeiriau olwyn.

Langer a Rodin (1976) Effeithiau dewis a chyfrifoldeb personol ehangach ar gyfer yr oedrannus

▼ Tabl 1 Sgorau cymedrig ar gyfer hunanadroddiad, barn y rhai oedd yn cyfweld a barn y nyrsys am y grŵp arbrofol a'r grŵp cymharu.

Yr ymatebion i'r holiaduron	Y grŵp â chyfrifoldeb (RIG)			Y grŵp cymharu (CG)			Tebygolrwydd (p<)
	Cyn	Ar ôl	Gwah.	Cyn	Ar ôl	Gwah.	
Hunanadrodd							
Hapus	5.16	5.44	.28	4.90	4.78	−.12	.05
Gweithgar	4.07	4.27	.20	3.90	2.62	−1.28	.01
Rheolaeth ganfyddedig							
Oes	3.26	3.42	.16	3.62	4.03	.41	
Hoffai gael	3.85	3.80	−.05	4.40	4.57	.17	
Barn y cyfwelwyr							
Bywiogrwydd	5.02	5.31	.29	5.75	5.38	−.37	.025
Barn y nyrsys							
Gwelliant cyffredinol	41.67	45.64	3.97	42.69	40.32	−2.39	.005
Amser a dreuliwyd yn ymweld â chleifion	13.03	19.81	6.78	7.94	4.65	−3.30	.005
Ymweld ag eraill	11.50	13.75	2.14	12.38	8.21	−4.16	.05
Siarad â'r staff	8.21	16.43	8.21	9.11	10.71	1.61	.01
Gwylio'r staff	6.78	4.64	−2.14	6.96	11.60	4.64	.05

GWAITH I CHI
Rhif 5.28

Gallech chi ddefnyddio siartiau bar neu siartiau cylch, neu unrhyw gyfrwng gweledol, i gynrychioli'r data uchod mewn graff. Rhowch gynnig ar ddefnyddio amrywiaeth o ddulliau gwahanol i gyfleu agweddau gwahanol ar y data.

GWAITH I CHI
Rhif 5.29

Bwydwch eich cyfaill Mewn parau, trefnwch i gyfaill fwydo'ch cinio/byrbryd i chi. Chewch chi ddim ei helpu o gwbl ar wahân i agor eich ceg, cnoi a llyncu. Sut mae'r gweithgaredd hwnnw yn gwneud i chi deimlo o ran rheolaeth?

DARGANFYDDIADAU

Yr Holiaduron

Defnyddiwyd dau holiadur yn yr arbrawf hwn i asesu teimladau ac ymddygiad y preswylwyr.

Yn gyntaf, dangosodd yr asesiad o'r preswylwyr cyn y prawf fod y ddau grŵp yn debyg iawn cyn i'r astudiaeth gychwyn. Doedd dim un o'r gwahaniaethau'n arwyddocaol. Roedd hwnnw'n fesur gwaelodlin pwysig.

Yn ail, cafodd sgorau'r ddau grŵp eu cymharu cyn ac ar ôl y prawf, fel y dangosir yn Nhabl 1. Nodwyd y gwahaniaethau allweddol hyn:

Hunanadrodd

- Yn ôl y canlyniadau, roedd hapusrwydd y preswylwyr yn yr RIG wedi cynyddu cryn dipyn yn fwy ar ôl y driniaeth arbrofol na hapusrwydd y preswylwyr yn y CG (lefel yr arwyddocâd oedd $p<0.05$, sef nad oedd ond 5% o siawns y gallai'r canlyniad hwnnw fod wedi digwydd ar hap).
- Dywedodd 48% o'r preswylwyr yn yr RIG eu bod yn teimlo'n hapusach, o'i gymharu â dim ond 25% o'r preswylwyr yn y CG.
- Dywedodd y preswylwyr yn yr RIG eu bod gryn dipyn yn fwy gweithgar ar ôl y driniaeth arbrofol nag a wnaeth y preswylwyr yn y CG ($p<0.01$).

Barn y cyfwelwyr

- Barnwyd bod lefelau bywiogrwydd y preswylwyr yn yr RIG wedi gweld mwy o gynnydd na rhai'r preswylwyr yn y CG ($p<0.025$).

Rheolaeth ganfyddedig

- Doedd y cwestiynau ynghylch rheolaeth ganfyddedig ddim yn dangos unrhyw gynnydd arwyddocaol yn achos yr RIG.
- Ond dywedodd 20% nad oedden nhw'n deall ystyr 'rheolaeth' ac fe allai'r atebion hyn, felly, beidio â bod yn ystyrlon iawn.

Barn y nyrsys

- Cydberthyniad barn y ddwy nyrs o'r un claf oedd .61 (yn achos yr RIG) a .68 (y CG) (ill dau'n arwyddocaol yn $p<0.005$).
- Dangosodd yr RIG gynnydd yn y gyfran o'r amser a dreuliwyd yn ymweld â chleifion eraill, yn ymweld â phobl o'r tu allan i'r cartref, ac yn siarad â'r staff. Fe dreulion nhw lai o amser ar weithgareddau 'goddefol' fel gwylio'r staff, darllen a gwylio'r teledu.
- Pan ddadansoddwyd barn y nyrsys am bob claf (drwy dynnu cyfanswm y sgôr cyn-y-prawf o gyfanswm y sgôr ar-ôl-y-prawf), cafwyd mai cyfanswm y newid cadarnhaol oedd 3.97 ar gyfartaledd yn achos yr RIG o'i gymharu â chyfanswm sgôr negyddol, ar gyfartaledd, o −2.39 yn achos y CG. Mae'r gwahaniaeth rhwng y sgorau cymedrig hynny'n hynod o arwyddocaol ($p<0.005$).
- Yr unig fesur lle gwelwyd mwy o gynnydd yn y CG na'r RIG oedd gwylio'r staff – gweithgaredd goddefol.
- Roedd 93% o'r preswylwyr yn yr RIG wedi gwella (h.y. pob un ond un o'r preswylwyr) o'i gymharu â 21% yn unig o'r CG (chwe phreswylydd).

Mesurau ymddygiadol

Fel y gwnaeth yr holiaduron, dangosodd y mesuriadau ymddygiadol yr un patrwm o wahaniaethau rhwng yr RIG a'r CG:

- Roedd nifer y rhai o'r RIG a fu'n bresennol yn y nosweithiau ffilmiau gryn dipyn yn uwch ($p<0.05$). Dangosodd gwiriad o'u presenoldeb fis cyn y briffio ddim gwahaniaeth rhwng lefel presenoldeb preswylwyr y ddau lawr.
- Yn y gystadleuaeth i ddyfalu nifer y losin jeli, cymerodd 10 o breswylwyr o'r RIG ran ynddi a dim ond 1 preswylydd o'r CG – gwahaniaeth arwyddocaol ($p<0.01$).

Fe allwch chi lunio crynodeb o'r astudiaeth hon fel y gwnaethoch o'r blaen. Dylai'r crynodeb gynnwys manylion byr am gyd-destun a nodau, trefniadau, darganfyddiadau a chasgliadau'r astudiaeth hon – a'r cyfan mewn rhyw 200 o eiriau. Gallech chi hefyd lunio canllaw cam-wrth-gam i'r trefniadau.

CASGLIADAU

Mae'n amlwg bod y darganfyddiadau'n ategu'r farn bod *'annog pobl a all fod wedi ildio eu gallu i benderfynu bron yn llwyr, o ddewis neu reidrwydd, i deimlo bod ganddyn nhw fwy o gyfrifoldeb personol yn arwain at welliant'*.

Er i'r preswylwyr yn y grŵp CG gael gwybod bod aelodau'r staff yno i'w gwneud nhw'n hapus, ac i'r preswylwyr gael eu trin mewn ffordd a oedd yn llawn cydymdeimlad, barnwyd bod cyflwr 71% o'r CG wedi dirywio yn ystod cyfnod byr yr astudiaeth, sef tair wythnos.

Dydy hi ddim yn amlwg o'r astudiaeth a oedd y gwelliannau ymddygiadol a welwyd (e.e. nifer y rhai a aeth i'r noson ffilmiau) yn deillio'n uniongyrchol o'r cynnydd yn eu canfyddiad o'r cyfle i ddewis a phenderfynu, neu a oedden nhw'n ganlyniad anuniongyrchol. Fe allai mai'r cynnydd yn eu teimlad bod ganddyn nhw reolaeth a gynyddodd eu hapusrwydd ac mai hynny, yn ei dro, a achosodd y gwelliannau ymddygiadol.

Un peth sy'n werth ei nodi yw i'r gwelliannau yn y mesuriadau ymddygiadol fod yn eithaf bach, ond yn arwyddocaol. Gellid sicrhau gwelliannau mwy drwy addasu'r driniaeth yn ôl yr unigolyn, a rhoi'r driniaeth sawl tro.

Yn sicr, mae darganfyddiadau'r astudiaeth yn awgrymu y gellir ac y dylid datblygu mecanweithiau i gynyddu teimlad pobl mewn cartrefi gofal fod ganddyn nhw gyfrifoldeb personol. Gallai triniaethau o'r fath arafu neu hyd yn oed wrthdroi canlyniadau negyddol – ac ymddangosiadol anochel – heneiddio.

1... Egluro'r hyn a olygir gan 'reolaeth'.

2... Enwi **dwy** astudiaeth a wnaed cyn un Langer a Rodin, ac egluro'r casgliadau y gellir eu tynnu o'r naill a'r llall.

3... Amlinellu nodau'r astudiaeth hon yn fyr.

4... Llunio **rhagdybiaeth** arbrofol addas ar gyfer yr astudiaeth hon. (Rhagdybiaeth yw datganiad o'r hyn y mae'r ymchwilydd yn credu ei fod yn wir. Dylai nodi'r **newidynnau annibynnol a dibynnol**.)

5... Pam yr oedd hi'n bwysig i'r cyfwelydd beidio â gwybod pa grŵp yr oedd pob preswylydd unigol yn perthyn iddo.

6... Pam yr oedd hi'n bwysig i'r nyrsys beidio â gwybod rhagdybiaeth yr arbrawf? Sut y gallai'r wybodaeth honno fod wedi gogwyddo barn y nyrsys?

7... Faint o gyfranwyr oedd yn yr astudiaeth?

8... Disgrifio **tair** o nodweddion allweddol y cyfranwyr.

9... Enwi **chwe** agwedd allweddol ar y trefniadau.

10... Enwi **chwech** o ddarganfyddiadau'r astudiaeth hon.

11... Enwi casgliad y gellid ei dynnu o bob darganfyddiad. Ceisiwch wneud pob casgliad yn wahanol.

12... Pa dystiolaeth sy'n peri i chi ddod i'r casgliad bod yr astudiaeth hon yn ategu rhagdybiaeth yr arbrawf?

CWESTIYNAU ARHOLIAD

ADRAN A

Rhowch grynodeb o amcanion a chyd-destun ymchwil Langer a Rodin (1976), 'Effeithiau dewis a chyfrifoldeb personol ehangach ar gyfer yr oedrannus'. [12]

Amlinellwch ddulliau gweithredu ymchwil Langer a Rodin (1976), 'Effeithiau dewis a chyfrifoldeb personol ehangach ar gyfer yr oedrannus'. [12]

Disgrifiwch ganlyniadau a chasgliadau ymchwil Langer a Rodin (1976), 'Effeithiau dewis a chyfrifoldeb personol ehangach ar gyfer yr oedrannus'. [12]

Nodiadau Yn Adran A arholiad Uned 2, gellid gofyn unrhyw un o'r cwestiynau uchod i chi. Bydd pob cwestiwn yn werth 12 marc. I gael y 12 marc i gyd am bob cwestiwn, dylai'ch ateb ddilyn y canllawiau ar dudalen 101.

DYMA'R YMCHWILWYR

Mae **Ellen Langer** wedi parhau i wneud ymchwil sy'n gysylltiedig â phwnc yr astudiaeth hon ac wedi ehangu ei diddordebau i astudio rhith-reoli (*illusion of control*), heneiddio, penderfynu, a theori bywiogrwydd y meddwl. Yn y 1970au hwyr, hi oedd y ferch gyntaf erioed i gael swydd barhaol fel darlithydd mewn seicoleg ym Mhrifysgol Harvard, ac mae hi'n dal i fod yn Athro Seicoleg yno. Gallwch chi ddarllen am ei hymchwil a gweld ei harlunwaith yn www.ellenlanger.com. Pan holwyd hi am ei hatgofion o'r astudiaeth, meddai:

'Ar y cychwyn, doedden ni ddim yn siŵr a ddylen ni gyhoeddi'r darganfyddiadau. Roedden ni'n ffyddiog ein bod ni wedi gwneud popeth yn iawn, ond gan nad oedd dim byd tebyg iddo yn y llenyddiaeth, roedden ni'n poeni braidd am fod y darganfyddiadau mor eithafol. Roedd cynyddu hirhoedledd yn eithaf gwahanol i sgorau ar raddfa, sef y norm yn y maes ar y pryd.'

Trosiad o neges bersonol

Aeth **Judith Rodin** ymlaen i dreulio 22 o flynyddoedd yn helpu i arloesi ym meysydd meddygaeth ymddygiadol a seicoleg iechyd fel aelod o gyfadran ym Mhrifysgol Yale. Yna, fe'i penodwyd hi'n brofost Yale, yn llywydd Prifysgol Pennsylvania – y wraig gyntaf i arwain sefydliad 'Ivy League' – ac yna'n llywydd Sefydliad Rockerfeller. Cydnabyddir Dr Rodin gan lawer am ei hymchwil arloesol i ordewdra, anhwylderau bwyta, heneiddio ac iechyd merched. Enillodd y gwaith hwnnw Wobr Cymdeithas Seicolegol America am Yrfa Gynnar Nodedig yn 1977 a'i Gwobr am Gyfraniad Oes Nodedig yn 2005.

▲ Ellen Langer (1947–) (llun uchaf) a Judith Rodin (1944–).

Langer a Rodin (1976) Effeithiau dewis a chyfrifoldeb personol ehangach ar gyfer yr oedrannus

Ar y ddau dudalen hyn byddwn ni'n gwerthuso'r astudiaeth graidd drwy astudio'r materion sy'n gysylltiedig â'i methodoleg hi a chymharu'r astudiaeth â thystiolaeth arall. Pan ddaw'n fater o werthuso, cewch chi benderfynu drosoch chi'ch hun. Rydyn ni wedi cyflwyno peth tystiolaeth a rhai datganiadau ac yn eich gwahodd i'w defnyddio i ffurfio'ch barn eich hun am yr astudiaeth graidd.

GWERTHUSO'R FETHODOLEG

Mae eglurhad o'r cysyniadau hyn ym Mhennod 6 (Dulliau Ymchwil Cymhwysol).

Dull

Galwodd Langer a Rodin eu hymchwil yn **arbrawf maes**. *Pa fantais y mae hynny'n ei chynnig? Pa anfantais sydd i hynny?*

Cafodd un llawr ei neilltuo ar hap i fod yn RIG a'r llawr arall yn CG. *Pam yr oedd angen eu neilltuo ar hap fel yna?*

Dibynadwyedd

Y cydberthyniad rhwng barn y ddwy nyrs am yr un claf oedd .61 (yn achos yr RIG) a .68 (y CG) (ill dau'n arwyddocaol ar $p<0.005$. *Ym mha ffordd y mae hynny'n dangos bod darganfyddiadau'r astudiaeth yn* **ddibynadwy**?

Dilysrwydd

I sicrhau dilysrwydd yr arsylwadau, gofynnwyd i ddwy nyrs ddarparu'r farn honno. *Sut y sicrhaodd Langer a Rodin fod y farn honno'n ddiduedd ac felly'n ddilys?*

Roedd y cartref nyrsio yn Connecticut, UDA, yn cynnig cyfleusterau meddygol ac adloniannol i'w drigolion ac roedd yn fodern, yn hapus, yn lân ac yn gyffyrddus. *Pam y gallai hynny godi problemau o ran* **dilysrwydd**?

Samplu

Roedd yr RIG yn cynnwys 8 o wrywod a 39 o fenywod; roedd y CG yn cynnwys 9 o wrywod a 35 o fenywod. Roedd y ddau grŵp yn debyg o ran eu hiechyd corfforol a seicolegol, hyd eu harhosiad yn y cartref, a'u cefndir **cymdeithasol-economaidd**. *Pam yr oedd hi'n bwysig bod â dau grŵp tebyg?*

Materion moesegol

Chafodd Langer a Rodin ddim **cydsyniad gwybodus** (*informed consent*) llawn y cyfranwyr i'w hymchwil. *Ydy hynny'n* **fater moesegol** *pwysig? Eglurwch eich ateb.*

Yn ddiweddarach, cafwyd bod y preswylwyr yn y CG ddwywaith mor debyg o farw â'r rhai yn yr RIG. *Ydy hi'n foesegol gosod rhai cyfranwyr mewn* **grŵp rheolydd** *lle penderfynwyd peidio â rhoi triniaeth fuddiol iddyn nhw? Eglurwch eich ateb.*

Dangosodd yr astudiaeth welliannau arwyddocaol, ond bach, yn y preswylwyr a deimlodd fod ganddyn nhw fwy o reolaeth. *Ydy ymchwil Langer a Rodin mor bwysig nes iddo negyddu'r cwestiynau moesegol y gwnaeth eu codi?*

GWAITH I CHI — Rhif 5.31

Gallech chi gynnal dadl yn y dosbarth ynghylch moeseg yr astudiaeth hon. Ar hap, neilltuwch rai o aelodau'r dosbarth i ddadlau o blaid derbynioldeb moesegol (*ethical acceptability*) yr astudiaeth, a grŵp arall i ddadlau yn ei erbyn. Dewis arall fyddai i fyfyrwyr lunio cynnig ymchwil ar gyfer yr astudiaeth hon ac i **bwyllgor moesegol** o fyfyrwyr ei ystyried.

TYSTIOLAETH ARALL

Astudiaeth ddilynol

Ailwerthusodd Rodin a Langer (1977) y preswylwyr yn yr astudiaeth graidd hon 18 mis yn ddiweddarach. Unwaith eto, defnyddiwyd barn y nyrsys i asesu gwahaniaethau, ynghyd â mesuriadau iechyd. Awgrymodd y naill a'r llall fod y driniaeth a/neu'r prosesau arbrofol a roddwyd ar waith wedi dal i fod yn llesol. O'r cyfraddau marwolaethau y cafwyd y data mwyaf trawiadol. Yn ystod y 18 mis cyn yr astudiaeth, cyfartaledd y gyfradd marwolaethau oedd 25%. Yn y 18 mis wedyn, bu farw 15% o'r preswylwyr yn yr RIG o'i gymharu â 30% o'r rhai yn y CG. *Beth rydych chi'n ei gasglu o'r dystiolaeth honno?*

Astudiaethau cyffredinol o effeithiau rheolaeth ganfyddedig

Defnyddiodd Suls a Mullen (1981) y Raddfa Barnu Ailymaddasu Cymdeithasol (yr SRRS) i asesu newidiadau mewn bywyd a nodi pa rai y gellid ac na ellid eu rheoli. Gwelwyd mai'r newidiadau na ellid eu rheoli oedd yn gysylltiedig â salwch diweddarach, nid y rhai y gellid eu rheoli. *Sut mae'r dystiolaeth hon yn ategu, yn datblygu neu'n gwrth-ddweud darganfyddiadau Langer a Rodin?*

Defnyddiodd Cohen ac eraill (1993) y dechneg *herio-firysau* i astudio effeithiau straen ar fwy na 400 o wirfoddolwyr. Rhannwyd yr unigolion yn **grŵp arbrofol** (a gafodd ddiferion ac ynddyn nhw firws yr annwyd cyffredin) a **grŵp rheolydd** (a gafodd ddiferion diberygl). Llenwodd pob un o'r cyfranwyr holiadur i asesu ei lefel o straen canfyddedig. Gwelodd Cohen ac eraill fod **cydberthyniad cadarnhaol** rhwng y lefelau o straen a'r tebygolrwydd o ddal annwyd. Gwelwyd, yn arbennig, fod y cyfranwyr a deimlai nad oedd modd rhagweld na rheoli eu bywydau ddwywaith mor debyg o ddatblygu anwydau â'r rhai â lefel isel o straen. *Sut mae'r dystiolaeth hon yn ategu, yn datblygu neu'n gwrth-ddweud darganfyddiadau Langer a Rodin?*

GWAITH I CHI — Rhif 5.32

Gwnewch arolwg cyflym o ble mae perthnasau hen yn byw – ar eu pennau eu hunain yn eu cartref eu hunain, gyda pherthnasau eraill, mewn cartref nyrsio, mewn llety cysgodol, ac ati. Yna meddyliwch am yr effaith y gallai'r gwahanol drefniadau byw hynny ei chael ar eu hymdeimlad o reolaeth.

Neu trefnwch ymweld â chartref nyrsio lleol. Pa fath o gyfleusterau sydd gan y preswylwyr? Ydych chi'n meddwl y byddech chi'n hapus yn y math hwnnw o amgylchedd? (Bydd angen i chi feddwl yn ofalus am y materion moesegol.)

Arbrofion maes

Ar hap, fe neilltuodd Schulz (1976) hen bobl a oedd yn byw mewn sefydliadau i un o bedwar cyflwr. Gallai'r cyfranwyr yn y grŵp cyntaf benderfynu amlder a hyd ymweliadau gan fyfyrwyr coleg. Cafodd y rhai yng ngrŵp 2 wybod y caen nhw ymweliad a pha mor hir y byddai'r ymwelydd yn aros, ond doedd ganddyn nhw ddim rheolaeth dros y manylion hynny. Yn ôl amserlen ar hap yr ymwelwyd â chyfranwyr grŵp 3. Chafodd y rhai yng ngrŵp 4 ddim ymwelwyr: y nhw oedd y grŵp rheolydd. Darganfu Schulz fod lles yr henoed yn gwella pan allen nhw ragfynegi (grŵp 2) a rheoli (grŵp 1) yr ymweliadau. *Sut mae'r dystiolaeth hon yn ategu, yn datblygu neu'n gwrth-ddweud darganfyddiadau Langer a Rodin?*

Cynigiodd Savell (1991) wahanol gyfleoedd i ddewis i 43 o oedolion hŷn mewn sefydliadau. Welodd mo'r astudiaeth honno ddim gwahaniaeth o bwys o ran eu lles corfforol, eu lles goddrychol na'u bodlonrwydd wrth hamddena rhwng y grwpiau a gafodd ddewis a'r grwpiau na chawson nhw ddim dewis. Un eglurhad posibl o'r darganfyddiadau gwrthgyferbyniol hynny yw na wnaeth y dewis o weithgareddau ddim cynyddu rhyw lawer ar deimlad yr unigolion bod ganddyn nhw reolaeth bersonol. *Sut mae'r dystiolaeth hon yn ategu, yn datblygu neu'n gwrth-ddweud darganfyddiadau Langer a Rodin?*

Arbrofion naturiol

Yn hytrach na manipwleiddio rheolaeth yn uniongyrchol, mae rhai astudiaethau wedi astudio'r henoed dros amser i weld a oedd y rhai a oedd yn teimlo bod ganddyn nhw fwy o reolaeth yn debycach o ddal i fod yn iach. Defnyddiodd Kunzmann ac eraill (2000), er enghraifft, ddata o *Astudiaeth Heneiddio Berlin* (ystod oedran: 70-103 oed). Ar y cyfan, gwelwyd bod perthynas gadarnhaol rhwng rheolaeth ganfyddedig a lles emosiynol.

Defnyddiodd Wurm ac eraill (2007) ddata hydredol o *Arolwg Heneiddio yr Almaen* (dros 1000 o gyfranwyr, 40-85 oed ar y cychwyn). Aseswyd y cyfranwyr ar ddechrau'r astudiaeth ac eto ymhen chwe blynedd. Yn ôl y disgwyl, gwelwyd bod cydberthyniad negyddol rhwng eu teimlad o reolaeth ganfyddedig a salwch corfforol. Ond fe welson nhw hefyd ffactor pwysig arall, sef y câi unigolion ag agweddau negyddol at heneiddio fwy o salwch corfforol. Awgrym Wurm ac eraill yw bod amrywiaeth o ffactorau gwybyddol (fel teimlo bod ganddyn nhw reolaeth, a stereoteipiau ynghylch heneiddio) yn bwysig wrth ragfynegi iechyd corfforol yr henoed.

Beth rydych chi'n ei gasglu o'r dystiolaeth hon? Ydy hi'n ategu, yn datblygu neu'n gwrth-ddweud darganfyddiadau Langer a Rodin?

CWESTIYNAU ARHOLIAD

ADRAN B

Gwerthuswch fethodoleg ymchwil Langer a Rodin (1976) 'Effeithiau dewis a chyfrifoldeb personol ehangach ar gyfer yr oedrannus'. [12]

Gan gyfeirio at dystiolaeth amgen, aseswch yn feirniadol ymchwil Langer a Rodin (1976) 'Effeithiau dewis a chyfrifoldeb personol ehangach ar gyfer yr oedrannus'. [12]

Nodiadau Yn Adran B arholiad Uned 2, gellid gofyn unrhyw un o'r cwestiynau uchod i chi. I gael y 12 marc i gyd am bob cwestiwn, dylai'ch ateb wneud hyn:

▸ *Cyflwyno gwerthusiad sydd wedi'i strwythuro'n glir.*

▸ *Ymhelaethu'n gydlynol ar bob pwynt.*

▸ *Amlygu dyfnder ac ystod o ddadansoddi, ond nid i'r un graddau o reidrwydd. Hynny yw, gallwch chi fanylu cryn dipyn ar ambell bwynt (h.y. dyfnder) neu drafod nifer o bwyntiau yn llai manwl (ystod).*

▸ *Bod yn rhyw 300-350 o eiriau o hyd (canolbwyntir ar gyflwyno ehangder digonol o ddeunydd ond hefyd ar fanylu digon ar bob pwynt a wneir, h.y. dyfnder ac ehangder).*

Efallai y bydd hi'n fuddiol i chi astudio atebion y myfyrwyr ar ddiwedd yr astudiaethau craidd eraill i ganfod ac osgoi'r camgymeriadau nodweddiadol y bydd myfyrwyr yn eu gwneud wrth ateb cwestiynau Adran B.

Cwestiynau arholiad enghreifftiol ac atebion myfyrwyr

Cewch chi sylwadau'r arholwr ar yr atebion hyn ar dudalen 177.

ENGHRAIFFT O GWESTIWN 3

> Disgrifiwch ganlyniadau a chasgliadau ymchwil Langer a Rodin (1976) 'Effeithiau dewis a chyfrifoldeb personol ehangach ar gyfer yr oedrannus'.
> [12]

Ateb Megan

Fe welson nhw fod yr hen bobl a gafodd blanhigion i ofalu amdanyn nhw yn hapusach na'r hen bobl a oedd heb blanhigion. Daethon nhw i'r casgliad fod bod â phlanhigion yn gwneud i chi deimlo'n hapus.

Ateb Tomos

Gwelodd Langer a Rodin (L+R) fod y ddau grŵp, yn y profion a wnaed ymlaen llaw, yn debyg iawn. Fe welson nhw fod y Grŵp â Chyfrifoldeb (RIG) yn dweud eu bod yn teimlo'n hapusach ar ôl triniaeth yr arbrawf na'r preswylwyr yn y Grŵp Cymharu (CG). Yn wir, dywedodd 48% o'r preswylwyr yn yr RIG eu bod yn teimlo'n hapusach, o'i gymharu â dim ond 25% o'r preswylwyr yn y CG.

Gwelodd L+R fod yr RIG yn dweud eu bod nhw gryn dipyn yn fwy gweithgar ar ôl triniaeth yr arbrawf na'r preswylwyr yn y CG. Dangosodd yr RIG gynnydd yn y gyfran o amser y bydden nhw'n ei dreulio'n ymweld â chleifion eraill, yn ymweld â phobl o'r tu allan i'r cartref ac yn siarad â'r staff. Fe dreulion nhw lai o amser ar weithgareddau 'goddefol' fel gwylio'r staff, darllen a gwylio'r teledu.

Gwelodd L+R mai barn y nyrsys oedd bod bywiogrwydd y preswylwyr yn yr RIG wedi cynyddu mwy na bywiogrwydd y preswylwyr yn y CG.

Cyfartaledd cyfanswm y newid yn achos yr RIG oedd 3.97 o'i gymharu â −2.39 yn achos y CG. Yn wir, y farn oedd bod 93% o'r preswylwyr yn yr RIG wedi gwella, o'i gymharu â dim ond 21% o'r CG, a bod cyflwr 71% o'r CG wedi dirywio dros y cyfnod o 3 wythnos.

Gwelodd L+R fod mwy o'r RIG yn mynd i'r noson ffilmiau ac yn cymryd rhan mewn cystadlaethau nag a wnaeth y CG.

Casgliad L+R oedd bod meithrin teimlad pobl o'u cyfrifoldeb personol yn esgor ar welliant. Casgliad pellach oedd y gallai hi fod yn bosibl gwrthdroi/rhwystro'r henoed rhag dioddef effeithiau negyddol heneiddio drwy roi iddyn nhw'r gallu i benderfynu ac i wneud iddyn nhw deimlo'u bod nhw'n gallu gwneud pethau.

Gibson a Walk (1960) Y clogwyn gweledol

Mae'r astudiaeth graidd ddatblygiadol hon yn ymwneud â'r ddadl **natur-neu-fagwraeth**, pwnc sydd wrth galon seicoleg datblygiad. Pa agweddau ar ein hymddygiad sydd wedi'u hetifeddu (h.y. **natur**) a pha rai y penderfynir arnyn nhw'n bennaf gan brofiad (**magwraeth**)? Cwestiwn pob seicolegydd sy'n ymddiddori mewn pynciau fel deallusrwydd, ymosodedd, rhywedd, salwch meddwl a phersonoliaeth yw ai rhagdueddiadau **genetig** unigolyn neu'r amgylchedd y gwnaeth dyfu i fyny ynddo yw'r eglurhad gorau o'i (h)ymddygiad? Maes arall sy'n ymwneud â'r cwestiwn natur-neu-fagwraeth yw canfyddiad. Bu'r astudiaeth graidd hon yn un bwysig o ran deall datblygiad canfyddiad.

Beth yw canfyddiad?

Mae gwahaniaeth rhwng canfod a synhwyro. Bydd y synhwyrau (y llygaid, y clustiau ac ati) yn derbyn ac yn nodi data ffisegol (golau, sain ac ati). Caiff y synwyriadau hynny eu newid drwy eu dehongli ac ymhelaethu arnyn nhw fel bod ystyr i'r hyn sy'n cael ei 'weld' neu ei 'glywed'. Canfod yw'r broses o ddeall gwybodaeth sy'n dod o'r synhwyrau.

▲ Mae bod ag ofn iach o uchder yn debyg o fod yn **gynhenid** am ei fod yn **ymaddasol**. Gan ein bod ni'n defnyddio'n canfyddiad o ddyfnder i ganfod uchder, mae hwnnw hefyd yn debyg o fod yn gynhenid.

CANFOD DYFNDER

Mae 'canfod pellter' (neu ddyfnder) yn cyfeirio at ein gallu i ddeall bod rhai gwrthrychau'n bellach i ffwrdd na'i gilydd er bod y ddelwedd weledol sy'n cyrraedd y **retina** yn un ddau-ddimensiwn, yn union fel llun. I ryw raddau, canfyddwn ddyfnder drwy ddefnyddio *ciwiau deulygad* (o'r ddau lygad). Enghraifft o hynny yw *gwahaniaeth retinâu* (po agosaf yw'r gwrthrych at y gwyliwr, mwyaf gwahanol fydd y delweddau ohonyn nhw a geir o'r ddau lygad). Ond seilir y rhan fwyaf o ganfyddiad dyfnder ar *giwiau o un llygad*; 'ciwiau darluniadol' yw enw arall arnyn nhw am mai nhw yw'r ciwiau y bydd artistiaid yn eu defnyddio i gynhyrchu lluniau tri-dimensiwn. Ymhlith y ciwiau hynny mae *maint cymharol* (bydd gwrthrychau llai o faint yn ymddangos ymhellach i ffwrdd), *graddiant gwead* (mae mwy o fanylion mewn gwrthrychau sy'n agosach), *achludiad* (bydd gwrthrych sy'n blocio rhan o un arall yn ymddangos fel petai'n nes), *persbectif llinol* (mae llinellau cyfochrog fel petaen nhw'n cydgyfeirio yn y pellter) a *symudiad paralacs* (wrth i ni symud, bydd gwrthrychau sy'n nes aton ni'n ymddangos fel petaen nhw'n symud yn gynt ar draws ein maes gweld na gwrthrychau sydd yn y pellter).

Y CYD-DESTUN A'R NODAU

Canfod dyfnder yw ein gallu i ganfod pa mor agos neu bell yw gwrthrych oddi wrthon ni. Er nad ydyn nhw ond un elfen yn ein gallu i weld, mae'n allu canfyddiadol hanfodol er mwyn i ni symud o amgylch ein byd. Petaen ni heb unrhyw ganfyddiad o ddyfnder, mae'n fwy na thebyg na fydden ni'n goroesi'n hir iawn. Meddyliwch am weithgareddau bob-dydd fel mynd i lawr y grisiau neu gerdded ar hyd y palmant heb ddisgyn i'r ffordd.

Barn y **cynhenidwyr** (*nativists*) yw ein bod ni wedi'n geni â'r gallu i ganfod dyfnder. Credant y gall yr holl alluoedd hynny beidio â bod yn gweithredu'n gywir pan gawn ni'n geni, ond mai'r broses o aeddfedu, yn hytrach na dysgu, sy'n pennu eu datblygiad. Barn yr **empirwyr** yw ein bod ni'n ennill ein galluoedd drwy'n profiadau. Barn y **rhyngweithiadwyr** yw bod ein galluoedd ni'n deillio o'r naill a'r llall – bod ein galluoedd cynhenid yn rhyngweithio â ffactorau amgylcheddol.

Er bod gan ein system nerfol yr holl gydrannau priodol pan gawn ni'n geni, mae hi'n anaeddfed ac yn rhyw hanner maint system oedolyn. Mae'n amlwg, wrth gwrs, fod y **nerf optig**, er enghraifft, yn fyrrach nag y bydd pan fyddwn ni'n oedolyn, ond mae hefyd yn gulach am nad oes ganddo'r **bilen fyelin** sy'n sicrhau y caiff gwybodaeth ei thrawsyrru'n dda.

Barn cynhenidwyr yw bod canfod dyfnder yn nodwedd gynhenid. Barn empirwyr yw y caiff canfyddiad dyfnder ei gaffael mewn ymateb i ofynion yr amgylchedd, h.y. ar ôl i ni ddechrau symud o gwmpas. Barn rhyngweithiadwyr yw bod canfod dyfnder yn gynnyrch datblygu system y golwg (e.e. credir bod y bilen fyelin o amgylch y nerf optig yn datblygu'n llawn erbyn pedwar mis oed) a magu profiad (h.y. o'r amser y cawn ein geni byddwn ni'n wynebu amrywiol ysgogiadau cymhleth a difyr fel wynebau, sy'n cynnig ciwiau cynnil, fel cysgodi, ynghylch dyfnder).

Er bod y mwyafrif o fabanod yn dechrau symud yn annibynnol erbyn iddyn nhw fod yn chwe mis oed, gall 'babanod' llawer rhywogaeth symud o'r amser y cân nhw eu geni. Yr enw ar rywogaethau o'r fath yw rhai *buan-ymborthol* (mae'r ifanc yn gymharol aeddfed ac yn symudol o foment eu geni neu eu deor). Os yw canfod dyfnder yn allu cynhenid, bydden ni'n disgwyl iddo fod yn amlwg erbyn i'r anifail ifanc fod yn symudol gan y byddai hynny'n **ymaddasol** – am fod anifail ifanc sydd heb y gallu hwnnw ar yr adeg hollbwysig hon yn llai tebyg o oroesi, byddai gallu cynhenid i ganfod dyfnder yn ymaddasol.

Nodau

Nod Gibson a Walk oedd ymchwilio i weld a gaiff y gallu i ganfod dyfnder ei ddysgu drwy brofiad neu a yw'n rhan o 'waddol gwreiddiol' plentyn. Dyma'u rhesymu: os yw'r gallu'n gynhenid, dylai fod yn amlwg erbyn i fabanod allu symud yn annibynnol.

Penderfynodd Gibson a Walk ddefnyddio mwy na babanod dynol yn eu hymchwil: o ddefnyddio babanod dynol yn unig, fyddai'r canlyniad ddim yn torri'r ddadl rhwng y cynhenidwyr, yr empirwyr neu'r rhyngweithiadwyr. Drwy ddefnyddio amrywiaeth o anifeiliaid fel mynn geifr, ŵyn, cywion a chathod bach, bu modd iddyn nhw ymchwilio i weld a oedd osgoi clogwyn (canfod dyfnder) yn ymddygiadau amlwg o'r adeg y dechreuodd yr anifeiliaid ifanc hynny symud o gwmpas. Yna, gallai'r ymchwil pellach hwnnw ddangos bod canfod dyfnder yn allu cynhenid.

TREFNIADAU

Cyfarpar

Ym Mhrifysgol Cornell yn UDA, cynlluniodd Gibson a Walk drefniant arbrofol syml, sef y 'clogwyn gweledol', i ymchwilio i allu babanod ac anifeiliaid ifanc eraill i ganfod dyfnder. Bu'r cyfarpar yn fodd i'r ymchwilwyr reoli'r ysgogiadau optegol, clywedol a chyffyrddol, a hefyd i ddiogelu'r cyfranwyr. Roedd y clogwyn gweledol yn cynnwys darn mawr o wydr a gâi ei gynnal 30cm a rhagor uwchlaw'r llawr. Ar un ochr iddo rhoddwyd darn o ddefnydd llawn sgwariau yn union o dan y gwydr. Ar yr ochr arall iddo, rhoddwyd y defnydd llawn sgwariau ar y llawr; yr ochr honno i'r cyfarpar oedd y clogwyn gweledol. Roedd y patrymau ar y defnydd o dan y gwydr yn rhoi ciwiau gweledol fod y naill ochr yn 'fas' a'r llall yn 'ddwfn' (mae'r **ddelwedd retinol** o batrymau sydd ymhellach i ffwrdd yn llai, a'r wybodaeth honno sy'n darparu'r ciwiau ynghylch dyfnder).

Rhoddwyd y cyfranwyr (babanod neu anifeiliaid ifanc) ar y bwrdd canol rhwng yr ochrau bas a dwfn ac yna'u hannog i symud ar draws yr ochrau bas a dwfn. Y nod oedd gweld a fydden nhw'n gwrthod cropian dros y 'clogwyn'.

Babanod

Rhoddwyd prawf ar gyfanswm o 36 o fabanod 6-14 mis oed. Roedd pob un o'r babanod yn gallu cropian (ymsymud yn annibynnol).

Anifeiliaid heblaw pobl

Ymhlith yr anifeiliaid heblaw pobl y rhoddwyd prawf arnyn nhw ar y clogwyn gweledol roedd:

- Cywion, ŵyn a geifr: maen nhw'n symudol yn ddiwrnod oed.
- Cathod bach: maen nhw'n symudol yn bedair wythnos oed.
- Rhoddwyd prawf hefyd ar gathod bach a oedd wedi cael eu magu yn y tywyllwch am 27 diwrnod; roedd eu magu yn y tywyllwch yn eu rhwystro rhag dysgu unrhyw giwiau ynghylch dyfnder cyn rhoi prawf arnyn nhw.
- Llygod mawr: maen nhw'n symudol yn bedair wythnos oed. Roedd rhai ohonyn nhw'n gwisgo hwd ac felly roedden nhw'n defnyddio eu wisgers (cyffwrdd) yn hytrach na chiwiau (cues) gweledol; magwyd grŵp arall o lygod mawr yn y tywyllwch cyn rhoi prawf arnyn nhw.
- Rhoddwyd prawf hefyd ar foch, cŵn a chrwbanod y môr.

Rheoli

Gwnaed amryw o arbrofion rheoli i ddileu **newidynnau allanol** (extraneous variables) posibl. Rhag i adlewyrchiadau o'r gwydr effeithio, efallai, ar ymddygiad y cyfranwyr, fe oleuwyd yr arwynebau patrymog o safle islaw'r gwydr.

Rhoi prawf ar giwiau dyfnder

Gall yr anifeiliaid ifanc fod wedi defnyddio dau giw posibl i ganfod dyfnder. Yn gyntaf, byddai maint/bylchiadau'r patrwm yn dangos dyfnder (ar yr ochr fas byddai'r sgwariau wedi ymddangos yn fwy ac fel petai mwy o fwlch rhyngddyn nhw). Yr ail giw oedd symudiad paralacs – mae elfennau'r patrwm ar yr ochr fas yn symud yn gynt ar draws y maes gweld pan fydd anifail yn symud ei safle neu ei ben.

I ddileu'r ciw dyfnder o faint/bylchiadau, cynyddwyd maint y patrwm ar yr ochr ddofn fel bod y ddelwedd retinol a geid o'r ddwy ochr yr un peth. I ddileu ciw dyfnder **symudiad paralacs** (motion parallax), rhoddwyd y deunydd patrymog yn union o dan y gwydr ar y ddwy ochr, ond addaswyd maint y patrwm er mwyn i'r sgwariau ar yr ochr 'fas' fod yn fwy a rhoi'r argraff eu bod yn nes.

GWAITH I CHI — Rhif 5.33

Rhowch gynnig ar wneud yr arbrawf. Fyddai hi ddim yn foesegol defnyddio babanod dynol, wrth gwrs, oherwydd y gall hynny achosi gofid, ond fe allech chi chwarae rôl yn yr astudiaeth a chymryd eich tro i fod yn fabi. Gall hynny swnio'n beth dwl iawn, ond bydd byw'r profiad yn eich helpu chi i'w ddeall ac yn ei wneud yn haws ei gofio. Bydd arnoch chi angen dwy ddalen glir o bersbecs cryf a phedwar bwrdd i'w rhoi nhw arnyn nhw. Bydd angen rhywfaint o ffabrig llawn sgwariau hefyd.

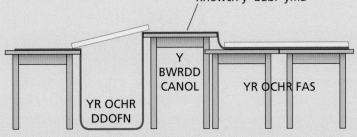

Rhowch y 'babi' yma

Y BWRDD CANOL

YR OCHR FAS

YR OCHR DDOFN

▲ Y llinell goch yw'r ffabrig llawn sgwariau, a'r llinellau glas yw'r persbecs.

▲ Yn y llun ar y chwith, mae'r fam wedi rhoi'r babi ar y bwrdd canol. Mae ochr fas cyfarpar y 'clogwyn gweledol' ar y chwith a'r ochr ddofn ar y dde. Yn y llun ar y dde, mae'r fam wedi symud i un pen o'r cyfarpar ac yn annog ei babi i symud tuag ati.

www Gallwch wylio fideos defnyddiol ar y gwefannau hyn:
- Babanod yn arbrawf y clogwyn gweledol yn: vimeo.com/77934.
- Rhithweledigaethau (illusions) mawr ar sail canfod dyfnder yn: www.richardgregory.org/experiments/index.htm.
- Symudiad paralacs yn: blog.trevorboyle.com/?p=30.
- Defnyddio paralacs i fesur pellterau yn y gofod: www.youtube.com/watch?v=2RelG0npptl.

Yr erthygl wreiddiol

Cyfeiriad llawn yr erthygl hon yw Gibson, E.J. a Walk, R.D. (1960). The 'visual cliff'. *Scientific American*, 202 (4), 64–71. Gallwch chi ddarllen yr erthygl wreiddiol yn: www.scribd.com/doc/3956434/The-Visual-Cliff.

Adnoddau eraill

Llyfr gwych ar rithiau gweledol (a llawer ohonyn nhw'n defnyddio canfod dyfnder) yw: Seckel, A.L. (2004). *Incredible Visual Illusions: You Won't Believe your Eyes*!

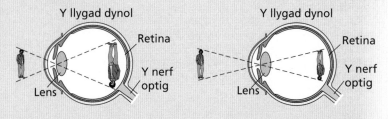

ASTUDIAETH GRAIDD 8 *parhad*

Gibson a Walk (1960) Y clogwyn gweledol

Y llygad dynol

Retina

Y nerf optig

Lens

Y llygad dynol

Retina

Y nerf optig

Lens

▲ Mae'r un gwrthrych yn taflunio delwedd retinol o faint gwahanol yn ôl a yw'n agos atoch chi (y llun ar y chwith) neu'n bellach i ffwrdd (y llun ar y dde). Bydd ein hymennydd yn defnyddio amrywiaeth o giwiau ynghylch dyfnder – fel y llinellau cydgyfeiriol sy'n dangos bod y person ar y dde ymhellach i ffwrdd.

▶ Yn y llun ar y dde, mae'r ddwy ddelwedd o'r un faint, ond oherwydd persbectif dyfnder fe 'welwn' ni'r un uchaf yn un sydd ymhellach i ffwrdd ac fe addaswn ni'r llun i'w wneud i edrych yn fwy.

DYMA'R YMCHWILWYR

Roedd **Eleanor Jack Gibson** yn briod â James J. Gibson, gŵr y mae ei ddamcaniaeth ynghylch canfyddiad wedi bod yn ddylanwad mawr ar faes canfyddiad. Ef, yn rhannol, a ysbrydolodd yr astudiaeth hon drwy ddadlau y byddai plant ifanc yn gallu canfod ymyl clogwyn peryglus heb fentro peryglu eu hunain. Doedd Eleanor ddim yn siŵr y bydden nhw'n cadw draw oddi wrth yr ymyl. Datblygodd y gŵr a'r wraig ddamcaniaeth hefyd o ddatblygiad canfyddiadol, sef *damcaniaeth gwahaniaethu* (Gibson a Gibson, 1955). Eu honiad oedd bod pob gallu i ganfod yn gynhenid ac mai'r cyfan a wna babi yw dysgu gwahaniaethu rhwng dosbarthiadau o wrthrych.

Mae **Richard D. Walk** yn dal i fod yn fwyaf enwog am arbrawf y clogwyn gweledol ac am astudiaethau traws-rhywogaethol o ddatblygiad gweld a symud. Gwnaeth ymchwil hefyd i ddysgu ac i berthnasoedd cymdeithasol, ac roedd yn adnabyddus iawn am ei ymagweddau gwreiddiol a'i arbrofion dyfeisgar.

▲ Eleanor J. Gibson (1910–2002) a Richard D. Walk (1920–1999).

DARGANFYDDIADAU

Babanod dynol

Cropian allan i'r ochr fas o leiaf unwaith wnaeth pob un o'r 27 o fabanod a symudodd oddi ar y bwrdd canol. Tri'n unig a geisiodd gropian i'r ochr 'ddofn' (ochr y clogwyn). Cropian i ffwrdd oddi wrth eu mamau wnaeth llawer o'r babanod pan wnaeth eu mamau alw arnyn nhw o'r ochr 'ddofn'. Criodd y lleill pan safodd eu mamau yno am na allen nhw eu cyrraedd heb groesi'r ochr 'ddofn'.

Er y byddai'r babanod yn aml yn taro'r gwydr yn ysgafn â'u dwylo i gael gwybod bod arwyneb solid yno, roedd gweld y pant dwfn drwy'r persbecs yn ddigon i'w rhwystro rhag mentro ymhellach.

Anifeiliaid heblaw pobl

Wnaeth **y cywion, y mynnod gafr a'r ŵyn** ddim neidio na chamu i'r ochr 'ddofn', hyd yn oed yn ddiwrnod oed. Os câi mynn neu oen ei roi ar yr ochr ddofn, fe rewai yno â'i osgo'n amddiffynnol: ei goesau blaen yn gadarn a'i goesau ôl yn llipa.

Bydd **llygod mawr** yn dibynnu ar eu wisgers, yn hytrach na chiwiau gweledol, i fynd o le i le. Dyna sy'n egluro pam yr oedd y llygod mawr â hwd yr un mor barod i ymchwilio i'r naill ochr a'r llall cyhyd â'u bod yn gallu teimlo'r gwydr â'u wisgers. Ond pan osodwyd y bwrdd canol yn uwch fel bod yr arwyneb gwydr allan o gyrraedd eu wisgers, fe wnaethon nhw ddisgyn bron bob tro (95–100% o'r amser) o'r bwrdd canol i'r ochr fas.

Yn bedair wythnos oed, dangosodd y **cathod bach** hoffter o'r ochr fas, a bydden nhw'n 'rhewi' os bydden nhw'n cael eu rhoi ar yr ochr 'ddofn' neu'n cylchu'n ôl i'r bwrdd canol. Ond byddai'r cathod bach a gawsai eu magu yn y tywyllwch am y 27 o ddyddiau cyntaf eu bywydau yn cropian ar yr ochr fas a'r ochr ddofn yr un mor aml. O'u rhoi ar yr ochr ddofn, bydden nhw'n ymddwyn yn debyg i'w hymddygiad pan gaen nhw eu rhoi ar yr ochr fas. Fydden nhw ddim yn 'rhewi' fel y gwnâi'r cathod bach normal. Ar ôl yr ymchwil cychwynnol hwnnw, cadwyd y cathod bach hynny o dan amodau goleuo 'normal'. Cawson nhw eu profi'n ddyddiol ar y clogwyn gweledol, ac ymhen wythnos dangosai'r cathod bach a fagwyd yn y tywyllwch ymddygiadau tebyg i'r cathod bach a gafodd eu magu yn y golau, h.y. hoffter bron yn unfrydol o'r ochr fas.

Dewis yr ochr fas wnaeth **y crwbanod**. Y disgwyl oedd iddyn nhw ddewis yr ochr ddofn am ei bod hi'n edrych yn debyg i arwyneb dŵr, ond cropian at yr ochr fas yn hytrach na'r ochr ddofn wnaeth 76% ohonyn nhw.

Ciwiau dyfnder

Â **symudiad paralacs** yn unig giw iddyn nhw, dewis y llygod mawr a'r cywion – o hyd – oedd yr ochr fas. Pan roddwyd y ddau batrwm yn union o dan y gwydr (gan sicrhau mai maint/bylchiad oedd yr unig giw ynghylch dyfnder), roedd yn well gan y llygod mawr bach a'r rhai â chwfl yr ochr â'r patrwm mwyaf (ar yr ochr 'fas', i bob golwg). Ddangosodd y cywion ddim mwy o hoffter o'r patrwm mwy (sy'n nes, i bob golwg) na'r patrwm llai manwl (sy'n bellach i ffwrdd, i bob golwg).

Wrth ddefnyddio symudiad paralacs yn unig, dangosodd y llygod mawr a fagwyd yn y tywyllwch hoffter o'r ochr fas. Ond o gael gwybodaeth am y maint/bylchiad yn unig (h.y. gosod y patrwm amryliw yn union o dan y gwydr ac addasu'r maint iddo 'edrych' yn fas ac yn ddwfn), ddangoson nhw ddim mwy o hoffter o'r naill ochr na'r llall.

112

CASGLIADAU

Dangosodd darganfyddiadau'r astudiaeth bod y rhan fwyaf o fabanod dynol yn gallu canfod dyfnder cyn gynted ag y gallan nhw gropian. Mae'r ffaith i rai ohonyn nhw fynd tuag yn ôl at 'ochr y clogwyn' wrth fynd hwnt ac yma ar y bwrdd canol yn awgrymu na ddylid gadael babanod yn ymyl ochr clogwyn hyd yn oed er eu bod nhw'n gallu gwahaniaethu rhwng bas a dwfn.

Ond er bod y dystiolaeth yn ategu barn y **cynhenidwyr** (*nativist*), dydy hi ddim yn gallu *profi* bod canfyddiad pobl o ddyfnder yn **gynhenid** (*innate*). Ategir hynny ymhellach gan yr astudiaethau o anifeiliaid heblaw pobl. Mae'r holl ddarganfyddiadau'n cyd-fynd â hanes bywyd a chartref ecolegol yr anifeiliaid a astudiwyd. Dangosodd pob un ohonyn nhw'r gallu i ganfod dyfnder erbyn iddyn nhw fod yn symudol – gwnaeth y cyw a'r mynn gafr hynny'n ddiwrnod oed a'r gath a'r llygoden fawr yn bedair wythnos oed. Awgrymai perfformiad gwael y crwbanod nad oes ganddyn nhw ddim cystal gallu i wahaniaethu rhwng dwfn a bas a hynny, efallai, am fod llai o berygl iddyn nhw syrthio oddi ar glogwyni yn eu cynefin naturiol. Fyddai dim gwerth **ymaddasol** (*adaptive*), felly, iddyn nhw ganfod dyfnder.

Hwyrach mai yn nhermau dysgu y gellid egluro hoffter llygod mawr o'r ochr fas pan nad oedd ond ciwiau maint/siâp ar gael. Yn y profion, roedden nhw'n hŷn na'r cywion ac felly, efallai, wedi dysgu defnyddio'r ciwiau dyfnder hynny. Ategwyd hynny gan y ffaith na ddangosodd y llygod mawr a fagwyd yn y tywyllwch ddim gwahaniaeth yn eu dewis.

Mae'r ymchwil gyda llygod mawr yn awgrymu bod symudiad paralacs yn giw cynhenid ond mai ciw a ddysgir yw maint/bylchiad. *'I rywogaeth oroesi, rhaid i'w haelodau feithrin y gallu i wahaniaethu rhwng gwahanol lefelau o ddyfnder erbyn iddynt ddechrau ymsymud yn annibynnol, boed yn ddiwrnod oed (y cyw a'r afr), yn 4 wythnos (y llygoden fawr a'r gath) neu'n 6-14 mis (y babi dynol). Nid yw'r ffaith fod gallu mor hollbwysig yn dibynnu ar ddamweiniau dysgu a allai fod yn angheuol ym mywydau unigolion yn gyson â theori esblygiad.'*

Rhif 5.15

ALLWCH CHI...?

1... Egluro'r hyn a olygir gan ganfyddiad dyfnder.

2... Egluro sut y byddwn ni'n canfod dyfnder.

3... Amlinellu'r **tri** eglurhad posibl o'r ffordd y mae canfyddiad yn datblygu (natur, magwraeth ac yn rhyngweithiadol).

4... Amlinellu nodau'r astudiaeth hon yn fyr.

5... Rhestru'r gwahanol grwpiau o gyfranwyr a gymerodd ran yn yr astudiaeth hon.

6... Enwi o leiaf **un** o nodweddion allweddol pob grŵp unigol o'r cyfranwyr.

7... Enwi **chwe** agwedd allweddol ar y drefn sylfaenol.

8... Enwi **chwech** o ddarganfyddiadau'r astudiaeth hon.

9... Yn achos pob darganfyddiad, enwi casgliad y gellid ei dynnu ohono. Ceisiwch wneud pob casgliad yn wahanol.

10... Pa dystiolaeth sy'n peri i chi ddod i'r casgliad bod yr astudiaeth hon yn ategu barn y cynhenidwyr fod canfyddiad yn gynhenid?

11... Pa dystiolaeth sy'n peri i chi ddod i'r casgliad bod yr astudiaeth hon yn ategu barn empirwyr fod canfyddiad yn beth sydd wedi'i ddysgu?

12... Pa dystiolaeth sy'n peri i chi ddod i'r casgliad bod yr astudiaeth hon yn ategu barn y rhyngweithiadwyr fod canfod yn gymysgedd o natur a magwraeth?

CWESTIYNAU ARHOLIAD

ADRAN A

Rhowch grynodeb o amcanion a chyd-destun ymchwil Gibson a Walk (1960) 'Y clogwyn gweledol' ('*The visual cliff*'). [12]

Amlinellwch ddulliau gweithredu ymchwil Gibson a Walk (1960) 'Y clogwyn gweledol'. [12]

Disgrifiwch ganlyniadau a chasgliadau ymchwil Gibson a Walk (1960) 'Y clogwyn gweledol'. [12]

Nodiadau *Yn Adran A arholiad Uned 2, gellid gofyn unrhyw un o'r cwestiynau uchod i chi. Bydd pob cwestiwn yn werth 12 marc. I gael y 12 marc i gyd, dylai'ch ateb:*

▶ *Fod yn gywir ac yn fanwl.*

▶ *Amlygu dyfnder ac ystod o wybodaeth, ond nid i'r un graddau o reidrwydd. Hynny yw, gallwch chi fanylu cryn dipyn ar ambell bwynt (h.y. dyfnder) neu drafod nifer o bwyntiau yn llai manwl (ystod).*

▶ *Bod wedi'i strwythuro'n dda ac yn gydlynol.*

▶ *Bod yn gywir o ran gramadeg, atalnodi a sillafu.*

▶ *Bod yn rhyw 200-250 o eiriau o hyd, sef nifer llai nag yn achos y cwestiynau eraill sydd â 12 marc, ond yma mae'r pwyslais ar fod yn fanwl-gywir.*

GWAITH I CHI

Rhif 5.34

Unwaith eto, gallwch chi lunio canllaw cam-wrth-gam i'r trefniadau i'ch helpu i'w cofio.

Hefyd, lluniwch grynodeb o'r astudiaeth hon fel y gwnaethoch o'r blaen. Dylai'r crynodeb gynnwys manylion byr am gyd-destun a nodau, trefniadau, darganfyddiadau a chasgliadau'r astudiaeth hon – a'r cyfan mewn rhyw 200 o eiriau.

Gibson a Walk (1960) Y clogwyn gweledol

Ar y ddau dudalen hyn byddwn ni'n gwerthuso'r astudiaeth graidd drwy astudio'r materion sy'n gysylltiedig â'i methodoleg hi a chymharu'r astudiaeth â thystiolaeth arall. Pan ddaw'n fater o werthuso, cewch chi benderfynu drosoch chi'ch hun. Rydyn ni wedi cyflwyno peth tystiolaeth a rhai datganiadau ac yn eich gwahodd i'w defnyddio i ffurfio'ch barn eich hun am yr astudiaeth graidd.

GWERTHUSO'R FETHODOLEG

Mae eglurhad o'r cysyniadau hyn ym Mhennod 6 (Dulliau Ymchwil Cymhwysol).

Dull

Gwnaeth Gibson a Walk eu hymchwil gyda babanod mewn labordy. *Pa fanteision wnaeth hynny eu cynnig ar gyfer yr astudiaeth graidd hon? Pa anfanteision oedd i hynny?*

Dilysrwydd

Un broblem ynghylch dilysrwydd yw a oes modd i ymchwil Gibson a Walk gyda babanod asesu a yw canfyddiad dyfnder yn gynhenid neu wedi'i ddysgu. Oedran y babanod dynol oedd 6–14 mis. *Pam y gallai hynny fod wedi bod yn gyfyngiad? Pam y byddai hynny wedi effeithio ar ddilysrwydd yr astudiaeth?*

Mae ymchwil mwy diweddar (gweler ar y dde) wedi rhoi prawf ar fabanod ifancach na'r rhai a ddefnyddiwyd gan Gibson a Walk. *Sut mae hynny'n cynyddu neu'n lleihau **dilysrwydd** yr astudiaeth graidd hon?*

Yn yr astudiaeth hon defnyddiwyd cyfarpar y clogwyn gweledol i fesur y gallu i ganfod dyfnder. Un broblem yw i'r babanod ddysgu'n gyflym iawn na fydden nhw'n syrthio petaen nhw'n llithro oddi ar y bwrdd canol, h.y. fe ddysgon nhw fod y gwydr diogelwch yn ddiogel (Adolph a Berger, 2006). *Pa mor ddilys oedd y ffurf honno ar fesur?*

Samplu

Roedd y sampl ddynol yn gyfyngedig i'r babanod a oedd ar gael i'r ymchwilwyr ym Mhrifysgol Cornell. *Beth allai fod yn unigryw ynglŷn â'r **sampl** honno a sut y gallai hynny fod wedi effeithio ar y darganfyddiadau?*

Anifeiliaid 'cymdeithasol-ddibynnol' yw bodau dynol. Nid anifeiliaid 'cymdeithasol-ddibynnol' oedd llawer o'r anifeiliaid heblaw pobl y rhoddodd Gibson a Walk brawf arnyn nhw, h.y. dydyn nhw ddim yn dibynnu ar eu mam i oroesi a chael eu meithrin. *Pam y mae hynny'n gyfyngiad ar ymchwil Gibson a Walk?*

Materion moesegol

Yn ystod yr ymchwil, gwelwyd bod rhai o'r babanod yn ofidus am na allen nhw gyrraedd eu mamau. *Pa faterion moesegol y mae hynny'n eu codi?*

Nododd Dawkins (1990) y gallai ymchwil sy'n foesol amheus ac yn defnyddio anifeiliaid heblaw pobl fod yn dderbyniol os ceisir lleddfu dioddefaint pobl, ond y gall beidio â bod yn dderbyniol os ceisir bodloni chwilfrydedd deallusol yn unig. *Ydych chi'n meddwl ei bod hi'n foesegol i Gibson a Walk ddefnyddio anifeiliaid heblaw pobl yn yr ymchwil hwn?*

TYSTIOLAETH ARALL

Ymchwil sy'n defnyddio'r clogwyn gweledol

Yn astudiaeth Gibson a Walk, roedd gofyn i'r babanod symud ar draws dwy ochr y cyfarpar. Gan na ellid, felly, roi prawf ar fabanod na allen nhw gropian, roedd hynny'n ffactor cyfyngol. Osgôdd Schwartz ac eraill (1973) hynny drwy roi babanod ar ochrau dwfn a bas cyfarpar y clogwyn gweledol a mesur cyfradd curiad eu calonnau. Petaen nhw'n synhwyro maint y cwymp, mae'n debyg y byddai curiad eu calonnau'n cyflymu. Rhoddodd Schwartz ac eraill brawf ar fabanod rhwng pump a naw mis oed. Pan roddwyd nhw dros 'gwymp' y gwydr, wnaeth curiad calonnau'r rhai pum mis oed ddim cyflymu, ond fe welwyd cyflymu yn achos babanod naw mis oed. *Sut mae'r ymchwil hwnnw'n ategu, yn gwrth-ddweud neu'n datblygu'r darganfyddiadau a gynigiwyd gan Gibson a Walk?*

Er hynny, mae'n dal i fod yn bosibl i'r babanod ifanc fod wedi canfod dyfnder ond heb ddeall eto oblygiadau hynny i'w diogelwch (ac felly wnaeth curiad eu calonnau ddim cyflymu). Felly, dydy 'bod yn bwyllog' ddim yn fesur priodol. Mae hi hefyd yn bosibl i'r babanod pum mis oed gael cyfle i ddysgu am giwiau dyfnder cyn iddyn nhw ddechrau cropian. *Pa gasgliad y gallwch chi ei dynnu o hynny?*

Gwnaeth Sorce ac eraill (1985) yr un ymchwil gyda'r clogwyn gweledol, ond y tro hwn fe gyfarwyddwyd y fam i ddal i gyfleu ofn neu hapusrwydd ar ochr arall y 'clogwyn'. Pan oedd golwg hapus ar wyneb y fam, gwiriodd y babanod y clogwyn a'i groesi. Pan edrychai'r fam yn ofnus, roedd y babanod yn gyndyn iawn o groesi. *Sut mae'r ymchwil hwnnw'n ategu, yn gwrth-ddweud neu'n datblygu'r darganfyddiadau a gynigiwyd gan Gibson a Walk?*

Ymchwil diweddar

Yn ddiweddar, mae astudiaeth wedi herio a yw'r clogwyn gweledol yn mesur y gallu i ganfod dyfnder. Wrth wylio ffilmiau o arbrofion cynharach fe sylwodd Witherington ac eraill (2005) y byddai hyd yn oed y babanod ifancaf yn ymbaratoi cyn cyffwrdd â'r pen bas (awgrymai hynny eu bod nhw eisoes yn canfod dyfnder). Ac yn eu hastudiaeth, gwelodd Witherington ac eraill mai'r babanod lleiaf parod i fentro at y clogwyn oedd y rhai â'r profiad mwyaf o gerdded/cropian. Eu barn nhw yw mai'r hyn sy'n digwydd mewn gwirionedd yw bod y babi yn dysgu cysylltu'r profiad corfforol â'r amgylchedd gweledol.

Yn yr astudiaeth hon, roedd dau grŵp o 20 o fabanod. Roedd gan y rhai yng ngrŵp 1 brofiad mawr o gropian ond heb ddechrau cerdded eto. Roedd y rhai yng ngrŵp 2 newydd ddechrau cerdded. Roedd y babanod yng ngrŵp 2 yn fwy ofnus o'r 'clogwyn' na'r babanod ifancach yng ngrŵp 1. Mae'n ymddangos, felly, fod rhaid i ddysgu newydd ddigwydd pan welir y byd o bersbectif newydd (h.y. wrth gerdded). *Sut mae'r ymchwil hwnnw'n ategu, yn gwrth-ddweud neu'n datblygu'r darganfyddiadau a gynigiwyd gan Gibson a Walk?*

GWAITH I CHI

Rhif 5.35

Rhowch gynnig ar hyn i ddangos canfyddiad dyfnder â dau lygad. Daliwch ddau bensil yn llorweddol, un ym mhob llaw, hyd braich oddi wrth eich corff. Caewch un llygad a cheisiwch gael pennau'r pensiliau i gyffwrdd â'i gilydd. Yna, rhowch gynnig arni â dau lygad – dylai hynny fod yn haws o lawer. Y rheswm yw bod pob llygad yn edrych ar y ddelwedd o ongl wahanol. Fe allwch chi wneud yr arbrawf hwn gyda'ch bysedd, ond bydd yr effaith yn fwy trawiadol os defnyddiwch chi bensiliau.

Gallwch chi ddarllen am hyn, ac am weithgareddau eraill sy'n ymwneud â chanfod, yn Neuroscience for Kids: faculty.washington.edu/chudler/chvision.html

CWESTIYNAU ARHOLIAD

ADRAN B

Gwerthuswch fethodoleg ymchwil Gibson a Walk (1960)
'Y clogwyn gweledol'. [12]

Gan gyfeirio at dystiolaeth amgen, aseswch yn feirniadol
ymchwil Gibson a Walk (1960) 'Y clogwyn gweledol'. [12]

Nodiadau Yn Adran B arholiad Uned 2, gellid gofyn unrhyw un
o'r cwestiynau uchod i chi. I gael y 12 marc i gyd am bob cwestiwn,
dylai'ch ateb ddilyn y canllawiau sydd ar dudalen 109.

Dulliau eraill o roi prawf ar allu babanod i ganfod dyfnder

Cafodd Bower ac eraill (1970) hyd i dystiolaeth bendant bod gan fabanod mor ifanc â chwe diwrnod oed beth gallu i ganfod dyfnder. Dangoswyd dau wrthrych i'r babanod: disg fawr a ddaeth o fewn 20 cm iddyn nhw, a disg lai a ddaeth o fewn 8 cm iddyn nhw. Pe na bai gan y babanod allu i ganfod dyfnder, dylai eu hymateb i weld disg fawr yn stopio ymhellach i ffwrdd fod yr un peth â'u hymateb i weld un lai'n dod yn nes am fod y ddwy ohonyn nhw'n creu'r un ddelwedd ar y retina. Ond gan i'r un lai a ddaeth yn nes darfu cymaint ar y babanod, rhoddwyd y gorau i'r arbrawf yn gynnar heb roi prawf ar y babanod i gyd. *Sut mae'r ymchwil hwnnw'n datblygu'r darganfyddiadau a gynigiwyd gan Gibson a Walk?*

Drwy ddefnyddio'r dull cynefino, sy'n golygu dangos rhywbeth i fabi tan i'r babi gyfarwyddo (cynefino) ag ef, dangosodd Hofsten ac eraill (1992) fod babanod tri mis oed yn defnyddio symudiad paralacs. Os caiff yr un eitem ei dangos eto, dylai'r babi ddangos llai o ddiddordeb ynddi nag wrth edrych ar rywbeth newydd. Yn yr astudiaeth hon, cynefinodd y babanod â gweld tair rhoden tra caen nhw eu symud o gwmpas mewn cadair. Roedd y tair rhoden yr un mor bell i ffwrdd, ond wrth i bob babi symud cafodd y rhoden ganol ei symud i greu effaith symudiad paralacs. Yna, dangoswyd dau beth newydd i'r babi – un o'r tair rhoden yr un pellter oddi wrth y babi, a'r llall â'r rhoden ganol ymhellach i ffwrdd (gan gyd-fynd ag effaith y symudiad paralacs). Dangosodd y babanod fwy o ddiddordeb yn y tair rhoden a oedd yr un mor bell i ffwrdd (peth newydd iddyn nhw), gan ddangos fod ganddyn nhw'r gallu i ddefnyddio symudiad paralacs. *Sut mae'r ymchwil hwnnw'n datblygu'r darganfyddiadau a gynigiwyd gan Gibson a Walk?*

Mae amrywiaeth o giwiau eraill yn cyfrannu at ganfyddiad dyfnder. Dangosodd Yonas ac eraill (1986) fod gallu babanod i ymateb i giwiau dyfnder mewn lluniau'n dod i'r amlwg yn eithaf hwyr. Daeth y gallu i ymateb i orgyffwrdd i'r amlwg pan oedden nhw'n rhyw chwe mis oed, a doedd ymateb i raddiant gwead a phersbectif llinol ddim ond i'w weld erbyn tua saith mis oed. Daeth Bremner (1994) i'r casgliad bod y gallu i ddehongli ciwiau dynamig (e.e. fel yn astudiaeth Bower ac eraill) yn ymddangos yn gynt na'r gallu i ddefnyddio ciwiau dyfnder darluniadol statig. *Sut mae'r ymchwil hwnnw'n datblygu'r darganfyddiadau a gynigiwyd gan Gibson a Walk?*

Cwestiynau arholiad enghreifftiol ac atebion myfyrwyr

Cewch chi sylwadau'r arholwr ar yr atebion hyn ar dudalen 177.

ENGHRAIFFT O GWESTIWN 2

> Amlinellwch ddulliau gweithredu ymchwil Gibson a Walk (1960) 'Y clogwyn gweledol'. [12]

Ateb Megan

Ym Mhrifysgol Cornell, rhoddodd yr ymchwilwyr gyfarpar y 'clogwyn gweledol' wrth ei gilydd mewn labordy. Roedd y clogwyn gweledol yn cynnwys darn mawr o wydr a gâi ei gynnal droedfedd a rhagor uwchlaw'r llawr a rhoddwyd defnydd patrymog yn union o dan y gwydr ar un ochr a sawl troedfedd o dano ar yr ochr arall. Rhoddai'r patrymau llawn sgwariau ar y defnydd o dan y gwydr giwiau gweledol bod y naill ochr yn 'fas' a'r llall yn 'ddwfn'. Rhoddwyd 36 o fabanod 6-14 mis oed ar fwrdd canol y clogwyn gweledol. Gallai pob un o'r babanod gropian (ymsymud yn annibynnol). Yna, fe arsylwyd pob plentyn i weld a fyddai'n cropian at y fam (croesi i'r ochr ddofn) neu i'r ochr fas (i ffwrdd oddi wrth y fam a geisiai ei (h)annog i ddod ati). Rhoddwyd prawf hefyd ar anifeiliaid heblaw pobl (e.e. cathod, llygod mawr, cywion, geifr a chrwbanod y môr) ar y clogwyn gweledol. Rhoddwyd prawf arnynt hefyd adeg yr oedran pryd y dangosant allu i ymsymud. Diwrnod oed oedd y cywion, yr ŵyn a'r mynnod gafr. Aseswyd hefyd ddau grŵp o gathod bach yn 4 wythnos oed. Cawsai un grŵp eu 'magu'n normal' ond cawsai'r llall eu magu yn y tywyllwch am 27 diwrnod.

Ateb Tomos

Roedd y clogwyn gweledol yn ddarn mawr o wydr a gâi ei gynnal uwchlaw'r llawr a rhoddwyd defnydd patrymog yn union o dan y gwydr ar un ochr, a sawl troedfedd o dano ar y llall. Roedd y patrwm ar y defnydd o dan y gwydr yn rhoi ciwiau gweledol bod y naill ochr yn 'fas' a'r llall yn 'ddwfn'. Gosodwyd 36 o fabanod 6-14 mis oed ar fwrdd canol y clogwyn gweledol. Yna, galwodd eu mamau arnyn nhw i weld a wnaen nhw groesi'r 'clogwyn gweledol' i gyrraedd eu mam. Cropian allan ar yr ochr fas o leiaf unwaith wnaeth pob un o'r 27 o fabanod a symudodd oddi ar y bwrdd canol. Tri'n unig a geisiodd gropian i'r ochr 'ddofn'. Cropian i ffwrdd oddi wrth y fam pan alwodd hi arnyn nhw o'r ochr 'ddofn' wnaeth llawer o'r babanod; crïo wnaeth eraill pan safodd hi yno am na allen nhw mo'i chyrraedd heb groesi'r ochr 'ddofn'. Byddai cywion llai na 24 awr oed bob amser yn neidio oddi ar y bwrdd canol i'r ochr fas yn hytrach na'r un 'ddofn'. Wnaeth mynnod gafr ac ŵyn byth gamu i'r ochr 'ddofn', hyd yn oed yn ddiwrnod oed. Dangosodd llygod mawr (sy'n dibynnu ar eu wisgers, yn hytrach na chiwiau gweledol, i symud o gwmpas) fawr o awydd i fynd i'r ochr fas cyhyd ag y gallen nhw deimlo'r gwydr â'u wisgers. Pan osodwyd y bwrdd canol yn uwch na'u wisgers, fe ddisgynnon nhw bron bob amser ar yr ochr fas.

Buss (1989) Gwahaniaethau yn ôl rhyw yn y dewis o gymar gan fodau dynol

◀ Mae llygaid mawr, bochau coch a gwefusau coch i gyd yn arwydd o ieuenctid ac, felly, o ffrwythlondeb. Bydd dynion sy'n dewis cymar sydd â'r nodweddion hynny'n debycach o atgenhedlu'n llwyddiannus – a chan mai'r farn yw bod arwyddion o'r fath yn atyniadol fe gân nhw eu copïo gan wragedd hŷn.

Mae'r ddwy astudiaeth graidd olaf yn ymwneud â **gwahaniaethau rhwng unigolion**. Byddwn ni i gyd yn amrywio o ran llu o nodweddion fel deallusrwydd a phersonoliaeth. Gan mai nodwedd arall o amrywiaeth pobl yw eu rhywedd (*gender*), mae'r astudiaeth graidd hon yn astudio'r gwahaniaeth rhwng dynion a merched wrth iddyn nhw ddewis cymar.

DETHOL RHYW

Un o nodweddion pwysicaf y mwyafrif o rywogaethau sy'n atgenhedlu'n rhywiol yw bod y gwrywod yn fwy lliwgar na'r benywod. Enghraifft glasurol o hynny yw cynffon y paun – ond *pam* y gwnaeth plu mor lliwgar a thrafferthus esblygu? Fyddai neb yn disgwyl i nodweddion mor anfanteisiol gael eu **dethol yn naturiol** oni fydden nhw'n cynyddu'r llwyddiant i atgenhedlu mewn rhyw ffordd. Awgrym Charles Darwin mai dewis y fenyw oedd yr ateb. Os sefydlir nodwedd benodol yn hoff ddewis benywod yn gyffredinol, gwrywod sydd â'r enghreifftiau gorau o'r nodwedd honno fydd fwyaf llwyddiannus wrth atgenhedlu. Ymhlith peunod, felly, ceir pwysau ar y gwrywod i gynhyrchu cynffonau mwy lliwgar a dramatig. Dyna gynsail sylfaenol damcaniaeth dethol rhyw: caiff unrhyw nodwedd sy'n cynyddu llwyddiant unigolyn i atgenhedlu ei dewis a'i gorliwio fwy a mwy wrth i'r rhywogaeth esblygu.

Y CYD-DESTUN A'R NODAU

Mae seicolegwyr esblygol yn ymddiddori yn yr hoffterau cyfredol o ran cymar am fod y rheiny'n adlewyrchu'r pwysau cyn-dewis ac felly'n cynnig cliwiau pwysig ynghylch hanes atgenhedlu rhywogaeth yn y gorffennol. Maen nhw hefyd yn amlygu cyfeiriad cyfredol **dethol rhyw** drwy adael i ni wybod pwy sy'n debyg o gael ei (d)dewis yn gymar. Bydd y nodweddion sy'n denu'r rhyw arall – ac y mae modd eu hetifeddu – i'w gweld yn amlach yn y cenedlaethau dilynol, ond chaiff unigolion sydd heb y nodweddion hynny ddim eu dewis fel partner. Fydd dim parhad, felly, i'w genynnau.

Serch pwysigrwydd yr hoffterau o ran cymar, ychydig o wybodaeth sydd gennym am y nodweddion y bydd bechgyn a merched yn eu ffafrio. Mae tair dadl bosibl sy'n rhagfynegi gwahaniaethau penodol rhwng y ddau ryw wrth iddyn nhw ddewis cymar neu bartner.

1. **Rhagfynegiadau sy'n seiliedig ar ddamcaniaeth buddsoddiad rhieni a dethol rhyw (Trivers, 1972)** Gyrrir dethol rhyw yn rhannol gan y gwahanol lefelau o fuddsoddi yn eu hepil gan y gwrywod a'r benywod. Mewn mamaliaid, bydd y gwrywod yn buddsoddi llai am mai'r fenyw sy'n cario'r babi. Oherwydd buddsoddiad helaethach y benywod, maen nhw'n debyg o fod yn fwy gofalus wrth ddewis cymar. Fe allen nhw, yn arbennig, ddewis cymar a all gynnig yr adnoddau (e.e. bwyd, cysgod, tiriogaeth, diogelwch) a fydd yn cynyddu eu llwyddiant wrth atgenhedlu. Yn ein hoes ni, gallai hynny olygu bod dynion sydd â mwy o allu i ennill arian ac sy'n uchelgeisiol ac yn ddiwyd yn well dewis.

2. **Rhagfynegiadau sy'n seiliedig ar werth atgenhedlol (Symons, 1979) a ffrwythlondeb (Williams, 1975)** Mae i ferch 13 oed werth atgenhedlol uchel (mae ei phosibiliadau o ran atgenhedlu yn y dyfodol yn uchel) a byddai i fenyw 23 oed werth atgenhedlol is ond ffrwythlondeb uwch (mae hi'n debycach o atgenhedlu yn awr). Byddai golwg ifanc yn dynodi ffrwythlondeb a gwerth atgenhedlol, a gellid amlygu'r rheiny gan nodweddion corfforol (fel croen llyfn, cyhyrau cadarn, gwallt sgleiniog a gwefusau llawn) a dangosyddion ymddygiadol (fel lefel uchel o egni a cherddediad sionc). Ar gyfartaledd byddai gwrywod sy'n methu â dewis benywod sydd â'r nodweddion hynny yn gadael llai o epil na dynion sy'n dewis benywod sydd â'r nodweddion hynny. Mae'n llai anodd barnu ffrwythlondeb gwrywod ar sail eu golwg am fod llai o gysylltiad agos rhwng oedran a ffrwythlondeb. Mae hynny'n awgrymu y bydd gwrywod, yn fwy na menywod, yn ffafrio ieuenctid ac atyniad corfforol mewn darpar gymar.

3. **Rhagfynegiad ar sail y tebygolrwydd o gael bod yn dad (Daly ac eraill, 1982)** Mewn rhywogaethau lle bydd gwrywod yn buddsoddi fel rhiant, dylai'r dethol ffafrio'r gwrywod sy'n sicrhau y byddan nhw'n cyfeirio unrhyw ymdrech ganddyn nhw at eu hepil eu hunain yn hytrach nag epil rhyw wryw arall. Mae eiddigedd rhywiol yn ffordd o gynyddu'r tebygolrwydd o fod yn dad. Ei ddiben yw 'gwarchod' y cymar a chadw cystadleuwyr gwryw draw. Mecanwaith arall i sicrhau'r tebygolrwydd o fod yn dad yw bod o blaid diweirdeb mewn cymar posibl. Mae'n debyg i'r gwrywod yr oedd yn well ganddyn nhw fenywod diwair yn ein **Hamgylchedd Addasu Esblygol (EEA)** gael mwy o lwyddiant wrth atgenhedlu. Mae llai o angen diweirdeb ar fenyw am y gallan nhw fod yn sicr mai nhw yw'r fam. Er hynny, mae'n bosibl y gall profiad rhywiol gwryw awgrymu y gallai'r gwryw orfod rhannu adnoddau rhwng amryw o fenywod ac felly y gall diweirdeb hefyd fod yn arwydd pwysig i fenywod.

Nodau

Ceisiodd Buss ymchwilio i weld a oedd esboniadau esblygol o'r gwahaniaethau rhwng y ddau ryw wrth ddewis cymar mewn pobl i'w gweld mewn diwylliannau sy'n amrywio o ran eu hecoleg, eu lleoliad, eu cyfansoddiad ethnig, eu credoau crefyddol a'u tueddiadau gwleidyddol. Mae gwneud **astudiaethau trawsddiwylliannol** yn gyfle i roi prawf ar ragdybiaethau sy'n seiliedig ar esblygiad am y bydden ni'n disgwyl i ymddygiadau cynhenid fod yr un peth ym mhob diwylliant.

TREFNIADAU

Samplau

Dadansoddodd Buss ymatebion o 37 o samplau o 33 o wledydd ar chwe chyfandir a phum ynys. Cyfanswm y cyfranwyr, felly, oedd 10 047. Mae'r samplau wedi'u rhestru ar y dde.

Amrywiai maint y **samplau** o 55 yn Iran i 1491 ar dir mawr yr Unol Daleithiau. Ar wahân i'r sampl yn Iran, roedd mwy na 100 o gyfranwyr ym mhob sampl. Cymedr maint y sampl oedd 272 o gyfranwyr. Amrywiai oedran y cyfranwyr yn y grwpiau sampl o 16.96 oed yn Seland Newydd i 28.71 yng Ngorllewin yr Almaen. Cymedr oedran y sampl yn gyffredinol oedd 23.05 oed.

- Amrywiai'r **technegau samplu** yn fawr o wlad i wlad.
- Yn Estonia, cyplau a oedd yn gwneud cais am drwydded i briodi oedd un is-sampl.
- Yn Venezuela, y sampl oedd un o bob pum cartref mewn cyfres o gymdogaethau a amrywiai o ran eu dosbarth **cymdeithasol-economaidd**.
- Yn Ne Affrica, poblogaeth wledig oedd sampl y Zulus, a darllenwyd y cwestiynau'n uchel i rai ohonyn nhw.
- Yng Ngorllewin yr Almaen, dewiswyd y sampl drwy roi hysbysebion mewn papurau newydd.
- Yn Seland Newydd, myfyrwyr mewn tair ysgol uwchradd oedd y sampl.

Casglu'r data

Gan amlaf, cafodd data'r ymchwil eu casglu gan breswylwyr brodorol ym mhob gwlad a'u hanfon i'r Unol Daleithiau i'w dadansoddi. Nid oedd cydweithwyr yr ymchwil yn gwybod dim am **ragdybiaethau** canolog yr ymchwiliad.

Yr holiadur

Defnyddiodd Buss ddau offeryn i asesu barn yr ymatebwyr am eu hoffterau ynghylch dewis cymar.

Offeryn 1: Barn

- **Rhan 1 Data bywgraffyddol**, e.e. oedran, rhyw, crefydd, statws priodasol, nifer y brodyr a'r chwiorydd.
- **Rhan 2 Hoffterau o ran cymar**, e.e. cwestiynau ynghylch pa oedran y byddai'n well gan yr ymatebwyr fod pan fydden nhw'n priodi, y gwahaniaeth oedran rhwng yr ymatebydd a'r priod, faint o blant y dymunen nhw eu cael.
- **Rhan 3 Graddfa barn** Bu'n rhaid i'r cyfranwyr farnu 18 o nodweddion ar raddfa o bedwar pwynt o 3 (anhepgor) i 0 (dibwys) – gweler ar y dde. Ymhlith y 18 hynny roedd y pedwar newidyn targed: rhagolygon ariannol da; harddwch; diweirdeb (*chastity*): dim cyfathrach rywiol flaenorol; ac uchelgais a diwydrwydd.

Offeryn 2: Graddio (*Ranking*) Gofynnwyd i'r cyfranwyr osod 13 o nodweddion yn nhrefn eu dymunoldeb yn rhywun y gallai fod arnyn nhw awydd i'w briodi/i'w phriodi. Rhoddwyd gradd '1' i'r nodwedd fwyaf dymunol ac '13' i'r nodwedd leiaf dymunol mewn darpar gymar. Ymhlith yr 13 o nodweddion hynny yr oedd y ddau newidyn targed, sef gallu da i ennill arian a harddwch a gwedd. Ymhlith y newidynnau eraill roedd bod yn grefyddol, yn garedig, bod yn llawn dealltwriaeth, a bod â phersonoliaeth gyffrous.

Cyfieithiadau (*translations*) Cafodd cydweithwyr yr ymchwil y dasg o gyflogi tri siaradwr dwyieithog: cyfieithodd un o'r tri yr holiadur o Saesneg i'w (h)iaith frodorol; cyfieithodd yr ail yr atebion yn ôl i Saesneg; ac os oedd unrhyw drafferth fe ddatrysodd y trydydd y broblem.

Cyfarwyddwyd y cyfieithwyr i sicrhau bod pob term yn 'niwtral' yn hytrach na defnyddio geiriau y gellid eu cysylltu â rhyw penodol. Er enghraifft, mae 'tegwch pryd a gwedd' yn niwtral o ran rhyw ond mae 'golygus' a 'hardd' yn gysylltiedig â rhyw penodol.

Ambell waith, roedd angen diwygio'r holiaduron i adlewyrchu'r gwahaniaethau diwylliannol. Gan fod llawer o gyplau yn Sweden yn cyd-fyw heb briodi, bu'n rhaid addasu'r cwestiynau i adlewyrchu'r gwahaniaeth diwylliannol hwnnw. Yn Nigeria, ceir amlwreica (bod gan ddyn fwy nag un wraig) ac roedd angen ychwanegu cwestiynau i gymryd i ystyriaeth y posibilrwydd y gallai dyn fod â sawl gwraig.

Y SAMPLAU A DDEFNYDDIWYD YN YR ASTUDIAETH

Nigeria, De Affrica (pobl groenwyn), De Affrica (Zulus), Zambia, China, India, Indonesia, Iran, Israel (Iddewon), Israel (Palesteiniaid), Japan, Taiwan, Bwlgaria, Gweriniaeth Sosialaidd Sofiet Estonia, Gwlad Pwyl, Iwgoslafia, Gwlad Belg, Ffrainc, y Ffindir, Gorllewin yr Almaen, Prydain, Gwlad Groeg, Iwerddon, yr Eidal, yr Iseldiroedd, Norwy, Sbaen, Sweden, Canada (Saesneg), Canada (Ffrangeg), UDA (tir mawr), UDA (Hawaii), Awstralia, Seland Newydd, Brasil, Colombia, Venezuela.

Graddfa barn

Gofynnwyd i'r ymatebwyr farnu pob nodwedd ar raddfa o bedwar pwynt (gweler y testun).

	3	2	1	0
Un sy'n coginio ac yn cadw tŷ yn dda				
Personoliaeth ddymunol				
Cymdeithasgarwch (*sociability*)				
Cefndir addysgol tebyg				
Lledneisrwydd (*refinement*), taclusrwydd				
Rhagolygon ariannol da				
Diweirdeb (*chastity*): dim cyfathrach rywiol flaenorol				
Cymeriad dibynadwy				
Sefydlogrwydd ac aeddfedrwydd emosiynol				
Awydd am gartref a phlant				
Statws cymdeithasol ffafriol				
Tegwch pryd				
Cefndir crefyddol tebyg				
Uchelgais a diwydrwydd				
Cefndir gwleidyddol tebyg				
Cyd-atyniad – cariad				
Iechyd da				
Addysg a deallusrwydd				

GWAITH I CHI   Rhif 5.36

Defnyddiwch y raddfa uchod i wneud tipyn o ymchwil. Cymharwch atebion gwrywod a benywod o ran y pedwar newidyn targed (rhagolygon ariannol da, tegwch pryd, diweirdeb, ac uchelgais a diwydrwydd). Penderfynwch ar ddull addas o gyflwyno'ch darganfyddiadau allweddol. (Mae'r holiadur a ddefnyddiodd Buss i'w weld yn: homepage.psy.utexas.edu/homepage/Group/BussLAB/measures.htm.)

www Hafan David Buss, lle cewch chi gysylltiadau a chyfweliadau yw: homepage.psy.utexas.edu/HomePage/Group/BussLAB/publications.htm.

Chwilio am gymar: gweler ymchwil Robin Dunbar yn: www.bbc.co.uk/science/humanbody/mind/articles/emotions/lonelyhearts.shtml.

Yr erthygl wreiddiol
Cyfeiriad llawn yr astudiaeth graidd hon yw: Buss, D.M. (1989). Sex differences in human mate preferences: Evolutionary hypotheses tested in 37 cultures. *Behavioural and Brain Sciences*, 12, 1–49. Gallwch chi ddarllen yr erthygl lawn yn: homepage.psy.utexas.edu/HomePage/Group/BussLAB/pdffiles/SexDifferencesinHuman.PDF.

Buss (1989) Gwahaniaethau yn ôl rhyw yn y dewis o gymar gan fodau dynol

DARGANFYDDIADAU

Rhagolygon ariannol da

Mewn 36 o'r 37 o samplau (97%), rhoddodd y benywod fwy o bwys ar 'ragolygon ariannol da' mewn cymar nag a wnaeth y gwrywod. Yr unig eithriad oedd Sbaen, lle'r oedd gwahaniaeth yn y cyfeiriad a ragwelwyd, ond doedd hwnnw ddim yn un **arwyddocaol**.

Gwelwyd cryn amrywiaeth yn y pwyslais a roddwyd ar y nodwedd hon. Ar y cyfan, rhoddodd y samplau o Orllewin Ewrop lai o bwys ar y gallu i ennill nag a wnaeth y samplau yn Ne America, Gogledd America, Asia ac Affrica, ond gwelwyd amrywiadau ymhlith samplau o fewn y cyfandiroedd.

Uchelgais a diwydrwydd

Mewn 34 o'r 37 o samplau (92%), mynegodd y benywod fwy o awydd i weld 'uchelgais a diwydrwydd' mewn cymar nag a wnaeth y gwrywod. Mewn 29 o samplau (78%) roedd y gwahaniaeth hwnnw'n arwyddocaol ar lefel .05 (h.y. posibilrwydd o 5% fod y canlyniadau hynny wedi digwydd ar siawns). Rhoddodd hynny gefnogaeth gymedrol i'r rhagdybiaeth hon ynglŷn â'r gwahaniaethau rhwng y ddau ryw.

Mewn tair sampl – y rhai o Colombia, Sbaen a Zulus De Affrica – gwelwyd gwahaniaeth croes (h.y. rhoddodd y gwrywod fwy o bwys ar 'uchelgais a diwydrwydd' nag a wnaeth y benywod), ond yn Zulus De Affrica yn unig yr oedd hynny'n arwyddocaol. Awgrym y cydweithiwr ar ymchwil ar gyfer y sampl o Zulus oedd mai rheswm posibl oedd y farn mai gwaith i fenywod oedd tasgau corfforol fel codi'r tŷ. Yn y diwylliant hwnnw, bydd y gwrywod fel rheol yn cymudo o fannau gwledig i weithio yn y trefi.

Yn y samplau yn Nigeria, China, Taiwan, Estonia, Israel (Palesteina), Colombia a Venezuela, ac ymhlith y Zulus, rhoddodd y ddau ryw bwys mawr ar y nodwedd hon. Ni roddodd unrhyw sampl ychydig o bwys arni, ond y samplau yn yr Iseldiroedd, Prydain, Gorllewin yr Almaen a'r Ffindir a roddodd leiaf o bwys arni.

Gwahaniaethau o ran oedran

Ym mhob un o'r 37 o samplau, roedd yn well gan wrywod gael cymar iau. Cymedr y gwahaniaeth oedran a oedd orau gan wrywod oedd 2.66 o flynyddoedd, a chymedr yr oedran pryd y mae'n well gan wrywod briodi yw 27.49 oed. Mae hynny'n awgrymu, felly, mai'r oedran ddelfrydol i fenywod yw 24.83 oed, sy'n nes at uchafbwynt *ffrwythlondeb* y fenyw nag uchafbwynt *gwerth atgenhedlol* y fenyw.

Ar draws pob gwlad, roedd yn well gan fenywod gael cymar hŷn. Cymedr y gwahaniaeth oedran a ddymunent oedd 3.42 o flynyddoedd, a chymedr yr oedran pryd y mae'n well gan fenywod briodi yw 25.39. Oedran delfrydol y cymar, felly, yw 28.81.

Yn y diwylliannau lle ceid amlwreica sylweddol (Nigeria a Zambia) roedd hoffter y gwryw o fod yn hŷn ar ei fwyaf, sef 6.4 a 7.38 o flynyddoedd. Rheswm posibl yw bod tuedd i wrywod fod yn hŷn pan fyddan nhw'n priodi gwragedd mewn systemau amlwreica o'i gymharu â systemau monogamaidd (un cymar).

Tegwch pryd

Dangosodd pob un o'r 37 o samplau fod gwrywod yn rhoi mwy o bwyslais ar 'degwch pryd' eu cymar nag a wnâi'r benywod. Roedd y gwahaniaeth hwnnw'n arwyddocaol ar y lefel .05 yn 34 (92%) o'r samplau.

Roedd 'tegwch pryd' yn arbennig o bwysig i wrywod yn y samplau yn Bwlgaria, Palesteina, Nigeria a Zambia.

Diweirdeb (chastity)

Mae samplau yn amrywio'n aruthrol o ran y gwerth a rodden nhw ar y nodwedd hon. Mewn 23 (62%) o'r samplau, roedd yn well gan wrywod i'w cymar fod heb gael rhyw, ond doedd dim arwyddocâd yn y 14 o samplau eraill. Rhoddodd y samplau o China, India, Indonesia, Iran, Taiwan a Palesteina werth mawr ar beidio â chael rhyw cyn priodi mewn darpar gymar. Yn y mwyafrif o'r samplau o Orllewin Ewrop, barnwyd bod peidio â chael rhyw cyn priodi yn 'amherthnasol neu'n ddibwys'.

▼ Graff 1 sy'n dangos y gwahaniaethau rhwng y ddau ryw

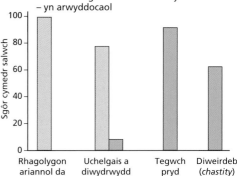

☐ % o'r samplau lle'r oedd nifer y benywod a werthfawrogai'r nodwedd hon yn uwch – yn arwyddocaol

☐ % o'r samplau lle'r oedd nifer y gwrywod a werthfawrogai'r nodwedd hon yn uwch – yn arwyddocaol

Gwirio

Mae angen ateb dau gwestiwn pwysig:
1. Ydy hoffterau mewn hunanadroddiad yn adlewyrchu'r hoffterau go-iawn yn gywir?
2. Ydy hoffterau'r gwrywod yn adlewyrchu eu penderfyniadau go-iawn ynghylch dewis cymar yn gywir?

Mewn 27 o'r 33 o wledydd a samplwyd, cafwyd data demograffig. Gwelwyd mai cymedr y gwahaniaeth o ran oedran oedd 2.99 o flynyddoedd, sy'n agos iawn at y cymedr perthnasol yn yr astudiaeth hon (2.66 yn achos gwrywod a 3.42 yn achos benywod, a chymedr o 3.04 o flynyddoedd).

Roedd yr oedran yr oedd pobl yn dymuno priodi hefyd yn cyd-fynd yn agos â'r oedran a nodwyd yn yr astudiaeth. Er enghraifft, awgrymodd y gwrywod mai cymedr yr oedran ar gyfer priodi fyddai 27.5, a chymedr yr oedrannau go-iawn oedd 28.2. Yn achos y benywod, cymedr yr oedran o'u dewis nhw oedd 25.4 a chymedr yr oedrannau go-iawn oedd 25.3.

YMCHWILYDD

Athro Seicoleg ym Mhrifysgol Texas yn Austin yw **David M. Buss**. Mae'n awdur dros 200 o erthyglau a llyfrau ar bwnc seicoleg esblygiad ac wedi rhoi sylw i strategaethau cymharu, statws cymdeithasol, eiddigedd, llofruddio ac, yn fwy diweddar, i stelcio. Mae wedi ennill nifer o wobrau, gan gynnwys Gwobr Wyddonol Cymdeithas Seicolegol America am Gyfraniad Gyrfa Gynnar i Seicoleg yn 1988. Yn ei amser hamdden, bydd yn mwynhau chwarae tennis a sboncen a gwylio ffilmiau. Anfonodd y stori isod aton ni am yr astudiaeth.

'Bu'n arbennig o anodd casglu data o blith Zulus De Affrica. Dywedodd fy nghydweithiwr ar ymchwil ymhlith y Zulus fod llawer o'r merched yn gyndyn o ddatgelu eu hoffterau o ran cymar rhag i'r dynion, pe caen nhw'r wybodaeth honno, ei defnyddio er mantais iddyn nhw (a hynny, mae'n debyg, drwy dwyllo merched drwy gymryd arnyn nhw eu bod yn meddu'r nodweddion oedden nhw'n ei ddymuno). Eto i gyd, fe lwyddodd ef yn y pen draw i ddarbwyllo'r sampl o ferched Zulu i fynegi eu hoffterau ar y cyfieithiadau i iaith y Zulus o offerynnau'n hymchwil ni.'

(Trosiad o neges bersonol)

CASGLIADAU

Rhoddodd y data gefnogaeth i bump o'r rhagfynegiadau a seiliwyd ar esblygiad.

1. Rhoddodd y benywod fwy o bwys ar allu ariannol darpar gymar nag a wnaeth y gwrywod. Ategodd hynny'r rhagdybiaeth fod benywod yn chwilio am giwiau sy'n ymwneud ag adnoddau.

2. Rhoddodd y benywod fwy o bwys ar uchelgais a diwydrwydd nag a wnaeth y gwrywod. Ategodd hynny unwaith eto'r rhagdybiaeth fod benywod yn chwilio am giwiau sy'n ymwneud ag adnoddau.

3. Rhoddodd y gwrywod fwy o bwys ar degwch pryd a gwedd ac ieuenctid cymharol nag a wnaeth y benywod. Ategodd hynny'r rhagdybiaeth bod gwrywod yn chwilio am giwiau sy'n ymwneud â gallu mawr i atgenhedlu. Mae'r ffaith fod gwrywod yn chwilio am bartneriaid tua 25 oed yn awgrymu eu bod nhw'n chwilio am giwiau sy'n gysylltiedig â ffrwythlondeb yn hytrach na gwerth atgenhedlol (*reproductive value*), yn groes i farn Symond fod gwerth atgenhedlol yn bwysicach. Ond mae'r ffaith fod yr hoffter o ran oedran sawl blwyddyn y tu hwnt i uchafbwynt ffrwythlondeb yn awgrymu bod ffactorau eraill fel cydnawsedd (*compatibility*) ac aeddfedrwydd – rhai sydd ddim yn esblygol – hefyd ar waith.

4. Roedd yn well gan y benywod gymar a oedd ychydig yn hŷn. Ni ragwelwyd hynny'n benodol ar y dechrau, ond mae'n ategu pwysigrwydd adnoddau am fod dynion hŷn yn debyg o fod ag adnoddau helaethach.

5. Roedd y gwrywod yn gwerthfawrogi diweirdeb yn fwy nag a wnaeth y benywod. Mae hynny'n ategu pwysigrwydd tebygolrwydd bod yn dad – ond i raddau cymedrol yn unig am i nifer fawr o'r samplau beidio â dangos unrhyw wahaniaeth. Rheswm posibl dros y canlyniadau llai trawiadol hynny yw ei bod hi'n anoddach arsylwi diweirdeb yn uniongyrchol.

Casgliad Buss oedd bod ei ddarganfyddiadau'n ategu esboniadau esblygol o ymddygiad dynol ac, yn benodol, y dylai ymddygiad cymharu wahaniaethu yn ôl rhywedd am fod hynny'n adlewyrchu'r gwahaniaethau yng ngalluoedd gwrywod a benywod i atgenhedlu.

Casgliad arall gan Buss oedd bod y darganfyddiadau'n dangos nad dewis y fenyw yn unig yw hoffterau mewn cymar. Bydd gwrywod a benywod dynol yn mynegi eu hoffterau ac mae manteision o ran dethol i wneud hynny.

Mae dylanwadau diwylliannol hefyd ar waith fel y dangoswyd, er enghraifft, fod pwysigrwydd diweirdeb fel ffactor wrth ddewis cymar yn amrywio.

Rhif 5.17

GWAITH I CHI
Rhif 5.37

- Lluniwch eich canllaw cam-wrth-gam eich hun i drefniadau'r astudiaeth hon. Rhifwch bob cam.
- Chwiliwch am ffordd dda o gynrychioli'r data gyferbyn ar ffurf graffigol, fel siart bar.
- Lluniwch grynodeb o'r astudiaeth hon fel y gwnaethoch o'r blaen. Dylai'r crynodeb gynnwys manylion byr am gyd-destun a nodau, trefniadau, darganfyddiadau a chasgliadau'r astudiaeth hon – a'r cyfan mewn rhyw 200 o eiriau.

ALLWCH CHI...?

1... Egluro'r broses o ddethol rhyw.

2... Amlinellu **tri neu ragor** o ragfynegiadau sylfaenol ynghylch hoffterau o ran cymar sy'n deillio o ddamcaniaeth esblygiad.

3... Amlinellu nodau'r astudiaeth hon yn fyr.

4... Faint o gyfranwyr oedd yn yr astudiaeth?

5... Disgrifio **tair** agwedd allweddol ar y sampl.

6... Amlinellu sut y cafwyd **tair** o'r samplau.

7... Disgrifio'r holiadur a ddefnyddiwyd gyda'r cyfranwyr, gan nodi **chwe** nodwedd allweddol.

8... Enwi **chwech** o ddarganfyddiadau'r astudiaeth hon.

9... Beth oedd diben gwirio dilysrwydd yr astudiaeth, a beth a welwyd yn sgil hynny?

10... Yn achos pob darganfyddiad, enwi casgliad y gellid ei dynnu ohono. Ceisiwch wneud pob casgliad yn wahanol.

11... Dweud beth yw'r prif gasgliad y gellir ei dynnu o'r astudiaeth hon.

12... Amlinellu **tri** chasgliad arall.

13... Pa dystiolaeth sy'n peri i chi ddod i'r casgliad bod yr astudiaeth hon yn ategu esboniadau esblygol o hoffterau o ran cymar?

14... Pa dystiolaeth sy'n peri i chi ddod i'r casgliad bod yr astudiaeth hon yn ategu esboniadau eraill o hoffterau o ran cymar?

CWESTIYNAU ARHOLIAD

ADRAN A

Rhowch grynodeb o amcanion a chyd-destun ymchwil Buss (1989), 'Gwahaniaethau yn ôl rhyw yn y dewis o gymar gan fodau dynol'. [12]

Amlinellwch ddulliau gweithredu ymchwil Buss (1989), 'Gwahaniaethau yn ôl rhyw yn y dewis o gymar gan fodau dynol'. [12]

Disgrifiwch ganlyniadau a chasgliadau ymchwil ymchwil Buss (1989), 'Gwahaniaethau yn ôl rhyw yn y dewis o gymar gan fodau dynol'. [12]

Nodiadau Yn Adran A arholiad Uned 2, gellid gofyn unrhyw un o'r cwestiynau uchod i chi. Bydd pob cwestiwn yn werth 12 marc. I gael y 12 marc i gyd, dylai'ch ateb:

▶ *Fod yn gywir ac yn fanwl.*

▶ *Amlygu dyfnder ac ystod o wybodaeth, ond nid i'r un graddau o reidrwydd. Hynny yw, gallwch chi fanylu cryn dipyn ar ambell bwynt (h.y. dyfnder) neu drafod nifer o bwyntiau yn llai manwl (ystod).*

▶ *Bod wedi'i strwythuro'n dda ac yn gydlynol.*

▶ *Bod yn gywir o ran gramadeg, atalnodi a sillafu.*

▶ *Bod yn rhyw 200-250 o eiriau o hyd, sef nifer llai nag yn achos y cwestiynau eraill sydd â 12 marc, ond yma mae'r pwyslais ar fod yn fanwl-gywir.*

▲ David Buss (1953–).

ASTUDIAETH GRAIDD 9
parhad

Buss (1989) Gwahaniaethau yn ôl rhyw yn y dewis o gymar gan fodau dynol

Ar y ddau dudalen hyn, byddwn ni'n gwerthuso'r astudiaeth graidd drwy astudio'r materion sy'n gysylltiedig â'i methodoleg hi a chymharu'r astudiaeth â thystiolaeth arall. Pan ddaw'n fater o werthuso, cewch chi benderfynu drosoch chi'ch hun. Rydyn ni wedi cyflwyno peth tystiolaeth a rhai datganiadau ac yn eich gwahodd chi i'w defnyddio i ffurfio'ch barn eich hun am yr astudiaeth graidd.

GWERTHUSO'R FETHODOLEG

Mae eglurhad o'r cysyniadau hyn ym Mhennod 6 (Dulliau Ymchwil Cymhwysol).

Dull
Defnyddiodd Buss **holiadur** i gasglu ei ddata. *Pa fantais y mae hynny'n ei chynnig? Pa anfantais sydd i hynny?*

Dibynadwyedd
Rhoddwyd yr holiaduron i'r cyfranwyr unwaith yn unig. *Yn eich barn chi, pa mor **ddibynadwy** oedd eu hatebion?*

Dilysrwydd
Gwnaed ymdrechion mawr i sicrhau bod pob ymatebydd wedi deall y cwestiynau – cyfieithwyd yr holiadur i ieithoedd lleol, darllenwyd yr holiadur yn uchel i'r rhai na fedren nhw ddarllen, ac addaswyd y cwestiynau i gyd-fynd ag arferion lleol (fel ychwanegu cwestiynau ynghylch amlwragedd mewn diwylliannau lle ceir amlwreica (*polygyny*)). *Yn eich barn chi, i ba raddau yr oedd yr atebion a roddwyd yn adlewyrchu'n gywir yr hyn yr oedd yr ymatebwyr yn ei deimlo ac yn ei feddwl mewn gwirionedd?*

Gallai **tuedd dymunolrwydd cymdeithasol** (*social desirability*) fod wedi amharu ar eirwiredd atebion yr ymatebwyr. *Yn eich barn chi, i ba raddau yr oedd yr atebion a roddwyd yn adlewyrchu'n gywir yr hyn yr oedd yr ymatebwyr yn ei deimlo ac yn ei feddwl mewn gwirionedd?*

Gofynnodd un holiadur i'r ymatebwyr restru, yn eu trefn, nodweddion penodol y bydden nhw'n chwilio amdanyn nhw mewn darpar gymar. *Sut y gallai defnyddio'r drefn honno effeithio ar **ddilysrwydd** darganfyddiadau Buss?*

Samplu
Cymedr oedran y cyfranwyr gwryw oedd 23.49, a 22.52 yn achos y cyfranwyr benyw. *Sut y gallai'r oedran cymedrig hwnnw fod wedi effeithio ar ddarganfyddiadau Buss?*

Amrywiai'r strategaethau **samplu** yn y gwahanol ddiwylliannau yn fawr iawn. Nododd Buss fod llawer o'r samplau yn 'samplau cyfleus (e.e. myfyrwyr prifysgol) ac nad oes modd ystyried eu bod yn gynrychioliadol'. *Sut y gallai defnyddio technegau samplu gwahanol iawn fod wedi effeithio ar ddarganfyddiadau Buss?*

Dadleuodd Buss mai tuedd yr amrywiaeth mawr o dechnegau samplu a ddefnyddiwyd fyddai cynyddu cysondeb y darganfyddiadau am y byddai hi'n cwtogi hyd yr eithaf ar dueddiadau unrhyw dechneg samplu benodol. *Sut y gallai defnyddio technegau samplu gwahanol iawn fod wedi effeithio ar ddarganfyddiadau Buss?*

Mae Buss yn cydnabod nad oedd y sampl yn gynrychioladwy. Roedd pobl wledig a phobl oedd heb dderbyn addysg heb eu cynrychioli yn llawn. *Oedd hyn yn debygol o effeithio calyniadau Buss?*

Gwnaeth Buss arolwg o 10 047 o unigolion o 37 o wahanol ddiwylliannau, ond perthyn i 'genhedloedd diwydiannol dan ddylanwad y gorllewin' a wnâi'r mwyafrif o'r 'diwylliannau' hynny (26 o'r 37): ohonyn nhw y cafwyd 7749 (77%) o'r holl gyfranwyr yn y grŵp samplu. *Sut y gallai'r broblem honno effeithio ar ddilysrwydd canlyniadau Buss?*

Materion moesegol
Mae seicolegwyr yn poeni ynghylch 'ymchwil sy'n gymdeithasol sensitif', h.y. ymchwil a allai arwain at ganlyniadau cymdeithasol uniongyrchol i'r cyfranwyr. *Oes unrhyw **faterion moesegol** amlwg yn ymchwil Buss?*

TYSTIOLAETH ARALL

Astudiaethau trawsddiwylliannol eraill
Gwelodd Cunningham ac eraill (1995) fod cytundeb agos iawn ar draws grwpiau diwylliannol wrth farnu tegwch pryd benywod. Yn yr astudiaeth honno, rhoddodd myfyrwyr o dras Asiaidd a Sbaenaidd a oedd newydd gyrraedd y wlad, ac, Americaniaid croenwyn, eu barn ynghylch pa mor ddeniadol oedd benywod Asiaidd, Sbaenaidd, croenddu a chroenwyn mewn ffotograffau. Cymedr y cydberthyniad rhwng y grwpiau o ran eu barn am degwch pryd oedd +.93. *Sut mae'r darganfyddiadau hynny'n ategu darganfyddiadau Buss?*

Gwelodd Singh (1993) fod perthynas rhwng y gymhareb gwasg-i-glun (*waist-to-hip ratio* – WHR) a thegwch pryd ar draws llawer diwylliant. Mae'n well gan ddynion ferched sydd ag WHR isel. Y ddelfryd yw rhyw 0.7. Mae benyw sydd â'r WHR hwnnw'n debyg o fod â phen-ôl mawr, sy'n arwydd bod ganddi ddigon o adnoddau braster ar gyfer beichiogrwydd, a gwasg denau, sef arwydd nad yw hi'n feichiog. Y rheswm y byddai WHR isel yn ddeniadol, felly, yw ei fod yn arwydd o ieuenctid a ffrwythlondeb. *Sut mae'r darganfyddiadau hynny'n ategu neu'n datblygu darganfyddiadau Buss?*

Gan Little ac eraill (2007) cafwyd tystiolaeth o ddangosydd arall o ffrwythlondeb – cymesuredd yr wyneb. Cynigiwyd bod cymesuredd yn arwydd o gadernid **genetig** ac yn nodwedd ddymunol mewn cymar oherwydd ei chysylltu ag atgenhedlu mwy llwyddiannus. Ymchwiliodd Little ac eraill i hoffterau o ran cymesuredd ym Mhrydain ac ymhlith yr Hadza, cymdeithas 'gyntefig' o helwyr-gasglwyr yn Tanzania. Roedd yn well gan y ddau grŵp wynebau cymesur ac roedd hynny gryfaf ymhlith yr Hadza. *Sut mae'r darganfyddiadau hynny'n ategu neu'n datblygu darganfyddiadau Buss?*

Hysbysebion chwilio am gymar
Sylweddolodd Waynforth a Dunbar (1995) fod hysbysebion personol yn ffynhonnell hwylus o ddata meintiol am ddewis cymar. Mae'r hysbysebion yn arbennig o ddiddorol am eu bod yn cynrychioli dymuniad cychwynnol neu ddelfrydol yr awdur yn y broses faith o ddewis cymar. Bydd y cymar go-iawn, ar y llaw arall, yn cynrychioli'r cyfaddawdu anorfod.

Dadansoddodd Waynforth a Dunbar bron 900 o hysbysebion o bedwar papur newydd yn America. Didolwyd yr hysbysebion yn grwpiau o 10 mlynedd o ran oedran (20-29, 30-39, ac ati) a'u sgorio o ran amlder y sôn ynddyn nhw am dermau allweddol penodol a berthynai i'r categorïau hyn: tegwch pryd a gwedd; cyfoeth/statws/ymrwymiad i deulu; ffyddlondeb rhywiol; goddef plant; a gofynion o ran oedran. Fe sylwon nhw ar y gwahaniaethau isod yn hysbysebion dynion a merched:

- Chwiliai mwy o ddynion na merched am gymar ifanc.
- Chwiliai mwy o ddynion am gymar teg ei phryd.
- Defnyddiai mwy o ferched dermau 'tegwch pryd' i'w disgrifio'u hunain.
- Soniai mwy o ddynion am eu statws economaidd/gallu i ennill arian wrth eu disgrifio'u hunain.

Sut mae'r darganfyddiadau hynny'n ategu neu'n datblygu darganfyddiadau Buss?

Gwnewch eich ymchwil eich hun i hoffterau ynghylch cymar.

1. Gofynnwch i bobl enwi (yn eu trefn) y pum prif nodwedd yn eu cymar delfrydol. Yna, nodwch pa rai o'r rheiny sy'n ymwneud â thegwch pryd, adnoddau, ac ati.
2. Oes gwahaniaeth rhwng y gwrywod a benywod? Oes gwahaniaeth yn y grwpiau oedran gwahanol?
3. Dadansoddwch gynnwys hysbysebion am gymar. Yn achos pob hysbyseb, cofnodwch y rhain:
   • rhyw'r sawl sy'n hysbysebu
   • y grŵp oedran
   • a yw'r person yn ceisio neu'n cynnig adnoddau, neu'r ddau
   • a yw'n ceisio neu'n cynnig tegwch pryd, neu'r ddau.
4. Oes gwahaniaeth rhwng y gwrywod a benywod? Oes gwahaniaeth yn y grwpiau oedran gwahanol?

CWESTIYNAU ARHOLIAD

ADRAN B

Gwerthuswch fethodoleg ymchwil Buss (1989), 'Gwahaniaethau yn ôl rhyw yn y dewis o gymar gan fodau dynol'. [12]

Gan gyfeirio at dystiolaeth amgen, aseswch yn feirniadol ymchwil Buss (1989), 'Gwahaniaethau yn ôl rhyw yn y dewis o gymar gan fodau dynol'. [12]

Nodiadau Yn Adran B arholiad Uned 2, gellid gofyn unrhyw un o'r cwestiynau uchod i chi. I gael y 12 marc i gyd am bob cwestiwn, dylai'ch ateb ddilyn y canllawiau sydd ar dudalen 91.

Mewn astudiaeth ddiweddarach, edrychodd Dunbar (1995) ar hysbysebion ar gyfer partner hoyw. Roedd yr ymchwil yn dangos bod merched heterorywiol deirgwaith yn fwy tebygol o chwilio am adnoddau a statws na lesbiaid. Ar y llaw arall, roedd dynion hoyw yn cynnig adnoddau tua hanner gwaith yn llai aml na dynion heterorywiol Mae hyn yn cefnogi'r esboniad esblygol gan na fyddai disgwyl i ddewis cymar hoyw a lesbiaid fod yn berthnasol i atgenhedlu.

Mae Dunbar hefyd yn nodi bod yr oes wedi newid. Am fod sefyllfa economaidd llawer o ferched yn ddiogel, mae ganddyn nhw lai o ddiddordeb yn adnoddau'r partner ac yn aml byddan nhw'n chwilio am gymar 'sy'n gofalu ac yn rhannu' yn hytrach nag un sydd ag adnoddau. Mae hynny'n dal i wneud synnwyr esblygol am y dylai'r math hwnnw o gymar gynyddu llwyddiant wrth atgenhedlu. Yn wir, gwelodd Berezckei ac eraill (1997) fod merched yn hysbysebu am ddynion a oedd â gogwydd at y teulu yn ogystal â rhai a oedd yn ariannol gadarn. *Sut mae'r darganfyddiadau hynny'n ategu neu'n datblygu darganfyddiadau Buss?*

Esboniadau eraill

Gellir esbonio'r delfrydau cyffredinol o harddwch o bersbectif esblygol arall. Gall y rheswm dros y cytundeb cyffredinol beidio â deillio o'r ffaith fod y nodweddion hynny'n dynodi ffrwythlondeb. Maen nhw hefyd yn gysylltiedig ag 'wyneb babi', sef talcen uchel, llygaid mawr, a thrwyn a gên fach (meddyliwch am wyneb Kate Moss). Gall oedolion yn hawdd fod wedi esblygu hoffter o nodweddion 'babi' am fod hynny'n sicrhau ein bod ni'n gofalu am ein hepil ifanc, ac mai dyna pam y bydd y nodweddion hynny mor atyniadol. Ond awgrym Cellerino (2003) yw bod yr un nodweddion yn arwyddion o lefelau uchel o **oestrogen**, h.y. ffrwythlondeb.

Gall ffactorau eraill effeithio ar ein hatyniad at eraill. Mae esboniadau **magwraeth** o atyniad rhyngbersonol yn cynnwys yr 'effaith weld', sef po amlaf y gwelwch chi rywun, mwyaf yn y byd y byddwch chi'n ei hoffi. Gwelodd astudiaeth drawsddiwylliannol gan Langlois a Roggman (1990) ei bod hi'n well gan bobl 'wynebau cyffredin', ac mae hynny wedi'i egluro yn nhermau'r *effaith weld*, sef ein bod ni'n hoffi pethau sy'n gyfarwydd i ni. Ond gwelodd Cellerino (2003) fod ychwanegu nodweddion sy'n gysylltiedig â lefelau uchel o oestrogen at wynebau 'cyffredin' (gan ddefnyddio graffigwaith cyfrifiadurol) yn ysgogi'r farn eu bod yn fwy atyniadol.

Sut mae'r darganfyddiadau hynny'n ategu neu'n datblygu darganfyddiadau Buss?

Cwestiynau arholiad enghreifftiol ac atebion myfyrwyr

Mae sylwadau'r arholwr ar yr atebion hyn ar dudalen 178.

ENGHRAIFFT O GWESTIWN 4

Gwerthuswch fethodoleg ymchwil Buss (1989), 'Gwahaniaethau yn ôl rhyw yn y dewis o gymar gan fodau dynol'. [12]

Ateb Megan

Mae ymchwil Buss yn wirioneddol dda am iddo ofyn i fwy na 10 000 o bobl gymryd rhan ynddo. Mae hynny'n golygu bod ei sampl yn gynrychioliadol. Gan iddo ddefnyddio holiadur, llwyddodd i gasglu'r data'n gyflym. Dydy ymchwil Buss ddim yn codi unrhyw fater moesegol.

Ateb Tomos

Gan i Buss ddefnyddio holiadur i gasglu ei ddata, casglodd ddata oddi wrth nifer fawr o gyfranwyr yn gynt na phetai ef wedi cynnal cyfweliadau. Ond gall cyfranwyr beidio â dweud y gwir, peidio â gwybod beth y mae arnyn nhw ei eisiau mewn darpar gymar neu roi'r hyn sydd yn eu barn hwy yn ymatebion sy'n gymdeithasol-ddymunol.

Ydy rhestru nodweddion darpar gymar delfrydol yn wirioneddol ddilys? Dydy meddwl ein bod ni'n gwybod beth y mae arnon ni ei angen mewn cymar ddim yn golygu mai dyna a gawn ni yn y diwedd! Hefyd, wrth roi rhai nodweddion penodol yn eu trefn, wyddwn ni ddim pa mor bwysig yw'r gwahaniaeth am y gall maint y bwlch rhwng y gwahanol nodweddion beidio â bod yn gyfartal. Byddai data sy'n dangos pa mor ddymunol yw'r nodweddion yn rhagori ar restr o'r nodweddion.

Gwnaeth Buss arolwg o ryw 10 000 o unigolion o 37 o ddiwylliannau gwahanol, ond y dylanwad pennaf ar y 'diwylliannau' yw 'cenhedloedd diwydiannol y Gorllewin' (26 o'r 37). Cyfrannodd y samplau hynny bron 8000 i'r cyfan o'r grŵp o samplau. Er bod ymchwil Buss yn drawiadol ar yr olwg gyntaf, dydy'r sampl ddim yn cynrychioli'r gwahanol fathau o berthynas os yw math penodol o ddiwylliant yn tra-arglwyddiaethu arni. Gallai'r sampl fod wedi bod yn fwy dilys petai ef wedi cynnwys diwylliannau mwy traddodiadol ynddi. Yn ail, cymedr oedran y cyfranwyr gwryw oedd 23.5, a 22.5 yn achos y cyfranwyr benyw. Gan fod hynny'n eithaf ifanc, gall beidio ag amlygu'r hyn y byddai unigolion hŷn yn chwilio amdano mewn darpar gymar. Yn drydydd, roedd y strategaethau samplu yn y gwahanol ddiwylliannau'n amrywio'n fawr. Mae Buss yn nodi bod llawer o'r samplau'n 'samplau hwylustod' (e.e. myfyrwyr prifysgol) ac na ellir ystyried eu bod yn gynrychioliadol. Gall yr unigolion a gymerodd ran yn yr ymchwil, felly, beidio â bod yn nodweddiadol o bawb yn y diwylliant hwnnw. Nododd Buss ei hun na chafodd 'gwerin gwlad a gawsai lai o addysg, ac sydd â lefelau is o statws cymdeithasol-economaidd, eu cynrychioli'n ddigonol'.

Rosenhan (1973) Bod yn gall o dan amgylchiadau gwallgof

▲ Wrth i gyffyrddiad, blas, golwg, arogl a'r clyw fynd ar yr awyren i Havana, roedd yr Athro Fitzherbert yn gwybod yn ei galon ei fod wedi colli mwy na chyfeillion da a'i fod, o'r diwedd, wedi colli ei synhwyrau.

Dyma gloi Pennod 5 ag un o'r clasuron gorau ymhlith astudiaethau seicolegol. Yn Uned 1 fe astudioch chi amryw o'r therapïau gwahanol a ddefnyddir i drin salwch meddwl, a phob un yn cynrychioli ymagwedd wahanol mewn seicoleg. Bydd un ymagwedd, yr **ymagwedd fiolegol**, yn ceisio egluro ymddygiad yn nhermau prosesau corfforol fel **niwrodrosglwyddyddion**, hormonau, a ffactorau **genetig**. Caiff anhwylderau seicolegol eu hegluro, felly, yn yr un ffordd â salwch corfforol, h.y. yn nhermau ffactorau corfforol. Cyfeirir at yr ymagwedd fiolegol hefyd fel y **'model meddygol'** am mai'r nod yw trin anhwylderau seicolegol fel petaen nhw'n salwch corfforol. Gelwir *anhwylderau* seicolegol yn salwch (salwch meddwl). Yr unig ffordd o'u hiacháu yw dileu'r achos gwaelodol ac adfer y corff i'w lefel 'arferol' o weithredu. Oherwydd pwyslais y model meddygol ar ymchwilio a deall yn *wyddonol*, dyma'r model helaethaf ei barch o annormaledd, ond oherwydd ei fod yn ystyried bod anhwylderau'r meddwl yn gyflyrau 'clefyd' sy'n cyfateb i salwch corfforol, hwn hefyd yw'r model mwyaf dadleuol.

CANFOD SALWCH MEDDWL

Nodwedd allweddol ar y model meddygol o annormaledd yw y caiff salwch meddwl ei ganfod yn yr un ffordd â salwch corfforol: bydd y meddyg (seiciatrydd) yn nodi set o symptomau yn y claf ac yn eu defnyddio i ganfod yr anhwylder. Caiff y meddyg gymorth set o feini prawf diagnostig fel y **Diagnostic and Statistical Manual (DSM)** sy'n rhestru pob salwch meddwl a'i symptomau. Caiff y llawlyfr ei ddiwygio'n gyson a'r fersiwn cyfredol ohono yw *DSM-IV-TR*.

O dan rai amgylchiadau, mae'r model meddygol wedi bod yn effeithiol iawn – yn achos **syffilis**, er enghraifft. Yn y 19eg ganrif nodwyd y syndrom a elwir yn *baresis cyffredinol*, a bod iddo symptomau seicolegol fel rhithdybiau o fawredd a cholli mwy a mwy ar y cof. Ar ôl sylweddoli bod pob un o'r symptomau'n perthyn i un anhwylder (sef *paresis cyffredinol*), daeth ymchwil systematig o hyd i achos cyffredin – bacteriwm syffilis. O wybod yr achos, gellid dod o hyd i iachâd iddo, a digwyddodd hynny yn 1909 pan ddarganfuwyd bod modd trin yr anhwylder ag *arsffenamin*.

Mae hynny'n dangos:
- Gallai achosion corfforol fod i salwch meddwl.
- I ddod o hyd i'r achosion hynny, mae angen canfod syndrom.
- Ar ôl canfod yr achos, gellir dod o hyd i driniaeth addas.

Y CYD-DESTUN A'R NODAU

Yn y 1960au, lansiodd seiciatryddion fel Michel Foucault, Ronnie Lang a Thomas Szasz y mudiad **'gwrthseiciatreg'** a herio honiadau ac arferion sylfaenol seiciatreg brif-ffrwd, h.y. y model meddygol. Disgrifiodd Foucault (1961) sut y datblygodd y cysyniad o salwch meddwl yn yr 17eg a'r 18fed ganrif. Bryd hynny, câi aelodau 'afresymol' o'r boblogaeth eu cloi i ffwrdd, eu sefydliadoli a'u gorfodi i gael triniaethau eithaf annynol fel gorfod cael cawodydd rhewllyd a gwisgo siacedi caeth. Dadl Foucault oedd mai lluniadau cymdeithasol, mewn gwirionedd, oedd y cysyniadau o gallineb a gwallgofrwydd, h.y. nad oedden nhw'n rhai 'real' ond, yn hytrach, yn lluniadau a wnaed gan gymdeithas benodol.

Cafodd syniadau Foucault ddylanwad mawr ar Laing ym Mhrydain a Szasz yn America. Dadleuodd Laing (1960) mai'r ffordd orau o ddeall **sgitsoffrenia** (a ddisgrifiwyd ar dudalen 8) oedd yn nhermau profiad yr unigolyn yn hytrach na set o symptomau. Dadleuodd Szasz (1960) nad yw'r model meddygol ddim tamaid mwy soffistigedig na chredu mewn demoniaid ac nad yw'n ddim help i ddeall cyflyrau seiciatrig. Awgrymodd fod y cysyniad o salwch meddwl yn ddim ond ffordd o waredu cymdeithas o bobl anghydffurfiol.

Dylanwadodd y syniadau hynny ar David Rosenhan ac oherwydd ei ddiddordeb yn y gyfraith yn ogystal â seicoleg fe holodd: *'Os yw callineb a gwallgofrwydd yn bod, sut mae eu hadnabod?'*. Efallai ein bod ni'n gwbl sicr bod modd i ni wahaniaethu rhwng y normal a'r annormal, ond dydy'r dystiolaeth o blaid y gallu hwnnw ddim yn gwbl bendant.

- Peth cyffredin yw darllen am dreialon am lofruddio lle mae'r erlyniad a'r amddiffyniad yn galw eu seiciatryddion eu hunain a bod gwahaniaeth barn ynghylch a yw'r diffynnydd yn ei (h)iawn bwyll.
- Ceir llawer o anghytuno ynghylch ystyr termau fel 'callineb', 'gwallgofrwydd', 'salwch meddwl' a 'sgitsoffrenia'.
- Dydy'r syniadau ynghylch normaledd ac annormaledd ddim yn rhai byd-eang; gall rhywbeth sy'n normal mewn un diwylliant fod yn eithaf gwrthun mewn un arall.

Nid oedd Rosenhan yn awgrymu nad oedd y fath beth ag ymddygiadau gwyrdröedig neu ryfedd yn bod, nac ychwaith nad oes cysylltiad rhwng 'salwch meddwl' a gwewyr meddwl (*anguish*). Ond cwestiwn pwysig yw a ydy'r diagnosis o wallgofrwydd wedi'i seilio ar nodweddion y cleifion eu hunain neu'r cyd-destun y gwelir y claf ynddo. Ceir tystiolaeth sy'n awgrymu bod y diagnosis o salwch meddwl *'yn ddi-fudd ar y gorau ac, ar ei waethaf, yn gwbl niweidiol, camarweiniol a difriol'* (Rosenhan, 1973).

Nodau

Nod Rosenhan oedd ymchwilio i weld a oedd seiciatryddion yn gallu gwahaniaethu rhwng pobl sy'n wirioneddol feddyliol sâl a'r rhai sydd fel arall. Dadleuodd fod modd ymchwilio i gwestiwn personoliaeth yn erbyn sefyllfa drwy gael pobl 'normal' (hynny yw, pobl sydd heb symptomau seiciatrig ac erioed wedi bod â nhw) i geisio cael eu derbyn i ysbyty seiciatrig. Os penderfynid bod y 'ffug-gleifion' hynny yn eu hiawn bwyll, byddai hynny'n dangos bod modd gwahaniaethu rhwng yr unigolyn sydd yn ei (h)iawn bwyll a'r cyd-destun gwallgof y'i ceir ef/hi ynddo. Ar y llaw arall, pe ceid penderfyniad bod y ffug-gleifion yn wallgof, bydd hynny'n awgrymu mai'r cyd-destun, yn hytrach na nodweddion yr unigolyn, sy'n pennu'r diagnosis, a bod gan y diagnosis seiciatrig o 'wallgofrwydd' lai i'w wneud â'r claf a mwy â'r amgylchedd (gwallgof) y'i ceir ef/hi ynddo. Mewn geiriau eraill *'ai yn y cleifion eu hunain neu yn yr amgylcheddau a'r cyd-destun y gwêl yr arsylwyr hwy y mae'r nodweddion amlycaf sy'n arwain at y diagnosis?'* (Rosenhan, 1973).

TREFNIADAU

Astudiaeth 1

Y ffug-gleifion (*pseudopatients*) oedd pum gŵr a thair gwraig o wahanol oedrannau a galwedigaethau (er enghraifft, myfyriwr graddedig, seicolegydd, paediatregydd, seiciatrydd, peintiwr a gwraig tŷ), gan gynnwys Rosenhan ei hun. Fe geision nhw gael eu derbyn i 12 o ysbytai gwahanol mewn pum talaith wahanol yn yr Unol Daleithiau. Cynrychiolai'r ysbytai amrywiaeth o fathau gwahanol o sefydliadau seiciatrig – modern a hen, a helaeth eu staff a phrin eu staff. Un yn unig oedd yn ysbyty preifat.

Cael eu derbyn i'r ysbyty Ffoniodd pob ffug-glaf ysbyty a gofyn am apwyntiad. Wrth gyrraedd, dywedodd wrth y swyddog derbyn ei fod/ei bod wedi bod yn clywed lleisiau a oedd yn dweud, ymhlith geiriau eraill, 'empty', 'hollow' a 'thud'. Dewiswyd y symptomau hynny'n fwriadol am eu bod yn debyg i systemau dirfodol (gwacter ystyr honedig bywyd) a'u habsenoldeb o'r llenyddiaeth seiciatrig. Heblaw am ddisgrifio clywed lleisiau, disgrifiodd pob ffug-glaf ddigwyddiadau ei fywyd/ei bywyd yn gywir (drwg a da). Doedd gan yr un ohonyn nhw hanes o ymddygiad patholegol (h.y. annormal).

Bywyd yn yr ysbyty Cawsai'r ffug-gleifion gyfarwyddwyd i ymddwyn yn normal ar ôl iddyn nhw gael eu derbyn i'r ward seiciatrig, a heblaw am beth nerfusrwydd a thensiwn dealladwy ynghylch darganfod eu twyll, roedd ymddygiad y ffug-gleifion yn gwbl normal.

Fe dreulion nhw eu hamser yn siarad â'r cleifion eraill ac yn gwneud nodiadau ar eu harsylwadau o fywyd ar y ward. I gychwyn, gwnaethon nhw'r nodiadau'n ddistaw bach, ond cyn hir fe sylweddolon nhw nad oedd y staff yn poeni rhyw lawer. Heblaw cuddio'r ffaith nad oedden nhw'n cymryd eu meddyginiaeth, dilynodd y ffug-gleifion drefn y ward.

Dangosodd adroddiadau'r nyrsys fod y cleifion yn gyfeillgar ac yn barod i gydweithredu ('heb amlygu unrhyw nodweddion annormal'). Wyddai'r ffug-gleifion ddim a gaen nhw eu rhyddhau; un o amodau cymryd rhan yn yr astudiaeth oedd bod rhaid iddyn nhw ddyfeisio ffordd o adael yr ysbyty o'u pen a'u pastwn eu hunain.

Astudiaeth 2

Ar ôl i ffrwyth yr ymchwil gael cyhoeddusrwydd, heriwyd Rosenhan gan y staff mewn ysbyty arall (nad oedd wedi cael unrhyw ffug-glaf) drwy honni na allai hynny ddigwydd yn eu hysbyty nhw. Felly, dywedodd Rosenhan wrthyn nhw y byddai un neu ragor o ffug-gleifion yn cyflwyno eu hunain yno yn ystod y tri mis nesaf. Gofynnwyd i'r staff ddweud, ar raddfa 10-pwynt, pa mor ffyddiog oedden nhw fod y person yn wirioneddol sâl (roedd 1 yn golygu eu bod yn ffyddiog iawn mai ffug oedd y claf). Cafwyd dyfarniadau yn ystod yr amser hwnnw ynghylch 193 o gleifion a dderbyniwyd i gael triniaeth seiciatrig.

Astudiaeth 3

Cynhwysodd Rosenhan, hefyd, astudiaeth fach o'r ffordd yr ymatebai'r staff i'r ffug-gleifion. Mewn pedwar o'r ysbytai, aeth ffug-gleifion at aelod o'r staff a dweud: 'Esgusodwch fi, Mr/Mrs/Dr X, allech chi ddweud wrtha i pryd y bydda i'n addas i gael mynd allan i grwydro'r tiroedd?' (neu '... pryd y ca' i fy nghyflwyno yn y cyfarfod o'r staff?' neu '... pryd rydw i'n debyg o gael fy rhyddhau?'). Gwnaeth y ffug-glaf hynny mewn ffordd mor normal â phosibl ac osgôdd holi unrhyw un person penodol fwy nag unwaith y dydd.

GWAITH I CHI
Rhif 5.39

Rhannwch eich dosbarth yn grwpiau ac, yn gyfrinachol, neilltuwch 'ymagweddau' gwahanol i bob grŵp (biolegol, ymddygiadol, seicodynamig, gwybyddol – ac fe allech chi gynnwys rhai eraill, fel dyneiddiol, esblygol a lluniadol-gymdeithasol). Yna, cynhaliwch drafodaeth dosbarth ynghylch a yw 'salwch meddwl' yn bod a'r ffordd orau o'i ganfod neu ei drin – dylai pob grŵp ddadlau o safbwynt yr ymagwedd a neilltuwyd iddo.

---

www Mae *The Birth of Modern Psychiatry* yn fideo gwych sy'n trafod gwrth-seiciatreg a'r astudiaeth graidd hon, a David Rosenhan sy'n rhoi'r sylwebaeth. Gwyliwch www.youtube.com/watch?v=McPnMQ31W_k ar gyfer Rhan 1 a lincs i'r rhannau eraill.

Yr erthygl wreiddiol
Cyfeiriad llawn yr astudiaeth graidd hon yw Rosenhan, D.L. (1973). On being sane in insane places. *Science*, *179*, 250–258. Gallwch chi ddarllen yr erthygl lawn yn: psychrights.org/articles/rosenham.htm.

Adnoddau eraill
- Darllenwch lyfrau gan Foucault, Laing a Szasz.
- Darllenwch y llyfr *One Flew Over the Cuckoo's Nest* neu gwyliwch y ffilm.
- Llyfr mwy diweddar sydd wedi'i seilio ar brofiadau'r awdur fel nyrs seiciatrig ym Mhrydain yw *Buster's Fired a Wobbler* (Burrell, 1989).
- Trafodir ymchwil Rosenhan mewn pennod yn *Opening Skinner's Box: Great Psychological Experiments of the Twentieth Century* (Slater, 2004), gan gynnwys dyblygiad Slater o'r astudiaeth hon.
- Mewn dwy raglen o'r enw *How Mad Are You?* a ddarlledwyd yn 2008 yng nghyfres rhaglenni Horizon y BBC, gwnaeth tri arbenigwr ar iechyd meddwl arbrawf rhannol-gysylltiedig, sef gwneud diagnosis o 10 o bobl (pump â salwch meddwl a phump hebddo).
- Mae pennod o'r *Simpson's* o'r enw *Stark Raving Dad* yn rhoi sylw i lawer o'r pwyntiau yn yr erthygl. Cewch y cyswllt yn: www.holah.karoo.net/rosenhan.htm

▲ Crisialwyd hurtrwydd diagnosis seiciatrig yn drawiadol yn y llyfr *One Flew Over the Cuckoo's Nest* (Kesey, 1962). Seiliwyd y llyfr ar brofiad Kesey o weithio mewn ysbyty meddwl a threulio oriau maith yn siarad â chleifion meddwl. Ni chredai fod y cleifion hynny'n wallgof ond, yn hytrach, fod cymdeithas wedi'u gwthio allan am nad oedden nhw'n cyd-fynd â'r syniadau confensiynol ynghylch sut yr oedd pobl i fod i weithredu ac ymddwyn. Bu'r llyfr yn llwyddiant mawr ac fe adleisiodd bryder a chyhoedd yn 1960au ynghylch trin cleifion meddwl â meddyginiaethau anwirfoddol, lobotomïau a thriniaethau electrogynhyrfol. Yn 1975, fe'i trowyd yn ffilm. Ei seren oedd Jack Nicholson a chwaraeodd ef ran Randle McMurphy, y 'claf' gwrthryfelgar mewn ysbyty seiciatrig sy'n ymladd yn ôl yn erbyn agweddau oeraidd a ffroenuchel awdurdodau'r sefydliad. Bu'n un o ffilmiau mwyaf llwyddiannus y 1970au.

Rosenhan (1973) Bod yn gall o dan amgylchiadau gwallgof

DARGANFYDDIADAU

Astudiaeth 1

Derbyniwyd pob un o'r ffug-gleifion, a chafodd pob un ond un ddiagnosis ei fod/ei bod yn sgitsoffrenig. Yn y pen draw, rhyddhawyd un am mai'r diagnosis oedd bod y sgitsoffrenia 'wedi gwella dros dro'. Amrywiodd hyd y cyfnod yn yr ysbyty o 7 i 52 o ddiwrnodau ac 19 o ddiwrnodau oedd y cyfartaledd.

Yn yr astudiaeth fe arsylwyd mai cyfyngedig iawn oedd y cysylltiad rhwng y staff a'r cleifion. Er enghraifft, cyfartaledd yr amser a dreuliodd y cynorthwywyr 'y tu allan i'r caets' (lle'r oedd gan y staff proffesiynol eu swyddfeydd) oedd 11.3% o gyfanswm eu hamser yn y gwaith, a threuliwyd llawer o hwnnw ar dasgau yn hytrach na chymysgu â'r cleifion. Ar gyfartaledd, daeth y nyrsys allan o'r caets 11.5 o weithiau ar bob shifft. Gwelwyd hyd yn oed lai ar y meddygon, a'r seiciatryddion yn arbennig. Anaml y'u gwelwyd ar y wardiau, sef, ar gyfartaledd, 6.7 gwaith y dydd. Cyfartaledd y cyswllt dyddiol rhwng y cleifion a'r seiciatryddion oedd 6.8 munud y dydd (ar sail data gan chwech o gleifion dros 129 o ddiwrnodau yn yr ysbyty).

Tra oedd y ffug-gleifion yn yr ysbyty lleisiodd y cleifion 'go-iawn' eu hamheuon yn gyson. Gwnaeth 35 o'r 118 o gleifion osodiadau fel 'You're not crazy', 'You're a journalist' neu 'You're a professor checking up on the hospital'.

Yn ystod yr ymchwil, cafodd y ffug-gleifion gyfanswm o 2100 o dabledi, gan gynnwys *Elavil* (amitriptylin), *Stelazine* (trifflwoperasin) a *Compazine* (procloperasin).

Mae cofnodion nyrsio tri ffug-glaf yn dangos mai'r farn oedd bod eu hysgrifennu'n agwedd ar eu hymddygiad patholegol ('*patient engages in writing behaviour*').

Astudiaeth 2

Dros y tri mis, derbyniwyd 193 o gleifion i'w trin. Doedd yr un ohonyn nhw'n ffug-glaf ond:
- barn o leiaf un aelod o'r staff oedd bod 41 yn ffug-gleifion
- amheuodd o leiaf un seiciatrydd fod 23 yn ffug-gleifion
- amheuodd un seiciatrydd ac un aelod arall o'r staff fod 19 yn ffug-gleifion.

Astudiaeth 3

Yr ymateb mwyaf cyffredin oedd ateb byr gan yr aelod o staff wrth iddo/iddi gerdded heibio heb oedi nac edrych i'r llygaid. Dim ond 4% o'r seiciatryddion a 0.5% o'r nyrsys a stopiodd; oedodd 2% ym mhob grŵp, a sgwrsio.

I gyferbynnu â hynny, ac fel rheolydd, aeth menyw ifanc at chwe aelod o'r staff ar gampws Prifysgol Stanford a gofyn chwe chwestiwn iddyn nhw. Stopiodd pob aelod o'r staff ac ateb pob cwestiwn gan ddal i edrych i lygaid y fenyw ifanc.

CASGLIADAU

Cyfeiliornadau math 1 a 2

Yn astudiaeth 1, methodd y seiciatryddion â chanfod bod y ffug-gleifion yn eu hiawn bwyll er ei bod hi'n amlwg eu bod. Gallai'r methiant hwnnw ddeillio o duedd gref meddygon i wneud **Cyfeiliornad math 2**, sef bod yn fwy tueddol o ddweud bod person iach yn sâl (positif ffug) na bod person sâl yn iach (negyddol anghywir, **Cyfeiliornad math 1**). Mae'n amlwg ei bod hi'n fwy peryglus gwneud camddiagnosis o salwch nag o iechyd, a bod angen pwyllo.

Yn astudiaeth 2, roedd staff yr ysbytai'n awr yn gwneud mwy o Gyfeiliornadau math 1 (galw rhywun sâl yn iach), a hynny, mae'n debyg, am eu bod yn ceisio osgoi gwneud cyfeiliornadau math 2. '*Mae un peth yn sicr: all unrhyw broses o ddiagnosis sydd mor barod i gyfeiliorni'n ddychrynllyd ddim bod yn un ddibynadwy iawn*' (Rosenhan, 1973).

Wrth ymdrin â salwch corfforol, gall Cyfeiliornadau math 1 fod yn rhesymol ond maen nhw'n llai angenrheidiol mewn seiciatreg a hefyd gryn dipyn yn fwy peryglus am fod diagnosis seiciatrig yn esgor ar warthnodau personol, cyfreithiol a chymdeithasol.

Labeli seicodiagnostig

Mae'r canlyniadau'n dangos yr effaith aruthrol a gaiff 'label' ar ein canfyddiadau o bobl ac mae llu o astudiaethau mewn seicoleg wedi amlygu'r un peth. Dangosodd Asch (1946), er enghraifft, y caiff nodweddion canolog personoliaeth (fel 'cynnes' ac 'oeraidd') effaith rymus ar ein canfyddiad o holl bersonoliaeth rhywun.

Yn yr un ffordd, cyn gynted ag y caiff rhywun ei labelu'n 'annormal', caiff yr holl ddata amdano neu amdani wedyn eu dehongli yng ngoleuni hynny am fod labeli o'r fath yn tueddu i lynu. Er enghraifft, rhyddhawyd y ffug-gleifion â'r label bod eu 'sgitsoffrenia wedi gwella dros dro'. Awgrymai hynny eu bod yn dal i fod yn sgitsoffrenig ond yn eu hiawn bwyll am y tro. Mae'n amheus a yw pobl yn ystyried salwch meddwl o ddifrif yn yr un ffordd â salwch corfforol. Gall coes sydd wedi torri wella, ond nid sgitsoffrenia (byddwch chi'n dal i fod 'wedi gwella dros dro').

YMCHWILYDD

Mae **David L. Rosenhan** yn Athro Emeritws yn y Gyfraith a Seicoleg ym Mhrifysgol Stanford ers 1970. Roedd yr astudiaeth graidd hon yn ffrwyth ei ddiddordeb parhaus mewn seicoleg a'r gyfraith a'r materion cyfreithiol sy'n codi wrth ddiffinio bod rhywun yn wallgof. Dywedodd Slater (2004) i Rosenhan recriwtio'i ffug-gleifion drwy ffonio'i gyfeillion a holi a fydden nhw'n gwneud unrhyw beth ym mis Hydref. Yn eu plith roedd ei gyfaill Martin Seligman, cyd-awdur ei glasur o werslyfr *Abnormal Psychology*. Dywedodd Slater hefyd fod Rosenhan wedi'i daro'n ddiweddar gan gyflwr parlysol na chafwyd diagnosis ohono hyd yn hyn: '*Bellach, roedd y rebel hwn o ymchwilydd, un a oedd wedi neilltuo rhan helaeth o'i yrfa i ddatgymalu diagnosis seiciatrig, yn gwestiwn diagnostig ei hun*' (Slater, 2004, tudalen 65).

▲ David Rosenhan.

GWAITH I CHI

Rhif 5.40

Astudiaeth gymhleth yw hon ac mae iddi lu o themâu pwysig. Ar ôl i chi ddarllen yr astudiaeth gyfan (a gallech chi hefyd ddarllen yr un wreiddiol), lluniwch symudyn (*mobile*) neu ryw waith celf arall i ddarlunio'r amrywiol linynnau. Cyflwynwch eich gwaith i'r dosbarth ac eglurwch beth y dewisoch chi ei gynrychioli. Bydd hynny'n help i chi brosesu'r astudiaethau gwahanol a themâu yn yr adroddiad.

Thema ganolog yr astudiaeth graidd hon yw personoliaeth v. sefyllfa. Roedd y thema honno hefyd yn ganolog i astudiaeth Milgram ac i Ddamcaniaeth Priodoli (gweler tudalen 46).

Diymadferthedd a dadbersonoli

Dangosodd ymddygiad y staff yn astudiaeth 3 sut y câi'r cleifion eu dadbersonoli drwy osgoi cyswllt â nhw. Ar y cyfan, doedd gan y staff fawr o barch at y cleifion: bydden nhw'n eu cosbi am fân bethau ac yn eu curo. Mae triniaeth o'r fath yn dadbersonoli'r unigolyn ac yn creu teimlad llethol o ddiymadferthedd. Dwysawyd hynny ymhellach gan yr amodau byw yn yr ysbytai seiciatrig: prin iawn oedd preifatrwydd personol (e.e. dim drysau ar y toiledau), gallai unrhyw un (e.e. gwirfoddolwyr ar y wardiau) ddarllen ffeiliau'r cleifion, a châi archwiliadau corfforol eu gwneud mewn ystafelloedd lled-gyhoeddus.

Ffynhonnell arall o ddadbersonoli oedd defnyddio cyffuriau seicotropig. Bydd defnyddio cyffuriau'n argyhoeddi'r staff fod triniaeth yn cael ei rhoi ac nad oes angen unrhyw gysylltiad pellach â'r claf.

Dadl Rosenhan oedd ei bod hi'n well gennym ni ddyfeisio gwybodaeth (e.e. labelu rhywun yn 'sgitsoffrenig') yn hytrach na chyfaddef na wyddon ni ddim. Mae hynny'n drist – ac yn frawychus. Tybed faint o bobl yn ein sefydliadau seiciatrig sydd yn eu hiawn bwyll ond nad oes neb yn sylweddoli hynny? Ar ôl mynd i'r ysbyty, caiff cleifion eu cymdeithasoli gan y sefyllfa ryfedd yno – proses a alwodd Goffman (1961) yn 'farweiddio' (*mortification*).

▲ Dadbersonoli.

Crynodeb a chasgliad

Mae'n amlwg na allwn ni wahaniaethu rhwng y rhai sydd yn eu hiawn bwyll a'r rhai sydd wedi colli eu pwyll. Canlyniad anfon pobl â salwch meddwl i ysbytai yw diymadferthedd, dadbersonoli, marweiddio a hunanlabelu – prosesau gwrth-therapiwtig bob un.

Un ateb posibl fyddai defnyddio ymagweddau eraill at drin salwch meddwl, fel cyfleusterau iechyd meddwl yn y gymuned i osgoi effeithiau'r sefyllfa sefydliadol, neu ddefnyddio therapïau ymddygiad sy'n osgoi labeli seiciatrig.

Ateb arall yw cynyddu sensitifrwydd gweithwyr iechyd meddwl a chydnabod bod y sefyllfa hefyd yn rheoli eu hymddygiad nhw.

GWAITH I CHI
Rhif 5.41

Lluniwch grynodeb o'r astudiaeth hon. Dylai'r crynodeb gynnwys manylion byr am gyd-destun a nodau, trefniadau, darganfyddiadau a chasgliadau'r astudiaeth hon – a'r cyfan mewn rhyw 50 o eiriau'r un.

Gallech chi hefyd lunio canllaw cam-wrth-gam i drefniadau'r astudiaeth hon. Rhifwch bob cam i'ch helpu chi i gofio'r manylion.

ALLWCH CHI...?
Rhif **5.19**

1... Egluro'r model meddygol o annormaledd.

2... Egluro barn y mudiad gwrth-seiciatreg a sut yr arweiniodd honno at astudiaeth Rosenhan.

3... Amlinellu nodau'r astudiaeth hon yn fyr.

4... Doedd y ffug-gleifion ddim yn gyfranwyr yn yr astudiaeth – **cynghreiriaid** yr ymchwilydd oedden nhw. Pwy oedd y cyfranwyr yn yr astudiaeth hon?

5... Pam y penderfynodd Rosenhan fod rhaid i'r ffug-gleifion amlygu symptomau 'dirfodol'?

6... Nodi **chwe** agwedd allweddol ar drefniadau astudiaeth 1.

7... Disgrifio manylion y trefniadau yn y ddwy astudiaeth ychwanegol.

8... Enwi **chwech** o ddarganfyddiadau'r astudiaeth hon.

9... Yn achos pob darganfyddiad, enwi casgliad y gellid ei dynnu ohono. Ceisiwch wneud pob casgliad yn wahanol.

10... Disgrifio sefyllfa lle y gallai'r label 'sgitsoffrenia wedi gwella dros dro' fod yn anfantais i unigolyn.

11... Egluro'r termau 'Cyfeiliornad math 1' a 'Cyfeiliornad math 2'.

12... Pryd y gallai hi fod yn rhesymol gwneud Cyfeiliornad math 1?

13... Egluro ystyr y term 'marweiddio' yn y cyd-destun hwn.

14... Pa dystiolaeth sy'n peri i chi ddod i'r casgliad bod yr astudiaeth hon yn ategu'r farn na allwn ni wahaniaethu rhwng pobl sydd yn eu hiawn bwyll a phobl sydd wedi colli eu pwyll?

15... Pa dystiolaeth sy'n peri i chi ddod i'r casgliad bod yr astudiaeth hon yn ategu'r farn mai ffactorau sefyllfaol yn hytrach na ffactorau anianawd sy'n pennu'r diagnosis o salwch meddwl?

CWESTIYNAU ARHOLIAD

ADRAN A

Rhowch grynodeb o amcanion a chyd-destun ymchwil Rosenhan (1973), 'Bod yn gall o dan amgylchiadau gwallgof'. [12]

Amlinellwch ddulliau gweithredu ymchwil Rosenhan (1973), 'Bod yn gall o dan amgylchiadau gwallgof'. [12]

Disgrifiwch ganlyniadau a chasgliadau ymchwil Rosenhan (1973), 'Bod yn gall o dan amgylchiadau gwallgof'. [12]

Nodiadau Yn Adran A arholiad Uned 2, gellid gofyn unrhyw un o'r cwestiynau uchod i chi. Bydd pob cwestiwn yn werth 12 marc. I gael y 12 marc i gyd, dylai'ch ateb:

▶ Fod yn gywir ac yn fanwl.

▶ Amlygu dyfnder ac ystod o wybodaeth, ond nid i'r un graddau o reidrwydd. Hynny yw, gallwch chi fanylu cryn dipyn ar ambell bwynt (h.y. dyfnder) neu drafod nifer o bwyntiau yn llai manwl (ystod).

▶ Bod wedi'i strwythuro'n dda ac yn gydlynol.

▶ Bod yn gywir o ran gramadeg, atalnodi a sillafu.

▶ Bod yn rhyw 200-250 o eiriau o hyd, sef nifer llai nag yn achos y cwestiynau eraill sydd â 12 marc, ond yma mae'r pwyslais ar fod yn fanwl-gywir.

Rosenhan (1973) Bod yn gall o dan amgylchiadau gwallgof

Ar y ddau dudalen hyn, byddwn ni'n gwerthuso'r astudiaeth graidd drwy astudio'r materion sy'n gysylltiedig â'i methodoleg hi a chymharu'r astudiaeth â thystiolaeth arall. Pan ddaw'n fater o werthuso, cewch chi benderfynu drosoch chi'ch hun. Rydyn ni wedi cyflwyno peth tystiolaeth a rhai datganiadau ac yn eich gwahodd chi i'w defnyddio i ffurfio'ch barn eich hun am yr astudiaeth graidd.

GWERTHUSO'R FETHODOLEG

Mae eglurhad o'r cysyniadau hyn ym Mhennod 6 (Dulliau Ymchwil Cymhwysol).

Dull

Bu Rosenhan yn **arsylwi mewn sefyllfa naturiol**. *Pa fanteision y mae hynny'n eu cynnig? Pa anfanteision sydd i hynny?*

Y ffug-gleifion wnaeth yr arsylwi – math o 'arsylwi gan gyfranwyr'. *Beth yw manteision ac anfanteision arsylwadau o'r fath yng nghyd-destun yr astudiaeth hon?*

Arbrawf (arbrawf maes) oedd astudiaeth 3. *Pa fanteision y mae hynny'n eu cynnig? Pa anfanteision sydd i hynny?*

Dibynadwyedd

Seiliwyd y casgliadau o'r astudiaeth gyntaf ar brofiad wyth o ffug-gleifion mewn amryw o ysbytai gwahanol. Yn yr ail astudiaeth, un ysbyty'n unig oedd dan sylw. *Beth yw'ch casgliad chi ynghylch **dibynadwyedd** y data hynny?*

Dywedodd Slater (2004) iddi fynd i ystafelloedd achosion brys amryw o ysbytai ar ôl clywed rhith-synau unwaith (gweler ar y dde). Honnodd iddi gael presgripsiynau ar gyfer **cyffuriau gwrthseicotig** neu **gyffuriau gwrthiselder**. *Ydy hynny'n awgrymu bod darganfyddiadau Rosenhan yn ddibynadwy?*

Dilysrwydd

Gallai'r parodrwydd i anfon claf i ysbyty ar sail tystiolaeth wan ddigwydd am na fyddai'r seiciatrydd yn amau am eiliad y gallai rhywun fod yn cymryd arno/arni. Fe gymerai'n ganiataol felly fod unrhyw un a ddymunai gael ei dderbyn i ysbyty â rheswm da dros wneud hynny. *Sut y gallai hynny effeithio ar **ddilysrwydd** yr astudiaeth hon?*

Roedd yr ysbytai a ddewiswyd gan Rosenhan mewn pum talaith wahanol ar arfordiroedd dwyreiniol a gorllewinol UDA ac yn cynnwys ysbytai hen a newydd ac iddyn nhw amrywiaeth o wahaniaethau eraill. *Pam mae defnyddio cymaint o amrywiaeth o ysbytai yn bwysig i ddilysrwydd ymchwil Rosenhan?*

Samplu

Y cyfranwyr yn yr astudiaeth hon oedd y staff (y nyrsys a'r meddygon) yn yr ysbytai a astudiwyd. *Ym mha ffordd y mae'r samplau'n unigryw? Sut mae hynny'n effeithio ar y casgliadau a dynnir o'r astudiaeth?*

Materion moesegol

Wnaeth y ffug-gleifion ddim dweud wrth staff yr ysbytai eu bod yn eu harsylwi nhw fel rhan o ymchwil. *Pam na wnaethon nhw hynny? Ydy hynny'n codi unrhyw **fater moesegol**?*

GWAITH I CHI
Rhif 5.42

'Dydy diagnosis o sgitsoffrenia ddim o werth i neb.'

Rhannwch eich dosbarth yn grwpiau a lluniwch achos o blaid ac yn erbyn yr honiad. Dylai pob grŵp wneud tipyn o ymchwil pellach ar y we. Yna, cynhaliwch ddadl dosbarth. Pa farn bynnag rydych chi'n ei chefnogi, gwnewch yn siŵr eich bod chi hefyd yn barod i ateb dadleuon yr ochr arall.

TYSTIOLAETH ARALL

Dyblygu

Ceisiodd Slater (2004) ddyblygu astudiaeth Rosenhan, ond nid fel darn o ymchwil systematig. Yn wahanol i ffug-gleifion Rosenhan, cawsai Slater ddiagnosis cyn hynny fod anhwylder meddwl (iselder clinigol) arni. Aeth hi i naw o ystafelloedd achosion brys seiciatrig a chwyno iddi glywed un rhith-sain (y gair 'thud') yn unig. Mae'n honni iddi gael diagnosis, bron ym mhob achos, o iselder seicotig a phresgripsiwn am gyffuriau gwrthseicotig neu wrthiselder. Casgliad Slater oedd bod diagnosis seiciatrig fel arfer yn fympwyol a bod 'ysfa i roi presgripsiwn'. *Sut mae hyn yn ategu, yn gwrth-ddweud neu'n datblygu casgliadau Rosenhan?*

Ceisiodd Spitzer ac eraill (1975) herio darganfyddiadau Slater. Rhoeson nhw i 74 o seiciatryddion mewn ystafelloedd achosion brys ddisgrifiad manwl o achos a oedd yn deillio o'r disgrifiad clinigol yn llyfr Slater, a'u holi am eu hargymhellion ynghylch diagnosis a thriniaeth. Gwelwyd mai tri seiciatrydd yn unig a gynigiodd ddiagnosis o iselder seicotig, ac mai un yn unig o bob tri a argymhellodd roi meddyginiaeth. *Sut mae hyn yn ategu, yn gwrth-ddweud neu'n datblygu casgliadau Slater a Rosenhan?*

Beirniaid

Honnodd Spitzer (1976) nad yw darganfyddiadau Rosenhan yn annilysu systemau diagnostig seicolegol. Dadl Spitzer oedd nad yw hi'n syndod i'r seiciatryddion gredu yn y ffug-gleifion:

- am nad yw diagnosis yn dibynnu ar adroddiadau llafar
- am na fydden nhw'n disgwyl i rywun ddefnyddio twyll i gael mynediad i le o'r fath.

Petai'r un peth yn digwydd mewn ystafell lle câi achosion meddygol brys eu trin, caech chi'r un canlyniad – gallai rhywun gwyno am boen difrifol yn y coluddion a chael ei (d)derbyn i'r ysbyty ar ôl cael diagnosis o gastritis. Hyd yn oed er bod y meddyg wedi'i dwyllo, doedd y dulliau diagnostig ddim yn annilys. *Ym mha ffordd y mae dadleuon o'r fath yn herio cagliadau Rosenhan?*

Yn yr un modd, honnodd Kety (1974): *'Petawn i'n yfed chwart o waed, yn cuddio'r hyn yr oeddwn i wedi'i wneud ac yn dod i ystafell achosion brys unrhyw ysbyty gan gyfogi gwaed, byddai'n hawdd rhagweld ymddygiad y staff. Petaen nhw'n fy labelu ac yn fy nhrin i fel un ag wlser peptig, rwy'n amau y gallwn i ddarbwyllo neb nad yw meddygaeth yn gwybod sut mae adnabod y cyflwr hwnnw.'* *Ym mha ffordd y mae dadleuon o'r fath yn herio cagliadau Rosenhan?*

Ar ôl ymchwilio i hanesion achos unigolion â sgitsoffrenia a dderbyniwyd i'w ysbyty ef a 12 o ysbytai eraill yn yr Unol Daleithiau, mae Spitzer (1976) yn dweud iddo weld mai'n anaml iawn y rhoir diagnosis o 'sgitsoffrenia wedi gwella dros dro' (a roddwyd i'r ffug-gleifion) wrth eu rhyddhau. *Sut mae hyn yn ategu, yn gwrth-ddweud neu'n datblygu cagliadau Rosenhan?*

Gall diagnosis fod yn ddibynadwy

Un ateb i ymchwil Rosenhan yw y gall fersiynau mwy diweddar o'r **DSM** arwain at ddiagnosis mwy dibynadwy. Nododd Sarbin a Mancuso (1980) na fyddai seiciatrydd a ddefnyddiai'r *DSM-III* mwy newydd (a gyhoeddwyd yn 1980) yn rhoi diagnosis o sgitsoffrenia i ffug-gleifion Rosenhan. Rhaid bod wedi 'clywed lleisiau' sawl tro, a doedd ffug-gleifion Rosenhan ond wedi sôn am un digwyddiad. Honnodd Carson (1991) fod *DSM-III* wedi datrys problem dibynadwyedd unwaith ac am byth. Bellach, roedd gan seiciatryddion system ddosbarthu ddibynadwy a dylai honno fod wedi arwain at lawer mwy o gytundeb ynghylch pwy oedd â sgitsoffrenia a phwy oedd hebddo. *Sut mae hyn yn ategu, yn gwrth-ddweud neu'n datblygu casgliadau Rosenhan?*

Mae diagnosis yn annibynadwy

Er gwaetha'r honiadau (uchod) fod dibynadwyedd wedi cynyddu yn sgil *DSM-III* (a diwygiadau diweddarach), prin yw'r dystiolaeth o hyd fod **clinigwyr** (pobl broffesiynol sy'n trin iechyd meddwl fel seiciatryddion a seicolegwyr) yn defnyddio'r DSM yn gyson o ddibynadwy. Sefydlir dibynadwyedd o'r fath drwy ddefnyddio **dibynadwyedd rhwng diagnostegwyr**, sef i ba raddau y bydd clinigwyr gwahanol yn rhoi'r un diagnosis wrth ymdrin â'r un claf. Mae ymchwil (e.e. Whaley, 2001) wedi gweld bod cydberthyniadau dibynadwyedd rhwng diagnostegwyr o ran rhoi diagnosis o salwch meddwl mor isel â +.11. *Sut mae hyn yn ategu, yn gwrth-ddweud neu'n datblygu casgliadau Rosenhan?*

Anfonodd Langwieler a Linden (1993) ffug-glaf hyfforddedig at bedwar meddyg, a phob un o'r rheiny â chefndir proffesiynol gwahanol. Er i'r ffug-glaf amlygu'r un symptomau'n union i'r holl feddygon, cafwyd pedwar diagnosis gwahanol ganddyn nhw a phedwar dull gwahanol o'u trin. Priodolodd yr ymchwilwyr y gwahaniaeth yn y diagnosis i'r sefyllfa er mai'r ffactorau sefyllfaol yno, yn wahanol i un astudiaeth Rosenhan, oedd yr amrywiaeth yng nghefndir ac agweddau'r meddygon. *Sut mae hyn yn ategu, yn gwrth-ddweud neu'n datblygu casgliadau Rosenhan?*

Rhoddodd Loring a Powell (1988) drawsgrifiad o gyfweliad â chlaf i 290 o seiciatryddion a dweud wrth eu hanner fod y claf yn groenddu ac wrth y lleill fod y claf yn groenwyn. Eu casgliad bod '*... clinigwyr fel petaen nhw'n cysylltu cleientiaid croenddu â thrais, amheuaeth a pherygl er bod yr astudiaethau achos yr un peth â rhai'r cleientiaid croenwyn*'. *Sut mae hyn yn ategu, yn gwrth-ddweud neu'n datblygu casgliadau Rosenhan?*

GWAITH I CHI
Rhif 5.43

Gwahoddwch rywun sy'n gweithio gydag unigolion â phroblemau iechyd meddwl i sôn wrth eich dosbarth am ei farn/ei barn am ddiagnosis a thriniaeth.

ALLWCH CHI...? Rhif 5.20

CWESTIYNAU ARHOLIAD

ADRAN B
Gwerthuswch fethodoleg ymchwil Rosenhan (1973), 'Bod yn gall o dan amgylchiadau gwallgof'. [12]

Gan gyfeirio at dystiolaeth amgen, aseswch yn feirniadol ymchwil Rosenhan (1973), 'Bod yn gall o dan amgylchiadau gwallgof'. [12]

Nodiadau *Yn Adran B arholiad Uned 2, gellid gofyn unrhyw un o'r cwestiynau uchod i chi. I gael y 12 marc i gyd am bob cwestiwn, dylai'ch ateb ddilyn y canllawiau sydd ar dudalen 91.*

Cwestiynau arholiad enghreifftiol ac atebion myfyrwyr

Mae sylwadau'r arholwr ar yr atebion hyn ar dudalen 178.

ENGHRAIFFT O GWESTIWN 5

Gan gyfeirio at dystiolaeth amgen, aseswch yn feirniadol ymchwil Rosenhan (1973) 'Bod yn gall o dan amgylchiadau gwallgof'. [12]

Ateb Megan

Mae sefyllfa 'Kety a'r chwart o waed' yn herio casgliadau Rosenhan am fod Kety'n credu nad oedd hi ond yn briodol i'r ffug-gleifion a oedd yn cyfaddef iddyn nhw glywed llais gael eu trin fel petai rhyw ffurf ar salwch seiciatrig arnyn nhw.

Mae Sarbin a Mancuso (1980) yn dweud na fyddai seiciatrydd sy'n defnyddio DSM-III yn dweud bod sgitsoffrenia ar ffug-gleifion Rosenhan am fod rhaid i'r 'rhith' ddigwydd sawl tro, ond yn ôl ffug-gleifion Rosenhan fe ddigwyddodd hynny unwaith yn unig. Mae Sarbin a Mancuso'n gwrthddweud darganfyddiadau Rosenhan am eu bod yn credu na châi'r arbrawf, o'i wneud eto, yr un canlyniadau ag un Rosenhan os defnyddir fersiynau diweddarach o'r DSM. Ond petai Rosenhan yn ail-wneud ei ymchwil heddiw gallai ef hefyd ddiweddaru ei ymchwil i gyd-fynd â meini prawf diagnosis o'r fersiwn diweddaraf o DSM i 'ffugio' gwallgofrwydd.

Ar ôl i Spitzer, ymchwilio i hanesion achos unigolion a dderbyniwyd â sgitsoffrenia i'w ysbyty ef ac ysbytai eraill, dywedodd (1976) mai'n anaml IAWN y rhoir y diagnosis bod 'sgitsoffrenia wedi gwella dros dro' (yr un a roddwyd i'r ffug-gleifion) wrth eu rhyddhau. Mae'r ymchwil hwnnw'n gwrthddweud casgliadau Rosenhan am fod Spitzer yn honni bod rhaid i'r diagnosis wrth eu rhyddhau fod wedi deillio o ymddygiadau'r ffug-gleifion ac nid y sefyllfa (yr ysbyty seiciatrig) lle gwnaed y diagnosis.

Ateb Tomos

Gwnaeth Slater astudiaeth Rosenhan am yr eildro drwy fynd i amrywiol adrannau achosion brys a dweud ei bod hi'n cael rhai symptomau fel y rhai a ddisgrifiwyd gan ffug-gleifion Rosenhan. Y diagnosis oedd bod math o iselder arni a chafodd feddyginiaeth. Mae hynny fel petai'n ategu darganfyddiadau Rosenhan ac yn dangos bod clinigwyr yn dal i wneud camgymeriadau tebyg er gwaetha'r honiadau bod y DSM yn fwy dibynadwy. Ond gan fod Slater yn cyfaddef nad astudiaeth drwyadl oedd hon ac iddi ddioddef salwch meddwl yn y gorffennol, doedd y diagnosis ddim yn gwbl anghywir.

Pennod 5: crynodeb

Astudiaeth graidd 1 – Asch (1955)

Cyd-destun
- Jennes (1932): amcangyfrifodd y cyfranwyr faint o ffa oedd mewn jar.
- Sherif (1935): defnyddiodd yr effaith hunansymudol (amwys).

Nodau
Gweld a fyddai pwysau'r grŵp ar unigolyn mewn sefyllfa ddiamwys yn achosi i'r unigolyn gydymffurfio neu ymateb yn annibynnol.

Trefniadau
- Cael 123 o wirfoddolwyr o fyfyrwyr gwryw i gymryd prawf ar eu golwg.
- Grwpiau o saith i naw o gyfranwyr naïf ynghyd â chynghreiriaid.
- Dangoswyd llinell safonol a thair llinell ysgogi iddyn nhw.
- 18 o dreialon, a 12 ohonyn nhw'n 'hollbwysig'.
- Trefniadau ychwanegol, e.e. maint y grŵp, partner sy'n dweud y gwir (geirwir).

Darganfyddiadau
- 36.8% wedi cydymffurfio yn y treialon hollbwysig.
- Wnaeth 25% o'r cyfranwyr naïf ddim cydymffurfio o gwbl.
- Cydymffurfiodd rhai unigolion bron bob tro.
- Wnâi maint y grŵp ddim gwahaniaeth os oedd mwy na thri chynghreiriwr.
- Partner geirwir wedi lleihau llawer iawn ar lefel y cydymffurfio.

Casgliadau
Mae'n dangos bod tuedd gref i gydymffurfio, a hefyd sut y bydd pobl yn gwrthsefyll cydymffurfio (e.e. presenoldeb anghydffurfiwr).

Astudiaeth graidd 3 – Rahe, Mahan ac Arthur (1970)

Cyd-destun
Awgrymai ymchwil blaenorol gan Selye, Holmes, Hawkings a Rahe fod cysylltiad seicosomatig rhwng straen a salwch.

Nodau
Gwneud astudiaeth ragchwiliol (*prospective*) gan ddefnyddio poblogaeth normal.

Trefniadau
- 2664 o ddynion yn llynges UDA, oedran cymedrig 22.3.
- Llenwyd y fersiwn milwrol o'r SRE am bedwar cyfnod o chwe mis dros y ddwy flynedd blaenorol.
- Cadwyd cofnod o'u salwch yn ystod taith o chwech i wyth mis ar ddyletswydd.
- Hepgorwyd galwadau heblaw salwch o'r cofnod o'u salwch.
- Wyddai'r cyfranwyr na'r staff meddygol ddim y câi'r cofnod o salwch ei ddefnyddio.

Darganfyddiadau
- Cydberthyniad cadarnhaol ac arwyddocaol o +.118 rhwng yr SRE am chwe mis cyn y daith a salwch yn ystod y daith.
- Bu'r morwyr yng ngrwpiau degradd 1 a 2 yn grŵp salwch-isel (cymedr salwch y ddau: sgôr o 1.405).
- Bu'r morwyr yng ngrwpiau degradd 9 a 10 yn grŵp salwch-uchel (cymedr salwch y ddau: sgôr o 2.066).
- O ailgrwpio'r data gwelwyd bod cydberthyniad llinol.

Casgliadau
Cydberthyniad cadarnhaol rhwng y sgorau TLCU a salwch, ond roedd hynny ar ei gryfaf yn y cyfranwyr hŷn a phriod.

Astudiaeth graidd 2 – Milgram (1963)

Cyd-destun
Arweiniodd creulondeb y Natsïaid at gwestiynau ynghylch ufudd-dod, a gellid ei esbonio ar sail y bersonoliaeth orawdurdodol (Adorno ac eraill, 1950)

Nodau
(1) Ymchwilio i rym awdurdod cyfreithiol hyd yn oed pan fydd gorchymyn yn mynnu bod pobl yn ymddwyn yn ddinistriol. (2) Rhoi prawf ar y rhagdybiaeth anianawd ynghylch ufudd-dod, 'Mae Almaenwyr yn wahanol'.

Trefniadau
- 40 o wirfoddolwyr gwryw ag addysg a galwedigaethau gwahanol.
- Athro (naïf), dysgwr (cynghreiriwr), arbrofwr.
- Arbrawf ynghylch dysgu, i bob golwg.
- Caiff y dysgwr siociau cryfach a chryfach am wneud camgymeriadau.
- Pan gaiff y dysgwr 300 o foltiau, bydd yn taro'r wal, dim sylw pellach.
- Yr arbrofwr yn ysgogi'r cyfrannwr naïf i barhau.

Darganfyddiadau
- Rhagfynegiad y myfyrwyr oedd mai 3% fyddai'n ufuddhau'n llawn.
- Stopiodd 12.5% ar 300 o foltiau.
- Ufuddhaodd 65% yn llawn (y 450 o foltiau llawn).
- Amlygodd llawer ohonyn nhw arwyddion straen eithafol.
- Dywedodd 84% eu bod yn falch iddyn nhw gymryd rhan.

Casgliadau
Yr amgylchiadau a greodd sefyllfa lle'r oedd hi'n anodd anufuddhau. Cynigiodd Milgram 13 o ffactorau sefyllfaol, e.e. dim amser i feddwl, rhwymedigaeth i'r arbrofwr.

Astudiaeth graidd 4 – Bennett-Levy a Marteau (1984)

Cyd-destun
Mae'r cysyniad o barodrwydd biolegol yn awgrymu y gall fod tuedd gynhenid i bobl etifeddu rhai ofnau penodol.

Nodau
Ymchwilio i'r mecanwaith a fyddai'n fodd i barodrwydd weithredu, h.y. nodweddion canfyddiadol rhai anifeiliaid penodol.

Trefniadau
- 113 o gyfranwyr gwryw a benyw, cyfartaledd eu hoedran tua 36, gwyriad safonol o ryw 16.
- Rhestrodd yr holiadur 29 o anifeiliaid a phryfed nad oedd yn beryglus.
- Graddfa tri-phwynt o ofn a graddfa pum-pwynt o agosrwydd.
- Graddfa tri-phwynt ar gyfer pedwar dimensiwn canfyddiadol, sef hyll, llysnafeddog, cyflym, a symud yn sydyn.

Darganfyddiadau
- Ofnid llygod mawr gryn dipyn yn fwy na'r lleill.
- Gwahaniaethau rhwng y ddau ryw, e.e. benywod yn llai parod i ddelio â 10 o'r anifeiliaid, fel sglefren fôr, chwilen ddu, morgrugyn, gwyfyn, brân, mwydyn.
- Pedair gradd o nodweddion canfyddiadol (hyll, llysnafeddog, cyflym, a symud yn sydyn) â chydberthyniad arwyddocaol ag ofn ac agosrwydd (o dynnu effaith hylltod allan).

Casgliadau
Mae'r darganfyddiadau'n ategu'r egwyddor gwahaniaeth a'r nosiwn o ffurfweddau ysgogi anghymhellol.

Astudiaeth graidd 5 – Loftus a Palmer (1974)

Cyd-destun
Dangoswyd bod tystiolaeth llygad-dystion yn anghywir, efallai oherwydd cwestiynau arweiniol (*leading questions*). Dydy pobl ddim yn amcangyfrif cyflymder yn dda.

Nodau
(1) Ymchwilio i effaith cwestiynau arweiniol. (2) Gweld a yw'r effeithiau'n deillio o ystumio'r cof yn hytrach nag o ogwydd ymateb.

Trefniadau
- Arbrawf 1: ffilm o ddamwain car, a set o gwestiynau ac ynddi gwestiwn hollbwysig am gyflymder (smashed, collided, bumped, hit, contacted).
- Arbrawf 2: ar ôl y ffilm, tri grŵp: grŵp smashed, grŵp hit a grŵp rheolydd; wythnos yn ddiweddarach, fe'u holwyd am wydr a gawsai ei dorri.

Darganfyddiadau
- 'Smashed' a arweiniodd at roi'r amcangyfrif uchaf o gyflymder (40.8 mya); 'contacted' oedd isaf (31.8 mya).
- Yn arbrawf 2, y grŵp 'smashed', unwaith eto, a roddodd yr amcangyfrifon uchaf o gyflymder.
- Y grŵp 'smashed' ddwywaith mor debyg o sôn am wydr wedi'i dorri (16/50) na'r grŵp 'hit' (7/50); cyflwr rheolydd oedd 6/50.

Casgliadau
Bydd cwestiynau arweiniol yn ystumio'r cof ac nid dim ond yn gogwyddo ymateb yr unigolyn. Tebyg i effaith labeli llafar.

Astudiaeth graidd 6 – Gardner a Gardner (1969)

Cyd-destun
Roedd Chomsky wedi cynnig mai peth sy'n perthyn i fodau dynol yn unig yw iaith. Roedd ymdrechion i addysgu iaith i tsimpansîs wedi bod yn aflwyddiannus (e.e. Vicky a Sarah).

Nodau
(1) Defnyddio ASL i ddysgu iaith i tsimpansî. (2) Dysgu'r tsimpansî yn yr un ffordd ag y byddai plentyn yn caffael iaith.

Trefniadau
- Wynebodd Washoe gyfathrebu dwys yn ASL yn unig a chafodd ofal cyson gan diwtoriaid.
- Roedd yr hyfforddi'n cynnwys dynwared, ysgogi, defnyddio arwyddion mewn trefn bob-dydd, clebran â'r dwylo, cyflyru offerynnol, siapio, cyfarwyddo uniongyrchol.

Darganfyddiadau
- Ar ôl 22 o fisoedd, 30 arwydd a phedwar arall oedd yn sefydlog.
- Roedd iaith Washoe'n debyg i iaith plentyn mewn tair ffordd: gallai wahaniaethu, trosglwyddo a chyfuno arwyddion.

Casgliadau
Doedd hi ddim yn glir a oedd hi'n iaith ond:
- Gellir dysgu mwy nag ychydig eiriau i tsimpansîs.
- Mae ASL yn iaith addas i tsimpansîs.
- Gellid cyflawni rhagor gyda Washoe.

Astudiaeth graidd 7 – Langer a Rodin (1976)

Cyd-destun
Gallai colli rheolaeth wrth heneiddio beri i bobl deimlo'n ddiymadferth. Mae'r ymchwil wedi cysylltu lleihau'r teimlad o fod yn bersonol gyfrifol â lefelau uwch o orbryder a chynnydd yn y tebygolrwydd o farw.

Nodau
Gweld a oedd cynnydd mewn cyfrifoldeb personol a dewis mewn grŵp o gleifion mewn cartref nyrsio wedi bod o fudd.

Trefniadau
- Dynodwyd dau lawr mewn cartref nyrsio yn UDA yn RIG ac yn CG yn y drefn honno.
- Briffiwyd yr RIG am eu hunan-gyfrifoldeb a dywedwyd wrthyn nhw am ofalu am blanhigyn a dewis eu noson ffilmiau.
- Briffiwyd y CG am gyfrifoldeb y staff dros eu hapusrwydd; byddai'r staff yn gofalu am y planhigyn ac yn dweud wrthyn nhw pryd y câi'r noson ffilmiau ei chynnal.
- Rhoddwyd holiadur i'r preswylwyr a'r nyrsys wythnos cyn y briffio ac yna dair wythnos yn ddiweddarach.

Darganfyddiadau
- Holiadur math 1: dywedodd yr RIG eu bod yn teimlo'n hapusach (48% v 25%) ac yn fwy gweithgar.
- Holiadur math 2: dangosodd barn y nyrsys fod mwy o welliant cyffredinol yn yr RIG; roedd 93% ohono wedi gwella o'i gymharu â 21% o'r CG.
- Mesur ymddygiadol: roedd yr RIG yn debycach o ymuno â chystadleuaeth y losin jeli a mynd i weld ffilmiau.

Casgliadau
Gall cynyddu cyfrifoldeb personol arafu neu hyd yn oed wrthdroi canlyniadau negyddol ac ymddangosiadol-anochel heneiddio.

Astudiaeth graidd 8 – Gibson a Walk (1960)

Cyd-destun
Byddai gallu cynhenid i ganfod dyfnder yn ymaddasol.

Nodau
Gwneud prawf i weld ai'r ffordd orau o egluro galluoedd canfyddiadol yw gwneud hynny yn nhermau natur neu fagwraeth.

Trefniadau
- Clogwyn gweledol; bwrdd canol yn gwahanu'r ochr ddofn a'r ochr fas.
- Anogai'r fam y babi i gropian tuag ati.
- Rhoddai'r deunydd patrymog giwiau dyfnder.
- Gwnaed y profion ar 36 o fabanod 6-14 mis oed.
- Rhoddwyd prawf ar gywion, ŵyn a mynnod gafr (rhagaeddfed).
- Cathod bach a llygod mawr (rhai normal a rhai â fagwyd yn y tywyllwch), yn symudol o bedair wythnos ymlaen.
- Gosodwyd ffabrig patrymog yn union o dan y gwydr a weld a fyddai'r llygod mawr yn defnyddio maint/arlliw a symudiad paralacs.

Darganfyddiadau
- Bodau dynol: tri'n unig a geisiodd fynd i'r ochr ddofn.
- Rhewodd y cywion, yr ŵyn a'r mynnod gafr ar yr ochr ddofn.
- Llygod mawr: os na allen nhw ddefnyddio'u wisgers, fe gadwon nhw draw o'r ochr ddofn.
- Crwbanod: cropiodd 76% ar yr ochr ddofn.
- Ddangosodd y llygod mawr a'r cathod bach a fagwyd yn y tywyllwch ddim gallu i wahaniaethu rhwng gwahanol lefelau o ddyfnder pan ddangoswyd y clogwyn gweledol iddyn nhw gyntaf.
- Dibynnodd y cywion a'r llygod mawr ar symudiad paralacs.

Casgliadau
- Bydd pob anifail yn dangos y gallu i wahaniaethu rhwng dyfnderau erbyn iddo/iddi fod yn symudol.
- I bob golwg, mae'r canfyddiad hwnnw o ddyfnder wedi'i ddysgu yn sgil profiadau canfyddiadol cynharach.

Astudiaeth graidd 9 – Buss (1989)

Cyd-destun
Mae'r ddamcaniaeth esblygol yn rhagfynegi gwahaniaethau penodol rhwng hoffterau'r ddau ryw o ran dewis cymar: y cysylltiadau oedd buddsoddiad rhiant, dethol rhyw, ffrwythlondeb a gwerthoedd atgenhedlol, a thebygolrwydd bod yn dad.

Nodau
Gweld a oes gwahaniaethau cyson rhwng y ddau ryw mewn diwylliannau gwahanol.

Trefniadau
• 37 o samplau o 33 o wledydd; cyfanswm o 10 047 o gyfranwyr.
• Amrywiaeth o fathau o sampl (e.e. trefol, gwledig, Gorllewinol, an-Orllewinol) ac amrywiaeth o dechnegau samplu.
• Casglodd Holiadur 1 ddata bywgraffyddol, data am hoffterau o ran cymar, a graddfa barn (18 o nodweddion ar raddfa pedwar-pwynt).
• Holiadur 2 – gosod 13 o nodweddion yn nhrefn eu hapêl.

Darganfyddiadau
• Mewn 36 o'r 37 o samplau (97%), rhoddodd y benywod fwy o bwys ar 'ragolygon ariannol da' nag a wnaeth y gwrywod.
• Mewn 34 o'r 37 o samplau (93%), rhoddodd y benywod fwy o bwys ar 'uchelgais a diwydrwydd' nag a wnaeth y gwrywod; 29 o samplau'n unig oedd yn arwyddocaol.
• Ym mhob un o'r 37 o samplau, roedd yn well gan wrywod gymar a oedd yn iau; yr oedran delfrydol i fenywod oedd 24.83.
• Ym mhob un o'r 37 o samplau, rhoddodd y gwrywod fwy o bwys ar 'degwch pryd' na'r benywod.
• Mewn 23 o'r 37 o samplau, roedd yn well gan wrywod i'w cymar fod yn ddiwair.

Casgliadau
Mae'r darganfyddiadau'n ategu esboniadau esblygol o ymddygiad dynol, ac yn dangos bod dynion a menywod yn ymarfer eu dewis. Maen nhw hefyd yn darparu peth tystiolaeth o ddylanwadau diwylliannol.

Astudiaeth graidd 10 – Rosenhan (1973)

Cyd-destun
Heriodd y mudiad gwrth-seiciatreg y model meddygol, a'r cysyniadau o bwyll a gwallgofrwydd.

Nodau
Ymchwilio i weld pa mor ddibynadwy yw diagnosis seiciatrig ac ystyried a yw normaledd yn deillio o bersonoliaeth neu sefyllfa.

Trefniadau
• Astudiaeth 1: wyth ffug-glaf, 12 ysbyty; fe ddywedon nhw iddyn nhw glywed lleisiau (symptomau dirfodol) ond roedd eu hymddygiad yn normal fel arall.
• Astudiaeth 2: dywedwyd wrth y staff mewn un ysbyty seiciatrig i ddisgwyl cael ffug-gleifion dros y tri mis nesaf.
• Astudiaeth 3: gofynnodd y ffug-gleifion gwestiwn i aelod o'r staff wrth iddo/iddi gerdded heibio.

Darganfyddiadau
• Hyd yr arhosiad oedd rhwng saith a 52 o ddiwrnodau. Cyfartaledd yr arhosiad oedd 19 o ddiwrnodau. Rhyddhawyd y ffug-gleifion ar sail dweud bod eu 'sgitsoffrenia wedi gwella dros dro'.
• Cysylltiad cyfyngedig â'r staff, e.e. 6.8 munud y dydd gyda seiciatrydd.
• Amheuodd y cleifion go-iawn y ffug-gleifion.
• Astudiaeth 2: amheuwyd 41 o'r cleifion go-iawn gan aelodau o'r staff a 23 ohonyn nhw gan y seiciatryddion.
• Astudiaeth 3: arhosodd 4% o'r seiciatryddion a 0.5% o'r nyrsys i ateb.

Casgliadau
• Does dim modd gwahaniaethu rhwng y rhai sydd yn eu hiawn bwyll a'r rhai gwallgof.
• Roedd seiciatryddion yn gogwyddo at gyfeiliornad math 2.
• Cafodd labeli effaith ddirfawr ar ganfyddiadau.
• Dadbersonoleiddiwyd y cleifion gan beri iddyn nhw ymddwyn mewn ffordd wallgof.

Gweithgareddau adolygu

Achithau'n awr wedi cwblhau pob un o'r 10 o astudiaethau craidd, mae hi'n syniad da i chi adolygu'ch gwybodaeth. Gallwch ddefnyddio llawer o'r gweithgareddau adolygu a ddisgrifiwyd ar ddiwedd pob un o'r penodau yn Uned 1 (gweler tudalennau 15, 29, 43 a 57) a chynnwys y bennod hon. Fe allwch chi, er enghraifft, roi cynnig ar y rhain:

- **Sioe sleidiau** Gweithiwch mewn grwpiau bach, a phob un i lunio cyfres o luniau a geiriau sy'n gysylltiedig ag astudiaeth graidd. Chwiliwch ar y we am ragor o ddelweddau ar gyfer eich astudiaeth. Mewn gwersi yn y dyfodol, gallwch chi gychwyn drwy edrych ar un o'r sioeau sleidiau. Dewis arall yw i bob grŵp gynhyrchu sioe sleidiau ar gyfer pob un o'r 10 astudiaeth. Penderfynwch pa sioe sleidiau yw'r orau.
- **Cwestiynau amlddewis** Yma eto, gweithiwch mewn grwpiau bach neu barau. Dylai pob grŵp/pâr lunio dau gwestiwn amlddewis ynghylch pob un o'r 10 astudiaeth graidd. Rhowch nhw i gyd gyda'i gilydd i greu prawf adolygu mawr.
- **Hwyl Post-its** Dylai fod gan fyfyrwyr bentwr o Post-its bach a dylen nhw ysgrifennu arnyn nhw unrhyw beth y gallan nhw ei gofio am astudiaeth graidd a enwyd. Yna, gellir gosod y Post-its mewn trefn ar wal eich ystafell ddosbarth i greu map meddwl.
- **Llunio cyngor ynghylch arholiadau** Defnyddiwch y nodiadau yn y bennod hon i lunio cyngor ar gyfer pob un o'r pum math o gwestiwn ynghylch astudiaeth graidd. Cewch gyngor hefyd ar dudalen vii.
- **Camp crynhoi** Dylech chi fod wedi llunio crynodeb o bob astudiaeth graidd yn barod. Ewch ati'n awr i lunio fersiwn mewn 100 o eiriau ar gyfer pob rhan unigol (y nodau a'r cyd-destun, y trefniadau, y darganfyddiadau a'r casgliadau, y fethodoleg a'r dystiolaeth arall).

Actio a dyfalu

Ar 25 o slipiau o bapur, ysgrifennwch enw pob un o'r 15 o ymchwilwyr ar gyfer y 10 astudiaeth graidd ac ychwanegwch air allweddol am bob astudiaeth (fel 'ofn' neu 'ufuddhau') = 25 o slipiau o bapur.

Rhowch y slipiau o bapur mewn het. Dylai aelodau'r dosbarth gymryd eu tro i gymryd slip o'r het. Rhaid iddyn nhw actio'r gair sydd ar y papur. Rhowch bwyntiau am yr amser y bydd y dosbarth yn ei gymryd i ddyfalu'r gair. Yr enillydd fydd y person (neu'r tîm) sydd â'r nifer isaf o bwyntiau. (Sylwch y gallai hi fod yn fwy o hwyl os caiff y slip ei roi'n ôl yn yr het bob tro.)

Cyfweliad teledu

Dychmygwch fod canlyniadau astudiaeth graidd benodol newydd eu cyhoeddi, a bod gohebydd teledu lleol yn awyddus i wneud cyfweliad pum-munud â'r ymchwilydd ynglŷn â'r ymchwil hwnnw. Gall parau o fyfyrwyr fod yn gyfwelydd (y bydd angen iddo/iddi lunio rhai cwestiynau) ac yn ymchwilydd (a ddylai wybod yr atebion i gyd, e.e. pwnc yr ymchwil, pam yr oedd yn bwysig).

Byddwch yn greadigol. Er enghraifft, gwisgwch mewn dillad addas ar gyfer yr oes honno a chofiwch ymddwyn fel yr ymchwilydd rydych chi'n ei chwarae ei r(h)an. Gallwch ffilmio'r cyfweliadau cyn eu golygu i wneud rhaglen.

Cwestiynau dianc

Dylai'r myfyrwyr lunio set o gwestiynau – rhai ac atebion byr iddyn nhw – ar gyfer pob astudiaeth graidd. Efallai y gallen nhw rannu'r dosbarth yn 10 grŵp a phob grŵp i lunio set o 30 o gwestiynau ar gyfer ei astudiaeth graidd.

Wrth adolygu'r astudiaethau craidd, canolbwyntiwch ar astudiaeth graidd benodol bob dydd; dylid rhybuddio'r myfyrwyr ymlaen llaw pa astudiaeth fydd honno. Yna, bydd y myfyrwyr yn ffurfio rhes bum munud cyn diwedd y wers a chael cwestiwn bob un yn ei dro. Os rhoddan nhw'r ateb cywir fe gân nhw funud neu ddwy'n rhydd; os rhoddan nhw ateb anghywir, yn ôl i gefn y llinell â nhw.

Defnyddio'r crynodebau i lunio mapiau meddwl

Copïwch y crynodeb o bob astudiaeth graidd unigol i ganol dalen A3 o bapur ar ffurf map meddwl (gweler tudalen 15). Yna, ychwanegwch (ac anodwch) y materion methodolegol o amgylch y tu allan. Mae hynny'n ffordd dda o ddatblygu neu alw i gof y sgiliau sy'n angenrheidiol i ateb cwestiynau 'gwerthuswch y fethodoleg'.

Gallech chi hefyd ychwanegu'r dystiolaeth arall i ddwyn deunydd i gof ar gyfer cwestiwn 5.

Tynnu cwestiynau o het

Dyma ffordd o ymarfer ateb cwestiynau arholiad. Ysgrifennwch ar bapur yr holl gwestiynau posibl y gellid eu gofyn ynglŷn â'r astudiaethau craidd. Gan fod pum math o gwestiwn a 10 astudiaeth graidd, bydd angen cyfanswm o 50 o slipiau o bapur.

Tynnwch gwestiwn allan o'r het a rhowch bum munud o amser paratoi i'r myfyrwyr, ac yna 12 munud i lunio'u hatebion. (Gan fod yr arholiad yn 105 o funudau o hyd a bod cyfanswm o 90 o farciau, bydd rhyw funud – felly – i bob marc ynghyd ag amser darllen/gwirio. Gan fod y cwestiynau yn adrannau A a B yn werth 12 marc, dylai'r myfyrwyr gael rhyw 12 munud).

Marcio

Dylai'r myfyrwyr weithio gyda phartner a marcio gwaith ei gilydd.

- Defnyddiwch y cynllun marcio ar dudalen vii i benderfynu ar farc.
- Dylai'r partner ddileu unrhyw beth sy'n amherthnasol.
- Dylai'r partneriaid lunio fersiwn a fyddai'n haeddu cael y marciau llawn.

Croesair

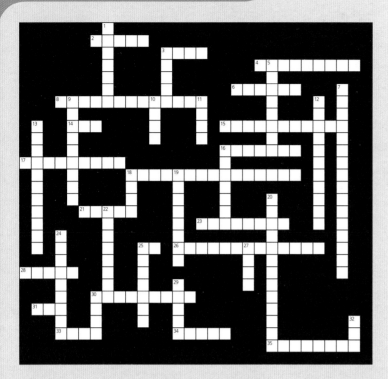

Mae'r atebion ar dudalen 179.

Ar draws

2. Y newidyn annibynnol yn astudiaeth Buss. (5)
3. Ffordd o wobrwyo Washoe. (4)
4. _____ oedd Washoe. (9)
6. Babi mabwysiedig Washoe. (6)
8. Ymchwiliodd Langer a Rodin i bobl a oedd yn byw mewn _____ _____. (7, 6).
14. Nifer y ffug-gleifion yn astudiaeth Rosenhan. (3)
15. Roedd astudiaeth Asch yn ymchwilio i hyn: _____. (11)
16. Yn astudiaeth Asch, bu'n rhaid i'r cyfranwyr gymharu hyd tair llinell â llinell _____. (7)
17. Yn astudiaeth Langer a Rodin, un o'r tasgau oedd dyfalu nifer y _____.(5, 4)
18. Dyma bwnc ymchwiliad Rahe ac eraill. (10, 5)
21. Y newidyn annibynnol yn arbrawf Loftus a Palmer. (1, 4)
23. Yn astudiaeth Buss, nifer y nodweddion y cafwyd barn y cyfranwyr amdanyn nhw. (2, 3, 3)
25. Nifer yr ysbytai a ddefnyddiwyd yn yr ail ran o astudiaeth Rosenhan. (2
26. Addysgwyd Washoe i ddefnyddio iaith _____ _____. (6, 7)
28. Rhoddodd Gibson a Walk brawf ar anifeiliaid heblaw pobl, fel mynnod (kids), sef _____ ifanc. (5)
30. Yn arbrawf Langer a Rodin, gofynnwyd i'r cyfranwyr yn benodol pa mor dda yr oedd eu _____ yn dod yn ei flaen. (9)
31. Ymchwiliodd Bennett-Levy a Marteau i darddiadau biolegol _____. (3)
33. Holodd Loftus a Palmer a oedd hwn wedi'i dorri. (4)
34. Gwelodd Rahe ac eraill fod cydberthyniad cadarnhaol rhwng straen a _____. (5)
35. Nifer y treialon hollbwysig yn astudiaeth Asch. (2, 3, 3)

I lawr

1. Ymchwiliodd Gibson a Walk i ganfod _____. (7)
3. Ymchwiliodd Buss i hoffterau o ran _____. (5)
5. Y seicolegydd a gynigiodd y cysyniad o barodrwydd biolegol. (8)
7. Yn astudiaeth Gibson a Walk, y dull a ddefnyddiwyd i asesu gallu babanod. (1, 7, 8)
9. Roedd Loftus a Palmer yn ymchwilio i gwestiynau _____.
10. Yn astudiaeth Gibson a Walk, anogwyd y babanod i gropian tuag at y person hwn. (1, 3)
11. Dau ymchwilydd a wnaeth feirniadu Milgram oedd _____ a Holland. (4)
12. Yn arbrawf Langer a Rodin, y cyflwr arbrofol (RIG) oedd y grŵp â hyn: _____. (11)
13. Yn astudiaeth Bennett-Levy a Marteau, yr anifail yr oedd pobl yn ei ofni fwyaf. (7, 4)
16. Yn yr astudiaeth gan Loftus a Palmer, dyma'r ferf a arweiniodd at yr amcangyfrifon uchaf o gyflymder. (7)
18. Y term a ddefnyddiwyd i ddisgrifio'r cyfrannwr go-iawn yn astudiaeth Asch. (4)
19. Gwahanodd Rahe ac eraill y cyfranwyr yn grwpiau o'r enw _____ i ddadansoddi'r darganfyddiadau. (8)
20. Yn astudiaeth Rosenhan, y symptom y dywedodd y ffug-gleifion eu bod wedi'i gael. (6, 7)
22. Mae astudiaeth Buss yn enghraifft o'r ymagwedd hon. (8)
24. Casgliad Bennett-Levy a Marteau oedd mai'r anifeiliaid yr oedd pobl yn eu hofni fwyaf oedd y rhai a oedd yn fwyaf gwahanol i'r _____ _____. (4, 5)
25. Ymchwiliodd Milgram i'r math hwn o ddylanwad cymdeithasol. (7)
27. Y rôl a chwaraewyd gan y cyfrannwr go-iawn yn arbrawf Milgram. (4)
29. Yn y _____ yn bennaf yr oedd y cyfranwyr yn astudiaeth Rahe ac eraill. (5)
30. Yn astudiaeth Milgram, nifer y cyfranwyr a stopiodd ar ôl rhoi sioc o 300 o foltiau. (4)
32. Casgliad Rosenhan oedd bod mwy o duedd i feddygon alw rhywun iach yn sâl, enghraifft o Gyfeiliornad math _____. (3)

Mae eich arholiad Uned 2 wedi'i rannu'n astudiaethau craidd a dulliau ymchwil cymhwysol (cewch y manylion ar dudalen 66). Yn yr adran ar ddulliau ymchwil cymhwysol, cewch ddewis o ddau gwestiwn i'w hateb, a bydd pob un yn edrych fel y cwestiwn ar y dde.

Os edrychwch chi ar y cwestiwn, fe welwch chi ei fod yn cychwyn â darn byr o ddeunydd 'ysgogi' (sefyllfa) sy'n disgrifio astudiaeth seicolegol, ac yn arddangos y canlyniadau (ar ffurf graff y tro hwn). Yna, cewch chi chwe chwestiwn byr a fydd yn eich holi chi am y rhain:

(a) dull yr ymchwil   (ch) y dull samplu
(b) dibynadwyedd   (d) mater moesegol
(c) dilysrwydd   (dd) tynnu casgliad.

Gan fod y cwestiynau bob amser yn dilyn y patrwm hwnnw, dyna roi syniad i chi o'r hyn y bydd yn rhaid i chi ei wybod i wneud yn dda yn yr arholiad.

Sylwch ar nodwedd arbennig o bwysig: mae pob un o'r cwestiynau'n gofyn i chi berthnasu'ch gwybodaeth â'r astudiaeth benodol *sydd wedi'i disgrifio yn y sefyllfa*. Yr enw ar hynny yw *cyd-destunoli*. Rhaid i chi gyd-destunoli pob un o'ch atebion i gael marciau da yn yr arholiad. Hynny yw, rhaid i chi wneud mwy na disgrifio un fantais o ddefnyddio cydberthyniad, er enghraifft – rhaid i chi egluro pam y mae'n fantais *yn achos yr astudiaeth benodol hon*. Drwy gydol y bennod, fe roddwn ni ddigon o gyfle i chi ymarfer cyd-destunoli eich atebion.

BETH YW DULLIAU YMCHWIL?

Dulliau ymchwil yw'r technegau y bydd seicolegwyr (a phob gwyddonydd) yn eu defnyddio i ddarganfod ffeithiau am y byd. Bydd seicolegwyr yn defnyddio rhai dulliau sy'n gyffredin i bob gwyddor, fel arbrofion ac arsylwadau. Ond fe ddefnyddian nhw hefyd ddulliau eraill, fel cyfweliadau a holiaduron, sy'n llai cyffredin mewn ymchwil gwyddonol arall. Mae ymchwil seicolegol yn wahanol i wyddorau eraill hefyd am mai gwrthrychau eu hastudio yw bodau dynol byw sy'n anadlu ac yn meddwl.

Er bod rhai gwahaniaethau, felly, rhwng seicoleg a gwyddorau eraill, mae llawer o debygrwydd rhyngddyn nhw hefyd. Un tebygrwydd allweddol yw eu bod yn defnyddio'r **dull gwyddonol**, sef, yn ei hanfod, sut mae gwyddoniaeth yn gweithio.

Y DULL GWYDDONOL

Dyma ddull sylfaenol pob ymchwil gwyddonol.
1. Bydd gwyddonwyr yn *arsylwi* pethau sy'n digwydd yn y byd o'u hamgylch.
2. Byddan nhw'n datblygu *eglurhad* dros dro o'r pethau a welan nhw, ac yn llunio *rhagdybiaeth*.
3. I weld a yw'r rhagdybiaeth yn wir, fe fyddan nhw'n cynllunio astudiaeth i roi prawf arni.
4. Os dangosir bod y rhagdybiaeth yn wir, gellir tynnu *casgliadau*.
5. Os yw'r rhagdybiaeth yn anghywir ... meddyliwch am eglurhad newydd! Rhowch gynnig arni eto.

Fe welwch mai'r dull hwnnw sydd wrth wraidd llawer o'r deunydd yn y llyfr hwn. Bydd seicolegwyr, fel pob gwyddonydd, yn ceisio esbonio ffenomenâu bob-dydd ac yna'n ymchwilio'n wrthrychol a systematig i'w hesboniadau. Dylen ni ddweud, efallai, nad yw pob seicolegydd yn credu mai gwyddor yw seicoleg, ond stori arall yw honno ...

▼ Dyma i chi enghraifft o gwestiwn am ddulliau ymchwil cymhwysol. Fe'i cymerwyd o bapurau enghreifftiol CBAC. Yn yr arholiad, cewch chi ddau gwestiwn fel yr un isod, a bydd gofyn i chi ateb un ohonyn nhw. Cydberthyniadau yw pwnc y cwestiwn, ond gallwch chi gael cwestiwn am unrhyw ddull ymchwil (e.e. arbrawf neu astudiaeth arsylwi neu unrhyw un o'r wyth dull ymchwil gwahanol y byddwch chi'n eu hastudio yn y bennod hon).

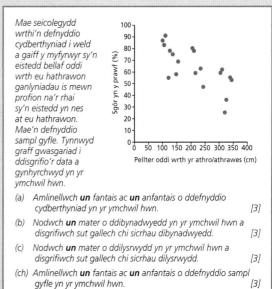

Mae seicolegydd wrthi'n defnyddio cydberthyniad i weld a gaiff y myfyrwyr sy'n eistedd bellaf oddi wrth eu hathrawon ganlyniadau is mewn profion na'r rhai sy'n eistedd yn nes at eu hathrawon. Mae'n defnyddio sampl gyfle. Tynnwyd graff gwasgariad i ddisgrifio'r data a gynhyrchwyd yn yr ymchwil hwn.

(a) Amlinellwch **un** fantais ac **un** anfantais o ddefnyddio cydberthyniad yn yr ymchwil hwn.   [3]

(b) Nodwch **un** mater o ddibynadwyedd yn yr ymchwil hwn a disgrifiwch sut gallech chi sicrhau dibynadwyedd.   [3]

(c) Nodwch **un** mater o ddilysrwydd yn yr ymchwil hwn a disgrifiwch sut gallech chi sicrhau dilysrwydd.   [3]

(ch) Amlinellwch **un** fantais ac **un** anfantais o ddefnyddio sampl gyfle yn yr ymchwil hwn.   [3]

(d) Trafodwch **un** mater moesegol a allai godi yn yr ymchwil hwn.   [3]

(dd) Nodwch **un** casgliad y gallwch ei dynnu o'r graff gwasgariad yn yr ymchwil hwn.   [3]

ENGHRAIFFT O'R DULL GWYDDONOL

Cam 1 Arsylwi

Yn y 1970au, bu nifer o derfysgoedd mewn carchardai yn UDA. Yr enwocaf oedd hwnnw yng Ngharchar Attica yn nhalaith Efrog Newydd yn 1971. Teimlai'r carcharorion eu bod yn cael eu hamddifadu'n anghyfreithlon o rai hawliau ac yn cael eu dal o dan amodau annynol: roedd y carchar wedi'i gynllunio i ddal 1200 o garcharorion ond mewn gwirionedd roedd 2225 ohonyn nhw.

Taniwyd y terfysg pan glywyd si yn y carchar fod carcharor yn cael ei ddal yn ei gell ac ar fin cael ei boenydio. Llwyddodd grŵp bach o garcharorion i sicrhau rheolaeth dros ran o'r carchar ac yn y pen draw fe gymeron nhw dros 40 o swyddogion a sifiliaid yn wystlon. Roedd yn rhaid bodloni eu hanghenion cyn iddyn nhw ildio.

Am bedwar diwrnod, gwrthododd y carcharorion ildio i heddlu'r dalaith, ac yn ystod y diwrnodau hynny fe gafodd y carcharorion gefnogaeth amryw o grwpiau gwrth-lywodraeth ledled y wlad. Gadawyd i griwiau newyddion fynd i mewn i'r carchar i holi'r arweinwyr ac fe baratôdd y ddwy ochr i ymladd brwydr fawr.

Ar 13 Medi 1971, ymosododd 1500 o heddlu a gwarchodwyr cenedlaethol ar y carchar a bu'r canlyniadau'n drychinebus. Yn y pen draw, lladdwyd 42 o bobl, gan gynnwys deg o'r gwystlon.

... ymlaen i'r tudalen nesaf

Sut mae gwyddoniaeth yn gweithio

ENGHRAIFFT O'R DULL GWYDDONOL
(parhad o'r tudalen blaenorol)

Cam 2 Eglurhad dros dro

Bu'r cyfryngau'n dyfalu ynghylch achosion y terfysg, ac ar y pryd rhoddodd llawer o bapurau newydd y bai ar y carcharorion gan ddweud eu bod nhw'n bobl ddrwg a fyddai bob amser yn achosi trafferth beth bynnag a gâi ei wneud iddyn nhw.

▲ Philip Zimbardo, Athro Emeritws ym Mhrifysgol Stanford, California.

Cododd seicolegydd ifanc o'r enw Philip Zimbardo ei lais a dweud mai eglurhad *anianawd* (*dispositional explanation*) oedd disgrifio'r carcharorion yn 'bobl ddrwg' – eglurhad a gredai fod trais yn digwydd mewn carchar am fod gan garcharorion a'r gardiau yno bersonoliaethau sy'n rhwym o arwain at wrthdaro. Does gan garcharorion fawr o barch at gyfraith a threfn, ac mae gardiau'n ymosodol a thrahaus. Mae'r eglurhad anianawd yn cynnig disgrifiad o ymddygiad yn nhermau 'anianawd' neu bersonoliaeth yr unigolyn.

Dadleuodd Zimbardo fod yr eglurhad anianawd yn tynnu sylw oddi wrth y cyfuniad cymhleth o rymoedd cymdeithasol, economaidd a gwleidyddol sy'n achosi i garchardai fod fel y maen nhw, ac felly'n ein rhwystro ni rhag eu gwneud nhw'n lleoedd gwell. Ym marn Zimbardo, bydd carcharorion a gardiau'n ymddwyn fel y gwnân nhw oherwydd y *sefyllfa* y maen nhw wedi'u gosod ynddi. Fydd y carcharorion ddim yn dangos parch am mai dyna'r math o rôl gymdeithasol y mae'r carchar yn ei rhoi iddyn nhw. Eglurhad *sefyllfaol* yw hwnnw.

Sut mae dweud p'un yw'r eglurhad 'cywir'? Yr un anianawd neu'r rhagdybiaeth sefyllfaol? Yr ateb yw 'gwneud astudiaeth ymchwil'. (Cafodd y cysyniadau o esboniadau anianawd ac esboniadau sefyllfaol o ymddygiad hefyd eu defnyddio wrth drafod 'Damcaniaeth Priodoli' ym Mhennod 4).

▲ Cyrff rhai o'r rhai a laddwyd yn nherfysgoedd Carchar Attica. Cynigiodd Philip Zimbardo eglurhad o derfysgoedd o'r fath, a rhoddodd ef brawf ar ei eglurhad yn yr Arbrawf yng Ngharchar Stanford.

Cam 3 Astudiaeth i roi prawf ar y rhagdybiaeth

Cynlluniodd Zimbardo astudiaeth i roi prawf ar yr eglurhad anianawd o'i gymharu â'r un sefyllfaol, sef *Arbrawf Carchar Stanford (Stanford Prison Experiment – SPE)* (Zimbardo ac eraill, 1973). Ei nod oedd gweld sut y byddai pobl 'gyffredin' yn ymddwyn o gael eu rhoi mewn carchar a dynodi rhai ohonyn nhw, ar hap, yn gardiau ac eraill yn garcharorion. Petai'r gardiau a'r carcharorion yn y ffug-garchar hwnnw'n ymddwyn mewn ffordd anymosodol, byddai hynny'n cefnogi'r rhagdybiaeth anianawd. Ar y llaw arall, petai'r bobl gyffredin hynny'n dechrau ymddwyn yn yr un ffordd â phobl mewn carchardai go-iawn, byddai'n rhaid dod i'r casgliad bod yr amgylchedd yn chwarae rhan o bwys yn ymddygiad y gardiau a'r carcharorion (yr eglurhad sefyllfaol).

Trefniadau Gofynnodd hysbyseb am wirfoddolwyr gwryw ar gyfer astudiaeth seicolegol o 'fywyd carchar' a dweud y bydden nhw'n cael $15 y dydd. Dewiswyd y 24 o ddynion mwyaf sefydlog (yn gorfforol ac yn feddyliol) a neilltuo pob un ar hap i fod yn garcharor neu'n gard. Cadwyd dau ddyn wrth gefn ac fe adawodd un arall. Deg o garcharorion ac 11 o gardiau oedd yno yn y pen draw.

Sefydlwyd ffug-garchar ar lawr isaf adran seicoleg Prifysgol Stanford yn California. Cafodd y 'carcharorion' eu 'harestio' yn annisgwyl yn eu cartrefi. Pan gyrhaeddon nhw'r 'carchar' aethon nhw drwy'r drefn i dynnu llau oddi arnyn nhw, eu harchwilio a chael gwisg carchar ac arni rif adnabod, capiau hosan neilon (i wneud i'w gwallt edrych yn fyr) a chadwyn am eu fferau. Buon nhw yn y carchar 24 awr y dydd, ond gweithio shifftiau wnaeth y gardiau.

Roedd gan y gardiau wisg swyddogol, pastynau, chwibanau, gefynnau llaw a sbectol haul adlewyrchol (i rwystro cyswllt llygaid). Y nod oedd cwtogi ar eu hymwybyddiaeth o'u hunigolrwydd er mwyn iddyn nhw fod yn debycach o weithredu o fewn eu rôl yn hytrach na dilyn eu moesau personol.

Darganfyddiadau Yn ystod yr ychydig ddyddiau cyntaf, aeth y gardiau'n fwyfwy unbenaethol. Fe wnaethon nhw ddeffro'r carcharorion yn y nos a'u cael i lanhau'r toiledau â'u dwylo. Roedd rhai o'r gardiau mor frwd nes iddyn nhw hyd yn oed wirfoddoli i wneud oriau ychwanegol yn ddi-dâl.

Ar adegau, roedd y cyfranwyr fel petaen nhw wedi anghofio mai actio'r oedden nhw. Hyd yn oed pan nad oedden nhw'n sylweddoli eu bod yn cael eu gwylio, fe ddalion nhw i chwarae rôl. Pan gafodd un carcharor ddigon, gofynnodd am barôl – yn hytrach na dweud bod arno eisiau rhoi'r gorau i fod yn rhan o'r arbrawf. Oedd ef wedi dechrau meddwl ei fod yn garcharor go-iawn?

Bu'n rhaid rhyddhau pum carcharor yn gynnar oherwydd eu hymateb eithafol (crïo, gwylltio a gorbryder dwys) – symptomau a oedd wedi dechrau ymddangos cyn pen deuddydd ar ôl i'r astudiaeth ddechrau. Yn wir, gorffennwyd yr arbrawf cyfan ar ôl chwe diwrnod er mai'r bwriad oedd iddo bara pythefnos.

▲ Gard yn mynnu bod y carcharorion yn wynebu'r wal yn ystod Arbrawf Carchar Stanford.

Cam 4 Casgliadau

O ran nodau gwreiddiol yr arbrawf, gallwn ni gasglu bod ffactorau sefyllfaol fel petaen nhw'n bwysicach na rhai anianawd am i fyfyrwyr 'cyffredin' droi, yn rhy rwydd o lawer, yn gardiau cas yn y carchar neu'n garcharorion gwasaidd o gael eu rhoi mewn sefyllfa briodol.

Dywedwn ei fod 'fel petai' yn amlygu'r casgliadau hynny - ond rhaid gofyn cwestiynau pwysig. Mae angen i ni *werthuso*'r astudiaeth, sef ystyried ei gwerth. Roedd darganfyddiadau astudiaeth Zimbardo yn amlwg ddigon, ond os oedd nam ar y technegau a ddefnyddiwyd wrth gynnal yr astudiaeth, fe all y canlyniadau fod yn ddiystyr.

Fe wyddoch chi hynny o astudio gwyddoniaeth. Fel rhan o'ch cwrs gwyddoniaeth, mae'n debyg i chi wneud sawl ymchwiliad neu astudiaeth achos. Fe allwch chi, er enghraifft, fod wedi cael data am anfanteision a pheryglon defnyddio ffonau symudol a chael cais i bwyso a mesur y dystiolaeth. Byddai hynny wedi golygu *gwerthuso* y dulliau a ddefnyddiwyd i gasglu'r data. Rhan bwysig o'r broses wyddonol yw astudio'r canlyniadau'n feirniadol. Mae angen i ni'n awr, felly, werthuso astudiaeth Zimbardo. Wrth werthuso ymchwil, bydd seicolegwyr yn poeni'n arbennig ynghylch tri phrif fater, sef **dilysrwydd**, **dibynadwyedd** a **materion moesegol**.

▼ Yn aml, rhoddodd y gardiau driniaeth go sadistaidd i'r carcharorion. Ar ôl i'r astudiaeth orffen, cyflwynwyd y gardiau a'r carcharorion i'w gilydd, sef dim ond un rhan o'r trefniadau trylwyr 'i adrodd yn ôl' a gynhaliwyd fisoedd a blynyddoedd ar ôl i'r astudiaeth ddod i ben.

Oedd yr astudiaeth yn ddilys?

Os oes arnon ni eisiau tynnu casgliadau am 'fywyd go-iawn', rhaid i'r ymddygiad a astudiwn ni gyd-fynd ag ymddygiad o 'fywyd go-iawn'. Un o'r cwestiynau a godwyd ynghylch astudiaeth Zimbardo oedd a oedd y cyfranwyr yn ymddwyn fel carcharorion a gardiau *go-iawn* neu'n gwneud dim ond chwarae'r rolau a neilltuwyd iddyn nhw? Mewn bywyd go-iawn, bydd pobl yn actio rolau, ond mae ganddyn nhw hefyd synnwyr fel unigolion o'r hyn sy'n iawn a heb fod yn iawn. Felly, petaech chi'n un o'r gardiau yn yr astudiaeth, er enghraifft, gallech chi orchymyn i 'garcharor' lanhau'r toiledau â'i ddwylo am fod hynny'n rhan o'r 'gêm' ond wnaech chi ddim hynny mewn bywyd go-iawn am y byddech chi'n teimlo nad yw hi'n iawn trin carcharor mewn ffordd mor annynol.

Mewn bywyd go-iawn, byddai gard carchar (neu garcharor) yn debyg o addasu'r rôl i gyd-fynd â'i ddaliadau personol a gofynion y sefyllfa. Yn ddiweddarach, honnodd y mwyafrif o'r gardiau nad oedden nhw wedi bod yn gwneud dim ond actio rôl. Gallai'r astudiaeth ddweud fawr o ddim wrthon ni, felly, am ymddygiad pobl mewn bywyd go-iawn, a byddai hynny'n golygu bod y darganfyddiadau'n gymharol *ddiystyr*. Mewn iaith wyddonol, bydden nhw'n brin o ddilysrwydd.

Ond mae barn wahanol am ddilysrwydd yr ymchwil yn bosibl. Dangosodd dadansoddiad Zimbardo o ymddygiad ei 'gardiau' fod rhyw 30% ohonyn nhw'n greulon a llym', rhyw 50% yn 'llym ond yn deg', a llai na 20% yn 'gardiau da' (h.y. ar y cyfan yn garedig wrth y 'carcharorion' ac yn barod i'w helpu). Mae'r dadansoddiad hwnnw'n cyd-fynd ag asesiad mewn bywyd go-iawn o ymddygiad unigolion sydd mewn grym. Astudiodd yr hanesydd Christopher Browning (1992) weithredoedd Bataliwn 101 Wrth Gefn Heddlu'r Almaen, sef uned symudol o 500 o Almaenwyr a saethodd dros 38 000 o Iddewon yn farw mewn cwta bedwar mis yn 1942. Nid lladdwyr helaeth eu hyfforddiant mohonyn nhw, ond 'dynion cyffredin' a recriwtiwyd am eu bod yn rhy hen i ymuno â byddin yr Almaen. Dangosodd Browning, fel yn achos gardiau Zimbardo, fod yno gnewyllyn o 'laddwyr brwd' a aeth allan o'u ffordd i hela'r Iddewon, grŵp mwy o faint na 'pherfformiodd' ond pan osodwyd dyletswydd arnyn nhw i ladd, a llai na 20%

a alwyd yn rhai a wnaeth 'wrthod neu osgoi'. Mae tystiolaeth fel hyn yn awgrymu bod peth dilysrwydd, efallai, i ddarganfyddiadau Zimbardo am eu bod nhw'n cyd-fynd â digwyddiadau yn y byd go-iawn.

Oedd yr astudiaeth yn ddibynadwy?

Agwedd bwysig ar unrhyw ddarganfyddiad sy'n ffrwyth ymchwil yw a allwn ni *ddibynnu* arno. Gellir penderfynu a yw'n ddibynadwy drwy ail-wneud yr astudiaeth i weld a geir yr un darganfyddiadau. Gelwir hynny'n **ddyblygu**. Yn achos astudiaeth Zimbardo, does dim dyblygu manwl-gywir wedi bod arni erioed oherwydd y gofid a achoswyd i'r cyfranwyr.

Yn ddiweddar, serch hynny, gwnaeth Haslam a Reicher (2008) astudiaeth debyg a ddarlledwyd ar y teledu a'i galw'n *The Experiment*. Cafodd ffug-garchar ei greu a'i ffilmio gan y BBC. Neilltuwyd 15 o wirfoddolwyr ar hap i rôl y carcharorion (10) a gardiau (5). Honnodd Haslam a Reicher i'w hastudiaeth ddangos bod eglurhad Zimbardo yn anfoddhaol ac fe gynigion nhw farn arall, sef bod unigolion yn uniaethu â'u grwpiau cymdeithasol (h.y. bod yn garcharor), a phan fydd y grŵp cymdeithasol yn chwalu bydd yr unigolion yn agored i gael eu manipwleiddio gan y rhai sydd mewn grym (y gardiau yn yr

achos hwn). Eglurhad yn nhermau hunaniaeth gymdeithasol yw hwnnw.

Oedd yr astudiaeth yn foesegol?

Fe ddywedon ni ar ddechrau'r bennod hon fod ymchwil seicolegol ychydig yn wahanol i bob ymchwil gwyddonol arall am fod gwrthrychau'r astudiaeth yn fodau dynol byw sy'n anadlu ac yn meddwl. Rhaid i ni feddwl yn ofalus, felly, am effaith unrhyw astudiaeth ar y bobl sy'n cymryd rhan ynddi – y cyfranwyr.

Cododd cyfrannu yn yr astudiaeth hon rai materion moesegol ac, efallai, mai'r mater pwysicaf oedd **niwed seicolegol**. Profodd pob cyfrannwr gryn dipyn o ofid emosiynol yn ystod yr astudiaeth. Bu'n rhaid rhyddhau pump o'r carcharorion oherwydd 'iselder ysbryd, crïo, gwylltio a gorbryder dwys', yn ogystal ag un a oedd wedi datblygu 'brech seicosomatig'. Stopiwyd yr astudiaeth ar ôl chwe diwrnod yn hytrach na gadael iddi bara pythefnos cyfan. Ceisiodd Zimbardo wneud iawn am hynny drwy gynnal sesiynau **adrodd yn ôl** am rai blynyddoedd wedi hynny, a daeth i'r casgliad na welwyd unrhyw effaith negyddol barhaol.

Er nad yw materion moesegol o'r fath ddim yn amharu ar y casgliadau a dynnwyd o'r ymchwil, maen nhw'n ffactor pwysig i'w ystyried wrth gynllunio a gwerthuso ymchwil.

🌐 **www** Gallwch chi ddarllen rhagor am yr arbrawf yn www.prisonexp.org/, gwefan sy'n ymwneud â'r astudiaeth o Garchar Stanford ac yn cynnwys sioe sleidiau, cwestiynau i'w trafod, a chyswllt â gwefannau eraill.

Beth yw arbrawf?

Gwneud ymchwil

Dylai'ch astudiaeth o seicoleg fod yn hwyl (!) ac yn berthnasol i'ch bywyd. Ffordd dda o ddechrau deall y broses ymchwil, felly, yw ymchwilio i rywbeth sy'n cyffroi eich diddordeb chi ynghylch ymddygiad pobl. Ond cyn i chi gyffroi gormod, chewch chi ddim astudio unrhyw beth a fyddai'n anfoesegol!

Arsylwi bywyd bob-dydd

Er y gallech chi feddwl am eich syniad eich hun, dyma un posibilrwydd. Bydd llawer o fyfyrwyr yn gwneud eu gwaith cartref o flaen y teledu. Mae merch Cara yn meddwl ei bod hi'n gwneud llawn cystal o flaen y teledu ag wrth weithio wrth ddesg heb ddim i dynnu ei sylw. Fel y gallwch chi ddychmygu, dydy Cara ddim yn cytuno.

Nod yr ymchwil

Ymchwilio i weld a yw pobl yn gweithio llawn cystal o flaen y teledu, neu a fydd eu gwaith yn dioddef oherwydd hynny.

GWAITH I CHI

Rhif 6.1

1. Gweithiwch gyda grŵp bach o fyfyrwyr eraill a thrafodwch y cwestiynau hyn:
   - Sut y gallech chi ddarganfod a all pobl weithio llawn cystal o flaen y teledu ag mewn ystafell dawel?
   - Beth y bydd angen i chi ei fesur?
   - Fydd gennych chi ddau gyflwr gwahanol? Beth y byddwch chi'n ei newid ar draws y ddau gyflwr?
   - Faint o gyfranwyr y bydd arnoch chi eu hangen?
   - Fydd pawb yn cymryd rhan yn y naill gyflwr a'r llall, neu a fydd gennych chi ddau grŵp o gyfranwyr?
   - Beth y byddwch chi'n disgwyl ei ddarganfod?
   - Beth y bydd y cyfranwyr yn ei wneud?
   - Beth y mae angen i chi ei reoli?
2. Ar ôl i chi lunio'ch cynllun, ymunwch â grŵp arall ac eglurwch eich syniadau i'ch gilydd. Gallai'r grŵp arall ofyn cwestiynau defnyddiol a wnaiff eich helpu i fireinio'ch syniadau.
3. Gwnewch eich astudiaeth. Efallai y gallech chi ei gwneud yn y dosbarth, neu fe allai pob aelod o'ch grŵp fynd i ffwrdd i gasglu tipyn o ddata.
4. Casglwch ddata'ch grŵp ynghyd a lluniwch boster i gyflwyno'ch canlyniadau a'ch casgliadau.

Materion moesegol

Pryd bynnag y gwnewch chi ymchwil, rhaid i chi bob amser ystyried materion moesegol yn ofalus.
- Peidiwch byth â defnyddio unrhyw gyfrannwr o dan 16 oed.
- Gofynnwch i bob cyfrannwr bob amser am ei gydsyniad/ei chydsyniad gwybodus – dywedwch wrth y cyfranwyr yr hyn y bydd disgwyl iddyn nhw ei wneud a gadewch iddyn nhw wrthod cymryd rhan.
- Ar ôl yr astudiaeth soniwch wrth eich cyfranwyr am unrhyw dwyllo sydd wedi bod, a gadewch iddyn nhw dynnu eu data'n ôl os byddan nhw, ar ôl pwyso a mesur, yn penderfynu na ddylen nhw fod wedi cymryd rhan.

Cyn cychwyn ar unrhyw astudiaeth, ymgynghorwch ag eraill ynghylch 'sgript' cael cydsyniad gwybodus, ac ynghylch adrodd yn ôl.

CYNLLUNIO YMCHWIL

Os cynllunioch chi'r astudiaeth ar y chwith, rydych chi newydd wneud yr hyn y bydd seicolegwyr yn ei wneud, sef astudio ymddygiad pobl yn systematig. Fe ddilynoch chi'r dull gwyddonol, sef arsylwi → egluro → datgan eich disgwyliadau → cynllunio astudiaeth → gweld a oedd eich disgwyliadau'n gywir.

Bydd seicolegwyr yn defnyddio geiriau arbennig i ddisgrifio agweddau ar y broses ymchwilio. Rydyn ni wedi defnyddio rhai o'r termau'n barod ac mae'n fwy na thebyg bod y mwyafrif ohonyn nhw'n gyfarwydd am i chi eu defnyddio mewn gwersi gwyddoniaeth.

- **Beth oeddech chi'n disgwyl ei ddarganfod?**
  Dyma'ch **rhagdybiaeth**, sef datganiad o'r hyn sy'n wir yn eich barn chi. Gallai'ch rhagdybiaeth fod wedi bod yn debyg i hyn: 'Bydd myfyrwyr sy'n gwneud tasg sy'n golygu defnyddio'r cof, ac yn gwneud hynny â'r teledu ymlaen, yn cynhyrchu gwaith o safon is na phobl sy'n gwneud yr un dasg heb fod y teledu o'u blaen.'
- **Beth y gwnaethoch chi ei fesur?**
  Yr enw ar hwnnw yw'r **newidyn dibynnol** (y **DV**). Pan benderfynoch chi beth yn union y byddech chi'n ei fesur, fe wnaethoch chi **weithredoli** y DV. Dydy hi ddim yn ddigon i gael pobl i wneud 'rhyw waith' a gweld pa mor dda y gwnaethon nhw'r dasg honno. Dylech chi fod wedi pennu'r darn hwnnw o waith ac wedi sicrhau bod yr holl gyfranwyr wedi'i wneud. Byddai'r DV wedi bod yn rhywbeth fel eu perfformiad mewn prawf ar eu cof, ac asesu'r gwaith a wnaethon nhw.
- **Beth oedd eich dau gyflwr?**
  Yr enw ar hwnnw yw'r **newidyn annibynnol** (yr **IV**). Yn aml, bydd dau gyflwr i'r IV, sef, yn yr achos hwn, bod o flaen y teledu neu heb fod o flaen y teledu.
- **Beth fydd y cyfranwyr yn ei wneud?**
  Fe lunioch chi set o drefniadau wedi'u safoni am ei bod hi'n bwysig sicrhau bod pob cyfrannwr wedi gwneud yn union yr un peth ym mhob cyflwr. Fel arall, gallai'r canlyniadau amrywio oherwydd newid yn y trefniadau yn hytrach nag oherwydd yr IV.
- **Beth y mae angen i chi ei reoli?**
  Byddwch chi wedi ceisio rheoli rhai **newidynnau allanol** (**EVs**), fel yr adeg o'r dydd. (Dylai pob cyfrannwr wneud y prawf tua'r un adeg o'r dydd am y gallai pobl wneud yn well yn y prawf yn y bore nag yn y prynhawn).

Beth yw ymchwil? Gall unrhyw un fod â barn am ymddygiad pobl. Mae'n fwy na thebyg bod gennych chi sawl barn, fel credu y byddwch chi'n colli pwysau os gwnewch chi fwyta llai, neu fod gan ferched well synnwyr digrifwch na bechgyn. Ond sut ydych chi'n gwybod hynny? Nod gwyddonwyr yw cynhyrchu atebion sy'n rhagori ar synnwyr cyffredin. Fe wnân nhw hynny drwy wneud astudiaethau a'u rheoli'n dda. Dyna'r hyn yr ydych chi wedi'i astudio drwy gydol y llyfr hwn.

CYNLLUNIO ARBROFION

Os cynllunioch chi'r astudiaeth ar y tudalen gyferbyn, mae'n fwy na thebyg i chi fod â dau grŵp o gyfranwyr – bu'r naill grŵp yn gwylio'r teledu wrth weithio, ond wyliodd y grŵp arall mo'r teledu o gwbl. Roedd y naill grŵp a'r llall yn cynrychioli un cyflwr o'r IV. Yr enw ar hyn yw **cynllun grwpiau annibynnol**.

Ar y llaw arall, efallai i chi lunio'r arbrawf mewn ffordd wahanol. Efallai i chi roi tipyn o ddeunydd i'r cyfranwyr i'w astudio wrth wylio'r teledu ac yna roi prawf ar eu cof. Drannoeth, efallai i chi roi i'r un bobl rywfaint yn rhagor o ddeunydd i'w astudio, y tro hwn mewn ystafell dawel, ac yna roi prawf ar eu cof eto a chymharu eu perfformiad yn y ddau gyflwr gwahanol. Yr enw ar hynny yw **cynllun ailadrodd mesurau**.

Ceir trydydd math posibl o gynllun arbrawf (h.y. cynllun a ddefnyddir wrth wneud arbrawf), sef **cynllun parau tebyg** lle ceir dau grŵp gwahanol o gyfranwyr ond mae'r cyfranwyr yn y naill grŵp a'r llall wedi'u cyplysu neu eu paru o ran y newidynnau allweddol. Gan ein bod ni'n rhoi prawf ar y cof, er enghraifft, peth synhwyrol fyddai asesu'r holl gyfranwyr o ran eu gallu i gofio. Yna, byddech chi'n paru gyda'i gilydd bobl sydd â sgorau tebyg am gofio a rhoi'r naill aelod o bob pâr yng ngrŵp A a'i bartner/ei phartner yng ngrŵp B. Mae'n bwysig sylweddoli bod rhaid i'r nodweddion y dewisir eu cyplysu fod yn berthnasol i'r ymddygiad rydych chi'n ei astudio. Os oeddech chi'n astudio ufudd-dod, er enghraifft, fyddai fawr o bwynt i chi gyplysu cyfranwyr o ran eu gallu i gofio.

ARBRAWF YW ...

Arbrawf yw'r astudiaeth ar y tudalen gyferbyn. Prif nodwedd arbrawf yw newid neu fanipwleiddio IV (gwylio'r teledu neu beidio) i weld a gaiff ef unrhyw effaith ar y DV (sef safon y gwaith). Ar sail hynny, gallwn ni dynnu casgliadau achosol – a gwneud gosodiad ynghylch a yw gwylio'r teledu neu beidio yn *achosi* newid yn y gwaith sy'n cael ei wneud.

Fe wyddoch chi lawer am arbrofion yn barod – fe wnewch chi nhw heb feddwl. Er enghraifft, pan gewch chi athro neu athrawes newydd, rydych yn gwylio sut mae'n ymateb i'ch ymddygiad. Gallech chi wneud jôc neu gyflwyno'ch gwaith cartref mewn pryd (y ddau yn IV) i weld a yw'r athro/athrawes yn ymateb yn dda (y DV). Rydych chi'n arbrofi gydag achos ac effaith.

Mathau gwahanol o arbrawf

Mae tri math gwahanol o arbrawf ac mae un peth yn gyffredin i bob un, sef IV a DV.

- **Arbrawf labordy** Arbrawf a wneir mewn *amgylchedd arbennig* lle mae modd *rheoli* y newidynnau *yn ofalus*. Mae'r cyfranwyr yn *sylweddoli* eu bod yn cymryd rhan mewn arbrawf ond gallan nhw beidio â gwybod gwir nodau'r astudiaeth.
- **Arbrawf maes** Arbrawf a wneir mewn amgylchedd mwy naturiol, h.y. yn 'y maes' (sef unrhyw le y tu allan i labordy). Fel yn achos yr arbrawf labordy, caiff yr IV ei fanipwleiddio'n fwriadol, o hyd, gan yr ymchwilydd. Yn aml, fydd y cyfranwyr ddim yn sylweddoli eu bod nhw'n cymryd rhan mewn arbrawf.
- **Arbrawf naturiol** Mae'r amgylchedd yn naturiol, fel mewn arbrawf maes, ond yn wahanol i'r arbrawf maes mae'r newid yn yr IV hefyd yn 'naturiol'. Mae'r arbrofwr yn defnyddio IV sy'n amrywio'n naturiol yn hytrach nag yn ei fanipwleiddio'n fwriadol, fel sy'n digwydd mewn arbrawf maes.

Y manteision a'r anfanteision

I ddeall manteision ac anfanteision cymharol y tri math o arbrawf, rhaid edrych yn gyntaf ar fater dilysrwydd, ac fe wnawn ni hynny ar y ddau dudalen nesaf.

ALLWCH CHI...?   Rhif **6.1**

1... Lunio adroddiad ar yr astudiaeth a wnaethoch ynghylch sŵn a pherfformio (neu ba bwnc arall a ddewisoch chi). Dylai'r adroddiad gynnwys cynrychiolaeth ddarluniadol o'ch canlyniadau (e.e. siart bar).

2... Egluro nodweddion penodol arbrawf.

3... Enwi prif fantais y dull arbrofol.

4... Penderfynu ar fanteision ac anfanteision cymharol pob un o'r tri math o gynllun arbrawf a ddisgrifiwyd uchod.

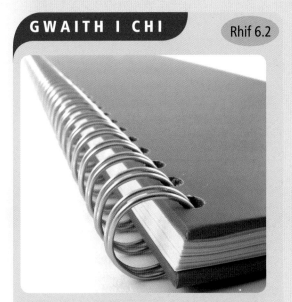

GWAITH I CHI   Rhif 6.2

Mae dysgu am ddulliau ymchwil yn debyg, i raddau, i ddysgu iaith dramor. Pan ddysgwch chi iaith dramor, rhaid i chi ddysgu set newydd o eiriau ac, yn fwy arbennig, eu hystyron. Un o'r ffyrdd gorau o wneud hynny yw siarad yr iaith – ac mae'r un peth yn wir am ddulliau ymchwil. Peidiwch â dal yn ôl na dychryn – defnyddiwch y geiriau.

I'ch helpu chi i ddysgu'r iaith, gallech chi greu'ch **Llyfr Geirfa Dulliau Ymchwil** eich hun i gofnodi'r holl dermau, eu hystyron, a'u manteision a'u hanfanteision.

Gallwch chi gynnwys copi o fanyleb dulliau ymchwil cymhwysol yn eich llyfr, a rhoi tic wrth bob term pan fyddwch chi wedi cofnodi'r manylion, ac yna pan fyddwch chi'n teimlo'ch bod chi'n ei ddeall, ac yna eto pan deimlwch eich bod chi bellach yn arbenigwr(aig)!

Term/cysyniad allweddol	Lluniwyd nodiadau byr	Dealltwriaeth dda	Dealltwriaeth arbenigol
Arbrawf labordy			
Arbrawf maes			

Ac ati.

Dilysrwydd

Beth yw *dilysrwydd*?

Mae'r term 'dilysrwydd' yn nodi mor wir neu ddilys y mae rhywbeth fel eglurhad o ymddygiad. Mae'n ymwneud â materion rheoli, realaeth a'r gallu i gymhwyso'n gyffredinol.

RHEOLI

Ystyriwch yr arbrawf a ganlyn (sy'n debyg i'r un ar y ddau dudalen blaenorol).

Nod astudiaeth gan ddosbarth o fyfyrwyr seicoleg oedd darganfod a allai myfyrwyr wneud eu gwaith cartref yn fwy effeithiol mewn tawelwch neu o flaen y teledu. Cynhwysodd yr astudiaeth ddau gyflwr, sef gwneud prawf mewn tawelwch a'i wneud o flaen y teledu.

Y **newidyn annibynnol** (*independent variable* – yr **IV**) oedd a oedd y teledu ymlaen neu beidio. Y **newidyn dibynnol** (*dependent variable* – y **DV**) oedd sgôr y cyfranwyr yn y prawf. Os yw'r teledu'n tynnu sylw, dylai'r grŵp sy'n gweithio mewn tawelwch wneud yn well yn y prawf.

Ond a allai pethau eraill fod wedi effeithio ar eu sgôr yn y prawf? Beth petai'r holl gyfranwyr yn y grŵp tawelwch wedi gwneud y prawf yn y bore a'r lleill wedi'i wneud yn y prynhawn? Gallai pobl fod yn fwy effro yn y bore a dyna pam y maen nhw'n gwneud yn well yn y prawf yn y bore. Gallai'r myfyrwyr yn y naill grŵp fod yn fwy naturiol ddeallus na'r rhai yn y grŵp arall, a byddai hynny'n egluro pam y gwnaeth un grŵp yn well. Yr enw ar y rheiny yw **newidynnau allanol** (*extraneous variables* – yr **EVs**).

Os bydd arbrofwr yn methu â rheoli EVs o'r fath, bydd canlyniadau'r astudiaeth yn *ddiystyr*. Gallai'r arbrofwr honni i'r IV achosi newid yn y DV, ond fe allai hynny beidio â bod yn wir am i rywbeth arall – EV – achosi'r newidiadau yn y DV. *O ganlyniad, gallai'r arbrofwr beidio â bod wedi rhoi prawf ar yr hyn y bwriadai roi prawf arno.* Yn hytrach, rhoddodd brawf ar ddylanwad newidyn gwahanol.

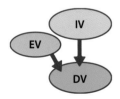

Mae **rheoli**, felly, yn hanfodol mewn arbrofion. Bydd arbrofwr yn ceisio rheoli cynifer o EVs *perthnasol* â phosibl, h.y. y newidynnau sy'n *ychwanegol* at yr IV.

Weithiau, defnyddir y term 'newidyn dryslyd' yn lle 'newidyn allanol'. Er bod ystyron gwahanol i'r ddau derm, mae'n dderbyniol ar lefel Uwch Gyfrannol i chi gymryd eu bod nhw'r un peth.

▲ Mae'n anochel bod astudiaethau mewn seicoleg yn golygu bod rhaid cydbwyso rheolaeth a realaeth. Yn y labordy y sicrheir y rheoli mwyaf. Ond gellir amau i ba raddau y mae modd cymhwyso darganfyddiadau o'r labordy yn gyffredinol at amgylcheddau eraill, yn enwedig yr amgylcheddau llai rheoladwy lle bydd pobl yn byw eu bywydau bob-dydd.

Dadl rhai seicolegwyr yw na allwn ni ddarganfod pethau am ymddygiad ond drwy ddadlennu perthnasoedd achos-ac-effaith mewn arbrofion o dan reolaeth lem mewn labordy. Dadl eraill yw mai astudiaethau yn yr amgylchedd naturiol yw'r unig ddewis go-iawn i seicolegwyr sy'n ymddiddori yn y ffordd y caiff bywyd ei fyw mewn gwirionedd.

REALAETH

Nod unrhyw astudiaeth seicolegol yw arwain at wybodaeth am y ffordd y bydd pobl yn ymddwyn mewn 'bywyd go-iawn'. Os yw sefyllfa astudiaeth yn rhy artiffisial neu annaturiol, fydd y cyfranwyr ddim yn gweithredu fel y gwnân nhw fel arfer.

Ymchwiliodd astudiaeth Loftus a Palmer (gweler tudalen 92), er enghraifft, i dystiolaeth llygad-dystion drwy ddangos i'r cyfranwyr ffilm o ddamwain car a holi am gyflymder y car. Ond pa mor realistig yw hynny? Ydy gwylio ffilm yr un peth â gweld damwain go-iawn?

Bydd llu o bethau'n effeithio ar *realaeth* astudiaeth seicolegol. Mae'r term **realaeth gyffredin** yn cyfeirio at y ffordd y bydd arbrawf yn ddrych o'r byd go-iawn. Gan fod gwylio damwain car mewn ffilm mewn labordy yn brin o realaeth gyffredin, gallai canlyniadau'r astudiaeth beidio â bod yn ddefnyddiol iawn wrth geisio deall ymddygiad yn y byd go-iawn.

Y GALLU I GYMHWYSO YN GYFFREDINOL

Diben sicrhau realaeth mewn ymchwil seicolegol yw *gallu cymhwyso canlyniadau'n gyffredinol* y tu hwnt i sefyllfa unigryw a phenodol yr ymchwil ac, yn arbennig, allu deall ymddygiad mewn bywyd bob-dydd (y 'byd go-iawn'). Er hynny, gall astudiaeth fod yn 'naturiol' neu'n real iawn (h.y. yn llawn realaeth) ond fe all nad oes modd ei **chymhwyso'n gyffredinol**. Ystyriwch yr enghreifftiau hyn:

- Os yw'r holl gyfranwyr mewn astudiaeth yn fyfyrwyr prifysgol yn yr Unol Daleithiau, gall hi beidio â bod yn rhesymol cymhwyso'r darganfyddiadau'n gyffredinol at ymddygiad pawb am fod i Americaniaid (a myfyrwyr) eu nodweddion unigryw.
- Os gwneir astudiaeth o ufudd-dod mewn ysbyty gyda nyrsys go-iawn (gweler Hofling ac eraill, tudalen 79), gallai hynny beidio â dweud llawer wrthon ni am ufuddhau mewn bywyd bob-dydd am mai rhan o waith nyrs yw ufuddhau i feddygon, ac mae hynny'n wahanol i berthnasoedd eraill sy'n cynnwys ufuddhau.

Mae'n bwysig *iawn* cofio hyn: am fod astudiaeth yn cael ei gwneud mewn amgylchedd naturiol (fel ysbyty), dydy hynny ddim yn golygu bod modd cymhwyso'r darganfyddiadau'n gyffredinol at y byd go-iawn.

Cam 1: Atebwch y cwestiynau drwy roi cylch o gwmpas 'ydy' neu 'nac ydy'.

1. ARAITH Ydy'r gair mewn priflythrennau? YDY/NAC YDY
2. brwsh Ydy'r gair yn rhywbeth a ddefnyddir i lanhau?
YDY/NAC YDY
3. boch Ydy'r gair yn odli â 'moch'? YDY/NAC YDY
4. FFENS Ydy'r gair mewn llythrennau bach? YDY/NAC YDY
5. FFLAM Ydy'r gair yn golygu rhywbeth poeth?
YDY/NAC YDY
6. BLAWD Ydy'r gair mewn priflythrennau? YDY/NAC YDY
7. mêl Ydy'r gair mewn llythrennau bach? YDY/NAC YDY
8. CYLLELL Ydy'r gair yn golygu math o gelfi? YDY/NAC YDY
9. DAFAD Ydy'r gair yn fath o anifail fferm? YDY/NAC YDY
10. copr Ydy'r gair mewn priflythrennau? YDY/NAC YDY
11. MANEG Ydy'r gair yn odli â 'chwaneg'? YDY/NAC YDY
12. MYNACH Ydy'r gair mewn llythrennau bach? YDY/NAC YDY
13. rhosyn Ydy'r gair yn odli â 'mwnci'? YDY/NAC YDY
14. glöwr Ydy'r gair mewn llythrennau bach? YDY/NAC YDY
15. cert Ydy'r gair yn odli â 'pert'? YDY/NAC YDY
16. STOF Ydy'r gair mewn priflythrennau? YDY/NAC YDY
17. LLEIDR Ydy'r gair yn golygu math o flodyn? YDY/NAC YDY
18. mast Ydy'r gair yn odli â 'glo'? YDY/NAC YDY
19. ffidil Ydy'r gair mewn llythrennau bach? YDY/NAC YDY
20. CAPEL Ydy'r gair yn odli â 'babel'? YDY/NAC YDY
21. SONED Ydy'r gair yn golygu rhywbeth i'w wisgo?
YDY/NAC YDY
22. GWRACH Ydy'r gair yn odli â 'bach'? YDY/NAC YDY
23. eirlaw Ydy'r gair yn fath o dywydd? YDY/NAC YDY
24. brêc Ydy'r gair mewn llythrennau bach? YDY/NAC YDY
25. brigyn Ydy'r gair yn odli â 'tro'? YDY/NAC YDY
26. gwên Ydy'r gair yn odli â 'pwll'? YDY/NAC YDY
27 DRIL Ydy'r gair yn golygu math o bysgodyn?
YDY/NAC YDY
28. cwyn Ydy'r gair yn golygu ffordd o deithio?
YDY/NAC YDY
29. PAWEN Ydy'r gair yn rhan o anifail? YDY/NAC YDY
30. dant Ydy'r gair yn odli â 'tant'? YDY/NAC YDY

Dyma drosiad o astudiaeth gan Craik a Tulving (1975). Mae'n enghraifft dda o'r ymagwedd wybyddol at ddeall ymddygiad pobl. Nod yr astudiaeth oedd dangos y caiff atgofion eu ffurfio drwy brosesu ystyron geiriau (prosesu semantig).

Ystyriwch chi sut y gallech chi gymhwyso hyn at ddyfeisio technegau adolygu effeithiol.

Cam 2: Rhowch ddalen dros y cwestiynau yng Ngham 1. Yna, edrychwch ar y geiriau isod. Pa rai ohonyn nhw oedd yn y rhestr o 30 o gwestiynau? Ticiwch yr atebion cywir.

Brwsh	Lamp	Gwên	Dawns	Cert	Llyn	Mynach	Gwlân	Cimwch
Boch	Afal	Dril	Cae	Stof	Lôn	Capel	Sebon	Reis
Soned	Marmor	Gwrach	Eirlaw	Dafad	Bwced	Cyllell	Cwch	Brigyn
Rhosyn	Bachyn	Glöwr	Sudd	Araith	Arth	Brêc	Teiar	Plentyn
Ffens	Craig	Cwyn	Llawr	Lleidr	Nyrs	Ffidil	Cyflwr	Bachgen
Fflam	Iarll	Pawen	Gwydr	Mast	Brân	Mêl	Wythnos	Coeden
Blawd	Pwll	Canwr	Llwyth	Copr	Brithyll	Maneg	Grawn	Oren

Cam 4: Lluniwch siart bar i ddangos darganfyddiadau eich dosbarth.

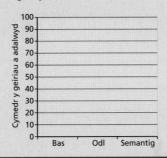

Cam 3: Ar sail y tabl uchod ar y dde, ticiwch bob gair y gwnaethoch chi ei gofio.

Bas	Araith	Ffens	Blawd	Mêl	Copr	Mynach	Glöwr	Stof	Ffidil	Brêc
Odl	Boch	Maneg	Rhosyn	Cert	Mast	Capel	Gwrach	Brigyn	Gwên	Canwr
Semantig	Brwsh	Fflam	Cyllell	Dafad	Lleidr	Soned	Eirlaw	Dril	Cwyn	Pawen

---

1... Ystyried yr astudiaeth o'r cof yn y bocs 'Gwaith i chi' uchod (hyd yn oed os nad ydych chi wedi'i gwneud hi).

a) Disgrifiwch nod yr astudiaeth, h.y. beth oedd hi'n ceisio'i amlygu am y cof?

b) Golygai'r dasg weld faint o eiriau yr oedd cyfrannwr yn eu cofio o'r set gychwynnol o 30 o gwestiynau – y disgwyl oedd mai'r geiriau a broseswyd 'yn semantig' a gâi eu cofio orau. Ond gallai'r cyfranwyr gofio rhai geiriau am resymau eraill. (EV fyddai hynny.) Rhowch un rheswm (neu ragor).

c) Awgrymwch sut y gellid rheoli'r EV hwnnw neu'r EVs hynny.

ch) Un feirniadaeth ar yr ymagwedd wybyddol yw nad ydy'r astudiaethau 'fel bywyd go-iawn'. Rhowch **un** rheswm pam y mae'r astudiaeth hon yn debyg i fywyd bob-dydd ac **un** rheswm dros farnu ei bod hi'n artiffisial.

d) Os yw'r astudiaeth yn artiffisial, allwn ni mo'i chymhwyso'n gyffredinol at fywyd bob-dydd. Problem arall yw'r cyfranwyr yn yr astudiaeth. Os ydyn nhw'n fyfyrwyr seicoleg 16–17 oed, eglurwch sut y gallai hynny amharu ar gymhwyso darganfyddiadau'r astudiaeth yn gyffredinol.

dd) Petaech chi'n gwneud yr astudiaeth, disgrifiwch pa gasgliadau y byddech chi'n eu tynnu ohoni (h.y. beth yn eich barn chi y mae'r canlyniadau yn ei amlygu am y cof?).

2... Maes sydd wedi bod o ddiddordeb i seicolegwyr yw cymharu ymarfer dro ar ôl tro ag ymarfer o dipyn i beth i weld sut mae dysgu orau. Mae'r pwnc wedi'i astudio mewn sefyllfaoedd gwahanol.

▶ *Astudiaeth 1: Roedd gofyn i'r cyfranwyr adalw sillafau nonsens ar 12 achlysur dros 3 neu 12 diwrnod (Jost, 1897). Roedd lefel yr adalw'n uwch dros 12 diwrnod. Mae ymchwil diweddarach wedi cefnogi'r darganfyddiad hwnnw.*

▶ *Astudiaeth 2: Bu'n rhaid i weithwyr Swyddfa'r Post ddysgu teipio codau post i gyd yr un pryd neu o dipyn i beth (Baddeley a Longman, 1978). Unwaith eto, cafwyd bod ymarfer o dipyn i beth yn rhagori.*

Cyflwynwch ddadleuon sy'n egluro pam y gellid ystyried bod lefel uchel ac isel o ddilysrwydd i'r naill a'r llall o'r astudiaethau hynny.

Rhagor am ddilysrwydd

Ar y ddau dudalen hyn, fe astudiwn ni'r cysyniad o **ddilysrwydd** yn fanylach. Gan mai hwnnw yw'r cysyniad allweddol wrth ddeall a gwerthuso ymchwil, mae'n werth treulio amser arno. Un broblem yw gwahaniaethu rhwng y mathau gwahanol o ddilysrwydd – **dilysrwydd arbrawf a dilysrwydd ecolegol** (gweler isod).

Prif ganolbwynt y ddau dudalen hyn yw astudio'r sefyllfaoedd a all leihau dilysrwydd ymchwil, a sut y gall ymchwilwyr ddelio â hynny (gweler ar y dde).

DILYSRWYDD ARBRAWF A DILYSRWYDD ECOLEGOL

Dilysrwydd arbrawf

Mae dilysrwydd arbrawf yn ymwneud â'r hyn sy'n digwydd y *tu mewn* i astudiaeth. Enw arall arno yw **dilysrwydd mewnol**. Mae'n ymwneud â phethau fel:

- Ai **newidyn annibynnol** (**IV**) a achosodd y newid a arsylwyd yn y **newidyn dibynnol** (y **DV**)? (neu ai rhywbeth arall a effeithiodd ar y DV?).
- A roddodd yr ymchwilydd brawf ar yr hyn y bwriadai roi prawf arno? Er enghraifft, os hoffech chi wybod a yw gwylio'r teledu'n effeithio ar ansawdd gwaith cartref, allwch chi ddim bod yn siŵr eich bod chi'n gwneud hynny dim ond drwy i'r teledu fod ymlaen (gallai'r person beidio â bod yn gwrando arno).
- A oedd **realaeth gyffredin** i'r astudiaeth (neu beidio)?

I'r ymchwil fod â lefel uchel o ddilysrwydd arbrawf, rhaid i chi ei gynllunio'n ofalus drwy reoli **newidynnau allanol** (**EVs**) a sicrhau'ch bod chi'n rhoi prawf ar yr hyn yr oeddech chi'n bwriadu rhoi prawf arno.

Dilysrwydd ecolegol

Ffurf ar **ddilysrwydd allanol** yw dilysrwydd ecolegol. Mae'n ymwneud â gallu cymhwyso darganfyddiadau astudiaeth benodol yn gyffredinol at y rhain:

- Mannau neu sefyllfaoedd gwahanol.
- Pobl neu boblogaethau gwahanol.
- Cyfnodau hanesyddol gwahanol (e.e. y 1950au neu'r ddegawd 2000–2009).

Mae dilysrwydd arbrawf yn effeithio ar ddilysrwydd ecolegol. Os lefel isel o ddilysrwydd arbrofol sydd i ganlyniadau astudiaeth yn gyffredinol, allwch chi mo'u cymhwyso'n gyffredinol am nad oes iddyn nhw unrhyw ystyr go-iawn ar gyfer yr ymddygiad dan sylw.

BYGYTHIADAU I DDILYSRWYDD A SUT MAE DELIO Â NHW

Mae dau brif fygythiad i ddilysrwydd unrhyw astudiaeth:

1. Mae diffyg yn y dull a ddefnyddir i fesur y newidynnau (gweler isod).
2. Mae'r newidiadau yn y DV yn deillio o newidynnau allanol yn hytrach na'r IV (gweler ar y dde).

1 Mesur newidynnau

Mewn arbrawf, mae angen mesur y DV. Yn ein harbrawf ar effaith sŵn ar berfformiad, er enghraifft, mae angen i ni fod â rhyw ddull o fesur 'perfformiad' (fel perfformio'r dasg ei hun neu osod prawf ar y cof yn ddiweddarach).

Caiff newidynnau eraill eu mesur neu eu **gweithredoli** (*operationalised*) hefyd. Efallai yr hoffai ymchwilydd weld, er enghraifft, a yw pobl sydd â chwant bwyd arnyn nhw'n meddwl bod golwg fwy deniadol ar fwyd. Os byddech chi'n awyddus i ymchwilio i hynny, byddai angen i chi benderfynu sut mae diffinio (gweithredoli) 'bod â chwant bwyd', a hefyd sut mae mesur (gweithredoli) atyniad.

Bygythiad i ddilysrwydd	Sut mae delio â'r bygythiad
Mae ymchwilydd yn penderfynu cynnal prawf i weld ai dynion neu ferched sydd o dan fwyaf o straen. I wneud hynny, mae'n penderfynu defnyddio holiadur i fesur y straen sydd arnyn nhw. Y bygythiad i ddilysrwydd yw a ydy'r dull o fesur straen yn ddilys.	Mae modd delio â dilysrwydd y broses drwy ystyried **dilysrwydd y cynnwys**. Bydd hynny'n golygu ystyried eich dull o fesur a phenderfynu a yw'n mesur y cynnwys y bwriadwch iddo'i fesur. Gallech chi ofyn i arbenigwr annibynnol ar asesu straen werthuso'r mesuriad sydd i'w ddefnyddio. Gallai'r arbenigwr gymeradwyo'r dull neu awgrymu gwelliannau. Bydd hynny'n delio â dilysrwydd y cynnwys.
	Gallech chi ddelio â hyn drwy ystyried **dilysrwydd cydamserol**. Bydd hynny'n golygu cymharu'r dull mesur a ddefnyddir yn yr astudiaeth â rhyw fesuriad arall o straen. Bydden ni'n disgwyl i bobl gael sgorau tebyg ar y ddau fesuriad, a byddai hynny'n cadarnhau'r dilysrwydd cydamserol.
	Ffordd arall eto o ddelio â phroblemau mesur yw ystyried **dilysrwydd y lluniad**. Bydd hynny'n asesu i ba raddau y bydd prawf yn mesur y lluniad a dargedir. O ran mesur straen, bydden ni'n astudio diffiniad o straen ac yn ystyried a oedd y cwestiynau'n berthnasol i'r lluniad hwnnw.

Mae 'ecolegol' yn cyfeirio at bethau sydd yn yr amgylchedd – y byd 'go-iawn' neu fywyd bob-dydd.

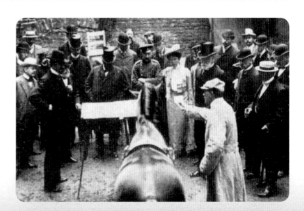

▲ *March Arabaidd oedd **Clever Hans** (Hans von Osten) a'i berchennog oedd Wilhelm von Osten. Dangosodd Hans allu syfrdanol i wneud rhifyddeg. Byddai rhywun yn gofyn cwestiwn rhifyddol syml fel 'Beth yw saith gwaith pedwar?' ac yna'n dechrau cyfrif yn uchel. Pan fyddai'n cyrraedd dau ddeg wyth, byddai'r ceffyl yn dechrau curo'r llawr â'i garnau. Ond dangosodd profion trwyadl nad oedd yn adio. Roedd yn ymateb i giwiau anymwybodol a chynnil gan ei berchennog – roedd Wilhelm yn cyfleu disgwyliadau a oedd yn nodweddion awgrymu ymateb. Ymateb i'r ciwiau wnâi'r ceffyl, nid dibynnu ar ei allu. Mae cyflawni disgwyliadau'n ganlyniad i nodweddion awgrymu ymateb.*

ALLWCH CHI...?

Rhif **6.3**

Ddewis dwy astudiaeth graidd o Bennod 5 ac ystyried eu dilysrwydd ecolegol.

▶ Gallech chi wneud hynny fel dadl ddosbarth lle bydd un tîm yn dadlau, er enghraifft, fod lefel uchel o ddilysrwydd ecolegol i'r astudiaethau hynny a thîm arall yn dadlau mai lefel isel o ddilysrwydd ecolegol sydd iddyn nhw.

2 Newidynnau allanol

Y bygythiad i ddilysrwydd	Sut mae delio ag ef
Newidyn sefyllfaol Gallai unrhyw newidyn amgylcheddol, fel yr adeg o'r dydd, y tymheredd neu hyd yn oed lefelau'r sŵn adeg y prawf, fod yn EV. Er hynny, dydy ef ddim yn EV ond os yw'n effeithio ar berfformiad yn yr ymddygiad sy'n destun y prawf, e.e. os yw'r dasg yn un wybyddol, gallai'r adeg o'r dydd fod o bwys am fod pobl yn fwy effro yn y bore, ond os yw'r dasg yn ymwneud ag ufuddhau, gallai'r adeg o'r dydd beidio â bod o bwys.	Byddai'r arbrofwr yn rheoli unrhyw EV posibl drwy ddefnyddio **trefniadau safonedig** i sicrhau rhoi'r prawf i bob cyfrannwr o dan yr un amodau. Mewn **cynllun grwpiau annibynnol**, byddai'r arbrofwr yn sicrhau rhoi'r prawf i'r *ddau* grŵp o dan yr un amodau.
Gall **newidynnau cyfranwyr** fod yn fath o EV. Gallai'r cyfranwyr mewn un cyflwr berfformio'n well am fod ganddyn nhw rai nodweddion yn gyffredin, yn hytrach nag oherwydd yr IV a gân nhw. Yn yr arbrawf ar sŵn a pherfformiad, gallai'r aelodau o un grŵp o gyfranwyr fod yn ifancach (ac felly â chof gwell) neu'n fwy deallus, yn uwch eu cymhelliant neu â mwy o brofiad o wneud profion ar y cof. Byddai'r ffactorau hynny'n EVs ac yn golygu bod y canlyniadau'n ddiystyr. Mae'n bwysig sylweddoli bod rhywedd yn EV o dan rai amgylchiadau'n unig. Er enghraifft, fydden ni ddim yn rheoli rhywedd mewn arbrawf ynglŷn â'r cof oni bai bod gennym ni reswm dros ddisgwyl iddo fod yn bwysig.	Dydy hyn ddim yn broblem ond pan ddefnyddir grwpiau annibynnol. Gallai'r arbrofwr roi profion i'r cyfranwyr ymlaen llaw a defnyddio dim ond y cyfranwyr sydd â nodweddion penodol. Dewis arall yw cyplysu'r cyfranwyr (**cynllun parau tebyg**).
Effeithiau'r ymchwilydd yw unrhyw giwiau (heblaw'r IV) gan ymchwilydd/ arbrofwr sy'n hybu ymddygiadau penodol gan y cyfranwyr ac yn arwain at gyflawni disgwyliadau'r ymchwilydd. Mae ciwiau o'r fath yn EV. Gallai'r ffordd y bydd ymchwilydd yn gofyn cwestiwn *arwain* cyfrannwr i roi'r ateb y mae ar yr ymchwilydd ei 'eisiau' (tebyg i **gwestiynau arweiniol**, gweler tudalen 92). Ar y llaw arall, gallai'r ffordd y bydd yr ymchwilydd yn ymateb i gyfrannwr fod yn fwy o anogaeth i rai cyfranwyr na'i gilydd. Er enghraifft, mae ymchwil wedi gweld bod arbrofwyr gwryw yn fwy dymunol, cyfeillgar ac anogol gyda chyfranwyr benyw na chyda chyfranwyr gwryw eraill (Rosenthal, 1966).	Nid y sawl a gynlluniodd yr arbrawf a ddylai gynnal yr arbrawf. Felly, fydd yna ddim disgwyliadau ynghylch cynnwys yr astudiaeth. Yr enw ar hynny yw techneg **dwbl-ddall**, lle nad yw'r sawl sy'n cynnal yr astudiaeth, na'r cyfranwyr, yn gwybod beth yw nodau'r astudiaeth.
Mae **nodwedd awgrymu ymateb** yn agwedd ar y sefyllfa ymchwil sy'n ysgogi ymateb rhagweladwy yn y cyfranwyr gan beri i'r mwyafrif ohonyn nhw, os nad pob un, ymateb mewn ffordd debyg. Gallai ciwiau penodol mewn sefyllfa arbrofol gyfleu i'r cyfranwyr yr hyn a ddisgwylir ohonyn nhw (neu a 'fynnir' ohonyn nhw), a'r hyn y mae'r ymchwilydd yn gobeithio'i ddarganfod. Bydd cyfranwyr yn ymateb i nodweddion awgrymu ymateb am eu bod yn chwilio'n weithgar am giwiau ynghylch sut mae ymddwyn. Gallai nodweddion awgrymu ymateb hefyd fod yn IV am eu bod yn egluro'r newid yn y DV. Effaith hynny yw i'r canlyniadau ogwyddo o blaid rhagdybiaeth yr ymchwir a chadarnhau cred gychwynnol yr ymchwilydd.	Yr ateb yw cynllunio'r ymchwir yn fwy gofalus er mwyn dileu nodweddion awgrymu ymateb o'r fath.

▲ Mae ar gyfranwyr eisiau cynnig help llaw. Os gwyddan nhw eu bod mewn arbrawf, byddan nhw fel rheol yn awyddus i blesio'r ymchwilydd a bod o gymorth. Fel arall, pam ydyn nhw yno? Bydd hynny weithiau'n golygu eu bod nhw'n rhy barod i gydweithredu ac yn ymddwyn yn artiffisial. Ceir hefyd yr effaith *'yma i fod yn lletchwith'* lle bydd cyfrannwr yn ymddwyn yn fwriadol mewn ffordd sy'n difetha arbrawf. Yr enw ar effeithiau o'r fath yw **effeithiau'r cyfranwyr**.

ALLWCH CHI...?   Rhif **6.4**

Ym mhob un o'r astudiaethau a restrir tua gwaelod y tudalen, ystyriwch y problemau a allai godi ynghylch dilysrwydd, ac atebwch y cwestiynau hyn:

1... Enwch **o leiaf un** mater o ddilysrwydd yn yr ymchwil hwn.

2... Cysylltwch bob mater unigol â'r astudiaeth drwy esbonio'n glir ym mha ffordd y mae'n fater sy'n broblem yn yr astudiaeth benodol (h.y. cyd-destunoli).

3... Enwch **o leiaf un** dull y gellid ei ddefnyddio i ddelio â mater dilysrwydd.

4... Cysylltwch bob dull unigol â'r astudiaeth drwy esbonio'n glir sut y câi'r dull ei ddefnyddio yng nghyd-destun yr astudiaeth benodol hon.

Efallai y byddai'n ddefnyddiol trafod eich syniadau mewn grwpiau bach cyn ateb y cwestiynau drosoch chi'ch hun.

CWESTIWN ARHOLIAD

Yn yr arholiad, gofynnir i chi gwestiwn rhan (c) sy'n dweud:

'Nodwch **un** mater o ddilysrwydd yn yr ymchwil hwn a disgrifiwch sut gallech chi ddelio â'r mater hwn o ddilysrwydd. [3]'

Awgrym yr arholwr

I gael y marciau llawn, rhaid i chi wneud pob un o'r pedwar peth uchod. Un marc yn unig a gaiff atebion cyffredinol nad ydyn nhw'n cysylltu â'r ymchwir.

▸ **Astudiaeth A:** Rhoddwyd prawf ar gof y cyfranwyr yn y bore ac yn y prynhawn i weld a oedd unrhyw wahaniaeth yn eu gallu i adalw rhifau.

▸ **Astudiaeth B:** Cafodd y cyfranwyr restr o ansoddeiriau a ddisgrifiai Mr Smith. Cafodd un grŵp ansoddeiriau cadarnhaol yn gyntaf ac yna rai negyddol. Cafodd y grŵp arall yr ansoddeiriau yn y drefn arall. Yna, gofynnwyd i bob un ohonyn nhw ddisgrifio Mr Smith.

▸ Ar y ddau dudalen nesaf cewch ddisgrifiad o **astudiaethau eraill** y gallech chi eu hystyried.

Materion moesegol

Beth yw *mater* (*issue*)? Mae'n wrthdaro rhwng dau safbwynt. Mewn seicoleg, mae **mater moesegol** yn wrthdaro rhwng (1) yr hyn y mae ei angen ar ymchwilydd i wneud ymchwil defnyddiol ac ystyrlon, a (2) hawliau'r cyfranwyr. Mae materion moesegol yn wrthdrawiadau ynglŷn â'r hyn sy'n dderbyniol. Ar y ddau dudalen hyn fe ystyriwn ni'r amrywiol faterion moesegol sy'n codi mewn ymchwil seicolegol.

MATERION MOESEGOL

Cydsyniad gwybodus

O safbwynt yr ymchwilydd, mae **cydsyniad gwybodus** (*informed consent*) yn golygu dweud wrth y cyfranwyr beth sy'n mynd i ddigwydd. Gallai hynny beri i'r cyfranwyr ddyfalu ynghylch nodau'r astudiaeth. Er enghraifft, gallai seicolegydd fod yn awyddus i ymchwilio i weld a yw pobl yn fwy ufudd i athro nag i athrawes. Os caiff y cyfranwyr wybod yr amcan hwnnw cyn i'r astudiaeth gael ei gwneud, gallai newid y ffordd y byddan nhw'n ymddwyn – gallen nhw geisio bod yr un mor ufudd i'r naill a'r llall.

O safbwynt y cyfranwyr, byddan nhw'n hoffi gwybod beth y bydd gofyn iddyn nhw ei wneud yn yr astudiaeth er mwyn gallu penderfynu ar sail gwybodaeth a fyddan nhw'n cymryd rhan.

Twyllo

O safbwynt yr ymchwilydd, gall fod angen twyllo'r cyfranwyr ynghylch gwir nodau astudiaeth. Fel arall, gallai'r cyfranwyr newid eu hymddygiad a gwneud yr astudiaeth yn ddiystyr. Ond dylid gwahaniaethu rhwng yr adegau pryd y bydd ymchwilydd yn dal rhai o fanylion nodau'r ymchwil yn ôl a'r adegau pryd y bydd yn mynd ati'n fwriadol i roi gwybodaeth ffug.

O safbwynt y cyfranwyr, mae **twyllo** yn anfoesegol – ddylech chi ddim twyllo neb heb achos da. Yn bwysicach, efallai, bydd twyllo'n rhwystro cyfranwyr rhag gallu rhoi eu cydsyniad ar sail gwybodaeth. Gallan nhw gytuno i gymryd rhan heb wybod mewn gwirionedd beth y maen nhw wedi cytuno i'w wneud, ac fe allai'r profiad achosi tipyn o ofid.

Er hynny, bydd rhai pobl yn dadlau bod twyllo, yn aml, yn gymharol ddiberygl. Enghraifft o hynny fyddai cymryd rhan mewn astudiaeth o'r cof (dim gofid, arbrawf sydyn) ac fe all, felly, nad yw'r twyllo ddim yn annerbyniol.

Yr hawl i dynnu'n ôl

O safbwynt y cyfranwyr, dylen nhw fod â'r **hawl i dynnu'n ôl** o astudiaeth os dechreuan nhw deimlo'n anghyffyrddus neu'n ofidus. Bydd hynny'n arbennig o bwysig os yw cyfranwyr wedi'u twyllo ynglŷn â'r nodau a/neu'r trefniadau. Ond hyd yn oed os yw cyfrannwr wedi cael gwybodaeth lawn, gall y profiad o gymryd rhan fod yn eithaf gwahanol i'r disgwyl, ac felly fe ddylai allu tynnu'n ôl.

O safbwynt yr ymchwilydd, bydd ymadawiad cyfranwyr yn ystod yr astudiaeth yn gogwyddo'r canlyniadau am fod y cyfranwyr sydd wedi aros yn debyg o fod yn fwy ufudd neu'n fwy gwydn.

Amddiffyn rhag niwed corfforol a seicolegol

O safbwynt yr ymchwilydd, gallai astudio rhai o'r cwestiynau pwysicaf mewn seicoleg arwain at rywfaint o ofid i'r cyfranwyr. Gan ei bod hi, hefyd, yn anodd rhagfynegi canlyniad rhai trefniadau (fel yn achos *Arbrawf Carchar Stanford*, tudalen 134), mae'n anodd gwarantu **amddiffyn rhag niwed**.

O safbwynt y cyfranwyr, ddylai dim byd ddigwydd yn ystod astudiaeth i beri niwed iddyn nhw. Credir ei bod hi'n dderbyniol os nad yw'r risg o gael niwed ddim mwy nag mewn bywyd cyffredin. Gellir achosi niwed i'r cyfranwyr mewn llawer ffordd – rhai ohonyn nhw'n gorfforol (e.e. eu cael nhw i smygu neu i yfed gormod o goffi) a rhai'n seicolegol (e.e. gwneud iddyn nhw deimlo'n annigonol neu'n lletchwith). Dylai cyfranwyr fod yn yr un cyflwr ar ôl astudiaeth ag yr oedden nhw cynt oni fyddan nhw wedi rhoi eu cydsyniad gwybodus i gael eu trin fel arall.

Cyfrinachedd

O safbwynt yr ymchwilydd, gall fod yn anodd diogelu **cyfrinachedd** am fod yr ymchwilydd yn awyddus i gyhoeddi'r darganfyddiadau. Gallai ymchwilydd warantu *anhysbysedd* (peidio â datgelu enwau'r cyfranwyr), ond hyd yn oed wedyn fe allai fod yn amlwg pwy sydd wedi cymryd rhan mewn astudiaeth. Er enghraifft, gallai gwybod bod astudiaeth wedi'i gwneud ym Môn fod yn fodd i rai pobl allu adnabod y cyfranwyr.

O safbwynt y cyfranwyr, mae'r *Ddeddf Gwarchod Data* yn gwneud cyfrinachedd yn hawl gyfreithiol. Yr unig ffordd dderbyniol o gofnodi data personol yw i'r data beidio â bod ar gael ar ffurf sy'n fodd i adnabod y cyfranwyr.

Preifatrwydd

O safbwynt yr ymchwilydd, gallai hi fod yn anodd osgoi ymyrryd â **phreifatrwydd** wrth astudio cyfranwyr heb yn wybod iddyn nhw.

O safbwynt y cyfranwyr, fydd pobl ddim yn disgwyl i eraill fod yn eu harsylwi mewn sefyllfaoedd penodol – yn eu cartrefi, er enghraifft – ond gallen nhw ddisgwyl hynny pan fyddan nhw allan ymysg pobl, e.e. yn eistedd ar fainc mewn parc.

▲ Cyfrinachedd a phreifatrwydd – beth yw'r gwahaniaeth?

Er y caiff y geiriau 'cyfrinachedd' a 'preifatrwydd' eu defnyddio weithiau fel petaen nhw'n gyfystyr, mae gwahaniaeth rhyngddyn nhw. Mae cyfrinachedd yn ymwneud â chyfleu gwybodaeth bersonol o un person i un arall gan fod yn ffyddiog y caiff y wybodaeth honno'i diogelu. Mae preifatrwydd yn cyfeirio at barth o anhygyrchedd meddwl neu gorff, gan hyderu na fydd unrhyw ymyrryd ag ef. Mewn geiriau eraill, mae gennym ni hawl i breifatrwydd. Os ymyrrir â hwnnw, dylid parchu cyfrinachedd.

Edrychwch ar y fersiynau cyfredol o amrywiol ganllawiau moesegol, a rhestrwch y pwyntiau allweddol:

- Gallwch chi ddarllen *Code of Ethics and Conduct* Cymdeithas Seicolegol Prydain (y BPS) yn http://www.bps.org.uk/sites/default/files/documents/code_of_ethics_and_conduct.pdf
- Chwiliwch Google am godau moesegol eraill.

DELIO Â MATERION MOESEGOL

Y ffordd amlycaf o ddelio â materion moesegol yw defnyddio'r canllawiau sydd wedi'u paratoi gan sefydliad proffesiynol. Mae gan bob gweithiwr proffesiynol (swyddog yr heddlu, meddyg, athro/athrawes ac ati) gorff proffesiynol sy'n ceisio sicrhau, ymhlith pethau eraill, y caiff safonau penodol eu cynnal. Ym Mhrydain mae gan seicolegwyr y BPS, yn yr Unol Daleithiau ceir *Cymdeithas Seicolegol America* (yr APA), yng Nghanada ceir *Cymdeithas Seicolegol Canada* (y CPA), ac ati. Bwriad canllawiau o'r fath yw dweud wrth seicolegwyr pa ymddygiad sy'n annerbyniol a chynnig arweiniad ynghylch delio â dilemâu moesegol.

Sut mae delio â materion moesegol	Cyfyngiadau ☹
Cydsyniad gwybodus Gofynnir yn ffurfiol i'r cyfranwyr nodi eu bod yn cytuno i gymryd rhan, a dylid seilio'u cytundeb ar wybodaeth gynhwysfawr am natur a diben yr ymchwil a'u rôl ynddo.	Os caiff cyfrannwr wybod am natur a diben astudiaeth, gallai hynny annilysu diben yr astudiaeth. Hyd yn oed os bydd ymchwilwyr wedi gofyn am gydsyniad gwybodus ac wedi'i gael, dydy hynny ddim yn sicrhau bod y cyfranwyr yn deall yn iawn beth y maen nhw wedi cytuno iddo.
Bydd ymchwilwyr yn cynnig yr **hawl i dynnu'n ôl** er mwyn i'r cyfranwyr wybod y cân nhw adael ar unrhyw adeg.	Gallai'r cyfranwyr deimlo na ddylen nhw dynnu'n ôl am y bydd hynny'n difetha'r astudiaeth. Gallent hefyd deimlo na ddylen nhw dynnu'n ôl am fod y cyfranwyr mewn llawer astudiaeth yn cael eu talu neu eu gwobrwyo mewn rhyw ffordd (e.e. yn aml, caiff myfyrwyr prifysgol gredydau ar gyfer eu cyrsiau).
Twyllo Dylid **adrodd yn ôl** yn llawn i'r cyfranwyr ar ôl yr astudiaeth a chynnig cyfle iddyn nhw ddal eu data'n ôl.	All yr adrodd yn ôl ddim troi'r cloc yn ôl – gallai cyfrannwr ddal i deimlo'n lletchwith neu fod wedi cael ergyd i'w hunan-barch.
Amddiffyn rhag niwed Osgowch unrhyw sefyllfa a allai achosi niwed seicolegol neu gorfforol i'r cyfranwyr.	All ymchwilwyr ddim bob amser ragfynegi'n fanwl-gywir pa risgiau sydd ynghlwm wrth gymryd rhan mewn astudiaeth.
Cyfrinachedd Dylai ymchwilwyr ddim cofnodi enwau unrhyw gyfrannwr; dylen nhw ddefnyddio rhif neu enw ffug.	Weithiau, bydd modd gweithio allan pwy oedd y cyfrannwr ar sail y wybodaeth sydd wedi'i rhoi – er enghraifft, lleoliad daearyddol ysgol. Yn ymarferol, felly, gall cyfrinachedd beidio â bod yn bosibl.
Preifatrwydd Peidiwch ag arsylwi neb heb gael cydsyniad gwybodus (*informed consent*) ganddo/ganddi onid ydych chi'n gwneud hynny mewn lle cyhoeddus. Fe ellid gofyn i gyfranwyr roi eu cydsyniad ar ôl i'r arsylwi ddigwydd.	Does dim cytundeb cyffredinol ynglŷn â'r hyn yw lle cyhoeddus. Gallai pawb beidio â chytuno ynghylch derbynioldeb cael eu harsylwi mewn rhai sefyllfaoedd – e.e. cariadon ar fainc mewn parc.

Mae disgwyl i bawb sy'n gwneud ymchwil seicolegol, gan gynnwys myfyrwyr seicoleg, fod yn ymwybodol o'u cyfrifoldeb i sicrhau eu bod yn trin cyfranwyr yn foesegol briodol. Pryd bynnag y gwnewch chi unrhyw ymchwil, rhaid sicrhau eich bod chi'n delio'n briodol â phob un o'r materion moesegol.

Mae materion **moesegol** yn *faterion* am nad oes yr un ateb hawdd iddyn nhw. Isod, cewch amrywiol astudiaethau i'w hystyried. Efallai y byddai'n ddefnyddiol i chi drafod eich syniadau mewn grwpiau bach ac yna gyflwyno'ch barn i'r dosbarth. Ac efallai yr hoffech chi ymchwilio'n llawnach i rai o'r astudiaethau hynny er mwyn penderfynu ar y materion moesegol cysylltiedig. Cewch wybod rhagor drwy chwilio ar y we. Yn achos pob astudiaeth:

1... Enwch o leiaf **un** mater moesegol y mae hi'n ei godi.
2... Yn achos pob mater moesegol unigol, eglurwch ym mha ffordd y mae'n fater sy'n codi *yn yr astudiaeth hon* (hynny yw, perthnaswch y mater â'r cyd-destun).
3... Awgrymwch sut y gellid delio â'r mater moesegol.

CWESTIWN ARHOLIAD

Yn yr arholiad, cewch gwestiwn rhan (d), sy'n dweud:
Trafodwch **un** mater moesegol a allai godi yn yr ymchwil hwn. [3]

> **Awgrym yr arholwr**
> I gael y marciau llawn, gallech chi wneud pob un o'r tri pheth uchod. Er nad oes gofyn i chi 'ddelio' â'r mater moesegol, mae'n ffordd dda o greu ateb trylwyr.

▸ **Astudiaeth A:** Yn Arbrawf Carchar Stanford (tudalen 134), bu Zimbardo ac eraill (1973) yn ofalus iawn i roi gwybod i'r darpar gyfranwyr am yr hyn y byddai'r astudiaeth yn ei gynnwys. Ond chafodd y cyfranwyr a ddewiswyd i fod yn garcharorion ddim gwybod y caen nhw eu harestio gartref, ac wydden nhw ddim faint o ofid seicolegol y byddai cymryd rhan yn ei achosi.

▸ **Astudiaeth B:** Gwnaeth Craik a Tulving (1975, gweler tudalen 139) astudiaeth o'r cof lle'r oedd rhaid i'r cyfranwyr ddarllen 30 o gwestiynau ac ateb 'ydy' neu 'nac ydy' i bob un. Yna, gofynnwyd iddyn nhw adalw cynifer o'r geiriau ag y gallen nhw. Chawson nhw ddim gwybod am wir nodau'r astudiaeth (cymharu prosesu dwfn â phrosesu bas) nac y byddai'n rhaid iddyn nhw adalw'r geiriau.

▸ **Astudiaeth C:** Ymchwiliodd Middlemist ac eraill (1976) i ymyrryd â gofod personol drwy wneud arbrawf maes mewn toiled i ddynion. Roedd tri chyflwr: mae cynghreiriwr (cynghreiriad â'r ymchwilydd) yn sefyll naill ai'n union wrth ymyl cyfrannwr, neu led un safle i ffwrdd, neu mae'n absennol. Cofnododd arsylwr yr amser a gymerwyd i'r dynion ddechrau cynhyrchu troeth (sef arwydd o ba mor gyffyrddus yr oedd y cyfrannwr yn teimlo). Ym marn rhai seicolegwyr, mae hon yn astudiaeth bwysig o ofod personol.

▸ **Astudiaeth Ch:** Ymchwiliodd Piliavin ac eraill (1969) i ymddygiad y bobl a oedd gerllaw mewn sefyllfa argyfyngus i weld pa mor gyflym y bydden nhw'n cynnig helpu rhywun (cynghreiriwr) a oedd wedi syrthio i'r llawr ar drên tanddaearol yn Efrog Newydd. Actiodd y cynghreiriwr fel petai'n feddw (bod â photel mewn bag brown) neu'n anabl (bod â ffon ddu). Cofnododd yr arsylwyr faint o amser a gymerwyd i unrhyw un gynnig cymorth. Doedd dim cyfle i adrodd yn ôl i'r cyfranwyr.

▸ **Astudiaeth D:** Sylwodd Orne (1962) fod pobl yn ymddwyn mewn ffyrdd go anarferol os credan nhw eu bod yn cymryd rhan mewn arbrawf seicolegol. Mewn un arbrawf, er enghraifft, gofynnodd ef i'r cyfranwyr adio colofnau o rifau ar ddalen o bapur ac yna rwygo'r ddalen a gwneud hynny eto. Os credai pobl fod hynny'n rhan o arbrawf seicolegol, roedd rhai ohonyn nhw'n fodlon parhau i wneud y dasg am 6 awr a rhagor! Ar sail yr astudiaeth honno y cafwyd y term 'nodweddion awgrymu ymateb' – honnodd Orne na wnaeth y cyfranwyr ond rhwygo'r papur am eu bod yn ymateb i nodweddion awgrymu ymateb yr astudiaeth. Wnaen nhw mo hynny yn eu bywydau bob-dydd.

Arbrofion labordy ac arbrofion maes

Ar dudalen 136 fe wnaethon ni ystyried **arbrofion**. Ar y ddau ddudalen hyn fe edrychwn ni'n fanwl ar **arbrofion labordy** (arbrawf mewn amgylchedd a reolir yn ofalus) ac **arbrofion maes** (arbrofion mewn amgylchedd mwy naturiol).

GWERTHUSO ARBROFION LABORDY AC ARBROFION MAES

Mae arbrofion labordy yn rhai 'ffug'

- Gan fod y cyfranwyr yn gwybod eu bod nhw'n cael eu hastudio, mae hynny'n debyg o effeithio ar eu hymddygiad. **Effeithiau'r cyfranwyr** ydy'r rheiny.
- Dydy'r sefyllfa ddim fel bywyd bob-dydd. Dywedir bod iddi lefel isel o **realaeth gyffredin**. Bydd pobl yn ymddwyn yn debycach i'w ffordd 'arferol' o ymddwyn pan fydd i astudiaeth lefel uchel o realaeth gyffredin.
- Gallai'r IV neu'r DV fod wedi'i **weithredoli** mewn ffordd nad yw'n cynrychioli profiadau bob-dydd, e.e. amrywio'r cytseiniaid mewn sillafau i roi prawf ar ffordd y cof o weithio. Gallai hynny ddigwydd hefyd, wrth gwrs, mewn arbrofion maes.

Am y rhesymau hyn, mae cyfranwyr mewn arbrawf labordy yn *llai* tebyg o ymddwyn fel y bydden nhw mewn bywyd bob-dydd.

Gallai llawer o'r problemau a amlinellwyd uchod hefyd godi mewn arbrofion maes. Er enghraifft, gallai'r **newidyn annibynnol** (**IV**) mewn arbrawf maes fod yn brin o realaeth. Dydy arbrofion maes, felly, ddim *o reidrwydd* yn debycach i fywyd bob-dydd nag yw arbrofion labordy.

Mae llai o reolaeth ar arbrofion maes

Er y gall arbrofion maes fod yn fwy naturiol, mae'n fwy anodd rheoli'r **newidynnau allanol** (**EVs**). Codir **mater moesegol** pwysig hefyd – os nad yw'r cyfranwyr yn gwybod eu bod yn cael eu hastudio ac os yw hi'n anodd adrodd yn ôl iddyn nhw, ydy hi'n iawn manipwleiddio a chofnodi eu hymddygiad?

Ceisio cydbwysedd

Er mai tuedd arbrofion labordy yw bod yn haws eu rheoli, y duedd yw iddyn nhw hefyd fod yn llai naturiol, yn enwedig am fod y cyfranwyr yn gwybod eu bod nhw'n cael eu hastudio.

Er bod tuedd i arbrofion maes fod yn fwy naturiol ac yn debycach i fywyd bob-dydd, mae llai o reolaeth drostyn nhw a mwy o broblemau moesegol yn codi.

Mae arbrawf yn caniatáu i ni astudio achos ac effaith. Mae'n wahanol i ddulliau anarbrofol am ei fod yn cynnwys manipwleiddio un newidyn (yr IV) a cheisio cadw'r holl newidynnau eraill yn gyson. Os yr IV yw'r unig beth sy'n cael ei newid, rhaid iddo fod yn gyfrifol am unrhyw newid yn y **newidyn dibynnol** (*y DV*).

Sylwch fod modd gwneud ymchwil mewn labordy heb iddo fod yn arbrawf. Er enghraifft, caiff arsylwi dan reolaeth ei wneud mewn labordy (fe edrychwn ni ar hyn ar dudalen 112).

Sylwch hefyd fod astudiaethau maes yn bod yn ogystal ag arbrofion maes. Yr enw ar unrhyw astudiaeth a wneir mewn amgylchedd naturiol yw **astudiaeth maes** – dydy hi ddim yn arbrawf maes ond os oes yno IV y mae arbrofwr wedi'i fanipwleiddio.

▶ **Talu gwrogaeth i dermau ffurfiol***

Yn aml, bydd pobl yn rhoi gormod o sylw i'r geiriau ac yn methu â chydio o ddifrif yn yr ystyr sylfaenol. Dyna sy'n digwydd yn achos y termau 'arbrawf maes' ac 'arbrawf labordy'. Dydy hi ddim bob amser yn hawdd penderfynu i ba un ohonyn nhw y mae astudiaeth yn perthyn. Gan fod materion sylfaenol dilysrwydd a moeseg yn bwysicach, peidiwch â phoeni gormod am y termau – hoeliwch eich sylw ar yr ystyr.

*Trosiad o ymadrodd rhagorol a 'fathwyd' gan Hugh Coolican (2004a) i egluro'r broblem hon.

Arbrawf maes neu arbrawf labordy?

Weithiau, dydy hi ddim yn hawdd iawn penderfynu a yw astudiaeth yn arbrawf maes neu'n arbrawf labordy. Ystyriwch yr enghraifft isod.

Ar dudalen 54 fe ddisgrifion ni astudiaeth Loftus ac eraill (1987) o **effaith yr arf**. Ar yr olwg gyntaf, gallai'r astudiaeth ymddangos fel petai'n arbrawf labordy – fe'i gwnaed o dan amodau rheoledig mewn ystafell a oedd yn anghyfarwydd i'r cyfranwyr. Ond roedd yr ymddygiad a gâi ei fesur (gallu'r cyfranwyr i adnabod y dyn a redodd drwy'r ystafell) yn adlewyrchu ymddygiad naturiol. Am na wyddai'r cyfranwyr mai dyna'r ymddygiad a gâi ei astudio, doedden nhw ddim wedi'u paratoi i ymateb i effeithiau cyfrannwr nac i **nodweddion awgrymu ymateb** perthnasol.

Ai arbrawf labordy neu arbrawf maes yw hwn?

O BLAID ARBROFION ARTIFFISIAL MEWN LABORDY

P'un sy'n syrthio gyflymaf? Cilogram o blu neu gilogram o blwm? Yn ddamcaniaethol, bydd y ddau ohonyn nhw'n syrthio'r un mor gyflym am y bydd cilogram o unrhyw beth yn syrthio'r un mor gyflym. Ond os rhowch chi brawf ar hynny, fe welwch chi fod gwrthiant aer yn arafu cwymp y cilogram o blu. Mae gwrthiant aer yn EV. I roi prawf ar y cynnig yn iawn, byddai angen gwneud yr astudiaeth mewn sefyllfa ffug lle na fyddai unrhyw aer mewn gwactod i arafu cwymp y plu.

Er bod arbrofion ffug mewn labordy fel petaen nhw'n brin o realaeth, mae Coolican (1996) yn dadlau o'u plaid. Mae'n gwneud y pwynt bod sefyllfaoedd o'r fath yn fwriadol artiffisial er mwyn dileu'r EVs sydd fel rheol yn bresennol yn y byd go-iawn. Mewn gwirionedd, does dim angen i ymchwilwyr bob amser gymhwyso arbrofion labordy'n gyffredinol at fywyd go-iawn am mai bwriad y labordy yw bod yn lle i roi prawf ar ddamcaniaethau. Os yw astudiaeth yn llwyddiannus yno, gallai astudiaethau pellach roi prawf ar y canlyniadau mewn cyd-destun sy'n debycach i fywyd bob-dydd.

Weithiau, dydy natur ffug y labordy ddim o bwys. Os hoffech chi roi prawf ar fanwl-gywirdeb **tystiolaeth llygad-dyst**, er enghraifft, gallai gwneud hynny mewn labordy fod yn union yr un peth â'i wneud mewn bywyd go-iawn. Gallech chi drefnu i gyfranwyr fod yn gwneud arbrawf ar y cof mewn labordy ac i 'leidr' ddod i mewn i'r ystafell wrth iddyn nhw wneud hynny, a dwyn bag llaw a rhedeg allan. Petaech chi'n gofyn i'r cyfranwyr geisio adnabod y lleidr, sut mae hynny'n wahanol i ladrad mewn bywyd go-iawn? A chofiwch y gall astudiaethau mewn amgylchedd naturiol hefyd fod yn brin o ddilysrwydd oherwydd diffyg rheolaeth arnyn nhw. **Meddyliwch yn wreiddiol** – mae peth dilysrwydd i bob astudiaeth. Y cwestiwn yw faint ohono, a pham.

Cymharu arbrofion labordy ac arbrofion maes

Efallai y gall ystyried yr enghreifftiau ar y tudalen hwn ac ateb y cwestiynau ar y dde eich helpu i ddeall y gwahaniaeth rhwng arbrofion labordy ac arbrofion maes.

▶ **Astudiaeth A:** *Rhoddodd Bickman (1974) brawf ar effeithiau awdurdod canfyddedig ar ufuddhau. Gwisgodd cynghreirwyr (confederates) mewn siaced hamddena a thei, gwisg dyn llaeth, neu fel gard a gofyn i bobl a oedd yn cerdded heibio wneud pethau fel codi sbwriel neu roi arian i rywun i'w roi mewn meter parcio. Ufuddhaodd y cyfranwyr amlaf pan oedd y cynghreiriwr wedi'i wisgo fel gard. Mae'r astudiaeth yn dangos yr hyn a ŵyr y mwyafrif ohonon ni, sef ein bod ni'n debycach o ufuddhau i rywun sy'n edrych fel petai awdurdod ganddo neu ganddi nag i rywun di-awdurdod.*

▶ **Astudiaeth B:** *Gofynnwyd i gyfranwyr aros mewn ystafell cyn i arbrawf gychwyn. O'r radio daeth newyddion da neu ddrwg, ac roedd dieithryn yn bresennol. Pan ofynnwyd i'r cyfranwyr am eu barn am y dieithryn, roedd cysylltiad rhwng maint eu hoffter ohono a'r math o newyddion roedden nhw wedi bod yn gwrando arno. Mae hynny'n dangos bod pobl yn hoffi pobl eraill sy'n gysylltiedig â phrofiadau cadarnhaol (Veitch a Griffitt, 1976).*

▶ **Astudiaeth C:** *Roedd ar Leventhal ac eraill (1967) eisiau ymchwilio i ffyrdd o gael pobl i roi'r gorau i smygu. Gwahoddwyd smygwyr i ddod i'r brifysgol ac fe gawson nhw weld arddangosiad o fwg yn mynd i mewn i 'beiriant smygu' mecanyddol neu wylio ffilm fer a dychrynllyd am lawdriniaeth ar ysgyfaint smygwr (ffilm a oedd mor ddychrynllyd nes i amryw o'r cyfranwyr gerdded allan). Wedyn, holwyd y ddau grŵp am eu bwriad i roi'r gorau i smygu. Roedd y smygwyr a gafodd fraw yn debycach o lawer o ddweud eu bod yn bwriadu rhoi'r gorau i smygu.*

▶ **Astudiaeth Ch:** *Cafodd grŵp o ddisgyblion wybodaeth am berfformiad eu cyfoedion mewn tasg fathemategol. Dywedwyd wrthyn nhw fod eu cyfoedion wedi gwneud yn dda neu'n wael yn y prawf. Yn ddiweddarach, cafodd y plant brawf mathemateg yn y dosbarth. Gwnaeth y rhai a ddisgwyliai wneud yn dda yn well na'r rhai a arweiniwyd i ddisgwyl gwneud yn wael (Schunk, 1983).*

▶ **Astudiaeth D:** *Gofynnwyd i ymchwilwyr astudio pa ffactorau a oedd wedi arwain at gynnydd yng nghynhyrchedd gweithwyr yn ffatri Hawthorne Electrical. Gwelodd yr astudiaeth fod golau disgleiriach yn arwain at gynnydd mewn cynhyrchedd – ac yna hefyd fod llai o olau yn arwain at gynnydd mewn gweithgarwch (Roethlisberger a Dickson, 1939). Yn y pen draw, sylweddolodd yr ymchwilwyr nad oedd cysylltiad o gwbl rhwng y cynnydd cyson mewn cynhyrchedd a'r amodau goleuo (yr IV) ond bod y gweithwyr yn ymateb yn gadarnhaol i'r sylw roedden nhw'n ei gael, ac mai hynny oedd yn gwella'u perfformiad. Galwyd y canlyniad hwnnw'n effaith Hawthorne (ar ôl lleoliad yr astudiaeth), sef y gall ymddygiad cyfrannwr mewn arbrawf ddeillio o gael mwy o sylw, yn hytrach nag o'r IV.*

▶ **Astudiaeth Dd:** *Rhoddwyd prawf ar gyfranwyr yn eu hystafell ddysgu. Rhoddwyd trigramau nonsens (e.e. SXT) iddyn nhw a gofynnwyd iddyn nhw gyfrif tuag yn ôl tan iddyn nhw gael cyfarwyddyd i stopio. Yna, gofynnwyd iddyn nhw adalw'r trigram. Defnyddiwyd y cyfwng cyfrif i'w rhwystro rhag ymarfer y trigram. Pan oedd y cyfwng cyfrif yn dair eiliad, gallai'r cyfranwyr adalw'r mwyafrif o'r trigramau; pan oedd yn 18 o eiliadau, allen nhw ddim adalw llawer o'r trigramau (Peterson a Peterson, 1959).*

▶ **Astudiaeth E:** *Dangosodd Becklen a Cervone (1983) fideo i gyfranwyr. Dangosodd y fideo ddau dîm o bobl yn pasio pêl fasged, y naill dîm yn gwisgo gwyn a'r llall yn gwisgo du. Gofynnwyd i'r cyfranwyr gyfrif nifer y troeon y pasiwyd y bêl gan y chwaraewyr mewn gwisgoedd du. Ar y diwedd, gofynnwyd iddyn nhw a oedden nhw wedi sylwi ar unrhyw beth anarferol yn ystod y ffilm. Roedd gwraig yn dal ymbarél wedi cerdded drwy'r ystafell ond doedd y mwyafrif o'r cyfranwyr ddim wedi sylwi arni am eu bod wedi hoelio'u sylw ar basio'r bêl. Mae'r fideo yn dangos nad yw pobl yn gweld popeth yn eu maes gweledol am fod eu sylw gweledol yn canolbwyntio ar wybodaeth benodol. (Gallwch chi weld y fideo ar YouTube: teipiwch 'visual attention basketball'.)*

ALLWCH CHI...?   Rhif 6.6

Ateb y cwestiynau isod ynghylch arbrofion A–E a ddisgrifiwyd ar y chwith.

1... A oedd y dasg y gofynnwyd i'r cyfranwyr ei gwneud yn un artiffisial (yn ffug)?

2... A wnaed yr astudiaeth mewn sefyllfa naturiol?

3... A oedd y sefyllfa'n llawn o realaeth gyffredin neu'n brin ohoni?

4... A wyddai'r cyfranwyr eu bod yn cael eu hastudio?

5... A ddaethpwyd â'r cyfranwyr i mewn i sefyllfa arbennig (ffug), neu a aeth yr arbrofwr atyn nhw?

6... Pa newidynnau perthnasol a allai beidio â bod o dan reolaeth?

7... Yn eich barn chi, ai arbrawf labordy neu arbrawf maes oedd hwn?

Trafodwch: Beth yw pwynt gwahaniaethu rhwng arbrofion labordy ac arbrofion maes?

GWAITH I CHI   Rhif 6.5

Arbrawf maes ar hoelio sylw ar arf

Gallwch chi geisio ail-wneud astudiaeth Loftus ac eraill (1987). Gan fod arbrofion maes yn codi materion moesegol pwysig, yr unig ffordd o wneud yr astudiaeth fydd defnyddio myfyrwyr eraill yn eich ysgol neu'ch coleg. Rhaid iddyn nhw fod dros 16 oed.

Bydd angen i chi wneud yr astudiaeth gyda **grwpiau annibynnol** – bydd un grŵp yn gweld **cynghreiriwr** (rhywun nad yw'r grŵp yn ei (h)adnabod) yn dod i mewn i'r ystafell (a) gan ddal pen ysgrifennu, neu (b) gan ddal rhywbeth anarferol iawn (ond nid arf!).

Bydd angen i'r ddau grŵp o gyfranwyr fod wrthi'n gweithio ar dasg y bydd dyfodiad y cynghreiriwr yn torri ar ei thraws. Gallech chi drefnu i'r grwpiau fod yn gwneud yr astudiaeth ar dudalen 139.

1. Pethau i'w hystyried:
   - Nodi y cyflyrau IV.
   - Sut y byddech chi'n mesur y DV?
   - A oes unrhyw newidynnau allanol y dylid eu rheoli?
   - Pam y dylai'r un person weithredu fel y dieithryn yn y naill gyflwr a'r llall?
   - Dyfeisiwch set o ddata ffug y gellid eu casglu o'r arbrawf a dangoswch nhw mewn tabl ac ar graff (mae'n ddefnyddiol gwneud hynny *cyn* gwneud yr astudiaeth – bydd defnyddio data ffug yn help i chi ddeall y cynllun ac fe allai'ch arwain chi i wneud rhai newidiadau).
2. Cofnodwch y trefniadau y bwriadwch eu gwneud.
3. Cymerwch air ag aelod o'r staff a gofynnwch a gewch chi wneud arbrawf seicoleg mewn dau o'i (d)dosbarthiadau. Rhowch iddo/iddi holl fanylion yr hyn y bwriadwch ei wneud.
4. Gwnewch yr astudiaeth.
5. Lluniwch adroddiad ar yr hyn a ddigwyddodd ac arddangoswch eich darganfyddiadau.

(Lled-)arbrofion naturiol

Arbrawf naturiol yw'r trydydd math o arbrawf. Yma, bydd yr arbrofwr yn defnyddio **newidyn annibynnol (IV)** sy'n amrywio'n naturiol yn hytrach nag yn ei fanipwleiddio'n fwriadol. Y rheswm dros hynny yw nad oes modd manipwleiddio rhai IVs am resymau ymarferol neu foesegol. Wrth astudio effeithiau gofal dydd, er enghraifft, allech chi ddim rhoi rhai plant mewn gofal dydd yn fwriadol, ond fe allech chi astudio plant sydd wedi'u rhoi mewn gofal dydd yn barod.

Mewn arbrawf naturiol, bydd yr arbrofwr, yn union fel mewn arbrofion maes ac arbrofion labordy, yn arsylwi effeithiau'r IV ar y **newidyn dibynnol (y DV)** ond mae'n bosibl na fydd rhai **newidynnau allanol** (*extraneous varibales – EVs*) o dan reolaeth. Mewn astudiaeth sy'n cymharu plant sydd wedi cael gofal dydd â'r rhai sydd heb ei gael, er enghraifft, fe allai ddigwydd bod llawer o'r plant a osodwyd mewn gofal dydd hefyd yn dod o deuluoedd llai cyfoethog.

A bod yn fanwl, mae arbrawf yn golygu bod arbrofwr yn manipwleiddio IV yn fwriadol. Dydy arbrofion naturiol, felly, ddim yn 'arbrofion gwir' am nad oes neb wedi newid yr IV *yn fwriadol* i arsylwi effaith hynny ar y DV. Weithiau, gelwir arbrofion o'r fath yn **lled-arbrofion** (*quasi-experiments*), sef rhai sy'n 'ymdebygu rhywfaint i arbrofion'.

Y peth allweddol i'w gofio am arbrofion labordy, arbrofion maes ac arbrofion naturiol yw bod gan bob un ohonynt nhw IV a DV a'u bod yn ceisio amlygu perthnasoedd achosol. Byddan nhw'n amrywio o ran ffactorau fel rheolaeth a realaeth.

CYMHWYSO ARBROFION NATURIOL YN GYFFREDINOL

Mae tynnu casgliadau dilys o arbrofion naturiol yn codi problemau am y rhesymau hyn:

- Am nad yw'r cyfranwyr wedi'u **hapddyrannu** i amodau neu i gyflyrau, gallai fod gogwyddiadau yn y gwahanol grwpiau o gyfranwyr. Yn yr astudiaeth o gerddoriaeth a chyniferydd deallusrwydd (ar waelod y tudalen gyferbyn), er enghraifft, mae'n debyg bod ffactorau eraill yn wahanol rhwng y grŵp a gafodd y gwersi cerddoriaeth a'r grŵp na chafodd wersi cerddoriaeth (e.e. roedd y rhai yn y grŵp a gafodd y gwersi cerddoriaeth yn dod o deuluoedd cyfoethocach, neu roedd ganddyn nhw fwy o gymhelliant yn gyffredinol). Byddai'r ffactorau hynny'n EV.
- Gallai nodweddion unigryw berthyn i'r sampl a astudiwyd. Gan fod y bobl yn yr astudiaeth o St Helena (ar y tudalen gyferbyn), er enghraifft, yn rhan o gymuned glòs, does dim modd cymhwyso'r darganfyddiadau'n gyffredinol at ddiwylliannau eraill.

CYMHARU ARBROFION LABORDY, ARBROFION MAES AC ARBROFION NATURIOL

	Manteision ☺	Anfanteision ☹
Arbrawf labordy Ymchwilio i berthnasoedd achosol o dan amodau rheoledig	• Rheolaeth dda; cwtogir hyd yr eithaf ar yr EVs, a sicrhau rhagor o **ddilysrwydd**. • Mae modd ei ddyblygu (ail-wneud) i weld a geir yr un canlyniadau, a bydd hynny'n ategu dilysrwydd y canlyniadau.	• Sefyllfa artiffisial a ffug lle y gallai'r cyfranwyr beidio ag ymddwyn fel y gwnân nhw mewn bywyd bob-dydd oherwydd diffyg realaeth gyffredin, effeithiau cyfrannwr, **effeithiau ymchwilydd a nodweddion awgrymu ymateb**. Bydd hynny'n lleihau dilysrwydd.
Arbrawf maes Ymchwilio i berthnasoedd achosol mewn amgylchiadau mwy naturiol	• Llai artiffisial, lefel uwch o **realaeth gyffredin** fel rheol ac, felly, fwy o ddilysrwydd. • Mae'n osgoi **effeithiau cyfrannwr** (am nad yw'r cyfranwyr yn ymwybodol o'r astudiaeth), a gall hynny gynyddu dilysrwydd.	• Mae'r EVs yn llai hawdd eu rheoli am fod yr arbrawf yn digwydd yn y byd go-iawn, ac felly'n lleihau dilysrwydd. • Gallai nodweddion awgrymu ymateb fod yno o hyd, e.e. gallai'r ffordd y **gweithredolir** IV gyfleu rhagdybiaeth yr arbrawf i'r cyfranwyr.
Arbrawf naturiol Ymchwilio i berthnasoedd achosol posibl mewn sefyllfaoedd lle na all yr arbrofwr fanipwleiddio'r IV.	• Mae'n caniatáu gwneud ymchwil lle nad oes modd manipwleiddio'r IV am resymau moesegol neu ymarferol, e.e. astudiaethau o amddifadedd (*deprivation*). • Mae'n fodd i seicolegwyr astudio problemau 'go-iawn', fel effeithiau trychineb ar iechyd (cynyddir realaeth gyffredin a dilysrwydd).	• Ni all amlygu perthnasoedd achosol am na chaiff yr IV mo'i fanipwleiddio'n uniongyrchol. • Mae'n anochel bod llawer o EVs (e.e. diffyg hapddyrannu) yn fygythiad i ddilysrwydd. • Ni ellir ei ddefnyddio ond lle bydd amodau'n amrywio'n naturiol. • Gallai'r cyfranwyr sylweddoli eu bod yn cael eu hastudio, gan achosi effeithiau ymchwilydd a nodweddion awgrymu ymateb.

Awgrym yr arholwr

*Yng nghwestiwn (a) yr arholiad UG ar Ddulliau Ymchwil Cymhwysol, chewch chi ond siawns i enwi **un** fantais ac **un** anfantais o'r dull penodol a ddefnyddir yn yr enghraifft o ymchwil. Ond ar lefel A2, efallai y bydd gofyn i chi enwi **dwy** fantais neu **ddwy** anfantais o'r dull penodol. Felly, bydd hi'n help i edrych arnyn nhw.*

Astudiaethau o wahaniaethau

Barn rhai pobl yw bod **astudiaethau o efeilliaid** (a drafodwyd, er enghraifft, ar dudalen 13) yn arbrofion naturiol. Er enghraifft, gallai ymchwilydd gymharu gefeilliaid unfath (**gefeilliaid MZ**) a gefeilliaid sydd heb fod yn unfath (**gefeilliaid DZ**) i weld a ydyn nhw'n debyg o ran eu deallusrwydd. Yr IV yw a yw'r pâr o efeilliaid yn rhai MZ neu DZ, a'r DV yw sgôr eu cyniferydd deallusrwydd.

Ond dydy'r newidyn, sef eu perthynas enetig, ddim wedi'i fanipwleiddio (na'i newid). Mae'n newidyn sy'n *digwydd* yn naturiol ac nid yn un a gaiff ei *fanipwleiddio* yn naturiol. Mewn unrhyw arbrawf, rhaid i'r IV fod, mewn rhyw ffordd, wedi'i 'gymhwyso at rywun' (Coolican, 2004a). Dydy 'perthynas' ddim, felly, yn IV.

Mae'r un peth yn wir am astudiaeth o rywedd (gwryw a benyw), personoliaeth (allblyg a mewnblyg) neu oedran (iau a hŷn) – chaiff yr amodau hynny ddim eu cymhwyso at yr unigolyn am eu bod nhw'n rhan o'r person hwnnw'n barod.

Astudiaethau o wahaniaethau yw astudiaethau o'r fath. Nid arbrofion mohonyn nhw, ond fe ellid eu galw'n lled-arbrofion. Allwn ni ddim tynnu casgliadau achosol. Allwn ni ddim dweud, er enghraifft, mai rhywedd a achosodd i unigolyn fod â chyniferydd deallusrwydd uwch. Allwn ni ddim ond dod i'r casgliad bod perthynas rhwng rhywedd a chyniferydd deallusrwydd. Rhaid i IV gael ei fanipwleiddio mewn rhyw ffordd i fod yn arbrawf go-iawn; all y sefyllfa bresennol ddim bod yn IV.

ENGHREIFFTIAU

Gwnaed astudiaeth ar St Helena i weld a fyddai cyflwyno gwasanaeth teledu yn arwain at gynnydd mewn ymddygiad gwrthgymdeithasol (Charlton ac eraill, 2000). Cafodd preswylwyr yr ynys fechan hon (122km²) wasanaeth teledu am y tro cyntaf yn 1995.

Dangosodd y mwyafrif o'r mesurau a ddefnyddiwyd i asesu ymddygiad gwrthgymdeithasol na welwyd gwahaniaeth ar ôl cyflwyno teledu. Mae'r darganfyddiad hwnnw'n cyferbynnu ag arbrawf naturiol cynharach a wnaed gan Williams (1985) mewn tref yng Nghanada lle cyflwynwyd teledu am y tro cyntaf. Yn yr astudiaeth honno, gwelwyd bod ymddygiad gwrthgymdeithasol wedi cynyddu.

Gellid egluro'r gwahaniaeth yn nhermau normau cymdeithasol. Roedd gan gymuned St Helena ymwybyddiaeth gref o'i hunaniaeth a doedd fawr o reswm dros fod yn ymosodol. Doedd hynny ddim yn wir am y dref yng Nghanada.

Awgrym yr arholwr

*Wrth ysgrifennu am fanteision neu anfanteision yn yr arholiad UG, rhaid i chi gofio nodi a chyd-destunoli. Er enghraifft, nodwch un fantais ac yna rhowch hyn yn ei gyd-destun drwy gysylltu'r fantais â darn penodol o ymchwil. **Peidiwch byth â gwneud dim ond disgrifio mantais yn gyffredinol.***

ALLWCH CHI...? Rhif 6.7

1... Disgrifir pum astudiaeth isod. Nodwch a yw pob astudiaeth unigol yn arbrawf labordy, yn arbrawf maes neu'n arbrawf naturiol, ac eglurwch eich penderfyniad.

▶ **Astudiaeth A:** Mae dwy ysgol gynradd yn defnyddio cynlluniau darllen gwahanol. Ar ddiwedd y flwyddyn, mae astudiaeth seicolegol yn astudio'r sgorau darllen i weld pa gynllun oedd yr un mwyaf effeithiol.

▶ **Astudiaeth B:** Mae plant yn cymryd rhan mewn treial i gymharu llwyddiant rhaglen fathemateg newydd. Rhoddir y plant yn un o ddau grŵp – y rhaglen fathemateg newydd neu'r un draddodiadol – a'u haddysgu yn y grwpiau hynny am dymor.

▶ **Astudiaeth C:** Ymchwilir i werth defnyddio cyfrifiaduron yn hytrach na llyfrau drwy ofyn i blant ddefnyddio naill ai cyfrifiadur neu lyfr i ddysgu rhestri o eiriau.

▶ **Astudiaeth Ch:** Astudir effeithiau hysbysebion ar stereoteipiau o'r ddau ryw drwy ddangos i blant hysbysebion lle mae merched yn gwneud tasgau benywaidd neu dasgau niwtral, ac yna'u holi ynghylch stereoteipiau o'r ddau ryw.

▶ **Astudiaeth D:** Mae astudiaeth yn ymchwilio i effeithiau gwrthgymdeithasol teledu drwy fonitro a yw pobl sy'n gwylio llawer o deledu (mwy na phum awr y dydd) yn fwy ymosodol na'r rhai nad ydyn nhw'n gwneud hynny.

2... Yn achos pob un o'r astudiaethau uchod (A-D), atebwch y cwestiynau hyn:

a) Amlinellwch **un** fantais o ddefnyddio'r dull ymchwil a ddewiswyd.

b) Eglurwch pam y byddai'r fantais honno'n arbennig o bwysig *yn achos yr astudiaeth benodol hon*.

c) Amlinellwch **un** anfantais o ddefnyddio'r dull ymchwil a ddewiswyd.

ch) Eglurwch pam y byddai'r anfantais honno'n arbennig o bwysig *yn achos yr astudiaeth benodol hon*.

d) Enwch **un** mater o ddilysrwydd yn yr ymchwil hwn, a disgrifiwch sut y gallech chi ddelio â'r mater hwnnw. Gwnewch yn siŵr bod eich ateb wedi'i berthnasu â'r astudiaeth benodol hon.

dd) Trafodwch **un** mater moesegol a allai godi yn yr ymchwil hwn. (Sylwch fod y cwestiwn yn gofyn i chi 'drafod' y mater. Ystyr 'trafod' yw gwneud mwy na'i ddisgrifio – gallech chi ddweud pam y mae'n fater sy'n codi, neu ystyried sut y gellid delio ag ef.)

GWAITH I CHI Rhif 6.6

Fe allwch chi, wrth gwrs, feddwl am eich arbrawf naturiol eich hun, ond dyma un y gallech chi roi cynnig arno.

Gall gwersi cerddoriaeth roi hwb i gyniferydd deallusrwydd (IQ)

Yn ddiweddar, edrychodd astudiaeth ar effeithiau gwersi cerddoriaeth ar gyniferydd deallusrwydd (Schellenberg, 2004). Rhoddwyd prawf ar gyniferydd deallusrwydd y cyfranwyr 6 oed cyn i'r astudiaeth gychwyn. Fe'u neilltuwyd i un o bedwar grŵp: cafodd dau grŵp 36 o wythnosau o hyfforddiant allgyrsiol mewn cerddoriaeth (cafodd y naill grŵp hyfforddiant canu ac astudiodd y llall y bysellfwrdd). Cafodd grŵp arall wersi drama ychwanegol ar ben eu haddysg arferol, a'r cyfan a wnaeth y **grŵp rheolydd** oedd bod yn yr ysgol yn ôl eu harfer. Ar ddiwedd y flwyddyn ysgol, cwblhaodd y plant brofion cyniferydd deallusrwydd a phrofion eraill. Gwelodd Schellenberg fod cyniferydd deallusrwydd y ddau grŵp cerddoriaeth wedi cynyddu'n fwy – yn arwyddocaol felly – na rhai'r grŵp drama a'r grŵp gwaelodlin.

Gallwch chi wneud ymchwil tebyg drwy ddefnyddio data sy'n bod yn barod, sef bod rhai pobl wedi cael gwersi cerddoriaeth ac eraill heb wneud hynny. Byddwch chi felly'n gwneud arbrawf naturiol. (Nid astudiaeth naturiol mo un Schellenberg – allwch chi ddweud pa fath o astudiaeth yw hi?).

- **IV**: Rhannwch eich dosbarth yn rhai sydd wedi cael gwersi cerddoriaeth ychwanegol a'r rhai sydd heb eu cael. Rhaid i chi weithredoli'r IV hwnnw, h.y. penderfynu beth yw 'cael gwersi cerddoriaeth'. A fyddai wythnos o wersi'n cyfrif, neu flwyddyn?

- **DV**: Yn achos pob aelod o'ch dosbarth, cyfrifwch sgôr TGAU fel mesur bras o gyniferydd deallusrwydd. Un ffordd o wneud hynny yw neilltuo gwerth i bob gradd, adio'r holl sgorau a rhannu'r cyfanswm â nifer y pynciau TGAU a gymerwyd. Bydd hynny'n rhoi sgôr terfynol i chi ar gyfer pob myfyriwr. Gallwch chi ddefnyddio'r tabl isod i gofnodi'ch data crai.

- **Moeseg**: Caiff unigolion gofnodi eu data yn ddienw.

- **Dadansoddi**: Cyfrifwch gymedr sgôr TGAU ar gyfer y rhai yn y grŵp o ddisgyblion sydd wedi cael gwersi cerddoriaeth a chymharwch ef â chymedr sgôr TGAU y rhai sydd heb eu cael. Lluniwch graff i ddangos y data hynny. Pa gasgliad y gallwch chi ddod iddo?

Sgorau TGAU Gradd A*=9, A=8, B=7, C=6, D=5, E=4, F=3, G=2, U=1, X=0																				Cyfanswm y sgôr (adiwch y rhifau yn y colofnau gwyn)	Y sgôr terfynol (cyfanswm y sgorau/nifer y sgorau)	Gwersi cerddoriaeth (✓/✗)
Cyfrannwr	Gradd	Sgôr	Gradd	Sgôr	Gradd	Sgôr	Gradd	Sgôr	Gradd	Sgôr	Gradd	Sgôr	Gradd	Sgôr	Gradd	Sgôr	Gradd	Sgôr	Gradd	Sgôr			
1																							
ac ati																							

Cydberthyniadau

Dylai'r cysyniad o gydberthyniad fod yn gyfarwydd i chi o faes mathemateg TGAU. **Cydberthyniad** yw'r berthynas rhwng dau newidyn.

Mae oedran a harddwch yn cydamrywio. Wrth i bobl heneiddio, bydd eu harddwch nhw'n cynyddu. **Cydberthyniad cadarnhaol** yw hwnnw am fod y ddau newidyn yn *cynyddu* gyda'i gilydd. Efallai yr anghytunwch chi a'ch bod chi'n meddwl bod pobl yn llai a llai deniadol wrth heneiddio. Byddwch chi'n credu bod cydberthyniad rhwng oedran a harddwch, ond **cydberthyniad negyddol** yw hwnnw. Wrth i'r naill newidyn gynyddu bydd y llall yn lleihau. Neu efallai y teimlwch chi nad oes dim perthynas rhwng oedran a harddwch. **Cydberthyniad sero** yw hwnnw.

Llinol a chromlinog (curvilinear)

*Mae'r cydberthyniadau rydyn ni'n eu hastudio ar y ddau dudalen hyn i gyd yn rhai **llinol** – mewn cydberthyniad cadarnhaol perffaith byddai'r holl werthoedd yn gorwedd mewn llinell syth o'r gwaelod ar y chwith i'r brig ar y dde.*

*Ond ceir math gwahanol o gydberthyniad, sef **cydberthyniad cromlinog**, lle mae perthynas ragfynegadwy (predictable relationship) yn dal i fod, ond mae'n grwm yn hytrach nag yn llinol. Er enghraifft, does dim perthynas linol rhwng straen a pherfformiad. Fydd perfformio wrth gyflawni llu o dasgau ddim cystal os yw'r straen yn ormod neu'n rhy isel; mae ar ei orau pan fydd y straen yn gymedrol – fel y dangosir gan y graff isod.* 'Effaith Yerkes-Dodson' yw'r enw ar hynny.

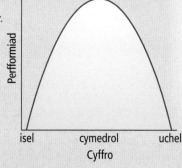

GRAFFIAU GWASGARIAD

Gallwch ddefnyddio **graff gwasgariad** (*scattergraph*) i ddarlunio cydberthyniad. Yn achos pob unigolyn fe gawn ddau sgôr a'u defnyddio i blotio un smotyn ar gyfer unigolyn – y *cydnewidynnau* sy'n penderfynu lle mae safle *x* a *y* dot. Gwasgariad y dotiau sy'n dangos faint o gydberthyniad sydd rhwng y cydnewidynnau.

Cyfernod cydberthyniad

Defnyddir prawf ystadegol i gyfrifo'r **cyfernod cydberthyniad** (*correlation coefficient*) sef mesur o faint y cydberthyniad rhwng y cydnewidynnau.

- Rhif yw'r cyfernod cydberthyniad.
- Uchafswm gwerth cyfernod cydberthyniad yw 1 (+1 yw'r cydberthyniad cadarnhaol perffaith a –1 yw'r cyfernod negyddol perffaith).
- Caiff rhai cyfernodau cydberthyniad eu hysgrifennu fel –.52 ac eraill fel +.52. Mae'r arwydd plws neu minws yn dangos a yw'n gydberthyniad cadarnhaol neu negyddol.
- Mae'r cyfernod (rhif) yn dweud wrthym ni pa mor agos yw'r berthynas rhwng y cydnewidynnau. Mae –.52 yn cydberthyn yr un mor agos â +.52 ond mae –.52 yn golygu bod y naill newidyn yn cynyddu wrth i'r llall leihau (cydberthyniad negyddol) a +.52 yn golygu bod y ddau newidyn yn cynyddu gyda'i gilydd (cydberthyniad cadarnhaol).

Graffiau gwasgariad sy'n dangos y berthynas rhwng oedran a harddwch

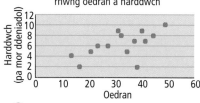

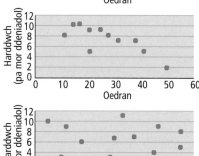

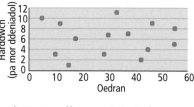

▲ Mae'r graff gwasgariad uchaf yn dangos cydberthyniad cadarnhaol. Mae'r graff gwasgariad yn y canol yn dangos cydberthyniad negyddol. Cydberthyniad sero sydd yn y graff gwasgariad isaf.

Cyfernodau cydberthyniad y tri graff yw: (1) +.76, (2) –.76, a (3) –.006. Mae'r arwydd plws neu finws yn dangos a yw'n gydberthyniad cadarnhaol neu negyddol. Mae'r cyfernod (rhif) yn dweud wrthym ni pa mor agos yw'r berthynas rhwng y cydnewidynnau. Mae –.76 yn gydberthyniad sydd yr un mor agos â +.76.

GWAITH I CHI

Rhif 6.7

Chwarae gyda chyfernodau cydberthyniad

1. Defnyddiwch Excel i blotio graff gwasgariad. Er mai'r cyfarwyddiadau ar gyfer Office 2008 sydd isod, bydd fersiynau cynharach hefyd yn cynhyrchu graff gwasgariad.
   - Rhowch barau o rifau ynddo gan roi'r pâr cyntaf yng nghelloedd A1 ac A2. Gallen nhw fod yn rhifau rydych chi wedi'u dyfeisio, neu fe allech chi gasglu data fel maint esgidiau neu daldra aelodau eich dosbarth.
   - Cliciwch <insert> → <chart> → XY scatter, a dylai'r graff gwasgariad ymddangos.
   - I gyfrifo'r cyfernod cydberthyniad, dewiswch unrhyw sgwâr gwag, cliciwch <insert> → <function> → <correl>, ac yna dewiswch y ddwy golofn o ddata, un ar y tro.
   - Gallwch chi hefyd roi i mewn y 'llinell ffit orau' drwy glicio ar unrhyw ddot ar y graff gwasgariad ac yna dde-glicio ar y dot a dewis <add trend line>.

2. Ewch ati i arbrofi gyda chyfernodau cydberthyniad yn www.bc.edu/research/intasc/library/correlation.shtml – Chi fydd yn pennu'r cyfernod a nifer y dotiau a bydd y tudalen gwe yn dangos i chi sut olwg fyddai ar y graff gwasgariad.

Wrth ddefnyddio dadansoddiad o gydberthyniadau i wneud astudiaeth, bydd angen i chi lunio rhagdybiaeth gydberthynol. Bydd rhagdybiaeth arbrofol yn datgan pa berthynas y disgwylir ei gweld rhwng IV a DV. Bydd rhagdybiaeth gydberthynol yn datgan pa berthynas y disgwylir ei gweld rhwng cydnewidynnau. Er enghraifft, mae cydberthyniad cadarnhaol rhwng oedran a harddwch.

MANTEISION AC ANFANTEISION ASTUDIAETHAU SY'N DEFNYDDIO DADANSODDIAD CYDBERTHYNOL

Nid dull ymchwil ydy cydberthyniad. A bod yn fanwl, felly, ddylen ni ddim sôn am astudiaeth gydberthynol ond am astudiaeth sy'n defnyddio dadansoddiad cydberthynol.

Manteision ☺	Anfanteision ☹
• Gellir ei ddefnyddio pryd y byddai'n anfoesegol neu'n anymarferol manipwleiddio newidynnau ac y gellir defnyddio data sy'n bod yn barod.	• Bydd pobl yn aml yn camddehongli cydberthyniadau ac yn cymryd yn ganiataol y cafwyd hyd i achos ac effaith, ond dydy hynny ddim yn bosibl.
• Os yw cydberthyniad yn **arwyddocaol**, mae cyfiawnhad i ymchwilio ymhellach.	• Efallai fod newidyn arall/ newidynnau eraill sy'n anhysbys (**newidyn(nau) cysylltiol**) sy'n gallu egluro'r cysylltiad(au) rhwng y cydnewidynnau a astudir.
• Os nad yw'r cydberthyniad yn arwyddocaol, gallwch chi anghofio am berthynas achosol.	• Fel yn achos arbrofion, gallai ef fod yn brin o **ddilysrwydd mewnol/allanol**. Gallai'r dull a ddefnyddiwyd i fesur y cyniferydd deallusrwydd, er enghraifft, fod yn brin o ddilysrwydd neu fe allai'r sampl a ddefnyddiwyd beidio â gallu cael ei chymhwyso'n gyffredinol.
• Fel yn achos arbrofion, gellir ail-wneud y trefniadau, ac mae hynny'n golygu bod modd cadarnhau'r darganfyddiadau.	

Arwyddocâd

Arwyddocâd sy'n cyfleu i ba raddau y mae rhywbeth yn arbennig o anarferol.

Pan astudiwn ni gyfernod cydberthyniad, mae angen i ni wybod a yw'n gryf neu'n wan. I wneud hynny, defnyddiwn *dablau arwyddocâd* sy'n dweud wrthym pa mor fawr y mae angen i'r cyfernod fod i'r cyfernod gyfrif yn un arwyddocaol (anarferol).

Mae'r tabl ar y dde'n rhoi syniad bras o'r gwerthoedd angenrheidiol. Po fwyaf o barau o sgorau sydd gennych chi, lleiaf yn y byd y gall y cyfernod fod.

Byddai cyfernod o –.45 neu +.45 yn arwyddocaol os byddai 16 pâr o ddata, ond nid os byddai 14 pâr.

Mae maint y rhif yn dweud wrthym am arwyddocâd, ac mae'r arwydd yn dweud wrthym i ba gyfeiriad y mae'r cydberthyniad (cadarnhaol neu negyddol).

Tabl arwyddocâd	
N=	
4	1.000
6	0.829
8	0.643
10	0.564
12	0.503
14	0.464
16	0.429
18	0.401
20	0.380
22	0.361
24	0.344
26	0.331
28	0.317

Mae'r gwerthoedd uchod ar gyfer prawf Spearman o gydberthyniad.

ALLWCH CHI...?
Rhif **6.8**

1... Enwi **dau** newidyn sy'n debyg o fod â chydberthyniad cadarnhaol (fel taldra a phwysau).

2... Enwi **dau** newidyn sy'n debyg o fod â chydberthyniad negyddol.

3... Beth y mae cyfernod cydberthyniad yn ei ddweud wrthych chi am set o ddata?

4... Rhoi enghraifft o gyfernod cydberthyniad cadarnhaol a chyfernod cydberthyniad negyddol.

5... Egluro ystyr y cyfernodau cydberthyniad hyn:
a) +1.00   b) –1.00   c) .00
ch) –.60   d) +.40   dd) +.10

6... Ystyried y rhif +.36.
a) Nodi maint ac arwydd y rhif hwnnw.
b) Os ceid y gwerth hwnnw ar ôl rhoi prawf ar 20 o bobl, a fyddai ef yn arwyddocaol?
c) Brasluniwch graff gwasgariad i ddarlunio'r cydberthyniad hwnnw'n fras.
ch) Petaech chi'n gwneud astudiaeth gyda 30 o gyfranwyr, a fyddai cydberthyniad o +.30 yn arwyddocaol?

7... Mae astudiaeth yn ymchwilio i weld a oes cydberthyniad negyddol rhwng oedran a hoffi bwydydd sbeislyd. Gofynnir i'r cyfranwyr nodi eu hoffter o fwydydd sbeislyd ar raddfa o 1-10: mae 10 yn golygu eu bod nhw'n eu hoffi'n fawr ac 1 yn golygu 'dim o gwbl'.
a) Beth yw ystyr y term 'cydberthyniad negyddol' yn y cyd-destun hwnnw?
b) Pam y gallech chi ddisgwyl dod o hyd i gydberthyniad negyddol rhwng y newidynnau hynny?
c) Disgrifiwch **un** fantais ac **un** anfantais o wneud dadansoddiad cydberthynol yn yr ymchwil hwn.
ch) Disgrifiwch **un** mater o ddilysrwydd yn yr ymchwil hwn, a disgrifiwch sut y gallech chi ddelio â'r mater hwnnw o ddilysrwydd.
d) Trafodwch **un** mater moesegol a allai godi yn yr ymchwil hwn.

8... Roedd Guiseppe Gelato bob amser wedi hoffi ystadegaeth yn yr ysgol, ac am ei fod ef bellach yn berchen ar ei fusnes hufen iâ ei hun, bydd yn cadw amrywiol gofnodion. Er syndod iddo, mae wedi gweld bod cydberthyniad diddorol rhwng gwerthiant ei hufen iâ a throseddau ymosodol. Mae wedi dechrau poeni y gall ef fod yn anghyfrifol wrth werthu hufen iâ am ei bod hi'n ymddangos bod hynny'n peri i bobl ymddwyn yn fwy ymosodol. Mae'r tabl isod yn dangos ei ddata.

Yr holl ddata wedi'u talgrynnu i 1000oedd	Ion	Chwe	Maw	Ebr	Mai	Meh	Gorff	Awst	Medi	Hyd	Tach	Rhag
Gwerthiant hufen iâ	10	8	7	21	32	56	130	141	84	32	11	6
Troseddau ymosodol	21	32	29	35	44	55	111	129	99	36	22	25

a) Brasluniwch graff gwasgariad o ddata Guiseppe.
b) Beth y gallwch chi ei gasglu ar sail y data a'r graff gwasgariad?
c) Pa newidyn cysylltiol a allai fod yn well eglurhad o'r berthynas rhwng hufen iâ ac ymosodedd?
ch) Disgrifiwch sut y byddech chi'n cynllunio astudiaeth i ddangos bod (neu nad yw) hufen iâ Guiseppe yn achosi ymddygiad ymosodol. (Bydd angen i chi **weithredoli** eich newidynnau a phenderfynu ar gynllun ymchwil addas.)
d) Disgrifiwch **un** mater o ddilysrwydd yn yr ymchwil hwn, a sut y gallech chi ddelio â'r mater hwnnw.
f) Trafodwch **un** mater moesegol a allai godi yn yr ymchwil hwn.

Cynrychioli data a thynnu casgliadau

Caiff y wybodaeth sy'n cael ei gasglu mewn unrhyw astudiaeth ei galw'n 'ddata' neu, yn fwy manwl-gywir, yn 'set ddata' (set o eitemau). Dydy data ddim o angenrheidrwydd yn rhifau; gallen nhw fod yn eiriau a ddefnyddir i ddisgrifio sut mae rhywun yn teimlo. Gelwir data rhifiadol yn ddata **meintiol** a data sydd heb fod yn rhifiadol yn ddata **ansoddol**. Ar ôl i ymchwilydd gasglu data, bydd angen eu dadansoddi i weld y tueddiadau neu'r darlun ehangach. Ar y ddau ddudalen hyn, fe astudiwn ni ddulliau o ddadansoddi data *meintiol*. Trafodir dadansoddi data ansoddol ar dudalen 162.

*Weithiau, gelwir dulliau meintiol yn **ystadegau disgrifiadol** am eu bod yn ddulliau o ddisgrifio data meintiol.*

Lefelau mesur

- **Enwol** Mae'r data mewn categorïau gwahanol, fel grwpio pobl yn ôl eu hoff dîm pêl-droed (e.e. Dinas Caerdydd, Neath Athletic, Llanelli, ac ati).
- **Trefnol** Trefnir y data mewn rhyw ffordd, er enghraifft, drwy ofyn i bobl osod rhestr o dimau pêl-droed yn nhrefn eu hoffter ohonyn nhw. Gallai Llanelli fod yn gyntaf, ac yna Neath Athletic ac ati. Dydy'r 'gwahaniaeth' rhwng pob eitem ddim yr un fath, e.e. gallai'r unigolyn hoffi'r eitem gyntaf lawer yn fwy na'r ail, ond fe all mai gwahaniaeth bach yn unig sydd rhwng yr eitemau a osodwyd yn ail ac yn drydydd.
- **Cyfwng** Mesurir data gan ddefnyddio unedau o gyfyngau hafal, fel wrth gyfrif atebion cywir neu ddefnyddio unrhyw uned 'gyhoeddus' o fesur.
- **Cymhareb** Mae gwir bwynt sero i'w gael, fel yn y mwyafrif o fesuriadau o feintiau ffisegol.

DADANSODDI DATA MEINTIOL

Cyfartaleddau

Mae **cyfartaleddau** yn dweud wrthym am werthoedd canolog neu 'nodweddiadol' set o ddata ac mae hynny'n *ddisgrifiad* defnyddiol o set ddata. Gellir cyfrifo cyfartaledd mewn ffyrdd gwahanol.

1. Cyfrifir y **cymedr** drwy adio'r holl rifau a rhannu hynny â nifer y rhifau. Ni ellir ond ei ddefnyddio wrth drin data **cyfwng** neu **gymhareb** (gweler ar y chwith).
   - **+** Mae'n defnyddio gwerthoedd yr holl ddata.
   - **–** Gall ef gamgynrychioli'r data cyfan os oes gwerthoedd eithafol.
2. Y **canolrif** yw gwerth *canol* rhestr *drefnedig*, ac mae'n addas ar gyfer data **trefnol** neu ddata cyfwng.
   - **+** Dydy sgorau eithafol ddim yn effeithio arno.
   - **–** Dydy hwn ddim mor 'sensitif' â'r cymedr am na chaiff pob gwerth ei adlewyrchu.
3. Y **modd** yw'r gwerth *mwyaf* cyffredin.
   - **+** Mae'n ddefnyddiol os yw'r data mewn categorïau, h.y. data **enwol**.
   - **–** Dydy hon ddim yn ffordd ddefnyddiol o ddisgrifio data os oes sawl modd (h.y. set amlfoddol o ddata).

Amrediad

Dull arall a ddefnyddir i ddisgrifio set ddata yw'r **amrediad**. Ystyriwch y setiau data isod:

3, 5, 8, 8, 9, 10, 12, 12, 13, 15 cymedr = 9.5 amrediad = 12 (3–15)
1, 5, 8, 8, 9, 10, 12, 12, 13, 17 cymedr = 9.5 amrediad = 16 (1–17)

Gan fod yr un cymedr, ond amrediad gwahanol, i'r ddwy set o rifau, mae'r amrediad o gymorth fel dull pellach o ddisgrifio'r data. Petaen ni'n defnyddio'r cymedr yn unig, byddai'r data'n ymddangos fel petaen nhw'r un peth. Yr amrediad yw'r gwahaniaeth rhwng y rhif uchaf ac isaf.
- **+** Mae'n hawdd ei gyfrifo ac yn rhoi gwybodaeth uniongyrchol i chi.
- **–** Bydd gwerthoedd eithafol yn effeithio arno ac ni fydd yn cymryd i ystyriaeth nifer yr arsylwadau yn y set ddata.

GWAITH I CHI

Rhif 6.8

Yn y dyddiau pan oedd rhaid i fyfyrwyr seicoleg wneud gwaith cwrs, dyma un o'u hoff ddewisiadau. Mae'r astudiaeth yn rhoi cipolwg difyr i chi ar y ffordd y mae'r cof yn gweithio. Fe'i gwnaed yn wreiddiol gan Bower ac eraill (1969) i ddangos bod y cof yn gwella os caiff trefn ei rhoi ar wybodaeth – a dyna pam y mae'n bwysig llunio nodiadau trefnus wrth adolygu.

Eich tasg chi yw cynllunio astudiaeth i roi prawf ar y rhagdybiaeth bod trefnu'n gwella'r cof. Cewch chi ddefnyddio'r geiriau yn y ddwy restr ar y dde. Mae rhestr eiriau 1 wedi'i threfnu'n gategorïau a rhestr eiriau 2 yn dangos yr un geiriau'n gwbl ddi-drefn.

1. Ar sail eich profiad o gynllunio astudiaethau eraill, lluniwch eich rhestr eich hun o'r penderfyniadau cynllunio y bydd angen eu gwneud. Gwnewch yn siŵr eich bod chi'n ystyried y materion moesegol yn ofalus.
2. Lluniwch ragdybiaeth sydd wedi'i gweithredoli'n llawn.
3. Gwnewch **astudiaeth beilot** i wirio'ch cynllun, a gwnewch unrhyw newid angenrheidiol i'r cynllun.
4. Casglwch eich data (neu, os nad yw hynny'n bosibl, dyfeisiwch set ddata).
5. Cyflwynwch y data rydych chi wedi'u casglu mewn:
   - Tabl: dangoswch y data crai, a mesuriadau *priodol* o gyfartaledd ac amrediad
   - Graff: lluniwch siart bar a/neu histogram *priodol*.
6. Pa gasgliadau y byddech chi'n eu tynnu o'ch astudiaeth?

RHAGOR Gallwch chi hefyd gydberthyn sgorau'r cof â sgorau TGAU (mae'r dull hwn ar dudalen 147) a pharatoi **graff gwasgariad** o'ch canlyniadau.

Rhestr eiriau 1		Rhestr eiriau 2	
Cŵn	**Offerynnau**	Peren	Briallu
Labrador	Telyn	Corgi	Eirinen
Corgi	Piano	Clarinét	Trwyn
Milgi	Ffliwt	Cesair	Tywydd
Sbaniel	Clarinét	Glaw	Copr
Ffrwythau	**Diodydd**	Diodydd	Labrador
Afal	Dŵr	Rhosyn	Dŵr
Peren	Llaeth	Te	Blodau
Eirinen	Te	Llaw	Efydd
Oren	Coffi	Milgi	Troed
Tywydd	**Corff**	Haearn	Tiwlip
Eira	Trwyn	Coffi	Eirlys
Glaw	Troed	Aur	Cŵn
Eirlaw	Bys	Telyn	Eirlaw
Cesair	Llaw	Piano	Llaeth
Blodau	**Metel**	Metel	Oren
Briallu	Efydd	Afal	Bys
Rhosyn	Aur	Corff	Eira
Eirlys	Copr	Ffrwythau	Ffliwt
Tiwlip	Haearn	Offerynnau	Sbaniel

TYNNU CASGLIADAU

Prif nod unrhyw astudiaeth ymchwil yw gwneud tipyn o synnwyr o'r darganfyddiadau a'u defnyddio i helpu i egluro ymddygiad pobl. Dyna ydyn ni'n ei olygu pan ddywedwn ein bod ni'n 'tynnu casgliadau'. Beth y mae'r data'n ei ddweud wrthym am ymddygiad pobl?

Am fod ystadegau disgrifiadol yn cynnig *crynodeb* o'r data, byddan nhw'n ddefnyddiol pan ddaw hi'n fater o dynnu casgliadau. Byddan nhw'n ein helpu ni i ganfod y patrymau a'r tueddiadau cyffredinol.

Enghreifftiau

Ar sail y bocs 'Gwaith i Chi' gyferbyn, gallech chi ysgrifennu'r canlynol:
* Gallai pobl a astudiodd y rhestr drefnus gofio bron dwbl y geiriau y gallai'r bobl a gafodd y rhestr ddi-drefn o eiriau eu cofio.
* Dangosodd y canlyniadau gydberthyniad cadarnhaol rhwng y cof a sgôr TGAU.

Hynny yw, rydych chi'n ceisio llunio brawddeg sy'n crisialu holl ddarganfyddiadau astudiaeth.

Yn eich casgliadau, ddylech chi ddim mynd y tu hwnt i'r data. Er enghraifft, fyddai hi ddim yn briodol i chi feddwl, ar sail eich astudiaeth o'r cof a rhestri trefnus o eiriau, y byddai pobl yn cofio mwy petaen nhw'n defnyddio rhestri trefnus. Allwch chi ddim gwneud hynny ond os defnyddiwch chi **ystadegau casgliadol**, a chaiff y rheiny sylw fel rhan o'r cwrs A2.

ARDDANGOS YN WELEDOL

Mae llun yn well na mil o eiriau! Mae graffiau yn ffordd o gyflwyno eich data fel bod modd gweld y darganfyddiadau yn syth.

* **Tablau** Caiff y rhifau a gasglwch eu galw'n 'ddata crai' – rhifau sydd heb eu trin mewn unrhyw ffordd. Gallwch chi ddefnyddio mathau o gyfartaleddau a/neu amrediad i gyflwyno'r data mewn tabl neu eu crynhoi.
* **Siart bar** Mae uchder pob bar yn cynrychioli amlder yr eitem. Gosodir y 'categoriau' ar yr echelin lorweddol (echelin *x*) a'r 'amlder' ar yr echelin fertigol (echelin *y*). Mae siartiau bar yn addas ar gyfer geiriau a rhifau (data enwol neu drefnol/cyfwng).
* **Histogram** Mae'n debyg i siart bar ond rhaid i'r gofod yn y barrau fod yn gymesur â'r amlderau a gynrychiolir. Yn ymarferol, felly, rhaid i'r echelin fertigol (amlder) gychwyn o sero. Yn ogystal, rhaid i'r echelin lorweddol fod yn ddi-dor (allwch chi ddim, felly, â lluniadu histogram â data enwol). Yn olaf, ddylech chi ddim gadael bwlch rhwng y barrau.
* **Graffiau gwasgariad** Math o graff a ddefnyddir i wneud dadansoddiad cydberthynol (gweler tudalen 148).

Enghreifftiau o siartiau bar a histogram

Graff A

▼ Siart bar sy'n dangos sgorau cymedrig y cof ar gyfer pob grŵp blwyddyn (uchafswm y sgôr yw 40).

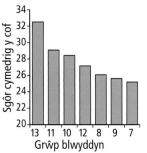

Grŵp blwyddyn

Graff B

▼ Histogram sy'n dangos yr un data â Graff A.

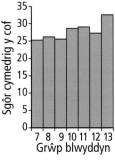

Grŵp blwyddyn

Graff C

▶ Siart bar sy'n dangos hoff anifeiliaid anwes y myfyrwyr.

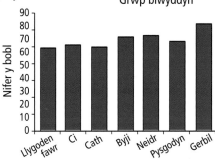

1... Ar gyfer pob un o'r setiau data hyn:
  a) Cyfrifwch y cymedr.
  b) Cyfrifwch y canolrif.
  c) Cyfrifwch y modd.
  ch) Dywedwch p'un o'r tri mesur a fyddai'n fwyaf addas i'w ddefnyddio, a pham.
  d) Cyfrifwch yr amrediad.
  Set ddata 1: 2, 3, 5, 6, 6, 8, 9, 12, 15, 21, 22
  Set ddata 2: 2, 3, 8, 10, 11, 13, 13, 14, 14, 29
  Set ddata 3: 2, 2, 4, 5, 5, 5, 7, 7, 8, 8, 8, 10
  Set ddata 4: cath, cath, ci, byji, neidr, gerbil.

2... Pam y mae hi'n well gwybod am gymedr ac amrediad set ddata nag am y cymedr yn unig?

3... Mae tri graff ar y chwith.
  a) Eglurwch **ddau** wahaniaeth allweddol rhwng y siart bar a'r histogram.
  b) Enwch **un** casgliad y gellid ei dynnu o'r gwerthoedd cymedrig yng Ngraff A.
  c) Pa lefel o fesur a ddangosir yng Ngraff C?

4... Mae seicolegydd wedi gwneud arbrawf maes i weld pa mor hir y mae'n cymryd i bobl gynnig cymorth pan fydd rhywun yn syrthio i'r llawr.
  a)

	Mae'r dioddefwr fel petai'n feddw	Mae gan y dioddefwr gansen
Canolrif yr amser ymateb	35 eiliad	23 eiliad

  Enwch **un** casgliad y gellid ei dynnu o'r gwerthoedd canolrif yng Ngraff A.
  b) Enwch **un** mater o ddilysrwydd yn yr ymchwil hwn a disgrifiwch sut y gallech chi ddelio â'r mater hwnnw.

5... Credir bod myfyrwyr sydd wedi'u geni rhwng mis Medi a mis Rhagfyr yn gwneud yn well na phlant sydd wedi'u geni yn ystod misoedd yr haf am eu bod nhw'n hŷn. Dyfeisiwch astudiaeth i roi prawf ar y rhagdybiaeth hon.
  a) Rhowch eich darganfyddiadau mewn tabl.
  b) Lluniwch graff addas ar gyfer eich darganfyddiadau.
  c) Nodwch **un** casgliad y gellid ei dynnu o'ch graff.
  ch) Enwch **un** mater o ddilysrwydd yn yr ymchwil hwn a disgrifiwch sut y gallech chi ddelio â'r mater hwnnw.

Arsylwadau

Yn y bennod hon, rydyn ni wedi astudio dulliau gwahanol a ddefnyddir mewn astudiaethau ymchwil, sef **arbrofion labordy, arbrofion maes, (lled-(quasi-)) arbrofion naturiol** a **chydberthyniadau**. Mae bron pob un ohonyn nhw wedi bod yn arbrawf. Bydd llawer o bobl yn defnyddio'r gair 'arbrawf' yn eithaf llac pan fyddan nhw'n golygu 'astudiaeth' a dim mwy. Mae arbrawf yn astudiaeth lle mae **newidyn annibynnol (IV)** wedi'i fanipwleiddio er mwyn arsylwi'r effaith ar **newidyn dibynnol (DV)**. Bydd hynny'n fodd i ni dynnu casgliadau achosol mai'r IV *a achosodd* unrhyw newid a arsylwyd yn y DV. Dydy cydberthyniadau ac arsylwadau ddim yn cynnwys unrhyw fanipwleiddio o'r fath. O hyn ymlaen yn y bennod hon, byddwn ni'n astudio dulliau ymchwil *anarbrofol*, ond gallai dulliau o'r fath gael eu defnyddio mewn arbrawf fel ffordd o **weithredoli** IV neu DV.

Astudiaeth Bandura o'r ddol Bobo

Ar dudalen 26, fe ddisgrifir clasur o astudiaeth gan Bandura ac eraill (1961) sy'n darlunio'r **ddamcaniaeth dysgu cymdeithasol.** *Dyna enghraifft o arbrawf a ddefnyddiai dechnegau arsylwi rheoledig. Ar ddiwedd yr arbrawf fe arsylwyd ymosodedd y plant i weld a oedd y rhai a oedd wedi gweld ymddygiad ymosodol y model yn ymddwyn yn fwy ymosodol eu hunain. Cymerwyd pob plentyn unigol i ystafell lle'r oedd rhai teganau ymosodol (e.e. morthwyl a gwn dartiau), rhai teganau anymosodol (e.e. doliau ac anifeiliaid fferm) a dol Bobo.*

Arhosodd yr arbrofwr gyda'r plentyn a buon nhw'n chwarae am 20 munud. Yn ystod y cyfnod hwnnw fe arsylwyd y plentyn drwy ddrych unffordd. Bob pum eiliad, defnyddiodd yr arsylwyr y mesuriadau isod i gofnodi'r hyn yr oedd y plentyn yn ei wneud:

- *Ymosodedd corfforol dynwaredol: unrhyw weithred benodol a ddynwaredwyd.*
- *Ymosodedd geiriol dynwaredol: unrhyw ymadrodd a ddynwaredwyd, fel 'POW!'.*
- *Ymatebion llafar anymosodol a dynwaredol fel 'He keeps coming back for more'.*
- *Ymosodedd corfforol a llafar annynwaredol: cyfeiriwyd gweithredoedd ymosodol at deganau heblaw'r Bobo, er enghraifft, gan ddweud pethau nad oedd y model wedi'u dweud ac nad oedd y model a chwaraeodd â'r gwn wedi'u hamlygu.*

Dyna enghraifft o arbrawf sydd wedi defnyddio technegau arsylwi i fesur y DV.

GWAITH I CHI

Rhif 6.9

Gwneud arsylwadau

Gweithiwch gyda phartner a chymerwch eich tro i arsylwi'ch gilydd. Bydd y naill ohonoch chi'n Berson A a'r llall yn Berson B.

Dylai Person A fod â thasg sy'n anodd ei gwneud (e.e. ateb set o gwestiynau yn y llyfr hwn). Dylai Person B fod â thasg ddiflas i'w gwneud (e.e. copïo cwestiwn arholiad â llaw). Dylai'r naill a'r llall dreulio pum munud ar ei dasg/ei thasg tra bydd y llall yn ei (h)arsylwi a nodi unrhyw agwedd ar ymddygiad y partner.

ALLWCH CHI...?

Rhif **6.10**

Atebwch y cwestiynau isod am yr astudiaeth arsylwi uchod (gellid ateb rhai ohonyn nhw heb wneud yr astudiaeth).

1... Crynhowch eich arsylwadau. Gallech chi ddefnyddio graff neu ystadegyn disgrifiadol arall i'ch helpu.

2... Oedd yr arsylwadau'n rheoledig neu'n naturiolaidd?

3... Disgrifiwch **un neu ragor** o anawsterau a gawsoch chi.

4... Pa ffactorau afreoledig a allai effeithio ar eich darganfyddiadau? (Maen nhw'n ymwneud â dilysrwydd.)

5... Disgrifiwch **un** ffordd bosibl o ddelio â'r mater hwnnw o ddilysrwydd.

6... Enwch **un** casgliad y gellid ei dynnu o'r astudiaeth hon.

YMCHWIL DRWY ARSYLWI

Mewn astudiaeth arsylwi, arsylwir y cyfranwyr wrth iddyn nhw gyflawni'r ymddygiad sy'n cael ei astudio ac fe gofnodir yr arsylwadau.

- Wrth **arsylwi mewn sefyllfa naturiol**, caiff ymddygiad ei astudio mewn sefyllfa naturiol lle mae popeth wedi'i adael fel y mae fel rheol.
- Wrth **arsylwi'n rheoledig**, bydd yr ymchwilydd yn rheoli rhai o'r newidynnau. Bydd hynny'n lleihau 'naturioldeb' yr ymddygiad a astudir. Mae'r cyfranwyr yn debyg o wybod eu bod yn cael eu hastudio, ac fe ellir gwneud yr astudiaeth mewn labordy.
- Gellid hefyd ddefnyddio arsylwi mewn arbrawf. Os felly, bydd yr arsylwi'n dechneg ymchwil yn hytrach nag yn ddull ymchwil.

Efallai i chi feddwl ei bod hi'n hawdd arsylwi, ond os gwnaethoch chi'r dasg 'Gwaith i Chi' ar y chwith, dylech chi sylweddoli erbyn hyn ei bod yn anodd am ddau brif reswm:

- Mae'n anodd gwybod beth i'w gofnodi a beth i'w hepgor.
- Mae'n anodd cofnodi popeth sy'n digwydd, hyd yn oed os dewiswch chi beth i'w gofnodi a beth i'w hepgor.

Arsylwadau distrwythur

Er bod yr ymchwilydd yn cofnodi'r holl ymddygiad perthnasol, does ganddo/ganddi ddim system a hynny, mae'n debyg, am nad oes modd rhagweld rhyw lawer ar yr ymddygiad sydd i'w astudio.

Y broblem amlycaf ynghylch cofnodi arsylwadau distrwythur yw y gall fod gormod i'w gofnodi. Problem arall, yn aml, yw mai'r ymddygiadau a gofnodir fydd y rhai sy'n fwyaf gweladwy neu amlwg i'r arsylwr, ond fe all nad y rheiny yw'r ymddygiadau pwysicaf neu fwyaf perthnasol.

Arsylwadau strwythuredig (systematig)

Fel pob gwaith ymchwil, nod ymchwil-drwy-arsylwi yw ceisio bod yn wrthrychol ac yn drwyadl. Dyna pam y mae'n well defnyddio **technegau arsylwi**.

Bydd yr ymchwilydd yn defnyddio amrywiol 'systemau' i drefnu'r arsylwadau. Yn eu plith mae:

- **System godio** (*coding system*) i gofnodi'r ymddygiad sy'n cael ei arsylwi.
- **Trefniadau samplu** i benderfynu beth i'w arsylwi, a phryd.

Cewch eglurhad ohonyn nhw ar y dde.

Gwahaniaethau

- **Dull a thechneg** Mae pob ymchwil yn cynnwys gwneud arsylwadau. Mewn peth o'r ymchwil, y dull arsylwi yw'r un cyffredinol a rhoddir y pwyslais ar arsylwi rhan gymharol ddigyfyngiad (*unconstrained segment*) o ymddygiad y mae unigolyn wedi'i ddewis yn rhydd. Er hynny, defnyddir technegau arsylwi bron ym mhob astudiaeth, hyd yn oed mewn arbrofion.

- **Rheoledig ac mewn syfyllfa naturiolaidd** (*controlled and naturalistic*) Bydd y ddau fath o arsylwi'n defnyddio dulliau systematig i gofnodi arsylwadau, h.y. mae rheolaeth dros y ffordd y caiff yr arsylwadau eu gwneud. Dydy rheolaeth dros yr amgylchedd ond yn wir mewn arsylwi rheoledig – er enghraifft, gellir symud y sefyllfa o amgylchedd arferol y person neu fe ellir dewis rhai o'r eitemau yn yr amgylchedd yn fwriadol.

- **Cyfrannwr ac anghyfrannwr** Mewn llawer achos, y cyfan a wnaiff yr arsylwr yw gwylio ymddygiad pobl eraill, ac nid yw'n gyfrannwr. Mewn rhai astudiaethau, bydd yr arsylwyr hefyd yn cyfrannu, a gall hynny effeithio ar eu gwrthrychedd. Mae astudiaeth Rosenhan (gweler tudalen 122) yn enghraifft glasurol o arsylwi gan gyfrannwr.

- **Amlwg a chudd** Defnyddir drychau unffordd i rwystro'r cyfranwyr rhag gwybod eu bod yn cael eu harsylwi. Yr enw ar hynny yw **arsylwi cudd** (neu 'arsylwi sydd ddim yn cael ei ddatgelu'). Gan fod gwybod bod eich ymddygiad yn cael ei arsylwi yn debyg o newid eich ymddygiad, bydd arsylwyr yn aml yn ceisio bod mor anymwthiol â phosibl, ond mae goblygiadau moesegol i hynny.

- **Arsylwi mewn sefyllfa naturiol ac arbrofi naturiol** Mae'r naill a'r llall yn cynnwys newidynnau sy'n digwydd yn naturiol ac nad yw'r ymchwilydd wedi'u manipwleiddio, ond mewn **arbrawf naturiol** ceir **newidyn annibynnol (IV)** ac fe arsylwir ei effaith ar **newidyn dibynnol (DV)** er mwyn i ni dynnu casgliadau achosol cychwynnol. Wrth arsylwi mewn sefyllfa naturiol, does dim IV.

System godio

Mae'n anodd penderfynu sut y dylid categoreiddio ymddygiad gwahanol, a hynny am fod ein canfyddiad o ymddygiad yn aml yn ddi-dor: pan wyliwn ni rywun yn cyflawni gweithred benodol, fe welwn ni lif cyson o weithredu yn hytrach na chyfres o rannau ymddygiadol unigol.

I arsylwi'n systematig, mae angen i ni ddatgymalu'r llif hwnnw o ymddygiad yn *gategorïau ymddygiadol* gwahanol. Gwneir hynny drwy **weithredoli** – datgymalu'r ymddygiad yn set o gydrannau. Wrth arsylwi ymddygiad babanod, er enghraifft, gall fod gennych chi restr sy'n cynnwys pethau fel gwenu, crïo a chysgu ac ati neu, wrth arsylwi'r olwg ar wynebau, restr o wahanol edrychiadau, fel y dangosir ar y dde.

Mae defnyddio system godio yn golygu bod cod wedi'i greu i gynrychioli pob categori o ymddygiad. Gallai ymchwilwyr ddatblygu eu system eu hunain o gategorïau o ymddygiad, neu ddefnyddio rhywbeth y mae ymchwilwyr eraill wedi'i ddatblygu.

Y technegau samplu a ddefnyddir wrth arsylwi

Wrth arsylwi'n ddi-dor, dylai'r arsylwr gofnodi pob achos o'r ymddygiad mor fanwl â phosibl. Ond fydd hi ddim yn bosibl arsylwi'n ddi-dor mewn llawer sefyllfa am y byddai gormod o ddata i'w cofnodi. Rhaid, felly, wrth ddull systematig o **samplu** arsylwadau, fel hyn:

- **Samplu digwyddiad** Cyfrif faint o weithiau y bydd unigolyn neu unigolion targed yn amlygu ymddygiad penodol (digwyddiad).
- **Samplu dros amser** Cofnodi ymddygiadau bob hyn a hyn. Er enghraifft, nodi'r hyn y mae unigolyn targed yn ei wneud bob 30 eiliad. Bryd hynny, gall yr arsylwr roi tic wrth un neu ragor o gategorïau ar restr gyfeirio/system godio.

1... Mae grŵp o fyfyrwyr wedi penderfynu astudio ymddygiad myfyrwyr yn llyfrgell yr ysgol.
   a) Awgrymwch **un neu ragor** o ragdybiaethau y gallech chi ymchwilio iddyn nhw.
   b) Rhestrwch **bum** ymddygiad y gallech chi eu cynnwys mewn system godio.
   c) Nodwch drefn samplu addas ac eglurwch sut y byddech chi'n ei chyflawni.
   ch) Trafodwch **un** mater moesegol a allai godi yn yr ymchwil.
   d) Eglurwch ym mha ffordd y byddai hynny'n arsylwi mewn sefyllfa naturiol.
   dd) Yn yr astudiaeth hon, ydy arsylwi yn ddull neu'n dechneg?

2... Yn achos pob un o'r arsylwadau isod, dywedwch pa drefn samplu fyddai'n fwyaf priodol ac eglurwch sut y byddech chi'n ei chyflawni.
   a) Cofnodi achosion o ymddygiad ymosodol mewn plant sy'n chwarae ar faes chwarae ysgol.
   b) Lleisio (geiriau, synau) gan blant ifanc.
   c) Gollwng sbwriel mewn parc cyhoeddus.
   ch) Ymddygiad perchenogion cŵn wrth fynd â'u cŵn am dro.

Enghraifft o system godio

System Godio Gweithrediad yr Wyneb (Facial Action Coding System – FACS) ar gyfer arsylwi'r olwg ar wyneb (Ekman a Friesen, 1978). Mae Paul Ekman ac eraill wedi datblygu'r system godio isod i godio ymddygiadau dieiriau. Mae modd ei defnyddio i ymchwilio, er enghraifft, i'r olwg ar wynebau pobl pan fyddan nhw'n dweud celwydd.

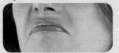

▲ Codi tu allan yr ael   ▲ Gostwng cornel y wefus

Gallwch chi weld lluniau o'r holl godau eraill yn:
www-2.cs.cmu.edu/afs/cs/project/face/www/facs.htm.

Cod	Disgrifiad	Cod	Disgrifiad
1	Codi tu mewn yr Aeliau	26	Gostwng yr Ên
2	Codi tu allan yr Aeliau	27	Estyn y Geg
4	Gostwng yr Aeliau	28	Sugno'r Gwefusau
5	Codi'r Amrant Uchaf	41	Gostwng yr Amrant
6	Codi'r Bochau	42	Meinhau'r Llygaid
7	Tynhau'r Amrannau	43	Cau'r Llygaid
9	Crychu'r Trwyn	44	Croesi'r Llygaid
10	Codi'r Wefus Uchaf	45	Cau'r Amrannau
11	Dyfnhau'r Trwyn a'r Gwefusau	46	Wincio
12	Tynnu Cornel y Gwefusau	51	Troi'r pen i'r chwith
13	Pwffian y Bochau	52	Troi'r pen i'r dde
14	Pantio	53	Codi'r pen
15	Gostwng Cornel y Gwefusau	54	Gostwng y pen
16	Gostwng y Wefus Isaf	55	Gogwyddo'r pen i'r chwith
17	Codi'r Ên	56	Gogwyddo'r pen i'r dde
18	Crychu'r Gwefusau	57	Y pen ymlaen
20	Ymestyn y Gwefusau	58	Y pen yn ôl
22	Crynhoi'r Gwefusau	61	Troi'r llygaid i'r chwith
23	Tynhau'r Gwefusau	62	Troi'r llygaid i'r dde
24	Gwasgu'r Gwefusau	63	Codi'r llygaid
25	Gwahanu'r Gwefusau	64	Gostwng y llygaid

Rhagor am arsylwadau

Fel yn achos pob dull ymchwil, mae i dechnegau a dulliau arsylwi eu manteision a'u hanfanteision. Mae'r prif bryderon yn ymwneud â **dilysrwydd** a **materion moesegol**, ynghyd â chysyniad newydd, sef **dibynadwyedd**.

DILYSRWYDD ARSYLWADAU

Dilysrwydd ecolegol (allanol)

Mae astudiaethau arsylwi yn debyg o fod â lefel uchel o **ddilysrwydd ecolegol** am eu bod yn cynnwys ymddygiadau mwy naturiol (ond cofiwch nad yw naturioldeb bob amser yn arwain at fwy o ddilysrwydd ecolegol).

Er hynny, gall **cynrychioldeb** (*representativeness*) fod yn broblem os nad arsylwir plant ond mewn cartrefi dosbarth-canol, er enghraifft, am na allwn ni gymhwyso darganfyddiadau o'r fath at blant o bob dosbarth.

Dilysrwydd mewnol

Fydd arsylwadau ddim yn ddilys os oes diffyg ar y **system godio**. Er enghraifft, gallai rhai arsylwadau berthyn i fwy nag un categori, neu efallai na fydd modd codio rhai ymddygiadau.

Effeithir hefyd ar ddilysrwydd arsylwadau gan **duedd yr arsylwr**, sef bod disgwyliadau'r arsylwr yn dylanwadu ar yr hyn y bydd yn ei arsylwi. Bydd hynny'n lleihau gwrthrychedd yr arsylwadau.

Delio â dilysrwydd

Gall ymchwilydd gynyddu dilysrwydd drwy wneud arsylwadau mewn amrywiaeth o sefyllfaoedd gydag amrywiaeth o gyfranwyr. Bydd hynny'n golygu bod modd cymhwyso'r darganfyddiadau'n helaethach at sefyllfaoedd eraill a phobl eraill.

Gall yr ymchwilydd hefyd ddefnyddio mwy nag un arsylwr i leihau tuedd yr arsylwr, a chyfartaleddu'r data ar draws yr arsylwyr (i ddileu unrhyw duedd ar draws y cyfan).

DIBYNADWYEDD ARSYLWADAU

Eglurir y cysyniad o ddibynadwyedd ar y tudalen gyferbyn. Mewn ymchwil-drwy-arsylwi, y peth pwysig yw y dylai unrhyw arsylwadau fod yn gyson. Os ydyn nhw'n gyson, bydden ni'n disgwyl i ddau arsylwr gynhyrchu'r un arsylwadau'n union. Yr enw ar hyd a lled cytundeb dau (a rhagor) o arsylwyr yw **dibynadwyedd rhwng arsylwyr** (*inter-observer reliability*).

Delio â dibynadwyedd

Mesurir dibynadwyedd rhwng arsylwyr drwy **gydberthyn** arsylwadau dau neu ragor o arsylwyr (fe drafodon ni gydberthyn ar dudalen 150). Dyma reol gyffredinol: os oes mwy nag 80% o gytundeb ynglŷn â'r arsylwadau, mae i'r data ddibynadwyedd rhwng arsylwyr:

$$\frac{\text{Cytundeb llwyr}}{\text{Cyfanswm yr arsylwadau}} > 80\%$$

I gynyddu dibynadwyedd, dylid hyfforddi arsylwyr i ddefnyddio system godio/rhestr wirio o ymddygiad. Dylen nhw ymarfer ei ddefnyddio, a thrafod eu harsylwadau. Yna, gall yr ymchwilydd wirio pa mor ddibynadwy yw eu harsylwadau.

MATERION MOESEGOL

Mewn astudiaethau lle caiff y cyfranwyr eu harsylwi heb yn wybod iddyn nhw, bydd cwestiynau'n codi ynghylch cael eu **cydsyniad gwybodus** (*informed consent*).

Gellid ystyried bod rhai arsylwadau'n ymyrryd â **phreifatrwydd**. Os felly, dylid parchu **cyfrinachedd** y cyfranwyr. Yn aml bydd defnyddio drychau unffordd yn golygu **twyllo**.

Mewn achosion o arsylwi lle mae'r cyfranwyr yn *gwybod* eu bod yn cael eu hastudio, mae cwestiynau tebyg yn dal i godi ym mhob un o'r astudiaethau hynny – fel cydsyniad ar sail gwybodaeth, **yr hawl i dynnu'n ôl** ac ati.

MANTEISION AC ANFANTEISION ARSYLWADAU

Manteision ☺	Anfanteision ☹
• Gan fod yr hyn y bydd pobl yn dweud eu bod yn ei wneud yn wahanol, yn aml, i'r hyn y byddan nhw'n ei wneud mewn gwirionedd, er enghraifft gallai arsylwadau fod yn fwy dilys na holiaduron.	• Am nad oes modd rheoli fawr o ddim ar **newidynnau allanol (EVs)**, gallai hynny olygu bod rhywbeth sy'n anhysbys i'r arsylwr fod yn rheswm dros yr ymddygiad a arsylwir.
• Am eu bod nhw'n rhoi darlun mwy realistig o ymddygiad digymell, mae iddyn nhw lefel uchel o ddilysrwydd ecolegol.	• Gallai'r arsylwr 'weld' yr hyn y mae'n disgwyl ei weld. 'Tuedd yr arsylwr' yw'r enw ar hynny. Gallai'r duedd honno olygu bod arsylwyr gwahanol yn 'gweld' pethau gwahanol, a bydd hynny'n arwain at lefel isel o ddibynadwyedd rhwng yr arsylwyr.
• Maen nhw'n cynnig ffordd o wneud ymchwiliadau rhagarweiniol mewn maes ymchwil newydd er mwyn llunio rhagdybiaethau ar gyfer ymchwiliadau yn y dyfodol.	• Os nad yw'r cyfranwyr yn gwybod eu bod nhw'n cael eu harsylwi, mae problemau moesegol yn codi, fel twyll ac ymyrryd â phreifatrwydd. Os yw cyfranwyr yn gwybod eu bod nhw'n cael eu harsylwi, gallen nhw newid eu hymddygiad.

DIBYNADWYEDD

Mae dibynadwyedd (*reliability*) yn ystyried pa mor gyson yw rhywbeth. Os defnyddiwch chi bren mesur i fesur uchder cadair heddiw a gwirio'r mesuriad hwnnw eto yfory, byddwch chi'n disgwyl i'r pren mesur fod yn ddibynadwy (yn gyson) a rhoi'r un mesuriad. Byddech chi'n meddwl bod unrhyw newid yn digwydd am fod dimensiynau'r gadair wedi newid mewn rhyw ffordd. Os oedd y newid yn deillio o ryw newid yn y pren mesur, fyddai hwnnw fawr o werth fel offeryn mesur – fyddai'r pren mesur ddim yn ddibynadwy nac yn gyson.

Rhaid i unrhyw erfyn a ddefnyddir i fesur rhywbeth fod yn ddibynadwy, e.e. prawf seicolegol sy'n asesu personoliaeth, neu gyfweliad ynghylch arferion yfed, neu arsylwadau dau arsylwr ar unigolyn sy'n darged.

Os yw'r 'erfyn' yn mesur yr un peth, dylai roi'r un canlyniad bob tro. Os yw'r canlyniad yn wahanol, bydd angen i ni fod yn siŵr mai'r peth (y gadair neu'r bersonoliaeth) sydd wedi newid neu sy'n wahanol, ac nid yr erfyn mesur.

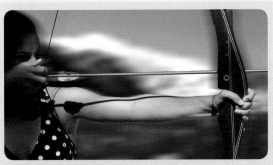

Dilysrwydd a dibynadwyedd

Mae saethwyr gwahanol yn cynhyrchu'r patrymau canlynol o saethau.

Dibynadwy, ond heb fod yn ddilys Heb fod yn ddibynadwy nac yn ddilys Dibynadwy a dilys

Ystyr bod yn ddibynadwy yw bod yn gyson, ond i fod yn ddilys rhaid taro'r targed (mae'n perthyn i'r hyn yr anelwch at ei wneud).

Bydd astudiaeth sy'n brin o ddibynadwyedd, felly, yn brin o ddilysrwydd. Er enghraifft, os yw arsylwr yn anghyson wrth gofnodi arsylwadau (e.e. yn cofnodi rhai arsylwadau pan nad oedd yn siŵr beth yr oedd yr unigolyn targed yn ei wneud), mae'r canlyniadau'n ddiystyr, h.y. yn brin o ddilysrwydd.

Ond fe allwch chi gael astudiaeth sy'n ddibynadwy ond heb fod yn ddilys. Er enghraifft, os bydd arsylwr yn defnyddio system godio nad yw'n drwyadl iawn, ac os yw'r unigolyn targed weithiau'n gwneud pethau nad oes modd eu cofnodi, gall yr arsylwadau fod yn berffaith ddibynadwy ond yn brin o ddilysrwydd am i'r rhestr wirio o'i (h)ymddygiad fod yn un wael.

ALLWCH CHI...?

Ar gyfer pob un o'r astudiaethau a ddisgrifir isod, atebwch y cwestiynau hyn:

1... Enwch **ddau** gategori o ymddygiad y gellid eu defnyddio i ddisgrifio ymddygiad yn yr astudiaeth hon.

2... Sut y byddech chi'n cofnodi'r data yn yr astudiaeth arsylwi hon?

3... Yn yr astudiaeth hon, ydy arsylwi yn ddull neu'n dechneg?

4... Amlinellwch **un** fantais ac **un** anfantais o ddefnyddio arsylwi yn yr astudiaeth hon.

5... Enwch **un** mater o ddibynadwyedd yn yr ymchwil hwn, a disgrifiwch sut y gallech chi ddelio â'r mater hwnnw.

6... Enwch **un** mater o ddilysrwydd yn yr ymchwil hwn, a disgrifiwch sut y gallech chi ddelio â'r mater hwnnw.

7... Trafodwch **un** mater moesegol sy'n codi yn yr ymchwil hwn.

Isod, cewch chi restr o astudiaethau arsylwi sydd i'w defnyddio ar y cyd â'r cwestiynau uchod.

Awgrym yr arholwr

Yn yr arholiad, cewch chi gwestiynau am ddibynadwyedd a dilysrwydd. Wrth ateb y cwestiynau, cofiwch fod rhaid i chi wneud pob un o'r pedwar peth a restrwyd ar dudalen 141 i gael y marciau llawn. Un marc yn unig a gaiff atebion cyffredinol nad ydyn nhw'n cyfeirio at yr ymchwil.

▸ **Astudiaeth A:** *Pa wahaniaethau sydd rhwng athro llwyddiannus ac un aflwyddiannus? Bydd grŵp o fyfyrwyr yn penderfynu arsylwi amrywiol athrawon tra byddan nhw wrthi'n addysgu.*

▸ **Astudiaeth B:** *Penderfynodd seicolegydd arsylwi ymddygiadau dieiriau dau berson a oedd yn sgwrsio. (Ymddygiadau dieiriau yw'r rhai nad ydyn nhw'n cynnwys iaith, fel gwenu, cyffwrdd, ac ati).*

▸ **Astudiaeth C:** *Dychmygwch eich bod chi'n awyddus i ymchwilio i dwyll rhyngbersonol i weld a oedd modd defnyddio'r olwg ar wyneb rhywun i ddweud a yw'n dweud celwydd neu beidio.*

GWAITH I CHI

Gwneud arsylwadau systematig

Mae'r system godio isod wedi'i haddasu o un a ddefnyddiwyd gan Fick (1993) mewn astudiaeth o effeithiau bod â chi ar natur ac amlder rhyngweithiadau cymdeithasol ymhlith preswylwyr cartref nyrsio. Gallwch chi ddefnyddio'r fersiwn byr ohoni isod i arsylwi myfyrwyr eraill mewn ystafell gyffredin neu ffreutur.

- *Ymddygiad an-astud (non-attentive behaviour – NAB):* dydy'r cyfrannwr ddim yn ymwneud â gweithgarwch grŵp yn gyson.
- *Gwrando'n astud (attentive listening – AL)* mae'r cyfrannwr yn edrych i lygaid aelodau eraill y grŵp yn gyson.
- *Rhyngweithio'n llafar (verbal interaction – VI)* â rhywun arall: mae'r cyfrannwr yn cychwyn neu'n ymateb ar lafar i rywun arall.
- *Rhyngweithio'n ddieiriau â rhywun arall (non-verbal interaction with another person – NVI):* mae'r cyfrannwr yn cyffwrdd â rhywun arall, yn gwneud arwyddion, yn gwenu, yn nodio ac ati.

1. Penderfynwch ar nodau'ch ymchwil. Fe allech chi, er enghraifft, gymharu rhyngweithiadau cymdeithasol yn y bore a'r prynhawn, neu'r gwahaniaethau rhwng bechgyn a merched, neu rhwng amgylcheddau gwahanol (e.e. yn y dosbarth ac yn y ffreutur).
2. Lluniwch grid i gofnodi'ch arsylwadau arno.
3. Penderfynwch ar drefn samplu.
4. Nodwch un mater o ddilysrwydd, a disgrifiwch sut y gallech chi ddelio â'r mater hwnnw.
5. Nodwch un mater o ddibynadwyedd, a disgrifiwch sut y gallech chi ddelio â'r mater hwnnw.
6. Ar ôl i chi arsylwi, defnyddiwch ystadegau disgrifiadol wrth gyflwyno'ch darganfyddiadau, a nodwch **un** casgliad y gellir ei dynnu.

Dulliau samplu

Wrth arsylwi, bydd ymchwilydd fel rheol yn defnyddio rhyw ddull samplu, fel y gwelson ni ar dudalen 153. Ond chaiff samplu ddim ei ddefnyddio mewn astudiaethau arsylwi yn unig – rhaid i ymchwilwyr wneud hyn ym mhob astudiaeth. Gan na fyddai hi'n bosibl gwneud arbrawf gyda'r holl blant ysgol ym Mhrydain, er enghraifft, byddem ni'n dewis **sampl** o'r **boblogaeth darged** honno.

Y ffordd mwyaf amlwg o wneud hynny yw defnyddio'r disgyblion sy'n digwydd bod gerllaw ar y pryd (**sampl cyfle**). Mae'n fwy na thebyg mai dyna'r dull rydych chi wedi bod yn ei ddefnyddio hyd yn hyn wrth wneud eich arbrofion eich hun. Bydd y mwyafrif o seicolegwyr yn defnyddio'r dull hwnnw neu **sampl hunanddewisedig**. Y dull 'delfrydol' yw **sampl ar hap** am mai hwnnw sydd â'r gogwydd lleiaf. Mewn holiaduron, y dull a ddefnyddir amlaf yw **samplu wedi'i haenu** a **samplu cwota**, a dyna hefyd y dull y bydd myfyrwyr, yn eithaf aml, yn awyddus i'w ddefnyddio i gael sampl gynrychioliadol.

▼ Mewn unrhyw astudiaeth ceir poblogaeth darged, sef y grŵp o unigolion y mae gan ymchwilydd ddiddordeb ynddo. Nod yr ymchwilydd yw defnyddio dull samplu i gael sampl gynrychioliadol o'r boblogaeth darged honno. Dylai'r sampl fod yn gynrychioliadol fel bod modd cyffredinoli am y boblogaeth darged ar sail y sampl.

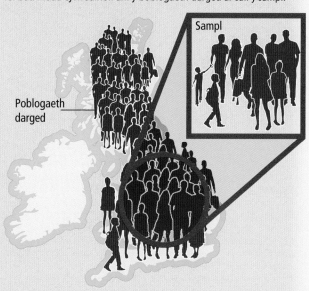

Sampl

Poblogaeth darged

*Dull o ddod o hyd i gyfranwyr yw dull samplu, NID pwy fydd yn cymryd rhan yn y pen draw. Pa ddull samplu bynnag a ddefnyddir, gallai rhai cyfranwyr wrthod cymryd rhan ac felly bydd gan yr ymchwilydd sampl â thuedd ynddi – sampl dim ond o'r rhai sy'n barod i gymryd rhan. Ond dydy hynny ddim yn gymwys yn y mwyafrif o **arbrofion maes** – os nad yw cyfranwyr yn gwybod eu bod yn cael eu hastudio, allan nhw ddim gwrthod.*

Nod pob dull samplu yw cynhyrchu sampl gynrychioliadol, ond mae'n anochel bod tuedd neu ogwydd iddo – ystyr 'tuedd' a 'gogwydd' yw bod y sampl wedi'i 'haflunio' mewn rhyw ffordd. Cewch chi bob math o duedd neu ogwydd fel: tuedd yr arbrofwr, tuedd y cyfwelwr, tuedd yr arsylwr, tuedd dymunoldeb cymdeithasol (social desirability bias), tuedd y sampl, tuedd y gwirfoddolwr.

TECHNEGAU SAMPLU

Sampl gyfle

Sut mae cael hon? Dewiswch y rhai sydd ar gael, e.e. gofynnwch i bobl sy'n cerdded heibio i chi yn y stryd.

+ Dyma'r dull hawsaf am eich bod chi ond yn defnyddio'r cyfranwyr cyntaf y cewch chi hyd iddyn nhw. Fe gymer hi lai o amser, felly, i chi ddod o hyd i'ch sampl nag os defnyddiwch chi un o'r technegau eraill.

− Mae gogwydd yn anochel am fod y sampl wedi'i thynnu o ran fach o'r boblogaeth darged. Petaech chi, er enghraifft, yn dewis eich sampl o'r bobl sy'n cerdded o amgylch canol tref ar fore Llun, go brin y byddai'n cynnwys pobl o gefn gwlad neu bobl broffesiynol (sydd wrthi'n gweithio).

Sampl hunanddewisedig (gwirfoddolwyr)

Sut mae cael hon? Hysbysebu mewn papur newydd neu ar hysbysfwrdd.

+ Cael gafael ar amrywiaeth o gyfranwyr (e.e. pawb sy'n darllen y papur newydd hwnnw). Byddai'r sampl, felly, yn fwy **cynrychioliadol** a byddai llai o ogwydd iddi.

− Mae gogwydd i'r sampl am fod y cyfranwyr yn debyg o fod yn uwch eu cymhelliant a/neu â rhagor o amser ar eu dwylo (= **tuedd y gwirfoddolwyr**).

Hapsampl

Sut mae cael hon? Gweler 'ar hap' ar y tudalen gyferbyn.

+ Gallai fod yn ddiduedd am fod gan bob aelod o'r boblogaeth darged yr un siawns o gael ei ddewis.

− Er hynny, gallai'r ymchwilydd fod â sampl â thuedd iddi yn y pen draw (e.e. mwy o fechgyn nag o ferched) am fod y sampl yn rhy fach (gweler y bocs 'Gwaith i Chi' cyntaf ar y tudalen gyferbyn).

Sampl systematig

Sut mae cael hon? Defnyddiwch system barod i ddewis y cyfranwyr, fel dewis pob 10fed person o'r llyfr ffôn.

+ Mae'n ddiduedd oherwydd dewis y cyfranwyr ar sail system wrthrychol.

− Nid yw'n hapsampl bur oni ddewiswch chi rif ar hap a chychwyn â'r person hwnnw ac yna ddewis pob 10fed person.

Samplu wedi'i haenu a samplu cwota

Sut mae cael rhain? Nodir is-grwpiau (neu haenau) mewn poblogaeth (e.e. bechgyn a merched, neu grwpiau oedran: 10–12 oed, 13–15, ac ati). Ceir cyfranwyr o bob haen mewn cyfrannedd â'u digwyddiad yn y boblogaeth darged. Fe'i dewisir ar hap (sampl wedi'i haenu) neu drwy ddull arall fel samplu cyfle (samplu cwota).

+ Mae'n fwy cynrychioliadol na sampl gyfle am fod yr un lefel o gynrychiolaeth i bob is-grŵp.

− Er bod y sampl yn cynrychioli is-grwpiau, gall pob cwota a gymerir fod â gogwydd mewn ffyrdd eraill. Os defnyddiwch chi samplu cyfle, er enghraifft, chewch chi ond cyrraedd rhai rhannau o'r boblogaeth darged.

Gallai samplu wedi'i haenu fod yn ddymunol os oes gan boblogaeth darged raniadau pwysig a allai effeithio ar ymatebion unigolyn. Petai ymchwilydd, er enghraifft, yn ymchwilio i hoffterau cerddorol myfyrwyr ysgol, gallai eu hoedran effeithio ar hynny. Petai'n holi Blwyddyn 7 yn unig, felly, byddai'r sampl yn gyfyngedig. O'r herwydd, bydd yn nodi grwpiau allweddol o bobl (neu haenau) er mwyn rhoi prawf ar sampl gynrychioliadol.

AR HAP

Ystyr 'ar hap' yw bod gan bob aelod o'r boblogaeth siawns cyfartal o gael ei (d)dewis. Y ffordd hawsaf o hapddewis yw tynnu rhifau neu enwau o het. Enw arall ar honno weithiau yw 'dull loteri'.

Hapdechneg (*random technique*) yw rhoi rhif i bob cyfrannwr ac yna ddefnyddio tabl o haprifau, neu hapswyddogaeth ar gyfrifiannell neu gyfrifiadur, i ddewis y cyfranwyr.

Dewisir ar hap i gael hapsampl o gyfranwyr, neu i **hapddyrannu** cyfranwyr i gyflyrau wrth ddefnyddio **cynllun grwpiau annibynnol**.

▲ Mae gan bob un o'r peli siawns cyfartal o gael ei thynnu, e.e. fe'i tynnir ar hap.

ALLWCH CHI...? (Rhif 6.13)

1... Egluro pam mae hi'n ddymunol cael sampl gynrychioliadol.

2... Egluro'r gwahaniaeth rhwng hapsampl a sampl systematig.

3... Egluro'r gwahaniaeth rhwng sampl gwota a sampl wedi'i haenu.

4... Dweud pa ddull samplu a ddefnyddir ym mhob un o'r astudiaethau isod.

   a) Roedd ar ymchwilydd awydd ystyried cof plant 5–11 oed. Cysylltodd â phrifathro'i ysgol gynradd leol a threfnu rhoi prawf ar y plant yn yr ysgol.

   b) Defnyddiodd adran mewn prifysgol holiadur i astudio defnydd pobl ifanc o ffonau symudol. Rhoddwyd yr holiadur i grŵp o fyfyrwyr mewn ysgol gyfun leol, a dewiswyd y grŵp hwnnw drwy roi enwau'r holl fyfyrwyr mewn bocs a thynnu 50 o enwau ohono.

   c) Penderfynodd grŵp o fyfyrwyr seicoleg gyfweld siopwyr mewn canolfan siopa leol am eu hagweddau at fynd ar ddeiet. Gwnaethon nhw'n siŵr eu bod yn dewis pobl o bob grŵp oedran yn y dref.

   ch) Gwnaeth dosbarth o fyfyrwyr seicoleg astudiaeth o'r cof. Rhoeson nhw hysbysiad ar hysbysfwrdd ystafell gyffredin y chweched dosbarth i ofyn am gyfranwyr a oedd ag awr i'w sbario.

   d) Astudiodd ymchwilydd gyniferydd deallusrwydd plant ysgolion cynradd drwy ddewis y pum enw cyntaf ar gofrestr pob dosbarth ym mhob ysgol yr ymwelodd ef â hi.

   dd) Defnyddiodd cwmni polau piniwn banel o bobl i ymgynghori â nhw ynglŷn â'u barn am faterion gwleidyddol. Fe nodon nhw amrywiol is-grwpiau yn y boblogaeth, ac yna ddewis aelodau o bob is-grŵp ar hap.

5... Yn achos pob un o'r astudiaethau uchod, nodwch **un** fantais ac **un** anfantais o ddefnyddio'r dull samplu hwnnw *yn yr astudiaeth benodol honno* (h.y. cyd-destunolwch eich ateb).

6... Gwneir astudiaeth ymchwil i gymharu gallu bechgyn a merched 5–12 oed i gofio geiriau. Rhoddir prawf ar eu cof drwy roi 30 o eiriau iddyn nhw eu cofio. Dyma'r canlyniadau:

	Bechgyn	Merched
Sgôr cymedrig	10.3 o eiriau	15.7 o eiriau
Amrediad	15 o eiriau	22 o eiriau

   a) Sut y byddech chi'n disgrifio'r boblogaeth darged?

   b) Awgrymwch ddull samplu addas.

   c) Disgrifiwch **un** anfantais o ddefnyddio'r dull hwnnw o ddewis.

   ch) Nodwch **un** mater o ddibynadwyedd yn yr ymchwil hwn, a disgrifiwch sut y gallech chi ddelio â'r mater hwnnw.

   d) Nodwch **un** mater o ddilysrwydd yn yr ymchwil hwn, a disgrifiwch sut y gallech chi ddelio â'r mater hwnnw.

   dd) Trafodwch **un** mater moesegol yn yr ymchwil hwn.

   e) Nodwch **un** casgliad y gellid ei dynnu o'r gwerthoedd cymedrig yn y tabl uchod.

   f) Nodwch **un** casgliad y gellid ei dynnu o'r ystod o ddata a ddangoswyd yn y tabl uchod.

GWAITH I CHI — Rhif 6.11

Faint o hap sydd i 'ar hap'?

Cymerwch 40 darn o bapur ac ysgrifennwch 20 o enwau bechgyn ac 20 o enwau merched, un yr un, ar bob slip. Rhowch nhw mewn het ac yna tynnwch allan 10 slip o bapur. Os yw'r dewis yn gynrychioliadol, fe ddylech chi, yn ddelfrydol, gael enwau pum bachgen a phum merch.

Rhowch y slipiau o bapur yn ôl a thynnwch allan 10 arall. Gwnewch hynny bedair gwaith ac yna ceisiwch dynnu sampl fwy allan, e.e. 20 slip o bapur. Cofnodwch bob tro faint o enwau bechgyn a merched a dynnwyd. Gallwch chi gofnodi eich canlyniadau yn y tabl hwn:

	Maint sampl 10				Maint sampl 20				Cyf.
	1	2	3	4	5	6	7	8	
Bechgyn									
Merched									

Y pwynt yw bod dewis ar hap, mewn egwyddor, yn arwain at sampl ddiduedd a chynrychioliadol, *ond rhaid i'r sampl fod yn ddigon mawr*. Ai dyna a welsoch chi? Beth sy'n digwydd os defnyddiwch chi dabl o haprifau, neu'r hapswyddogaeth (*random function*) ar eich cyfrifiannell, i wneud yr un dasg?

GWAITH I CHI — Rhif 6.12

Ydy pobl hŷn yn cysgu llai na phobl iau? Gwnewch arolwg drwy ofyn i bobl sawl awr wnaethon nhw gysgu neithiwr.

- Pa ddull samplu y byddai'n briodol ei ddefnyddio?
- Sut y gallwch chi gyflwyno'ch canlyniadau chi'n graffigol?
- Pa gasgliad(au) y gallwch chi ei dynnu/eu tynnu o'ch data/graff?

Holiaduron a chyfweliadau

Nod seicolegwyr yw cael gwybod am ymddygiad. Un ffordd o wneud hynny yw gwneud **arbrofion**, neu ddefnyddio dulliau anarbrofol fel **cydberthyniadau** ac **arsylwadau**. Dull neu dechneg anarbrofol arall yw holi pobl am eu profiadau a/neu eu daliadau. Dulliau *hunanadrodd* yw'r rheiny (am fod yr unigolyn yn sôn am yr hyn y mae'n ei feddwl neu'n ei deimlo), ac maen nhw'n cynnwys holiaduron a chyfweliadau. Gellir rhoi **holiadur** i unigolyn ar bapur neu ei gyflwyno yn y fan a'r lle (wyneb yn wyneb neu dros y ffôn). Os felly, yr enw arno yw **cyfweliad**.

Gall holiadur neu gyfweliad fod yn ddull ymchwil neu'n dechneg ymchwil. Er enghraifft:

- Gallai astudiaeth geisio cael gwybod am ymarferion smygu pobl ifanc. Byddai'r ymchwilydd yn cynllunio holiadur i gasglu data am yr hyn y bydd pobl yn ei wneud, a pham. Yn yr achos hwn, yr holiadur yw'r dull ymchwil.
- Gallai astudiaeth geisio gweld a oes gan y plant sydd wedi cael rhaglen addysgol wrth-smygu agweddau gwahanol at smygu i blant sydd heb gael rhaglen o'r fath. Byddai'r ymchwilydd yn defnyddio holiadur i gasglu data am eu hagweddau, ond byddai'r dadansoddiad yn golygu cymharu dau grŵp o blant – astudiaeth arbrofol sy'n defnyddio holiadur yn dechneg ymchwil i asesu'r **newidyn dibynnol (DV)**.

GWAITH I CHI

Rhif 6.13

Cynllunio a defnyddio'ch holiadur eich hun

Dewiswch bwnc addas, e.e. 'Dulliau o adolygu at arholiad', 'Y mannau lle bydd pobl yn mynd i gael noson dda', 'Pam y bydd pobl yn dewis astudio seicoleg?' neu 'Pa mor emosiynol ydych chi?'. Dewis arall yw pwnc sy'n ymwneud â'ch astudiaethau, fel holiadur ar ufuddhau mewn sefyllfaoedd bob-dydd.

1. Camau i'w cymryd wrth gynllunio'r holiadur.
   a) Lluniwch y cwestiynau. Cadwch yr holiadur yn fyr, sef rhwng 5 a 10 o gwestiynau. Cofiwch gynnwys cwestiynau agored a chaeedig.
   b) Ystyriwch faterion moesegol a sut mae delio â nhw.
   c) Defnyddiwch gyfarwyddiadau safonedig wrth lunio'r holiadur.
   ch) Rhagbrofwch yr holiadur.
   d) Penderfynwch ar dechneg samplu.
2. Gweinyddwch yr holiadur.
3. Dadansoddwch y data. Dewiswch ychydig o'r cwestiynau i'w dadansoddi. I gyfleu'r data meintiol, gallwch chi ddefnyddio siart bar. I gyfleu'r data ansoddol, gallwch chi ganfod rhai tueddiadau yn yr atebion i'r cwestiynau penagored a llunio crynodeb ohonyn nhw.
4. Lluniwch yr adroddiad.

1. HOLIADURON

Set o gwestiynau yw holiadur. Mae wedi'i gynllunio i gasglu gwybodaeth am bwnc neu bynciau. Dyma ddau gryfder mawr holiaduron:

1. Gallwch chi gasglu'r un wybodaeth oddi wrth nifer fawr o bobl yn gymharol hawdd (ar ôl i chi gynllunio'r holiadur – proses dipyn mwy trafferthus).
2. Gallwch chi gael gwybod yr hyn y mae pobl yn ei feddwl. Bydd arsylwadau ac arbrofion yn dibynnu ar 'ddyfalu' yr hyn y mae pobl yn ei feddwl ac yn ei deimlo ar sail eu hymddygiad, ond o ddefnyddio holiadur gallwch chi holi pobl yn uniongyrchol. Mater arall yw a fyddan nhw'n rhoi, neu a allan nhw roi, atebion sy'n hollol wir.

Cwestiynau agored a chaeedig

Os holwch 'Beth rydych chi'n ei hoffi fwyaf am eich swydd?' neu 'Beth sy'n gwneud i chi deimlo dan straen yn y gwaith?', efallai y cewch chi 50 o atebion gwahanol gan 50 o bobl. **Cwestiynau agored** yw'r rheiny a'r duedd yw iddyn nhw arwain at **ddata ansoddol**.

Dewis arall yw i ymchwilydd ofyn **cwestiynau caeedig** sydd ag ystod gyfyngedig o atebion iddyn nhw – er enghraifft, holi am oedran yr unigolyn neu restru 10 o bethau y bydd pobl fel rheol yn eu hoffi am eu gwaith a gofyn i'r ymatebwyr ddewis dau ohonyn nhw.

Cwestiynau caeedig

+ Maen nhw'n arwain at **ddata meintiol**, sy'n haws eu dadansoddi.
− Gall yr ymatebwyr gael eu gorfodi i ddewis atebion nad ydyn nhw'n cynrychioli eu meddyliau neu eu hymddygiad go-iawn.

Cwestiynau agored

+ Am eu bod nhw'n gallu arwain at atebion annisgwyl a llawer o fanylion, gallan nhw fod yn ffordd i ymchwilwyr gael dirnadaethau newydd.
− Am y gall fod amrywiaeth mawr o atebion gwahanol, mae'n anoddach crynhoi'r atebion. Bydd hynny'n ei gwneud hi'n anodd tynnu casgliadau.

Enghreifftiau o gwestiynau agored

1 Pa ffactorau sy'n cyfrannu at wneud eich gwaith yn straenus?
2 Sut y byddwch chi'n teimlo pan fyddwch chi dan straen?

Enghreifftiau o gwestiynau caeedig

1 Pa un neu rai o'r isod sy'n gwneud i chi deimlo dan straen? (Rhowch tic wrth gynifer o'r atebion ag y dymunwch.)

☐ Sŵn yn y gwaith   ☐ Diffyg rheolaeth
☐ Gormod i'w wneud   ☐ Cydweithwyr
☐ Dim boddhad o'r gwaith

2 Faint o oriau'r wythnos y byddwch chi'n gweithio?

☐ Dim   ☐ Rhwng 11 a 20 awr
☐ Rhwng awr a 10 awr
☐ Mwy nag 20 awr

3 Graddfa Likert
Mae gwaith yn straen:
☐ Cytuno'n gryf ☐ Cytuno ☐ Ddim yn siŵr
☐ Anghytuno ☐ Anghytuno'n gryf

4 Graddfa eich barn
Faint o straen rydych chi'n ei deimlo? (Rhowch gylch o gwmpas y rhif sy'n disgrifio'ch teimladau chi orau.)

Yn y gwaith:
Llawer o straen 5 4 3 2 1 Dim straen o gwbl
Gartref:
Llawer o straen 5 4 3 2 1 Dim straen o gwbl
Wrth deithio i'r gwaith:
Llawer o straen 5 4 3 2 1 Dim straen o gwbl

5 Cwestiwn sy'n gorfodi dewis
Dewiswch un ateb
A Y pechod cymdeithasol gwaethaf yw bod yn ddigywilydd
B Y pechod cymdeithasol gwaethaf yw diflasu pobl eraill

1... Yn eich barn chi, oedd cyfweliadau Kohlberg a Gilligan (isod) yn strwythuredig, yn ddistrwythur neu'n lled-strwythuredig (h.y. yn gymysgedd o'r ymagwedd strwythuredig a distrwythur)? Eglurwch eich ateb.

2... Yn yr enghreifftiau isod o gyfweliadau, chwiliwch am enghraifft o gwestiwn caeedig ac enghraifft o gwestiwn agored.

3... Ar dudalen 150, fe egluron ni'r termau 'meintiol' ac 'ansoddol'. Yn y cyfweliadau isod, chwiliwch am enghraifft (nid yr un un ag ar gyfer cwestiwn 2) o gwestiwn a fyddai'n arwain at ddata meintiol ac un a fyddai'n arwain at ddata ansoddol.

4... Cynlluniodd myfyriwr seicoleg holiadur ynghylch agweddau at fwyta. Dyma rai cwestiynau o'r holiadur:

> i) Fyddwch chi'n mynd ar ddeiet? Bob amser Weithiau Byth (Rhowch gylch o gwmpas eich ateb)
>
> ii) Ydych chi'n meddwl bod mynd ar ddeiet yn syniad gwael?
>
> iii) Eglurwch eich ateb i (ii).

Yn achos pob cwestiwn (i-iii uchod):

a) Dywedwch a yw'n gwestiwn agored neu gaeedig.

b) Dywedwch a fyddai'r cwestiwn yn arwain at ddata meintiol neu ansoddol.

c) Enwch **un** anfantais o'r math hwnnw o gwestiwn.

ch) Awgrymwch **un** fantais o'r math hwnnw o gwestiwn.

d) Lluniwch **un** cwestiwn pellach – sy'n berthnasol i bwnc agweddau at fwyta – a fyddai'n arwain at ddata meintiol, ac un a fyddai'n arwain at ddata ansoddol.

2. CYFWELIADAU

Gall fod strwythur, neu ddim strwythur, i gyfweliad.

- Mewn **cyfweliad strwythuredig** penderfynir ar y cwestiynau ymlaen llaw, h.y. fydd yr holiadur a ddefnyddir wyneb-yn-wyneb ddim yn gwyro o gwbl oddi wrth y cwestiynau gwreiddiol.
- Mae i **gyfweliad distrwythur** lai o strwythur! Fe ddatblygwch chi gwestiynau newydd wrth i chi fynd yn eich blaen.

Mae'r ymagwedd led-strwythuredig yn cyfuno cyfweliadau strwythuredig a distrwythur, tebyg i'r ffordd y gallai'ch meddyg eich holi chi pan fyddwch chi'n sâl. Bydd yn gofyn rhai cwestiynau parod i ddechrau ond yn datblygu'r cwestiynau pellach ar sail eich atebion. Dyna pam y caiff yr ymagwedd led-strwythuredig hefyd ei galw'n **gyfweliad clinigol.**

ENGHREIFFTIAU O GYFWELIADAU

Cynhaliodd Lawrence Kohlberg (1978) gyfweliadau gyda bechgyn am eu barn foesol er mwyn ymchwilio i ddatblygiad dealltwriaeth foesol. Cyflwynodd y cyfwelwyr sefyllfa ddychmygol i'r bechgyn ac yna'u holi, fel y ddilema foesol hon:

Yn Ewrop, roedd gwraig ar fin marw o fath prin iawn o ganser. Ym marn y meddygon, gallai un cyffur ei harbed, sef ffurf ar radiwm yr oedd drygist yn yr un dref wedi'i ddarganfod yn ddiweddar. Roedd y cyffur yn ddrud i'w wneud, ond roedd y drygist yn codi 10 gwaith cost gwneud y cyffur. Talai $400 am y radiwm a chodi $4000 am ddos bach ohono. Aeth Heinz, gŵr y wraig sâl, at bawb o'i gydnabod i geisio cael benthyg yr arian, ond allai ef ddim casglu mwy na rhyw $2000 (sef hanner y swm). Dywedodd wrth y drygist fod ei wraig yn marw a gofynnodd iddo'i werthu'n rhatach neu adael iddo dalu'n ddiweddarach. Ond meddai'r drygist: 'Dim o gwbl. Fi ddarganfyddodd y cyffur ac rwy'n mynd i wneud arian ohono.' Yn ei ofid, torrodd Heinz i mewn i siop y dyn a dwyn y cyffur i'w roi i'w wraig.

- Ddylai Heinz ddwyn y cyffur?
- Pam – neu pam lai?
- Os yw'r cyfwelai (yr un sy'n cael ei gyfweld) o blaid dwyn i gychwyn, holwch: 'Os nad yw Heinz yn caru ei wraig, a ddylai ddwyn y cyffur er ei mwyn hi?'

- Os yw'r cyfwelai o blaid peidio â dwyn i gychwyn, holwch: 'Ydy hi'n gwneud gwahaniaeth ydy e'n caru ei wraig neu beidio?'
- Pam – neu pam lai?
- Os dieithryn, ac nid ei wraig, yw'r sawl sy'n marw, a ddylai Heinz ddwyn y cyffur er mwyn y dieithryn?
- Pam – neu pam lai?

Ymchwiliodd Carol Gilligan hefyd i egwyddorion moesol. Mewn un astudiaeth (Gilligan ac Attanucci, 1988), gofynnwyd set o gwestiynau i'r cyfranwyr am eu profiadau eu hunain o wrthdaro moesol a dewis.

- Ydych chi erioed wedi bod mewn sefyllfa o wrthdaro moesol lle bu'n rhaid i chi benderfynu, ond nad oeddech chi'n siŵr beth oedd y peth iawn i'w wneud?
- Allech chi ddisgrifio'r sefyllfa?
- Pa wrthdaro oedd yn codi i chi yn y sefyllfa honno?
- Beth wnaethoch chi?
- Ydych chi'n credu mai dyna oedd y peth iawn i'w wneud?
- Sut wyddoch chi?

Gofynnodd y cyfwelydd gwestiynau eraill fel 'Unrhyw beth arall?' i annog y cyfranwyr i ymhelaethu ar eu hymatebion a sôn yn gliriach amdanyn nhw. Canolbwyntiwyd yn arbennig ar ofyn i'r cyfranwyr egluro ystyron y geiriau y gwnaethon nhw eu defnyddio.

GWAITH I CHI

Rhif 6.14

Rhowch gynnig ar gynnal eich cyfweliad eich hun

Rhowch gynnig ar y cyfweliadau moesol gyda phartner yn y dosbarth. Cymerwch eich tro i fod yn gyfwelwr ac yn gyfwelai yn y ddau fath o gyfweliad. Trafodwch:

- Yr hyn y gwnaethoch chi ei ddarganfod.
- Y gwahaniaethau yn y wybodaeth a gafwyd.
- Pa gwestiynau a weithiodd orau, a pham.
- Pa mor onest oeddech chi, a pham.

Rhagor am holiaduron a chyfweliadau

Mae i ddefnyddio **holiaduron** a **chyfweliadau** ei fanteision a'i anfanteision. Mae'r prif ystyriaethau'n ymwneud â **dilysrwydd, dibynadwyedd** a **materion moesegol.**

DILYSRWYDD

Dilysrwydd ecolegol (allanol)

I fesur **dilysrwydd allanol** holiaduron a chyfweliadau, rhaid gofyn i ba raddau y gellir cymhwyso'r darganfyddiadau'n gyffredinol at sefyllfaoedd eraill a phobl eraill. Ffactor o bwys fydd **cynrychioldeb** y sampl a ddefnyddiwyd i gasglu data. Er enghraifft, os na ddefnyddiwyd holiadur ond i gasglu data am siopwyr ar fore diwrnod gwaith yn Llundain, fyddai hi ddim yn rhesymol cymhwyso'r data hynny'n gyffredinol at bawb ym Mhrydain.

Dilysrwydd mewnol

Mae **dilysrwydd mewnol** technegau hunanadrodd yn gysylltiedig â'r cwestiwn a yw'r holiadur neu'r cyfweliad (neu brawf seicolegol fel prawf cyniferydd deallusrwydd neu brawf personoliaeth) yn mesur, mewn gwirionedd, yr hyn y bwriedir iddo'i fesur.

Mae dwy brif ffynhonnell o ogwydd mewn holiaduron/cyfweliadau. Yn gyntaf, gellid geirio'r cwestiynau mewn ffordd sy'n 'arwain' yr ymatebydd i fod yn debycach o roi ateb penodol. Yr enw ar hynny yw **cwestiwn arweiniol** (fel y trafodwyd yn astudiaeth Loftus a Palmer, gweler tudalen 92).

Yr ail ffynhonnell o ogwydd yw **tuedd dymunolrwydd cymdeithasol** (*social desirability bias*). Mae'n well gan ymatebwyr ddewis atebion sy'n eu portreadu eu hunain mewn ffordd fwy cadarnhaol nag atebion sy'n cyfleu'r gwir.

Mae'r ddwy broblem hynny'n arwain at ddiffyg dilysrwydd.

Delio â dilysrwydd allanol

Gellir delio â dilysrwydd allanol drwy ddefnyddio dull **samplu** mwy priodol i gynyddu'r **gallu i gymhwyso'n gyffredinol**. Techneg boblogaidd a ddefnyddir gyda holiaduron, er enghraifft, yw **samplu cwota** (gweler tudalen 156). Nod y dechneg yw darparu sampl gwbl gynrychioliadol.

Delio â dilysrwydd mewnol

I asesu a yw holiadur/cyfweliad/prawf yn mesur yr hyn y bwriedir iddo'i fesur, gallwn ni ddefnyddio un o'r dulliau a ddisgrifiwyd ar dudalen 140, fel y rhain:

- Gellir sefydlu **dilysrwydd cydamserol** (*concurrent validity*) drwy gymharu'r holiadur neu'r prawf cyfredol â phrawf a gynhaliwyd eisoes ynglŷn â'r un pwnc. Bydd y cyfranwyr yn cymryd y ddau brawf ac yna caiff sgorau'r ddau brawf eu cymharu.
- **Dilysrwydd y cynnwys**: Ydy'r prawf yn *edrych* fel petai'n mesur yr hyn y bwriadai'r ymchwilydd ei fesur? Er enghraifft, oes gan y cwestiynau berthynas amlwg â'r pwnc? Gellid gofyn i arbenigwr(aig) farnu hynny.

Os yw un neu ragor o'r mesurau o ddilysrwydd mewnol yn isel, bydd angen diwygio'r eitemau ar yr holiadur/cyfweliad/prawf i sicrhau gwell cyplysu rhwng y sgorau yn y prawf newydd a'r hen un.

Cwestiynau arweiniol Gellir dod o hyd i'r rhain drwy wneud **astudiaeth beilot**. Gellir holi grŵp bach o bobl i roi prawf ar y cwestiynau ac yna fireinio'r cwestiynau mewn ymateb i unrhyw drafferth a fydd wedi codi.

Tuedd dymunolrwydd cymdeithasol Gellir asesu hwn drwy ddefnyddio **graddfa dweud celwydd**. Ychwanegir amryw o gwestiynau at yr holiadur/cyfweliad/prawf i 'ganfod y gwir' – dylai rhywun sy'n dweud y gwir roi ateb rhagweladwy. Er enghraifft, yr ateb geirwir i'r cwestiwn 'Ydych chi bob amser yn hapus?' yw 'nac ydw', ond gallai rhywun sy'n dymuno'i gyflwyno'i hun yn gadarnhaol gael ei demtio i ateb 'ydw'. Gallai ymatebwyr sy'n dweud celwydd wrth ateb cyfran fawr o eitemau o'r fath beidio â rhoi atebion geirwir ar weddill yr holiadur.

DIBYNADWYEDD

Mae **dibynadwyedd** (*reliability*) yn cyfeirio at gysondeb rhywbeth (gweler tudalen 155). Mae **dibynadwyedd mewnol** yn fesur o hyd a lled cysondeb rhywbeth ag ef ei hun. Er enghraifft, dylai'r holl gwestiynau mewn prawf ar gyniferydd deallusrwydd (sy'n fath o holiadur) fod yn mesur yr un peth. Gall hynny beidio â bod yn berthnasol i bob holiadur am nad yw cysondeb mewnol bob amser yn bwysig. Er enghraifft, gallai holiadur ynghylch cael profiad o ofn ystyried llawer o agweddau gwahanol ar fod yn ofnus.

Mae **dibynadwyedd allanol** yn fesur o gysondeb dros sawl achlysur gwahanol. Petai cyfwelwr yn cynnal cyfweliad, er enghraifft, ac yna'n cynnal yr un cyfweliad â'r un cyfwelai wythnos yn ddiweddarach, dylai'r canlyniad fod yr un peth – fel arall, dydy'r cyfweliad ddim yn ddibynadwy.

Mae dibynadwyedd hefyd yn ymwneud â'r cwestiwn a yw dau gyfwelydd yn dod i'r un canlyniad. Yr enw ar hynny yw **dibynadwyedd rhwng cyfwelwyr** (*inter-interviewer reliability*).

MANTEISION AC ANFANTEISION HOLIADURON A CHYFWELIADAU

	Manteision ☺
Holiaduron *Bydd yr ymatebwyr yn cofnodi eu hatebion eu hunain*	• Gellir ei ail-wneud yn hwylus fel bod modd casglu data oddi wrth nifer fawr o bobl yn gymharol rad a chyflym. • Gallai'r ymatebwyr deimlo'n barotach i ddatgelu gwybodaeth bersonol/ gyfrinachol nag mewn cyfweliad.
Cyfweliad strwythuredig *Cwestiynau y penderfynwyd arnyn nhw ymlaen llaw*	• Gellir ei ailgynnal yn rhwydd am fod y cwestiynau wedi'u safoni. • Mae angen llai o fedrusrwydd cyfweld nag mewn cyfweliadau distrwythur. • Mae'n haws ei ddadansoddi na chyfweliadau distrwythur am ei bod hi'n haws rhagweld yr atebion.
Cyfweliad distrwythur *Bydd y cyfwelydd yn datblygu cwestiynau ar sail atebion yr ymatebydd*	• Fel rheol, gellir cael gwybodaeth fanylach gan bob ymatebydd nag mewn cyfweliad strwythuredig. • Gellir cael gwybodaeth y gallai cwestiynau y penderfynwyd arnyn nhw ymlaen llaw beidio â bod wedi'i datgelu.

MATERION MOESEGOL

Delio â dibynadwyedd

Dibynadwyedd mewnol	**Dull hollt dau hanner** Caiff grŵp o gyfranwyr brawf unwaith. Caiff atebion y cyfranwyr i gwestiynau'r prawf eu rhannu'n ddau hanner, a hynny, er enghraifft, drwy gymharu'r holl atebion i'r cwestiynau odrif â'r holl atebion i gwestiynau eilrif. Dylai sgorau'r unigolyn ar ddau hanner y prawf fod yn debyg iawn. Gellir cymharu'r ddau sgôr drwy gyfrifo **cyfernod cydberthyniad** (gweler tudalen 148).
Dibynadwyedd allanol	**Dull prawf-ailbrawf** Caiff grŵp o gyfranwyr brawf, holiadur neu gyfweliad unwaith ac yna rywbryd eto (ar ôl i'r cyfranwyr gael cyfle i'w anghofio). Gellir cymharu'r atebion ac fe ddylen nhw fod yr un peth. Os yw'r profion yn cynhyrchu sgorau, gellir eu cymharu drwy gyfrifo cyfernod cydberthyniad. Sylwch fod rhaid rhoi'r prawf i'r un person ar y ddau achlysur gwahanol.

Awgrym yr arholwr

Yn yr arholiad, bydd cwestiynau am ddibynadwyedd, dilysrwydd a materion moesegol. Wrth ateb y cwestiynau hynny, cofiwch fod rhaid i chi wneud y pethau a restrwyd ar dudalennau 141 ac 143 i gael y marciau llawn. Un marc yn unig a gaiff atebion cyffredinol nad ydyn nhw'n cysylltu â'r ymchwil.

- **Twyllo** Weithiau, gallai fod angen cuddio gwir nodau'r ymchwil er mwyn casglu data geirwir.
- **Niwed seicolegol** Gall rhai cwestiynau, arwain at bynciau sensitif, a fyddai'n creu gofid i ymatebwyr.
- **Preifatrwydd** Gallai'r cwestiynau ymwneud â materion sensitif a phersonol ac ymyrryd â phreifatrwydd yr unigolyn.
- **Cyfrinachedd** Rhaid parchu hwn; ni ddylid storio na datgelu enwau a manylion personol heb gael caniatâd.

ALLWCH CHI...?   Rhif **6.15**

1... Hoffai grŵp o fyfyrwyr astudio defnydd pobl 14–18 oed o ffonau symudol. Pam y gallai cynnal cyfweliad fod yn well na defnyddio holiadur?

2... Dychmygwch, yn lle hynny, fod y myfyrwyr yn awyddus i gael gwybod am arferion o ran cymryd cyffuriau. Pam y gallai hi fod yn well defnyddio holiadur na chynnal cyfweliad?

3... Yn achos y naill a'r llall o'r astudiaethau uchod:

a) Amlinellwch **un** fantais ac **un** anfantais o ddefnyddio holiadur/cyfweliad yn yr ymchwil.

b) Enwch **un** mater o ddibynadwyedd yn yr ymchwil a disgrifiwch sut y byddech chi'n delio ag ef.

c) Enwch **un** mater o ddilysrwydd yn yr ymchwil a disgrifiwch sut y byddech chi'n delio ag ef.

ch) Trafodwch **un** mater moesegol a allai godi yn yr ymchwil.

Anfanteision ☹

- Gallai'r atebion beidio â bod yn eirwir – er enghraifft, oherwydd cwestiynau arweiniol a thuedd dymunolrwydd cymdeithasol.
- Gallai fod gogwydd i'r sampl am mai mathau penodol yn unig o bobl sy'n llenwi holiaduron – unigolion llythrennog sydd hefyd yn fodlon treulio'u hamser yn llenwi holiadur ac yn ei ddychwelyd.
- Gallai disgwyliadau'r cyfwelydd ddylanwadu ar yr atebion y mae'r cyfwelai'n eu rhoi (**tuedd y cyfwelydd**).
- Gellid effeithio ar ei ddibynadwyedd os yw'r cyfwelydd yn ymddwyn yn wahanol ar adegau gwahanol, neu gyfwelwyr gwahanol yn gofyn cwestiynau gwahanol (lefel isel o ddibynadwyedd rhwng y cyfwelwyr).
- Effeithir yn fwy arno gan duedd y cyfwelydd nag sy'n digwydd mewn cyfweliadau strwythuredig am fod y cyfwelydd mewn cyfweliad distrwythur yn datblygu cwestiynau newydd yn y fan a'r lle, a gallai'r rheiny fod yn llai gwrthrychol.
- Rhaid wrth gyfwelwyr sydd wedi'u hyfforddi'n dda, ac mae hynny'n golygu ei bod hi'n ddrutach cynhyrchu cyfweliadau dibynadwy na chyfweliadau strwythuredig nad oes rhaid wrth gyfwelwyr arbenigol i'w cynnal.

Awgrym yr arholwr

Wrth gyflwyno mantais neu anfantais, bydd myfyrwyr yn aml yn ysgrifennu rhywbeth fel 'Mantais holiadur yw y gallwch chi gasglu llawer o ddata'. Y broblem yw nad ydy ystyr 'llawer o ddata' yn glir. O'i gymharu â beth? Yn wir, gallwch chi hefyd gasglu llawer o ddata mewn arbrawf neu gyfweliad.

- *Mae angen i chi roi manylion clir. (Beth yw 'llawer o ddata'? Pam y mae 'llawer o ddata'?)*
- *Mae angen i chi gynnig cymhariaeth. (O'i gymharu â beth? e.e. o'i gymharu â chyfweliad.)*

Byddai ateb da yn dweud 'Mantais holiadur yw y gallwch chi gasglu data oddi wrth fwy o bobl nag y byddech chi drwy ddefnyddio'r dull cyfweld. Fe gewch chi, felly, ystod fawr o ddata i'w dadansoddi.'
Rhaid hefyd, wrth gwrs, gyd-destunoli'r ateb hwnnw.

GWAITH I CHI   Rhif 6.15

Pa mor fentrus ydych chi?

Atebwch YDW neu NAC YDW i'r cwestiynau isod.

1. Ydych chi'n cael eich dychryn gan *roller coaster*?
2. Ydych chi'n ofni hedfan?
3. Ydy hi'n well gennych chi ddarllen llyfr da na chwarae gêm cyfrifiadur?
4. Ydy hi'n well gennych chi aros i mewn na mynd allan?
5. Ydych chi erioed wedi dweud celwydd wrth eich rhieni?
6. Ydych chi'n defnyddio'r we bob dydd?
7. Ydych chi'n trefnu'ch crynoddisgiau yn nhrefn yr wyddor?
8. Ydych chi erioed wedi chwarae 'gwir neu fentro'?
9. Ydych chi'n rhy swil i ddweud wrth bobl yr hyn rydych chi'n ei feddwl go-iawn?
10. Ydych chi'n casáu ateb cwestiynau yn y dosbarth?

Os ydych chi wedi ateb 'Ydw' i fwy na phump o'r cwestiynau yn yr holiadur uchod, dydech chi ddim yn berson anturus.

- Rhowch gynnig ar asesu dibynadwyedd mewnol ac allanol yr holiadur uchod, yn ogystal â dilysrwydd ei gynnwys.
- I asesu ei ddilysrwydd cydamserol, gallwch chi gymharu'r canlyniad â phrawf seicolegol sefydledig. Er enghraifft, bydd seicolegwyr yn defnyddio graddfa Zuckerman (1994) i fesur yr awch am synwyriadau (*sensation seeking scale*). Gallwch chi gymryd y prawf a chael eich sgôr yn: www.bbc.co.uk/science/humanbody/mind/surveys/sensation/).
- Ail-luniwch y cwis yng ngoleuni eich beirniadaeth.

Dulliau ymchwil eraill

Bydd seicolegwyr yn defnyddio nifer o ddulliau gwahanol yn eu hymchwil. Ar y ddau ddudalen hyn fe edrychwn ni ar ddau ddull arall, ond ceir llawer o rai eraill na chân nhw ddim sylw yn y bennod hon, fel **astudiaethau trawsddiwylliannol** (sy'n cymharu ymddygiad mewn sefyllfaoedd diwylliannol gwahanol), **astudiaethau hydredol** (lle caiff pobl eu dilyn am gyfnod maith i weld sut maen nhw'n datblygu) neu eu **metaddadansoddi** (lle caiff nifer o astudiaethau ar yr un pwnc eu cymharu a lle tynnir casgliadau). Mewn gwirionedd, bydd nifer o brosiectau ymchwil yn defnyddio amrywiaeth o ddulliau gwahanol. Roedd astudiaeth Milgram o ufudd-dod (gweler tudalen 74), er enghraifft, yn ymchwiliad labordy a oedd hefyd yn cynnwys cyfweld y cyfranwyr ar ôl yr astudiaeth.

DADANSODDI CYNNWYS

Wrth **ddadansoddi cynnwys** gallai ymchwilydd astudio cynnwys hysbysebion mewn cylchgronau o ran rhywedd, er enghraifft, a cheisio'i ddisgrifio mewn rhyw ffordd systematig fel bod modd tynnu casgliadau. Mae dadansoddi cynnwys hefyd yn ffurf ar **arsylwi** anuniongyrchol: mae'n anuniongyrchol am nad ydych chi'n arsylwi pobl yn uniongyrchol ond yn eu harsylwi drwy'r arteffactau y maen nhw'n eu cynhyrchu. Gallai'r rheiny fod yn rhaglenni teledu, yn llyfrau, yn ganeuon, yn baentiadau ac ati. Gan fod y broses yn debyg i broses unrhyw astudiaeth arsylwi, rhaid i'r ymchwilydd benderfynu ynglŷn â'r cynllun o ran:

- **Y dull samplu** Pa ddeunydd i'w samplu a pha mor aml (e.e. pa sianeli teledu i'w cynnwys, faint o raglenni, am ba hyd).
- **Categorïau ymddygiadol** Pa gategorïau y gellir eu defnyddio? Mae modd delio â'r categorïau hynny mewn dwy ffordd:
  - **Dadansoddi meintiol** Caiff yr enghreifftiau ym mhob categori eu cyfrif. Wrth ddadansoddi ymddygiad pobl ifanc ar sail cynnwys llythyrau mewn cylchgrawn i'r arddegau, er enghraifft, byddai'r ymchwilydd yn penderfynu ar set o bynciau (categorïau) ac yna'n cyfrif faint o'r llythyrau a soniai am y pynciau hynny.
  - **Dadansoddi ansoddol** Caiff yr enghreifftiau ym mhob categori eu disgrifio yn hytrach na'u cyfrif. Wrth ddadansoddi ymddygiad pobl ifanc ar sail cynnwys llythyrau mewn cylchgrawn i'r arddegau, er enghraifft, byddai'r ymchwilydd yn darparu dyfyniadau o wahanol lythyrau i ddarlunio'r categori.

Fel yn achos arsylwadau, mae'n bwysig sicrhau bod tîm o ymchwilwyr, os oes un, yn cymhwyso'r meini prawf yn yr un ffordd drwy gyfrifo **dibynadwyedd rhwng arsylwyr**.

Enghraifft o ddadansoddi cynnwys yn feintiol

Dadansoddodd Manstead a McCulloch (1981) hysbysebion teledu ym Mhrydain o ran stereoteipiau'r ddau ryw ynddyn nhw. Mewn wythnos fe arsylwon nhw 170 o hysbysebion gan anwybyddu'r rhai nad oedden nhw ond yn cynnwys plant ac anifeiliaid. Fe ganolbwyntion nhw ar y prif oedolyn ym mhob hysbyseb a chofnodi'r amlder mewn tabl fel yr un ar y dde. Yn achos pob hysbyseb unigol, gallen nhw roi dim tic, un tic neu sawl tic.

	Gwryw	Benyw
Hygrededd y cymeriad canolog		
Defnyddiwr y cynnyrch		
Awdurdod y cynnyrch		
Rôl y cymeriad canolog		
Rôl ddibynnol		
Rôl annibynnol		
Dadl y cymeriad canolog		
Ffeithiol		
Barn		
Y math o gynnyrch a ddefnyddiwyd gan y prif gymeriad		
Bwyd/diod		
Alcohol		
Corff		
Cartref		

MANTEISION AC ANFANTEISION DADANSODDI CYNNWYS

Manteision ☺

- Mae iddo lefel uchel o **ddilysrwydd ecolegol** am ei fod wedi'i seilio ar arsylwi'r hyn y mae pobl yn ei wneud – cyfathrebu go-iawn sy'n gyfredol ac yn berthnasol, fel papurau newydd diweddar neu lyfrau plant sydd mewn print.
- Pan fydd modd cadw ffynonellau neu pan fydd modd i eraill eu cael (e.e. ôl-rifynnau o gylchgronau neu fideos o bobl sy'n areithio), gellir **dyblygu** y darganfyddiadau ac felly roi prawf ar eu **dibynadwyedd**.

Anfanteision ☹

- Bydd **tuedd yr arsylwr** yn lleihau gwrthrychedd a dilysrwydd y darganfyddiadau am y gallai arsylwyr gwahanol ddehongli ystyr categorïau o ymddygiad mewn ffyrdd gwahanol.
- Mae'n debyg bod tuedd y diwylliant arno am fod iaith a diwylliant yr arsylwr, a'r categorïau o ymddygiad a ddefnyddir, yn effeithio ar ddehongli'r cynnwys llafar neu ysgrifenedig.

*Mae **data meintiol** yn cynnwys gwybodaeth y gellir ei chyfrif, ond mae **data ansoddol** yn an-rifiadol ac yn fodd i bobl eu mynegi eu hunain yn rhwydd.*

Enghraifft o ddadansoddi cynnwys yn ansoddol

Astudiodd Joronen ac Åstedt-Kurki (2005) rôl y teulu ym mhrofiadau pobl ifanc o'u cyfoedion a'r ysgol. Fe gynhalion nhw **gyfweliadau lled-strwythuredig** ag 19 o bobl ifanc 12-16 oed a gofyn cwestiynau fel 'Beth mae'ch teulu chi'n ei wybod am eich cyfoedion?' a 'Sut mae'ch teulu'n ymwneud â'ch gweithgareddau ysgol?' Arweiniodd y cyfweliadau hynny at 234 o dudalennau o nodiadau ac fe'u dadansoddwyd o ran eu cynnwys ansoddol.

1. Gosodwyd pob ateb i'r un cwestiwn gyda'i gilydd. Cywasgwyd pob gosodiad yn osodiad byrrach.
2. Cymharwyd y gosodiadau hynny â'i gilydd a'u categoreiddio fel bod y gosodiadau a oedd â chynnwys tebyg wedi'u rhoi gyda'i gilydd, ac i gategori (neu thema) gael ei nodi.
3. Grwpiwyd y categorïau'n unedau mwy gan greu wyth prif gategori, er enghraifft:
   - *Galluogi*, e.e. 'Ydyn, ers i mi fod yn blentyn, rydyn ni bob amser wedi cael llawer o blant yn ymweld â ni' (merch 15 oed).
   - *Cymorth*, e.e. 'Byddan nhw [aelodau'r teulu] yn helpu drwy ofyn cwestiynau os bydd gen i brawf' (bachgen 13 oed).

Un o'r casgliadau a dynnwyd o'r astudiaeth yw y dylai ysgolion roi mwy o sylw i'r amryfal berthnasoedd sy'n penderfynu sut y bydd person ifanc yn ymddwyn.

ASTUDIAETH ACHOS

Mae **astudiaeth achos** yn cynnwys astudio unigolyn, sefydliad neu ddigwyddiad yn fanwl. Bydd yn defnyddio gwybodaeth o amrywiaeth o ffynonellau, fel gan y person ei hun a hefyd ei deulu/ei theulu a'i ffrindiau. Gellir defnyddio llu o dechnegau – gellid cyfweld y bobl neu eu harsylwi wrth iddyn nhw fyw eu bywydau bob-dydd. Gallai seicolegwyr ddefnyddio profion cyniferydd deallusrwydd neu brofion personoliaeth neu ryw fath arall o holiadur i gynhyrchu data seicolegol am yr unigolyn neu'r grŵp o bobl sydd wedi'u targedu. Gallen nhw ddefnyddio'r dull arbrofol i roi prawf ar yr hyn y gall yr unigolyn/grŵp a dargedwyd ei wneud neu beidio â'i wneud. Trefnir y darganfyddiadau i gynrychioli meddyliau, emosiynau, profiadau a galluoedd yr unigolyn. Fel rheol, astudiaethau hydredol yw astudiaethau achos, hynny yw, byddan nhw'n dilyn yr unigolyn neu'r grŵp dros gyfnod estynedig.

Rydyn ni wedi astudio sawl clasur o astudiaeth achos yn y llyfr hwn – fel achosion Hans Bach (gweler tudalennau 32 a 40) ac achos HM (gweler tudalen 55).

MANTEISION AC ANFANTEISION ASTUDIAETHAU ACHOS

Manteision ☺

- Gan fod y dull yn cynnig cyfoeth o ddata manwl, mae'n debyg o amlygu gwybodaeth na fyddai dulliau eraill wedi dod â nhw i'r golwg.
- Gellir eu defnyddio i ymchwilio i achosion prin o ymddygiad a phrofiadau pobl, fel ymchwilio i achosion o blant sydd wedi'u cloi mewn ystafell drwy gydol eu plentyndod i weld pa effeithiau a gaiff yr amddifadu hwnnw ar eu datblygiad emosiynol.
- Gellir astudio rhyngweithio cymhleth llu o ffactorau, yn wahanol i arbrofion lle cedwir llawer o'r newidynnau'n gyson.

Anfanteision ☹

- Mae'n anodd cymhwyso un astudiaeth yn gyffredinol at achosion eraill am fod i bob un ei nodweddion unigryw.
- Yn aml, rhaid defnyddio atgof o ddigwyddiadau yn y gorffennol fel rhan o'r astudiaeth achos, a gallai'r dystiolaeth honno beidio â bod yn ddibynadwy.
- Gallai ymchwilwyr fod yn brin o wrthrychedd wrth iddyn nhw gyfarwyddo â'r achos, neu fe allai gogwydd damcaniaethol beri iddyn nhw anwybyddu agweddau ar y darganfyddiadau.
- Codir **materion moesegol** pwysig fel **cyfrinachedd** – bydd hi'n hawdd adnabod llawer achos oherwydd ei nodweddion unigryw, hyd yn oed pan na roddir yr enwau go-iawn.

GWAITH I CHI
Rhif 6.16

Rhywiaeth yn y cyfryngau

Gallech chi geisio dyblygu astudiaeth Manstead a McCulloch ar y tudalen gyferbyn.
1. Gallech chi roi cynnig ar astudiaeth beilot i weld a yw'r categorïau'n gweithio, a'u haddasu os bydd angen.
2. Penderfynwch ar ddulliau samplu. Gallwch chi rannu'r gwaith gydag aelodau eraill o'r dosbarth.
3. Cyfrifwch amlder y digwyddiadau ym mhob categori unigol.
4. Defnyddiwch un neu ragor o graffiau i arddangos eich darganfyddiadau.

Enghraifft o astudiaeth achos: Phineas Gage

Mae'n fwy na thebyg mai Phineas Gage yw'r claf enwocaf i fyw ar ôl cael difrod difrifol i'w ymennydd. Yn 1848, roedd wrthi'n adeiladu trac rheilffordd yn Vermont yn yr Unol Daleithiau. Roedd yn defnyddio powdr gwn i chwalu'r graig. Byddai'n llenwi twll â dynameit, yn gorchuddio'r dynameit â thywod ac yn gwthio darn o haearn 109 cm o hyd ato i wasgu'r ddau at ei gilydd. Un tro, anghofiodd gynnwys y tywod ac wrth iddo daro'r powdr gwn â'r darn haearn fe ffrwydrodd y powdr gwn gan yrru'r darn haearn drwy ei benglog. Nid yn unig y llwyddodd i oroesi ond fe ddaliai i allu siarad er iddo waedu'n ddychrynllyd a cholli llawer o feinwe ei ymennydd. Ar ôl treulio cyfnod byr yn yr ysbyty, aeth yn ôl i weithio a bu fyw am 12 mlynedd arall. Rai blynyddoedd ar ôl iddo farw, datgladdwyd ei gorff (ynghyd â'r darn o haearn yr oedd wedi'i gadw) ac fe arddangoswyd ei benglog ym Mhrifysgol Harvard.

▲ Penglog Phineas a llun artist o sut yr aeth rhoden haearn drwy ei ben.

Mae'r ffaith i Phineas Gage allu gweithredu'n weddol normal yn dangos y gall pobl fyw er iddyn nhw golli llawer o'u hymennydd. Ond cafodd y ddamwain effaith ar bersonoliaeth Phineas. Cyn y ddamwain, roedd yn weithiwr caled, cyfrifol a phoblogaidd, ond ar ei hôl roedd yn aflonydd, yn methu penderfynu, ac yn rhegwr mawr. Dywedodd ei gyfeillion nad yr un dyn oedd o bellach.

Bu'r achos hwnnw'n bwysig yn natblygiad llawfeddygaeth ar yr ymennydd am iddo ddangos bod modd tynnu rhannau o'r ymennydd heb ladd y claf. Aeth llawfeddygon ati, felly, i ddynnu tyfiannau o'r ymennydd heb ofni'r gwaethaf. Awgrymodd y niwed i Phineas hefyd fod niweidio'r llabed flaen yn achosi newid yn y bersonoliaeth, ac fe ddylanwadodd hynny ar ddatblygiad lobotomïau blaen (gweler tudalen 6).

ALLWCH CHI...?
Rhif **6.16**

1... Egluro ym mha ffordd y mae dadansoddi cynnwys yn ffurf ar arsylwi.

2... Sut y gallai tuedd yr arsylwr effeithio ar ddarganfyddiadau dadansoddiad cynnwys?

3... Cafodd adran mewn prifysgol arian i ymchwilio i'r stereoteipiau (o ran oedran, rhywedd (gender) ac ati) a gyflwynir mewn llyfrau i blant. Nod yr astudiaeth oedd cymharu llyfrau y bydd plant yn eu darllen heddiw â'r rhai y bydden nhw'n eu darllen 20 mlynedd yn ôl i weld a oedd y stereoteipiau wedi newid ac, os felly, ym mha ffyrdd.

   a) Awgrymwch **dair** eitem y gellid eu defnyddio'n gategorïau o ymddygiad yn yr astudiaeth.

   b) Lluniwch ddiffiniadau *sydd wedi'u gweithredoli* ar gyfer yr eitemau hynny.

   c) Enwch **un** mater o ddibynadwyedd yn yr ymchwil a disgrifiwch sut y gallech chi ddelio ag ef.

   ch) Enwch **un** mater o ddilysrwydd yn yr ymchwil a disgrifiwch sut y gallech chi ddelio ag ef.

4... Hoffai ysbyty wybod pam y bydd rhai cleifion sydd ag anafiadau i'w pen yn adfer yn gynt na'i gilydd.

   a) Amlinellwch **un** fantais ac **un** anfantais o ddefnyddio astudiaeth achos yn yr ymchwil.

   b) Enwch **un** mater o ddibynadwyedd yn yr ymchwil a disgrifiwch sut y gallech chi ddelio ag ef.

   c) Enwch **un** mater o ddilysrwydd yn yr ymchwil a disgrifiwch sut y gallech chi ddelio ag ef.

Data meintiol ac ansoddol

Ar dudalen 150, fe sonion ni am y gwahaniaeth rhwng data meintiol (*quantitative*) ac ansoddol (*qualitative*).

- Mae data meintiol yn cael ei ddangos ar ffurf rhifau – fel nifer yr eitemau a adalwyd, yr amserau ymateb, neu nifer y gweithredoedd ymosodol a arsylwyd.
- Does dim ffurf rifiadol i ddata ansoddol – fel yr atebion y bydd ymatebydd yn eu rhoi i gwestiwn penagored neu ddisgrifiadau o'r hyn yr oedd plant yn ei wneud pan arsylwyd nhw ar iard yr ysgol.

Dywedir weithiau fod data ansoddol yn ymwneud â 'meddyliau a theimladau' – ond gallwch chi hefyd gael data *meintiol* am feddyliau a theimladau. Er enghraifft, gallai ymchwilydd ofyn i gyfranwyr fynegi eu teimladau am ffilm ar raddfa o 1–5. Rhif fyddai'r canlyniad. Mae'r gwahaniaeth rhwng ymchwil meintiol ac ansoddol yn fwy o lawer na bod yn fater o 'feddyliau a theimladau'.

Nod ymchwil ansoddol yw arwain at ddealltwriaeth fanwl o ymddygiad ac, oherwydd natur benagored yr ymchwil, arwain at esboniadau newydd. Y nod yw deall ymddygiad mewn sefyllfa naturiol, deall ffenomen o safbwynt cyfrannwr yn yr ymchwil, a hefyd ddeall yr *ystyron* y bydd pobl yn eu rhoi i'w profiadau. Mae'r ymchwilydd yn ymwneud, felly, â gofyn cwestiynau eang sy'n fodd i'r ymatebwyr ateb yn eu geiriau eu hunain, neu efallai yr hoffai'r ymchwilydd arsylwi pobl wrth iddyn nhw fyw eu bywydau bob-dydd ac arsylwi eu hymddygiad yn ddistrwythur.

MANTEISION AC ANFANTEISION DATA MEINTIOL AC ANSODDOL

	Manteision ☺	Anfanteision ☹
Data meintiol	• Maen nhw'n haws eu dadansoddi am fod y data mewn rhifau y gellir eu crynhoi drwy ddefnyddio mesurau fel **cyfartaleddau** ac **amrediad** yn ogystal â graffiau syml. • Mae modd cynhyrchu casgliadau taclus am fod data rhifadol yn cwtogi ar yr amrywiaeth o bosibiliadau.	• Maen nhw'n gorsymleiddio realiti a phrofiadau pobl (yn ystadegol **arwyddocaol** ond yn ddi-arwyddocâd i bobl).
Data ansoddol	• Maen nhw'n cynrychioli gwir gymhlethdodau ymddygiad pobl. • Maen nhw'n cael gafael ar feddyliau a theimladau y gall dulliau meintiol a **chwestiynau caeedig** beidio â'u hasesu. • Maen nhw'n cynnig cyfoeth o fanylion ynghylch sut y bydd pobl yn ymddwyn am fod y cyfranwyr yn rhydd i'w mynegi eu hunain.	• Mae'n anoddach canfod patrymau a thynnu casgliadau oherwydd y swmp o ddata a gesglir fel arfer. • Gall disgwyliadau a daliadau personol effeithio ar eu dadansoddi'n **oddrychol** – ond gall gogwydd hefyd effeithio ar ddulliau meintiol a all *ymddangos* fel petaen nhw'n wrthrychol.

Pa dechnegau ymchwil sy'n arwain at ddata meintiol ac ansoddol?

Gall pob math o astudiaeth arwain at ddata meintiol ac ansoddol.

- Fel rheol, bydd **arsylwadau distrwythur** yn arwain at ddata *ansoddol* am na chaiff y data a gesglir ei roi mewn categorïau ond, yn hytrach, caiff popeth a arsylwir ei gofnodi.
- Bydd **arsylwadau strwythuredig** yn arwain at ddata rhifiadol mewn categorïau (*meintiol*). Er enghraifft, fe gyfrifodd astudiaeth Gardner a Gardner o Washoe faint o weithiau y cynhyrchodd hi eiriau penodol wrth iddi heneiddio (gweler tudalen 98).
- Bydd **holiaduron** neu **gyfweliadau** sy'n defnyddio **cwestiynau agored** yn arwain at ddata *ansoddol* ond bydd cwestiynau caeedig yn arwain at ddata *meintiol* (cofnodir amlder yr ymatebion gwahanol).
- Mae **cyfweliadau distrwythur** yn debycach o arwain at ddata *ansoddol* oherwydd y cwestiynau sy'n datblygu ynddyn nhw (e.e. 'Pam rydych chi'n teimlo hynny?')
- Gallai **dadansoddi cynnwys** rhaglenni teledu arwain at ddata *ansoddol*, ac yna gellid cyfrif amlder y themâu allweddol i arwain at ddata *meintiol*.
- Gall **astudiaethau achos** arwain at ddata *meintiol*, ond y duedd yw iddyn nhw gynnwys manylion bywyd unigolyn a dyfyniadau i dynnu sylw at brofiadau unigryw. Maen nhw felly'n fwy *ansoddol* na meintiol. Mae'r astudiaeth achos o HM (ar dudalen 55), er enghraifft, yn cynnwys cofnodion o'i brofiadau ac o'r hyn a ddywedodd.
- Bydd **arbrofion** yn arwain at ddata rhifiadol (*meintiol*). Darganfu astudiaeth Loftus a Palmer (tudalen 92), er enghraifft, *faint* o eiriau a adalwyd yn gywir.
- Mewn rhai arbrofion, caiff y cyfranwyr eu cyfweld wedyn i weld a oes ganddyn nhw unrhyw ddirnadaethau pwysig. Er enghraifft, cyfwelodd Asch y cyfranwyr ar ôl ei astudiaeth o gydymffurfio (gweler tudalen 68) ac fe ddadansoddodd eu hymatebion *ansoddol* i lunio tri chategori bras o'r rhesymau dros i bobl gydymffurfio.

GWAITH I CHI

Rhif 6.17

Gwnewch gyfweliad lle byddwch chi'n casglu data ansoddol. Beth am gyfweld ffrind, er enghraifft, ynghylch:
- Sut brofiad yw bod yn berchen ar anifail anwes.
- Ei farn/ei barn am ffilm a welodd yn ddiweddar.
- Y gwyliau gorau a gafodd erioed.

Rhowch grynodeb o'ch cyfweliad drwy amlinellu'r pwyntiau allweddol a rhowch enghreifftiau (dyma ddadansoddi cynnwys ansoddol).

Adolygu dibynadwyedd a dilysrwydd

Gan mai **dibynadwyedd** (*reliability*) a **dilysrwydd** (*validity*) yw'r materion allweddol ym meddwl seicolegwyr wrth iddyn nhw gynllunio ac asesu ymchwil, efallai y byddai'n fuddiol adolygu'r hyn rydyn ni wedi'i drafod yn y bennod hon.

DIBYNADWYEDD

Mae dibynadwyedd yn cyfeirio at gysondeb. Fel rheol, bydd pren mesur yn ddibynadwy iawn, ac am ei fod yn rhoi'r un ateb bob tro y caiff llinell benodol ei mesur, does fawr o wahaniaeth pwy sy'n ei ddefnyddio. Mewn seicoleg, bydd dibynadwyedd fel rheol yn golygu cysondeb prawf, cysondeb offer mesur neu gysondeb arsylwyr gwahanol. Heb lefel resymol o ddibynadwyedd, bydd ein canlyniadau ni'n ddiwerth.

Y dull ymchwil	Delio â dibynadwyedd
Arsylwadau	**Dibynadwyedd rhwng arsylwyr.**
Holiaduron a chyfweliadau	Dibynadwyedd **hollt dau hanner** (i sicrhau **dibynadwyedd mewnol**). **Prawf-ailbrawf** (i sicrhau **dibynadwyedd allanol**).
Arbrofion, cydberthyniadau, astudiaethau achos	Mae'r rhain yn ymwneud â dibynadwyedd mewn rhyw fesuriad rydych chi'n ei ddefnyddio. Petaech chi, er enghraifft, yn mesur yr amser ymateb mewn arbrawf, byddai dibynadwyedd yn ymwneud â'r dull a ddefnyddir i amseru ymateb y cyfranwyr.
	Neu, mewn cydberthyniad, petaech chi'n mesur deallusrwydd, byddech chi'n pwyso a mesur dibynadwyedd y prawf seicolegol a ddefnyddir. Asesir hynny yn yr un ffordd ag yr asesir holiaduron a chyfweliadau, sef dibynadwyedd hollt dau hanner a phrawf-ailbrawf.
	Ail-wneud yr astudiaeth (**dyblygu**). Gall hynny ddangos bod y darganfyddiad yn ddibynadwy, a hefyd fod y darganfyddiad yn ddilys. Os bydd yr un darganfyddiad yn digwydd eto, mae'n ddibynadwy, a bydd hynny hefyd yn dangos ei gywirdeb (h.y. ei ddilysrwydd).

Bydd myfyrwyr yn drysu'n aml rhwng dibynadwyedd a dilysrwydd. Efallai y gall yr enghraifft ganlynol am gar helpu!

Os yw car yn ddibynadwy, bydd y peiriant yn cychwyn bob tro y caiff yr allwedd ei throi. Os bydd injan car yn cychwyn weithiau'n unig, dydy'r car ddim yn ddibynadwy.

Os yw car yn ddilys, bydd ganddo lawer o'r nodweddion y bydden ni'n disgwyl eu gweld mewn car – fel injan, olwyn lywio, teiars ac ati – a bydd hefyd yn gallu cludo pobl o le i le. Dydy beic modur ddim yn gar dilys am nad oes iddo'r holl nodweddion a ddisgwylir mewn car (e.e. dim olwyn lywio). Dydy tegan o gar ddim yn gar dilys am ei fod yn brin o nodweddion (dydy tegan ddim yn gallu cludo pobl o le i le).

ALLWCH CHI...? Rhif **6.17**

Atebwch y cwestiynau isod ar gyfer pob un o'r 10 o astudiaethau craidd ym Mhennod 5. (Y cwestiynau isod, a-dd, yw'r un cwestiynau ag sy'n ymddangos yn yr arholiad UG ar Ddulliau Ymchwil Cymhwysol).

a) Amlinellwch **un** fantais ac **un** anfantais o ddefnyddio'r dull a enwyd yn yr ymchwil hwn. [3]

b) Nodwch **un** mater o ddibynadwyedd yn yr ymchwil hwn a disgrifiwch sut gallech chi ddelio â'r mater hwn o ddibynadwyedd. [3]

c) Nodwch **un** mater o ddilysrwydd yn yr ymchwil hwn a disgrifiwch sut gallech chi ddelio â'r mater hwn o ddilysrwydd. [3]

ch) Amlinellwch **un** fantais ac **un** anfantais o ddefnyddio'r dull samplu yn yr ymchwil hwn. [3]

d) Trafodwch **un** mater moesegol a allai godi yn yr ymchwil hwn. [3]

dd) Nodwch **un** casgliad y gallwch ei dynnu o'r ymchwil hwn. [3]

DILYSRWYDD

Mae 'dilysrwydd' yn cyfeirio at 'gywirdeb' canlyniad:

- **Dilysrwydd mewnol** yw a ydy prawf neu astudiaeth wedi mesur yr hyn y bwriadwyd iddo/ iddi ei fesur.
- **Dilysrwydd allanol** yw a oes modd cymhwyso astudiaeth yn gyffredinol y tu hwnt i'r sefyllfa/ amodau penodol y'i cynhaliwyd hi ynddi/ynddyn nhw.

Delir â dilysrwydd allanol drwy ddefnyddio dulliau samplu cynrychioliadol.

Y dull ymchwil	Delio â dilysrwydd mewnol
Arbrofion	Rheoli **newidynnau allanol** fel ffactorau sefyllfaol neu **newidynnau cyfranwyr**.
Arsylwadau	Dileu **tuedd yr arsylwr**.
Holiaduron a chyfweliadau	Dileu **tuedd y cyfwelwr**, **cwestiynau arweiniol**, a/neu **duedd dymunolrwydd cymdeithasol**. Gwirio **dilysrwydd y cynnwys** a'r **dilysrwydd cydamserol**.
Arbrofion, cydberthyniadau, astudiaethau achos	Gall unrhyw fesuriad a ddefnyddir gael ei asesu drwy ddefnyddio **dilysrwydd y cynnwys**, **dilysrwydd cydamserol** a/neu **ddilysrwydd y lluniad**.

AC I GAU PEN Y MWDWL ...

Gadewch i ni gloi'r bennod hon lle y cychwynnon ni, sef drwy ystyried gwerth gwyddoniaeth a'r ymagwedd wyddonol. Dulliau ymchwil sy'n cynnig y systemau i ni astudio'n byd ni'n wrthrychol ac yn systematig. Fe dynnan nhw sylw ymchwilwyr at y gogwyddiadau a'r newidiadau a all, efallai, herio dilysrwydd unrhyw ganlyniad. Mae'n hanfodol deall nad yw gwyddoniaeth yn berffaith, ond os nad oes gennym ni ddealltwriaeth glir o'r hyn sy'n wyddoniaeth dda ac yn wyddoniaeth wael, cawn ni'n darbwyllo'n rhwydd, er enghraifft, i brynu ryw gynnyrch newydd, credu yng ngwerth y rhaglen ddiweddaraf i gynnig deiet i ni golli pwysau, neu dywallt ein harian prin i boced rhyw ddwyllwr neu'i gilydd.

Arbrawf

- Bydd yr arbrofwr yn manipwleiddio'r newidyn annibynnol (yr IV) ac yn arsylwi effaith hynny ar y newidyn dibynnol (y DV).
- Cynllun arbrofol – ail-wneud mesurau, grwpiau annibynnol, parau sy'n cydweddu (*match*).
- Labordy – lefel uchel o reolaeth, ac mae'n hawdd ei ddyblygu ond yn brin o realaeth gyffredin ac effeithiau ymchwilydd.
- Maes – lefel uwch o realaeth gyffredin a diffyg effeithiau ymchwilydd, ond llai o reolaeth ar y newidynnau allanol (yr EVs) ac fe ellid cael nodweddion awgrymu ymateb.
- (Lled-)naturiol – dyma'r unig bosibilrwydd ar gyfer rhai ymddygiadau ond, am na chaiff y newidyn annibynnol mo'i fanipwleiddio, chaiff effaith achosol mo'i hamlygu.

Cydberthyniad

- Cydberthyniad cadarnhaol, negyddol neu sero.
- Caiff parau o ddata ar gyfer pob unigolyn eu plotio ar graff gwasgariad.
- Bydd y cyfernod cydberthyniad yn dangos cryfder y cydberthyniad.

Arsylwad

- Distrwythur – yn ddefnyddiol fel astudiaeth ragarweiniol neu pan fydd yr ymddygiadau'n rhai prin.
- Strwythuredig – defnyddir system godio a thechneg samplu (samplu digwyddiad neu samplu dros amser).
- Dull a thechneg, dan reolaeth ac mewn sefyllfa naturiol, cyfrannwr ac anghyfrannwr, cudd ac amlwg, uniongyrchol ac anuniongyrchol (dadansoddi cynnwys).
- Tuedd yr arsylwr yn effeithio ar ddilysrwydd.
- Delir â dibynadwyedd gan ddibynadwyedd rhwng arsylwyr.
- Mantais/anfantais – mae'n fwy realistig, ond ceir tuedd arsylwr ynghyd â phroblemau moesegol.

Holiadur/ cyfweliad

- Holiaduron a chyfweliadau strwythuredig a distrwythur.
- Effeithir ar ei ddilysrwydd gan duedd dymunolrwydd cymdeithasol a chwestiynau arweiniol.
- Dibynadwyedd – pryderon ynghylch dibynadwyedd mewnol ac allanol.
- Gall ddefnyddio graddfeydd barn, cwestiynau penagored (data ansoddol) a chwestiynau caeedig (data meintiol).
- Mantais/anfantais holiadur – hawdd ei ail-wneud, ond ceir tuedd dymunolrwydd cymdeithasol.
- Mantais/anfantais cyfweliad – gall yr holi ymateb i'r atebion a geir, ond ceir tuedd y cyfwelydd.

Dulliau eraill

- Dadansoddi cynnwys – arsylwi anuniongyrchol, meintiol neu ansoddol.
- Astudiaeth achos – gwybodaeth fanwl ond does dim modd ei chymhwyso'n gyffredinol.

DILYSRWYDD

Mae dilysrwydd yn ymwneud â rheoli v. realaeth ➜ cymhwyso'n gyffredinol:
- Dilysrwydd arbrofol (mewnol) – mesur yr hyn y bwriadwch ei fesur.
- Dilysrwydd ecolegol (allanol) – cymhwyso'n gyffredinol at sefyllfaoedd bob-dydd.

Bygythiadau i ddilysrwydd:
- Mesur – delir â dilysrwydd drwy ddilysrwydd y cynnwys, dilysrwydd cydamserol a dilysrwydd y lluniad.
- Newidynnau allanol – sefyllfaol (gellir defnyddio trefniadau safonedig), newidynnau cyfranwyr (gellir cyplysu cyfranwyr), effeithiau ymchwilydd (gellir defnyddio trefniant dwbl-ddall), nodweddion awgrymu ymateb (angen cynllun gwell).

MATERION MOESEGOL

- Cydsyniad gwybodus, twyllo, yr hawl i dynnu'n ôl, methu ag amddiffyn rhag niwed corfforol a seicolegol, cyfrinachedd, preifatrwydd.
- Gellir delio â nhw drwy adrodd yn ôl.

DIBYNADWYEDD

- Mae dibynadwyedd yn ymwneud â chysondeb.
- Dibynadwyedd rhwng arsylwyr, dibynadwyedd hollt dau hanner a dibynadwyedd prawf-ailbrawf.
- Mewnol (o fewn y prawf) ac allanol (dros amser).

SAMPLU

- Sampl gyfle – yr un hawsaf, ond ceir gogwydd yn y boblogaeth darged.
- Sampl hunanddewis (gwirfoddolwyr) – detholiad da o gyfranwyr, ond mae gogwydd iddyn nhw am eu bod yn uchel eu cymhelliant, ac ati.
- Hapsamplu – diduedd, ond mae'n anodd ei wneud ac fe all fod â gogwydd i'r sampl yn y diwedd.
- Sampl systematig – diduedd, ond nid gwirioneddol ar hap.
- Sampl wedi'i haenu a sampl gwota – mae'n cynrychioli is-grwpiau, ond mae gogwydd o hyd i'r boblogaeth darged.

DATA

- Data meintiol, e.e. atebion i gwestiynau caeedig (data rhifiadol). Defnyddir cymedr, canolrif, modd, amrediad, tablau, siart bar, histogram a graff gwasgariad i'w cynrychioli.
- Data ansoddol, e.e. atebion i gwestiynau penagored (data anrifiadol). Mae'r cyfranwyr yn mynegi eu meddyliau a'u teimladau'n rhydd.

Croesair

Mae'r atebion ar dudalen 180.

Ar draws

2. I ba raddau y mae mesuriadau'n gyson. (11)
5. Math o arbrawf lle na all yr ymchwilydd amrywio'r newidyn annibynnol (yr IV) yn uniongyrchol, ond lle bydd hwnnw'n amrywio'n naturiol – caiff ei alw'n arbrawf naturiol neu'n _____-arbrawf. (3)
6. Math o gynllun ymchwil lle nad yw'r cyfrannwr na'r arbrofwr yn gwybod beth yw nodau'r ymchwil. (4-3)
7. Dull o samplu lle dewisir y cyfranwyr gan ddefnyddio technegau cyfle o haenau mewn cyfrannedd ag ymddangosiad grwpiau yn y boblogaeth darged. (5)
8. Proses o sicrhau bod y newidynnau ar ffurf y mae modd rhoi prawf arni'n rhwydd. (11)
12. Aflunio systematig. (4)
13. Dull systematig o gofnodi arsylwadau lle rhoir cod i ymddygiadau unigol er mwyn eu sgorio'n hawdd. (6, 5)
16. Lefel y mesur lle trefnir y data ond lle mae'r cyfyngau rhwng y data yn anhysbys ac yn debyg o fod yn anghyfartal. (5)
19. Mewn arbrawf, y newidyn y mae'r arbrofwr yn ei fesur (llythrennau blaen). (2)
21. Y nodweddion ar arbrawf y bydd cyfrannwr yn ymateb yn anymwybodol iddyn nhw. (9, 7, 6)
22. Yr eitem fwyaf cyffredin mewn set ddata. (3)
23. Cydberthyniad rhwng dau newidyn lle bydd gwerth y naill newidyn yn gostwng wrth i'r llall gynyddu. (7)
24. Data sy'n canolbwyntio ar yr hyn y mae pobl yn ei feddwl ac yn ei deimlo, a does dim modd ei gyfrif. (7)
25. Math o graff sy'n darlunio amlder, ond does dim rhaid i'r echelin lorweddol fod ag unrhyw drefn benodedig. (5, 3)
28. Math o gydberthyniad lle nad oes unrhyw berthynas arwyddocaol rhwng y cydnewidynnau. (4)

I lawr

1. Math o gydberthyniad lle mae'r ddau newidyn yn cynyddu gyda'i gilydd. (10)
3. Lefel y mesur lle mae'r data mewn categorïau ar wahân. (5)
4. Dull o ymchwilio sydd fel rheol yn cynnwys rhyngweithio wyneb-yn-wyneb ag unigolyn arall ac yn arwain at gasglu data. (9)
5. Sefydlu dilysrwydd drwy ystyried i ba raddau y mae'r mesur cyfredol yn mesur y cysyniad targed. (6)
9. I ba raddau y mae ymchwilydd wedi rhoi prawf ar yr hyn y bwriadai roi prawf arno. (9, 6)
10. Dull o samplu lle'r hapddewisir y cyfranwyr o grwpiau gwahanol yn y boblogaeth darged. (Anghofiwch y sillgoll) (5, 5)
11. Mesuriad o'r pellter rhwng y sgôr isaf a'r un uchaf. (8)
14. Math o gyfweliad lled-strwythuredig a gâi ei ddefnyddio gan Freud. (8)
15. Gwneir hon i astudio unigolion a chael dirnadaethau cyfoethog, ond mae'n anodd ei chymhwyso'n gyffredinol at y boblogaeth ehangach. (11, 4)
17. Dull samplu sy'n defnyddio hysbysebion mewn papurau newydd i recriwtio _____. (12)
18. Dull o ddelio â dilysrwydd drwy ystyried a yw'r mesur cyfredol yn asesu'r ymddygiad y bwriedir ei fesur. (7)
20. Pobl yn dymuno'u cyflwyno'u hunain mewn goleuni cadarnhaol wrth ateb holiaduron, sef tuedd dymunolrwydd _____. (11)
26. Techneg a ddefnyddir i ddelio â diffyg cydsyniad gwybodus neu dwyll mewn astudiaeth. (5, 2, 2)
27. Sefydlir dilysrwydd drwy amlygu lefel uchel o gydberthyniad rhwng y mesur presennol a mesur sefydledig arall o'r un peth. (10)
29. Dull samplu lle mae gan bob aelod o'r boblogaeth darged yr un siawns o gael ei (d)dewis. (8)
31. Data sy'n cynrychioli faint sydd o rywbeth, h.y. mesurir ymddygiad mewn rhifau. (8)
32. Cyfartaledd rhifyddol grŵp o sgorau sy'n cymryd holl werthoedd y data i ystyriaeth. (6)
34. Mewn arbrawf, y newidyn y mae'r arbrofwr yn ei fanipwleiddio (llythrennau blaen). (2)

29. Math o graff lle mae'r barrau mewn cyfrannedd ag amlder y digwyddiadau; allwch chi mo'i ddefnyddio gyda data enwol. (9)
30. Mewn holiadur, cwestiynau sy'n gwahodd yr ymatebydd i roi ei (h)ateb ei hun. (6)
33. Rhoi prawf ar astudiaeth ar raddfa fach i roi prawf ar agweddau ar y cynllun. (9, 6)
35. Arbrawf sy'n digwydd / a gynhelir mewn amgylchedd bob-dydd heb i'r cyfranwyr wybod fel rheol eu bod yn cael eu hastudio. (4)
36. Dull samplu lle dewisir y bobl sydd ar gael yn fwyaf hwylus. Sampl _____ (5)
37. Math o gwestiwn sy'n cynnig ystod gyfyngedig o atebion i ymatebydd ddewis ohonyn nhw. (7)
38. Math o gwestiwn sy'n annog yr ymatebydd i roi ymateb penodol. (9)
39. Sgôr sydd yng nghanol y raddfa. (8)

Gweithgareddau adolygu

Yn Uned 1, fe awgrymon ni nifer o syniadau ar gyfer adolygu (gweler tudalennau 15, 29, 43, 57 a 62). Gallwch chi ddefnyddio llawer o'r syniadau hynny i adolygu Pennod 6 – fel llunio mapiau meddwl, llunio'ch cwestiynau amlddewis eich hun, ac ati.

At y tudalen hwn, ac i'ch helpu chi i adolygu, rydyn ni wedi rhoi set o sefyllfaoedd tebyg i'r rhai a gewch chi yn yr arholiad. Dylech chi ateb pob un o'r cwestiynau math arholiad fel hyn:

(a) Amlinellwch **un** fantais ac un anfantais o ddefnyddio [*y dull a enwir*] yn yr ymchwil hwn. [3]

(b) Nodwch **un** mater o ddibynadwyedd yn yr ymchwil hwn a disgrifiwch sut gallech chi ddelio â'r mater hwn o ddibynadwyedd. [3]

(c) Nodwch **un** mater o ddilysrwydd yn yr ymchwil hwn a disgrifiwch sut gallech chi ddelio â'r mater hwn o ddilysrwydd. [3]

(ch) Amlinellwch **un** fantais ac **un** anfantais o ddefnyddio [*y dull samplu a enwyd*] yn yr ymchwil hwn. [3]

(d) Trafodwch **un** mater moesegol a allai godi yn yr ymchwil hwn. [3]

(dd) Nodwch **un** casgliad y gallwch ei dynnu [*o'r data yn y tabl/graff*] yn yr ymchwil hwn. [3]

Sefyllfa 1

Mae ymchwilydd yn defnyddio cydberthyniad i weld a yw myfyrwyr sy'n eistedd ymhellach oddi wrth eu hathrawon yn cael canlyniadau is mewn profion na'r rhai sy'n eistedd yn nes at eu hathrawon. Mae hi'n defnyddio sampl gyfle o fyfyrwyr o ysgol leol. Lluniwyd graff gwasgariad i ddisgrifio'r data a ddaeth o'r ymchwil.

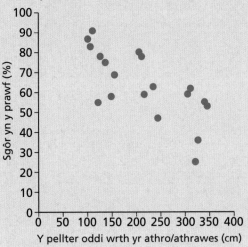

Awgrym yr arholwr

*Ar gyfer pob cwestiwn, rhaid cofio na chewch chi farciau llawn ond drwy **gyd-destunoli** eich atebion, h.y. nodi'r mater ac yna'i gysylltu â'r ymchwil penodol yn y sefyllfa.*

Pan fyddwch chi'n ymarfer ateb y cwestiynau hyn, tynnwch sylw at unrhyw gysylltiad â'r sefyllfa newydd er mwyn i chi weld a ydych chi'n enwi digon, neu ddim digon, o gysylltiadau.

Techneg arall yw darllen eich ateb yn uchel a gofyn i bartner geisio dweud beth yw pwnc yr ymchwil dim ond ar sail defnyddio'r cysylltiadau yn eich atebion.

Sefyllfa 2

Mae ymchwilydd yn arsylwi i weld a oes gwahaniaethau yn y gemau y bydd bechgyn a merched yn eu chwarae pan fyddan nhw ar iard yr ysgol gynradd. Mae wedi dewis, ar hap o gofrestr yr ysgol, y plant y bydd yn eu harsylwi. Lluniwyd siart bar i ddisgrifio'r data a gafwyd yn yr astudiaeth.

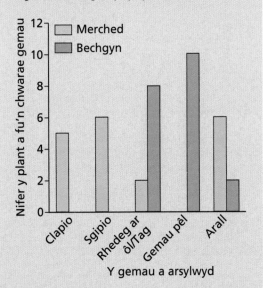

Sefyllfa 3

Mae ymchwilydd yn gwneud astudiaeth achos i weld os ydy cadw ci fel anifail anwes yn llesol i iechyd seicolegol a chorfforol unigolyn, ac mae'n defnyddio sampl hunanddewisedig. Isod, mae rhai sylwadau a wnaed gan yr unigolyn yn yr astudiaeth achos cyn cael ci.

Cyflwr iechyd corfforol:
- *Mae fy meddyg yn dweud bod fy mhwysedd gwaed ychydig yn uchel ac y dylwn i ymarfer tipyn a cheisio lleihau'r straen sydd arna i.*
- *O ystyried fy nhaldra, rwy'n pwyso ychydig yn ormod.*

Cyflwr iechyd seicolegol:
- *Gan 'mod i'n byw ar fy mhen fy hun … bydda i'n unig weithiau.*

Isod, dyma rai sylwadau gan yr unigolyn flwyddyn ar ôl cael ci.

Cyflwr iechyd corfforol:
- *Mae fy meddyg yn dweud bod fy mhwysedd gwaed yn normal.*
- *Rwy'n dal i bwyso ychydig yn ormod … ond rwyf wedi colli rhywfaint o bwysau ers cael Mot.*

Cyflwr iechyd seicolegol:
- *Bydda i'n mwynhau cyfarfod a siarad â phobl eraill sy'n mynd â'u cŵn am dro. Bydda i'n gweld cwpl o bobl yn gyson am eu bod yn mynd â'u cŵn am dro yr un pryd ag y bydda i'n mynd â Mot am dro.*
- *Bydda i weithiau'n teimlo'n euog pan fydd rhaid i mi adael Mot ar ei ben ei hun yn y tŷ pan fydda i'n mynd i'r gwaith.*

Sefyllfa 4

Mae ymchwilwyr yn gofyn i bobl ddefnyddio 'graddfa o fwynhad', lle mae 0 yn ddim mwynhad o gwbl a 10 yn bleserus dros ben, wrth ateb holiadur am y math o wyliau y byddan nhw'n eu mwynhau. Maen nhw'n astudio gwyliau gweithgaredd (e.e. sgïo, heicio) neu wyliau ymlaciol (e.e. ar y traeth neu wrth bwll nofio) ac yn defnyddio sampl gwota o'r archebion a wnaed drwy asiant teithio. Dangosir amrediad y sgorau yn y tabl isod.

	Gwyliau gweithgaredd	Gwyliau ymlaciol
Amrediad y sgorau o fwynhad	9	5

Sefyllfa 5

Mae ymchwilydd yn gwneud (lled-)arbrawf naturiol i weld a yw pobl sydd â sgorau uchel o ran eu cyniferydd deallusrwydd yn darllen mwy o lyfrau na'r rhai sydd â sgorau isel. Mae'r ymchwilwyr yn defnyddio sampl wedi'i haenu (mae'r haenau a ddefnyddir yn cynnwys categorïau o sgôr, sef uchel, canolig ac isel). Dangosir y sgorau canolrif yn y tabl isod.

	Sgorau uchel	Sgorau isel
Canolrif nifer y llyfrau a ddarllenwyd yn ystod y chwe mis diwethaf	6	2

Sefyllfa 6

Mae tîm ymchwil yn gwneud arbrawf labordy ar amser ymateb unigolion sydd â llygaid glas v. unigolion â llygaid brown i ysgogiad gweledol. Mae'r ymchwilwyr yn defnyddio sampl hunanddewisedig (gwirfoddolwyr) o fyfyrwyr prifysgol. Lluniwyd histogram i ddisgrifio'r data a gafwyd o'r ymchwil hwn.

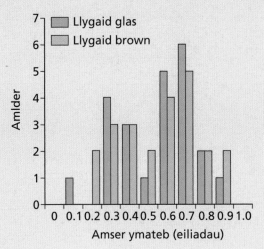

Sefyllfa 7

Mae tîm o ymchwilwyr yn defnyddio arbrawf maes i weld a yw pobl yn debycach o helpu rhywun hŷn sydd wedi syrthio i'r llawr na rhywun yn ei (h)arddegau yn yr un cyflwr. Defnyddiant sampl gyfle o bobl ar stryd fawr ar brynhawn dydd Sadwrn. Dangosir y sgorau cymedrig yn y tabl isod.

	Person hŷn	Arddegau
Nifer y bobl a helpodd yn Arbrawf 1	4	1
Nifer y bobl a helpodd yn Arbrawf 2	3	2
Nifer y bobl a helpodd yn Arbrawf 3	2	0
Nifer y bobl a helpodd yn Arbrawf 4	3	0
Nifer y bobl a helpodd yn Arbrawf 5	5	4
Nifer y bobl a helpodd yn Arbrawf 6	4	2
Nifer y bobl a helpodd yn Arbrawf 7	2	1
Sgôr cymedrig y nifer o bobl a helpodd	**3.29**	**1.43**

Sefyllfa 8

Mae tîm o ymchwilwyr yn cyfweld dynion a merched o amrywiol gefndiroedd diwylliannol am eu hoffterau mewn cymar delfrydol. Maen nhw'n defnyddio sampl systematig o gartrefi (pob 5ed cartref) ym mhob diwylliant. Dangosir y canlyniadau moddol (*modal*) yn y tabl isod. Dyma'r cwestiwn a ofynnwyd:

'Beth yn eich barn chi yw'r nodwedd bwysicaf mewn darpar gymar?'
a) Bod yn ddeniadol   b) Adnoddau   c) Synnwyr digrifwch   ch) Personoliaeth dda

	Dewis y cyfranwyr benyw	Dewis y cyfranwyr gwryw
Cyfrannwr 1	b) Adnoddau	a) Bod yn ddeniadol
Cyfrannwr 2	c) Synnwyr digrifwch	c) Synnwyr digrifwch
Cyfrannwr 3	ch) Personoliaeth dda	a) Bod yn ddeniadol
Cyfrannwr 4	a) Bod yn ddeniadol	ch) Personoliaeth dda
Cyfrannwr 5	b) Adnoddau	ch) Personoliaeth dda
Cyfrannwr 6	a) Bod yn ddeniadol	a) Bod yn ddeniadol
Cyfrannwr 7	c) Synnwyr digrifwch	ch) Personoliaeth dda
Cyfrannwr 8	ch) Personoliaeth dda	b) Adnoddau
Cyfrannwr 9	c) Synnwyr digrifwch	a) Bod yn ddeniadol
Cyfrannwr 10	ch) Personoliaeth dda	a) Bod yn ddeniadol
Ymatebion moddol y cyfranwyr	**c) Synnwyr digrifwch AC ch) Personoliaeth dda**	**a) Bod yn ddeniadol**

GWAITH I CHI

Rhif 6.18

Mae cwestiynau (a)-(dd) ar y chwith ar y tudalen gyferbyn yn debyg i'r rhai yn yr arholiad ond bod testun wedi'i adael allan o rai ohonyn nhw. Yng nghwestiwn (a), er enghraifft, mae angen cynnwys 'y dull a enwyd'. Yn achos Sefyllfa 1 (gweler y tudalen gyferbyn), 'cydberthyniad' fyddai'r dull. Yn achos Sefyllfa 2, 'arsylwi' fyddai hwnnw.

Ysgrifennwch gwestiwn (a) yn llawn ar gyfer pob un o'r sefyllfaoedd ar y ddau dudalen hyn.

Gwnewch yr un peth ar gyfer cwestiynau (ch) ac (dd) sydd hefyd â thestun ar goll.

Cwestiynau arholiad enghreifftiol ac atebion myfyrwyr

Mae sylwadau'r arholwr ar yr atebion hyn ar dudalen 178.

Mae Tomos wedi dewis ateb cwestiwn 1 a Megan wedi ateb cwestiwn 2.

CWESTIWN 1

Mae tîm o seicolegwyr wrthi'n gwneud arbrawf maes mewn canolfan profion gyrru leol. Maen nhw'n ceisio gweld a yw unigolion hyderus iawn yn gwneud llai o gamgymeriadau mewn prawf gyrru na'r rhai â lefel isel o hyder. Gofynnwyd i'r cyfranwyr farnu maint eu hyder rhwng 0 (dim hyder) a 10 (hyderus iawn). Defnyddiwyd sampl hunanddewisedig (gwirfoddolwyr) o'r rhai a oedd wedi bod yn dysgu gyrru. Yn y tabl isod cewch chi sgorau canolrif y camgymeriadau a wnaed mewn prawf gyrru.

	Sgôr canolrif y camgymeriadau a wnaed mewn prawf gyrru
Hyderus iawn (Sgôr hyder o 6–10)	4
Lefel isel o hyder (Sgôr hyder o 0–5)	6

(a) Amlinellwch **un** fantais ac **un** anfantais o ddefnyddio arbrawf maes yn yr ymchwil hwn. [3]

(b) Nodwch **un** mater o ddibynadwyedd yn yr ymchwil hwn a disgrifiwch sut gallech chi ddelio â'r mater hwn o ddibynadwyedd. [3]

(c) Nodwch **un** mater o ddilysrwydd yn yr ymchwil hwn a disgrifiwch sut gallech chi ddelio â'r mater hwn o ddilysrwydd. [3]

(ch) Amlinellwch **un** fantais ac **un** anfantais o ddefnyddio samplu hunanddewisedig (gwirfoddolwyr) yn yr ymchwil hwn. [3]

(d) Trafodwch **un** mater moesegol a allai godi yn yr ymchwil hwn. [3]

(dd) Nodwch **un** casgliad y gallwch ei dynnu o'r sgorau canolrif yn yr ymchwil hwn. [3]

Ateb Tomos

(a) Mantais arbrawf maes yw y caiff ei gynnal yn y byd go-iawn a bod iddo, felly, fwy o ddilysrwydd ecolegol. Anfantais iddo yw ei bod hi'n fwy anodd i'r ymchwilydd gadw rheolaeth dros newidynnau allanol a all ymyrryd â'r IV a'r DV.

(b) Un mater o ddibynadwyedd yw a oedd arholwyr y prawf gyrru i gyd yn asesu camgymeriadau gyrru yn yr un ffordd. Byddai angen i mi sicrhau eu bod nhw'n gwneud hynny.

(c) Un mater o ddilysrwydd yw a yw'r farn ynghylch 'hyder' yn mesur gwir hyder y rhai sydd wedi bod yn dysgu gyrru. Gallai rhai o'r gyrwyr fod yn rhoi amcangyfrif is o'u hyder am eu bod yn teimlo, efallai, mai'r 'ymateb sy'n gymdeithasol ddymunol' yw bod yn nerfus cyn eich prawf gyrru.

(ch) Mantais yw eu bod nhw lawer yn haws i'r ymchwilydd eu dewis na thechnegau samplu eraill fel samplu cwota. Anfantais samplau hunanddewisedig yw nad ydy'r gwirfoddolwyr ddim o reidrwydd yn cynrychioli'r boblogaeth yn gyffredinol, a gall y rhai sydd ag ychydig iawn o ffydd yn eu sgiliau gyrru fod yn teimlo'n nerfus tu hwnt ac na fydden nhw felly'n awyddus i gyfrannu i'r astudiaeth.

(d) Gallai cyfrinachedd fod yn fater sy'n codi yn yr ymchwil am y gall y cyfranwyr beidio â dymuno i eraill wybod faint o gamgymeriadau a wnaethan nhw yn eu prawf gyrru. Petaen nhw'n gwneud yr ymchwil yn ddienw neu'n defnyddio enw gwneud fel na fyddai neb ond y dysgwr yn gwybod faint o gamgymeriadau a wnaeth yn ei brawf/ei phrawf gyrru, efallai y byddai'r dysgwyr yn teimlo'n fwy cyffyrddus ynglŷn â'r ymchwil.

(dd) Mae'r gwerthoedd canolrif yn dangos bod y dysgwyr oedd o'r farn eu bod yn hyderus iawn wedi gwneud nifer llai o gamgymeriadau (2 gamgymeriad yn llai) na'r dysgwyr isel eu hyder.

CWESTIWN 2

Mae seicolegwyr sy'n ymchwilio i'r campau y mae dynion a merched yn eu chwarae yn dosbarthu holiaduron i asesu: (i) rhyw'r bobl sy'n chwarae campau a (ii) pa gampau sy'n cael eu chwarae. Mae'r seicolegwyr yn defnyddio sampl systematig o'r cwsmeriaid sy'n cyrraedd canolfan hamdden leol. Casglwyd y canlyniadau ynghyd ac fe'u dangosir ar y siart bar isod.

(a) Amlinellwch **un** fantais ac **un** anfantais o ddefnyddio holiadur yn yr ymchwil hwn. [3]

(b) Nodwch **un** mater o ddibynadwyedd yn yr ymchwil hwn a disgrifiwch sut gallech chi ddelio â'r mater hwn o ddibynadwyedd. [3]

(c) Nodwch **un** mater o ddilysrwydd yn yr ymchwil hwn a disgrifiwch sut gallech chi ddelio â'r mater hwn o ddilysrwydd. [3]

(ch) Amlinellwch **un** fantais ac **un** anfantais o ddefnyddio samplu systematig yn yr ymchwil hwn. [3]

(d) Trafodwch **un** mater moesegol a allai godi yn yr ymchwil hwn. [3]

(dd) Nodwch **un** casgliad y gallwch ei dynnu o'r siart bar yn yr ymchwil hwn. [3]

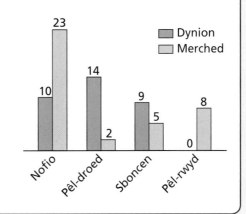

Ateb Megan

(a) Mantais holiaduron yw eu bod yn ddull i ni gasglu data meintiol ac ansoddol yn rhwydd oddi wrth gyfrannwr, fel ei ryw/ei rhyw a pha gamp y mae'n ei chwarae yn y Ganolfan Hamdden. Anfantais yw y gall cyfranwyr ddehongli'r un cwestiwn mewn ffyrdd gwahanol. Gallai un cyfrannwr gredu bod rhaid nodi pob camp y mae'n ei chwarae yn y ganolfan, a gall un arall feddwl bod gofyn nodi'r gweithgarwch y mae'n ei wneud adeg yr ymweliad hwnnw'n unig.

(b) Un mater fyddai a yw'r cyfrannwr yn cymryd rhan yn yr un gweithgareddau bob tro y byddan nhw'n mynd i'r ganolfan ac a ydyn nhw'n gwneud gweithgareddau gwahanol ar ymweliadau gwahanol. Gallai'r ymchwilydd ddefnyddio'r dull prawf-ailbrawf i sefydlu dibynadwyedd drwy ofyn i'r un cyfranwyr lenwi holiadur gweithgareddau y tro nesaf y byddan nhw yn mynd i'r ganolfan hamdden. Os gwnaethon nhw gymryd rhan yn yr un gweithgareddau y ddau dro, byddai'r canlyniadau o ran y gweithgarwch yn ddibynadwy.

(c) Gan mai techneg samplu systematig a ddefnyddiwyd i ddewis y data, gall y data a gafwyd oddi wrth y cyfranwyr yn y ganolfan hamdden hon beidio â chynrychioli'n union nifer y dynion a'r merched sy'n cymryd rhan mewn amrywiaeth o weithgareddau chwaraeon. Gallai'r ymchwilwyr ddefnyddio ffurf ar ddilysrwydd cydamserol drwy ofyn i'r hyfforddwyr yn y ganolfan hamdden asesu proffil o'r gweithgareddau y maen nhw'n eu goruchwylio o ran y ddau ryw.

(ch) Mantais defnyddio samplu systematig yw ei fod yn lleihau unrhyw duedd a all fod gan yr ymchwilydd wrth ddod o hyd i gyfranwyr. Y cyfan y mae angen iddo/iddi ei wneud yw dewis pob n^{fed} cwsmer sy'n cyrraedd y ganolfan hamdden. Anfantais yw nad oes rhaid i gwsmer sydd wedi'i ddewis i gael holiadur yn y ganolfan hamdden lenwi'r holiadur hwnnw na llenwi'r holiadur gweithgareddau.

(d) Gall cydsyniad gwybodus fod yn fater yma am fod y cyfranwyr wedi'u dewis yn hytrach na'u bod wedi gwirfoddoli. Dylai'r cyfranwyr gael gwybod am nod yr ymchwil 'y campau a chwaraeir gan ddynion a merched' a gwybod beth yn union sydd ynghlwm wrth yr ymchwil, (ac y bydd angen llenwi holiadur am 'gymryd rhan mewn chwaraeon') CYN iddyn nhw benderfynu a wnân nhw gymryd rhan.

(dd) Roedd mwy o ddynion na merched yn cymryd rhan mewn pêl-droed a sboncen ond roedd mwy o ferched na dynion yn cymryd rhan mewn pêl-rwyd a nofio.

GRID CYNLLUN MARCIO ADRAN C

Caiff y meini prawf isod eu defnyddio wrth farcio'r atebion i'r cwestiynau ynghylch dulliau ymchwil cymhwysol.

Awgrym yr arholwr

Sylwch: Ni fydd marc yn cael ei roi os bydd myfyriwr yn nodi mater heb roi'r cyd-destun. Os bydd y myfyriwr yn nodi mater ynghyd â'r cyd-destun ond heb nodi ffordd o ddelio â'r mater, caiff 1 marc.

Nifer y marciau	(a) ac (ch) Mae mantais ac anfantais...	(b) ac (c) Dibynadwyedd/dilysrwydd	(d) Mae'r mater moesegol ...	(dd) Mae'r casgliad ...
3	... Wedi'u nodi. Mae'r ddwy wedi'u cysylltu â'r sefyllfa newydd.	Mae'r mater a'r ffordd o ddelio ag ef wedi'u nodi. Mae'r ddau wedi'u cysylltu â'r sefyllfa newydd.	... Wedi'i drafod yn drwyadl. Wedi'i gysylltu'n agos â'r sefyllfa newydd.	... Yn fanwl-gywir ac wedi'i ddatgan yn llawn. Wedi'i gysylltu'n agos â'r sefyllfa newydd.
2	... Wedi'u nodi. Cysylltwyd hwy â'r sefyllfa newydd i ryw raddau.	Mae'r mater a'r ffordd o ddelio ag ef wedi'u nodi. Cysylltwyd hwy â'r sefyllfa newydd i ryw raddau.	... Wedi'i drafod yn rhesymol. Cysylltwyd ef â'r sefyllfa newydd i ryw raddau.	... Yn fanwl-gywir ac wedi'i fynegi. Cysylltwyd ef â'r sefyllfa newydd i ryw raddau.
1	... Wedi'u nodi. Dim cysylltiad â'r sefyllfa newydd.	Mae'r mater a'r ffordd o ddelio ag ef wedi'u nodi. Dim cysylltiad â'r sefyllfa newydd.	... Wedi'i drafod. Dim cysylltiad â'r sefyllfa newydd.	... Yn fanwl-gywir ac wedi'i fynegi. Dim cysylltiad â'r sefyllfa newydd.
0	... Heb fod yn briodol.	Heb fod yn briodol NEU heb roi sylw i'r mater.	... Heb fod yn briodol NEU heb drafod y mater.	... Heb fod yn fanwl-gywir nac yn briodol.

Dyna chi wedi cyrraedd diwedd Uned 2 ac rydych chi'n barod i sefyll yr arholiad! Llongyfarchiadau. Ar y ddau dudalen hyn rydyn ni wedi cynnig sawl syniad y gallwch chi ei ddefnyddio yn y dosbarth, ac ar eich pen eich hun, i adolygu'r hyn rydych chi wedi'i ddysgu.

Bingo yr astudiaethau craidd

1. Defnyddiwch y crynodebau ar ddiwedd Pennod 5 (tudalennau 128-130) i lunio grid fel yr un isod. Ym mhob sgwâr, ysgrifennwch 'ffaith' am y gwahanol rannau o'r astudiaethau craidd (h.y. y cyd-destun a'r nodau, y trefniadau, y darganfyddiadau a'r casgliadau). Fe allech chi, er enghraifft, ysgrifennu 'Defnyddiodd ef 123 o fyfyrwyr gwryw o goleg' i ddisgrifio trefniant Asch.
2. Ar ôl i chi lenwi'ch grid, cyfnewidiwch ef â myfyriwr arall.
3. Lluniwch slipiau o bapur ar gyfer y galwr. Dylech chi fod â thri slip o bapur ar gyfer pob astudiaeth achos. Er enghraifft:
   - Asch – y cyd-destun a'r nodau.
   - Asch – y trefniadau.
   - Asch – y darganfyddiadau a'r casgliadau.
   Erbyn y diwedd, dylai fod gennych chi 30 slip o bapur.
4. Rhowch y slipiau mewn het. Gofynnwch i rywun (y galwr) dynnu un slip ar y tro a chyhoeddi enw'r ymchwilydd a'r rhan o'r astudiaeth. Er enghraifft, gallai'r galwr ddweud 'Asch – y trefniadau' neu 'Milgram – y cyd-destun a'r nodau'. Bob tro y bydd y galwr yn datgelu enw a rhan yr ymchwilydd, edrychwch i weld a oes gennych chi'r ffaith ar eich cerdyn bingo. Os oes, rhowch groes drwyddi. Trefnwch i wobrau fod ar gael am linell ac am y cyfan!
5. Gallech chi estyn hyn i gynnwys methodoleg a thystiolaeth arall ar gyfer pob astudiaeth.

B	I	N	G	O
Defnyddiodd 123 o fyfyrwyr gwryw o goleg.	Gallai gofio 30 o eiriau erbyn diwedd 22 mis.	Roedd gan y generadur siociau 30 o switshis arno.	Yn arbrawf 1 roedd 45 o fyfyrwyr. Yn arbrawf 2 roedd 150 o fyfyrwyr.	
Y nod oedd rhoi prawf ar y rhagdybiaeth bod 'Almaenwyr yn wahanol'.	Roedd y sampl yn cynnwys tair gwraig a phum dyn.	Y nod oedd ymchwilio i'r gwahaniaethau rhwng hoffter gwrywod a benywod o ran cymar.	Cynhwyswyd 36 o fabanod dynol 6–14 mis oed.	
Llygod mawr a ofnid fwyaf. Cwningod a buchod coch cwta a ofnid leiaf.	Llenwyd fersiwn milwrol o'r Rhestr o Brofiadau Diweddar.	Cafodd holiaduron i asesu hapusrwydd eu gweinyddu gan y cynorthwywyr ymchwil.	Caiff manwl-gywirdeb o ran manylion digwyddiad cymhleth ei aflunio drwy ofyn cwestiynau arweiniol.	
Bydd cynyddu'r ymwybyddiaeth o gyfrifoldeb personol yn arwain at welliant.	Tri babi yn unig a geisiodd gropian i'r ochr ddofn.	Llenwodd holiadur pan ddaeth i ganolfan iechyd.	Yn yr ysbyty am rhwng 7–52 diwrnod.	

Welwch chi'r camgymeriadau? – Milgram

Isod mae ateb i'r cwestiwn: Amlinellwch drefniadau ymchwil Milgram (1963) 'Astudiaeth ymddygiadol o ufudd-dod'. [12 marc]

1. Nodwch y gwallau yn yr ateb.
2. Ailysgrifennwch yr ateb gan gynnwys y wybodaeth gywir ynddo.

Dewiswyd 30 o wrywod drwy roi hysbyseb mewn papur newydd. Roedd ganddyn nhw amrywiaeth o swyddi ac roedd lefel eu haddysg yn amrywio. Talwyd $45.00 i bob dyn am gymryd rhan yn yr arbrawf.

Gwnaed yr ymchwil ym Mhrifysgol Harvard. Mae 'cyfrannwr' arall (cynghreiriwr i Milgram) yn bresennol, ynghyd ag arbrofwr. Cawsai'r dewis o rolau ei drefnu ymlaen llaw. Cafodd y cyfrannwr go-iawn bob amser ei neilltuo i rôl y dysgwr a'r cynghreiriwr bob amser i rôl yr athro.

Mae'r athro'n gweld dysgwr yn cael ei strapio i gyfarpar 'cadair drydan'. Dywedir wrth yr athro fod yr electrod hwnnw wedi'i gysylltu â generadur siociau yn yr ystafell nesaf. Caiff yr athro'i roi i eistedd o flaen y generadur siociau, sef peiriant mawr â 25 o switshis arno, a phob un yn dangos cynnydd yn y foltedd o 15 folt i ddechrau a chodi i 350. Mae gofyn i'r athro roi sioc pan fydd y dysgwr yn rhoi ateb, gan symud un switsh i fyny bob tro y bydd y dysgwr yn rhoi ateb anghywir.

Yn y pen draw, mae'r dysgwr yn dechrau protestio ac yn sgrechian ar ôl cael y siociau. Os bydd yr athro'n petruso ynghylch rhoi'r sioc, mae'r arbrofwr yn ei ysgogi gan ddweud pethau fel 'Mae'r arbrawf yn mynnu'ch bod chi'n mynd ymlaen'. Roedd ar Milgram eisiau gwybod a fyddai'r athrawon, ar ôl clywed protestiadau'r dysgwr, yn parhau i roi'r siociau ac, os bydden nhw'n ufuddhau, ar ba foltedd y bydden nhw'n rhoi'r gorau iddi. Gwnaeth ef arsylwadau manwl hefyd ynghylch ymddygiad y dysgwr.

Ar ôl i'r ymchwil gael ei gwblhau, datgelwyd y twyll yn llawn i'r dysgwr ac yna fe'i cyfwelwyd ynglŷn â'i brofiad.

Gallwch chi lunio'ch gêm 'gweld y gwallau' eich hun ar gyfer yr astudiaethau craidd eraill. Yn achos pob astudiaeth graidd, mae pum cwestiwn (ac ateb) posibl mewn arholiad – ac felly mae gennych chi lawer i'w wneud.

Dulliau ymchwil: eu manteision a'u hanfanteision

Lluniwch dabl fel yr un isod. Nodwch fantais ac anfantais ar gyfer pob dull ymchwil a dull samplu unigol.

		Mantais	Anfantais
Y dull ymchwil	Arbrawf labordy		
	Arbrawf maes		
	Arbrawf naturiol		
	Cydberthyniad		
	Arsylwi		
	Holiadur		
	Cyfweliad		
	Astudiaeth achos		
Y dull samplu	Cyfle		
	Cwota		
	Hapsamplu		
	Hunanddewisedig (gwirfoddolwyr)		
	Wedi'i haenu		
	Systematig		

Geirfa dulliau ymchwil

Tua dechrau Pennod 6, fe awgrymon ni'ch bod chi'n cadw llyfr nodiadau ac yn rhoi'r holl eiriau allweddol ynddo – **Llyfr Geirfa Dulliau Ymchwil**.

Gallwch chi ddefnyddio'r geiriau i chwarae gêm adolygu. Ysgrifennwch air allweddol ar gerdyn a diffiniad byr iawn ohono ar gerdyn arall. Gallwch chi chwarae amryw o gemau gyda'r cardiau hynny, fel y rhai isod.

- **Canolbwyntio** Rhowch yr holl gardiau wyneb i waered yn ddi-drefn. Trowch ddau gerdyn drosodd. Os byddan nhw'n cyd-fynd (y gair a'r diffiniad ohono), cewch chi gadw'r cardiau a chael cynnig arall. Os nad ydyn nhw'n cyd-fynd, trowch nhw drosodd unwaith eto a chaiff y chwaraewr nesaf ei dro/ei thro. Yr enillydd fydd y sawl sydd â'r nifer fwyaf o gardiau erbyn i bob un gael ei baru.
- **Bingo** Dosbarthwch y cardiau â diffiniadau i bob aelod o'r dosbarth (gallwch chi ysgrifennu'r diffiniadau ar fwy nag un cerdyn er mwyn i bob aelod o'r dosbarth gael naw cerdyn). Bydd y geiriau allweddol i gyd gan y galwr bingo a bydd hwnnw/honno'n eu darllen yn uchel, un ar y tro. Trowch eich cerdyn drosodd os caiff y gair allweddol ar y cerdyn ei alw. Chwaraewch tan i rywun fod wedi troi pob un o'i gardiau/ei chardiau drosodd a galw BINGO!
- **Dominos** Defnyddiwch y geiriau allweddol a'r diffiniadau i wneud set o ddominos.

dilysrwydd	Y cyfranwyr sydd ar gael		sampl gyfle	Dull o sefydlu dibynadwyedd		prawf-ailbrawf	Dull ymchwil sydd ag IV a DV

- **Cwis** Rhannwch y dosbarth yn dimau. Cychwynnwch drwy gael dau dîm i chwarae yn erbyn ei gilydd. Dylai'r cwisfeistr ddarllen diffiniad yn uchel, a rhaid i'r tîm cyntaf adnabod y gair allweddol. Os bydd y tîm yn rhoi'r ateb cywir, caiff dro arall. Daw'r gêm i ben pan fydd 30 o gardiau wedi'u darllen yn uchel. Yna, caiff y cardiau diffiniad eu haildrefnu ar hap a bydd y tîm nesaf yn chwarae enillydd yr ornest gyntaf.

Mae dyn swil iawn yn mynd i dafarn ac yn gweld merch brydferth yn eistedd wrth y bar. Ar ôl treulio awr yn magu hyder, fe aiff draw ati a gofyn yn ofnus, 'Oes modd cael sgwrs?'

Ei hymateb hi yw gweiddi mor uchel ag y gall, 'NA WNA! Wna i ddim cysgu gyda chi heno!' Erbyn hyn, mae pawb yn y bar yn syllu arnyn nhw. Yn naturiol ddigon, mae'r dyn yn teimlo'n ddychrynllyd o annifyr ac yn mynd yn ôl i'w fwrdd.

Ar ôl ychydig funudau, daw'r wraig draw ato ac ymddiheuro. Mae'n gwenu ac yn dweud, 'Mae'n flin gen i os gwnes i i chi deimlo'n embaras. Myfyrwraig seicoleg ydw i ac rwy wrthi'n astudio sut mae pobl yn ymateb i sefyllfaoedd embaras.'

Ei ymateb yw gweiddi nerth ei ben, 'Beth wyt ti'n ei feddwl, £200!'

PENNOD 1 YR YMAGWEDD FIOLEGOL (TUDALEN 16)

Enghraifft o Gwestiwn 2

Sylwadau ar ateb Megan
Am nad oes tystiolaeth o unrhyw gysylltiad rhwng yr ymagwedd a'r therapi, does dim modd gosod yr ateb hwn yn 2 fand uchaf y cynllun marcio (7 marc neu well). Er bod yr ateb yn dangos gwybodaeth a dealltwriaeth o'r ffordd y bydd sawl therapi'n gweithio, cyfyngedig yw'r manylion. Byddai'r ateb hwn yn cael **5 marc allan o 12**.

Sylwadau ar ateb Tomos (isod)
Mae'r cysylltiad rhwng yr ymagwedd a'r therapi yn eithriadol o glir ar ddechrau'r traethawd hwn. Mae Tomos wedi disgrifio'r therapi'n gywir ac yn fanwl. Er bod yma fwy o ehangder (ystod) na dyfnder, mae'n ymhelaethu'n gydlynol ar ddisgrifiadau o'r mathau gwahanol o gemotherapi. Mae hwn yn ateb da iawn ac fe fyddai'n cael **12 marc allan o 12**.

Ateb Tomos
Mae'r ymagwedd fiolegol yn credu bod pob ymddygiad yn ffisiolegol ei natur. Un o brif dybiaethau'r ymagwedd fiolegol yw bod modd egluro'n hymddygiad gan y negeseuwyr cemegol yn yr ymennydd. Niwrodrosglwyddyddion yw'r enw arnyn nhw. Mae cemotherapi'n therapi sy'n seiliedig ar yr ymagwedd hon ac, ar sail y dybiaeth honno, ei nod yw trin unigolion drwy addasu'r ffordd y mae'r ymennydd yn gweithio a newid gweithgaredd niwrodrosglwyddyddion.

Cemotherapi yw'r term a ddefnyddir i ddisgrifio defnyddio cyffuriau seicoactif i drin anhwylderau'r meddwl. Bydd cyffuriau gwrthiselder, er enghraifft, yn gweithio ar y niwrodrosglwyddydd serotonin am mai'r farn yw bod iselder meddwl yn deillio o beidio â bod â digon o hwnnw. Fel rheol, bydd y cyffuriau'n gweithio drwy arafu cyfradd ailamsugno rhai trosglwyddyddion penodol i bennau'r nerfau. Er enghraifft, bydd SSRIs (atalwyr detholus ailymgymryd serotonin – selective serotonin reuptake inhibitors) yn gweithio drwy flocio'r mecanwaith sy'n ailamsugno serotonin i'r synaps. Canlyniad hynny yw gadael mwy o serotonin yn y synaps a lleihau'r teimlad o iselder ysbryd (gobeithio).

Defnyddir cyffuriau gwrthseicotig i drin anhwylderau fel sgitsoffrenia. Defnyddir clorpromasin, er enghraifft, i ymladd symptomau cadarnhaol sgitsoffrenia. Bydd y cyffur hwnnw'n blocio gweithrediad y niwrodrosglwyddydd dopamin. Mae'r 'rhagdybiaeth dopamin' yn cynnig bod cynyddu'r lefelau o ddopamin yn arwain at symptomau sgitsoffrenia.

Ymysg y ffurfiau poblogaidd eraill ar gemotherapi mae trin anhwylderau gorbryder. Fe'u defnyddir yn gyffredin i drin y rhai sy'n dioddef o straen ac ymosodiadau o banig. Bydd beta-blocwyr, er enghraifft, yn lleddfu gorbryder drwy weithredu ar y brif system nerfol gan ostwng lefelau'r adrenalin a'r noradrenalin, neu eu rhwymo'u hunain wrth dderbynyddion y galon gan arafu curiad y galon a gostwng pwysedd gwaed. Dylai hynny yn ei dro achosi i'r unigolyn deimlo llai o gynnwrf a phryder.

Mae defnyddio cemotherapi wedi bod yn ffordd lwyddiannus o drin amrywiaeth o anhwylderau seicolegol, ac mae ef ar gael yn eang. Yn ôl Viguera ac eraill (2000) mae dros 60% o gleifion sydd ag anhwylder deubegwn yn gwella pan gymeran nhw lithiwm.

Enghraifft o Gwestiwn 5

Sylwadau ar ateb Megan
Dydy hi ddim yn glir o ddechrau'r ateb hwn ym mha ffyrdd y mae'r dull yn berthnasol i dybiaethau'r ymagwedd (h.y. pam y mae'r dull hwn yn briodol i'r ymagwedd fiolegol). Er ei fod yn ateb sy'n gwerthuso cryfderau a gwendidau arbrofion labordy yn rhesymol, y mater dan sylw yma yw y gallai'r ymgeisydd fod wedi dysgu'r ateb hwn ar ei chof ac wedi'i gymhwyso at ymagweddau eraill (e.e. yr un wybyddol). I ymgeiswyr gyrraedd bandiau uchaf y marciau, dylen nhw ddangos yn glir sut mae'r fethodoleg yn briodol i'r ymagwedd, yn ogystal â darparu tystiolaeth o'i chryfderau a'i gwendidau. Bydd defnyddio enghreifftiau perthnasol o ymchwil yn eu helpu i wneud hynny.

Yma, does dim ond datgan un dull a ddefnyddir gan yr ymagwedd fiolegol, ynghyd â gwerthuso rhesymol, a dyna pam na fyddai'r ateb hwn ond **5 marc allan o 12**.

Sylwadau ar ateb Tomos
Mae'r fethodoleg wedi'i hegluro'n glir ac yn hynod berthnasol i'r ymagwedd. Mae strwythur clir i'r ateb ac mae'n gydlynol ar y cyfan. Mae'n amlygu ystod a dyfnder, ac mae'r cryfderau a'r gwendidau a nodir ynddo'n fanwl-gywir ac yn berthnasol. O fewn yr amser, mae hwn yn ateb da iawn, ac er y gellid bod wedi ymhelaethu'n fwy cydlynol ynghylch rhai cryfderau/gwendidau, mae hwn yn dal i fod yn ateb yn y band uchaf, ac fe fyddai'r ateb hwn yn cael **11 o farciau allan o 12**.

PENNOD 2 YR YMAGWEDD YMDDYGIADOL (TUDALEN 30)

Enghraifft o Gwestiwn 1(a) a (b)

Sylwadau ar ateb Megan
1 (a) Mae Megan wedi amlinellu dwy dybiaeth berthnasol yn fanwl. Byddai'r ateb hwn yn cael **4 marc allan o 4**.

1 (b) Dyma ddisgrifiad cyffredinol a da o brif elfennau'r ddamcaniaeth dysgu cymdeithasol ynghylch ymosodedd. Mae'r holl ddeunydd yn berthnasol i'r ateb ac fe'i defnyddir yn effeithiol. Ceir ystod a dyfnder da o enghreifftiau perthnasol. Mae'r ateb hwn yn cyrraedd y band uchaf ac fe fyddai'n cael **8 marc allan o 8**.

Sylwadau ar ateb Tomos
1 (a) Mae Tomos wedi amlinellu dwy o dybiaethau perthnasol yr ymagwedd ymddygiadol, ond maen nhw'n fyr iawn a does dim ymdrech i ymhelaethu arnyn nhw. Byddai'r ateb hwn yn cael **1 marc allan o 4** am nad oes digon o fanylion iddo haeddu cael mwy na hynny.

1 (b) Er bod ymchwil Bandura yn hynod o berthnasol wrth gefnogi'r ddamcaniaeth dysgu cymdeithasol ynghylch ymosodedd, mae Tomos yn dangos gwybodaeth gyfyngedig o'r ddamcaniaeth ei hun. Disgrifir astudiaeth Bandura yn gywir, a cheir rhywfaint o gysylltu yn gysylltiedig â'r ddamcaniaeth ar ddiwedd yr ymateb. Gan fod sawl fersiwn o astudiaeth Bandura o'r ddol Bobo, dylai ymgeiswyr ofalu peidio â drysu rhwng y trefniadau, fel y gwnaeth Tomos yma. Oherwydd y wybodaeth gyfyngedig a ddangosir o'r ddamcaniaeth dysgu cymdeithasol ynghylch ymosodedd, fe fyddai'r ateb hwn yn cael **3 marc allan o 8**.

PENNOD 3 YR YMAGWEDD SEICODYNAMIG (TUDALEN 44)

Enghraifft o Gwestiwn 1(a)

Sylwadau ar ateb Megan
Mae Megan wedi nodi dwy dybiaeth berthnasol yn gywir, ond heb fanylu digon. At ei gilydd, byddai angen manylu rhagor ar bob tybiaeth i gael marciau yn y band uchaf. Byddai'r ateb hwn yn cael **2 farc allan o 4**.

Sylwadau ar ateb Tomos
Mae Tomos wedi disgrifio dwy dybiaeth berthnasol yn gywir ac yn fanwl. Gan fod yma amlinelliad realistig o ddwy dybiaeth berthnasol yn yr amser a oedd ar gael, byddai'r ateb hwn yn cael **4 marc allan o 4**.

Enghraifft o Gwestiwn 2

Sylwadau ar ateb Megan
Mae Megan wedi llunio disgrifiad da, cywir a manwl, ar y cyfan, o ryddgysylltu. Ond gwaetha'r modd, does dim cysylltiad rhwng yr ymagwedd a'r therapi, ac felly chaiff hi ddim marciau yn y ddau fand uchaf. Dyma gamgymeriad cyffredin y bydd ymgeiswyr yn ei wneud pan fydd cwestiwn yn gofyn yn glir iddyn nhw ddisgrifio 'sut y mae'r ymagwedd _____ wedi'i cael ei chymhwyso mewn _____'. Byddai'r ateb hwn yn cael **6 marc allan o 10**.

Sylwadau ar ateb Tomos
Mae Tomos wedi llunio ateb da yn yr amser a gafodd. Mae'r disgrifiad o'r therapi yn gywir ac yn rhesymol o fanwl. Mae'n gydlynol ar y cyfan ac yn defnyddio'r deunydd yn effeithiol. Mae'r cysylltiad rhwng yr ymagwedd a'r therapi'n gwbl amlwg ar ddechrau'r ateb. Gallai Tomos fod wedi cael y marciau llawn drwy fod ychydig yn fwy trwyadl, er enghraifft, wrth ddisgrifio gwaith breuddwydion. Byddai'r ateb hwn yn cael **10 marc allan o 12**.

PENNOD 4 YR YMAGWEDD WYBYDDOL (TUDALENNAU 58 A 59)

Enghraifft o Gwestiwn 1(b)

Sylwadau ar ateb Megan
Mae ateb Megan yn gywir ac yn fanwl. Mae'n amlygu ystod a dyfnder o wybodaeth ac wedi defnyddio enghreifftiau'n effeithiol i ddarlunio'i gwybodaeth o'r ddamcaniaeth. Mae'r ateb yn gydlynol a'r deunydd wedi'i ddefnyddio'n effeithiol. Byddai'r ateb hwn yn cael marciau llawn, sef **8 marc allan o 8**.

Sylwadau ar ateb Tomos
Mae Tomos wedi rhoi disgrifiad sylfaenol o ddamcaniaeth briodoli. Er bod yma ystod o wybodaeth, cyfyngedig yw'r disgrifiad ohoni ac mae'n ddryslyd hwnt ac yma. Mae'r deunydd yn berthnasol i'r cwestiwn ac mae'r enghreiftiau a ddefnyddir yn dangos peth dealltwriaeth. Byddai'r ateb hwn yn cael **5 marc allan o 8**.

Enghraifft o Gwestiwn 3 (a) a (b)

Sylwadau ar ateb Megan
3 (a) Ar y cyfan, mae hwn yn ateb cryf iawn. O ran y cryfderau, caiff dau gryfder eu gwerthuso a'u hesbonio'n glir, ac maen nhw'n berthnasol i'r ymagwedd. Byddai Megan yn cael **6 marc allan o 6**.

3 (b) Am fod yr ateb yn egluro'r ddau wendid yn glir ac yn drwyadl, byddai'r ateb hwn hefyd yn cael **6 marc allan o 6**.

Sylwadau ar ateb Tomos
3 (a) Mae Tomos wedi cychwyn drwy ddisgrifio un o dybiaethau'r ymagwedd wybyddol heb fod angen ei chynnwys yn yr ateb am ei fod yn gofyn disgrifio'r cryfderau/gwendidau. Fe dderbynnir, er hynny, fod peth disgrifio'n angenrheidiol i 'arwain' at drafod cryfder/gwendid perthnasol. Am fod yr ateb yn trafod manylion dau o'r cryfderau mewn ffordd go sylfaenol, felly byddai rhan (a) yn cael **2 farc allan o 6**.

3 (b) O ran y gwendidau, un gwendid yn unig y mae Tomos wedi'i werthuso, ond gan iddo wneud hynny'n rhesymol o fanwl, byddai'r ateb hwn yn cael **2 farc allan o 6**.

Enghraifft o Gwestiwn 5

Sylwadau ar ateb Megan
Mae ateb Megan yn gywir ac yn fanwl. Mae hi wedi disgrifio dau ddull a ddefnyddir gan yr ymagwedd wybyddol ac wedi rhoi gwybod am gryfderau a gwendidau'r naill a'r llall. Yn bwysicach na dim, mae hi wedi cysylltu ei thrafodaeth o'r dulliau yn benodol â'r ymagwedd wybyddol ac felly bydd Megan yn cael **12 marc allan o 12**.

Sylwadau ar ateb Tomos
Er bod ateb Tomos yn dangos y fethodoleg yn glir ac er bod tystiolaeth o sawl cryfder a gwendid, mae'r ateb yn brin o berthnasedd i'r ymagwedd ei hun; hynny yw, does dim eglurhad da o'r fethodoleg fel y'i defnyddir gan yr ymagwedd wybyddol. Gallai'r dull a ddisgrifir yma fod yn gymwys i'r ymagwedd ymddygiadol neu fiolegol, ac er mwyn i'r ateb gyfleu dyfnder a pherthnasedd, dylai Tomos fod wedi'i osod yn ei gyd-destun. Gallai, er enghraifft, fod wedi rhoi enghraifft o ddefnyddio'r dull arbrofol wrth wneud ymchwil ym maes seicoleg wybyddol. Byddai'r ateb hwn yn cael **6 marc allan o 12**.

PENNOD 5 ASTUDIAETH GRAIDD 1 ASCH (TUDALEN 73)

Enghraifft o Gwestiwn 2

Sylwadau ar ateb Megan
Mae ateb Megan yn cynnwys peth gwybodaeth am drefniadau Asch, ond ceir hefyd gryn dipyn o wybodaeth eithaf diangen am y nodau a'r darganfyddiadau. Arwynebol, ar y cyfan, yw'r manylion am y trefniadau; **3 marc allan o 12.**

Sylwadau ar ateb Tomos
Mae ateb Tomos yn rhesymol o gywir a manwl. Mae ar waelod y band marciau uchaf am ei fod heb gynnwys ambell ffaith allweddol, fel nifer y cyfranwyr a ddefnyddiwyd gan Asch; **10 marc allan o 12.**

PENNOD 5 ASTUDIAETH GRAIDD 2 MILGRAM (TUDALEN 79)

Enghraifft o Gwestiwn 1

Sylwadau ar ateb Megan
Mae ateb Megan yn fyr a'r disgrifiad o'r cynnwys yn arwynebol. Am nad oes iddo ddim nod clir chwaith, **2 farc allan o 12.**

Sylwadau ar ateb Tomos
Ar yr olwg gyntaf, mae ateb Tomos i'w weld yn gywir ac yn fanwl. Mae'n 'llawn dop' o gyd-destun priodol! Ond dydy Tomos ddim yn ateb y cwestiwn yn llawn am na soniodd am nod Milgram, ac mae hynny'n effeithio'n ddifrifol ar ei farc. Petai Tomos wedi cynnwys nod byr, hyd yn oed, byddai hynny wedi gwthio'i farc i'r band uchaf, ond all arholwyr ddim ond rhoi marc am yr hyn sydd wedi'i ysgrifennu; **6 marc allan o 12.**

PENNOD 5 ASTUDIAETH GRAIDD 3 RAHE AC ERAILL (TUDALEN 85)

Enghraifft o Gwestiwn 3

Sylwadau ar ateb Megan
Mae ateb Megan yn gywir ac yn fanwl. Rhestrir digonedd o ddarganfyddiadau ac mae'r casgliadau'n briodol. Er bod yr ateb yn manylu mwy ar y darganfyddiadau na'r casgliadau, does dim angen cydbwysedd cyfartal rhyngddyn nhw – er y byddai manylu ychydig yn fwy ar y casgliadau wedi rhoi'r marc uchaf i'r ateb hwn, **11 marc allan o 12.**

Sylwadau ar ateb Tomos
Mae ateb Tomos yn arwynebol. Am fod y gosodiadau ynddo'n niwlog iawn, dim ond **2 farc allan o 12.**

PENNOD 5 ASTUDIAETH GRAIDD 4 BENNETT-LEVY A MARTEAU (TUDALEN 91)

Enghraifft o Gwestiwn 4

Sylwadau ar ateb Megan
Er bod yr ateb wedi ymdrin ag ystod resymol o faterion methodolegol, trafod eithaf sylfaenol sydd arnyn nhw gan mwyaf. Byddai trafodaeth fwy trylwyr ar y materion sy'n cael eu codi wedi gwella'r marc yn bendant; **5 marc allan o 12.**

Sylwadau ar ateb Tomos
Mae'n cynnwys peth gwerthuso cydlynol ar ambell fater methodolegol, ond ar y cyfan mae hyd a lled y drafodaeth yn gosod yr ateb hwn ym mand marciau 7–9. Os byddai Tomos wedi cynnwys rhagor o drafod o safon debyg, gallai'r marc fod wedi bod yn y band uchaf, ac felly dim ond **8 marc allan o 12.**

PENNOD 5 ASTUDIAETH GRAIDD 5 LOFTUS A PALMER (TUDALEN 97)

Enghraifft o Gwestiwn 6

Sylwadau ar ateb Megan
Mae ateb Megan yn disgrifio peth tystiolaeth arall sy'n briodol, ond o'r tri darn o dystiolaeth a ddisgrifiwyd, un yn unig ohonyn nhw sydd wedi'i gysylltu o gwbl ag ymchwil Loftus a Palmer; **4 marc allan o 12**.

Sylwadau ar ateb Tomos
Mae ateb Tomos yn gydlynol ac wedi'i strwythuro'n glir. Mae pob darn o dystiolaeth yn briodol ac wedi'i gysylltu'n glir ag ymchwil Loftus a Palmer. Ond mae'r disgrifiad o'r dystiolaeth arall yn ddwy ran o dair o'r ateb. Os byddai Tomos ond wedi cynyddu ychydig ar ei drafodaeth o'r ffordd y mae'r dystiolaeth arall yn perthnasu ag ymchwil Loftus a Palmer, gallai fod wedi cael y marc uchaf. Ond heb y cysylltiadau hynny â'r astudiaeth graidd cyfyngir ei farc i **10 marc allan o 12**.

PENNOD 5 ASTUDIAETH GRAIDD 6 GARDNER A GARDNER (TUDALEN 103)

Enghraifft o Gwestiwn 1

Sylwadau ar ateb Megan
Mae ateb Megan yn rhesymol o gywir ond heb fanylu digon. Am ei fod yn cynnwys y cyd-destun a'r nod, gall gyrraedd hanner uchaf y marciau; **8 marc allan o 12**.

Sylwadau ar ateb Tomos
Mae ateb Tomos yn dangos gwybodaeth sylfaenol iawn o'r cyd-destun priodol, a nod byr; **4 marc allan o 12**.

PENNOD 5 ASTUDIAETH GRAIDD 7 LANGER A RODIN (TUDALEN 109)

Enghraifft o Gwestiwn 3

Sylwadau ar ateb Megan
Dydy ateb Megan ddim yn briodol gan mwyaf, ac mae'n amlwg nad ydy'r casgliad yn briodol. Ond mae'n fwy na thebyg y câi hi farc bach am fod elfen o wir yn y ffaith fod y grŵp â chyfrifoldeb wedi cael planhigion i ofalu amdanyn nhw ac iddyn nhw fod â sgôr uwch o ran eu hapusrwydd ar ddiwedd yr ymchwil; **1 marc allan o 12** (o drwch blewyn!).

Sylwadau ar ateb Tomos
Mae ateb Tomos yn eithriadol o fanwl ac mae ei holl 'ffeithiau' yn gwbl gywir. Yn wir, mae'n fwy na thebyg iddo ysgrifennu mwy nag y mae ei angen i gael **12 marc allan o 12**.

PENNOD 5 ASTUDIAETH GRAIDD 8 GIBSON A WALK (TUDALEN 115)

Enghraifft o Gwestiwn 2

Sylwadau ar ateb Megan
Mae ateb Megan yn disgrifio'r trefniadau yn gywir ac yn fanwl. Dydy hi ddim wedi ceisio llenwi ei hateb â manylion na fyddai'n ennill marciau iddi. Ond braidd yn fyr yw ei hateb ac mae hi heb gynnwys llu o fanylion allweddol, fel rhai o'r amrywiadau ar y trefniadau a ddefnyddiwyd ar anifeiliaid heblaw pobl (e.e. rhoi prawf ar lygod mawr fel na allen nhw gyffwrdd â'r arwyneb gwydr â'u wisgers). Os byddai wedi cynnwys rhagor o'r manylion hynny, gallai fod wedi cael y marc uchaf; **10 marc allan o 12**.

Sylwadau ar ateb Tomos
Mae ateb Tomos yn cychwyn yn dda, ond mae'n gyfyngedig am fod y rhan fwyaf ohono'n sôn am y darganfyddiadau yn hytrach na'r trefniadau. Sylfaenol a chyfyngedig yw'r cynnwys addas; **5 marc allan o 12**.

PENNOD 5 ASTUDIAETH GRAIDD 9 BUSS (TUDALEN 121)

Enghraifft o Gwestiwn 4

Sylwadau ar ateb Megan

Mae ateb Megan yn wirioneddol arwynebol. Y cyfan a wnaiff yw nodi cwpwl o faterion methodolegol y dylid eu trafod ymhellach; **2 farc allan o 12**.

Sylwadau ar ateb Tomos

Mae ateb Tomos yn drafodaeth glir a chydlynol. Mae'r sylwadau'n drylwyr ac wedi'u strwythuro'n dda. Mae'n amlwg bod Tomos wedi ystyried yr hyn y gellid ei gynnwys mewn ateb i'r cwestiwn, a hynny cyn ei ysgrifennu o fewn amser penodol. Mae wedi cynnwys dyfyniad yn ei ateb ac mae hynny'n dangos iddo ddarllen y tu hwnt i'r gwerslyfr, wedi astudio'r erthygl wreiddiol ac wedi ychwanegu ei fanylion ei hun. Mae'n llawn haeddu **12 marc allan o 12**.

PENNOD 5 ASTUDIAETH GRAIDD 10 ROSENHAN (TUDALEN 127)

Enghraifft o Gwestiwn 6

Sylwadau ar ateb Megan

Yn ateb Megan ceir cydbwysedd rhesymol rhwng disgrifio'r dystiolaeth arall a'i defnyddio hi i asesu ymchwil Rosenhan. Os byddai Megan wedi cynnwys trafodaeth ychydig yn fwy trwyadl neu ddarn pellach o dystiolaeth arall a thrafod hwnnw lawn cystal, gallai'r ateb hwn fod yn y band uchaf. Fel y mae, chaiff yr ateb hwn ddim mwy nag **8 marc allan o 12**.

Sylwadau ar ateb Tomos

Dyma sylw treiddgar iawn. Mae'n drueni nad oes ond un darn o dystiolaeth arall am fod hynny'n golygu na allai'r ateb byth â chael mwy na 6 marc; **4 marc allan o 12**.

PENNOD 6 DULLIAU YMCHWIL CYMHWYSOL (TUDALENNAU 170 AC 171)

Cwestiwn 1

Sylwadau ar ateb Tomos

1. (a) Mae'r ateb wedi nodi mantais ac anfantais briodol o arbrawf maes; ond am nad yw'r fantais na'r anfantais ddim wedi'i chysylltu â'r sefyllfa, **1 marc allan o 3**.
1. (b) Nodwyd mater priodol o ran dibynadwyedd ac fe'i cysylltwyd â'r sefyllfa, ond dydy'r dull a ddefnyddiwyd i ddelio ag ef ddim yn wirioneddol briodol ac ni chysylltwyd mohono â'r sefyllfa; **1 marc allan o 3**.
1. (c) Er bod mater priodol o ddilysrwydd yn bresennol ac wedi'i drafod yn drylwyr a'i gysylltu'n glir â'r sefyllfa, does dim disgrifiad bosibl o ddelio â'r mater; **1 marc allan o 3**.
1. (ch) Mantais ac anfantais briodol o samplu hunanddewisedig. Ond yr anfantais yn unig sydd wedi'i chysylltu â'r sefyllfa; **2 farc allan o 3**.
1. (d) Trafodaeth briodol ar fater moesegol perthnasol ac un sydd â llawer o gysylltiadau â'r sefyllfa; **3 marc allan o 3**.
1. (dd) Casgliad priodol sydd wedi'i seilio ar y gwerthoedd canolrif ac wedi'i gysylltu'n glir â'r sefyllfa; **3 marc allan o 3**.

Cwestiwn 2

Sylwadau ar ateb Megan

2. (a) Nodwyd mantais ac anfantais briodol a chysylltir yn naill a'r llall yn glir â'r sefyllfa. Felly: **3 marc allan o 3**.
2. (b) Mae mater priodol o ddibynadwyedd, a ffordd briodol o ddelio ag ef, wedi'u nodi a'r naill a'r llall wedi'i gysylltu'n glir â'r sefyllfa; **3 marc allan o 3**.
2. (c) Er bod y mater o ddilysrwydd yn deillio o ddiffyg yn y dechneg samplu, mae'n dal i fod yn fater priodol o ddilysrwydd! Mae'r mater a nodwyd, a'r ffordd o ymdrin ag ef, yn briodol ac wedi'u cysylltu â'r sefyllfa; **3 marc allan o 3**.
2. (ch) Nodir mantais ac anfantais briodol a chysylltir y naill a'r llall yn glir â'r sefyllfa; **3 marc allan o 3**.
2. (d) Ceir yma drafodaeth gydlynol ar fater moesegol a priodol ac amryw byd o gysylltiadau â'r sefyllfa; **3 marc allan o 3**.
2. (dd) Tynnir casgliad priodol o'r siart bar a'i gysylltu'n glir â'r sefyllfa; **3 marc allan o 3**.

ATEBION I'R CROESAIR AR DUDALEN 64

ATEBION I'R CROESAIR AR DUDALEN 132

ATEBION I'R CROESAIR AR DUDALEN 167

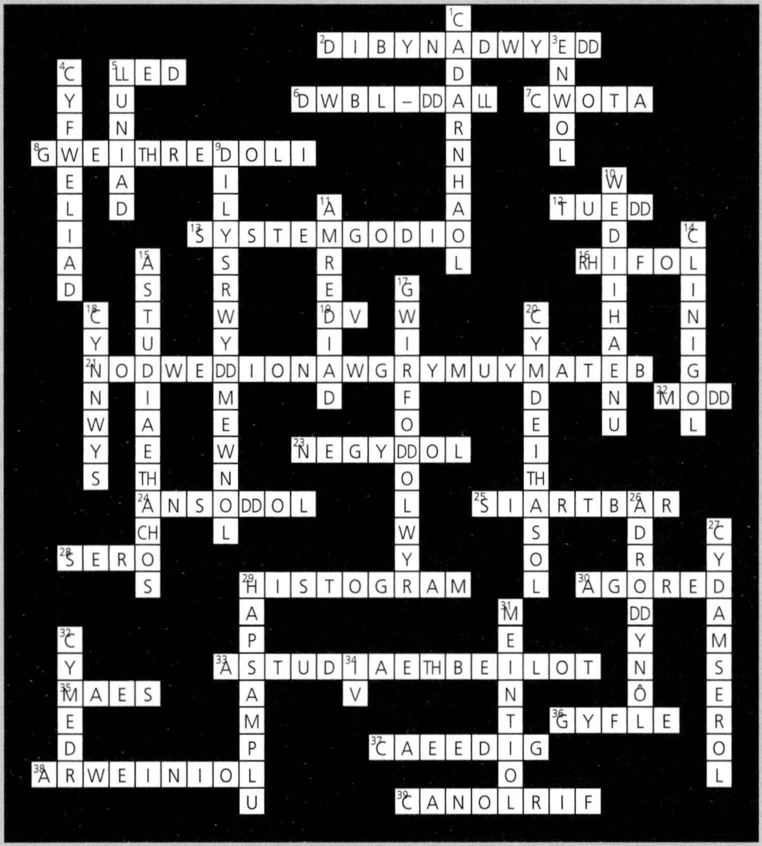

Cyfeiriadau

Adler, A. (1930). Individual psychology. Yn C. Murchison (gol.) *Psychologies of 1930*. Worcester: Clark University Press. ▶ tudalen 104

Adolph. K.E. a Berger, S.A. (2006). Motor development. Yn W. Damon ac R. Lerner (goln y Gyfres), D Kuhn ac R.S. Siegler (goln y Gyfrol), *Handbook of child psychology*: Cyf 2: Cognition, perception, and language (6ed arg.) New York: Wiley, 161–213 ▶ tudalen 114

Adorno, T.W., Frenkel-Brunswick, E., Levinson, D. a Sanford, N. (1950). *The Authoritarian Personality*. New York: Harper. ▶ tudalen 74

Arendt, H. (1963). *Eichmann in Jerusalem: A Report on the Banality of Evil*. New York: The Viking Press. ▶ tudalen 74

Asch, S.E. (1946). Forming impressions of personality. *Journal of Abnormal and Social Psychology*, *41*, 258–290. ▶ tudalen 124

Asch, S.E. (1955). Opinions and social pressure. *Scientific American*, *193*(5), 31–35. ▶ tudalennau 68–73

Atkinson, R.C. a Shiffrin, R.M. (1968). Human memory: a proposed system and its control processes. Yn K.W. Spence a J.T. Spence (goln) *The Psychology of Learning and Motivation*, cyf. 2. London: Academic Press. ▶ tudalen 45

Badawy, A.A. (1999). Tryptophan metabolism in alcoholism. *Advances in Experimental Medicine and Biology*, 467, 265–274. ▶ tudalen 21

Baddeley, A.D. a Longman, D.J.A. (1978). The influence of length and frequency on training sessions on the rate of learning type. *Ergonomics*, *21*, 627–635. ▶ tudalen 139

Bancroft, J. (1992). *Deviant Sexual Behavior*. Oxford: Oxford University Press. ▶ tudalen 21

Bandura, A. (1986). *Social foundations of thought and action: A social cognitive theory*. Englewood Cliffs, N.J.: Prentice-Hall. ▶ tudalen 18

Bandura, A. (2004). Swimming against the mainstream: the early years from chilly tributary to transformative mainstream. *Behaviour Research and Therapy*, *42*, 613–630. ▶ tudalen 18

Bandura, A. a Walters, R.H. (1963). *Social Learning and Personality Development*. New York: Holt, Rinehart and Winston. ▶ tudalen 19

Bandura, A., Ross, D. a Ross, S.A. (1961). Transmission of aggression through imitation of aggressive models. *Journal of Abnormal and Social Psychology, 63*, 575–582. ▶ tudalennau 19, 26, 152

Banyard, P. a Grayson, A. (2007). *Introducing Psychological Research*, 3ydd arg. London: Palgrave. ▶ tudalen 67

Baumrind, D. (1964). Some thoughts on ethics of research: after reading Milgram's behavioural study of obedience. *American Psychologist, 19*, 421–423. ▶ tudalen 78

Beck, A.T. (1967). *Depression: Clinical, Experimental and Theoretical Aspects*. New York: Harper and Row. ▶ tudalen 49

Beck, A.T. (1976). *Cognitive Therapy and Emotional Disorders*. New York: International Universities Press. ▶ tudalen 48

Becklen, R. a Cervone, D. (1983). Selective looking and the noticing of unexpected events. *Memory and Cognition, 11*, 601–608. ▶ tudalen 145

Bekerian, D.A. a Bowers, J.M. (1983). Eye-witness testimony: were we misled? *Journal of Experimental Psychology, Learning, Memory and Cognition, 9*, 139–145. ▶ tudalen 96

Bennett-Levy, J. a Marteau, T. (1984). Fear of animals: what is prepared? *British Journal of Psychology, 75*, 37–42. ▶ tudalennau 86–91

Berezckei, T., Vorgos, S., Gal, A. a Bernath, L. (1997). Resources, attractiveness, family commitment; reproductive decisions in human mate choice. *Ethology. ALQ, 103*, 681–699. ▶ tudalen 121

Bergin, A.E. (1971). The evaluation of therapeutic outcomes. Yn A.E. Bergin ac S.L. Garfield (goln) *Handbook of Psychotherapy and Behaviour Change*. New York: Wiley. ▶ tudalen 37

Berns, G.S., Chappelow, J., Zink, C.F., Pagnoni, G., Martin-Skurski, M.E. a Richards, J. (2005). Neurobiological correlates of social conformity and independence during mental rotation. *Biological Psychiatry, 58*, 245–253. ▶ tudalen 73

Bettleheim, B. (1943). Individual and mass behaviour in extreme situations. *Journal of Abnormal and Social Psychology, 38*, 417–452. ▶ tudalen 104

Bickman, L. (1974). Clothes make the person. *Psychology Today, 8(4)*, 48–51. ▶ tudalen 145

Blass, T. (2004). *The Man Who Shocked the World: The Life and Legacy of Stanley Milgram*. New York: Perseus Books. ▶ tudalen 75

Boden, M.A. (1977). *Artificial Intelligence and Natural Man*. New York: Basic Books. ▶ tudalen 103

Bogdonoff, M., Back, K., Klein, R., Estes, H. a Nichols, C. (1961). The psychologic response to conformity pressure in man. *Annals of Internal Medicine, 57*(3), 389–397. ▶ tudalen 72

Bouchard, T.J. a McGue, M. (1981). Familial studies of intelligence: a review. *Science, 22,* 1055–1059. ▶ tudalen 13

Bower, G.H., Clark, M., Lesgold, A. a Winzenz, D. (1969). Hierarchical retrieval schemes in recall of categorized word lists. *Journal of Verbal Learning and Verbal Behaviour, 8*, 323–343. ▶ tudalen 150

Bower, T.G.R., Broughton, J.M. a Moore, M.K. (1970). Infant responses to approaching objects: an indicator of response to distal variables. *Perception and Psychophysics, 9*, 193–196. ▶ tudalen 115

Braun, K.A., Ellis, R. a Loftus, E.F. (2002). Make my memory: how advertising can change our memories of the past. *Psychology and Marketing, 19*, 1–23. ▶ tudalen 97

Bremner, J.G. (1994). *Infancy*, ail arg. Oxford: Blackwell. ▶ tudalen 115

Bridges, P.K., Bartlett, J.R., Hale, A.S., Poynton, A.M., Malizia, A.L. a Hodgkiss, A.D. (1994). Psychosurgery: stereotactic subcaudate tractotomy. An indispensable treatment. *British Journal of Psychiatry, 165*(5), 612–613. ▶ tudalen 7

Brown, R. (1986). *Social psychology: The second edition*. New York: The Free Press. ▶ tudalen 104

Browning, C. (1992). *Ordinary men: Reserve Police Battalion 101 and the Final Solution in Poland*. New York: HarperCollins. ▶ tudalen 135

Bryan, A.L. (1963). The essential morphological basis for human culture. *Current Anthropology, 4*, 297. ▶ tudalen 98

Buckout, R. (1980). Nearly 2,000 witnesses can be wrong. *Bulletin of the Psychonomic Society, 16*, 307–310. ▶ tudalen 96

Burger, J.M. (2009). Replicating Milgram. Would people still obey today? *American Psychologist, 64*(1), 1–11. ▶ tudalen 78

Burger, J.M. a Cooper, H.M. (1979). The desirability of control. *Motivation and emotion, 3*, 381–393. ▶ tudalen 72

Burrell, G. (1989). *Buster's Fired a Wobbler*. London: Penguin. ▶ tudalen 123

Buss, D.M. (1989). Sex differences in human mate preferences: evolutionary hypotheses tested in 37 cultures. *Behavioral and Brain Sciences, 12*, 1–49. ▶ tudalennau 116–121

Buzan, T. (1993). *The mind map book*. London: BBC. ▶ tudalen 15

Capafóns, J.I., Sosa, C.D. ac Avero, P. (1998). Systematic desensitisation in the treatment of fear of flying.

Psychology in Spain, *2*(1), 11–16.
▶ tudalen 23

Carmichael, L.C., Hogan, H.P. a Walters, A.A. (1932). An experimental study of the effect of language on the reproduction of visually perceived form. *Journal of Experimental Psychology*, *15*, 73–86. ▶ tudalennau 94, 95

Carson, R.C. (1991). Dilemmas in the pathway of the *DSM-IV*. *Journal of Abnormal Psychology*, *100*, 302–307. ▶ tudalen 127

Cellerino, A. (2003). Psychobiology of facial attractiveness. *Journal of Endocrinological Investigation*, *26*(3), 45–48. ▶ tudalen 121

Charlton, T., Gunter, B. a Hannan, A. (goln) (2000). *Broadcast Television Effects in a Remote Community*. Hillsdale, NJ: Lawrence Erlbaum. ▶ tudalen 147

Chomsky, N. (1957). *Syntactic Structures*. The Hague: Mouton. ▶ tudalen 98

Cohen, S., Tyrell, D.A. a Smith, A.P. (1991). Psychological stress and susceptibility to the common cold. *New England Journal of Medicine*, *325*, 606–612. ▶ tudalen 84

Cohen, S., Tyrrell, D.A.J. a Smith, A.P. (1993). Negative life events, perceived stress, negative affect, and susceptibility to the common cold. *Journal of Personality and Social Psychology*, *64*, 131–140. ▶ tudalennau 84, 108

Comer, R.J. (2002). *Fundamentals of Abnormal Psychology*, 3ydd arg. New York: Worth. ▶ tudalennau 6, 22

Cook M. a Mineka S. (1990). Selective associations in the observational conditioning of fear in rhesus monkeys. *Journal of Experimental Psychology: Animal Behavior Processes*, *16*, 372–389. ▶ tudalen 91

Coolican, H. (1996). *Introduction to Research Methods and Statistics in Psychology*. London: Hodder & Stoughton. ▶ tudalen 144,

Coolican, H. (2004a). Neges bersonol. ▶ tudalen 144

Coolican, H. (2004b). *Research Methods and Statistics in Psychology* (3ydd arg.). London: Hodder & Stoughton. ▶ tudalen 146

Cosgrove, G.R. a Rauch, S.L. (2001). Psychosurgery. Ar gael yn: http://neurosurgery.mgh.harvard.edu/functional/Psychosurgery2001.htm ▶ tudalennau 7, 10

Craik, F.I.M. a Tulving, E. (1975). Depth of processing and the retention of words in episodic memory. *Journal of Experimental Psychology*, *104*, 268–294. ▶ tudalennau 139, 143

Cunningham, M.R., Roberts, A.R., Barbee, A.P., Druen, P.B. a Wu, C.-H. (1995). 'Their ideas of beauty are, on the whole, the same as ours': consistency and variability in the cross-cultural perception of female physical attractiveness. *Journal of Personality and Social*

Psychology, *68*(2), 261–279. ▶ tudalen 120

Daly, M., Wilson, M. a Weghorst, S.J. (1982). Male sexual jealousy. *Ethology and Sociobiology*, *3*, 11–27. ▶ tudalen 116

Davey, G. (1995). Preparedness and phobias: specific evolved associations or a generalized expectancy bias? *Behavioral and Brain Sciences*, *18*(2), 289–325. ▶ tudalen 91

David, D. ac Avellino, M. (2003) A synopsis of rational-emotive behaviour therapy (REBT): Basic/fundamental and applied research. http://www.rebt.org/synopsis.htm. ▶ tudalen 48

Dawkins, M.S. (1990). From an animal's point of view: motivation, fitness and animal welfare. *Behavioral and Brain Sciences*, *13*, 1–61. ▶ tudalennau 102, 114

deCharms, R. (1968). *Personal Causation*. New York: Academic Press. ▶ tudalen 104

DeLongis, A., Folkman, S. a Lazarus, R.S. (1988). The impact of daily stress on health and mood: psychological and social resources as mediators. *Journal of Personality and Social Psychology*, *54*, 486–495. ▶ tudalen 84

Dement, W. a Kleitman, N. (1957). The relation of eye movements during sleep to dream activity: an objective method for studying dreaming. *Journal of Experimental Psychology*, *53*, 339–346. ▶ tudalen 12

Dully, H. a Fleming, C. (2007). *My Lobotomy*. New York: Crown Publishing Group. ▶ tudalen 7

Doms, M. a Van Avermaet, E. (1981). The conformity effect: a timeless phenomenon? *Bulletin of the British Psychological Society*, *34*, 383–385. ▶ tudalen 72

Dunbar, R. (1995). Are you lonesome tonight? *New Scientist*, *145* (Chwefror), 26–31. ▶ tudalennau xii, 117

Eagly, A.H. (1978). Sex differences in influenceability. *Psychological Bulletin*, *85*, 86–116. ▶ tudalen 72

Ekman, P. a Friesen, W. V. (1978). *Manual for the Facial Action Coding System*. Palo Alto, CA: Consulting Psychology Press. ▶ tudalen 153

Ellis, A. (1957). *How to Live with a 'Neurotic'*. Hollywood, CA: Wilshire Books. ▶ tudalennau 50, 51

Ellis, A. (1962). *Reason and Emotion in Psychotherapy*. New York: Lyle Stuart. ▶ tudalen 48

Ellis, A. (1994). *Reason and Emotion in Psychotherapy, Revised and Updated*. Secaucus, NJ: Carol Publishing Group. ▶ tudalen 51

Ellis, A. (2001). *Overcoming Destructive Beliefs, Feelings, and Behaviours: New Directions for Rational Emotive Behaviour Therapy*. New York, NY: Prometheus Books. ▶ tudalen 51

Engels, G.I., Garnefski, N. a Diekstra, R.F.W. (1993). Efficacy of rational emotive therapy: a quantitative analysis. *Journal of Consulting and Clinical Psychology*, *61*(6), 1083–1090. ▶ tudalen 51

Evans, P., Bristow, M., Hucklebridge, F., Clow, A. a Pang, F.-Y. (1994). Stress, arousal, cortisol and secretory immunoglobulin A in students undergoing assessment. *British Journal of Clinical Psychology*, *33*, 575–576. ▶ tudalen 85

Evans, P., Clow, A. a Hucklebridge, F. (1997). Stress and the immune system. *The Psychologist*, *10*(7), 303–307. ▶ tudalen 85

Ferguson, S., Cisneros, F., Gough, B., Hanig, J. a Berry, K. (2005). Chronic oral treatment with 13–cis-retinoic acid (isotretinoin) or all-trans-retinoic acid does not alter depression-like behaviors in rats. *Toxicological Sciences*, *87*, 451–459. ▶ tudalen 9

Ferrare, N. (1962). Dyfynnwyd yn Zimbardo, P.G. a Ruch, F.L. (1975). *Psychology and Life*, 9fed arg. Glenview: Scott, Foresman. ▶ tudalen 104

Fick, K. (1993). The influence of an animal on social interactions of nursing home residents in a group setting. *American Journal of Occupational Therapy*, *47*, 529–534. ▶ tudalen 155

Fillmore, C.J. (1971). Types of lexical information. Yn D.D. Steinberg ac L.A. Jakobovits (goln) *Semantics: An Interdisciplinary Reader in Philosophy, Linguistics and Psychology*. Cambridge: Cambridge University Press. ▶ tudalen 92

Foster, R.A., Libkuman, T.M., Schooler, J.W., a Loftus, E.F. (1994). Consequentiality and eyewitness person identification. *Applied Cognitive Psychology*, *8*, 107–121. ▶ tudalen 54

Foucault, M. (1961). *Madness and Civilization: A History of Insanity in the Age of Reason*. Cyfieithwyd gan R. Howard (1965). London: Tavistock. ▶ tudalen 122

Fouts, R. a Mills, S.T. (1997). *Next of Kin: My Conversations with Chimpanzees*. New York: HarperCollins. ▶ tudalen 100

Freud, S. (1900). *The Interpretation of Dreams*. New York: Macmillan. ▶ tudalen 34

Freud, S. (1909) Analysis of a phobia in a five-year-old boy. Yn J. Strachey (gol. a chyf.) *The Standard Edition of the Complete Psychological Works: Two Case Histories*, cyf. X. London: The Hogarth Press. ▶ tudalen 32

Gardner, R.A. a Gardner, B.T. (1969). Teaching sign language to a chimpanzee. *Science*, *165*, 664–672. ▶ tudalennau 98–103

Gardner, R.A., Gardner, B.T. a Van Cantfort, T.E. (goln) (1989). *Teaching Sign Language* to Chimpanzees. Albany: State University of New York Press. ▶ tudalennau 100, 102

Gibson, E.J. a Walk, R.D. (1960). The 'visual cliff'. *Scientific American*, *202*(4), 64–71. ▶ tudalennau 110–115

Gibson, J.J. a Gibson, E. (1955). Perceptual learning: differentiation or enrichment? *Psychological Review*, *62*(1), 32–41. ▶ tudalen 112

Gilligan, C. ac Attanucci, J. (1988). Two moral orientations: gender differences and similarities. *Merrill-Palmer Quarterly*, *34*, 223–237. ▶ tudalen 159

Goffman, E. (1961). *Encounters*. New York: BobbsMerril Company. ▶ tudalen 125

Haslam, S.A. a Reicher, S. (2008). Questioning the banality of evil. *The Psychologist*, *21*(1), 16–19. ▶ tudalen 135

Hawkins, N.G., Davies, R. a Holmes, T.H. (1957). Evidence of psychosocial factors in the development of pulmonary tuberculosis. *American Review of Tuberculosis and Pulmonary Diseases*, *75*, 768–780. ▶ tudalen 80

Hayes, K.J. a Hayes, C. (1952). Imitation in a home-raised chimpanzee. *Journal of Comparative Physiological Psychology*, *45*, 450–459. ▶ tudalen 98

Heider, F. (1958). *The Psychology of Interpersonal Relations*. New York: Wiley. ▶ tudalen 46

Heider, F. a Simmel, M. (1944). An experimental study of apparent behaviour. *American Journal of Psychology*, *57*, 243–259. ▶ tudalen 46

Hill, D. (1986). Tardive dyskenesia: a worldwide epidemic of irreversible brain damge. Yn N. Eisenberg a D. Glasgow (goln) *Current Issues in Clinical Psychology*. Aldershot: Gower. ▶ tudalen 9

Hilts, P. (1995). *Memory's Ghost: The Strange Tale of Mr. M. and the Nature of Memory*. New York: Simon and Schuster. ▶ tudalen 55

Hinde, R.A. (1974). *Biological Bases of Human Social Behaviour*. New York: McGraw-Hill. ▶ tudalennau 86, 89

Hock, R.R. (2008). *Forty Studies That Changed Psychology*. London: Pearson Educational. ▶ tudalen 67

Hockett, C.F. (1960). The origin of speech. *Scientific American*, *203*, 88–96. ▶ tudalen 98

Hofling, K.C., Brontzman, E., Dalrymple, S., Graves, N. a Pierce, C.M. (1966). An experimental study in the nurse–physician relationship. *Journal of Mental and Nervous Disorders*, *43*, 171–178. ▶ tudalen 79

Hofsten, C., von, Kellman, P. a Putaansuu, J. (1992). Young infants' sensitivity to motion parallax. *Infant Behaviour and Development*, *15*, 245–264 ▶ tudalen 115

Hollway, W. a Jefferson, T. (2000). *Doing Qualitative Research Differently: Free Association, Narrative and the Interview Method*. London: Sage. ▶ tudalen 37

Holmes, T.H. a Rahe, R.H. (1967). The social readjustment rating scale. *Journal of Psychosomatic Research*, *11*, 213–218. ▶ tudalen 80

Hopfield, J.J., Feinstein, D.I. a Palmer, R.G. (1983). 'Unlearning' has a stabilising effect in collective memories. *Nature*, *304*, 158–159. ▶ tudalen 35

Humphrey, J.H. (1973). *Stress Education for College Students*. Hauppauge NY: Nova. ▶ tudalen 22

Jenness, A. (1932). The role of discussion in changing opinion regarding matter of fact. *Journal of Abnormal and Social Psychology*, *27*, 279–296. ▶ tudalennau 68, 72

Jones, E.E., Rock, L., Shaver, K.G., Goethals, G.R. a Ward, L.M. (1968). Pattern of performance and ability to attribution: an unexpected primacy effect. *Journal of Personality and Social Psychology*, *9*, 317–340. ▶ tudalen 47

Joronen, K. ac Åstedt–Kurki, P. (2005). Familial contribution to adolescent subjective well–being. *International Journal of Nursing Practice*, *11*(3), 125–133. ▶ tudalen 162

Jost, A. (1897). Die Assoziationsfestigkeit in ihrer Abhängigheit von der Verteilung der Wiederholungen. *Zeitschrift für Psychologie*, *14*, 436–472. ▶ tudalen 139

Kahn, R.J., McNair, D.M., Lipman, R.S., Covi, L., Rickels, K., Downing, R., Fisher, S. a Frankenthaler, L.M. (1986). Imipramine and chlordiazepoxide in depressive and anxiety disorders. II. Efficacy in anxious outpatients. *Archives of General Psychiatry*, *43*, 79–85. ▶ tudalen 9

Kelley, H.H. (1967). Attribution in social psychology. *Nebraska Symposium on Motivation*, *15*, 192–238. ▶ tudalen 47

Kerr, G. a Leith, L. (1993). Stress management and athletic performance. *Sport Psychologist*, *7*, 221–231. ▶ tudalen 48

Kesey, K. (1962). *One Flew Over The Cuckoo's Nest*. New York: Viking. ▶ tudalen 123

Kety, S.S. (1974). From rationalisation to reason. *American Journal of Psychiatry*, *131*, 957–963. ▶ tudalen 126

Kiecolt-Glaser, J.K., Garner, W., Speicher, C.E., Penn, G.M., Holliday, J. a Glaser, R.(1984). Psychosocial modifiers of immunocompetence in medical students. *Psychosomatic Medicine*, *46*, 7–14. ▶ tudalen 85

Klein, D.F., Zitrin, C.M., Woerner, M.G. a Ross, D.C. (1983). Treatment of phobias: II. Behavior therapy and supportive psychotherapy: are there any specific ingredients? *Archives of General Psychiatry*, *40*, 139–145. ▶ tudalen 23

Kohlberg, L. (1978). Revisions in the theory and practice of moral development. *Directions for Child Development*, *2*, 83–88. ▶ tudalen 159

Kunzmann, U., Little, T.D. a Smith, J. (2000). Is age-related stability of subjective well-being a paradox? Cross-sectional and longitudinal evidence from the Berlin Aging Study. *Psychology and Aging*, *15*, 511–526. ▶ tudalen 109

Kuyken, W. a Tsivrikos, D. (2009). Therapist competence, co-morbidity and cognitive-behavioral therapy for depression. *Psychotherapy and Psychosomatics*, *78*, 42–48. ▶ tudalen 48

Laing, R.D. (1960). *The Divided Self: An Existential Study in Sanity and Madness*. London: Penguin Books. ▶ tudalen 122

Laing, R.D. (1965). *The divided self*. Harmondsworth, Middlesex: Penguin. ▶ tudalen 11

Lalancette, M.-F. a Standing, L.G (1990). Asch fails again. *Social Behavior and Personality*, *18*(1), 7–12. ▶ tudalen 73

Langer, E J. a Rodin, J. (1976). The effects of choice and enhanced personal responsibility for the aged. A field experiment in an institutional setting. *Journal of Personality and Social Psychology*, *34*, 191–198. ▶ tudalennau 104–109

Langer, E.J., Janis, I.L. a Wolfer, J.A. (1975). Reduction of psychological stress in surgical patients. *Journal of Experimental Social Psychology*, *11*, 155–165. ▶ tudalen 104

Langlois, J.H. a Roggman, L.A. (1990). Attractive faces are only average. *Psychological Science*, *1*(2), 115–121. ▶ tudalen 121

Langwieler, G. a Linden, M. (1993). Therapist individuality in the diagnosis and treatment of depression. *Journal of Affective Disorders*, *27(1)*, 1–11. ▶ tudalen 127

Larsen, K.S. (1974). Conformity and the Asch experiment. *Journal of Social Psychology*, *94*, 303–304. ▶ tudalen 72

Lazarus, R.S. (1990). Theory-based stress measurement. *Psychological Inquiry*, *1*(1), 3–13. ▶ tudalen 84

Leventhal, H., Watts, J.C. a Pagano, S. (1967). Affects of fear and instructions on how to cope with danger. *Journal of Personality and Social Psychology*, *6*(3), 331–321. ▶ tudalen 145

Little, A.C., Apicella, C.L. a Marlowe, F.W. (2007). Preferences for symmetry in human faces in two cultures: data from the UK and the Hadza, an isolated group of hunter-gatherers. *Proceedings of Biological Science*, *274*, 3113–3117. ▶ tudalen 120

Loftus, E. (1979). Reactions to blatantly contradictory information. *Memory and Cognition*, *7*, 368–374. ▶ tudalen 96

Loftus, E. (1996). *Eyewitness Testimony*, ail arg. Cambridge, MA: Harvard University Press. ▶ tudalen 93

Loftus, E. a Ketcham, K. (1992). *Witness for the Defense: The Accused, the Eyewitness and the Expert Who Puts Memory on Trial*, ail arg. New York: St Martin's Press. ▶ tudalen 93

Loftus, E. a Ketcham, K. (1996). *The Myth of Repressed Memory: False Memories and Allegations of Sexual Abuse*, ail arg. New York: St Martin's Press. ▶ tudalen 93

Loftus, E. a Palmer, J.C. (1974). Reconstruction of automobile destruction: an example of the interaction between language and memory. *Journal of Verbal Learning and Verbal Behavior*, *13*, 585–589. ▶ tudalennau 92–97

Loftus, E. a Pickrell, J. (1995). The formation of false memories. *Psychiatric Annals*, *25*, 720–725. ▶ tudalen 97

Loftus, E. a Zanni, G. (1975). Eyewitness testimony: the influence of the wording of a question. *Bulletin of the Psychonomic Society*, *5*, 86–88. ▶ tudalen 96

Loftus, E., Miller, D.G. a Burns, H.J. (1978). Semantic integration of verbal information into visual memory. *Journal of Experimental Psychology*, *4*(1), 19–31. ▶ tudalen 96

Loftus, E.F., Loftus, G.R. a Messo, J. (1987). Some facts about 'weapon focus'. *Law and Human Behaviour*, 11, 55–62. ▶ tudalen 54

Loftus, E.F., Loftus, G.R. a Messo, J. (1987). Some facts about 'weapon focus'. *Law and Human Behaviour*, *11*, 55–62. ▶ tudalen 144

Loring, M. a Powell, B. (1988). Gender, race, and *DSM-III*: a study of the objectivity of psychiatric diagnostic behavior. *Journal of Health and Social Behavior*, *29*(1), 1–22. ▶ tudalen 127

Lycett, J.E. a Dunbar, R.I.M. (2000). Mobile phones as lekking devices among human males, *Human Nature*, *11(1)*, 93–104. ▶ tudalen xii

MacKinnon, D. (1938) Violations of prohibitions. Yn H.A. Murray (gol.) *Explorations in Personality*. New York: Oxford University Press. ▶ tudalen 39

Maguire, E.A., Gadian, D.G., Johnsrude I.S., Good, C.D., Ashburner, J., Frackowiak, R.S.J. a Frith, C.D. (2000). Navigation-related structural change in the hippocampi of taxi drivers. *Proceedings of the National*

Academy of Science USA, *97*, 4398–4403. ▶ tudalen 12

Mandel, D.R. (1998). The obedience alibi: Milgram's account of the Holocaust reconsidered. *Analyse and Kritik: Zeitschrift für Sozialwissenschaften*, *20*, 74–94. ▶ tudalen 79

Manstead, A.R. a McCulloch, C. (1981). Sex-role stereotyping in British television advertisements. *British Journal of Social Psychology*, *20*, 171–80. ▶ tudalen 162

Marshall, J. (1969). *Law and Psychology in Conflict*. New York: Anchor Books. ▶ tudalen 92

Masserman, J.H. (1943). *Behaviour and neurosis*. Chicago: University of Chicago Press. ▶ tudalen 22

Mayberg, H.S., Lozano, A.M., Voon, V., McNeely, H.E., Seminowicz, D., Hamani, C., Schwalb, J.M. a Kennedy, S.H. (2005). Deep brain stimulation for treatment-resistant depression. *Neuron*, *45*(5), 651–660. ▶ tudalen 7

McArthur, L.Z. (1972). The how and what of why: some determinants and consequences of causal attribution. *Journal of Personality and Social Psychology*, *22*, 171–193. ▶ tudalen 47

McGrath, T., Tsui, E., Humphries, S. a Yule, W. (1990). Successful treatment of a noise phobia in a nine-year-old girl with systematic desensitization in vivo. *Educational Psychology*, *10*, 79–83. ▶ tudalen 23

McNally, R.J. (1987). Preparedness and phobias: a review. *Psychological Bulletin*, *101*, 283–303. ▶ tudalen 91

McNally, R.J. a Reiss, S. (1982). The preparedness theory of phobias: the effects of initial fear level on safety-signal conditioning to fear-relevant stimuli. *Psychophysiology*, *21*(6), 647–652. ▶ tudalen 90

Meichenbaum, D. (1977). Cognitive-behaviour modification: an integrative approach. New York: Plenum Press. ▶ tudalen 48

Meichenbaum, D. (1985). *Stress inoculation training*. New York: Pergamon. ▶ tudalen 49

Menzies, R.G. a Clarke, J.C. (1993). A comparison of in vivo and vicarious exposure in the treatment of childhood water phobia. *Behaviour Research and Therapy*, *31*(1), 9–15. ▶ tudalen 22

Merckelbach, H., van den Hout, M.A. a van der Molen, G.M. (1987). Fear of animals: correlations between fear ratings and perceived characteristics. *Psychological Reports*, *60*, 1203–1209. ▶ tudalen 90

Middlemist, D.R., Knowles, E.S. a Matter, C.F. (1976). Personal space invasions in the lavatory: suggestive evidence for arousal. *Journal of Personality and Social Psychology*, *33*, 541–546. ▶ tudalen 143

Milgram, S. (1963) Behavioural study of obedience. *Journal of Abnormal and Social Psychology*, *67*, 371–378. ▶ tudalennau 74–79

Milgram, S. (1974). *Obedience to Authority: An Experimental View*. New York: Harper & Row. ▶ tudalennau 78, 79

Miller, N.E. (1978). Biofeedback and visceral learning. *Annual Review of Psychology*, *29*, 421–452. ▶ tudalen 21

Mineka, S. a Cook, M. (1986). Immunisation against the observational conditioning of snake fear in rhesus monkeys. *Journal of Abnormal Psychology*, *95*(4), 307–318. ▶ tudalen 91

Mineka, S., Keir, R. a Price, V. (1980). Fear of snakes in wild- and laboratory-reared rhesus monkeys. *Animal Learning and Behaviour*, *8*, 653–663. ▶ tudalen 86

Moos, R.H. a Swindle, R.W. Jnr. (1990). Stressful life circumstances: concepts and measures. *Stress medicine*, *6*, 171–178. ▶ tudalen 84

Morgan, L.C. (1894). *Introduction to comparative psychology*. London: Walter Scott Limited. ▶ tudalen 101

Neto, F. (1995). Conformity and independence revisited. *Social Behavior and Personality*, *23*(3), 217–222. ▶ tudalen 72

Nicholson, N., Cole, S. a Rocklin, T. (1985). Conformity in the Asch situation: a comparison between contemporary British and US Students. *British Journal of Social Psychology*, *24*, 59–63. ▶ tudalen 73

Nisbett, R.E., Caputo, C., Legant, P. a Marecek, J. (1973). Behaviour as seen by the actor and as seen by the observer. *Journal of Personality and Social Psychology*, *27*, 154–164. ▶ tudalen 47

Öhman, A. (2000). Fear and anxiety: evolutionary, cognitive and clinical perspectives. Yn M. Lewis a J.M. Haviland-Jones (goln) *Handbook of Emotions* (ail arg.). New York: Guilford, pp. 573–593. ▶ tudalen 90

Orne, M.T. (1962). On the social psychology of the psychological experiment: With particular reference to demand characteristics and their implications. *American Psychologist*, *17*, 776–783 ▶ tudalen 143

Orne, M.T. a Holland, C.C. (1968). On the ecological validity of laboratory deceptions. *International Journal of Psychitary*, *6*(4), 282–293. ▶ tudalen 78

Pajares, F. (2004). Albert Bandura: biographical sketch. Ar gael yn: http://des.emory.edu/mfp/bandurabio.html. ▶ tudalen 18

Perrin, S. a Spencer, C. (1980). The Asch effect: a child of its times? *Bulletin of the British Psychological Society*, *32*, 405–406. ▶ tudalen 72

Perrin, S. a Spencer, C.P. (1981). Independence or conformity in the Asch experiment as a reflection of cultural and situational factors. *British Journal of Social Psychology*, 20(3), 205–209. ▶ tudalen 72

Peterson, L. R. a Peterson, M.J. (1959). Short-term retention of individual verbal items. *Journal of Experimental Psychology*, 58, 193–198. ▶ tudalen 145

Piaget, J. (1970). Piaget's theory. Yn P.H. Mussen (gol.) *Carmichael's Manual of Child Psychology*, cyf. 1. New York: Wiley. ▶ tudalen 52

Pickworth Farrow, E. (1942). *A Practical Method of Self-Analysis*. London: George Allen and Unwin. ▶ tudalen 37

Piliavin, I.M., Rodin, J. a Piliavin, J.A. (1969). Good Samaritanism: an underground phenomenon. *Journal of Personality and Social Psychology*, 13, 1200–1213. ▶ tudalennau 107, 143

Pole, N. a Jones, E.E. (1998). The talking cure revisited: content analysis of a two-year psychodynamic therapy. *Psychotherapy Research*, 8, 171–189. ▶ tudalen 37

Popper, K. (1935). *Logik der Forschung*. Julius Springer Verlag, Vienna. Cyfieithwyd yn 1959 fel *The Logic of Scientific Discovery*. London: Hutchinson. ▶ tudalen 39

Premack, D. a Premack, A.J. (1966). *The Mind of an Ape*. New York: Norton. ▶ tudalen 98

Rahe, R.H., Mahan, J.L. ac Arthur, R.J. (1970). Prediction of near-future health-change from subjects' preceding life changes. *Journal of Psychosomatic Research*, 14, 401–406. ▶ tudalennau 80–85

Rahe, R.H., Meyer, M., Smith, M., Kjaer, G. a Holmes, T.H. (1964). Social stress and illness onset. *Journal of Psychosomatic Research*, 8, 35–44. ▶ tudalen 80

Raine, A., Buchsbaum, M.a LaCasse, L. (1997). Brain abnormalities in murderers indicated by positron emission tomography. *Biological Psychiatry*, 42(6), 495–508. ▶ tudalen 12

Rank, S.G. a Jacobson, C.K. (1977). Hospital nurses' compliance with medication overdose orders: a failure to replicate. *Journal of Health and Social Behavior*, 18(2), 188–193. ▶ tudalen 79

Regan, M. a Howard, R. (1995). Fear conditioning, preparedness and the contingent negative variation. *Psychophysiology*, 32(3), 208–214. ▶ tudalen 91

Rodin, J. a Langer, E.J. (1977). Long-term effects of a control-relevant intervention with the institutionalized aged. *Journal of Personality and Social Psychology*, 35(12), 897–902. ▶ tudalen 105

Roethlisberger, F.J. a Dickson, W.J. (1939). *Management and the Worker: an Account of a Research Program Conducted by the Western Electric Company, Hawthorne Works, Chicago*. Cambridge, MA: Harvard University Press. ▶ tudalen 145

Rolls, G. (2005). *Classic Case Studies in Psychology*. London: Hodder and Stoughton. ▶ tudalen 67

Rosenhan, D.L. (1973). On being sane in insane places. *Science*, 179, 250–258. ▶ tudalennau 122–127

Rosenthal, R. (1966). *Experimenter Effects in Behaviour Research*. New York: Appleton. ▶ tudalen 141

Ross, L., Greene, D. a House, P. (1977). The false consensus phenomenon: an attributional bias in self-perception and social perception processes. *Journal of Experimental Social Psychology*, 13, 279–301. ▶ tudalen 46

Rotter, J.B. (1966). Generalised expectancies of internal versus external control of reinforcements. *Psychological Monographs*, 80 (whole no.609). ▶ tudalen 104

Rubin, R.T., Gunderson, E.K.E. ac Arthur, R.J. (1972). Life stress and illness patterns in the US Navy. *Psychosomatic Medicine*, 34, 533–547. ▶ tudalen 82

Sabbatini, R.M.E. (1997). The history of psychosurgery. Ar gael yn: http://www.cerebromente.org.br/n02/historia/psicocirg_i.htm. ▶ tudalen 6

SANE (2009). Medical methods of treatment. Ar gael yn: http://www.sane.org.uk/AboutMentalIllness/MedicalTreatments. ▶ tudalen 8

Sarbin, T.R. a Mancuso, J.C. (1980). *Schizophrenia: Medical Diagnosis or Moral Verdict?* New York: Praeger. ▶ tudalen 127

Savage-Rumbaugh, S., McDonald, K., Sevcik, R.A., Hopkins, W.D. a Rupert, E. (1986). Spontaneous symbol acquisition and communicative use by Pygmy Chimpanzees (*Pan paniscus*). *Journal of Experimental Psychology*, 115(3), 211–235. ▶ tudalen 103

Savell, K.S. (1991). Leisure, perceptions of control and well-being: implications for the institutionalized elderly. *Therapeutic Recreation Journal*, 25(3), 44–59. ▶ tudalen 109

Schellenberg, E.G. (2004). Music lessons enhance IQ. *Psychological Science*, 15, 511–514. ▶ tudalen 147

Schneirla, T.C. (1965). Aspects of stimulation and organization in approach/withdrawal processes underlying vertebrate behavioral development. Yn D.S. Lehrman, R. Hinde ac E. Shaw (goln) *Advances in the Study of Behavior*. New York: Academic Press. ▶ tudalen 89

Schulz, R. (1976). Effects of control and predictability on the physical and psychological well-being of the institutionalized aged. *Journal of Personality and Social Psychology*, 33, 563–573. ▶ tudalen 109

Schunk, D.H. (1983). Reward contingencies and the development of children's skills and self-efficacy. *Journal of Educational Psychology*, 75, 511–518. ▶ tudalen 145

Schwartz, A.N., Campos, J.J. a Baisel, E.J. Jr. (1973). The visual cliff: cardiac and behavioral responses on the deep and shallow sides at five and nine months of age. *Journal of Experimental Child Psychology*, 15(1), 86–99. ▶ tudalen 114

Seckel, A.L. (2004). *Incredible Visual Illusions: You Won't Believe your Eyes!* London: Arcturus Publishing Ltd. ▶ tudalen 111

Seligman, M.E.P. (1971). Phobias and preparedness. *Behaviour Therapy*, 2, 307–320. ▶ tudalennau 86, 90

Seligman, M.E.P. (1975). *Helplessness*. San Francisco: Freeman. ▶ tudalen 104

Selye, H. (1936). A syndrome produced by diverse nocuous agents. *Nature*, 138, 32. ▶ tudalennau 4, 5

Selye, H. (1950). *Stress*. Montreal: Acta. ▶ tudalen 4

Sheridan, C.L. a King, K.G. (1972). Obedience to authority with an authentic victim. *Proceedings of the 80th Annual Convention of the American Psychological Association*, 7, 165–166. ▶ tudalen 78

Sherif, M. (1935). A study of some factors in perception. *Archives of Psychology*, 27(187), 1–60. ▶ tudalennau 68, 72

Singh, D. (1993). Adaptive significance of female physical attractiveness: role of waist-to-hip ratio. *Journal of Personality and Social Psychology*, 65, 293–307. ▶ tudalen 120

Skinner, B.F. (1938). *Science and behaviour*. New York: Macmillan. ▶ tudalennau ix, 17

Skinner, B.F. (1948). *Walden Two*. London a New York: Macmillan. ▶ tudalen 25

Skinner, B.F. (1954). The science of learning and the art of teaching. *Harvard Educational Review*, 24(2), 86–97. ▶ tudalen 24

Slater, L. (2004). *Opening Skinner's Box: Great Psychological Experiments of the Twentieth Century*. New York: Norton. ▶ tudalennau 67, 93, 123, 124, 126

Smith, J.W. (1988). Long term outcome of clients treated in a commercial stop smoking program. *Journal of Substance Abuse Treatment*, 5, 33–36. ▶ tudalen 21

Smith, J.W., Frawley, P.J. a Polissar, L. (1997). Six- and twelve-month abstinence rates in inpatient alcoholics treated with either faradic aversion or chemical aversion compared with matched inpatients from a treatment registry. *Journal of Addictive Diseases*, 16(1), 5–24. ▶ tudalen 21

Smith, P. a Bond, M.H. (1998). *Social Psychology Across Cultures: Analysis and Perspectives*, ail arg. New York: Harvester Wheatsheaf. ▶ tudalen 72

Solms, M. (2000). Freudian dream theory today. *The Psychologist*, *13*(12), 618–619. ▶ tudalen 35

Sorce, J. F., Ernde, R. N., Campos, J. a Klinnert, M.D. (1985). Maternal emotional signaling: its effect on the visual cliff behavior of 1–year-olds. *Developmental Psychology*, *21*(1), 195–200. ▶ tudalen 114

Spitzer, R. (1975). On pseudoscience in science, logic in remission and psychiatric diagnosis: A critique of Rosenhan's 'On being sane in insane places'. *Journal of Abnormal Psychology*, *84*, 442–452. ▶ tudalen 126

Spitzer, R.L. (1976). More on pseudoscience in science and the case of the psychiatric diagnosis: a critique of D.L. Rosenhan's 'On being sane in insane places'. *General Psychiatry*, *33*, 459–470. ▶ tudalen 126

Sternberg, R.J. (1995). *In Search of the Human Mind*. Fort Worth TX: Harcourt Brace. ▶ tudalennau 20, 23

Storms, M.D. a Nisbett, R.E. (1970). Insomnia and the attribution process. *Journal of Personality and Social Psychology*, *16*, 319–328. ▶ tudalen 46

Stotland, E. a Blumenthal, A. (1964). The reduction of anxiety as a result of the expectation of making a choice. *Canadian Review of Psychology*, *18*, 139–145. ▶ tudalen 104

Suls, J. a Mullen, B. (1981). Life events, perceived control, and illness: the role of uncertainty. *Journal of Human Stress*, *7*, 30–34. ▶ tudalen 108

Symons, D. (1979). *The Evolution of Human Sexuality*. Oxford: Oxford University Press. ▶ tudalen 116

Szasz, T.S. (1960). *The Myth of Mental Illness*. London: Paladin. ▶ tudalen 122

Taylor, S.E., Klein, L.C., Lewis, B.P., Grunewald, T.L., Gurung, R.A.R. ac Updegraff, J.A. (2000). Biobehavioral responses to stress in females: tend-and-befriend, not fight-or-flight. *Psychological Review*, *107*(3), 411–429. ▶ tudalen 11

Terrace, H.S. (1979). *Nim*. New York: Alfred A. Knopf. ▶ tudalen 102

Trivers, R.L. (1972). Parental investment and sexual selection. Yn B. Campbell (gol.) *Sexual Selection and the Descent of Man*. Chicago: Aldine. ▶ tudalen 116

Tschuschke, V., Anbeh, T. a Kiencke. P. (2007). Evaluation of long-term analytic outpatient group therapies. *Group Analysis*, *40*(1), 140–159. ▶ tudalen 37

Tulving, E. a Psotka, J. (1971). Retroactive inhibition in free recall: inaccessibility of information available in the memory store. *Journal of Experimental Psychology*, *87*, 1–8. ▶ tudalen 52

Van Cantfort, T.E. (2002). *Beatrix Gardner (1933–1995): her contributions to developmental psychobiology*. Paper presented at the First Annual Sandhills Regional Psychology Conference, Fayetteville, NC, 23 March 2002. Cyhoeddwyd ar-lein yn: http://faculty.uncfsu.edu/tvancantfort/REPRINTS/BTGardner/Trixie%20Gardner3a.pdf. ▶ tudalen 100

Veitch, R. a Griffitt, W. (1976). Good news, bad news: affective and interpersonal effects. *Journal of Applied Social Psychology*, *6*, 69–75. ▶ tudalen 145

Viguera, A.C., Nonacs, R., Cohen, L.S., Tondo, L., Murray, A. a Baldessarini, R.J. (2000). Risk of recurrence of bipolar disorder in pregnant and nonpregant women after discontinuing lithium maintenance. *American Journal of Psychiatry*, *157*, 179–184. ▶ tudalen 10

Wampold, B.E., Minami, T., Baskin, T.W. a Tierney, S.C. (2002). A meta-(re) analysis of the effects of cognitive therapy versus 'other therapies' for depression. *Journal of Affective Disorders*, *68*, 159–165. ▶ tudalen 48

Waynforth, D. a Dunbar, R.I.M. (1995). Conditional mate choice strategies in humans: evidence from 'lonely hearts' advertisements. *Behaviour*, *132*, 755–779. ▶ tudalen 120

Whaley, A.L. (2001). Cultural mistrust and clinical diagnosis of paranoid schizophrenia in African-American patients. *Journal of Psychopathology and Behavioral Assessment*, *23*, 93–100. ▶ tudalen 127

Williams, G.C. (1975). *Sex and Evolution*. Princeton: Princeton University Press. ▶ tudalen 116

Williams, T.M. (1985) Implications of a natural experiment in the developed world for research on television in the developing world. *Journal of Cross Cultural Psychology*, *16*(3), Special issue, 263–287. ▶ tudalen 147

Witherington, D.C., Campos, J.J., Anderson, D.I., Lejeune, L. a Seah, E. (2005). Avoidance of heights on the visual cliff in newly walking infants. *Infancy*, *7*, 285–298. ▶ tudalen 114

Wolpe, J. (1958). *Psychotherapy by Reciprocal Inhibition*. Stanford, CA: Stanford University Press. ▶ tudalennau 22, 25

Wolpe, J. (1973). *The Practice of Behaviour Therapy*. NY: Pergamon Press. ▶ tudalen 25

Wurm, S., Tesch-Römer, C. a Tomasik, M.J. (2007). Longitudinal findings on aging-related cognitions, control beliefs, and health in later life. *The Journals of Gerontology Series B: Psychological Sciences and Social Sciences*, *62*, 156–164. ▶ tudalen 109

Yerkes, R.M. (1943). *Chimpanzees*. New Haven: Yale University Press. ▶ tudalen 98

Yonas, A., Granrud, C., Arterberry, M. a Hanson, B. (1986). Distance perception from linear perspective and texture gradients. *Infant Behaviour and Development*, *9*, 247–256. ▶ tudalen 115

Yuille, J.C.a Cutshall, J.L. (1986). A case study of eyewitness testimony of a crime. *Journal of Applied Psychology*, *71*, 291–301. ▶ tudalen 96

Zimbardo, P.G., Banks, P.G., Haney, C. a Jaffe, D. (1973) *Pirandellian prison: the mind is a formidable jailor*. New York Times Magazine, 8 Ebrill, 38–60. ▶ tudalennau 134, 143

Zuckerman, M. (1994). *Behavioral expressions and biosocial bases of sensation seeking*. New York: Cambridge University Press. ▶ tudalen 161

Adorno, T.W. 74

Adrenalin Hormon sy'n gysylltiedig â chyffroi'r gyfundrefn nerfol awtonomig (e.e. cyflymu curiad y galon). Mae ef hefyd yn niwrodrosglwyddydd. Term Americanwyr amdano yw 'epinephrine'. 3–5, 9, 11,15

Adrodd yn ôl Cynnal cyfweliad ar ôl gorffen yr ymchwil i roi gwybod i'r cyfranwyr am wir natur yr astudiaeth a'u hadfer i'r cyflwr roedden nhw ynddo ar ddechrau'r astudiaeth. Gellir hefyd ei ddefnyddio i gael adborth defnyddiol am y trefniadau a ddefnyddiwyd yn yr astudiaeth. 135, 136, 143, 144

Aeroffobia 23

Anghytuno 51, 56

Alcoholiaeth 20–21, 24

Alldaflu Mewn theori seicdreiddiol, ffurf ar amddiffyn yr ego lle bydd unigolyn, heb yn wybod iddo/iddi, yn dadleoli ei deimladau/ei theimladau annerbyniol ei hun ar rywun arall. 31, 43

Amddiffyn rhag niwed Camau a gymerir i sicrhau nad yw'r cyfranwyr mewn astudiaeth ymchwil yn dioddef effeithiau corfforol neu seicolegol negyddol, fel anaf corfforol, ergyd i'w hunan-barch, neu letchwithdod, o ganlyniad i'r ymchwil. 142, 143

Amffetamin 10

Amgylchedd addasu esblygol (EEA) Yr amgylchedd y mae rhywogaeth wedi ymaddasu iddo a'r set o bwysau dewis a oedd ar waith ar y pryd. Yn achos pobl, credir mai'r amgylchedd hwnnw oedd safana Affrica ryw ddwy filiwn o flynyddoedd yn ôl. 86, 90, 116

Amnewid symptomau Mewn therapi, ailymddangosiad symptomau ar ffurf wahanol, efallai oherwydd trin dim ond symptomau anhwylder yn hytrach na'i achos gwaelodol. 38, 48

Amrediad Y gwahaniaeth rhwng y sgorau uchaf ac isaf mewn set ddata. 150, 151, 157, 164, 166, 169

Anhwylder deubegwn Salwch meddwl sy'n cynnwys episodau manig ac episodau o iselder ysbryd. Nodweddion mania yw hwyliau mawr ac afieithus, rhithdybiau, gorweithgarwch ac ymddygiad byrbwyll. 6, 7, 10

Anhwylder gorfodaeth obsesiynol (OCD) Anhwylder gorbryder lle bydd y gorbryder yn deillio o obsesiynau (meddyliau parhaus) a gorfodaethau (i reoli meddyliau obsesiynol). 6, 7, 10, 14, 23

Anhwylderau affeithiol 6–7

Anhwylderau ffobig *Gweler* Ffobiâu

Anhysbysedd 142

Anifeiliaid heblaw pobl 25, 110, 111, 112, 114, 177

Anna O. 33, 37

ANS *Gweler* Cyfundrefn nerfol awtonomig, y

Ansoddol Data sy'n mynegi 'ansawdd' pethau, sef disgrifiadau, geiriau, ystyron, lluniau, testunau ac ati. Does dim modd cyfrif na meintioli data ansoddol ond gellir eu troi'n ddata meintiol drwy eu gosod mewn categorïau. 37, 40, 41, 42, 55, 56, 66, 67, 150, 158, 162, 164, 166

Anymwybodol Heb ymwybyddiaeth. Mewn theori seicdreiddiol, mae'r rhan anymwybodol o'ch meddwl yn cynnwys gwybodaeth y mae'n anodd iawn, neu bron yn amhosibl, dod â hi i'ch ymwybyddiaeth ymwybodol. Er ei bod hi'n dal y meddyliau ataliedig sy'n ysgogi gormod o orbryder iddyn nhw gael dod i'ch ymwybod, bydd deunydd o'r fath yn ddylanwad mawr iawn ar eich ymddygiad. ix, 31, 34, 36

Arbenigrwydd 47, 56

Arbrawf Unrhyw astudiaeth lle caiff un newidyn (y newidyn annibynnol, IV) ei fanipwleiddio'n fwriadol i arsylwi effaith hynny ar newidyn arall (y newidyn dibynnol, DV). Dim ond astudiaethau sy'n cynnwys newidyn annibynnol a newidyn dibynnol y gellir eu galw'n arbrofion. 24, 25, 26, 28, 54, 56, 72, 108, 136–137, 164

Arbrawf Carchar Stanford (SPE) 134–135, 142, 143

Arbrawf dwbl-ddall Am nad ydy'r cyfranwyr a'r arbrofwr ddim yn ymwybodol o nodau'r ymchwil a manylion pwysig eraill, does ganddyn nhw ddim disgwyliadau. 141, 166

Arbrawf labordy Arbrawf a wneir mewn sefyllfa reoledig. Y duedd yw i arbrofion mewn labordai amlygu dilysrwydd arbrofol (mewnol) uchel a dilysrwydd ecolegol (allanol) isel, ond dydy hynny ddim bob amser yn wir. 26, 40, 54, 96, 137, 144–145

Arbrawf maes Arbrawf rheoledig a wneir y tu allan i labordy. Bydd yr arbrofwr yn dal i fanipwleiddio'r newidyn annibynnol a thrwy hynny gall amlygu perthnasoedd achosol. 79, 108, 109, 137, 144–145

Arbrawf naturiol Dull ymchwil lle na all yr arbrofwr fanipwleiddio'r newidyn annibynnol yn uniongyrchol, ond lle mae'r newidyn hwnnw'n amrywio'n naturiol ac mae modd arsylwi'r effaith ar newidyn dibynnol. 109, 137, 146–147, 153, 173

Arendt, H. 74

Arsylwadau distrwythur Bydd arsylwr yn cofnodi'r holl ymddygiad perthnasol ond does ganddo/ganddi ddim system. Gellir dewis y dechneg hon am nad oes modd rhagfynegi llawer o'r ymddygiad sydd i'w astudio. 152, 160, 164

Arsylwadau strwythuredig (systematig) Bydd arsylwr yn defnyddio amrywiol 'systemau', fel categorïau ymddygiadol a threfniadau samplu, i roi trefn ar ei (h)arsylwadau. 152, 164

Arsylwi 133, 152, 153, 162, 164, 166

Arsylwi amlwg Techneg arsylwi lle mae'r arsylwadau'n 'agored', h.y. mae'r cyfranwyr yn sylweddoli eu bod yn cael eu harsylwi. 153, 166

Arsylwi cudd Arsylwi pobl heb yn wybod iddyn nhw, e.e. defnyddio drychau unffordd. Gwneir hynny am fod gwybod bod rhywun yn arsylwi'ch ymddygiad yn debyg o newid eich ymddygiad. 153

Arsylwi digyfrannwr Astudiaeth arsylwi lle nad yw'r arsylwr yn cymryd rhan yn y gweithgaredd a arsylwir. Dylai felly fod yn fwy gwrthrychol na phetai'n cymryd rhan. 153, 166

Arsylwi gan gyfranwyr Math o astudiaeth arsylwi lle mae'r arsylwyr unigol hefyd yn cyfrannu i'r gweithgarwch sy'n cael ei arsylwi. Gall hyn amharu ar wrthrychedd ei (h)arsylwadau. 153

Arsylwi mewn sefyllfa naturiol Dull ymchwil a gyflawnir mewn sefyllfa naturiol lle nad yw'r ymchwilydd yn ymyrryd mewn unrhyw ffordd ond yn arsylwi'r ymddygiad(au) perthnasol (mae hyn yn debyg o gynnwys defnyddio arsylwadau strwythuredig). 126, 152, 153, 166

Arsylwi'n rheoledig Ffurf ar ymchwilio lle'r arsylwir ymddygiad o dan amodau rheoledig yn hytrach na'i arsylwi mewn sefyllfa naturiol. 152–153

Arwyddocaol Term ystadegol sy'n dynodi bod set o ddarganfyddiadau ymchwil yn ddigon cryf i ni dderbyn y rhagdybiaeth ymchwil y rhoddwyd prawf arni. 149, 164

Asch, S. 68–73, 124, 128, 164, 176

Astudiaeth achos Dull ymchwil sy'n golygu gwneud astudiaeth fanwl o unigolyn, sefydliad neu ddigwyddiad. 21, 32, 40, 41, 42, 54–55, 56, 163–164

Astudiaeth beilot Astudiaeth arbrofol ar raddfa fach i roi prawf ar unrhyw agwedd ar y cynllun er mwyn ei wella. 150, 160, 163

Astudiaeth drawsddiwylliannol Math o arbrawf naturiol lle mae'r newidyn annibynnol yn arferion diwylliannol gwahanol a'r newidyn dibynnol yn ymddygiad fel ymgysylltiad. 116–117, 120, 162

Astudiaeth hydredol Arsylwi ymddygiad dros gyfnod maith ac astudio, o bosibl, effeithiau oedran ar ymddygiad penodol (fel datblygiad moesol) drwy brofi/cyfweld grŵp o gyfranwyr yn gyson bob hyn a hyn. 162, 163

Astudiaeth maes Unrhyw astudiaeth a wneir y tu allan i'r labordy, sef mewn amgylchedd mwy naturiol. 79, 144

Astudiaethau o efeilliaid Ymchwil a wneir gan ddefnyddio gefeilliaid. Os natur (yn hytrach na magwraeth) yw'r dylanwad pennaf ar ymddygiad, bydden ni'n disgwyl i efeilliaid monosygotig (MZ) fod yn debycach na gefeilliaid deusygotig (DZ) o ran ymddygiad targed fel deallusrwydd neu bersonoliaeth. Gall astudiaethau o'r fath astudio gefeilliaid sydd wedi'u magu ar wahân i'w gilydd i gwtogi ar effaith newidyn dryslyd, sef rhannu'r un amgylchedd. 13, 146

Astudiaethau o wahaniaethau 146

Atal Mewn theori seicdreiddiol, ffurf ar amddiffyn yr ego – un sy'n debyg i atalnwyd. Ond yn wahanol i atalnwyd, caiff y meddyliau sy'n ysgogi gorbryder eu gosod yn ymwybodol y tu allan i'r ymwybyddiaeth ymwybodol. 33

Ataliad cilyddol Paru dau beth anghydnaws â'i gilydd (fel gorbryder ac ymlacio) er mwyn i'r naill atal neu ddileu'r llall. 22, 25, 28

Atalnwyd Mewn theori seicdreiddiol, ffurf ar amddiffyn yr ego lle caiff meddyliau a theimladau sy'n ysgogi gorbryder eu cau allan o'r meddwl ymwybodol. Drysir yn aml rhyngddo ac atchweliad. 31, 34, 36, 42, 43

Atalwyr detholus ailymgymryd serotonin (SSRIs) Cyffuriau a roir ar bresgripsiwn yn aml i drin iselder ysbryd. Byddan nhw'n gweithio drwy rwystro'n ddetholus yr ailymgymryd â serotonin o synaps, gan adael rhagor o serotonin ar gael ar y synaps i gyffroi'r niwronau o'i amgylch. 8

Atchweliad Mewn theori seicdreiddiol, ffurf ar amddiffyn yr ego lle bydd yr unigolion yn dychwelyd yn seicolegol i gyfnod cynharach yn eu datblygiad yn hytrach nag yn ymdrin yn aeddfetach ag ysgogiadau annerbyniol. Mae'n fodd, felly i feddyliau sy'n ysgogi gorbryder gael eu gwthio i'r anymwybod dros dro. Drysir yn aml rhyngddo ac atalnwyd. 31, 42

Atgyfnerthu/Atgyfnerthydd Os bydd ymddygiad yn esgor ar sefyllfa ddymunol, caiff yr ymddygiad ei atgyfnerthu. Bydd hi'n fwy tebyg, felly, y caiff yr ymddygiad ei ailadrodd yn y dyfodol. Gall fod yn atgyfnerthu cadarnhaol neu negyddol – bydd y naill a'r llall yn arwain at gynnydd yn y tebygolrwydd y caiff yr ymddygiad ei ailadrodd. ix, 17–19, 24, 28

Atgyfnerthu cadarnhaol / Atgyfnerthu'n gadarnhaol Mewn cyflyru gweithredol, bydd gwobr yn cynyddu'r tebygolrwydd y caiff ymddygiad ei ailadrodd, e.e. mae'n atgyfnerthu'r ymddygiad. 17, 24

Atgyfnerthu dirprwyol Dysgu, nid drwy atgyfnerthu ymddygiad yn uniongyrchol, ond drwy arsylwi rhywun arall yn cael ei (h)atgyfnerthu ar gyfer yr ymddygiad hwnnw. 17, 18, 19

Atgyfnerthu('n) anuniongyrchol ix, 18–19

Atgyfnerthu('n) negyddol Mewn cyflyru gweithredol, bydd dianc rhag sefyllfa annifyr yn cynyddu'r tebygolrwydd y caiff yr ymddygiad ei ailadrodd, h.y. mae'n atgyfnerthu'r ymddygiad. 17, 19

Atgyfnerthu('n) uniongyrchol 17, 18, 19

Atgyfnerthydd Unrhyw ymateb sy'n esgor ar atgyfnerthu. 17

Awtistiaeth Anhwylder meddyliol sy'n ymddangos yn gynnar mewn plentyndod fel rheol, ac fel arfer yn cynnwys iaith annormal, osgoi cyswllt cymdeithasol, ac ymddygiadau 'stereotypig' neu ryfedd. 39

Babanod dynol 111, 112, 113
Bandura, A. 18–19, 26, 152
Beck, A. 48, 49
Bennett-Levy, J. a Marteau, T, 86–91, 128, 176
Bensodiasepinau (BZs) Dosbarth o gyffur a ddefnyddir i drin gorbryder. Bydd BZs yn gweithredu fel trawsyrrydd ataliol i arafu gweithgarwch y brif system nerfol. 9, 14

Beta-blocwyr (BBs) Cyffuriau sy'n lleddfu gorbryder drwy ostwng lefel gweithgarwch yr adrenalin a'r noradrenalin y bydd y gangen sympathetig o'r brif system nerfol yn eu cynhyrchu mewn ymateb i straen. 9, 14

Bettleheim, B. 104
Blaen-ymennydd Y rhan fwyaf ei maint o'r ymennydd dynol. Cerebrwm yw enw arall arno. Caiff ei rannu'n bedair llabed: y llabed flaen (e.e. rheolaeth echddygol fanwl, meddwl), y llabed barwydol (synhwyrau'r corff, e.e. poen), llabed yr ocsipwt (gweld) a llabed yr arlais (clywed, cofio, emosiwn, iaith). Gelwir 6mm. allanol y cerebrwm yn gortecs cerebrol ac mae'n llwyd ei liw ('grey matter' yn Saesneg). Yn y cerebrwm hefyd ceir amrywiol strwythurau isgortigol, gan gynnwys y thalamws, yr hypothalamws, y chwarren bitwidol, yr hipocampws a'r system limbig, a'r ganglia gwaelodol. 35

Buddsoddiad rhiant Unrhyw fuddsoddiad gan riant mewn plentyn i gynyddu'r siawns y bydd y plentyn yn goroesi, ond ar draul gallu'r rhiant i fuddsoddi mewn unrhyw blentyn arall (sy'n fyw neu heb ei eni eto). 116

Buss, D.M. 116–121, 130, 178
Bwlch synaptig Y bwlch o ryw 10 nm rhwng niwron sy'n trosglwyddo ac un sy'n derbyn. 3

Canfod dyfnder 110–115, 129
Canfyddiad Y broses o echdynnu ystyr o'r data a geir drwy'r synhwyrau. 45, 52

Cangen barasympathetig Rhan o'r gyfundrefn nerfol awtonomig (ANS) sydd ynghlwm wrth adfer cyflwr ymlaciol y corff ('gorffwys a threulio') ar ôl i'r system nerfol gael ei chyffroi'n sympathetig ('ymladd neu ffoi'). 3

Cangen sympathetig *Gweler* System nerfol sympathetig

Canolrif Y gwerth canol mewn set o sgorau pan osodir nhw yn eu trefn. 66, 82, 150, 151, 166, 169, 170

Capsiwlotomi Llawdriniaeth a roir i dorri'r cysylltiadau â rhan o'r ymennydd – y 'capsiwl' – sydd yn ymyl y thalamws, sef rhan o system limbig yr ymennydd ac un sy'n ymwneud ag emosiwn. 7, 10, 14

Categorïau ymddygiadol 152–153, 162
CBT *Gweler* Therapi ymddygiad gwybyddol

Celloedd sy'n lladdwyr naturiol 85
Cemotherapi Defnyddio cyffuriau i drin salwch seicolegol neu gorfforol. 6, 8, 10, 14, 174

Chomsky, N. 98, 129
Cingwlotomi Llawdriniaeth a roir i dorri cysylltiadau â'r rhan o'r ymennydd – y 'cingwlwm' – sydd yn ymyl y thalamws, sef rhan o system limbig yr ymennydd sy'n ymwneud ag emosiwn. 7, 10, 14

Ciwiau adalw 52, 92
Clever Hans 140
Clinigydd Gweithiwr iechyd proffesiynol, fel meddyg, seiciatrydd, seicolegydd neu nyrs, sy'n delio â chanfod a thrin anhwylder meddwl. 49, 127

Clogwyn gweledol 110, 111–115, 129

Cof ffug Cof o rywbeth na ddigwyddodd ond sy'n teimlo fel petai'n gof cywir; adferiad ymddangosiadol o gof a ataliwyd. 97

Cof tymor-byr 45
Cof tymor-hir 45
Consensws 47, 56, 71
Cortecs blaen Mae hwn yn rhan flaen y blaen-ymennydd. Mae'n cynnwys y cortecs echddygol (sy'n gyfrifol am symudiadau gwirfoddol) a'r cortecs cyndalcennol sy'n ymwneud, er enghraifft, â'r cof tymor-byr. 3, 6, 7, 14, 175

Cortecs cerebrol Haen arwyneb y blaen-ymennydd. 3
Cortecs cyndalcennol Pen blaen y llabed dalcennol. Mae'n ymwneud â 'swyddogaethau gweithredol' fel ymddygiadau gwybyddol cymhleth, cymedroli ymddygiadau cymdeithasol-briodol, ac ymddygiad sy'n bersonoliaeth- a chyrchnod-gyfeiriedig (cymhelliant). 6, 12, 14

Cortisol Hormon y bydd y chwarennau adrenal yn ei gynhyrchu pan fydd anifail dan straen. 4

Cosb(i) Mewn cyflyru gweithredol, rhaid rhoi ysgogiad annymunol ar waith er mwyn i'r tebygolrwydd y bydd yr ymddygiad a arweiniodd ato fod yn llai tebyg o ailddigwydd. 17, 18, 25

Cosgrove. G.L. a Rauch, S.L. 7, 10
CR *Gweler* Ymateb cyflyrol
Cryfder yr ego I ba raddau y gall yr ego ddelio'n effeithiol â gofynion yr id, yr uwch-ego a realiti. 32

CS *Gweler* Ysgogiad cyflyrol
Craik, F.I.M. a Tulving, E. 139
Cwestiwn agored Cwestiwn sy'n gwahodd ymatebwyr i roi eu hatebion eu hunain yn hytrach na dewis ateb sydd wedi'i roi. Y duedd yw iddo esgor ar ddata ansoddol. 158, 164, 166

Cwestiwn arweiniol Cwestiwn sydd, drwy ei ffurf neu ei gynnwys, yn awgrymu pa ateb y dymunir ei gael neu sy'n arwain yr ymatebydd i roi'r ateb y dymunir ei gael. 40, 54, 92, 94, 129, 141, 160, 165–166

Cwestiwn caeedig Cwestiwn ac iddo ystod o atebion y bydd ymatebwyr yn dewis un ohonyn nhw; bydd yn esgor ar ddata meintiol. 158, 164, 166

Cwsg symudiad llygaid cyflym (REM) Math o gwsg lle caiff y corff cyfan, ac eithrio'r llygaid, ei barlysu. Yn aml, cyplysir cwsg REM â breuddwydio, ond gall breuddwydion hefyd ddigwydd yn ystod cyfnodau eraill o gysgu. 12, 35

Cydberthyn(iad) Penderfynu/ penderfyniad ar hyd a lled y berthynas rhwng dau newidyn. 84, 88, 90, 148–149, 154

Cydberthyniad cadarnhaol Bydd hyn yn digwydd pan fydd y cydnewidynnau mewn cydberthyniad ill dau'n cynyddu gyda'i gilydd. 82, 108, 148

Cydberthyniad cromlinog 148
Cydberthyniad llinol 82, 128, 148
Cydberthyniad negyddol Mae'n disgrifio cydberthyniad lle mae'r naill gyd-newidyn yn lleihau wrth i'r llall gynyddu. 32, 88, 148

Cydberthyniad sero Mewn cydberthyniad, does dim cysylltiad o gwbl rhwng y cyd-newidynnau. 148, 166

Cyd-destunoli 133

Cydgyfnewidioldeb 98

Cydsyniad gwybodus Penderfyniad gwybodus i gymryd rhan mewn ymchwil ar sail y wybodaeth gynhwysfawr a roddwyd i ddarpar gyfranwyr am natur a diben yr ymchwil a'u rôl ynddi. 28, 66, 84, 96, 108, 136, 142, 143, 154, 166

Cydymffurfio Ffurf ar ddylanwad cymdeithasol sy'n deillio o ddod wyneb yn wyneb â safbwynt y mwyafrif, sef y duedd i bobl fabwysiadu ymddygiad, agweddau a gwerthoedd aelodau eraill o grŵp cyfeirio. 68–73, 128, 164

Cydymffurfio'n gyhoeddus Gweithredu'n gyhoeddus yn unol â dymuniadau neu weithredoedd pobl eraill. 68

Cyfaniaeth Y farn y dylid canolbwyntio ar systemau fel cyfanwaith yn hytrach na'u rhannau cyfansoddol am nad oes modd rhagweld yn gywir sut y bydd y system gyfan yn gweithio ar sail gwybodaeth o'i chydrannau unigol. x, 11, 25, 39, 53, 62, 63

Cyfartaledd Math o ystadegyn disgrifiadol sy'n dynodi canolbwynt set ddata. Mae'n ffordd o fynegi gwerth nodweddiadol set ddata. Gan mai term go niwlog ar gyfer unrhyw un o'r mesurau hynny yw 'cyfartaledd', dylid defnyddio termau fel cymedr, canolrif neu fodd i fod yn fwy manwl-gywir. 51, 80, 92, 106, 108, 150, 164

Cyfatebiaeth â chyfrifiadur 45, 56

Cyfeiliornad math 1 Peidio â chredu bod rhywbeth yn wir er ei fod yn wir. Gallai hynny, er enghraifft, arwain at anfon rhywun dieuog i garchar. 124, 129

Cyfeiliornad math 2 Credu bod rhywbeth yn wir pan nad yw'n wir, fel gadael i droseddwr euog fynd yn rhydd. 124, 129

Cyfeiliornad priodoliad sylfaenol (FAE) Tuedd pobl i egluro achosion ymddygiad rhywun arall yn nhermau ei bersonoliaeth/ei phersonoliaeth yn hytrach nag yn nhermau ffactorau sefyllfaol. 46, 47, 56

Cyfernod cydberthyniad Rhif rhwng −1 a +1 sy'n dweud wrthon ni pa mor agos yw'r berthynas rhwng cydnewidynnau mewn dadansoddiad o gydberthyniadau. 82, 88, 148, 149, 161, 166

Cyflawni dyheadau 34

Cyflwr/grŵp rheolydd Y cyflwr (mewn cynllun lle'r ail-wneir mesuriadau dro ar ôl tro) neu grŵp (mewn cynllun grwpiau annibynnol) sy'n darparu mesur gwaelodlin o ymddygiad heb y driniaeth arbrofol (IV), fel bod modd cymharu effaith y driniaeth arbrofol â'r waelodlin. 19, 23, 70, 84, 93, 94, 105, 108, 109, 111, 138, 141, 144

Cyflyru clasurol Dysgu sy'n digwydd drwy gysylltu. Caiff ysgogiad niwtral ei baru ag ysgogiad sydd heb ei gyflyru. Drwy wneud hynny, ceir cysylltiad ysgogiad-ymateb (S-R) newydd. ix, 17, 20, 22, 24, 25, 27, 28

Cyflyru gweithredol Dysgu sy'n digwydd pan gawn ni'n hatgyfnerthu (yn negyddol neu'n gadarnhaol) am wneud rhywbeth. Bydd hynny'n cynyddu'r tebygolrwydd y caiff yr

ymddygiad dan sylw ei ailadrodd yn y dyfodol. Ar y llaw arall, os cawn ein cosbi am ymddwyn mewn ffordd benodol, byddwn ni'n llai tebyg o ymddwyn felly eto. x, 17, 18, 19, 20, 23, 24, 25, 28, 86, 99, 102

Cyflyru/dysgu('n) offerynnol Term arall am gyflyru gweithredol. 99,101

Cyfnod cudd, y Mewn theori seicdreiddiol, y pedwerydd cyfnod mewn datblygiad seicorywiol. Bydd yn digwydd rhwng 6 oed a dyfodiad glasoed. Yn ystod y cyfnod hwnnw, does fawr o ddatblygiad seicorywiol. Canolbwyntir yn bennaf ar ddatblygiad cymdeithasol drwy ryngweithio â chyfoedion. 32

Cyfnod ffalig, y Mewn theori seicdreiddiol, y trydydd cyfnod o ddatblygiad seicorywiol pryd y canolbwyntir ar yr organau cenhedlol. Daw'r plentyn 3-6 oed yn ymwybodol o faterion rhywedd a'r gwrthdrawiadau rhwng y ddau ryw. Mae datrys y gwrthdaro hwnnw'n esgor ar ddatblygu uwch-ego (gweler cymhleth Oedipws, eiddigedd pidyn). Gall gwrthdrawiadau sydd heb eu datrys beri i'r gydwybod beidio â datblygu'n llawn ac esgor ar wrywgydiaeth, ar broblemau ynghylch awdurdod, ac ar wrthod rolau priodol y ddau ryw. Bydd obsesiwn yn y cyfnod hwn yn esgor ar fath ffalig o bersonoliaeth sy'n hunanhyderus, yn ymffrostgar ac yn fyrbwyll. 32, 33, 42

Cyfnod y genau Mewn theori seicdreiddiol, cyfnod cyntaf (0-18 mis) datblygiad seicorywiol pan fydd y geg yn ganolbwynt sylw ar organ. 32, 33

Cyfnod yr anws Mewn theori seicdreiddiol, yr ail gyfnod o ddatblygiad seicorywiol pryd y bydd yr id yn canolbwyntio ar yr anws. 32, 33, 42

Cyfnod yr organau cenhedlu Mewn theori seicdreiddiol, cyfnod terfynol y datblygiad seicorywiol pan hoelir sylw unwaith eto ar yr offer cenhedlu (fel yn y cyfnod ffalig) ond y tro hwn gwneir hynny mewn perthynas â dyfodiad glasoed a chysylltiadau rhywiol rhwng oedolion. 32, 33

Cyfnodau seicorywiol Mewn theori seicdreiddiol, y cyfnodau datblygol sy'n gysylltiedig â'r newidiadau wrth i'r id ganolbwyntio ar wahanol rannau o'r corff. 32, 33, 38, 39, 42

Cyfraddau cydgordiad 13, 14

Cyfrinachedd Hawl cyfrannwr i'r wybodaeth bersonol amdano/amdani gael ei diogelu. 142, 143, 154, 161, 163

Cyfundrefn nerfol awtonomig, y Hon sy'n rheoli gweithgareddau anwirfoddol y corff (e.e. straen, treulio bwyd a diod, curiad y galon) ac mae'n ei rheoli ei hun (yn ymreolaethol). Caiff ei rhannu'n gangen sympathetig (ymladd neu ffoi) a changen barasympathetig (gorffwys a threulio). 3, 72, 104

Cyfunolaidd Diwylliant a nodweddir gan hyd a lled rhannu pethau – bydd pobl yn byw ac yn gweithio gyda'i gilydd, yn rhannu eu tasgau a'u heiddo ac yn gwerthfawrogi rhyngddibyniaeth. Dwy enghraifft o gymdeithasau cyfunolaidd yw Japan ac Israel. 46, 72

Cyfweliad Dull neu dechneg ymchwil sy'n cynnwys rhyngweithio wyneb-yn-wyneb ag unigolyn arall mewn amser 'real' ac sy'n arwain at gasglu data. 159, 164

Cyfweliad clinigol Ffurf ar gyfweliad distrwythur neu led-strwythuredig lle gall y cyfwelydd gychwyn drwy ofyn ychydig o gwestiynau parod, ond yna bydd yn datblygu'r holi ar sail atebion y cyfwelai. Tebyg i'r cyfweliad a gewch pan ewch chi i weld eich meddyg. 40, 41, 42, 159

Cyfweliad distrwythur Cyfweliad sy'n cychwyn â rhai nodau cyffredinol ac, efallai, rai cwestiynau, ac yn gadael i atebion y cyfwelai lywio'r cwestiynau sy'n dilyn. 159, 160, 164

Cyfweliad lled-strwythuredig Cyfweliad sy'n strwythuredig ac yn anstrwythuredig, h.y. mae gan y cyfwelydd rai cwestiynau parod ond bydd hefyd yn datblygu cwestiynau ar sail yr atebion a gaiff. 159, 162

Cyfweliad strwythuredig Unrhyw gyfweliad lle y penderfynir ymlaen llaw ar y cwestiynau. 159, 160, 164

Cyfwng data Lefel o fesur lle defnyddir unedau o gyfyngau cyfartal, fel wrth gyfrif atebion cywir neu ddefnyddio unrhyw uned 'gyhoeddus' o fesur. 150, 151

Cyffroi sympathetig *Gweler* System nerfol sympathetig.

Cyffur lleihau gorbryder Grŵp o gyffuriau sy'n lleddfu gorbryder. 8, 9, 14, 23

Cyffuriau gwrthiselder Grŵp o gyffuriau adfywiol sy'n cynyddu'r seratonin a'r noradrenalin a gynhyrchir, a thrwy hynny'n lleddfu symptomau iselder. 8, 14, 126

Cyffuriau gwrthseicotig Cyffur a ddefnyddir i leddfu symptomau seicotig. 8, 10, 14, 126

Cyffuriau gwrthseictotig annoweddiadol Cyffuriau seicoweithredol sy'n trin symptomau cadarnhaol a negyddol sgitsoffrenia, gan weithredu ar y systemau seratonin yn ogystal â'r systemau dopamin. 8, 128

Cyffuriau gwrthseictotig confensiynol Cyffuriau seicoweithredol sy'n trin symptomau cadarnhaol sgitsoffrenia ac yn gweithredu ar y system ddopamin yn unig. 8, 14

Cyffuriau seicoweithredol Cyffuriau sy'n newid prosesau meddwl yr unigolyn. 6, 8, 10

Cynghori Ffurf ar therapi dyneiddiol sy'n hoelio sylw ar y broblem fel y mae'r cleient yn ei gweld hi. Nod y therapi yw galluogi'r cleient i ddatrys ei broblemau neu ei phroblemau ei hun drwy gynyddu ei hunan-barch am ei fod/ei bod yn cael sylw cadarnhaol a diamod gan y therapydd. Mae hyn wedi'i seilio ar y cysyniad bod ymddygiad camaddasol neu anhapusrwydd yn digwydd am i'r unigolyn gael cariad amodol yn ystod plentyndod a'i fod/a'i bod, o ganlyniad, yn dal i geisio cael ei (d)derbyn. Mae'r ymdrech honno'n blocio'r gallu i ddatrys gwrthdrawiadau mewnol. 21, 25

Cynghreiriwr Unigolyn mewn astudiaeth nad yw'n gyfrannwr go-iawn ynddi ac un sydd wedi cael cyfarwyddiadau gan yr ymchwilydd/arbrofwr ynghylch sut mae ymddwyn. Gall fod yn newidyn annibynnol. 69, 70, 75, 128, 143, 145

Cyllell gamma 7

Cymedr Cyfartaledd rhifyddol grŵp o sgorau. Mae'n cymryd gwerthoedd pob un o'r data i ystyriaeth. 87

Cymharu a chyferbynnu Edrych ar yr hyn sy'n debyg ac yn wahanol mewn dau neu ragor o bethau. vi, 2, 11, 25, 38, 43, 52, 53, 60–61

Cymhleth Oedipws Eglurhad Freud o'r ffordd y bydd bachgen yn datrys ei gariad ar ei fam a'i deimladau o gystadlu â'i dad drwy uniaethu â'i dad. Bydd hynny'n digwydd yn ystod cyfnod ffalig y datblygiad seicorywiol. Ym mytholeg y Groegiaid, lladdodd Oedipws ei dad heb yn wybod iddo, a phriodi ei fam. 32, 40

Cynhenid Ymddygiadau sy'n gynnyrch ffactorau genetig. Gallan nhw ymddangos adeg y geni neu'n ddiweddarach wrth aeddfedu. xi, 18, 20, 24, 25, 32, 38, 39, 42, 60, 90, 110, 112–3, 114, 128, 129

Cynhenidwyr Y rhai sy'n credu mai ffactorau cynhenid sy'n penderfynu ar ddatblygiad, ac mai'r cyfan y mae ei angen ar y mwyafrif o alluoedd yw eu mireinio ychydig ond nad ydyn nhw'n dibynnu ar brofiad i ddatblygu. 110, 113

Cynhyrchedd 98, 103, 145

Cynllun ailadrodd mesurau Cynllun arbrofol lle bydd pob cyfrannwr yn cymryd rhan ym mhob cyflwr sy'n destun prawf. 4, 137

Cynllun grwpiau annibynnol Cynllun arbrofol lle y dyrennir y cyfranwyr i ddau (neu ragor) o grwpiau, a phob un ohonyn nhw'n cael triniaeth wahanol. 95, 137, 141, 157, 166

Cynllun parau tebyg Cynllun arbrofol lle trefnir parau o gyfranwyr sy'n debyg o ran y newidynnau allweddol fel oed a chyniferydd deallusrwydd. Gosodir y naill aelod o bob pâr yn y grŵp arbrofol a'r llall yn y grŵp rheolydd. 137, 141, 166

Cynnwys amlwg Cynnwys breuddwyd a elwir i gof gan freuddwydiwr – a chynnwys sydd, yn ôl Freud, yn cuddio'r cynnwys cudd ynddi. 34, 35

Cynnwys cudd Yn ôl Freud, ystyr gudd a 'real' breuddwyd. 34, 35, 42

Cynrychiolaeth Mewn seicdreiddio, elfen o waith breuddwydion sy'n fodd i drawsffurfio cynnwys cudd breuddwyd yn gynnwys amlwg drwy drosi meddyliau ac emosiynau'n ddelweddau. 34

Cynrychioldeb Dewis sampl er mwyn iddo gynrychioli'n fanwl-gywir y boblogaeth sy'n cael ei hastudio. 154, 160

Cysondeb 47, 160, 165, 166

Cywasgu Mewn seicdreiddio, elfen o waith breuddwydion sy'n fodd i drawsffurfio cynnwys cudd breuddwyd yn gynnwys amlwg drwy grynhoi profiadau manwl yn ddelweddau gwibiol o freuddwyd. 34, 35, 42

Chwarennau adrenal Dwy chwarren sydd wrth ymyl y rhan uchaf o'r aren ac yn ei gorchuddio. Y medwla adrenal (rhan fewnol) sy'n cynhyrchu adrenalin a noradrenalin.

Y cortecs adrenal (y rhan allanol) sy'n cynhyrchu glwcocortoidau (fel cortisol) ac amrywiol hormonau rhyw fel testosteron. 3, 4, 5, 15

Dadansoddi breuddwydion Technegau a ddatblygwyd gan Freud i drawsffurfio cynnwys amlwg breuddwyd yn ôl i'w ystyron cudd. Mae'r technegau hynny'n cynnwys rhyddgysylltu a gwrthdroi prosesau gwaith breuddwydion. 34–35, 36, 41, 42

Dadansoddi cynnwys Math o astudiaeth lle'r arsylwir ymddygiad yn anuniongyrchol mewn deunydd ysgrifenedig neu lafar fel cyfweliadau, sgyrsiau, llyfrau, dyddiaduron neu raglenni teledu. 162, 164, 166

Dadansoddi cynnwys yn ansoddol Wrth ddadansoddi cynnwys, caiff yr enghreifftiau ym mhob categori eu disgrifio yn hytrach na'u cyfrif. 162

Dadansoddi cynnwys yn feintiol Wrth ddadansoddi cynnwys, caiff yr enghreifftiau ym mhob categori eu cyfrif yn hytrach na'u disgrifio. 40, 55, 162

Dadansoddi meintiol / yn feintiol Unrhyw ffordd o gynrychioli tueddiadau ar sail data rhifol, fel cyfartaleddau (cymedr, canolrif, modd neu amrediad). 162

Dadansoddi('n) ansoddol Crynhoi data ansoddol – er enghraifft, drwy ganfod themâu a dehongli ystyr profiad i'r unigolyn/unigolion perthnasol. 40, 55, 162, 164

Dadbersonoleiddio 125

Dad-dwyllo 75, 76

Dadleoli Mewn theori seicdreiddiol, ffurf ar amddiffyn yr ego lle bydd yr ego'n symud symbyliadau o darged annerbyniol i un mwy derbyniol neu lai bygythiol i leddfu gorbryder. Mae ef hefyd yn elfen o waith breuddwydion lle y caiff cynnwys emosiynol neu gudd y freuddwyd ei gysylltu â rhywbeth gwahanol er mwyn cuddio'i gynnwys. 31, 34, 42, 98

Dadleuon x–xi, 62, 63

Dadsensiteiddio cudd neu *in vitro* Mewn dadsensiteiddio systematig, caiff yr ysgogiad a ofnir ei ddychmygu yn hytrach na chael profiad uniongyrchol ohono. 22

Dadsensiteiddio *in vivo* Defnyddio egwyddorion dadsensiteiddio systematig os oes gan glaf brofiad uniongyrchol o'r hierarchaeth o sefyllfaoedd, sef o'r un sy'n peri lleiaf o ofn i'r un sy'n peri mwyaf o ofn (yn wahanol i ddadsensiteiddio cudd). 22, 28

Dadsensiteiddio systematig Proses lle caiff y claf ei gyflwyno/ei chyflwyno'n raddol i sefyllfa fygythiol (neu lle bydd yn ei dychmygu) o dan amodau ymlaciol tan i'r ymateb gorbryderus gael ei ddileu. 20, 22–23, 27

Damcaniaeth dysgu cymdeithasol (SLT) Tybiaeth sylfaenol y ddamcaniaeth yw bod pobl yn dysgu'n anuniongyrchol drwy arsylwi ymddygiad modelau (dysgu drwy arsylwi) a dynwared yr ymddygiad hwnnw mewn sefyllfaoedd tebyg os yw pobl eraill wedi'u hatgyfnerthu i ymddwyn fel hynny (atgyfnerthu

dirprwyol). Bydd parhad y perfformio yn dibynnu ar atgyfnerthu uniongyrchol. ix, 2, 17, 18, 19, 24, 26, 28, 29, 62, 67, 152

Damcaniaeth priodoli Disgrifiad o'r ffordd yr eglurwn ni achosion ein hymddygiad ein hunain neu ymddygiad pobl eraill wrthym ni'n hunain. 46–47, 52–53, 56, 77, 134, 175

Data cyfwng Lefel o fesur lle defnyddir unedau o gyfwng cyfartal, fel wrth gyfrif atebion cywir neu ddefnyddio unrhyw uned 'gyhoeddus' i fesur. 150

Data cymhareb Mesuriad lle ceir pwynt sero cywir a chyfyngau hafal fel yn y mwyafrif o fesurau o feintiau ffisegol. 150

Data enwol Lefel o fesur lle mae'r data mewn categorïau ar wahân. 150, 151

Data trefnol Lefel o fesur lle mae'r data wedi'u trefnu mewn rhyw ffordd. 150

Dawkins, R. 114

Deallusrwydd x, 3, 13, 53, 110, 116, 146, 165

Deddf Gwarchod Data, y 142

Delwedd retinol Y ddelwedd a ffurfir ar y retina. 111, 112, 115

Dement, W. a Kleitman, N. 12

Dendridau 3

Derbyn yn breifat Newid eich daliadau neu'ch meddyliau. Dydy'r ffaith fod unigolyn yn cyd-fynd â'r mwyafrif (h.y. yn cydymffurfio) ddim yn golygu ei fod/ei bod wedi newid ei (h)agweddau neu ei (d)daliadau. 68

Dethol (yn) naturiol Y broses fawr sy'n egluro esblygiad. Caiff y nodweddion a etifeddwyd – ac sy'n cynyddu llwyddiant anifail wrth oroesi ac atgenhedlu – eu trosglwyddo i'r genhedlaeth nesaf. Maen nhw wedi'u 'dethol'. Ond gan fod anifeiliaid sydd heb nodweddion o'r fath yn llai llwyddiannus wrth oroesi ac atgenhedlu, chaiff eu nodweddion nhw mo'u dethol. 86, 116

Dethol rhyw Rhan allweddol o ddamcaniaeth Darwin ac un sy'n egluro sut y gyrrir esblygiad drwy gystadlu am gymheiriaid, a dethol y nodweddion sydd, ym benodol, yn hyrwyddo llwyddiant atgenhedlol unrhyw unigolyn. 116, 130

Deusygotig *Gweler* Gefeilliaid deusygotig

Diagnostic and Statistical Manual (DSM) Dyma'r system o ddosbarthiadau o anhwylderau meddwl a gyhoeddwyd gan Gymdeithas Seiciatrig America. Mae'n rhestru symptomau nodweddiadol pob anhwylder ac yn cynnig canllawiau i glinigwyr wrth iddyn nhw wneud diagnosis. Y fersiwn diweddaraf yw *DSM-IV-TR*. 122, 127

Dibynadwyedd Mesur o gysondeb o fewn set o sgorau neu eitemau (dibynadwyedd mewnol) a hefyd dros amser. Bydd modd cael yr un canlyniadau ar adegau diweddarach, felly, pan ddefnyddir y mesur (dibynadwyedd allanol). 72, 84, 90, 135, 155, 160–161, 165

Dibynadwyedd allanol Cyfrif i ba raddau y mae mesur yn amrywio o fesur arall o'r un peth dros amser. 160–161, 165, 166

Dibynadwyedd mewnol Mesur o'r graddau y mae rhywbeth yn gyson ag ef ei hun. I brawf seicolegol fod â dibynadwyedd mewnol mawr, dylai'r holl eitemau yn y prawf fod yn mesur yr un peth. 160–161, 165

Dibynadwyedd rhwng arsylwyr I ba raddau y mae cytundeb rhwng dau neu ragor o arsylwyr sy'n ymwneud ag arsylwi ymddygiad. 154, 162, 165

Dibynadwyedd rhwng cyfwelwyr I ba raddau y mae cytundeb rhwng dau neu ragor o gyfwelwyr o ran yr atebion y llwyddan nhw i'w cael. 160

Dibynadwyedd rhyng-gyfraddwyr I ba raddau y mae cytundeb rhwng dau neu ragor o gyfraddwyr ynghylch ymddygiad. 127

Difodiant 90

Digwyddiadau bywyd 79, 80, 84, 123

Dilysrwydd Mae'n cyfeirio at gyfreithlondeb astudiaeth, ac i ba raddau y mae modd cymhwyso'r darganfyddiadau y tu hwnt i sefyllfa'r ymchwil oherwydd dilysrwydd mewnol a/neu allanol yr astudiaeth. 26, 54, 78, 84, 90, 135, 138–141, 160, 165

Dilysrwydd allanol Mae'n cyfateb yn fras i ddilysrwydd ecolegol ond, a bod yn fanwl, dilysrwydd allanol yw i ba raddau y mae modd cymhwyso darganfyddiad ymchwil yn gyffredinol at – er enghraifft – sefyllfaoedd eraill (dilysrwydd ecolegol), grwpiau eraill o bobl (dilysrwydd poblogaeth) a thros amser (dilysrwydd hanesyddol). 140, 149, 154, 160, 165, 166

Dilysrwydd arbrawf Ffurf ar ddilysrwydd mewnol, sef i ba raddau yr oedd yr effaith a arsylwyd yn deillio o'r manipwleiddio yn yr arbrawf yn hytrach nag o ffactorau eraill fel newidynnau allanol. 78, 140

Dilysrwydd cydamserol Ffordd o sefydlu dilysrwydd drwy gymharu dull mesur presennol (e.e. prawf, holiadur) â'r un y mae gennych chi ddiddordeb ynddo. 140, 160, 165, 166

Dilysrwydd ecolegol Ffurf ar ddilysrwydd allanol; y gallu i gymhwyso effaith ymchwil yn gyffredinol y tu hwnt i'r sefyllfa benodol y dangosir ynddi, sef i sefyllfaoedd eraill. Sefydlir dilysrwydd ecolegol gan gynrychioldeb (realaeth gyffredin) a'r gallu i'w gymhwyso'n gyffredinol (at sefyllfaoedd eraill). 26, 54, 78, 96, 140, 154, 162

Dilysrwydd mewnol A yw astudiaeth wedi rhoi prawf ar yr hyn y ceisiodd roi prawf arno. 140, 154, 160, 165

Dilysrwydd (y) cynnwys Ffordd o asesu dilysrwydd neu gywirdeb prawf neu fesuriad seicolegol. Ei nod yw dangos bod cynnwys y prawf/mesuriad yn cynrychioli'r maes sydd o ddiddordeb. 140, 160, 165

Dilysrwydd (y) lluniad Ffordd o asesu dilysrwydd neu gywirdeb prawf neu fesuriad seicolegol drwy ddangos i ba raddau y mae'r perfformiad yn y prawf/mesuriad yn asesu'r lluniad gwaelodol a nodwyd. 140, 160, 165, 166

Disgwyl(iadau o ran) canlyniadau at y dyfodol Cysyniad mewn theori dysgu cymdeithasol; bydd dysgu drwy arsylwi ac atgyfnerthu dirprwyol yn peri i unigolion ffurfio disgwyliadau ynglŷn â'r canlyniadau a geir yn y dyfodol drwy ddynwared

yr ymddygiadau a arsylwyd. 17, 18, 28

Diwylliant Y rheolau, yr arferion, y moesau a'r ffyrdd o ryngweithio sy'n clymu aelodau o gymdeithas, neu ryw gasgliad arall o bobl, wrth ei gilydd. 40, 46, 53, 118, 122

Diymadferthedd 125

Diymadferthedd a ddysgwyd Bydd hwn yn digwydd pan fydd anifail yn gweld nad yw ei ymatebion yn effeithiol. Yna, bydd yn dysgu nad oes diben ymateb a bydd yn ymddwyn yn oddefol yn y dyfodol. 104

Dol Bobo 18–19, 26, 67, 152, 174

Dopamin Niwrodrosglwyddydd a gynhyrchir yn yr ymennydd ac sydd ynghlwm wrth chwant rhywiol a'r synhwyriad o bleser. Mae lefelau anarferol o uchel o ddopamin yn gysylltiedig â sgitsoffrenia. 3, 8, 9, 10, 14, 15

DSM *Gweler* Diagnostic and Statistical Manual

Dully, Howard 7

Dull gwyddonol Y broses systematig sy'n fodd i wyddonwyr ddefnyddio ymchwil gwrthrychol i lunio a rhoi prawf ar esboniadau o'r byd. ix, xii, 10, 24, 52, 133–135

Dull hollt dau hanner Dull o asesu dibynadwyedd mewnol drwy gymharu dau hanner prawf seicolegol, er enghraifft, i weld a ydynt yn rhoi'r un sgôr. 161, 165

Dull naratif rhyddgysylltu o gyfweld 37

Dull prawf-ailbrawf Dull a ddefnyddir i wirio dibynadwyedd allanol. Rhoddir yr un prawf neu gyfweliad i'r un cyfranwyr ar ddau achlysur i weld a geir yr un canlyniadau. 66, 161, 165, 176

Dulliau ymchwil 133–167

DV *Gweler* Newidyn dibynnol

Dwbl-ddall Techneg lle nad yw'r cyfranwyr na'r arbrofwr yn ymwybodol o nodau'r ymchwil a manylion pwysig eraill a does ganddyn nhw, felly, ddim disgwyliadau. 141, 166

Dyblygu Os yw darganfyddiad a geir o astudiaeth ymchwil yn wir (yn ddilys), dylai fod modd cael yr un darganfyddiad os gwneir yr astudiaeth unwaith eto. Bydd hynny'n cadarnhau bod y darganfyddiad yn ddibynadwy ac yn ddilys. 26, 54, 96, 135, 146, 162, 165, 166

Dyfais caffael iaith (LAD) 98

Dyscinesia camsymud araf 8, 9

Dysgu dirprwyol Dysgu, nid drwy atgyfnerthu ymddygiad yn uniongyrchol, ond drwy arsylwi rhywun arall yn cael ei (h)atgyfnerthu ar gyfer yr ymddygiad hwnnw. 17, 18, 19

Dysgu drwy arsylwi Dysgu drwy ddynwared. 17, 18, 86, 91 *Gweler hefyd* Theori dysgu cymdeithasol

Dysgu'n gyflym 90

Dysgu/cyflyru('n) offerynnol Term arall am gyflyru gweithredol. 99,101

ECT *Gweler* Therapi electrogynhyrfol

EEA *Gweler* Amgylchedd addasu esblygol

EEG *Gweler* Electroenceffalogram

Effaith awtocinetig 68, 128

Effaith yr arf Mewn troseddau treisgar, gall yr arf y mae troseddwr yn ei ddal gipio sylw llygad-dyst a lleihau ei

(g)allu i gofio manylion eraill fel wyneb y troseddwr. 54, 144

Effaith (yr) ymchwilydd Unrhyw beth y mae'r ymchwilydd yn ei wneud ac sy'n cael effaith ar berfformiad cyfrannwr mewn astudiaeth, heblaw'r hyn a ddisgwylid. 141, 146, 166

Effeithiau('r) cyfranwyr Term cyffredinol a ddefnyddir i gydnabod y ffaith fod cyfranwyr yn ymateb i giwiau mewn sefyllfa arbrofol, ac y gall hynny amharu ar ddilysrwydd unrhyw gasgliad a dynnir o'r ymchwiliad. 144, 146

Ego Rhan o gysyniad Freud o strwythur y bersonoliaeth: caiff yr ego ei yrru gan egwyddor realaeth sy'n peri i'r unigolyn ddygymod â gofynion yr amgylchedd. 31–35, 38, 42

Egwyddor gwahaniaeth 89, 128

Egwyddor pleser Mewn seicoleg Freudaidd, awydd cyntefig yr id i gael boddhad ar unwaith ac osgoi poen yn gyfan gwbl. 31, 42

Egwyddor realaeth Mewn theori seicdreiddiol, ysfa'r ego i ddygymod yn realistig â gofynion yr amgylchedd. 31, 42

Eiddigedd pidyn Sylweddoliad merch nad oes ganddi bidyn, a'i hawydd i fod ag un. Mae'n arwain at broses sy'n debyg i ddatrysiad cymhleth Oedipws. 32

Electroenceffalogram (EEG) Dull o ganfod gweithgarwch yn yr ymennydd byw. Cysylltir electrodau â chroen pen y person i gofnodi lefelau cyffredinol o weithgarwch trydanol. 12

ELIZA 103

Ellis, A. 48, 50–51

Empirwyr Y farn mai drwy brofiad uniongyrchol y ceir pob gwybodaeth, h.y. caiff hi ei dysgu. Cyferbynnir hi â barn y cynhenidwyr. xii, 110

ERP *Gweler* Wynebu a Rhwystro Ymateb

Etholegydd Un sy'n gweithio mewn disgyblaeth wyddonol lle bydd ymchwilwyr yn defnyddio arsylwi mewn sefyllfa naturiol i geisio astudio a deall ymddygiad. 100

EV *Gweler* Newidyn allanol

Evans, P. 85

EWT *Gweler* Tystiolaeth llygad-dyst

Ewyllys rydd Y farn fod unigolion yn gallu penderfynu drostynt eu hunain a chwarae rôl weithgar wrth reoli eu hymddygiad. Mae hynny'n cyferbynnu â'r farn benderfyniadol. x, 11, 25, 39, 62

FAE *Gweler* Cyfeiliornad priodoliad sylfaenol

Fesiglau cynsynaptig Mewn niwron, swigen fach lle caiff niwrodrosglwyddyddion eu storio yn barod i'w rhyddhau mewn synaps. 3

fMRI Delweddu cyseiniant magnetig ffwythiannol, sef dull a ddefnyddir i sganio gweithgarwch yr ymennydd tra bydd person yn cyflawni tasg. Mae'n fodd i ymchwilwyr ganfod pa rannau o'r ymennydd sy'n gyfoethog mewn ocsigen ac felly'n actif. 12, 73

Foucault, M. 122

Freud, S. 31–41, 42, 43, 51

Ffactorau anianawd 46, 74, 77

Ffactorau gogwydd-yr-ymateb 94

Ffobia cymdeithasol Ffobia ynghylch sefyllfaoedd sy'n cynnwys pobl eraill, fel siarad yn gyhoeddus neu fod yn rhan o grŵp cymdeithasol. 22–23

Ffobia penodol Ffobia ynghylch gweithgareddau neu wrthrychau penodol, fel nofio neu bryfed cop. 22–23

Ffobiâu/anhwylderau ffobig Grŵp o anhwylderau meddwl a nodweddir gan lefelau uchel o orbryder. Pan fyddan nhw'n digwydd, byddan nhw'n ymyrryd â bywyd arferol. Maen nhw'n cynnwys ffobiâu penodol a ffobiâu cymdeithasol. 22, 23, 24, 27, 90

Ffobiâu clinigol 89

Ffug-gleifion 122–124, 126–127, 130

Ffugio Yr ymdrech i geisio profi bod rhywbeth yn anghywir. 39, 119

Ffugwyddoniaeth xii

Ffurfweddau ysgogiadau anghymhellol 89

GABA Asid gama-amino-bwtyrig. Gan ei fod yn niwrodrosglwyddydd sy'n rheoli'r cyffro yn y system nerfol, bydd yn gweithredu fel ffurf naturiol ar leddfu gorbryder. 3, 9, 14

Gallu i gymhwyso'n gyffredinol I ba raddau y mae modd cymhwyso darganfyddiadau astudiaeth benodol at y cyfan o'r boblogaeth (darged). 27, 41, 42, 55, 56, 138, 146, 149, 160, 166

Gardner, R.A. a Gardner, B.T. 66, 98–103, 129, 164, 177

Gefeilliaid deusygotig (DZ) Gefeilliaid sydd heb fod yn unfath ac wedi'u ffurfio o ddau wy (neu sygot) a ffrwythlonwyd. 13

Gefeilliaid monosygotig (MZ) Gefeilliaid unfath a ffurfiwyd o wy a ffrwythlonwyd (neu sygot). 13

Genyn Uned etifeddiaeth sy'n rhan o gromosom. Mae gan fodau dynol 23 o barau o gromosomau a rhyw 25 000 o enynnau. x, 3, 13, 53

Gibson, E.J. a Walk, R.D. 66, 110–115, 129, 177

Gilligan, C. 159

Goddrychol Gweld pethau o bersbectif y person ei hun ac felly'n debyg o ddangos tuedd. 40, 55, 164

Gorludded 4, 14, 15

Graddfa agosrwydd 87, 128

Graddfa Barnu Ailymaddasu Cymdeithasol (SRRS) 80, 81, 108

Graddfa dweud celwydd Set o gwestiynau mewn holiadur neu gyfweliad i benderfynu i ba raddau y mae atebion y cyfrannwr yn wir, fel gofyn i rywun a yw'n dweud y gwir bob amser – mae unrhyw un sy'n ateb 'ydw' yn dweud celwydd a gall ei (h)atebion cyffredinol fod yn anwireddus. 160

Graddfa ofn 87, 128

Graff gwasgariad Cynrychiolaeth graffigol o'r berthynas (h.y. y cydberthyniad) rhwng dwy set o sgorau, a phob dot yn cynrychioli pâr o ddata. 82, 89, 133, 148, 166

Graffiau vii, 4, 67, 148, 151, 164

Grŵp arbrofol Y grŵp (mewn cynllun grwpiau annibynnol) sy'n cael y newidyn dibynnol. 84, 94, 105, 108

Grŵp rheolydd Y grŵp (mewn cynllun grwpiau annibynnol) sy'n darparu mesur gwaelodlin o ymddygiad heb y driniaeth arbrofol (IV), fel bod modd cymharu effaith y driniaeth arbrofol â'r waelodlin. 19, 23, 70, 84, 93, 94, 105, 108, 109, 111, 124, 138, 141, 147

Gwadu Mewn theori seicdreiddiol, ffurf ar amddiffyn yr ego lle mae'r ego'n gwadu bodolaeth unrhyw beth bygythiol yn llwyr. 33

Gwahaniaethau rhwng unigolion Gwahaniaethau rhwng unigolion o ran – er enghraifft – eu rhyw, eu diwylliant, eu personoliaeth, eu deallusrwydd, eu hiechyd meddwl ac ati. 116–127

Gwaith breuddwydion Mewn seicdreiddio, y prosesau sy'n trawsffurfio cynnwys cudd breuddwyd yn gynnwys amlwg. 34, 42

Gweithredoli Darparu newidynnau ar ffurf y gellir rhoi prawf arnyn nhw'n rhwydd, h.y. adnabod y gweithrediadau cyfansoddol. 24, 28, 136, 140, 144, 146, 152, 153

Gwerth atgenhedlol Llwyddiant atgenhedlol disgwyliedig unrhyw unigolyn o'i (h)oedran presennol ymlaen. 116, 118, 119

Gwrthbarodrwydd Tuedd gynhenid i beidio â bod yn barod i ddysgu cysylltiadau penodol, fel magu ofn blodau. Dyma'r gwrthwyneb i barodrwydd biolegol ac mae ef hefyd yn ymddygiad ymaddasol. 90

Gwrthiselder Gweler Cyffur gwrthiselder

Gwrthgyflyru Mewn cyflyru clasurol, addysgu cysylltiad newydd sy'n rhedeg yn groes i'r cysylltiad presennol ac yn ei ddileu. 20, 22–23, 28

Gwrthseiciatreg Y farn fod y cysyniadau traddodiadol o salwch meddwl yn beryglus a chyfeiliornus ac y dylid defnyddio therapïau eraill. 122, 123

Gwrthseicotig Gweler Cyffur gwrthseicotig

Gwrthwynebedd 4

Gwyriad safonol Gweler SD

Hans Bach 32, 40, 41, 163

Hap: ar hap 157

Hapdechneg Unrhyw dechneg lle nad oes ymgais systematig i ddylanwadu ar ddewis neu ddosbarthiad yr eitemau. 157

Hapddyrannu Defnyddio hapdechnegau i ddyrannu cyfranwyr i grwpiau neu gyflyrau arbrofol. 146, 157

Hapsampl Dull o gael sampl gynrychioliadol lle defnyddir hapdechneg i ddewis grŵp o gyfranwyr mewn ffordd sy'n sicrhau y caiff pob aelod o'r boblogaeth darged siawns cyfartal o gael ei (d)dewis. 156–157

Hawl i dynnu'n ôl Hawl cyfranwyr i wrthod parhau i gyfrannu i astudiaeth os byddan nhw'n teimlo'n anghyffyrddus mewn unrhyw ffordd, ac i wrthod caniatáu i'r ymchwilwyr ddefnyddio unrhyw ddata a gynhyrchwyd cyn iddyn nhw dynnu'n ôl. 27, 66, 78, 84, 142, 143, 154, 166

Hayes, K.J. a Hayes, C. 98

Heider, F. a Simmel, M. 46

Hemisfferau 3

Hierarchiaeth dadsensiteiddio 22, 28

Hinde, R.A. 86, 89

Hipocampws Strwythur yn y rhan isgortigol (h.y. 'o dan' y cortecs) o'r naill hemisffer a'r llall yn y blaen-ymennydd. Mae'n gysylltiedig â'r cof. Gan ei fod yn rhan o'r system limbig, mae'n ymwneud hefyd â chymhelliant, emosiwn a dysgu. 55

Histogram Math o ddosbarthiad amlder lle caiff nifer y sgorau, ym mhob categori o ddata di-dor, ei gynrychioli gan golofnau fertigol heb ddim bwlch rhyngddynt. Yn wahanol i siart bar, mae i'r data mewn histogram sero cywir a dilyniant rhesymegol. 66, 151, 166, 169

HM 55, 163, 164

Hockett, C.F. 98

Hofling, K.C. 79

Hoffterau o ran cymar dynol 116–121

Holiadur Dull o ddefnyddio cwestiynau ysgrifenedig i gasglu data. 87, 90, 105, 106, 117, 158, 160, 164

Holocost 74

Hollt synaptig Y bwlch o ryw 10 nm rhwng niwron sy'n trosglwyddo a niwron sy'n derbyn. 3

Hormonau Sylweddau cemegol sy'n cylchredeg yn y gwaed ac yn effeithio ar yr organau targed yn unig. Cynhyrchir meintiau mawr ohonynt ond fe ddiflannant yn gyflym iawn. O'u cymharu â'r system nerfol, mae eu heffeithiau'n araf ond yn bwerus iawn. 3, 5, 10, 25, 39, 53, 62, 63, 122

Hunllefau 34

Hyfforddiant gwrthsefyll straen (SIT) Ffurf ar therapi ymddygiadol gwybyddol sy'n hyfforddi pobl i ymdopi'n fwy effeithiol â gorbryder a sefyllfaoedd straenus. Fe wnaiff hynny drwy ddysgu sgiliau iddyn nhw allu gwrthsefyll effeithiau niweidiol straenachoswyr yn y dyfodol. 48

Hypothalamws Strwythur yn y rhan isgortigol (h.y. 'o dan' y cortecs) o'r naill hemisffer a'r llall o'r blaen-ymennydd. Mae'n rheoleiddio tymheredd y corff, prosesau metabolig fel bwyta, a gweithgareddau eraill y gyfundrefn nerfol awtonomig, gan gynnwys ymatebion emosiynol. 3, 4, 7, 15

Hysbysebion pobl unig 120

Iaith Arwyddion America 98, 99

Iaith tsimpansîs 98–103, 129

Id Rhan o gysyniad Freud o strwythur y bersonoliaeth, sef y rhan afresymegol a chynhefig. Mae'n bresennol adeg y geni ac yn mynnu cael boddhad ar unwaith. Caiff ei reoli gan egwyddor pleser – yr awydd cynhenid i geisio boddhad ar unwaith. 31, 32, 34

Idiograffig Ymagwedd at ymchwil sy'n canolbwyntio mwy ar yr achos unigol fel ffordd o ddeall ymddygiad nag astudio ymddygiad cyffredinol er mwyn llunio deddfau ymddygiad cyffredinol (yr ymagwedd nomothetig). x, 11, 25, 39, 40, 42, 53, 56, 62, 63, 80

Ïonau clorid 9

Iselder manig 10

Iselder ysbryd Salwch meddwl a nodweddir gan waethygu'r hwyliau. Yn aml, ceir anhwylderau meddwl hefyd, a methu â chanolbwyntio, ynghyd â theimlo gorbryder, ac aflonyddu ar gwsg ac archwaeth. x, 4, 6–8, 9, 14, 15, 31, 52, 104, 126, 135

IV Gweler Newidyn annibynnol

Jenness, A. 68, 72, 128

Kanzi 100, 103
Kelley, H.H. 46, 47, 56

Labeli seicodiagnostig 124
LAD *Gweler* Dyfais caffael iaith
Laing, R.D. 11
Langer, E.J. a Rodin, J. 104–109, 129
Lewcotomi cyndalcennol Term arall
am lobotomi cyndalcennol. Fe'i
henwyd ar ôl y teclyn (y lewcotom)
a ddefnyddir i dorri cysylltiadau'r
ymennydd. 6–7, 123, 163
Libido Mewn theori seicdreiddiol,
yr egni neu'r grym bywyd sy'n
gysylltiedig â'r id. Ym mhob cyfnod
o ddatblygiad seicorywiol, bydd
y libido'n canolbwyntio ar ran o'r
corff. 32, 39
Lobotomi cyndalcennol Ffurf
ar seicolawdriniaeth lle caiff
cysylltiadau yn ôl ac ymlaen i'r
cortecs cyndalcennol eu torri er
mwyn lleddfu symptomau anhwylder
meddwl difrifol. 6, 14
Locws rheoli Agwedd ar ein
personoliaeth; mae gan bobl
ddaliadau gwahanol ynghylch a
yw canlyniadau eu gweithredoedd
yn dibynnu ar yr hyn a wnân
nhw (rheolaeth fewnol) neu ar
ddigwyddiadau sydd y tu allan
i'w rheolaeth bersonol (rheolaeth
allanol). 73, 104
Loftus, E. 54
Loftus, E. a Palmer J.C. 92–97, 129
Loftus, E. a Zanni, G. 96
Loulis 102

Llabed flaen *Gweler* Cortecs blaen
Lled-arbrofion Astudiaethau (fel
arbrawf naturiol) sydd 'bron' â
bod yn arbrofion ond yn brin o un
neu ragor o nodweddion arbrofion
go-iawn, fel bod gan yr arbrofwr
reolaeth lawn dros y newidyn
annibynnol neu fod cyfranwyr
wedi'u dyrannu ar hap i gyflyrau. Ni
ellir honni, felly, fod lled-arbrofion
yn amlygu perthnasoedd achosol.
146–147
Lleihadaeth Ymagwedd sy'n rhannu
ffenomen gymhleth yn gydrannau
symlach ac yn lled-awgrymu bod
hynny'n ddymunol am mai'r ffordd
orau o'u deall yw eu hegluro ar lefel
symlach. x, 11, 38–39, 53, 62
Llwyrfoddi Trin ffobiâu drwy gael claf i
wynebu'r ysgogiad y mae'n ei ofni, a
hynny heb unrhyw gynnydd graddol
fel mewn dadsensiteiddio systematig.
23

Maguire, E.A. 12
Magwraeth Yr agweddau ar ymddygiad
a gaiff eu caffael drwy brofiad,
h.y. cân nhw eu dysgu drwy
ryngweithio â'r amgylchedd ffisegol
a chymdeithasol. x, 11, 13, 25, 38,
53, 121
Masserman, J.H. 22
Materion x
Materion moesegol Bydd mater
moesegol yn codi ym myd ymchwil
os ceir setiau croes o werthoedd
ynghylch cyrchnodau, trefniadau neu
ganlyniadau astudiaeth ymchwil. 27,
28, 66, 72, 78, 84, 90, 96, 102, 108,
114, 120, 126, 135, 136, 142–144,
154, 160–161, 163, 166
Mecanweithiau amddiffyn yr ego
Mewn theori seicdreiddiol, y

strategaethau y bydd yr ego'n eu
defnyddio i'w amddiffyn ei hun rhag
gorbryder, fel atalnwyd, gwadu ac
alldaflu. 31, 33
Meddwl prif-broses Yn namcaniaeth
Freud, meddwl didrefn a diriaethol
sy'n cael ei yrru gan emosiwn, yn
weledol yn hytrach na llafar ac,
uwchlaw popeth, yn afresymol. 34,
35, 42
Meddwl rhaidweithiol 50, 56
Meichenbaum, D. 48, 49
Meintiol Data sy'n cynrychioli faint sydd
o rywbeth, neu ba mor hir, ac ati,
yw rhywbeth, h.y. caiff ymddygiad ei
fesur mewn rhifau neu feintiau. 67,
150, 158, 162, 164, 166
Metaddadansoddi Bydd ymchwilydd
yn astudio darganfyddiadau amryw
o wahanol astudiaethau er mwyn
dod i gasgliad cyffredinol ynghylch
rhagdybiaeth benodol. 51, 162
Milgram, S. 74–79, 128
Mineka, S. 86
Model ABC 50–51
Model amlstorfa Mae'n egluro'r cof
yn nhermau tair storfa (y storfa
synhwyraidd (SM), y storfa
tymor-byr
(STM) a'r storfa tymor-hir (LTM)).
Gellir egluro trosglwyddo data yn
nhermau sylw (SM i STM) a rihyrsal
(STM i LTM). 45, 55
Model cydamrywio 47, 53, 56
Model GAS *Gweler* Syndrom addasu
cyffredinol
Model meddygol 122, 130
Modelau rôl 17
Modelu Y broses o ddynwared
ymddygiad rhywun arall. 19, 22, 26,
48, 49, 56
Modd Y sgôr sy'n digwydd amlaf mewn
set ddata. 66, 150, 166
Monosygotig *Gweler* Gefeilliaid
monosygotig
MRI ffwythiannol *Gweler* fMRI

Natur Yr agweddau ar ymddygiad sy'n
gynhenid ac wedi'u hetifeddu. Dydy
natur ddim yn cyfeirio'n unig at y
galluoedd sy'n bresennol adeg y
geni ond at unrhyw allu y bydd y
genynnau'n ei bennu, gan gynnwys y
rhai sy'n ymddangos wrth aeddfedu.
x, 3, 11, 13, 14, 25, 38, 39, 42,
43, 53, 56, 57, 60, 129
Natur neu fagwraeth Y drafodaeth
ynghylch tarddiad ymddygiad:
ai o ffactorau cynhenid neu
amgylcheddol? Dydy'r ddadl
honno ddim mwyach yn briodol
oherwydd fe dderbynnir erbyn
hyn fod y naill a'r llall yn cyfrannu
ac yn rhyngweithio mewn ffordd
sy'n golygu nad yw'n fater syml o
ddweud mai'r naill neu'r llall sy'n
pennu ymddygiad. 11,13, 25, 38,
60, 62, 110
Nerf optig Hwn sy'n trosglwyddo'r
ysgogiadau trydanol o'r retina i'r
ymennydd. 110, 112
Newidiadau bywyd 80, 83, 84, 108
Newidyn allanol (EV) Mewn arbrawf,
unrhyw newidyn – heblaw'r newidyn
annibynnol – a allai, o bosibl,
effeithio ar y newidyn dibynnol a
thrwy hynny ddrysu'r canlyniadau.
26, 54, 111, 136, 138, 140, 141,
144, 146, 165
Newidyn annibynnol (IV) Digwyddiad
a gaiff ei fanipwleiddio'n
uniongyrchol gan arbrofwr i roi

prawf ar ei effaith ar newidyn arall
– y newidyn dibynnol (DV). 26, 136,
138, 144, 146
Newidyn cyfranwyr Nodweddion
y cyfranwyr unigol (fel oedran,
deallusrwydd ac ati) a allai
ddylanwadu ar ganlyniad astudiaeth.
141, 165
Newidyn cysylltiol Newidyn sy'n dod
rhwng dau newidyn arall ac a gaiff
ei ddefnyddio i egluro'r berthynas
rhwng y ddau newidyn. 84, 149
Newidyn dibynnol (DV) Canlyniad
mesuradwy i weithred y newidyn
annibynnol mewn arbrawf. 26, 136,
138, 140, 144, 146, 152, 153, 158
Newidyn sefyllfaol Unrhyw ffactor
yn yr amgylchedd a allai effeithio
ar y newidyn dibynnol, fel sŵn,
yr adeg o'r dydd, neu ymddygiad
ymchwilydd. 141
Nim Chimpsky 102–103
Niwed seicolegol Er enghraifft, ergyd
i hunan-barch, lletchwithdod, neu
newid ymddygiad neu agweddau
person. 66, 72, 78, 135, 142, 161,
166
Niwrodrosglwyddydd Sylwedd
cemegol fel serotonin neu ddopamin
sy'n chwarae rhan bwysig yng
ngweithrediad y system nerfol drwy
drosglwyddo ysgogiadau nerf ar
draws synaps. 3, 8, 10, 11, 14, 122
Niwron Cell arbenigol yn y system nerfol
ar gyfer trosglwyddo gwybodaeth. x,
3, 8, 9, 14
Niwron cynsynaptig Y niwron sy'n
anfon negeseuon ar draws synaps. 8
Niwron ôl-synaptig Y niwron sy'n cael
y neges, ar ôl y synaps. 8
Nodwedd awgrymu ymateb Ciw sy'n
gwneud cyfranwyr yn anymwybodol-
ymwybodol o nodau astudiaeth neu
o'r ffordd y mae'r ymchwilwyr yn
disgwyl i'r cyfranwyr ymddwyn. Gall
hyn fod yn newidyn allanol. 26, 27,
28, 54, 56, 78, 140, 141, 143, 144,
146, 166
Nodweddion ymaddasol 86
Nomothetig Ymagwedd at ymchwil
sy'n canolbwyntio mwy ar ddeddfau
cyffredinol ymddygiad nag ar yr
achos unigol sydd, o bosibl, yn
unigryw (yr ymagwedd idiograffig).
x, 11, 62
Noradrenalin Hormon sy'n gysylltiedig
â chyffroi'r gyfundrefn nerfol
awtonomig (e.e. cynyddu cyfradd
curiad y galon). Mae ef hefyd yn
niwrodrosglwyddydd. 9
NS *Gweler* Ysgogiad niwtral

Obsesiwn Mewn theori seicdreiddiol,
canolbwyntio ar gyfnod penodol
mewn datblygiad seicorywiol
oherwydd cael gormod, neu ry
ychydig, o foddhad yn ystod y
cyfnod hwnnw. Mae'n obsesiwn yn
un ynghylch organ priodol y corff ar
gyfer y cyfnod hwnnw. 31, 33
OCD *Gweler* Anhwylder gorfodaeth
obsesiynol
Oestrogen Hormon rhyw benywaidd a
gynhyrchir gan yr ofarïau, a chan y
chwarren adrenal. 3, 121
Öhman, A. 90
Orne, M.T. a Holland, C. 78

Parch cadarnhaol diamod Darparu
hoffter a pharch heb unrhyw amod.
51, 56

Parodrwydd biolegol Y duedd gynhenid i anifail fod yn barotach i ddysgu rhai cysylltiadau penodol am fod y cysylltiadau hynny'n ymaddasol. 86, 89, 90, 128

Pavlov, I. 17, 25, 27

Penderfyniadol Y farn mai grymoedd mewnol neu allanol, yn hytrach nag ewyllys unigolyn i wneud rhywbeth, sy'n siapio neu'n rheoli ymddygiad unigolyn (h.y. ewyllys rydd). x, 10, 14, 25, 28, 39, 42, 53, 56

Personoliaeth dridarn 31, 42, 165

Personoliaeth orawdurddol 74

PET *Gweler* Sganiau PET

Phineas Gage 163

Piaget, J. 52

Pilen fyelin Sylwedd gwyn a brasterog sy'n amddiffyn y niwron ac yn cyflyru trosglwyddo negeseuon ar hyd holl hyd yr acson. 110

Plasebo Cyffur neu ryw ffurf arall ar driniaeth nad yw'n cynnwys na chynhwysion actif na threfn therapiwtig. I roi prawf ar effeithiolrwydd triniaeth, caiff y naill grŵp y driniaeth go-iawn ond plasebo a gaiff y llall. Gan mai trefn ddwbl-ddall yw hon fel rheol, fydd yr ymchwilydd a'r cyfrannwr ddim yn gwybod a yw'n cael y plasebo. 9

Poblogaeth darged Y grŵp o bobl y mae gan ymchwilydd ddiddordeb ynddo. Y grŵp o bobl y tynnir sampl ohono. Y grŵp o bobl y gellir cyfredinoli yn eu cylch. Weithiau, caiff hefyd ei alw'n ddim ond y 'boblogaeth'. 90, 156, 166

Popper, K. 39

Premack, D. a Premack, A.J. 98

Preifatrwydd Parth anhygyrchedd y meddwl neu'r corff, a'r ymddiriedaeth na chaiff mo'i 'oresgyn'. Hawl person i reoli'r llif gwybodaeth amdano neu amdani'i hun. 142, 143, 154, 161

Prif system nerfol, y (CNS) Y system sy'n cynnwys yr ymennydd a madruddyn y cefn. 3, 9

Priodoli Wrth wylio ymddygiad (ein hymddygiad ein hunain neu ymddygiad rhywun arall) cynigiwn esboniadau anianawd neu sefyllfaol o'r ymddygiad.

Priodoli anianawd Mewn theori priodoli, egluro ymddygiad unigolyn yn nhermau ei bersonoliaeth/ei phersonoliaeth neu ei (h)anianawd. 46, 47

Priodoliad sefyllfaol Mewn theori priodoli, egluro ymddygiad unigolyn yn nhermau agweddau ar yr amgylchedd neu ffactorau allanol, fel ymddygiad person arall neu lwc. 46, 47, 77

Prosesau cyfryngu 52, 56

Pwyllgor moesegol Grŵp o bobl mewn sefydliad ymchwil y mae'n rhaid iddyn nhw gymeradwyo astudiaeth cyn iddi gychwyn. 78, 108

Pwysau cymdeithasol 68–73

Rahe, R.H., Mahan, J.M. ac Arthur, R.J. 80–85, 128

Realaeth 138, 144, 146, 166

Realaeth gyffredin Y ffordd y mae astudiaeth yn adlewyrchu'r byd go-iawn. Bydd amgylchedd yr arbrawf yn realistig i'r graddau y mae'r profiadau a gafwyd yn amgylchedd yr arbrawf yn digwydd mewn bywyd bob-dydd (y 'byd go-iawn'). 138, 140, 144, 146, 166

REBT *Gweler* Therapi ymddygiad rhesymoli emosiwn

REM *Gweler* Cwsg symudiad llygaid cyflym

RET *Gweler* Therapi rhesymoli emosiwn

Retina Y rhan o'r llygad (y rhodenni a'r conau) sy'n cynnwys y celloedd goleusensitif sy'n cofnodi egni goleuni. 110, 112

Rosenhan, D.L. 122–127, 129

Rotter, Julian 104

Rhagdybiaeth Datganiad manwl-gywir a phrofadwy am y berthynas dybiedig rhwng newidynnau. xii, 5, 30, 41, 54, 67, 74, 105, 119, 128, 134, 136, 138, 141, 146, 148, 150

Rhagymwybod Mae'n cynnwys gwybodaeth a syniadau y gellid eu hadalw'n rhwydd o'r cof a dod â nhw i'r ymwybod. Gwahaniaethodd Freud rhwng tair lefel o feddwl: yr anymwybod, y rhagymwybod (neu'r isymwybod) a'r ymwybod. Yn yr ystyr honno, y rhagymwybod yw'r rhan o'r meddwl y mae'n rhaid i ddeunydd fynd drwyddi cyn cyrraedd y meddwl ymwybodol. 31

Rheolaeth/Rheoli/Rheolydd I ba raddau y bydd ymchwilydd yn cadw unrhyw newidyn yn gyson. 104, 108, 129, 138

Rhwydweithiau niwral System o niwronau hynod gydgysylltiedig sy'n golygu bod y rhwydwaith cyfan yn ymddwyn mewn ffordd na ellid ei rhagweld ar sail ymddygiad y niwronau unigol. 35

Rhyddgysylltu Dull a ddefnyddir mewn seicdreiddio i gyrchu'r meddwl anymwybodol a datgelu, felly, ddeunydd a ataliwyd a datgelu amddiffynfeydd yr ego, sef yr elfennau sy'n achosi ymddygiad camaddasol. 34, 36, 41, 42, 175

Rhyngweithiadwyr Y rhai sy'n credu mai cymysgedd o ffactorau cynhenid a dysgu-drwy-brofiad sy'n pennu datblygiad, sef rhyngweithio rhwng natur a magwraeth. 110

Sampl Detholiad o gyfranwyr a gymerir o'r boblogaeth sy'n cael ei hastudio, ac y bwriedir iddo gynrychioli'r boblogaeth honno. 72, 90, 120, 156–157, 162

Sampl gwota Dull o gael sampl gynrychioliadol lle dewisir grwpiau o gyfranwyr yn ôl eu hamlder yn y boblogaeth. O fewn pob grŵp, dewisir unigolion drwy samplu cyfle. 156, 169

Sampl gyfle Dull o gael sampl drwy ddewis y bobl sydd ar gael yn fwyaf hwylus adeg yr astudiaeth. 156

Sampl hunanddewisedig Yr un peth â Sampl o wirfoddolwyr. 66, 156, 166, 168, 169, 173

Sampl o wirfoddolwyr Dull o gael sampl o gyfranwyr, a phob aelod o'r sampl wedi gwirfoddoli. 78, 156, 169, 170

Sampl systematig Dull o gael sampl gynrychioliadol drwy ddewis pob pumed neu ddegfed person, er enghraifft. Gall fod yn hapsampl os defnyddir hap-ddull i ddewis y person cyntaf ac yna bob *n*fed person. 156

Samplu digwyddiad Techneg arsylwi lle cedwir cyfrif o'r nifer o weithiau y bydd ymddygiad (digwyddiad) penodol yn digwydd. 153

Samplu dros amser Techneg arsylwi lle bydd yr arsylwr yn cofnodi ymddygiadau o fewn amserlen benodedig, e.e. nodi'r hyn y mae unigolyn sy'n darged yn ei wneud bob 30 eiliad. 153

Samplu wedi'i haenu Dull o gael sampl gynrychioliadol lle dewisir grwpiau o gyfranwyr yn ôl eu hamlder yn y boblogaeth. O fewn pob haen, defnyddir hapsamplu i ddewis unigolion. 156

SD Gwyriad safonol, sef mesur o wasgariad sy'n dangos faint o amrywiaeth sydd mewn set o sgorau. Bydd yn asesu gwasgariad data o amgylch y cymedr. 22–23, 25, 87

Seicdreiddio Ffurf ar seicotherapi a ddatblygwyd yn wreiddiol gan Sigmund Freud. Y bwriad yw iddi ddefnyddio technegau fel rhyddgysylltu a dadansoddi breuddwydion i helpu cleifion i fod yn ymwybodol o deimladau a phrosesau sydd wedi'u hatal ers tro byd. ix, 33, 34, 36, 37, 38, 41, 42

Seicolawdriniaeth Llawdriniaeth sy'n golygu torri ffibrau neu dynnu meinwe'r ymennydd er mwyn trin ymddygiad cythryblus nad oes modd dangos bod unrhyw achos corfforol iddo. Wnaiff technegau seicolawdriniaeth fodern, fel ysgogi dyfnderoedd yr ymennydd, ddim niwed parhaol. 6, 8, 10, 55

Seicolawdriniaeth stereotactig 7

Seicoleg datblygiad 52, 104–115

Seicoleg esblygol Ymagwedd mewn seicoleg sy'n ceisio egluro ymddygiad pobl yn nhermau damcaniaeth esblygiad (e.e. dewis naturiol a rhywiol). 86

Seicoleg ffisiolegol 81–91

Seicoleg gymdeithasol 52, 68–79

Seicoleg wybyddol 55, 92–103

Seicosomatig Mae'n ymwneud â'r meddwl (y seice) a'r corff (y soma). 80

Seicotig Colli cysylltiad â realiti, ac yn gyson â salwch meddwl difrifol sydd fel rheol yn cynnwys rhithdybiau, rhithweledigaethau a meddyliau dryslyd. 8, 14, 126

Seicotherapi Unrhyw ffurf ar driniaeth seicolegol i anhwylder meddwl, yn wahanol i ffurfiau corfforol ar driniaeth. 20, 23, 37

Seligman, M. 86, 90, 104

Selye, H. 4–5, 10

Semantigedd 98

Sensiteiddio cudd Ffurf ar therapi ymddygiad lle caiff ymddygiad annymunol ei baru â delwedd annymunol er mwyn dileu'r ymddygiad hwnnw. 20, 28

Serotonin Niwrodrosglwyddydd a geir yn y brif system nerfol. Mae lefelau isel ohono wedi'u cysylltu â llu o wahanol ymddygiadau a phrosesu ffisiolegol, gan gynnwys ymosodedd, anhwylderau bwyta ac iselder ysbryd. x, 3, 8, 9

Sgan MRI Bydd delweddu cyseiniant magnetig yn cynhyrchu delwedd tri-dimensiwn a manwl iawn o'r ymennydd statig. Bydd y maes magnetig yn peri i atomau'r ymennydd newid eu haliniad pan fydd y magnet ar waith, ac i drawsyrru amrywiol signalau radio